彭懿童书阅读指南

世界儿童文学
阅读与经典

SHIJIE ERTONG WENXUE YUEDU YU JINGDIAN

彭　懿◎著

接力出版社
Publishing House

图书在版编目（CIP）数据

世界儿童文学阅读与经典 / 彭懿著. —南宁：接力出版社,2011.9
ISBN 978-7-5448-1963-3

Ⅰ.①世…　Ⅱ.①彭…　Ⅲ.①儿童文学-文学评论-世界-现代
Ⅳ.①I106.8

中国版本图书馆 CIP 数据核字(2011)第 176951 号

责任编辑：赵　轩　　　美术编辑：郭树坤
责任校对：刘会乔　　　责任监印：陈嘉智　　　媒介主理：马　婕
社长：黄　俭　　　总编辑：白　冰
出版发行：接力出版社　　　社址：广西南宁市园湖南路9号　　　邮编：530022
电话：0771-5863339（发行部）　　　010-65546561（发行部）
传真：0771-5863291（发行部）　　　010-65545210（发行部）
http://www.jielibeijing.com　　http://www.jielibook.com
E-mail:jielipub@public.nn.gx.cn
经销：新华书店　　　印制：北京尚唐印刷包装有限公司
开本：889毫米×1194毫米　　　1 /16　　　印张：23.5　　　字数：650千字
版次：2011年9月第1版　　　印次：2011年9月第1次印刷
印数：00 001—20 000册　　　定价：98.00 元

彭懿的身份不断在变，随着一个梦想，随着又一个新的梦想。

童年时，彭懿喜欢描画昆虫，他的愿望是当一名昆虫学家，每天埋头制作昆虫标本……所以，彭懿大学选修复旦大学生物系昆虫专业。梦想此起彼伏，愿望不断飘移，跟随梦想和心愿，彭懿先后做过粮库害虫防治技术员、科教片电影编导、报社编辑、出版社编辑、自费留学生……三十多岁时，彭懿在日本国立东京学艺大学研修儿童文学四年，获教育学硕士；四十多岁时在上海师范大学研修儿童文学三年，获文学博士。现在，彭懿任职于浙江师范大学儿童文化研究院。

在自己的名片上，彭懿印下这样两行字：一个命中注定的旅人，一个徘徊在人妖之间的幻想小说作家。就算是这两句话，也不能说清彭懿，更难以概括他的缤纷之梦，多变之笔。

彭懿是一位卓有建树的儿童文学理论研究者——他的主要学术著作有：《西方现代幻想文学论》、《世界幻想儿童文学导读》、《宫泽贤治童话论》、《幻想教室》、《图画书：阅读与经典》、《图画书与幻想文学评论集》、《走进魔法森林——格林童话研究》、《图画书可以这样读》……

彭懿是一位优秀的幻想小说作家——他写幽灵，写妖孽，写大树成精，写那些在现实世界中从未发生过的凄美而又耸人听闻的故事。他的主要长篇幻想小说有：《与幽灵擦肩而过》、《半夜别开窗》、《疯狂绿刺猬》、《我、怪物舅舅和魔塔》、《我捡到一条喷火龙》、《戴牙套的青蛙王子》、《爸爸变成甲虫飞走了》、《小河花妖》、《欢迎光临魔法池塘》、《小人守护者》、《我把爸爸养在鱼缸里》……

彭懿是一位热情的翻译者——他的主要译作有：《遭到异人的夏天》、《晴天有时下猪》、《车的颜色是天空的颜色》、《安房直子幻想小说文集》、《手绢上的花田》、《一年级大个子二年级小个子》、《鼹鼠原野的伙伴们》……

彭懿是一位狂热的摄影师——当他在幻想世界里陷得太深的时候，他就会背着沉重的背囊，一人上路浪迹天涯。他去过许多地方，写过许多本美丽的、弥漫着幻想的诡异而又浪漫的摄影旅行笔记，像《背相机的旅人》、《独去青海》、《三上甘南路》、《约群男人去稻城》、《很远很远的地方有片树》、《邂逅白狐——我的新疆之旅》、《租辆废车上天堂——我的西藏之旅》……他曾作为《旅行者》杂志的特约摄影师，去新西兰拍摄过户外极限运动专辑，去菲律宾爱妮岛拍摄过海岛与潜水专辑……《时尚旅游》杂志对他的评价是："文字与摄影皆佳的人并不多，可是彭懿例外。"

再有，嗯，你一定不知道，彭懿还是一位具有专业水准的业余昆虫画家——你看他为其著作《西天目山捕虫记》画的锹甲插图，是不是栩栩如生？他说，还有出版社出重金请他为昆虫大图鉴画插图哪。

目录

附录　参考资料及索引

怎样阅读这本书

这是一本专门介绍儿童文学的书。

自从1812年格林童话诞生以来，儿童文学已经走过了二百年的历程。二百年来，作家们创作了无数经典之作，为一代又一代孩子，甚至是成年人留下宝贵的财富。本书，将为你提供最专业、最权威的阅读指南。

本书由《上篇　阅读儿童文学》和《下篇　经典儿童文学》两部分构成，并附有资料丰富、便于检索查阅的附录部分。

以下将以图示的方式，介绍本书各部分的构成内容及体例。

上篇　阅读儿童文学

领你跨越儿童文学的门槛，走进儿童文学的世界，了解儿童文学的基本模式，熟悉儿童文学的分类，感受儿童文学人物的魅力。

上篇分为三个篇章，分别为《儿童文学可以这样读》、《儿童文学的分类》和《儿童文学的人物》。一百多部世界儿童文学经典实例，二百多幅世界儿童文学经典的封面与插图，带你与儿童文学亲密接触。

儿童文学是一个大概念，它其实包括了图画书及文字书。但因为我们在《世界图画书：阅读与经典》一书中讲到了图画书，所以这本书只讲文字书。

一本文字书，到底应该怎样读呢？

我们不光要读它的故事，还要看看是哪位作家写了它，再看看书里面的插图。读完了书，如果再看一部根据它改编的电影，会更进一步地加深我们对它的理解。

儿童文学有好多种类型，有童话，有幻想小说、动物小说，还有写实小说。有时一个故事既属于这种类型，又属于那种类型，很难分清楚。对于一位读者来说，一个故事属于哪种类型并不重要，重要的是它是不是一个好故事，能不能感动人。我们在本书中对它进行了一个简单的分类，只是为了方便我们展开讨论。

儿童文学中的人物也很多，除了孩子和大人，还有成人文学中少见的动物、玩具以及各种各样的想象生物。

说起来，文字书的读者应该包括从小学、初中到高中的所有孩子，但我们这本书所选取的作品，还是主要以小学生作为阅读对象。

二级标题
上篇共分为三个篇章，分别为《儿童文学可以这样读》、《儿童文学的分类》、《儿童文学的人物》。

三级标题
二十五个标题，从各个角度全面解读三个篇章。涉及经典儿童文学作品百余部，经典封面与插图二百零八幅。

上篇
阅读儿童文学

儿童文学可以这样读

儿童文学的基本故事模式

民间童话

不是什么书都可以称为儿童文学的，儿童文学有它自己的典型特征。既然是给未成年的孩子看的，当然就和我们大人读的书不一样了。儿童文学，有它最基本的故事模式，绝大多数的童书都会遵循这个模式，并进一步发展、创新，甚至是颠覆它。

儿童文学的第一个基本故事模式，就是民间童话。

佩罗童话（又译贝洛童话）和格林童话里各有一篇《灰姑娘》，虽然故事的情节大同小异，都有一个不幸善良的女孩、坏心眼儿的继母和两个坏脾气的姐姐，但还是有好些地方不一样。比如，在佩罗童话里，灰姑娘不是去求母亲坟上的白鸽帮忙，而是去求仙女教母。仙女教母有一根魔杖，只要轻轻一点，南瓜就变成了一辆华丽的镀金马车，六只老鼠就变成了六匹骏马、六只蜥蜴就变成了六个仆人。灰姑娘的一身碧衣裳就变成了金银礼服，灰姑娘丢掉的也是一只纯金舞鞋，而是一只玻璃舞鞋。

要说最大的不同，还是佩罗版《灰姑娘》没有格林兄弟版《灰姑娘》那么残酷。灰姑娘的两个姐姐既没有为了穿玻璃舞鞋而剁掉大脚趾、削下一块脚后跟，也没有被鸽子啄瞎眼睛。特别是结尾："灰姑娘不仅美丽，而且善良，她让两个姐姐住在宫里，为她俩结婚的同

非职业作家照样能写出传世经典来。

比如，英国的大学者C. S.刘易斯有一天心血来潮，就写了一本名叫《狮子、女巫和魔衣柜》的童书，结果呢，一下子就风靡了世界，让一代又一代的读者心驰神往。你一定记得那个紧张而又让人向往的情节吧：小女孩露茜穿过那口大衣柜，走进了一片雪花飞舞的树林，紧接着就碰到了一个打着伞、脖子上围着一条红围巾的羊怪。对，露茜走进了一个名叫纳尼亚的魔法大陆，因为这本书太受欢迎了，于是，刘易斯响应读者的呼唤，花了六年的时间，又写了六本，构成了一部鸿篇巨制："纳尼亚传奇"系列。

不过，在这之前刘易斯可没有写过一本童书，他曾任教于牛津大学，是剑桥大学马格

《狮子、女巫和魔衣柜》插图
保利娜·贝恩斯/画

点，都是不确定的，所以才会有学者这样说："民间童话可以置之于任意时间和任意地点，从这个意义上说，它们几乎是没有时间、地点的。"

但在大多数人听来，这个"从前"还是模模糊糊地指向一片荒凉，有着大片森林、没有遭到现代文明侵蚀的过去。

不知你发现了没有，只要你一听到"从前"这个惯用语，你就知道，接下来要讲的故事可能是一个有关魔法的神奇故事了。对了，民间童话把故事的开头设在一个模糊不清的"从前"，目的就是为了要把我们引入现实生活的一个非现实的世界——一个架空的故事世界里。阿瑟·阿萨·伯格在《通俗文化、媒介和日常生活中的叙事》中说："……开头的'从前'……确定了距离。这两个字创造了与现在和与现实的距离，发出了进入另一个世界的邀请，一个过去的世界，因而也是一个并不存在的世界。"

《狮子、女巫和魔衣柜》封面
HarperCollins

个大学者。他在创作幻想史诗《魔戒》，也就是那厚厚三大本被狂热的崇拜者称为"这个世界只剩下两种人，读过《魔戒》的和没有读过的人"的巨作之前，曾试试牛刀，写过一本名叫《霍比特人》的童书，说的是生活安逸的霍比特人比尔博·巴金斯，在巫师甘道夫的鼓动下，血脉中流淌着的先祖的冒险

《霍比特人》插图 Alan Lee/画

每个三级标题包括多个小短篇，图文并茂，文字短小精悍，深入浅出，奇妙有趣。

插图
大量选自原版书的插图，以及多种版本的封面，更直观、更生动地展示世界儿童文学的魅力。

下篇　经典儿童文学

依照时间顺序，精选了二百年世界儿童文学史上的三十部经典名作，用最独到的视角、最精辟的观点、最有趣的语言逐一解读，带你了解这些名篇佳作的故事内容、创作背景，引导你品味其历久弥新的经典魅力。

作者介绍
对作家的简介，包括作家的生平、创作本书的背景，还有更多鲜为人知的趣事。

中文译本推荐
如果想要读一读这本书，那么，这是从多种中文译本中精选出的最好版本。

延伸阅读
如果喜欢这个作家，还想读更多他的作品，这里为你提供不错的选择。

附录　参考资料及索引
提供国际重要儿童文学奖项及推荐书目、参考文献、作家和作品索引、上篇作品中译表等重要资料，方便参阅和检索。

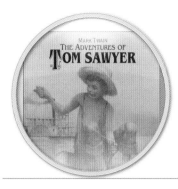

封面

精选原版书精美封面，让你领略到一本书最初之美。

基本资料

最直观地了解一本书的信息，包括书名、原书名、初版时间、作者、插图绘者、出版社等。

下篇 经典儿童文学　　　　　　　　　　　　　　　　　　　　　　　　　　　　汤姆·索亚历险记 **175**

汤姆·索亚历险记

原书名及初版时间：*The Adventures of Tom Sawyer*, 1876
作　者：[美] 马克·吐温 (Mark Twain)
插　图：[澳] 罗伯特·英潘 (Robert Ingpen)
出版社：Sterling, 2010

获奖及推荐记录

⊙入选英国最大连锁书店Waterstones "最受喜爱的100本童书"
⊙入选美国全国教育协会 "孩子们排排坐的100本童书"
⊙入选英国《你长大之前必读的100本童书》
⊙入选日本《儿童文学的魅力：世界篇100本知名作品》
⊙入选日本《英美儿童文学畅销榜：来自心中的条目》
⊙入选日本《世界少男少女文学：写实文学50本》

● 是谁写了这本书

马克·吐温 (1835—1910)，原名萨缪埃尔·克莱门斯，出生于美国密苏里州。四岁丧父，十三岁辍学，成为印刷厂学徒。十八岁至二十二岁出外漫游，西比河上的轮船领航员，后来还做过股票生意，淘过金，做过记者。

二十七岁时，他将在金山矿区听到的传说写成幽默小品《卡拉维拉斯县驰名的跳蛙》，以马克·吐温为笔名，发表在纽约的一份小报上，从此声誉鹊起。每天读者都会听到船员或水手对发出的号声……

他的文笔幽默诙谐，针砭时弊深刻准辣，作品有《汤姆·索亚历险记》。不过，对于后一本书的评价明显高过前一本。海明威甚至说，马克·吐温写的一本叫做《哈克贝利·费恩历险记》的书……

● 先来认识一下书中的主要出场人物

汤姆·索亚
孤儿，被玻莉姨妈收养，住在一个又小又寒碜的小镇上。他是个十分淘气的男孩，用玻莉姨妈的话来说，就是 "我这辈子从没见过这样的孩子"。

锡德
汤姆同异父的弟弟。他是个寡言少语的孩子，没有那种爱冒险闯祸的毛病。

包莉姨妈
汤姆的小姨妈，是个刀子嘴、热心肠的妇人。

蓓姬
法官撒切尔的女儿，蓝眼睛、黄头发编成两条长辫子，是汤姆眼中的天使。

哈克贝利
全镇唯一的酒鬼的儿子，在母亲们的眼中，他是一个……

乔·哈泼
汤姆的知心好伙伴。

道宾斯老师
汤姆的小学老师。

印第安乔
一个杀人不眨眼的坏蛋。

> 汤姆用袖管擦了擦眼睛，哭哭啼啼道出了他的决心：他要逃出按古板的礼数过日子和缺乏同情心的家，到那偌大的人世中去闯荡，永不回头。

● 这本书讲了一个什么故事

小男孩汤姆·索亚幼年丧母，被住在密西西比河畔一个又小又寒碜、名叫圣彼得堡的小镇的包莉姨妈和表姐玛丽以及同母异父的弟弟锡德住姨妈皮搭着，用包莉姨妈的话来说，就"从没见过这样的孩子"。但老太太又"怎么也很不忍心来挽他"。

一个星期六，为逃学和打架，包莉姨妈罚汤姆刷木板篱笆。九尺高的篱笆有三十码长，刷墙的眼里失去所有的活儿。

汤姆也变成了一个从没动作，弟锡德打翻了一个躺在女孩子的早上，她会对……窗户开了，躺着的殉难者。他不过他又出了两奖一张蓝……张黄票，十张什么的从别的孩……

子们手里换来一大堆小票，走上台，领来一本《圣经》，成了十年来叫人目瞪口呆的新闻。但当撒切尔法官问这个英雄十二门徒前两个人的名字时，汤姆却回答错了。后来在学校里，汤姆知道那个女孩叫蓓姬，他非要和她订终身，还吻了她，可是无意中说漏了嘴，说自己还曾经和艾米订过终身，结果让蓓姬大哭了一场。

夜里11点，哈克贝利拎着一只死猫来叫他了，汤姆从窗户里爬了出来。哈克贝利是全镇唯一的酒鬼的儿子，他不上学，又野又坏，母亲们既恨他又怕他，孩子们却如向羡他，因为凡是生活中叫人痛快的事全叫他占了。为了试验用死猫治疣子，两个人摸进墓地，却意外地撞见罗宾逊大夫、印第安人乔和酒鬼波特在盗尸。为了多要一点钱，乔、波特和大夫扭打起来，大夫用墓牌砸昏了波特，乔跟准机会把刀扎进了他的胸膛，又把刀塞到了波特的手里。等波特醒过来，还以为是自己杀了人。汤姆和哈克贝利吓坏了，逃进废皮工场，汤姆用红赭石在松木瓦上写下 "哈克贝利和汤姆发誓对此事保守秘密。如果泄露，情愿马上倒地死去，而且烂尸"，又从手指上刺出血，给自己的名头上了锁链。第二天午，因为乔的告发，波特被抓了起来。连着……

她捡起桩起一根光枝往底看手上，像紧一股劲功儿孔后印，奋力使支枝手刷。

获奖及推荐

介绍一本书的荣誉和影响力，你会发现每一本经典名作都曾得到世界各国读者的广泛认可。

主要人物介绍

通过对书中主要人物的了解，你可以对故事有一个初步的感知和期待。

插图

大量选自原版书的插图，以及多种版本的封面，更直观、更生动地展示世界儿童文学的魅力。

原书精华选摘

摘选一本书中最精彩、最具代表性的简短文字，让你拥有原汁原味的阅读体验。

上篇

阅读儿童文学

儿童文学是一个大概念，它其实包括了图画书及文字书。但因为我们在《世界图画书阅读与经典》一书中讲过了图画书，所以这本书只讲文字书。

一本文字书，到底应该怎样读呢？

我们不光要读它的故事，还要看看是哪位作家写了它，再看看书里面的插图。读完了书，如果再看一部根据它改编的电影，会更进一步地加深我们对它的理解。

儿童文学有好多种类型，有童话，有幻想小说、动物小说，还有写实小说。有时一个故事既属于这种类型，又属于那种类型，很难分清楚。对于一位读者来说，一个故事属于哪种类型并不重要，重要的是它是不是一个好故事，能不能感动人。我们在本书中对它进行了一个简单的分类，只是为了方便我们展开讨论。

儿童文学中的人物也很多，除了孩子和大人，还有成人文学中少见的动物、玩具以及各种各样的想象生物。

说起来，文字书的读者应该包括从小学、初中到高中的所有孩子，但我们这本书所选取的作品，还是主要以小学生作为阅读对象。

儿童文学可以这样读

儿童文学的
基本故事模式

民间童话

　　不是什么书都可以称为儿童文学的，儿童文学有它自己的典型特征。既然是给未成年的孩子看的，当然就和我们大人读的书不一样了。儿童文学，有它最基本的故事模式，绝大多数的童书都会遵循这个模式，并进一步发展、创新，甚至是颠覆它。

　　儿童文学的第一个基本故事模式，就是民间童话。

①

佩罗童话（又译贝洛童话）和格林童话里各有一篇《灰姑娘》，虽然故事的情节大同小异，都有一个无辜善良的女孩、坏心眼儿的继母和两个坏脾气的姐姐，但还是有好些地方不一样。比如，在佩罗童话里，灰姑娘不是去求母亲坟上的白鸽帮忙，而是去求仙女教母。仙女教母有一根魔杖，只要轻轻一点，南瓜就变成了一辆华丽的镀金马车，六只老鼠就变成了六匹骏马，六只蜥蜴就变成了六个仆人，灰姑娘的一身破衣裳就变成了金银礼服，灰姑娘丢掉的也不是一只纯金舞鞋，而是一只玻璃舞鞋。

要说最大的不同，还是佩罗版《灰姑娘》没有格林兄弟版《灰姑娘》那么残酷，灰姑娘的两个姐姐既没有为了能穿下那双玻璃舞鞋而剁掉大脚趾、削下一块脚后跟，也没有被鸽子啄瞎眼睛。特别是结尾："灰姑娘不仅美丽，而且善良，她让两个姐姐住在宫里，就在她结婚的同一天，她的两个姐姐和宫里的两位贵人也结了婚。"你看，与格林童话比起来，完全就是天壤之别的两个结局。

佩罗把这个民间传说改写成了适合讲给宫廷贵妇人听的童话，但却彻底丧失了原始口传故事的味道。

《灰姑娘》这个民间童话对现代儿童文学的影响实在是太深远了，甚至可以说是入骨入髓，佩里·诺德曼和梅维丝·雷默在他们合著的《儿童文学的乐趣》里就说："有许多童书遵循童话《灰姑娘》的模式，描写在安全感或幸福感上受挫的孩子离开家，踏上旅程，最终在别处找到了代替昔日的、有安全感的新家。"

这里我们选用的是格林兄弟版《灰姑娘》。

②

民间童话总是以"从前，有一个地方……"开头，这似乎成了一个不变的公式。

不过要是你追问一句："这个'从前'到底是指哪一个时代？这个'有一个地方'到底是指什么地方？"一定是没有答案的。因为民间童话里故事发生的时间和地点，都是不确定的。所以才会有学者这样说："民间童话可以置之于任意时间和任意地点，从这个意义上说，它们几乎是没有时间、地点的。"

但在大多数人听来，这个"从前"还是模模糊糊地指向了一个荒凉、有着大片森林、没有遭到现代文明侵蚀的过去。

不知你发现了没有，只要你一听到"从前"这个惯用语，你就知道，接下来要讲的故事可能是一个有关魔法的神奇故事了。对了，民间童话把故事的开头设在一个模糊不清的"从前"，目的就是为了要把我们从现实生活引入一个非现实的世界——一个架空的故事世界里。阿瑟·阿萨·伯格在《通俗文化、媒介和日常生活中的叙事》中说："……开头的'从前'……确定了距离。这两个字创造了与现在和与现实的距离，发出了进入另一个世界的邀请，一个过去的世界，因而也是一个并不存在的世界。"

想不到吧，毫不起眼儿的"从前"两个字，竟是来自另外一个世界的招待券。

灰姑娘 ①

从前②，有一个富人，他的妻子病了，觉得自己活不长了，就把自己唯一的小女儿叫到床前："好孩子，你要真诚和善良，上帝才会永远和你在一起。我也会从天堂上看着你，不离你左右。"说完，就闭上眼睛，死去了。③

③

开头没几句话，这个可怜的小女孩（后来我们知道她就是灰姑娘）就陷入了一种孤立无援的境地，和一个小孤女差不多，让人没法不为她今后的命运担心。虽然她的父亲还活着，但在这个故事里，她的父亲不过是一个可有可无的摆设。

这是民间童话开篇常用的一种叙述手法。不只这篇，《白雪公主》里的白雪公主也是一开头就失去了亲生母亲。后来，好多古典的少女小说都竞相模仿这种开头，你回忆一下，像我们熟悉的《秘密花园》里的少女玛丽、《波丽安娜》里的少女波丽安娜、《绿山墙的安妮》里的安妮，又有哪一个不是可怜的小孤女呢？其实，又何止是古典的少女小说，就连风靡世界的"哈利·波特"系列里的哈利·波特，不也是一个失去父母、住在姨妈家楼梯下边的孤儿吗？

今天的儿童文学虽然不太把小主人公写成一个孤儿了，但还是会让他们置身于一个孤立或是复杂的环境之中。

④

　　故事里没有女巫出场，但显而易见，这两个"心肠又坏又恶毒"的姐姐，就是这个童话里的坏人。

　　因为民间童话是念给幼儿听或是给大一点的孩子自己看的，所以它的一个特点就是，好人就是好人，坏人就是坏人，人物黑白分明、坏人一路坏到底，好人一路好到底，绝对不会出现一个改过自新的坏人，一个堕落变坏的好人。

　　极端与对比，是民间童话常用的一种表现手法。

⑤

　　尽管不是亲姐姐，但灰姑娘还是成为三姐妹中最小的一个。

　　民间童话里，有关三兄弟或是三姐妹的故事特别多。而且几乎无一例外，总是老大和老二被父母寄予厚望，抢尽风头；而老三最弱小、最无知，不是被叫做傻瓜，就是像灰姑娘一样饱受屈辱。但奇怪的是，最后获得幸福和成功的总是老三。

　　灰姑娘开始受苦受难了。不过，每一个读过民间童话的孩子都知道：故事里谁开头越是不幸，谁结尾就越是幸福。

　　儿童文学也继承了这个不变的模式。

⑥

　　"父亲"这两个字虽然会不时地闪现出来，但在故事里，他却是一个没有任何感情色彩的人物，仿佛是一个不存在的影子。你想呀，人心都是肉长的，世界上又有哪一个父亲能像他这样狠心，看见自己的亲生女儿被人逼迫睡在灰堆里都不加干涉呢？要知道，他还算是一个好父亲，还知道给灰姑娘掰回来一根榛树枝呢，《白雪公主》里白雪公主的父亲，连亲生女儿被抛弃到大森林里、连遭三次杀身之祸都不闻不问呢。

　　可民间童话里的父亲就是这个样子。

　　为什么会这样？雪登·凯许登在《巫婆一定得死：童话如何形塑我们的性格》中这样解释说："从《白雪公主》、《亨舍尔和格莱特》，

　　女孩每天到母亲的坟上去哭。冬天来了，雪像一块白毯子似的盖在坟上。当春天来了，太阳把白毯子扯下去的时候，富人另外娶了一个妻子。

　　那女人带来两个自己的女儿，那两个女儿脸蛋儿又白又漂亮，但是心肠又坏又恶毒。④从此，前妻可怜的女儿就受苦了。她们夺去她漂亮的衣裳，把她赶进厨房。她在那里从早到晚做苦工，天还没亮就起来挑水、生火、煮饭、洗衣服。晚上没床睡觉，她只能躺在灶旁的灰里。因此，她总是脏兮兮的，满身灰土，他们就叫她"灰姑娘"。⑤

　　有一次，父亲⑥要去赶集，问两个继女要带什么回来。第一个说："我要漂亮的衣服。"第二个说："我要珍珠和宝石。"他又问："灰姑娘，你要什么呢？""爸爸，你在回来的路上，请把碰到你帽子的第一根树枝，折下来带给我。"父亲果然给两个继女买了漂亮的衣服、珍珠和宝石，给灰姑娘折了一根打掉他帽子的榛树枝。灰姑娘把它种在母亲的坟上，哭得很伤心，眼泪不断地落下来，把树枝都浸湿了。于是树枝长大了，变成了一棵美丽的树。灰姑娘每天到树

　　到现在的《灰姑娘》，童话故事中的男性角色经常软弱无力，或根本不存在。这并不表示父亲没有感情，只是童话故事是以描述母亲为重的文字，尤其童话故事是有关自我发展的，因此特别强调母亲与子女间的关系，结果父亲的角色就经常被贬低或忽略。"

⑦
三，是民间童话最喜欢用的数字。

⑨
又出现了一次数字"三"。

下去三次⑦，边哭边祷告，每次总有一只白鸽飞来停在树上，只要她说出什么愿望来，白鸽就会把她希望得到的东西扔给她。⑧

有一次，国王举行一连三天⑨的庆典，邀请全国所有漂亮的姑娘来参加，好让他的儿子选一个未婚妻。那两个姐姐听到自己被邀请了，高兴得不行，喊来灰姑娘："给我们梳头、擦鞋、系紧鞋带，我们要去王宫参加庆典了。"灰姑娘照她们的话做了，但是她哭了起来，因为她也想一起去跳舞。继母说："你呀，灰姑娘，你灰头土脸的，也想去参加庆典？你没有衣服和鞋子，也想去跳舞？"灰姑娘呢，还是一个劲儿地请求，继母终于说："我倒一碗扁豆到灰里，如果你在两小时里把它们拣出来，我就让你去。"灰姑娘从后门走到花园里，叫鸟儿们来帮忙。两只白鸽和天空中所有的小鸟都飞来帮她拣扁豆。没过一个小时，就拣好了。她端着盆子去找继母，可继母说："不行，灰姑娘，你没衣服，不能去跳舞，要被人嘲笑的。"灰姑娘哭起来，继母便说："如果你在一小时内，把两碗扁豆从灰里干干净净地拣出来，就让你一起去。"灰姑娘又叫来两只白鸽和小鸟们帮忙，不到半小时，它们就拣好了。可继母还是没带她去，转过身，带着两个骄傲的女儿急匆匆地走了。

现在，家里没有别人了，灰姑娘就到榛树下的母亲坟前叫道：

"小树啊，你摇一摇，晃一晃，

⑧
请千万不要漏过了这个情节。

你看，这里奇迹出现了，显然这不是一只普通的白鸽，是一只有魔法的白鸽，它不但听得懂灰姑娘的话，而且还能实现她的愿望。

这算不了什么，比这神奇的魔法在民间童话里多的是。问题是，你注意到没有，灰姑娘面对这样一只听得懂人话，会施魔法，变出她希望得到的东西的白鸽，一点儿都没有吃惊。类似这样的描写，在民间故事里比比皆是。例如我们熟悉的《玫瑰公主》（又译《睡美人》），开头的一段话就是：

> 很久以前，有个国王和王后。他们俩天天说："啊，要是我们能有一个孩子就好了！"可他们就是生不出孩子。有一次，发生了这样的事。王后洗澡的时候，一只青蛙从水里爬上岸来，对王后说：
>
> "你的心愿就要实现了。用不了一年，你就会生下一个女儿。"
>
> 青蛙说的话应验了，王后生下了一个女孩。

如果换成写实主义的作品，比如小说，一只青蛙突然跳到人面前，张它的大嘴巴开口说话，而且说的还是人话，小说里的人物一定会感到惊异，不说被吓得面如土色，至少也会被吓得瞠目结舌吧？可是王后一点儿都没有吃惊，她听到青蛙对她说话，就像听到一个人在对她说话一样。在民间童话里，类似于这种青蛙开口说话的事司空见惯，是被当成现实的一部分来接受的。

瑞士民间故事研究大家麦克斯·吕蒂在《很久以前有一个地方——民间童话的本质》一书中指出："……在传说和宗教传说中，当动物突然开口说话时，主人公会惊慌失措或至少感到惊讶，而在民间童话中却恰好相反。森林里的野生动物会使民间童话的主人公惊恐不安，可是一旦它开口说话，主人公的恐惧便消失得无影无踪。假若主人公这样问道：'怎么，你会说话？'那么，这就不再是真正的民间童话的文体了。真正的民间童话的主人公是不会对奇迹和魔法感到吃惊的。他接受奇迹和魔法，好像它们的出现是再正常不过的了。"

当然，这里的白鸽，也可以理解为灰姑娘母亲的化身。

把金子银子落在我身上。"

刚喊完，白鸽就给她扔下一件金丝银线缝成的衣裳，一双镶银的鞋子。她急忙穿上，去参加舞会了。姐姐和继母都没认出她来，以为她还留在家里，从灰中拣扁豆呢。王子向她走来，牵着她的手不放，都不愿意跟其他任何人跳舞了。如果有人邀请她跳舞，他就说："这是我的舞伴。"

她跳到晚上，要回家，王子却说："我陪你一起回家。"因为他想看一看这美丽的姑娘是谁家的。可她逃开了，跳进了鸽舍里。王子等在那里，等到她父亲回来，说有不知姓名的姑娘跳进鸽舍里去了。父亲心想，难道是灰姑娘吗？就用斧子和砍刀把鸽舍劈成两半，里面没有人。回家一看，灰姑娘穿着一身脏衣服躺在灰里。原来她飞快地从后边跳出鸽舍，跑到榛树下，脱下漂亮的衣裳让小鸟衔走，再穿上自己那灰色的旧衣裳，坐回到厨房的灰堆里。

第二天，庆典重新开始，父母带两个姐姐走了以后，灰姑娘来到榛树下叫道：

"小树啊，你摇一摇，晃一晃，

把金子银子落在我身上。"

白鸽又扔下一件比昨天那件更加美丽的衣裳。她穿着它出现在舞会上，每个人看见她这样漂亮都很惊奇。王子看见她，马上牵起她的手，不和别的姑娘跳舞了。如果有人邀请她跳舞，他就说："这是我的舞伴。"

她跳到晚上，要回家，王子就跟在后面，想看看她走进哪座房子里去。可她逃开了，钻进房子后面的花园里。花园里长着一棵大树，结满了新鲜的梨子，姑娘爬到树上不见了。⑩王子等在那里，等到她父亲回来，说有不知姓名的姑娘爬到梨树上去了。父亲心想，难道是灰姑娘吗？就用斧子砍倒了树，树上没有人。回家一看，灰姑娘像往常一样，躺在灰里。原来她从树的另一边跳下来，把漂亮的衣裳还给榛树上的小鸟，穿上了她的灰衣裳。

⑩
算起来，这已经是灰姑娘第二次逃走了。

她为什么要逃走呢？是她不想当王子的新娘吗？如果是，那么她为什么还要哭哭啼啼、想方设法地去参加王子选未婚妻的舞会呢？……灰姑娘心里究竟是怎么想的，没人知道。

民间童话就是这样，很少描写主人公的内心世界。

主人公们总是用行动来说话。

如果一个女孩爱上了一个王子，她就放下她的长发，让王子抓住长发爬到高高的塔上去（《莴苣》）；如果一个王子爱上了一个女孩，他就变成一个穿得又脏又烂的叫花子把她带走（《画眉嘴国王》）；如果一个女孩想去解救陷于困境的哥哥，她不会多想，起身就走（《七只乌鸦》）。麦克斯·吕蒂说："民间童话从不提及心灵深处看不见的范围。因此可以说，民间童话将一切内心世界的东西改写成表面的东西，将所有隐藏在灵魂阴暗深处的事物变得显而易见，清清楚楚。"

第三天⑪，父母和姐姐走了以后，灰姑娘又来到母亲的坟前，对着榛树叫道：

"小树啊，你摇一摇，晃一晃，

把金子银子落在我身上。"

白鸽给她扔下一件衣裳和舞鞋，衣裳比上一件更美丽，更加灿烂，舞鞋是纯金的。她穿了这件衣裳来到舞会，人们都惊奇得说不出话来了。王子只跟她跳舞。如果有人邀请她跳舞，他就说："这是我的舞伴。"

她跳到晚上，要回家，王子说要陪她一起走，可她很快就逃走了。不过这次王子用了一个计策，预先让人把楼梯涂上沥青，结果姑娘逃下楼去时，左脚的舞鞋被粘住了。

第二天早上，他带着鞋子找到姑娘的父亲："哪一位姑娘穿得上这只鞋子，就可以做我的妻子。"两个姐姐听了可高兴啦，因为她们的脚长得好看。大姐拿着鞋到房间去试，但她的大脚趾穿不进去，鞋子太小。于是母亲递给她一把刀："把脚趾剁掉吧，你当了王后，就用不着步行了。"姑娘剁掉大脚趾，⑫硬把脚塞进鞋里，忍痛走出来见王子。王子就把她当做新娘，抱上马走了。当他们经过榛树时，两只小鸽子叫道：

"仔细看，仔细看，

血流在鞋里了。

鞋子只是嫌太小，

真的新娘还得在家里找。"

王子看看她的脚，看见血正在流出来。他掉转马头，把假新娘送回家，说这个不是真新娘，叫她妹妹穿那只鞋。妹妹进房间去试鞋，脚指头穿进去了，不料脚后跟太大，穿不进去。于是母亲递给她一把刀："把脚后跟削掉一块吧，你当了王后，就用不着步行了。"姑娘削掉一块脚后跟，硬把脚塞进鞋里，忍痛走出来见王子。王子就把她当做新娘，抱上马走了。当他们经过榛树时，两只小鸽子叫道：

"仔细看，仔细看，

血流在鞋里了。

鞋子只是嫌太小，

⑪ 还是一个"三"。

"三"是在民间童话中出现最多的一个数字。

卓越的丹麦民俗学家阿克塞尔·奥尔里克在说到民间童话的"三"时，曾经做过这样一个精彩而又生动的比喻："没有任何其他方法可以像数字'三'那样，将大量的民间叙事从现代文学和现实中区别开来。这是一种与众不同的、无情而又严格的典型结构。当一位民俗学家看到了'三'，就如同瑞士人再次看见了阿尔卑斯山一样，他想，'现在，我到家了。'……数字'三'的规律像一排收割的稻谷贯穿于整个民间传统的田野，也贯穿于数千年来的人类文化。"

除了"三"，"七"和"十二"也是民间童话用喜欢的数字。

⑫ 看到这样的描写，你会不会觉得很残酷？

不过你再看这段文字，它只是一句"剁掉大脚趾"，并没有像小说那样去写实地描写那个流血的场面，也没有去形容她痛得如何如何。正因为这样，我们会觉得民间童话有时够残酷，但却不那么恐怖。

相比之下，佩罗版《灰姑娘》就要温和多了，没有这样残酷的情节。

或许，这也是人们更喜欢佩罗版《灰姑娘》的原因之一。

真的新娘还得在家里找。"

王子看看她的脚，看见血正在流出来，把白袜子都染红了。他掉转马头，把假新娘送回家，说这个不是真新娘，你们没有别的女儿了吗？父亲说："没有了，只有我前妻留下的一个小得可怜的灰姑娘，她不可能是你找的新娘。"王子叫出了灰姑娘，她洗干净手和脸，把小脚伸进金鞋里，金鞋如同为她浇铸的一般，非常合适。她站起来的时候，王子看见她的脸，一下就认出来她正是和他跳舞的那个姑娘："这才是真正的新娘！"继母和两个姐姐大吃一惊，脸都气白了。王子把灰姑娘抱上马走了。当他们经过榛树时，两只小鸽子叫道：

"仔细看，仔细看，

鞋里没血了。

鞋子不嫌小，

真的新娘找到了。"⑬

它们叫罢，便飞下来，落在灰姑娘的肩膀上，一左一右，再也不飞了。

王子举行婚礼⑭时，两个虚伪的姐姐也来讨好，分享她的幸福。当新婚夫妇朝教堂走去时，一个姐姐走在她左边，一个姐姐走在她右边，两只鸽子各啄走了她们一只眼睛。当他们从教堂里出来时，两个姐姐交换了位置，一个站到她右边，一个站在她左边，两只鸽子又各啄走了她们一只眼睛。因为她们太狠太坏，遭到了一辈子做瞎子的惩罚。⑮

⑬
这已经是第三次重复这个情节了。

上面灰姑娘去摇母亲坟上榛树的情节，不多不少，也恰好重复了三遍。

民间童话离不开重复这种最基本的表现形式。同一个情节，同一个场面，可以用同样的话一连重复三次。

为什么要不厌其烦地一遍又一遍重复呢？

有人解释说，重复是民间童话的生命，正因为有了一连三次的重复，才能在听者的脑海里留下鲜明的印象，形成记忆，使民间童话一代又一代地口头传承下去。还有人解释说，重复使得故事变得饱满而完整，使故事的层次变得更加清楚。

⑭
故事的结尾，果然如同读者所期待的那样，灰姑娘苦尽甜来，和王子结婚，"从此就过上了幸福的生活"。

民间童话的结尾，永远是以主人公的胜利而宣告结束。

即使在今天，绝大多数的儿童文学还是选择以这种方式来结尾的。

⑮
这惩罚是不是太残忍了？

我们知道，民间童话里的女巫没有一个是有好下场的，都难逃一死，而且死得都很悲惨，《白雪公主》里的王后被迫穿上烧红的铁鞋跳舞，一直跳到倒在地上死去为止；《亨舍尔和格莱特》里的女巫被推进炉子里，活活烧死……善有善报，恶有恶报，民间故事里作为邪恶化身的女巫最后必须得死，只有这样，正义才能得到伸张。

不过话又说回来了，《灰姑娘》里的两个姐姐虽然干了不少坏事，但还不至于遭到这样残忍的报复吧？没办法，这就是民间童话，民间童话里的坏人就得接受惩罚，民间童话就是这样一个简单、是非分明的世界。

儿童文学可以这样读

儿童文学的
基本故事模式

幻想小说

　　如果说民间童话还只是儿童文学基本故事模式的一个毛坯的话，那么幻想小说则在它的基础之上，千锤百炼，进一步丰富和完善了这个模式。相比古老的民间童话，幻想小说更现代，更具代表性，它几乎囊括了儿童文学所有最基本的元素。

　　幻想小说，讲述的就是一段英雄的旅程。每一本童书，讲述的都是同样的一个故事。

①

《永远讲不完的故事》是德国作家米切尔·恩德创作的一部幻想小说。它最让人拍案叫绝的地方，就是小主人公巴斯蒂安从学校屋顶的储藏室（现实世界）进入幻想王国（幻想世界）的方式。不是穿过一扇门、一条隧道或是在一个什么车站坐上了一列什么特别列车，而是在书中人物的召唤下，发出一声呼喊，直接飞到了书中的故事里。返程则正好相反，一声呼喊，又从幻想王国直接回到了学校屋顶的储藏室里。

米切尔·恩德是一位寡作的作家，其创作态度严谨到了几近刻薄的程度。为了写好这本《永远讲不完的故事》，他可以说是绞尽了脑汁。例如，为了给小主人公巴斯蒂安寻找一个返回现实世界的出口，他竟夜不能寐。他事后回忆起来还是一身冷汗："为了写作《永远讲不完的故事》，我几乎把半条性命搭进去。这个故事险些把我送进精神病院。"

这绝对是一本激动人心的好书，男孩，当然还包括一部分女孩，必读。

永远讲不完的故事 ①

11月一个灰暗而又寒冷的早晨，天正下着大雨。

胖胖的小男孩巴斯蒂安跑过一家旧书店时，脚下突然像生根似的站住了，他猛地推开了门。他看上去十岁或十一岁，背上还背着书包。店主是一个矮个子男人，坐在沙发上，膝盖上放着一本书："你在躲什么人？""我们班上的孩子……有一回他们把我扔到一个垃圾箱里，盖上盖子。" ② "那么你是一个胆小鬼。你爸爸妈妈怎么说？""爸爸什么也不说，他从来不讲话。妈妈不在了，她死

②

尽管这只是一个粗略的故事梗概，但读到这里，你也判断出来了，旧书店、书包、班上的孩子、垃圾箱……至少在开头，巴斯蒂安还停留在我们熟悉的现实世界里，还在一个离家不远的地方，也就是说，还"在家"。

可不要小看了这个"在家"，这可是儿童文学里一个最最重要的概念。

你没发现吗，经典的儿童文学都是这样开头的。

先是在家，然后就是离家和回家。佩里·诺德曼和梅维丝·雷默在《儿童文学的乐趣》里说："这种'在家—离家—回家'（home/away/home）的模式，是儿童文学最普遍的故事主线。"玛丽亚·尼古拉耶娃在《儿童文学中的人物修辞》中进一步指出："儿童文学里典型的情节，我们可以称之为基本情节或主要情节，它们遵循这样的模式：在家—离家—冒险—回家。家给予安全，但是人物必须离家，因为家里不会发生惊心动魄的事情。离家是激动人心的，也是危险的，所以人物必须回家，通常是在发现宝藏、获得知识、成熟之后。"

③

　　看到没有，和灰姑娘一样，巴斯蒂安又是半个孤儿！没有办法，儿童文学就是跳不出这个套路。俄罗斯著名民间文艺学家普罗普在《故事形态学》中，对一百个俄罗斯神奇故事进行了分析，发现这些故事的开头都是"一位家庭成员离家外出"。巴斯蒂安母亲的缺席，其实就是一种强化的离家外出。

　　孤儿也好，半个孤儿也好，都是为了唤起读者对主人公的同情，让他们认同他，然后情不自禁地走进故事里，追随着他，跟他一起填补失落的东西，走完一段长长的成长旅程。

　　也有的儿童文学作品中，父母都健在，但因为他们忽视了子女的存在，从而导致孩子的性格出了问题。如果宽泛一点，这也可以算是一种"家庭成员离家外出"吧。

　　了。"③他爸爸是个假牙技师。自从妈妈死后，他和爸爸之间就有了一堵谁也穿不透的墙。爸爸不再骂他，夸奖他，甚至他留了级，爸爸也没讲一句话。④这时，电话铃响了，店主走进一间小屋去接电话了。

　　哎呀，要迟到了，巴斯蒂安想跑，可他感到有一种东西紧紧地拉住了他。他看到了沙发上的那本书，它放射出一种磁力，在不可抗拒地吸引着他。他伸出手去摸它，心里扑通一声，好像掉进一个陷阱里，一件不可挽回的事情便开始了。他拿起那本书，书名是《永远讲不完的故事》。

④

　　巴斯蒂安在现实生活中的境遇，可以说是足够惨。

　　他是一个典型的缺少爱的孩子。在家里，没有一点儿温暖，死了妻子的父亲一蹶不振，对他漠不关心。在学校里，他这个留了一级的留级生更是被同学欺负和取笑的对象，对他来说，"上学像一个看不到尽头的漫长刑期"。除此之外，他在外貌和性格上也有不少缺陷，比如人长得又矮又胖，罗圈腿，还胆小怕事。第一次见到他的旧书店店主，用一句话就把他的面貌给概括出来了："原来你是一个样样都不灵的孩子！"

　　是啊，世界上像他这样的倒霉蛋还真是不多。

　　这样一个孩子，不要说故事里面的他自己了，连故事之外的我们，都盼着他有一天能改变自己的命运呢。

　　儿童文学的开头，小主人公不但要在家，而且还要过着一种平凡、单调甚至是不如意的生活。正因为巴斯蒂安过着这种狼狈不堪的生活，当他日后——不，应该说是这一天的午夜十二点离开家，闯进另外一个世界去改变自己的命运时，我们才会为他振臂欢呼。这是一种铺垫，让我们为英雄离家作好心理上的准备。

　　美国神话学大师坎伯在《千面英雄》里说过一句非常著名的话：英雄从平凡的寻常世界，闯入一个神奇、令人惊叹的未知领域……

　　这个平凡世界，还有另外一种作用，可以与主人公后来进入的世界形成一种比照。好莱坞最负盛名的故事顾问克里斯多夫·佛格勒在《作家之路：从英雄的旅程学习说一个好故事》中说："许多故事仅利用一趟旅程就把英雄和观众带往非常世界，故事以平凡世界始，作为比较的基准。只有对照过平凡俗世的日常大小事，让人看出其中的不同，非常世界的故事才特别。"

⑤

巴斯蒂安感觉到了某种神秘的力量！

从刚才经过书店时开始，就有一只看不见的魔手把他扯向了这本书。

这，就是一种暗示，暗示我们的英雄即将听到历险的召唤。

会有怎样的事情发生呢？

故事要走下去。我们，还有故事里的巴斯蒂安都开始魂不守舍了。

⑥

如果换成一般的幻想小说，故事写到有奇幻事件发生和有怪物出没的地方时，主人公早已跨越门槛，进入到一个幻想世界里了。

但这本书是个特例。

作家米切尔·恩德故意写得不急不慌，它来了一个双线结构，让两个世界发生的故事齐头并进，而且在一开始还特意告诉你：这个幻想世界不过是一本书里的故事。

这时，还没人会想到这两个世界会有交汇的那一刻。

⑦

名字，会拥有一种不可思议的魔力。

在幻想小说和民间童话里，类似的例子太多了。给人一个新名字，会让他起死回生；夺走一个人的名字，会让他永远听命于自己；而要是说出了一个小怪物的名字，则会让它发出一声尖叫，从此消失在黑暗之中。

⑤现在，他恍然大悟，是它在用一种神奇的方式呼唤他，它属于他。

他抱着那本书，跑回学校，躲进屋顶的储藏室，开始读起《永远讲不完的故事》来。

漆黑的森林里，鬼火精、吃石头巨人、小人精和夜精灵正在昼夜兼程，他们几个是去给天真女皇送信的信使，因为一股黑暗的虚无正在幻想王国中蔓延。虚无是一种可怕的力量，它开始只有小青蛙那么大，可很快就越变越大，吞噬了湖泊、森林和平原。⑥

可是当信使抵达幻想王国的心脏象牙塔时，却发现他们的天真女皇已经病倒了。这将是一场灾难，因为她的死也就是他们大家的末日，即这个无边无际的幻想王国的毁灭。门开了，人马怪医师走出来对大家说："我们需要一位英雄，天真女皇已经把这位英雄的名字告诉了我，把她自己的命运和我们大家的命运都寄托在这位英雄身上，他叫阿特莱尤。"

人马怪在草原上找到了阿特莱尤，他是一个大约十岁的男孩："天真女皇派你去给她找治病的药，拯救幻想王国。你愿意去吗？""我愿意。"他坚定地说。人马怪把护身符挂到了他的脖子上："它会给你无穷的力量。"阿特莱尤骑马出发了，沼泽地里一只很老很老、名叫毛拉的乌龟告诉他："天真女皇需要一个新名字，有了新名字，她的病就好了。""谁能给她一个名字？""在幻想王国谁也不能给她起名字。""谁能？谁能给她起一个新名字，谁能拯救我们大家？"⑦"我不知道。南方有个乌于拉拉，也许她知道。"

⑧ 巴斯蒂安还留在现实世界里。

尽管他自己毫无察觉，但他已经在暗暗地呼应另一个世界的召唤了。他不知道，就是为了把他引入另一个世界，天真女皇才找来了与他年龄相仿的阿特莱尤。后来，她对阿特莱尤说出了真相："现在，你明白我为什么一定要让你做出那么多事情了吧？只有用一个长长的、充满奇迹和惊心动魄的故事，才能引导我们的救星来到我身边，这就是你的故事。"

"奇怪，"巴斯蒂安大声说道，"在幻想王国里谁也不能给天真女皇起一个新名字？"如果只要起一个新名字，那他就行。可是他不在幻想王国。⑧钟声响了，上午的课程结束了。他饿得要命，但想到阿特莱尤的任务还没完成，就又继续看下去。

阿特莱尤骑上一条白龙，一眨眼来到南方的三道魔力门面前。他先穿过大谜门，然后在魔镜门上看到一个脸色苍白、和自己的年龄差不多的小胖子正盘着腿坐在那里看一本书。⑨他没有犹豫，穿了过去，接着又穿过了无钥门。但乌于拉拉没有现身，她只是唱歌给他听：我们都是书中人物，是被人类虚构出来的，但愿能有一个人类的孩子听到我们的呼声，他来我们这里非常容易，我们去他那里却困难万分。阿特莱尤明白了，原来只有一个人间的小孩才能给天真女皇起新名字。他必须到幻想王国之外的现实世界找到这样一个孩子，并把他带到天真女皇跟前。

巴斯蒂安心想："我多么愿意帮助她呀！我会想出一个特别美的名字。现在，我要是知道怎样才能到阿特莱尤那儿去就好了，那我会马上动身的！"⑩

然而，阿特莱尤骑龙飞了好久，才知道幻想王国根本就没有边界。一阵风暴刮过来，他从万丈高空坠落下来。当他醒来时，发现护身符不见了。在一座即将被虚无吞噬的死城，他问一个被铁链子锁住的狼人："你能告诉我通往人间的道路吗？"狼人眼中闪着绿色的火星："这很简单，只要你跳进虚无之中就行了。""我在那边是什么样子？""你会变成谎言。"接着，狼人又告诉阿特莱尤，自己是专门被派来杀他的。临死之前，它一口咬住了阿特莱尤的腿。这时，虚无已经包围了这座死城。还算好，白龙捡到了护身符，及时赶来救出了阿特莱尤，把他送到了天真女皇的面前。天真女皇看上去像一个十岁的小姑娘，但她比幻想王国最老的生灵岁数还要大。她美得难以描绘，长发像雪一样白，显得既温柔又高贵。

⑨ 这个小胖子就是巴斯蒂安。
这是一个预兆，预告他不久就将走进故事里。

⑩ 历险的种子已经播下，并且生根发芽，英雄开始跃跃欲试了。用坎伯的话来说，就是"跨越门槛的时候到了"。

⑪

两个世界之间出现了一丝裂缝！

这绝对不是幻觉，巴斯蒂安对自己说。因为他甚至看清了天真女皇眼睛上的眉毛、长长的耳垂……现在，另外一个世界对巴斯蒂安来说，已经不再是一个纸上的故事了，它变得立体起来，是一个真实的存在了。

还差那么一步，英雄就要响应历险的召唤，开始跨越了。

⑫

这也是一个英雄绕不过去的坎儿。

拒绝召唤。

虽然没有什么能阻挡巴斯蒂安前进的步伐了，他已经掌握了密钥，知道只要喊一声他为天真女皇起的名字，就能进入另一个世界。但他害怕了，那是一片未知的土地，进去了，还能安然无恙地返回来吗？那是一个危机四伏的魔法大陆，有那么多可怕的怪物，还有渐渐逼近的虚无……如果换成我们，我们也会向后退缩的。

坎伯说，所有神话里的英雄都注定要经过这个阶段。

我们也可以这样说，在这本书里，巴斯蒂安是一个不情愿当英雄的英雄。

⑬

召唤的声音更加强烈了。

危在旦夕，我们的英雄已经别无选择，他不能眼睁睁地看着这个故事就这样无休无止地循环下去，只能承担起拯救世界的重任，勇敢地上路了。

一瞬间，巴斯蒂安也看见了天真女皇的脸。不是想象，确实是亲眼看见了。⑪应该叫她月亮仙子才是！不用怀疑，这就是她的名字。

天真女皇微笑着对阿特莱尤说："你从那个伟大的远征回来了。"他低着头说："一切都白干了，我们都没有救了。""不，你已经把我们的拯救者带来了呀！"她说，"我看见他了，他也看见我了。"阿特莱尤向四周看了看："这儿除了你我并没有别人。"她回答他："他虽然还没有进入我们的世界，但他就要来了。""可他为什么还不来呢？"他问。"是呀，他还等什么呢？他只要用他给我起的名字叫我一声，就能进来。"

巴斯蒂安的心怦怦跳起来，要不要试一试呢？如果不成功怎么办？⑫

天真女皇在最高的一座山峰上找到了漫游山老人的家，一个房屋般大小的蛋。他是一个写书人，正在写一本名叫《永远讲不完的故事》的书。她告诉他，一个能拯救他们的人间小孩，正在读他现在写的这本书，已经和他们在一起了。他说他知道："他已经无法抗拒地属于《永远讲不完的故事》中的人物了，因为这也是他自己的故事。""给我讲一讲他的故事吧！"天真女皇说。于是，漫游山老人讲了起来：11月一个灰暗而又寒冷的早晨，天正下着大雨。胖胖的小男孩巴斯蒂安跑过一家旧书店时，脚下突然像生根似的站住了……只是他只能讲到天真女皇来见他为止，然后又从头开始，再次边讲边写这个永远讲不完的故事……⑬

故事将永远这样继续下去，因为故事本身不能自己改变自己，只有巴斯蒂安可以改变。突然，他发疯似的大喊起来："月亮仙子！我来了！"

⑭ 这就是我们现在常说的"穿越"了。

英雄跨越了第一道门槛。

巴斯蒂安穿越时空，从一个世界进入了另外一个陌生的世界。在幻想小说的文本里，连接两个世界最常见的通道是一扇门或一个大衣柜，让人物直接跳进书中的故事里，不能不说是米切尔·恩德的一个创举。

幻想小说也有许多种类型，有些像民间童话一样，英雄从一开始就在一个有魔法和怪物的世界里了。还有一种类型，正好与这本书相反，不是现实生活中的人进入到幻想世界，而是一个幻想世界的魔法人物不由分说，就闯进了我们这个世界。

这我们在后面还要细说。

"月亮仙子，我来了！"巴斯蒂安向着黑暗又轻声地说了一遍。他发现自己在飞翔。月亮仙子的声音从黑暗中传来："欢迎你，我的救命恩人，我的英雄，幻想王国在你的愿望里获得了新生。"⑭她把一个小东西放进他的手心："一粒沙。我那无边无际的幻想王国就只剩下这么一丁点儿了，我把它送给你。"他看着它，惊喜地叫道："瞧，它开始发光了，这根本不是沙粒，是一颗闪光的种子，它正在发芽！"他手掌上的小小亮点像颗小星星在黑暗中飞动起来，没多久，就长出了一片奇异的森林。"你为什么让我等那么久？"她问。"我想，"他结结巴巴地说，"我不勇敢，不英俊，不像个王子。"她笑了，他发现她正俯视着自己："我要让你看一个人，你看着我的眼睛！"他在月亮仙子金色眼睛的瞳孔上看到了一个英俊少年，他这才意识到，这个少年就是他自己。

月亮仙子不见了。他朝身上摸去，发现自己戴着护身符，就是那个叫奥林的宝贝。月亮仙子把幻想王国里高于一切的权力留给了他。⑮他看到它上面有两条尾巴互相绞在一起的蛇，背面写着四个字：行你所愿。

他想锻炼得像阿特莱尤一样坚强，想穿过一个大沙漠。忽然，森林震动了一下，在日光中迅速化成了彩色沙漠。他渴望遭遇一头猛兽，一头火球似的大狮子就朝他冲了过来。但当它发现

---

⑮ 在这个世界，巴斯蒂安碰到的第一个人物，就是月亮仙子，即幻想王国的女皇。

其实，她已经等候在他的旅途中了。

她就是英雄在英雄旅程中必定会相逢的那个"超自然的救援者"。面对一片崭新而未知的疆土，初来乍到的英雄两眼一片漆黑，不知道应该朝哪一条路走，正在踌躇不前的时候，她就出现了，她给英雄超自然的助力，让他拥有魔法，以便保护他完成最后的任务。

坎伯说："英雄旅程中首先会遭遇的人物，乃是提供给他护身符以对抗即将经历之龙怪力量的保护者（经常是一位干瘪的小老太婆或老头儿）。"

说得真对，月亮仙子就是一位干瘪的小老太婆。虽然她看上去像一个十岁左右的少女，但她不是少女，"她比幻想王国最老的生灵岁数还大，应该说，她根本就没有年龄"。

月亮仙子在消失之前，把名叫奥林的护身符挂到了巴斯蒂安的脖子上，后来正是它给了他无边的魔力，但也差一点点就毁了他。

巴斯蒂安佩戴着奥林时，它跪下来，管他叫主人，说自己叫格劳格拉曼，是沙漠里的彩色死神。他问它奥林背面的"行你所愿"是不是想干什么就干什么的意思，它说不是，它用轰雷般的声音告诉他：那是说，你应当按照你真正的愿望去行动。你真正的愿望是你心灵最深处的秘密，你还不认识它。你要走上寻找愿望的路，从一个愿望走向另一个愿望，直到你找到最后的那个愿望为止。那个愿望会把你引向你真正的愿望。

告别了狮子，巴斯蒂安走进一座名叫阿玛干特的城市。在比武中，他打败了所向无敌的勇士。想不到，在这里他遇见了阿特莱尤，两个男孩默默地对视了许久，阿特莱尤说巴斯蒂安虽然变了样，但他还是从目光中认出了他。"我们出发吧。"阿特莱尤对巴斯蒂安说，"是我把你带到幻想王国来的，现在我应该帮助你找到返回去的道路。"

他们起程了。阿特莱尤不知道，他们没有走上送巴斯蒂安回家的路，而是正按照巴斯蒂安心底的一个愿望，朝幻想王国的中心象牙塔走去。途中，阿特莱尤告诉巴斯蒂安："奥林给了你力量，使你的全部愿望得以实现，但同时，它也拿走了你对自己世界的记忆。"这倒是真的，过去的许多事情巴斯蒂安都想不起来了，他都不想再回自己的世界了。

他们的队伍经过一座食肉兰花林时，魔女萨义德⑯加入了进来。她挑拨巴斯蒂安说："阿特莱尤打算从你手里拿走天真女皇的标志，偷不成他就使用武力。"几天之后的一个黑夜，阿特莱尤果真钻进巴斯蒂安的帐篷，来偷奥林了。他被骑士们当场抓住，但巴斯蒂安没有杀他，而是把他和那条白龙一起赶走了。

"我的主人，现在你可以实现你的愿望了。"魔女萨义德眼看就要达到自己的目的了，鼓动巴斯蒂安，"去象牙塔吧。月亮仙子把那个标志交给了你，就等于把幻想王国交给了你，你现在就要成为天真皇帝了。"

预定加冕的这一天终于到了。可是加冕没有成功，反而在象牙塔里展开了一场前所未有的血战。阿特莱尤带领全体绿皮肤人、人马怪、吃石头巨人来造反了。战斗持续了整整一天，阿特

⑯　这是一个邪恶女巫，像民间童话里的所有坏女巫一样，她后来也没逃过死亡的厄运。

有意思的是，幻想小说里小主人公的敌人，总是一个大人。

莱尤终于攻到了象牙塔跟前。阿特莱尤举剑直指巴斯蒂安："把那个标志给我！这也是为了你！"两个人厮杀起来。巴斯蒂安一剑刺入了阿特莱尤的胸膛，阿特莱尤向后面倒去，一道白色的火焰穿过黑夜的烟雾飞来，接住他腾空而去，原来是那条白龙。这时，巴斯蒂安看到象牙塔熊熊燃烧起来，接着，它就被大火吞没了。他用剑指着那堆炽热的火焰和废墟，声音嘶哑地喊道："这都是阿特莱尤干的好事。不管他逃到天涯海角，我也要抓住他！"他跳上一匹黑马，向黑夜里奔去。

中午，他追到了一个乱七八糟的地方，这里所有的人看上去都是傻子。一个小猴子告诉他，这个城市叫旧皇帝城，它是看守者，这里的人都曾经是幻想世界里某一个小国的皇帝或是想当皇帝的人，他们都找不到回自己世界的路了。"他们都曾拥有过奥林？"他问。"当然。"小猴子说，"不过因为他们想当皇帝，奥林就按照它自己的愿望消失了，他们不能夺走天真女皇的力量。"他这才明白，是阿特莱尤救了他。"告诉我，我必须做什么？"他问旧皇帝城的看守者。"找到一个带领你回到你的世界的愿望。"小猴子说。

巴斯蒂安搭船穿过雾海，来到一个玫瑰盛开的国度。在一座名叫变化楼的楼里，他见到了一位夫人。在最初的瞬间，他想张开双臂扑上去，大声喊：妈妈！妈妈！但他克制住了，妈妈死了，肯定不会在幻想王国里。她说她叫阿伊欧拉夫人，她给他讲起了一个小男孩的故事：天真女皇病了，一天夜里，来了一个人——一个小男孩，他给天真女皇起了一个新名字。为了感谢他，月亮仙子答应在她的幻想王国里，他可以实现自己的一切愿望，直到他找到自己真正的愿望为止。可那个小男孩每实现一个愿望，就忘掉一点对自己原来那个世界的记忆，直到全部忘掉。记忆没有了，人也就不再有什么愿望了。他现在已经几乎不成人样了……巴斯蒂安说："这个小男孩就是我。"阿伊欧拉夫人说："你走了一段很长的弯路，但这是你的路。你知道这是为什么？你属于那些只有找到喷涌出生命之水的源泉才能返回故乡的人。而那是幻想王国里最神秘的地方，去那里不会有平坦的路。"在阿伊欧拉夫人身边住了许多天后，他开始渴望自己能够去爱。"现在，你找到了你最后的愿望，"她说，"你的真正愿望就是去爱。""可是，我为什么不能爱呢？""只有当你喝了生命之水以后，你才会爱。而且，你要是不给别人带回去一点生命之水，你就回不到自己的世界。"⑰

外面已经是冬天了，巴斯蒂安颤抖着走上了征程。在图画矿山，他看到一幅画，画上是一个穿着白大褂的男人拿着石膏假牙站在那里。他想不起来这个男人是谁，但男人似

⑰ 这长长的一段，就是英雄旅程中最让人血脉贲张的一段了。

这是一条漫长而又险峻的历练之路。英雄一路上不但要不断地结识盟友，面对敌人，还要经受一连串的考验，完成不可能完成的任务。

对巴斯蒂安来说，阿特莱尤、白龙就是他的盟友，而魔女萨义德就是他的敌人——只不过他被谎言迷惑，一时半会儿没有发现这个女人的真面目而已。当然，他还有一个最大的敌人，就是他自己内心的贪婪、虚荣以及对权力的渴望。

一个接一个的考验太严苛了。

众叛亲离、杀戮，甚至是死亡。说起来，巴斯蒂安还真是"死"过一次呢。那个深陷在盆地里的死气沉沉的旧皇帝城，不就是死亡的象征吗？如果不是那个看守者小猴为他指点迷津，他或许就永远与那些傻瓜们为伍了。

英雄死了（可以看做是他内心一个不好的自我死了），但随即就又获得了重生。

最后，我们的英雄还是经受住了苦难的折磨，征服了敌人。

要不然，他怎么会是英雄呢？

⑱

在一般幻想小说的结尾，英雄总会与死敌狭路相逢，展开一场殊死的战斗，最终取得胜利。但巴斯蒂安最后战胜的，是他自己。

⑲

英雄得到了奖赏。

历尽千辛万苦，英雄终于抵达了故事的终点，他可以尽情地欢庆了。

⑳

巴斯蒂安再次完成了穿越，回到了起点，也就是回到了那个属于他的现实世界。

不过，某些事情已经发生了变化。你看，阻拦在他和爸爸之间的那堵冷漠的墙坍塌了，不复存在了，他重新找回了父爱。家，虽然还是原来的那个家，但在经历了一连串历险的巴斯蒂安眼里看来，它却被赋予了一层新的意义。

要不，佩里·诺德曼他们怎么会在《儿童文学的乐趣》里又特地强调说："所以，与其说儿童文学最典型的故事主线是'在家—离家—回家'，不如说是'在家—离家—找到新家'：离开熟悉的家，有了新的经验之后，对家和自我都有且应该有一个新的、更好的理解。"

给大人看的小说可不是这样。成人小说里的主人公，一旦离开家门，往往就再也不回家了。

乎在冲他呼救："救救我，只有你能救我出去！"最后，当一群丑蛾子要抓走他时，阿特莱尤和白龙及时赶到救了他。他们面对面站了很久，巴斯蒂安慢慢从脖子上取下奥林，放到雪地上。⑱刹那间，奥林放射出无比明亮的光芒。当他睁开眼时，发现自己站在一个圆形屋顶的大厅里，中央躺着两条巨蟒，它们守护着的就是生命之泉。在阿特莱尤和白龙的帮助下，他走进了泉水之中，大口地喝了起来。⑲当他用两只手捧起一捧生命之水向门口跑去时，门外已是一片漆黑。他跳入黑暗——掉进虚空。"爸爸！"他喊道，"爸爸——我——是——巴斯蒂安——"

"爸爸！爸爸——我——是——巴斯蒂安——"他喊着，觉得自己又回到了学校的储藏室里。他跑回家，和爸爸紧紧地拥抱到了一起。爸爸说，他找了他一天一夜，他担心得都快要疯掉了。于是，巴斯蒂安讲起了他在幻想王国的经历，他看到爸爸眼里充满了泪水。他理解了，他确实能够给爸爸带来生命之水。⑳

第二天，他来到那家旧书店，对店主说："我偷了您一本书，书名叫《永远讲不完的故事》。我想把它还给您，可我把它弄丢了。"店主却说："我从来没有过这样一本书。"不过，当他听完巴斯蒂安的故事，他又说："你没有偷走我的这本书，因为它既不属于你，也不属于我，更不属于任何别人。如果我没有说错的话，那么它是自己从幻想王国飞来的。说不定此时此刻另外一个人正手捧着它阅读呢，谁知道呢？"

儿童文学可以这样读

是谁写了这些童书

　　是谁躲在童书的后面写了这么多好书？孩提时读书，光顾着看故事了，从来没有想到这些书也是"人"一个字一个字地写出来的。当然是人了，他们是世界上最特殊的一个群体，叫儿童文学作家。他们与众不同，都有一种与生俱来的天赋，不然，他们怎么能猜透孩子们的心思。秘密在于，他们的心中都躲着一个小孩，不，他们自己本身就是一个像彼得·潘那样永远也长不大的小孩。

　　每一本童书的作家，其实都是一本可以翻开的书，只要你愿意去读他。

有的作家，
是大名鼎鼎的学者

作家，可以是一种职业，也可以不是一种职业。有些人一辈子以写童书为生，他们就是职业作家。可还有些人，在不写童书的日子里，他们看上去一点儿也不神秘，就是一个普通人，身份可能是教授、律师、图书馆馆员、小学老师，甚至……是一位家庭主妇。

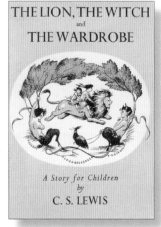

《狮子、女巫和魔衣柜》封面
HarperCollins

可千万别误会了，好书并不一定都出自职业作家之手，非职业作家照样能写出传世经典来。

比如，英国的大学者C. S.刘易斯有一天心血来潮，就写了一本名叫《狮子、女巫和魔衣柜》的童书，结果呢，一下子就风靡了世界，让一代又一代的读者心驰神往。你一定记得那个紧张而又让人向往的情节吧：小女孩露茜穿过那口大衣柜，走进了一片雪花飞舞的树林，紧接着就碰到了一个打着伞、脖子上围着一条红围巾的羊怪。对，露茜走进了一个名叫纳尼亚的魔法大陆。因为这本书太受欢迎了，于是，刘易斯响应读者的呼唤，花了六年的时间，又写了六本，构成了一部鸿篇巨制："纳尼亚传奇"系列。

不过，在这之前刘易斯可没有写过一本童书，他曾任教于牛津大学，是剑桥大学马格

《狮子、女巫和魔衣柜》插图
保利娜·贝恩斯/画

德林文学院中世纪和文艺复兴文学史的教授。他当然也不是心血来潮，从很小的时候起，他就开始躲在阁楼上，边画边写，编一个幻想王国的故事了。

刘易斯有一个挚友叫J.R.R.托尔金，是牛津大学盎格鲁—撒克逊语教授，也是一

《霍比特人》封面
HarperCollins

个大学者。他在创作幻想史诗《魔戒》，也就是那厚厚三大本被狂热的崇拜者称为"这个世界只剩下两种人，读过《魔戒》和没有读过的人"的巨作之前，曾小试牛刀，写过一本名叫《霍比特人》的童书，说的是生活安逸的霍比特人比尔博·巴金斯，在巫师甘道夫的鼓动下，血脉中流淌着的先祖的冒险

《霍比特人》插图 Alan Lee/画

精神被唤醒，加入了一个由十三个小矮人组成的远征队，前往恶龙守护的孤山，展开了一场旷世卓绝的寻宝之旅的故事。

后来，它成为《魔戒》的开篇序曲。

《霍比特人》其实还有一个副标题：or There and Back Again。如果直译过来，就是"去而复返"，这恰好与我们前面说过的儿童文学的基本故事模式吻合。儿童文学的故事总是这样，先是离家，然后再回家。《霍比特人》是一部幻想小说，它与《永远讲不完的故事》一样，说的也是一段英雄的旅程，先是英雄在平凡的世界里听到了历险的召唤，然后拒绝召唤，最后在年长师父的激励下，勇敢地跨越第一道门槛，踏上漫长的旅途……

可有的作家，就是一位平凡的家庭主妇

英国人伊迪丝·内斯比特是五个孩子的母亲，为了赚钱养家，她在四十一岁那年开始写起了童书。

可不要小瞧了这位家庭主妇，她出手不凡，既写现实题材的家庭小说，又写幻想小说，特别是她的幻想小说，甚至开拓出了一条前人不曾走过的路径——把幻想世界里的魔法人物，请到了孩子们的日常生活当中来。

内斯比特最有名的书，就是《五个孩子和一个怪物》了。在这个轻快滑稽的故事里，五个小主人公虽然也会听到历险的召唤，也会跨越门槛，但没有进入另外一个世界，而是从白房子后面的沙坑里，挖出来了一个许愿精灵。这个法力所剩无几的怪物可以让人

《五个孩子和一个怪物》封面
Dover

愿望成真，但有一个小小的限制，就是一到日落黄昏，魔法就会立刻消失。说内斯比特伟大，是因为她在这本书里还有一个发明，就是创造了一种让孩子们"离家"出走的方法，把他们送去过暑假，而且还要支开他们的父母。后来，好多的童书都竞相模仿，一上来，就先把孩子们送到一个陌生的地方去过暑假。

知道大学者刘易斯最崇拜的童书作家是谁吗？就是内斯比特。他曾对一个朋友说，他是在"内斯比特的传统"中写童书；他在一封给小书迷的信中说："我也喜欢内斯比特，我感到从她那里学到了许多怎样写这一类作品的方法。"

《五个孩子和一个怪物》插图　H.R.米勒/画

还有一位家庭主妇，如果说出名字来更是无人不知、无人不晓，对，她就是被人称为"魔法妈妈"的"哈利·波特"系列的作者J.K.罗琳。

她写第一本《哈利·波特与魔法石》时，还是一个靠领失业救济金养活自己和女儿的单身母亲。因为自家的屋子又小又冷，只能到住家附近的一家咖啡馆里把"哈利·波特"的故事写在小纸片上。可今天，连她自己都成了一个民间童话，一个标准的灰姑娘式的童话。上天眷顾她，给了她讲故事的才华，她实在是太会讲故事了，居然能把世界上那么多小孩和在心底里永远不愿长大的大人统统拉回到书桌前面。

有的作家，六十多岁才开始写第一本书，可有的十五岁就出版第一本书了

美国漫画家威廉·史代格六十一岁那年，在一位杂志编辑的建议下，开始尝试创作童书。他主要

《帅狗杜明尼克》插图　休·洛夫廷/画

写图画书，如我们熟知的《驴小弟变石头》、《史瑞克》（没错，就是后来被改编成动画片的《史瑞克》），他也写文字书，比如《帅狗杜明尼克》，可谓是大器晚成。

　　故事说的是，一条名叫杜明尼克的狗，认定自己家的附近已经没啥新鲜事了，没法继续冒险，便锁上门，埋了钥匙，离家闯荡前程去了——你看，就连一个拟人化的狗的故事，都没有逃脱儿童文学的那个基本故事模式：听到历险的召唤，离家，跨越第一道门槛，进入一个未知的世界……那么接下来，就会有一个师父般的角色等在半路上，来为他指引前进的方向了。果然，杜明尼克在一个岔路口，看见一条鳄鱼站在那里，她"一手挂着拐杖，看来像是早就在那儿等着他了"。可千万不要以貌取人，这个披着披肩、一共有八十颗尖牙的鳄鱼其实是一个巫婆，就是师父。

　　让我们来听听巫婆鳄鱼是怎么为我们的英雄指引方向的吧：

《帅狗杜明尼克》封面
新蕾出版社

　　只要你顺着这条路一直往下走，走到别人都不想走的地方，只要你走下去，相信我，你绝不会有一分一秒的时间，去纳闷自己是否因为没有走另一条路而错过了什么。这条路一开始可能看起来很普通，其实却很特别，你会碰上猜也猜不到的事情——奇妙又难以置信的事情。这条路颇有冒险性。我十分肯定你会走哪条路。

《伊拉龙》封面　接力出版社

　　巫婆鳄鱼的这番话，当然就是史代格的人生经验了。我们只能"十分肯定"地说，一个人，如果不是阅尽了人间沧桑，如果不是有太多的历练，是说不出这样的话来的。

　　既然是画家，史代格当然要为自己的书配上插图了，他所有的书都是自写自画。这位在别人退休的年龄转行当童书作家的可亲可敬的老人，九十六岁时出版了最后一本书。

　　而美国作家克里斯托弗·鲍里尼，写出畅销书《伊拉龙》时，还只有十五岁。据他自己在后记里说，他还需要在母亲的帮助下，才"制伏了逗号、冒号、分号和其他小捣蛋"。

伊拉龙不是一条龙，是个十五岁的小男孩。他在森林里找到了一块蓝石头，想不到竟从里面孵化出一条幼龙。一夜之间，他的平凡生活被彻底粉碎，他突然就闯入了一个由命运、魔法和力量组成的危险的全新世界……这样的故事，也只有从小读着托尔金的《魔戒》长大的孩子才能写得出来。连他自己都不否认，他自幼就是一个幻想小说迷。

作家的灵感是从哪里来的

写童书，当然就要构思一个好故事了，而灵感，就是这个好故事的源泉。不过灵感这东西，没人说得清楚它们是怎么冒出来的，据作家们事后自己描述，它们往往出现得十分突然，相当神秘，而且没有任何的征兆。

一个著名的例子，就是托尔金。

有一天他正在批改学生们的考卷，有人交了白卷，于是因为闷热而百般无聊的他，就拿起笔，信手涂鸦，在白纸上写下了一行字：In a hole on the ground there lived a hobbit（在地底洞穴中住着一名霍比特人）。就是这么一句一时兴起的涂写，犹如电光石火般地照亮了他的脑海，他开始想：霍比特人是什么人？他为什么住在地底的洞穴中呢？他开始往上回溯故事，没多久，就开始写作《霍比特人》了。不过，当他写完了大部分手稿，却把它锁在了抽屉里。后来，他的一个学生读了这部手稿，把它推荐给出版商，不到一个星期，出版商就回函表示愿意出版这本书。

还有一个著名的例子，是罗琳。

罗琳说她在二十四岁那年，乘火车从曼彻斯特前往伦敦。旅途中，一个瘦弱的、戴着眼镜的黑发小巫师，一直在车窗外对着她微笑。这个小孩，就是后来的哈利·波特。七年后，她把那个映在车窗上的男孩写成了一本书的主角，于是，我们就在《哈利·波特与魔法石》里再一次近距离地看清了他的外貌：瘦小的个子，乱蓬蓬的黑色头发，明亮的绿色眼睛，戴着圆形眼镜，前额上有一道细长的、闪电状的伤疤……

作家们偶尔也会
互相借鉴一两个情节

来了灵感，不一定就能写出好看的童书。童书作家（给大人写书的作家也是一样）一般都酷爱读书，如果让他们给你开一个阅读书单，每个人都会推荐长长的一列，比如罗琳就说她从小就喜欢看《古堡里的月亮公主》、《秘密花园》……他们自己在写书的时候，也会从别人的书中寻求滋养，获得启发，甚至是自觉不自觉地借鉴某一个情节。

《半个魔法》封面　Harcourt

这一点儿都不奇怪，在今天，一个再灵感四溢的作家也不可能创作出一本包括情节、文类在内前人从未写过的书来。没有人能够例外。

法国当代文艺理论家朱丽娅·克里斯蒂娃说："任何文本都是引语的镶嵌品构成的，任何文本都是对另一文本的吸收和改编。"佩里·诺德曼和梅维丝·雷默在《儿童文学的乐趣》里说得更清楚："任何既定的文本总有许多别的文本在背后支持，并跟别的文本有许多共同特点：除明显的引用之外，还包括观念、意象，以及基本的故事模式。"

这就解释了我们的一个困惑：为什么会在两本书中看到同样的情节呢？

比如，内斯比特的《五个孩子和一个怪物》的续篇《四个孩子和一个护身符》是这样开头的："话说有一回，四个小朋友到乡下过暑假，住在一座白房子里……"于是，她的两个最忠实的崇拜者刘易斯和美国作家爱德华·伊格便紧随其后，一个在《狮子、女巫和魔衣柜》里这样开头："从前有四个孩子，名字叫彼得、苏珊、爱德蒙和露茜。这个故事说的是大战期间他们躲避空袭，离开伦敦，被

《半个魔法》插图　N.M.Bodecker/画

送走时发生的事情……"另一个在《半个魔法》里这样开头："这个故事开始于大约三十年前的一个夏天，发生在一户人家的四个孩子身上……" 刘易斯和伊格是故意这样写的，为的是表达他们对内斯比特的一种敬意。

这样公开承认我就是借鉴了前辈作家的例子，可不多见。一般的情况下，即便是情节"撞车"了，后面的作家也不会站出来声明，说我悄悄地借用了前面一位作家的情节。不会，因为这可能完全是一种下意识的行为，或者真的就是作家的原创。

在《哈利·波特与魔法石》里，哈利·波特是在国王十字车站的9$\frac{3}{4}$站台上的火车，去霍格沃茨魔法学校的。这个站台，一般的正常人，也就是麻瓜们根本就看不见，只有像哈

利·波特这样具有巫师血统的人才进得去。你看，当他按照别人教的，推着手推车，照直朝第9和第10站台之间的检票口冲去时，他成功了。他以为会撞上票亭，但没有，他睁开眼睛时看到：

> 一辆深红色蒸汽机车停靠在挤满旅客的站台旁。列车上挂的标牌写着：霍格沃茨快，11时。哈利回头一看，原来检票口的地方现在竟成了一条锻铁拱道，上边写着9$\frac{3}{4}$站台。

可是，在《哈利·波特与魔法石》出版好几年前，同样是英国童书作家的艾娃·伊宝森出版了一本名叫《13号站台的秘密》的幻想小说。故事说的是，在一座没有名字的岛上，生活着国王、王后和各种各样的人类以及雾

《13号站台的秘密》插图
Sue Porter/画

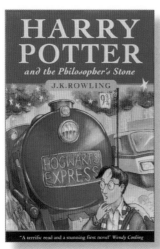

《哈利·波特与魔法石》封面
Scholastic

《13号站台的秘密》封面
Puffin Books

兽、魔女、巫师、仙女等稀奇古怪的生物。这个奇妙的小岛，在我们这个世界的下方，要是他们想到我们这个世界来，必须首先穿过"高普"的一扇暗门。这个高普，每隔九年才打开一次，一次只开九天。这一回，为了救回九年前失踪的小王子，国王派出了一支由一个弱不禁风的老巫师、一个头

脑有点奇怪的仙女、一个住在深山里的独眼巨人外加一个乳臭未干、一颗牙齿是蓝色的小魔女组成的救援队，来到了高普的暗门前面。

不过，你知道这个高普在哪里吗？你绝对想不到，它就在伦敦的国王十字车站的第13号站台下面，那道暗门就在老旧男衣帽间的墙壁后面。

> 车站大厅正面墙上的大钟——不是13号站台的那个，那个钟早就停了——慢慢地移动着分针。11点30分……11点45分……终于，午夜了。
>
> 开始了！男衣帽间的墙壁无声无息地滑动，露出了一个洞。那个洞又深又黑，微微的雾气从里面飘出来，带来若有似无的海水气息……
>
> 一些人影出现了。三个人形，加上空中的一只蓝眼睛。

你看，不要说站台了，连车站的名字都是一样的。但是这说明不了什么问题，或许罗琳从没读过《13号站台的秘密》，这仅仅是一个偶然的巧合。

所以，有的作家写完一本书，特别害怕自己不过是在重复一个别人早已写过的故事。美国作家E.B.怀特写完《夏洛的网》之后，就曾经给他的编辑写信询问："我早想问你，可是却忘了，你是否读到过与《夏洛的网》类似的情节？即是否在小说中读到过任何有关蜘蛛在网上写字的情节？我对青少年文学或类似的作品读得不多，一直很担心自己无意中创作了一些早就被别人写过的东西。"

有时，
作家还会从自己的书里蹦出来，
善意地批评一下别的作家哪

英国作家罗尔德·达尔就干过这样的事。

在他写的《玛蒂尔达》那本书里，小主人公玛蒂尔达和她的老师亨尼小姐之间有这样一段对话：

> "我喜欢《狮子、女巫和魔衣柜》，"玛蒂尔达说，"我觉得C. S.刘

易斯先生是位很好的作家。但是他有一个缺点，他的那些书一点滑稽的东西都没有。"

"你说得对。"亨尼小姐说。

"托尔金先生的书里滑稽的东西也不多。"玛蒂尔达说。

"你认为所有儿童书都应该有滑稽的东西吗？"亨尼小姐问道。

"我认为是的，"玛蒂尔达说，"儿童不像大人那么严肃，他们爱笑。"

《玛蒂尔达》封面　明天出版社

《玛蒂尔达》插图　昆廷·布莱克/画

儿童文学可以这样读

书中的插图

　　给孩子看的书，当然就要有插图了。绝大多数给小学生看的书，都有插图。说起童年时看过的那些经典童书，书中是怎样描述那些人物的，我们可能记不清了，但我们不会忘记他们的模样，不论过去了多少年，画家用画笔创造的那一个个栩栩如生的形象都不会退色。

　　可是，插图在丰富了我们想象的同时，也抹杀了我们的想象。

"一本书没有插图，又没有问答，那还有什么用呢？"

《爱丽丝漫游奇境》插图　海伦·奥克森伯里/画

爱丽丝挨着姐姐坐在河边，姐姐在看书，她没事可做，开始觉得无聊。她瞄了一眼姐姐正在读的书，没有插图，也没有问答，心想："一本书没有插图，又没有问答，那还有什么用呢？"

《爱丽丝漫游奇境》里的爱丽丝说完这句话没有多久，就掉进了篱笆底下的兔子洞。当然，她掉进兔子洞，不是因为一本书没有插图，而是好奇心害了她。但也说明了一个事实，就是从有童书那一天开始，孩子们就喜欢看书里的插图。

爱丽丝没有说错，有些童书离开了插图，读起来还真是没趣。

不说别的，就看这本《爱丽丝漫游奇境》吧。单读这样一段文字："爱丽丝伸长脖子，踮起脚顺着蘑菇的边缘向上看，一抬眼就和一双眼睛相对。那是一条蓝色的毛毛虫，坐在蘑菇上面，手抱着胸，只顾静静地抽着水烟筒，对爱丽丝和她身边的事物完全不理不睬。"你能想象得出这是怎样的一个场面吗？真的很难。同样，读了这样的文字："屋前有一棵大树，树下有张桌子，已经摆好了杯盘。三月兔和帽匠坐在桌边喝茶……"你也照样无法想象出三月兔和帽匠长的是什么模样。

到今天为止，全世界有一百多位优秀的画家为《爱丽丝漫游奇境》画过插图，其中像海

《爱丽丝漫游奇境》插图
阿瑟·拉克姆/画

今天，只要我们一说到佩罗童话《小红帽》里的小红帽，就会想起古斯塔夫·多雷画的那个小红帽；一说到弗兰克·鲍姆的《绿野仙踪》里的多萝西，就会想起W.W.丹斯罗画的那个多萝西；一说到阿斯特丽德·林格伦的《长袜子皮皮》里的皮皮，就会想起英格丽·凡·奈曼画的那个皮皮……不是说别的画家画得不好，要怪，只能怪这些插画家的插图最早、最经典、最准确地诠释和再现了原作人物的精神面貌。

《爱丽丝漫游奇境》插图　约翰·坦尼尔/画

伦·奥克森伯里的插图都让人印象深刻。

　　不过，最受人喜爱的，可能还要算是约翰·坦尼尔爵士的插图了。

　　今天我们一说到《爱丽丝漫游奇境》里的爱丽丝、那只把爱丽丝引进兔子洞的红眼睛大白兔、蓝色毛毛虫、疯狂的三月兔和帽匠，首先浮现在我们眼前的，就是约翰·坦尼尔爵士的人物造型。他的插图太深入人心了，被公认为最符合原著精神与时代背景，要不怎么会有人说出这样赞美的话来："《爱丽丝漫游奇境》没有约翰·坦尼尔，就像它没有卡洛尔一样。"卡洛尔就是《爱丽丝漫游奇境》的作者刘易斯·卡洛尔。

　　其实，又岂止是一本《爱丽丝漫游奇境》呢！

《长袜子皮皮》插图
英格丽·凡·奈曼/画

《小红帽》插图　古斯塔夫·多雷/画

如果罗尔德·达尔没有遇上昆廷·布莱克……

罗尔德·达尔的书滑稽又好笑，非常好看，没有一个孩子不着迷的。

　　尽管偶尔也会有成人批评家站出来批评他的故事太暴力，例如《玛蒂尔达》中的那个暴君校长，拎起一个小男孩的胳膊，就像甩飞碟似的把他从窗口甩了出去，摔断了好几根骨头，但这种批评声随

《小乔治的神奇魔药》封面
明天出版社

即就被孩子们的叫好声淹没了。每一个头脑正常的孩子都知道这样的事情在现实中不会发生，这不过是一种夸张的描写。没办法，他们天生就喜欢这种荒诞无稽的东西，看到《小乔治的神奇魔药》里的小乔治为了惩罚自己那个恶毒、自私自利的姥姥，用洗发水、指甲油、假牙洁净粉、狗用跳蚤粉、鞋油、辣椒酱……熬了一大锅魔药，把姥姥变成了一个越长越高、最后穿透屋顶的巨人时，他们就会笑得前仰后合。

因为达尔的书对孩子有一种特别的吸引力，所以有人把他比喻为"哈梅林的魔笛手"。这是一则德国民间童话，说的是一个来自异乡的花衣魔笛手来到哈梅林村，用笛声把全村的孩子都给吸引走了……可是，如果把达尔的书的魔力，全都归功于他一个人，似乎有点不公允，因为他的书，要是没有了昆廷·布莱克的插图，可就没有那么生动有趣了。所以，如果把达尔比做魔笛手，就应该把昆廷·布莱克比做他手上的那支魔笛。

昆廷·布莱克是获得过国际安徒生奖画家奖的画家，他的画风独特，他喜欢用简单、看似潦草的漫画风格的线

《小乔治的神奇魔药》插图　昆廷·布莱克/画

条来表现人物，充满了动作感，而且他的画和达尔的文字一样幽默夸张，只要看过一次，你就再也不用担心认不出来了。

可以说，罗尔德·达尔和昆廷·布莱克是世界童书界最好的一对搭档了。

他们从1975年开始合作，后来达尔的每一本童书，都是昆廷·布莱克为他配的插图。达尔有时会对编辑发火，但对昆廷·布莱克却十分尊重，甚至会调整文字，来配合他的插图。

"你最好单画一只蜘蛛，忘掉它的表情"

E.B.怀特那本历久弥新的《夏洛的网》，与达尔的书不一样，正相反，没有一个大人不为它着迷的。

不过不知道你发现了没有，书里的插图上，小猪威尔伯有表情，老鼠坦普尔顿有表情，连恐吓威尔伯"农民会杀了你，把你变成熏肉火腿"的老羊都有表情，可是我们那位真正的主角，躲在谷仓的门框上，用蛛丝织成一张爱的大网挽救了威尔伯性命的夏洛，不要说表情了，就是连她的脸都看不清楚。

为什么就不能给她一个近景或是大特写呢？

她是那样一位甘愿奉献的伟大女性，当威尔伯问她"你为什么为我做这一切呢？我不配。我没有为你做过任何事情"时，她的回答是多么的真挚感人啊，她说："你一直是我的朋友，这件事本身就是一件了不起的事。"可是，画家为什么不让我们看清她的脸呢？

其实，是作家坚决阻止画家画出夏洛的表情。

给《夏洛的网》配插图的是盖斯·威廉姆斯，他是一位非常著名的画家，《时

《夏洛的网》封面
上海译文出版社

代广场的蟋蟀》里的插图就是出自他之手。一开始，他给夏洛画了一张女人的脸庞，但却没有得到怀特的认可。怀特否定了他的草图，还给他寄了一本《美国蜘蛛》做参考，并写信托人转告他："我想看看那张画，因为我觉得不管怎么样，这本书一定要展现一个很迷人的夏洛。我相信，要达到这样的效果，画家就得描绘出神态和姿势，而不是面部表情。蜘蛛的脸部很小，事实上它们几乎没有头，或者至少头部相对来说是不太显眼的。"

《夏洛的网》插图
盖斯·威廉姆斯/画

自己为自己的书画插图的作家

世界上就是有这样一批奇才，自己不仅会写，还会画，画得还不是一般的好，根本就用不着再请别人来为自己的书画插图了。

英国作家休·洛夫廷算是一个比较早开始自写自画的人。

从前，很多年以前——当我们的祖辈还是小孩时，那里有一位医生，名叫杜立德——M.D.约翰·杜立德。"M.D."的意思

《杜立德医生的故事》插图　休·洛夫廷/画

《杜立德医生的故事》插图　休·洛夫廷/画

是，他是一位医学博士——无所不知的医学博士。

这本书你一定是久闻大名了，对，就是《杜立德医生的故事》。它的开头很叛逆，打破常规，不是像民间童话里先说大人有一个孩子，而是颠倒过来，先说大人是一个孩子，让人不觉一愣，趁着你还在发呆的状态，一下子就把你带入了一个不算太遥远，但却模糊不清的年代。这样的年代，可是什么样的奇人奇事都会发生的年代啊。

于是，一个热爱动物、会说动物语言、专门给动物看病的医生就走到了我们的面前。有一天，一匹犁地的马来找杜立德，他说他的一只眼睛快要瞎了，需要配一副眼镜，可是农场的一个家伙却在他的身上涂芥子硬膏，他十分生气，尽管他平时是一个又漂亮又安静的动物，但还是一脚把那个人踢到鸭池里去了……圆滚滚的杜立德医生当然满足了马的要求，给他配了一副还能挡太阳的绿色眼镜。

书上的文字里可没说杜立德医生长得圆滚滚的，只说他总是戴着一顶高帽子，是作家画出来的。

接下来要说的一个人，是德国作家瓦尔特·莫尔斯。

相比洛夫廷，莫尔斯要年轻多了，他1999年才出版第一本书，他最著名的一本书就是处女作《蓝熊船长的13条半命》。这可是一本颠覆人们阅读习惯的书。一个故事讲得好好的，他会突然就给你中断，插进来了一大段百科全书的注释。比如，故事

《蓝熊船长的13条半命》封面
人民文学出版社

讲到主人公被一只巨鸟的利爪抓住，你正想知道后面发生了什么事情，他却停下不讲了，换了一种字体，插入一段《查莫宁及其周边地区的奇迹、种群和怪异现象百科全书》的引用："救生恐龙：救生恐龙也叫漫游救生恐龙，属于正趋于灭绝的恐龙家族，像查莫宁地区的运河龙与霸王鲸赖克斯那样。估计全世界现在大约只有几千只救生恐龙了，而且这个数字仍在不断地大幅度减少……"

但这本书真是一本好看的奇书。全书以蓝熊船长回忆录的形式展开，只不过主人公不是人，是一头蓝熊，这头蓝熊一共拥有二十七条命。从书名中我们知道，这本书里讲了蓝熊的十三条半命，也就是半生多一点。一开始，蓝熊是作为一个来历不明的弃婴，躺在一个小核桃壳里朝着我们，不，是朝着查莫宁地区漂来的。这时的查莫宁，不论是对它还是对我们来说，都还是一片未知的大陆。渐渐地就不对了，出现了生灵，出现了颠覆我们想象力的生灵，一个个把我们的想象力推向极限的奇迹接踵而至。蓝熊死里逃生，最后终于悟出了一个道理：生命太宝贵，不能任凭命运支配。

这本书带给我们最大的乐趣，是它那信马由缰的幻想。它的幻想，已经不是"狂野"两个字能够概括，都有点失控，快要超越我们想象力的极限了。

你想知道蓝熊船长长得什么模样吗？你想知道"温顺，但习惯让登山者仰面朝天摔

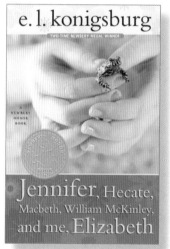

《蓝熊船长的13条半命》插图
瓦尔特·莫尔斯/画

下去"的山妖长得是什么模样吗？你想知道山妖的远亲坑道鬼长得是什么模样吗？请看莫尔斯的插图吧，只有一个疯狂的作者，才能画出他心中那些比他还要疯狂的生灵。

不看图，你绝对想不到，她是一个黑人小女孩

美国女作家E.L.柯尼斯伯格曾经创造过一个奇迹，处女作《小巫婆求仙记》和《天使雕像》获得了同一年的纽伯瑞儿童文学奖的提名和大奖。也就是说，这一年的纽伯瑞儿童文学奖几乎被她一个人包揽了。

这两本书都是她自己画的插图。特别是前一本，还透露了一个小小的秘密。

《小巫婆求仙记》的故事说的是一个叫伊丽莎白的小女孩，上学路上，碰到了坐在树枝上的另外一个小女孩，她说她叫詹妮佛，是个女巫。这让伊丽莎白崇拜得不行，于是，新搬来、还一个好朋友也没有的伊丽莎白，就成了女巫的徒弟，跟詹妮佛学魔法。作为徒弟，伊丽莎白付出的代价可真是不小，有的星期自己要每天吃一个生鸡蛋，却要孝敬师父一个熟鸡蛋；有的星期自己要每天吃一个生洋葱，却要孝敬师父一个生的胡萝卜……可是，在正式开熬一种可以让人飞翔的飞行油膏那天，为了不让詹妮佛把小青蛙当配料扔进锅里，伊丽莎白冲上去抓住了她的手，结果，小青蛙一蹦一蹦地逃走了。"伊丽莎白，你被开除了！"詹妮佛生气了，伊丽莎白哭着跑回了家。妈妈问她跟谁吵架了。"詹妮佛。""谁是詹妮佛？""一个老巫婆！"呵呵，两个小女孩就这样闹僵了。后来有一天，当她站在自家阳台上看到原野上有一个温室在阳光下

《小巫婆求仙记》封面
Aladdin Paperbacks

《小巫婆求仙记》插图　E.L.柯尼斯伯格/画

闪闪发光时，突然明白过来了，原来詹妮佛说她住在一个一年四季都不会下雨的地方，就是这个温室啊。她说她爸爸是一个植物学方面的巫师，其实就是温室看守人啊。怪不得她冬天也抓得到青蛙——她根本就不是女巫，就是一个普通的小女孩。这时，门铃响了，你当然知道来的是谁了。从此以后，再也没有人冒充巫婆了。伊丽莎白就是伊丽莎白，詹妮佛就是詹妮佛，两个人成了形影不离的好朋友。

这本书在叙述上也极有特色。虽然它是以第一人称"我"来讲故事的，可是这个"我"，有时是回首往事讲故事的"我"，例如开头的第一句话

"I first met Jennifer on my way to school（我是在上学路上第一次遇见詹妮佛的）"，有时却又是故事进行中的"我"。而有时，这两个"我"还会互相交叉一起讲故事，一个是现在的"我"的视点，一个是过去的"我"的视点。只是不知为什么，中文译本用"伊丽莎白"替代了这两个"我"，把它改成了一个第三人称的故事。

这是一本薄薄的小书，插图不多，但只要你盯住画上的詹妮佛看一会儿，再把目光转移到伊丽莎白身上，你就会发现原来詹妮佛是一个黑人小女孩。这在书里，作者可是连一句都没提及呢。

顺便再补充一句，中文版没有使用原版插图。

给你一次全新的阅读感受

《造梦的雨果》是一本厚厚的书，精装，硬壳，中文版也有465页。但你别怕，一个读书再慢的人，也可以在两个小时之内把它读完。

是一目十行，不，是一目一百行，从头到尾哗啦啦地翻一遍吗？

当然不是了，是一个字不落地仔细读完它。

这怎么可能呢？但是美国画家布莱恩·塞兹尼克就硬是给我们创造了这样一种可能，送给我们一种全新的阅读体验。

他书里有一个人物说过这样一句话："一种新魔术诞生了，我们也得玩一把。"这回，他真的是和我们玩了一把——这是一本图文书，但里面的图画，绝对不是可有可无的插图，而是与文字紧紧咬合在一起的一种叙述。连续七八页、十几页图画（都是碳笔素描），一两页文字（用词浅显，且都是简单好读的短句），然后又是连续七八页、十几页图画，一两页文字……你读它，既像是在读一本图画书，又像是在读一本文字书，其实也都不是，你更像是在看一部电影。因为它从一开始就像放电影一

《小巫婆求仙记》插图　E.L.柯尼斯伯格/画

《造梦的雨果》封面
接力出版社

样，熄灯，黑幕，出现画面，画面渐渐变大，镜头慢慢推近，直到定焦在主人公的脸上。而且它的每个页面都被一个黑框框住，仿佛是电影院的银幕。再加上所有的画面又都不是那种静止不动的图画，都是一个个运动着的镜头。他采用这样一种形式，是因为这本书讲的是一个与电影和电影人有关的故事。

在这本书里，图画与文字各有分工，各司其职，图画承担故事中人物的动作部分，如奔跑、追逐，文字则负责图画无法表达的东西，如人物介绍、心理描写、对白。可以想象，如果画家和作家不是同一个人，真的是无法完成这样一本图文关系如此复杂的书。

可不仅仅是形式出新，故事也被他讲得好看极了，一个悬念接着一个悬念，只要你开始读了，就没办法不追随人物走进书里，非一口气读到最后一页不可。

那么，它到底讲了一个什么故事呢？

十二岁少年雨果的爸爸是个钟表匠，为了给他修好一个机器人，死于一场离奇的大火。在巴黎火车站当看钟人的伯伯把他带回了自己那黑暗的小

《造梦的雨果》插图　布莱恩·塞兹尼克/画

屋，可不久，穷困潦倒的伯伯又失踪了。那个机器人坐在桌前，手握一支笔，像是要写出什么字来。雨果相信只要修好它，就可以读出爸爸留给他的信息。于是，他去车站玩具店偷零件。想不到，被店主抓住了。这是一个乖戾又沉默的老人，他罚雨果来店里打工。为了要回爸爸那本画满了机器人内部结构的笔记本，雨果答应了。但雨果慢慢地发现他不是一个普通人，最后，他和老人的教女一起，揭开了秘密，原来老人是……

这样一本给人全新视觉感受的创意好书，不读太遗憾了。

插图的利与弊

插图可以帮助我们理解故事，不用我们再去想象故事中的人物和图景了，但正像艾莉森·卢里在《永远的男孩女孩：从灰姑娘到哈利·波特》中所说的那样："插图为我们增添了故事的想象，也可能让我们丧失一些幻想。"

不过不用担心，孩子总有一天会摆脱对插图的依赖的，因为他们会慢慢长大，而给大人看的书，一般是没有插图的。

所以趁着他们还小，还是多让他们看些带插图的童书吧。

《造梦的雨果》插图　布莱恩·塞兹尼克/画

儿童文学可以这样读

看看根据童书改编的电影

电影，是造梦的艺术。它把书中那一行行文字变成画面，连贯成影像，让一个故事变成真实可见的光影世界，这就是电影的魅力。没有一个孩子能够抵挡得住电影的魅力。既然这样，当孩子读完一本童书之后，不妨让他看看根据这本童书改编的电影。只不过我们必须知道，电影是一种特殊的语言，它用镜头说话，加上又有长度的限制，所以它不可能百分之百地照搬原著，一定有取有舍，是一次全新的再创作。

对比原书，讨论一下电影都作了哪些改动，改得是好还是不好，也算是重读了一遍童书呢。

书里的木偶和动画片里的木偶，有什么不一样

不知道一个说谎鼻子就会变得老长的小木偶的孩子，应该没有吧？

对，他的名字叫匹诺曹。

可是，如果你是先读的意大利作家卡洛·科洛迪的《木偶奇遇记》，再看的电影，你就会发现，这部迪士尼拍摄于1940年的经典动画片，对原作进行了大幅度的删节和改动，相当多的人物，如用捕兽夹夹住匹诺曹的农民、抓走匹诺曹的两个警察、用渔网把匹诺曹当成龙虾捞上岸的渔夫……不见了。相当多的情节，如匹诺曹被狐狸和猫吊在大橡树上，受骗去种一棵长满金币的树，当好孩子去学校上学……不见了。

《木偶奇遇记》封面
Puffin Books

即使是保留下来的人物，也不是我们熟悉的那些人物了。

你看，匹诺曹本来是一块会说话的木头，是穷木匠杰佩托一刀一刀地雕刻出来的，而到了电影里，他出场的时候，已经是一个做好的木偶了。不是杰佩托给了他生命，而是从许愿星飞来的仙女挥舞魔杖，给了他生命。父亲杰佩托也没有那么富有，家徒四壁，不要说温暖的棉被了，下雪天连一件御寒的厚衣服都没有。还有美丽的蓝头发仙女，变成了一头金发。改动最大的，要算是蟋蟀了。在书里，这只会说话的蟋蟀先是被暴怒的匹诺曹一木头锤子砸死在墙上，然后变成了精灵，每当匹诺曹走上一条危险的歧途时，他就会以一个忠告者的身份出现，劝匹诺曹改邪归正。然而现在他不但成了匹诺曹的"良知"，还成了一个讲故事的人，第一个出场，以一种全知的视角，用一种童话老人般温厚的声音给我们讲起了《木偶奇遇记》的故事："很久以前的一个晚上，我到了个小村庄。那一夜真美，我走在街上，一个人也没有，只有一个木匠的窗子透着光亮。因此，我跳了进去……"

这是没有办法的事情，一个故事从书到电影，就得进行这种大刀阔斧的改写。

虽然有人批评说，动画片把匹诺曹写成了一个完美的美国男孩，但说句公道话，改编成动画片之后，匹诺曹倒是少遭了不少罪（在书里，他被烧掉过木腿，被反绑双手吊在树上，被农民当成看家狗，被成千只啄木鸟啄长鼻子，差一点儿被渔夫当成鱼丢下油锅……）。而且相比原作，动画片不那么恐怖，故事情节也更加紧凑了。大段大段的歌舞，再加几个插科打诨的人物负责制造笑料（如新添的角色猫和金鱼，还有总是绊一下再用双脚站起来的蟋蟀），都让它的基调变得更加欢快明亮，更加吸引孩子。

许多人是看着这部电影长大的，但却从来没有读过原作。如果找出来读一遍，就会发现像杰克·齐普斯在《童话·儿童·文化产业》一书中说的一样："读者将发现科洛迪引发想象力的程度大过迪士

《木偶奇遇记》插图　Gioia Fiammenghi/画

尼，而且科洛迪还用更夸张的手法刻画木偶的角色。"

《木偶奇遇记》插图　Gioia Fiammenghi/画

被改掉的结尾

《白雪公主和七个小矮人》，是迪士尼1937年拍摄的一部动画长片。它不但是世界电影史上的第一部动画长片，而且堪称典范，后来甚至成为童话改编电影的范本。这部电影耗时整整三年才完成，在当时绝对是创造了一个奇迹。用杰克·齐普斯的话来说，就是迪士尼本人知道"他正在创造历史"。

这部动画片是根据格林童话改编的，可是，结尾却与格林童话大不一样。首先，格林童话中的王后不是从悬崖上掉下来摔死的，而是在白雪公主的婚礼上，被迫穿上一双烧红的铁鞋跳舞，活活跳死的。其次，死去的白雪公主不是被王子的一个吻给吻醒的，而是抬她的仆人被树桩绊了一跤，她被猛地震了一下，把那片毒苹果从喉咙里吐了出来，结果睁开了眼睛。

这样一改，至少是符合了观众的期待：王后之死变得不是那么残酷，公主复活又变得浪漫起来。

迪士尼的功绩在于，他通过动画片让这些童话家喻户晓，但也做了一件不好的事情，就是让那些没有读过童话原作的人，以为童话本来就是这个样子的。杰克·齐普斯在《作为神话的童话/作为童话的神话》里说迪士尼给童话施下了一个咒语，从此俘虏了童话，说他凭借自己美国式的勇气和才智，将欧洲的童话占为己有，"以至于迪士尼的签名模糊了查理·佩罗、格林兄弟、汉斯·克里斯蒂安·安徒生和科洛迪这些名字。只要提起著名的经典童话，不论是《白雪公主》、《睡美人》还是《灰姑娘》，今天的孩子和成人们都会想到沃尔特·迪士尼"。

《白雪公主和七个小矮人》
电影海报

接下来，我们再来看一部真人出演的电影。

《女巫》，是罗尔德·达尔最受孩子们欢迎的一部作品了，它曾经获得过英国的惠特布雷德图书奖（不是"白面包奖"，是Whitbread，不是White bread）。惠特布雷德图书奖评委会给它下的评语是："滑稽，机智，又有趣又吓人，一本真正的儿童书，从头至尾都使我们觉得是出自于大手笔。"

《女巫》中最令人叫绝的情节，就是女巫大王发明了"86号配方慢性变鼠药"，一滴就能把小孩变成老鼠。故事中九岁的"我"，当

《白雪公主和七个小矮人》插图　Ludwig Richter/画

《女巫》电影海报

然也没能逃脱厄运，被变成了一只小老鼠。最后，虽然他在自己那挪威姥姥的帮助下，打败了女巫大王，却没能恢复原形。这个结尾多少令人难以接受，小读者们是多么希望他能从一只小老鼠再变回人类啊。但达尔没有这么做，显然他认为悲剧的结尾更有震撼人心的力量。故事的结尾是，"我"和姥姥决定立即出发，去消灭世界各地的女巫，因为一只小老鼠没办法像人类活那么长久。

可惜的是，这么一个让人流泪、让人感动的好结尾，到了电影里，却被改成一个典型的皆大欢喜式的结尾了——

一个良心发现的白衣女巫突然出现在窗外，手中的魔棒一挥，一道蓝色的光束击中了睡梦中的小老鼠。于是，"我"又变成了一个小男孩。

《女巫》插图　昆廷·布莱克/画

一个想象的世界复活了

美国作家凯瑟琳·佩特森创作的《通向特拉比西亚的桥》（又译《仙境之桥》），是一本激励人心的好书，它讲述孤独和爱，讲述死亡和疗伤，几十年来感动了世界上的数百万读者。作者因为这本书和其他的书，还获得了1998年国际安徒生奖作家奖。

十岁的杰斯是一个缺乏家庭温暖的小男孩，一天，他和新搬来的一个名叫莱斯利的假小子一样的女孩抓住树上的一根绳子，荡过干涸的小溪，走进一片树林。莱斯利指着里面对他说："我们需要一

《通向特拉比西亚的桥》封面
HarperCollins

《通向特拉比西亚的桥》
电影海报

个地方，一个非常神圣的地方，那是一个神秘的国度，你和我将是统治那个国度的国王和王后。"他们给它起了个名字叫"特拉比西亚"，搭起一座小屋，还把树枝想象成宝剑，左劈右砍，与同样是想象出来的假想之敌展开了殊死搏斗。但一个雨天，溪水猛涨，莱斯利一个人过河时掉进水里淹死了。悲痛欲绝的杰斯再次走进了特拉比西亚，那个只属于他和莱斯利的秘密领地……

在书里，特拉比西亚这个幻想世界是通过两个孩子的对话描述出来的，它与《狮子、女巫和魔衣柜》里的纳尼亚不一样，作家没有把它写成一个真实可见的世界，假想之敌也好，邪恶的魔力也好，都没有具体的形状。特拉比西亚到底是个怎样的国度，完全靠阅读者用自己的想象力去营造。用佩特森自己的话来说，就是："在过去的三十年里，读者已经通过文字在自己的想象中描绘出它的样子了，不同的人，有不同的想法。"

这就是为什么《狮子、女巫和魔衣柜》里有纳尼亚，是幻想小说，而《通向特拉比西亚的桥》里有特拉比西亚，却只能算是一部写实小说的原因。

然而到了电影里，特拉比西亚不再是两个孩子头脑中的一个想象世界了，它被以影像的方式呈现出来，连那些假想之敌都被赋予了外形。于是，我们看到一个身上长满了青苔、和树一样高的巨人向他们走来，看到成群的人脸怪兽和人脸怪鹰向他们发起了进攻，看到成千上万的长翅膀的小勇士挥剑杀向敌阵……可笑的是，怪兽和怪鹰的脸，都是学校里的小霸王的脸。那个巨人，竟是个女的，而且不是别人，是曾经欺负过他们又被他们捉弄过的一个大块头女生。

电影改编得绝对成功。又怎么能不成功呢，因为编剧就是作家的儿子。当年他母亲写这本书，就是为他而写的，那一年他最好的一个朋友死于一场意外。

儿童文学的分类

童话

民间童话

　　童话起源于民间故事，但上百年来，它慢慢地演变和发展成了两种类型。一种是把搜集来的民间故事，剔除糟粕，直接改写成适合孩子阅读的文本，我们称为民间童话。还有一种则是作家从民间故事中吸收养分，以它们为蓝本，并模仿它们的形式，精心创作出来的属于自己的文本，我们称为创作童话。

　　民间童话最大的一个特征，就是它都很短小，基本上保留了口头传说的形式。

如果把民间故事
当成孩子们的睡前故事……

民间故事，原本是大人讲给大人听的口头故事。它产生于好几个世纪之前的民众之口，流传于乡间，是成年人的一种口头娱乐形式。

既然是流传在目不识丁的大人之间的故事，它当然就没有任何禁忌了。它粗俗，甚至会不可避免地夹带着暴力与性，用罗伯特·达恩顿在《屠猫记：法国文化史钩沉》里的话来说，就是：民间故事"样样不缺。法国18世纪那些说故事的人，绝不会以象征手法来掩饰他们要传递的信息，而是赤裸裸地描述一个阴森森的野蛮世界"。

可是，当它们作为一个睡前故事，被祖母或是妈妈们拿来讲给孩子听时，显然就不能以这种原始的面貌出现了。

必须进行改写。

两个《小红帽》的源头

佩罗童话里有一篇《小红帽》，格林童话里还有一篇《小红帽》，其实，它们的原型都是一篇名叫《外婆的故事》的民间故事：

从前有一个女人烤了面包，对自己的女儿说："把这些热乎乎的面包和一瓶牛奶送给外婆去吧！"

于是女孩就出发了。她在十字路口遇见一个狼人。

"你要去哪里？"狼人问。

"我给外婆送热乎乎的面包和牛奶去。"

"你要走哪一条路？是缝衣针路，还是大头针路？"狼人问。

"走缝衣针路啊。"女孩回答道。

"那好，那我就走大头针路。"

女孩一边捡针，一边快乐地走着。这时狼人已经先到了外婆家，杀了外婆，把外婆的肉放到了碗橱里，把装着血的瓶子放到了架子上。

女孩到了，她敲门。

"门一推就开了，"狼人说，"只是拴着一根湿稻草。"

"你好，外婆。我带来了热乎乎的面包和一瓶牛奶。"

"放到碗橱里去吧。你把碗橱里的肉吃了，把架子上的酒喝了吧！"

当女孩吃肉时，一只小猫说："竟有这样愚蠢的女孩，吃外婆的肉，喝外婆的血！"

"把衣服脱了，我的孩子。"狼人说，"然后到床上来，躺到我的身边。"

"我的围裙放在哪里？"

"扔到火里去吧，你不再需要它了。"

女孩问狼人：上衣、背心、连衣裙、裙子和袜子放在哪里？狼人每一次都是这样回答她："扔到火里去吧，你不再需要它了。"

"哦，外婆，你的毛好厚哦！"

"这样才容易保暖，我的孩子。"

"哦，外婆，你的指甲好长啊！"

"这样才更容易抓痒啊，我的孩子。"

"哦，外婆，你的肩膀好宽哦！"

"这样才容易扛柴火，我的孩子。"

《小红帽》插图　Ludwig Pietsch/画

"哦，外婆，你的耳朵好大啊！"

"这样才容易听清楚你说话，我的孩子。"

"哦，外婆，你的嘴巴好大哦！"

"这样才容易把你吃掉，我的孩子。"

"哦，外婆，我要尿尿！"

"尿在床上吧，我的孩子。"

"哦，不，外婆，我想出去。"

"好吧，那就快点儿。"

狼人在女孩的脚上绑上了一根毛线绳，把她放了出去。女孩走到外头，把毛线绳拴在了院子里的一棵李子树上。狼人等得不耐烦了，就问：

"你完了吗？你还在尿尿吗？"

当发现没有人回答时，狼人就从床上跳了下来，一看，女孩已经逃远了。它跟着她，可等它追到女孩的家门口时，她已经安全地冲到屋子里头去了。

（译自阿兰·邓迪斯《小红帽的秘密》，译文还参考了阿兰·邓迪斯《民俗解析》及凯瑟琳·奥兰丝汀《百变小红帽：一则童话三百年的演变》中文版中的译文）

佩罗的《小红帽》

那么，佩罗把它改成了怎样的一篇民间童话呢？

从前有一个小姑娘，长得说不出的可爱，她外婆给她做了一顶小红帽，她戴了非常好看。有一天，母亲让她去另外一个村子看外婆。

在树林里，她遇到了一只狼。它想吃她，但边上有好几个樵夫在砍柴，它不敢，就问小红帽上哪儿去。可怜的孩子不知道停下脚步听一只狼说话是危险的事，就说我去看我外婆。于是狼提议看谁先到外婆家。

狼拼命地从一条最近的路向前奔，小女孩走的却是一条距离最远的路。她一边走，一边还采榛子，追蝴蝶，看到路旁的小花就摘下来做花束。

狼先赶到外婆家，笃笃地敲开门，一口就把外婆吞了下去。接着它关上房门，躺在外婆睡的床上，等小红帽来。过了一会儿，小红帽来笃笃地敲门了。"是谁呀？"小红帽听到狼粗声粗气的嗓音，先是吓了一跳，后来她想可能是外婆得了感冒，所以嗓音变了，就回答说："是你的外孙女小红帽，妈妈叫我给你送来一块烘饼和一小罐奶油。"狼把嗓音稍稍变得柔和一点儿，喊道："你把小销钉拉出来，门闩就落下来了。"小红帽拉出小销钉，门开了。狼看见她走进来，就藏到被子底下，对她说："把烘饼和小罐奶油放在面包箱上面，过来躺在我身边。"小红帽脱掉了外衣，躺到床上。她看到外婆穿着睡衣的样子，感到十分惊讶。她问道：

"外婆，你的胳臂好粗呀！"

"我的孩子，这样能更紧地拥抱你！"

"外婆，你的腿好粗呀！"

"我的孩子，这样能跑得快！"

"外婆，你的耳朵好大呀！"

"我的孩子，这样能听得清楚！"

佩罗版《小红帽》插图　古斯塔夫·多雷/画

佩罗版《小红帽》插图　古斯塔夫·多雷/画

"外婆，你的眼睛好大呀！"

"我的孩子，这样能看得清楚！"

"外婆，你的牙齿好长呀！"

"这是为了好吃掉你！"

说完这句话，这只凶恶的狼扑到小红帽的身上，把她吃掉了。

教训：

小女孩，这仿佛在告诉你：

不要半途停下脚步，

永远不要信赖陌生朋友；

没有人知道结局会如何。

因为你长得漂亮，所以要有智慧，

狼可能用各种伪装，潜伏在你周围，

它们可能变得英俊、和蔼，

愉悦或迷人——当心！

这是亘古不变的真理——

最甜的舌头往往带着最锐利的牙齿！

这是佩罗版《小红帽》的缩写。如果对比《外婆的故事》，我们会发现佩罗作了四处极为重要的改动。

一、佩罗让小女孩戴上了一顶小红帽。正是这顶小红帽，让这个故事从不计其数的民间童话中脱颖而出。现在只要一说到《小红帽》，我们的眼前就会闪耀出一抹红色，浮现出一个身穿红色连帽披肩的小女孩的形象。几百年来，这个形象早已深入人心。

二、佩罗删掉了小女孩吃外婆的肉、喝外婆的血这些恐怖的情节。

三、佩罗删掉了狼人要小女孩脱掉衣服、躺到它身边的描写，还删掉了"女孩问狼人：上衣、背心、连衣裙、裙子和袜子放在哪里？狼人每一次都是这样回答她：'扔到火里去吧，你不再需要它了'"这段被人形容为"脱衣舞"的情节。

四、佩罗改写了故事的结局，小女孩被狼吃掉了——这里需要插上一句的是，个别中译本的结尾改成了"凶狠的狼说了这句话，就向小红帽扑去，想把她吃掉。正在这时，跑进来几个樵夫，把狼砍死了"，但原文不是这样的。

不过，你要是以为佩罗是为了孩子才作出这样的修改，那可就大错特错了。作为一个皇室文人，佩罗的民间童话都是写给那些出入宫廷的上流社会的女性看的，他把狼比喻为一个可怕的男人，是在告诫那些年轻的女性要拒绝诱惑，保持贞洁。你看他加上的那段"教训"，分明就是说给大人听的。

佩罗的全名是查理·佩罗（又译沙尔·贝洛），1628年出生于法国巴黎。他写过不少书，但最后被人记住的只剩下一本《鹅妈妈故事集》了，就是我们现在俗称的"佩罗童话"。它一共收录了八个故事，分别是：《林中睡美人》、《小红帽》、《蓝胡子》、《穿靴子的猫》、《仙女》、《灰姑娘》、《卷毛角吕盖》和《小拇指》。

不过1697年它最初发表的时候，并不叫这个书名，而是另外一个冗长、难记，又充满了教训意味的书名：《往日的故事或带有道德教训的故事》。它的卷首是一幅出自版画家克鲁吉艾的版画：一位农妇模样的老妇人坐在一个巨大的暖炉前面，一边卷线，一边在给三个人讲故事。画中的墙上挂着一块匾，上面写着"鹅妈妈故事集"。于是，这本书后来就被译成了《鹅妈妈故事集》。

《往日的故事或带有道德教训的故事》
卷首画　克鲁吉艾/画

格林兄弟的《小红帽》

格林童话里的《小红帽》，不是根据《外婆的故事》改写的。你绝对想不到，它竟是格林兄弟根据佩罗童话改写的。

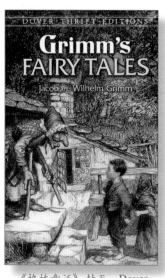

说到格林童话，许多人都会以为是格林兄弟自己从乡下搜集来的。其实不是，格林兄弟一次也没有去过乡下，他们的故事，一多半都是从受过良好教育的年轻女子那里听来的。日本的民间童话研究者小泽俊夫在《格林童话的诞生——从聆听的民间童话到阅读的民间童话》一书中指出："后来《格林童话集》中那些深受世间喜爱的民间童话，几乎都是以从这些小姐那里听来、记录下来的故事为蓝本的。从内容上来看，这些故事多半是小姐们希望的那样，有王子、公主登场，故事的结尾总是以王子或者是公主结婚而收场。"

《格林童话》封面　Dover

《小红帽》这个故事，就是他们从一个名叫珍妮特·哈森普夫卢格的年轻女子那里听来的。珍妮特具有法国血统，早先曾经从书上读到过佩罗童话。

不过，格林兄弟对佩罗的《小红帽》进行了重新改写，还把另外一篇民间童话《狼和七只小山羊》的结尾给搬了过来。

我们来看一下格林兄弟版《小红帽》的缩写——

从前有一个漂亮的小女孩，人人见了都爱她。奶奶送了她一顶红天鹅绒的帽子，她简直不要戴别的帽子了，所以大家叫她"小红帽"。有一天，母亲对她说："奶奶病了，你去看看奶奶吧。趁天没有热，你就动身，到外面要好好地、规规矩

矩地走，不要跑到路外面去，不然，你就要跌倒，打碎瓶子，奶奶就什么都没有了。你到她房间的时候，不要忘记说'你好'，不要东张西望。""我会做好所有的事。"小红帽对母亲说。

小红帽一走进森林，就遇到了狼。当知道她要去奶奶家，狼心里想："这个小嫩人儿，是一口好吃的肥肉，比老太婆的味道好。我应该用计把两个都捉住。"于是它在小红帽身边走了一会儿，然后说："小红帽，你看四周这些美丽的花，你为什么连头都不转一转？小鸟叫得这样好听，你却压根儿没有听见吧？你只顾往前走，就像上学去似的，不知道这森林里有多少快活哟。"小红帽睁大眼睛，看见太阳光穿过树木，一去一来地跳舞，到处都开着美丽的花。她想："如果我带一把鲜花给奶奶，她一定很高兴的。天色还早，我不会迟到的。"她离开大路，到森林里去找花，她每摘一朵，就想前边没准儿还有更漂亮的，就又往前走，一直走到森林深处去了。

可是狼却直接赶到奶奶家，把奶奶一口吃掉。然后它穿上奶奶的衣服，戴上她的软边帽子，躺在她的床上，拉上了帐幔。小红帽进来拉开帐幔一看，奶奶躺在那里，帽子戴得低低的，把脸都遮住了，样子很奇怪。

格林兄弟版《小红帽》插图　Rudolf Geißler／画

格林兄弟版《小红帽》插图　Rudolf Geißler/画

"哎，奶奶，你的耳朵为什么这样大？"

"为了能更好地听你说话呀。"

"哎，奶奶，你的眼睛为什么这样大？"

"为了能更清楚地看见你呀。"

"哎，奶奶，你的手为什么这样大？"

"为了能更好地抓你呀。"

"可是奶奶，你的嘴为什么大得可怕？"

"为了我能更好地吃你呀。"

狼刚说完这句话，便从床上跳下来，把可怜的小红帽一口吞掉了。狼满足了它的欲望之后，又躺在床上，开始大声打鼾。恰巧有个猎人从房子前面走过，他想："老太婆鼾声怎么会这么响，我应该去看看她是不是不舒服。"他走进房间，来到床前，看见狼躺在床上。他说："你这个老犯人，我找了你很久，到底在这里找到了你。"

他端起枪来瞄准，忽然想到，狼可能把奶奶给吃了，她或许还有救。于是他没有开枪，拿起剪刀，开始剪开睡着了的狼的肚皮。他剪了几下，看见一顶小红帽，

又剪了几下，女孩就跳了出来，叫道："啊，把我吓死了，狼肚子里好黑！"接着，奶奶也出来了，可是几乎不能呼吸了。小红帽赶快去拿大石头来填到狼肚子里。狼醒了想逃走，但是石头非常重，它马上倒下死了。小红帽想："如果妈妈说不要离开大路，一个人跑到森林里去，我就永远不该去。"

格林童话与佩罗童话最大的一个不同，就是佩罗是写给宫廷里的那些大人看的，而格林兄弟是写给孩子看的。

所以，比照佩罗版，我们会发现不但在开头多了一段妈妈的谆谆教诲："到外面要好好地、规规矩矩地走，不要跑到路外面去……"结尾还让大难不死的小红帽现身说法："如果妈妈说不要离开大路，一个人跑到森林里去，我就永远不该去。"这都是说给故事之外的孩子听的，目的就是要教育儿童，从小就要听大人的话，做一个守规矩的好孩子。

不仅是这一篇，格林兄弟在改写其他的民间故事时，改写最多的地方，就是在保留其口头特征的同时，对它们进行文学性的加工。你看，他们在《小红帽》里，就增加了一段狼的内心独白："这个小嫩人儿，是一口好吃的肥肉，比老太婆的味道好。我应该用计把两个都捉住。"而真正的民间故事，是没有人物心理描写的。你再看，他们还用了不少笔墨来描绘森林里的景色，如："太阳光

格林兄弟版《小红帽》插图　Rudolf Geißler/画

穿过树木，一去一来地跳舞，到处都开着美丽的花……"虽然只是寥寥数语，但故事却洋溢出一种诗情画意来了。正像麦克斯·吕蒂在《很久很久以前有一个地方——民间童话的本质》中说的那样："格林兄弟并不照猫画虎似的复述他们所听到的那些童话。他们精心雕琢，使之富有诗意并具有教育意义。"不过也有人指出，这样的改写太像创作童话了。

结尾更是没有让孩子们失望，让多行不义必自毙的狼死掉，再次验证了民间童话那个颠扑不破的真理：巫婆一定得死。没错，狼就是这个故事里勾引小红帽的坏巫婆。

我们通常说的格林兄弟，是指哥哥雅各布·格林和弟弟威廉·格林，他们之间只差一岁，一个出生于1785年，一个出生于1786年。他们搜集、整理和改写的民间童话，分别出版于1812年和1815年，最初的书名叫《格林兄弟所收集的儿童与家庭童话集》。这还只是第一版，也就是初版。后来他们，特别是弟弟威廉，一直持续改写了整整四十五年，一直改到第七版才停笔。我们今天读到的格林童话，都是第七版，不是第一版。

推荐一本最适合讲给孩子们听的民间童话集

说到民间童话的改写者，我们首先想到的就是佩罗、格林兄弟，其实还有一个人，叫约瑟夫·雅各布斯。虽然他比佩罗晚生了二百多年，比格林兄弟晚生了六十几年，也不如他们的名气那么大，但他改写的民间故事，绝对比佩罗童话和格林童话更适合大人念给孩子听，里边没有掺杂一点儿暴力和色情。

雅各布斯是奥地利出生的英国人，曾是一位杰出的犹太历史学家、语言学和数学的研究者。不过今天人们依然还记得他的名字，是因为他成功地改写了那些英国民间故事。多亏了他，才让《汤姆·蒂托特》、《三只小猪》、《杰克和豆蔓》这些民间童话在世界范围内变得这么有名。

雅各布斯改写的民间童话的一个最大亮点，就是它完全是为孩子而量身打造的。这与他的出发点有关。从一开始，他就抱定了一个宗旨，要以一种

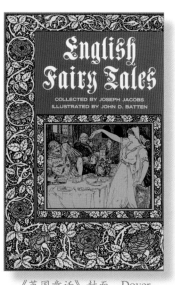

《英国童话》封面　Dover

适合儿童的形式，为他们编一本民间童话集。

他怎么会想到去改写英国民间故事的呢？

一方面，是他发现英国的孩子都在阅读外国的民间童话，用他的话来说，就是"从佩罗开始，到格林兄弟结束"。他希望英国的孩子接近英国的民间童话。另一方面，出版民间童话集，可以让古老的故事免遭失传的危险，是一种拯救性的发掘。

他改写的每一个故事读起来都是那么朗朗上口，没有一句拗口的长句，特别的口语化。她的女儿回忆说，父亲每改写完一个故事，就会读给他们三个孩子听，测试他们的反应。他自己在《英国童话》序言里说出了他的追求："总的来讲，我有这样一种野心，希望自己笔下的童话能像从一个好的老保姆口中讲出的故事。因此，我怀疑自己是否能够成功把握适合这种讲述方式的口语化的语调。可我必须努力做到，否则，我为英国孩子奉上一本适合倾听的英语童话书的目标，就无法实现了。这本书旨在可以被大声朗读，而不仅仅是用眼睛看。"

《英国童话》插图　John D.Batten/画

儿童文学的分类

童话

创作童话

　　创作童话又被称为文学童话，虽然它们的作者会从民间童话中吸收和借鉴某些元素，但它们与民间童话之间还是有一条清楚可见的分界线的：一是民间童话无作者（佩罗和格林兄弟只能算是改写者），创作童话有作者；二是民间童话是口头流传的，创作童话是写在纸上的；三是一个民间童话的原型可能有多个版本，但创作童话只有一个版本。

安徒生童话

说到创作童话，我们第一个想到的就是安徒生。

没有错，保罗·亚哲尔在《书·儿童·成人》一书中就这样赞美安徒生道："如果有一天，因为某种风尚，需要选举儿童文学作家的帝位，那么我的票，绝不会投给拉丁系的作家，而会毫不迟疑地送给汉斯·克利斯蒂安·安徒生。"

安徒生1805年出生于丹麦一个赤贫的家庭，父亲是鞋匠，母亲是洗衣妇。他十几岁的时候，因为想当演员，便一个人来到了首都。可是他仅仅得到过几次登台亮相的机会。不过，也不能说他没有一点演戏的天分，因为当他成为一个受欢迎的童话作家后，他最喜欢干的一件事，就是在众人面前高声朗读他的童话。《小意达的花》中小女孩的原型意达·蒂勒的丈夫亚历山大·王尔德上尉说只要安徒生一开口，"一部文学巨作，便在听众面前无声无息、轻松自然地拉开了帷幕"。英国作家埃德蒙德·高斯说："只要他一说话，即使只是一个微笑，你就会感觉到，他的天赋飘逸在四周的空气里。在他的朗读过程中，我似乎可以看到这个世界上一切美好的事物——耀眼的风帆、辽阔的大海、瑞典的海岸和明亮的天空——如同沉浸在落日余晖中，灿烂多彩。仿佛是大自然因为听到了汉斯·克利斯蒂安·安徒生的声音而兴奋得涨红了面颊。"

《安徒生童话》插图

《安徒生童话》插图

我们说到安徒生，首先给他戴上的一顶桂冠就是童话作家。其实，在他漫长的创作生涯中，童话仅仅占了一小部分，他写得最多的是给成人看的长篇小说、剧本和游记。凭他的才情和写作速度，如果他生前更看重一点童话创作，如果他知道后人只会记得住他的童话，他会为我们留下更多的童话的。

1835年（格林童话出版二十三年后），安徒生出版了他的第一本童话集《讲给孩子们听的童话故事》。这本童话集一共只收录了四篇童话，它们分别是《打火匣》、《小克劳斯与大克劳斯》、《豌豆上的公主》、《小意达的花》。对于自己的童话，他相当自信，他曾给一位朋友写信说："我告诉你吧，我希望用自己的作品赢得下一代的喜爱！"

这四篇童话中，前面三篇都是他小时候听到过的民间故事。对于这一点，安徒生本人一点都不加以掩饰，他在自己的自传里就坦白地承认："我在我首次出版的这一册童话里只是像穆扎乌斯那样，用我的写作手法讲述了我孩提时代耳闻的古老故事。"不过，他不是像格林兄弟那样改写民间故事，不是努力保留它们的口传特征，而是用一种给小孩子讲故事的口吻，加进自己的想象与诗意，重新写了一遍故事。所以，希拉·A.埃格夫在《故事之力——英语圈的幻想文学：从中世纪到现代》一书中，引用了别人的一个生动的比喻来形容他的这种创作："民间童话与安徒生的不同，就好像用打火石做成的箭头和维多利亚时代的刺绣一样耐人寻味……"

而后一篇，即《小意达的花》，则是他的原创。有一次他去诗人蒂勒家做客，见到六岁的小姑娘意达正发愁地望着一束凋谢了的花。"我的小花真的死了吗？"她眼泪汪汪地问道。他立刻给她编了一个故事，把自己也编了进去……安徒生就是拥有这种即兴编故事的本领，难怪他的好朋友、雕刻家多瓦尔生会夸奖他："你的智慧连一根织补针都可以写出一篇故事来。"

安徒生一生写过一百五十多篇童话，但也不是篇篇都好看。

《汉斯·克利斯蒂安·安徒生：他的一生和作品的故事，1805—1875》的作者、丹麦学者伊利亚斯·布雷德斯多尔夫经过反复筛选，挑出了适合孩子们阅读的三十篇安徒生童话，它们分别是（按出版时间排序）：《打火匣》、《小克劳斯与大克劳斯》、《豌豆上的公主》、《小意达的花》、《拇指姑娘》、《旅伴》、《海的女儿》、《皇帝的新装》、《坚定的锡兵》、《野天鹅》、《天国花园》、《飞箱》、《鹳鸟》、《梦神》、《猪倌》、《荞麦》、《夜莺》、《恋人》、《丑小鸭》、《枞树》、《白雪皇后》、《织补针》、《妖山》、《红鞋》、《牧羊女和扫烟囱的人》、《卖火柴的小女孩》、《影子》、《老房子》、《幸福的家庭》、《衬衫领子》。

王尔德童话

爱尔兰作家奥斯卡·王尔德最出名的童话是《快乐王子》，但他自己的后半生一点儿都不快乐，郁郁不得志，四十六岁那年就穷困潦倒地病死在巴黎的一家小客栈里，连房租都是由朋友代付的。

他像安徒生一样，也写小说和剧本，但童话集一共只写过《快乐王子》和《石榴之屋》两本，比安徒生要少多了。前面一本发表于1888年，后面一本发表于1891年。这两本童话集虽然都同样的唯美华丽，带有一种鲜明的民间故事的风格，但正如同为爱尔兰诗人的叶芝所指出的那样，《快乐王子》

更像是一个出色的说书人讲出来的民间故事，而《石榴之屋》呢，则像是写出来的民间故事。

王尔德童话基本上是以基督教的怜悯、自我牺牲等作为主题的，都贯穿着一个爱字，而这个爱，最后又总是与悲剧般的死亡联系到一起。例如他最著名的《快乐王子》，说的就是一尊雕像自我牺牲，把爱全部奉献给别人的故事：

《快乐王子》封面
Signet Classics

　　快乐王子的像在一根高圆柱上，耸立在城市上空。一只燕子飞来，看到王子在伤心流泪。王子说："从前我活着，有一颗人心的时候，住在无愁宫，不知墙外是什么样的景色。我死了，他们就把我放在这儿，而且立得这么高，让我看得见这个城市的一切丑恶和穷苦，现在我的心虽然是铅做的，我也忍不住哭了。"燕子本来要飞去埃及过冬，但王子恳求他把自己剑

《快乐王子》插图　Walter Crane and Jacomb Hood/画

《快乐王子》插图　Walter Crane and Jacomb Hood/画

柄上的红宝石送给了一个饥饿的孩子，把自己的一只蓝宝石眼睛送给了冻得写不出一个字的年轻人，另一只眼睛送给了在广场上卖火柴的小女孩。燕子没有飞走，他对王子说："你现在眼睛瞎了，我要永远跟你在一块儿。"最后，燕子冻死在了王子的脚下，王子的像也被拆掉了。上帝派天使把王子的铅心和死鸟带了回来，让小鸟在天堂的园子里歌唱，让快乐王子住在金城赞美他。

新美南吉童话

日本的童话作家中，有两个最出名，一个是宫泽贤治，一个是新美南吉。

宫泽贤治的童话充满了意象，隐含着作者的生死观、哲学观和宗教观，相当多的地方都不是一个孩子能够理解的。新美南吉的童话则完全不同，每一个孩子都可以读懂。日本学者谷悦子曾经这样精辟地概括过两个人的不同："宫泽贤治是大气层中的人，而新美南吉是大地上的人。"

新美南吉的童话有长有短，长的如《小狐狸买手套》，短的如《去年的树》，在日本都是家喻户晓的名篇。

一棵树和一只小鸟是好朋友。小鸟天天在那棵树的枝头上唱歌，树从早到晚听着小鸟歌唱。可是寒冷的冬天快要到了，小鸟不得不跟树分手了。

树说："再见了，请你明年再来给我唱歌吧。"

"好吧，你要等着我啊！"

说完，小鸟就朝南方飞去了。

春天又来了。原野上和森林里的雪融化了。小鸟又飞回到了好朋友——去年的树那里。咦？怎么回事？树不见了。只剩下树根还留在那里。

小鸟问树根："立在这里的那棵树，到哪里去了？"

树根说："被伐木人用斧头砍倒，运到山谷里去了。"

小鸟朝山谷里飞去。山谷里有一座很大的工厂，传来了沙沙的锯木头的声音。小鸟落在工厂的大门上，问："大门大门，你知道我的好朋友树在哪里吗？"

大门回答说："你是问树吗？树已经在工厂里被锯成细条条，变成火柴，又被卖到远处的村子里去了。"

小鸟又朝村子里飞去。煤油灯旁边，有一个小姑娘。于是，小鸟问："小姑娘，你知道火柴在哪里吗？"

小姑娘回答说："火柴已经烧完了。不过，火柴点燃的火苗，还在这盏煤油灯里亮着呢！"

小鸟一动不动地盯着火苗，然后，为火苗唱起了去年的歌。火苗轻轻地摇晃着，好像很开心的样子。唱完了歌，小鸟又一动不动地看着火苗，后来就不知飞到哪里去了。

《去年的树》封面
贵州人民出版社

《去年的树》一共就只有这么几个字，但是却很感人。有人评论它道："一篇极其短小隽永的童话……它有多深，就该有多浅。"

安房直子童话

喜欢安房直子童话的人太多了，而且绝大多数是女性。

安房直子的童话，唯美，空灵，鬼魅，而且永远飘荡着一种淡淡的哀伤。她的代表作《狐狸的窗户》就不用说了，《花香小镇》也是这样一个故事——

一个秋天开始的日子，一个叫信的男孩，看见一个又一个骑着橘黄色自行车的长发女孩，像一大群红蜻蜓，向着一个相同的方向流去。只有信才能看得见她们，他看着那一辆辆数不清的橘黄色的自行车朝天上飞去。那个黄昏里充溢了一种让人想大哭一场的甜甜花香，一旦吸满了胸膛，说不出什么地方就会一阵阵痛楚，然后，藏在身体什么地方的某一件乐器就会呜泣一般地奏响。这时信才知道她们是花妖，花妖告诉信，不论是谁，每一个人心中都有一把小提琴。啊，是小提琴！信心中的那把小提琴呜泣一般地奏响了，若干秋天的回忆浮上了心头——妹妹生病住院的日子、隔壁的裕子搬到很远很远的地方去的日子、头一次会骑自行车的开心的日子、在原野上捡到一只小猫的日子……

《花香小镇》封面　岩崎书店

《花香小镇》插图　Ajito Keiko/画

安房直子自己曾经说过："在我的心中，有一片我想把它称为'童话森林'的小小的地方，整天想着它都成了我的癖好。那片森林，一片漆黑，总是有风呼呼地吹过。不过，像月光似的，常常会有微弱的光照进来，能模模糊糊地看得见里头的东西。不知是什么原因，住在里头的，几乎都是孤独、纯洁、笨手笨脚而又不善于处世的人物。我经常会领一个出来，作为现在要写的作品的主人公。《北风遗落的手绢》里的熊、《雪窗》里的老爹、《蓝的线》里的千代，都是从同一片森林里出来的人物。"

在安房直子童话里，我们常常能看到格林童话的影子。有人说，安房直子的童话就宛若现代版的格林童话。对于这点，安房直子并不否认。

她说自己喜欢格林童话，她说她读的第一本书就是格林童话，从小学一直读到初中，而且成为作家之后还在一遍一遍地读，怎么读都有新的感觉。她说也许说不定，她心中的那片童话森林，就是过去读过的《格林童话集》中的那片黑暗的大森林的片段。她还说她受格林童话的影响太大了，喜欢写不走运的主人公得到拥有超自然之力的人物帮助的故事，如果不是格林童话或民间童话的形式，就写不出来了。

即使你是一个大人，也会被安房直子领进她心中的那片梦幻森林的。

儿童文学的分类

幻想小说

幻想小说是由儿童文学作家创作的长篇小说，它虚构了一个幻想世界，尽管这个世界充满了超自然或是非现实的要素，但作家却根据幻想小说独有的法则，运用小说的写实主义的手法，把一个不曾发生过的故事描绘得像真的发生了一样，给读者带来惊异。

三个关键词

关于幻想小说，几乎每一个研究者都可以给出自己的定义。尽管表述不同，但下面几个关键词却总是不会缺少的：

超自然（supernatural）

非现实（unreal）

小说（novel）

超自然，即超越自然法则，是一种违背常识、不可解释的现象。非现实，是说这一切在现实的世界中并不存在，比如说妖精，比如说魔法……而幻想小说作家的任务，就是要用小说这种文学技巧，创造出一个世界来，不但要让在现实中不可能发生的事情发生，还要把它写得真实可信，变成肉眼可见的现实。

《小水精》封面
二十一世纪出版社

阅读幻想小说的第一法则

当孩子长大了，就会告别童话，开始阅读幻想小说了。

《洋葱头历险记》封面
新蕾出版社

幻想小说是写给大孩子看的书。当孩子还小的时候，分不清故事里的现实和幻想，可当他们长大了，就会知道天上的月亮根本不会说话了。

幻想小说就是写给这些已经分得清什么是现实、什么是幻想的大孩子看的书。

虽然幻想小说和童话一样说的都是一个幻想故事，但童话不需要你相信它，它一上来就会吵吵嚷嚷地告诉你："我是童话噢！"例如以"很久很久以前，有一个地方"开头。幻想小说却不是这样，它会尽量隐蔽，不暴露自己的身份，故事往往就从现实世界的一件平凡而又琐碎的小事开

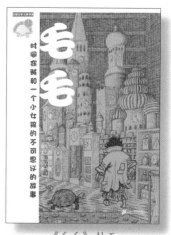

《毛毛》封面
二十一世纪出版社

始写起，让你丧失警惕，然后慢慢地把你引入到一个又一个的幻想事件中，陷入故事的沼泽，拔不出来，不知不觉就读到了最后一页。好的幻想小说，就是有这个本领，它能让你至少在阅读它的几个小时里，以为它说的一切都是真的。

可是我们会发现，有的孩子喜欢看幻想小说，有的孩子却不喜欢看幻想小说。这是为什么呢？

首先，这与一个孩子的想象力有关，想象力越是发达的孩子，越是喜欢阅读幻想小说。一个没有想象力的孩子，是很难接受幻想小说的。其次，喜欢看幻想小说的孩子，多半都掌握了一种阅读技巧，即从翻开第一页开始，就驱走脑海中那个"这不是真的"的声音，站到故事一边，相信故事里的一切都会发生，然后跟随作者的讲述，用自己的想象力，把书中的那个幻想世界想象成一个真实的世界。而不喜欢看幻想小说的孩子，是因为从一开始，就拒绝它，排斥它，不相信它说的事情会真的发生。

幻想小说是一种特殊的类型小说，它要求读者必须用一种

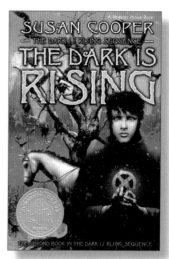

《黑暗在蔓延》封面
Aladdin

特别的方式来阅读它，即相信它，哪怕是暂时相信它，假装相信它。

这是幻想小说对读者的最起码的要求，是阅读幻想小说的第一法则。

孩子们为什么要读幻想小说

我们为什么要给孩子看幻想小说呢？

有人说，幻想小说荒诞不经。

不对，好的幻想小说都是成长小说，像民间童话一样，它长久不衰的魅力，在于它能帮孩子处理成长过程中必须面对的内心冲突。

它是一面镜子，能照出孩子的自我。

它是一次孩子们的自我发现之旅。

它更是孩子们演练内心冲突的一个舞台。

幻想小说不是逃避现实，故事里的一切，都是对现实的折射。

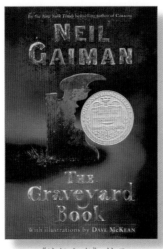

《坟场之书》封面
HarperCollins

所以才会有孩子这样说："在幻想小说里，你可以做任何你想做的事，因为那是你的故事。虽然你不一定真的去做那些事情，但这是你的故事。"

《黄瓜国王》封面
明天出版社

所以《狮子、女巫和魔衣柜》的作者C. S.刘易斯才会这样说："既然在现实生活中，他们很有可能遇到凶残的敌人，那就至少让他们得知有勇敢的骑士和英雄的气魄。否则，他们的生命中就不会有光明，只会有黑暗。"

所以长年从事儿童文学阅读研究的妮娜·米可森在《童书中的神奇魔力》一书中才这样说：幻想小说能带给孩子们新奇的意象，激发他们思考。更重要的是，它也让他们能够以一种令人振奋、创新的方式，来塑造和重建他们的世界。它带领孩子远离他们所处的世界，给予他们探索和创造的自由，并用全面表现的方式来释放他们的想象力。孩子需要幻想，如果我们忽略了孩子的这个需求，就等于关闭了进入孩子世界的大门，我们将永远无法了解孩子世界里的秘密。

我们前面在说到儿童文学的基本故事模式时，说幻想小说的主人公是英雄，说幻想小说的故事就是一段英雄的旅程。

《汤姆的午夜花园》封面
Oxford University Press

可是，英雄可不仅仅存在于书里，也存在于书外，书外的孩子都是英雄。当他们投入地阅读一本好看的幻想小说时，他们会产生一种错觉，把书中的小主人公看成是自己，与小主人公心心相印，融为一体。当小主人公面对危险时，他们也会面对危险；当小主人公呐喊时，他们也会呐喊；当小主人公战斗时，他们也会战斗……一句话，他们主宰了书中英雄的灵魂，同命运，共呼吸。

他们在书中体验英雄，扮演英雄。今天，他们是幻想中的英雄；明天，他们就是现实中的英雄。

于是，少年英雄——每一个读着这些幻想小说的孩子——就这样诞生了！

儿童文学的分类

幻想小说的类型

一个可以抵达的世界

　　在这一类幻想小说中，另外一个世界与现实世界之间虽然耸立着一堵看不见的高墙，严禁入内，但只要找到了秘密入口，就能穿越分界线，抵达那片奇异的土地。

　　一个梦，一扇门，一个大衣柜，一个站台，都可能是一个秘密入口。

《狮子、女巫和魔衣柜》：
一扇最经典的门

这种类型的幻想小说，好认，一眼就能认出来，因为它一定会设置一个入口，好让主人公穿越国境，来往于两个世界之间。

说起连接两个世界的入口，我们首先想到的就是C. S.刘易斯的《狮子、女巫和魔衣柜》里的那个大衣柜。

《魔法师的外甥》插图　保利娜·贝恩斯/画

《狮子、女巫和魔衣柜》插图　保利娜·贝恩斯/画

这个大衣柜竖立在一个空荡荡的房间里，看上去很普通，就是门上有面镜子的那种，里面还挂着一排排的皮大衣。可是一旦穿过去，就不同了，就是一个名叫纳尼亚的奇幻大陆了。虽然只有薄薄的一墙之隔，却已经是另外一个时空。与我们这个世界相比，它似乎更古老、更神奇，不但有羊怪、小矮人、白女巫、狮子王一类的魔法人物出现，还拥有自己的时间、历史和地理景观。

不过，这个大衣柜也不是什么时候想穿就能穿过去。一是要下雨天，二是要看它乐意不乐意放行。比如，小女孩露茜第一次穿过去之后，跑回来激动地告诉哥哥姐姐："这是……这是一个有魔法的衣柜。里面有片树林，那儿在下雪。还有一只羊怪和一个女巫，那地方叫纳尼亚。来看看吧。"可是，当她拉开柜门，呈现在哥哥姐姐们面前的，却是一个普通的衣柜。里面没有树林，没有雪，只有背板，上面还有一只只衣钩。魔法大衣柜跟露茜开

了一个玩笑，让她出了丑。

《狮子、女巫和魔衣柜》是"纳尼亚传奇"系列中的一本。七个故事，五个有入口，而且每个入口都是不一样的。《狮子、女巫和魔衣柜》的入口我们上面说过了，《魔法师的外甥》是一黄一绿两枚戒指，它们在转瞬间就能把人送进和送出纳尼亚。《凯斯宾王子》是火车站那把能产生奇异力量，把人拉进纳尼亚的长椅。《黎明踏浪号》是墙

《黎明踏浪号》插图　保利娜·贝恩斯/画

上的一幅能涌出海浪，把人送到纳尼亚的一艘船上的画。《银椅》是实验学校石墙上的一扇门，走过去，就进入了纳尼亚。

《永远讲不完的故事》：红字和绿字

前面我们在说到儿童文学的基本故事模式时，曾以米切尔·恩德的《永远讲不完的故事》为例，详尽地说过它的故事了。

这是一部双线结构的幻想小说。一条线讲的是男孩巴斯蒂安在旧书店里发现了一本书名叫《永远讲不完的故事》，他把它偷出书店，在学校屋顶的储藏室里一直读到半夜。还有一条线是书里的故事，说的是黑暗的虚无入侵幻想王国，只有找到一个人类的小男孩，给天真女皇起一个新名字，才能让幻想王国免遭覆灭的下场。故事过半，两条线终于交叉到了一起——巴斯蒂安从现实世界跌进了幻想世界。

它的入口，就是那本书。

有意思的是，《永远讲不完的故事》的文字，还被别出心裁地印成了红绿两种不同的颜色。巴斯蒂安在现实世界的故事是红字，幻想王国的故事是绿字，当巴斯蒂安进入幻想王国之后，则全部都变成了绿字。

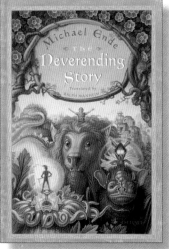

《永远讲不完的故事》封面　Dutton

❧ 175 ❧

only goes to show that I've been mistaken the whole time. I really thought the Old Man would start telling the Neverending Story from the beginning.

"Suddenly the door was opened so violently that a little cluster of brass bells tinkled wildly, taking quite some time to calm down. The cause of this hubbub was a fat little boy of ten or twelve. His wet, dark-brown hair hung down over his face, his coat was soaked and dripping, and he was carrying a school satchel slung over his shoulder. He was rather pale and out of breath, but, despite the hurry he had been in a moment before, he was standing in the open doorway as though rooted to the spot."

As Bastian read this and listened to the deep, dark voice of the Old Man of Wandering Mountain, a roaring started up in his ears and he saw spots before his eyes.

Why, this was all about him! And it was the Neverending Story. He, Bastian, was a character in the book which until now he had thought he was reading. And heaven only knew who else might be reading it at the exact same time, also supposing himself to be just a reader.

And now Bastian was afraid. He felt unable to breathe, as though shut up in an invisible prison. He didn't want to read anymore, he wanted to stop.

But the deep, dark voice of the Old Man of Wandering Mountain went on,

and there was nothing Bastian could do about it. He held his hands over his ears, but it was no use, because the voice came from inside him. He tried desperately to tell himself—though he knew it wasn't true—that the resemblance to his own story was some crazy accident,

but the deep, dark voice went on,

and ever so clearly he heard it saying:

《永远讲不完的故事》插图　Roswitha Quadflieg/画

《永远讲不完的故事》正文

《鬼妈妈》：
另一个妈妈，另一个世界

《鬼妈妈》是移居美国的英国作家尼尔·盖曼的一部幻想小说，它的原名叫《考罗琳》，听上去没有那么恐怖惊悚。尼尔·盖曼被恐怖小说大师斯蒂芬·金称为一个"装满了故事的宝库"，他写得最好看的幻想小说，是运用大量人们耳熟能详的民间童话、童谣，甚至是神话传说元素写成的《星尘》，只可惜那是一个充满了魔法和奇迹的爱情小说，不是一部纯粹的童书。

《鬼妈妈》的开头一句话就十分抓人："他们搬进这座房子才一会儿，考罗琳就发现了这扇门。"

哪一扇门呢？

考罗琳是一个古灵精怪的小女孩。她发现她家住的这层公寓，一共有十四扇门，十三扇开着，一扇关着。关着的这扇门，是客厅最远角的一扇雕花的棕色木头大门，上着锁。她问妈妈："它通向哪里？"妈妈回答她："不通向哪里。"妈妈用一把最旧、最大、最黑、最锈的钥匙打开了那扇门，妈妈说得对，这扇门确实不通向什么地方，它只通向一面砖墙。

《鬼妈妈》封面　HarperCollins

《鬼妈妈》插图　Dave Mckean/画

可是第二天，当考罗琳自己再次打开那扇门时，不对了，那面砖墙不见了，它通向一个黑暗的走廊。她走了进去。真是太奇怪了，这里的一切都让人感觉非常熟悉，地毯、墙纸，"她知道她在什么地方了：她在自己的家里。她并没有离开过"。这令她困惑，但最令她困惑的是，在这个几乎就是自己家的地方，她还有另外一个妈妈，只不过这个妈妈的眼睛是两个黑色的大纽扣，而且这个对她十分亲切的妈妈要把她永远地留在这个家里。为了逃出魔爪，为了拯救自己，逃回到门那边真正的妈妈身边，她必须运用自己的智慧了……

这个门背后的世界，不大，更像是对考罗琳家的一个镜像复制，既完全相同又完全不同，它都是那个怪物妈妈一手创造出来的。

尼尔·盖曼自己说："我原本打算为我的女儿写一个五页到十页的短故事，但是故事自己有了生命……孩子们会把它当成一个有趣的冒险，大人看了却会做噩梦。"

它获得过2003年"世界科幻协会"的雨果奖和"美国科幻与幻想作家协会"的星云奖。

儿童文学的分类

幻想小说的类型

一个无法抵达的世界

在这一类幻想小说中，另外一个世界与现实世界之间没有接口，它完全是一个封闭隔离的宇宙。它故事的舞台，一般多设定在遥远的过去，那是一个还有篝火、精灵、魔法、神话和英雄的伟大时代，它的地质地貌可能与我们很接近，但生活在那里的种族却完全不同。人类世界发生的事情，它那里都会发生，只是更气势磅礴，更魔幻。

除了过去，它的故事也可能发生在现在，或是很久以后的未来。但不管怎样，都是一个我们无法进入的世界。

《魔戒》：
托尔金和他的中土世界

J.R.R.托尔金的《魔戒》，可以说是这类幻想小说的鼻祖。

这个由一枚足以掌控天下的戒指展开的浩瀚长卷，说的是一段发生在距今五千四百余年的中土世界里的故事：霍比特人比尔博·巴金斯在一百一十一岁生日那天突然失踪，他把一枚可以隐身的魔法戒指装在信封里，留给了养子佛罗多。年轻的佛罗多不知道这是黑暗王国的魔王索伦锻造的一枚至尊魔戒，在完全不知情的状况下继承了拯救世界的重任，成为善恶双方全力争夺的对象。几经波折，他才得知必须携带这枚戒指深入魔王的领土，才能在末日火山摧毁这一切邪恶的根源。于是，在巫师甘道夫的主导下，一支由精灵、小矮人、霍比特人、游侠和人类组成的魔戒远征队出发了……

英雄史诗般的《魔戒》故事极其复杂，光是有名有姓的人物就有上百个，托尔金不但根据北欧神话创造了一个中土世界，还为它创造了自己的年代、历史、神话、风俗民情和语言。这本书，不算

《魔戒》插图　阿兰·李/画

构想，光是写，托尔金就写了十三年。

不过，《魔戒》实在不是一本给小学生看的书，是给初中以上的孩子和大人看的书（喜欢幻想小说的男孩子一定看得废寝忘食，连呼过瘾）。既然厚厚的《魔戒》啃不下来，我们就推荐孩子们先看《霍比特人》吧。

《霍比特人》插图　阿兰·李/画

《霍比特人》的故事，发生在《魔戒》之前。主人公就是在《魔戒》一开头消失的那个霍比特人比尔博·巴金斯，那时他才五十多岁，按照霍比特人的年龄来推算，正值壮年。这个故事往简单里说，就是一个英雄斗恶龙的故事。它最大的特点，就是比尔博是一个最不想成为英雄的英雄，最不像英雄的英雄。如果用我们说过的儿童文学的基本故事模式来衡量它，离家，经历考验，遭遇邪恶的敌人……每一段都不走样。

喜欢看英雄冒险故事的孩子，没有一个不为它走火入魔的。

有一个男孩看完《霍比特人》，竟说出这样一句发人深省的话来："冒险不一定就是战争，而是你心里的一个特别的地方。"

《地海巫师》：
勒奎恩和她的地海

可以与别的幻想小说擦肩而过，但美国作家厄休拉·勒奎恩的这本《地海巫师》是绝对不能错过的。

它可不是一本简单的童书，世界上有无数的大人为它着迷，着迷的程度不亚于《魔戒》——你想

《地海巫师》地海地图

力量也不是恶龙、怪物或是魔王，而是一个影子，是他在骄傲与野心的驱使下，滥用魔法，从黑暗之地召来的一个影子。而且还不是别人的影子，是他自己的影子。所以，所有的追逐和厮杀，都是他自己在与自己追逐和厮杀。最后，他战胜了自己的影子，也就是说，战胜了自己。

说到这里，你一定知道这本薄薄的童书里蕴涵的思想有多深了。

它是一本会让人思考的书，是一本会让许多人抛弃对幻想小说的偏见的书。虽然它不像一般的魔法故事那样会给你带来刀光剑影的快感，但是当主人公九死一生，逃脱影子的追杀逃回到师父奥金那里，听到奥金对他说"你必须转过身去，你必须去追逐那个追逐者"，而说出"师父，我去追逐了"那句话时，你还是会热血沸腾的，那个荡气回肠的声音，会永远回响在你今后的生命当中。

像托尔金创造了中土世界一样，勒奎恩创造了地海。只不过这不是一片连绵的大陆，而是一片密密麻麻的岛屿，是一个由岛屿和海洋构成的世界。它运行的动力是魔法，而维持这个世界的均衡，就是地海魔法师的职责。

原书里有一张地海地图——幻想小说里常常都会配有一张地图，比如《狮子、女巫和魔衣柜》里有一张纳尼亚的地图，《魔戒》里有一张中土世界的地图——正文前面是全图，到了正文里，则被切割成一张张局部的小图。当故事中出现一个又一个难记的岛屿的名字时，对照着地图来看，东南西北

得到吗？日本最著名的动画片导演宫崎骏就是它的头号Fans。

它的故事不复杂，一本专门写给孩子看的故事，又能复杂到哪里去呢？它说的是一个绰号叫雀鹰的少年，本来是一个平凡的牧羊童，但因为拥有魔法天赋，就被名叫奥金的大巫师收去做了徒弟。可是有一天，为了成为一名真正的巫师，他还是离开了师父，一个人独自面对邪恶的力量……这样的故事，我们似曾相识，但问题是，书里的英雄不是一个传统意义上的英雄，是一个不断遭受挫折失败的英雄。书里的邪恶

《地海巫师》封面　Spectra

一目了然，绝对不会一脑子糨糊。

可惜的是，中文简体字版里连一张地图也没有。

《鬼磨坊》：普鲁士勒和他的鬼磨坊

德国作家奥得弗雷德·普鲁士勒写过许多轻松、简单而引人发噱的童书，如《小水精》、《小女巫》、《小幽灵》和《大盗贼》。但是在《鬼磨坊》里，他却变换了一种文风，用传说般古老而悲凉的口吻，为我们讲述了一个有点黑暗的故事。

《鬼磨坊》封面
二十一世纪出版社

相比他的那些快乐、明亮的童书，《鬼磨坊》的主题要深刻得多了，简直就不像是同一个人写的。看看作者是怎么说自己这本书的吧："这里讲述的是一个年轻人的故事，他一度与黑暗势力为伍并为之迷惑，直到他从危险的处境中觉醒。这也是我本人的故事，或者说是整整一代人的故事，这是所有的与邪恶打交道并为之迷失本性的青年人的故事。"

故事没有交代具体的年代，但从内容来推测，应该是发生在17、18世纪，地点应该是德国的东部。

这是一个比中土、比地海要真实得多的世界。

十四岁的少年克拉巴德是个流浪儿，一天晚上他做了一个奇怪的梦，梦见十一只乌鸦蹲伏在一根横杆上，左边的位置是空的，有人喊他的名字，命令他："到施瓦茨科尔姆的磨坊去吧！"他在森林里的黑水河边，找到了这个磨坊。就这样，他成了磨坊主、一个左眼蒙着一块黑眼罩的大块头男人的第十二个徒弟。

可他慢慢发现，这个磨坊实际上是一所秘密学校，每个礼拜五的晚上，师父就会让十二个学徒变成十二只乌鸦，站在黑室的杆子上，学习魔法。这不可怕，可怕的是每年新年来到的前一天，他们当中就会有一个人神秘地死去，然后，又会有一个新来的孩子顶替空缺。佟达，他最好的一个朋友，临死前送了他一把遇到危险就会变黑的折刀，还警告他：如果有一天你爱上了一个女孩，千万不要让师父知道。

磨坊四周有一堵肉眼看不见的鬼墙，没人逃得出去。一晃两年过去了，第三个年头开始了。磨坊里的一年，等于外边的三年，也就是说克拉巴德快二十三岁了。今年，该轮到谁死了呢？又是谁在玩这种死亡游戏呢？傻子尤诺告诉了他真相：师父和教父大人订有协议，每年都得向他献上一条学生的生命作为祭品，不然师父本人就得死。而要自救，就必须有一个真正爱你的姑娘在一年的最后一天到师父那里去，请求他给你自由。只要她通过了师父的考验，从十二只乌鸦里认出了你，师父就会在除夕之夜死掉。

《鬼磨坊》插图

这一年，克拉巴德恰好爱上了邻村一个名叫康多尔佳的姑娘，而且她明知危险，也愿意救他一命。

这一天终于来到了。师父用一块黑色头巾蒙住康多尔佳的眼睛，把她引进黑室，让她从十二只乌鸦面前一一走过。走到第三遍，她伸手指着克拉巴德说："就是他。"当他们离开这个磨坊的时候，克拉巴德问她："你怎么把我从这么多伙计中认出来的？"她说："我感觉到了你的恐惧，你在为我担惊受怕，就凭这，我认出了你。"

是不是很好看？

这本书的写作也很有特点，在叙述主人公一步一步解开鬼磨坊之谜的同时，还用另外一种字体，穿插了他的八段梦境。每一段梦境都很清晰，写实，都是一个完整的故事，都是对后面即将发生的事情的一个预告。

《鬼磨坊》是作者的巅峰之作，获得过1972年德国青少年图书奖。

《黄金罗盘》：
普尔曼和他的平行世界

幻想小说，有的时候还真的是挑战我们想象的边疆。例如，你想象得出来有这样的世界吗——它就在我们的身边，是一个时间、地貌，甚至连城市和大学都与我们相仿的平行世界。只是，它有它的运行轨道，我们有我们的运行轨道，互不干涉。当然，偶尔会有那么少数几个人，能穿透一个窟窿，从一个世界进入另外一个世界。

英国作家菲利普·普尔曼在《黄金罗盘》里，就创造了这样的一个世界，只是他没有像托尔金或是勒奎恩那样为它起一个特殊的名字。它就叫地球，里边有英国，有北极，有牛津大学，只是这个世界的文明进程似乎比我们要迟上一些年，还处于一个蒸汽机车的时代。当然，它也有我们没有的东西，比如会飞的女巫、会打仗的披甲熊，但要说最让人稀罕的，还是人的精灵（dæmon）。按照我们这边的说法，人的灵魂是和肉体结合在一起的，而且没有形状。它不是，它那个世界上，每个人的灵魂都有一个化身，称为精灵，它们以动物的形式出现，有的是蛾子，有的是乌鸦，有的是雪豹，儿童的精灵可以变来变去，一会儿是蛾子，一会儿是白鼬，但成年人的精灵则不会变化了。这些精灵有思想，会说话，总是与自己的主人并肩而行。

书里的主人公叫莱拉，是一个十三岁的小女孩。她没有父母，按照大人们的说法，他们双双死于一次飞艇事故。莱拉从小就被叔叔阿斯里尔勋爵托付给了牛津大学乔丹学院的院长，她在这里自由自在地长大，长成了一个"一半野性、一半文明"的小丫头。她最要好的朋友，是厨房里的小学徒罗杰，他们一起爬屋顶，偷苹果和打架。一天，她发现院长朝葡萄酒里下毒，要毒死他的叔叔。还有一天，罗杰失踪了，他和许多孩子一样，都被称为"饕餮"的人绑架了。事情慢慢地不对了，她发现一个极其美丽的女人、刚刚收养了她的库尔特夫人，其实就是"饕餮"的一分子。别无选择，她只能带着院长送给她的那个黄金真理仪，逃出了库尔特夫人的家。在逃亡的路上，她知道原来她的父母并没有死，叔叔阿斯里尔勋爵就是她的父亲，库尔特夫人就是她的母亲。为了营救父亲和好朋友罗杰，在众人的帮助下，她勇敢地踏上了去北极的路……

《黄金罗盘》是《黑质三部曲》的第一部，另外两部分别是《魔法神刀》和《琥珀望远镜》。虽然第一部里面有些术语的解释，如尘埃什么的，对于一个孩子来说可能略显艰涩，但还是数它最吸引人，最好看，就是稍微厚了一点。

它获得了1996年英国卡内基儿童文学奖。

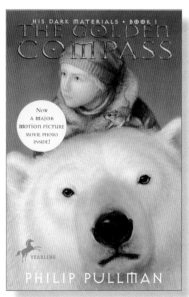

《黄金罗盘》封面　Yearling

儿童文学的分类

幻想小说的类型

现实世界里的魔法

在这一类幻想小说中，没有另外一个世界，魔法人物不请自来，就在我们的身边，所有的魔法事件都发生在我们的这个现实世界里，故事的舞台就是孩子们的日常生活。

它又被称为"everyday magic"，即"日常魔法"。

相比另外两种类型，它给人的感觉更真实，更容易让人相信，因为它不用大兴土木地去凭空筑起一个幻想世界。

《五个孩子和一个怪物》：
内斯比特是开山鼻祖

英国作家伊迪丝·内斯比特是这类幻想小说的首创者。

她1902年发表的《五个孩子和一个怪物》，没有像刘易斯·卡洛尔的《爱丽丝漫游奇境》那样，通过一个兔子洞把主人公送进幻想世界，而是直接把幻想世界里的魔法人物请进了现实世界。

《五个孩子和一个怪物》封面
Puffin Classics

西里尔、安西娅等五个孩子去乡下过暑假。距离山顶他们住的白房子不远的地方，有个采掘沙砾留下的大沙坑。第一天，他们就从沙坑里挖出来一个会说话的怪物。它说它叫桑米阿德，是个古老的沙仙。它说它一直就住在这个世界上，有好几千万年了，在它那个时代，人人都拿翼手龙当早饭吃。人们总是在一大早还没吃早饭的时候，叫他们的小男孩到海滩上来找沙仙，许愿得到一条翼手龙、一头大地懒或是一条鱼龙。它会魔法，可以实现孩子们的愿望，只是天一黑，它的魔法就会失效……

因为这种类型的幻想小说更容易被孩子们接受，内斯比特后来就有了众多的追随者。像帕·林·特拉芙斯的《随风而来的玛丽阿姨》、玛丽·诺顿的《借东西的小人》、菲莉帕·皮尔斯的《汤姆的午夜花园》以及罗尔德·达尔的《女巫》等作品，都是沿用这种手法创作的幻想小说。

《晴天下猪》：
天上下起了猪雨

这是一本让人爆笑的书，没有一个孩子不喜欢它的。

我战战兢兢地从窗口伸出头，朝天上看去。

"啊——"

猪猪猪猪。

几百头、几千头猪布满了天空。

猪猪猪猪，全是猪。

就要下猪了。

天上会下雨，可你相信天上会下猪吗？日本作家矢玉四郎的《晴天下猪》讲的就是这样一个荒诞不经的故事。这个故事最适合老师在教室里读给孩子们听，几十个孩子会一起笑破肚皮。

则安是一个三年级的小男孩，老师教他记日记，还告诉他："日记，不是给别人看的东西哟！"可有一个人专门偷看他的日记，对，就是他的妈妈。于是，则安决定在日记里写点怪事情，好让妈妈大吃一惊，他管它叫"明天的日记"。可是让他意想不到的是，他写厕所里有条蛇，第二天厕所里就真的出现了一条蛇。他写爸爸吃油炸铅笔，第二天妈妈就真的给爸爸做了油炸铅笔，爸爸还咔嚓咔嚓地吃得好开心。这太不可思议了。接下来的星期六，他写了这样一篇"明天的日记"：

6月7日 星期日 晴天有时下猪

今天的天气，一开始是晴天，午后下起猪来了。全家一起吃丸子时，丸子卡在了妈妈的嗓子眼里。一拉妈妈的脖子，妈妈的脖子一下子伸得老长。

第二天一早事情真的不对头了，电视里的天气预报说："虽然是晴天，但从下午起，局部地区有时会下猪。"下午点心时间吃丸子时，妈妈的嗓子眼儿也真的被丸子卡住了，则安和爸爸一拉，妈妈的脖子变得像蛇一样

《晴天下猪》封面
二十一世纪出版社

《晴天下猪》插图　矢玉四郎/画

长。而且，天上还传来了猪叫声，漫天飘满了猪。还算好，则安及时地反应过来："乱成这个样子，全是日记惹的祸。"他抓起橡皮，把日记上的"猪"字给擦掉了。天上的猪不见了，一切都恢复了正常。

是不是够荒诞？《晴天下猪》是幻想小说中的一个特殊类型，被称为"荒诞故事"（nonsense）。它的鼻祖是刘易斯·卡洛尔的《爱丽丝漫游奇境》。它就是像这样，通过对一连串在日常生活中根本不可能发生的事情的描写，制造出一种可笑和游戏的感觉，看似无意义，但实际上却有意义。

这本书的开本很大，文字不多，译成中文也不过就是两万多字。因为作者曾经是一位漫画家，所以他为这本书画了好多插图，而且图放得都很大，有时占一页，有时占两页，这让它看上去更像是一本介于图画书与文字书之间的书。

《晴天下猪》插图
矢玉四郎/画

《晴天下猪》后来发展成了一个系列："晴天有时下猪"。《明天是猪日》、《我有时是猪》……一本接一本，一共有七本。不过要说最好看的，还是第一本《晴天下猪》和第二本《明天是猪日》。《明天是猪日》的故事就更加荒唐了，则安甚至出了张《猪报》，说明天是猪日，结果第二天

爸爸拉开壁橱的门，跑出来的是猪；妹妹打开冰箱，跑出来的是猪；妈妈拧开水龙头，流出来的是黄豆般大的小猪；消防车水管里喷出来的，还是猪……

《不老泉》：家门口不远的地方，有一口青春永驻之泉

"What if you could live forever？"

"如果你可以长生不老呢？"——这是美国作家纳塔莉·巴比特的《不老泉》的封面上印着的一句话。

如果有人告诉你，喝一口汩汩流淌的泉水，你就会长生不老，你会喝吗？《不老泉》里就有这样一眼魔法之泉。

可是，书里一个喝过不老泉的人却劝你千万不要喝它："阳光将从海洋中吸收的水分变成云，风将云吹到各处，变成雨，落进溪流。河水不停地流，再流回大海。这种轮回就像轮子，转呀，转呀，永不停息。青蛙、虫子、鱼、森林、花草，都是生命轮回的一部分，人也是。每一次轮回都不一样，都是开始新的生命，然后成长，变化……可我们一家被卡住了，不能往前走。我们不再是轮子的一部分，被甩掉了。"他这么说，是因为八十七年前，他们一家人在森林里喝了一口泉水之后，就再也没有长大变老。"死亡是轮子上的一部分，紧接着的是新生。你不能只挑你喜欢的部分，不要其他。能属于生命的轮回是上帝的赐福。但我们一家，眼看着轮子在转，却望尘莫及。"虽然他长生不老，但这对他来说更像是一种惩罚，他的内心充满了痛苦，"如果我知道有什么办法再攀上轮子，我马上去攀。没有死亡也就没有新生。像我们这样永远不再成长，失去活力，不能称为活着。我们像路边的石头，没有生命力。"

正如《纽约时报》的一篇书评所评述的那样：《不老泉》是一本让你无法放下和忘怀的好书。真的，这么多年过去了，它对读者的吸引力从来没减弱过，就好像它曾经在不老泉的泉水中浸泡过一样。美国知名童书评论家安妮塔·西尔维在《给孩子100本最棒的书》里这样夸张地赞美它："就我

个人而言，如果只能带一本儿童文学作品到荒岛上的话，那应该就是《不老泉》。"

长生不老题材的幻想小说并不少见，但《不老泉》超凡脱俗的地方，就在于它跳出了这类故事的窠臼，没有围绕那眼魔法之泉展开故事，而是让一个个获得了永恒生命的人向你敞开心扉，为你讲述他们对生命的感悟。

穿黄衣服的人 纳塔莉·巴比特/画

《不老泉》的字数不多，薄薄的一本，但它的故事写得极其好看，每一个情节都设置得恰到好处，文字也洗练，删一句不行，添一句累赘。

它的开头，最为人称道，已经成为儿童文学的一个经典的开头了——

不久前，就在这样的日子里，同一天发生了三件看起来毫不相干的事。

早上，梅·塔克驾起马车去树间村的丛林，她每十年去一次那里，去看她的两个儿子，迈尔斯和杰西。

中午，温妮·福斯特，她家拥有树间村的那片丛林，烦闷难忍，决定离家出走了。

下午，一个陌生人出现在温妮家大门口。他在找人，但没说找谁。

你看这三件事毫不相干吧？事情偏偏来得蹊跷。那片丛林是中心，也就是轴。所有轮子都得有轴，如同太阳是太阳系的轴。一切都围着轴转。可惜等人们明白过来什么是轴，为时晚矣。

故事就这样拉开了大幕。你想知道这三个人的命运是被什么给串联到了一起吗？对，就是那眼魔法之泉。八十多年前，梅·塔克一家四口喝了它，从此长生不老。温妮，一个十岁的小女孩，无意中撞

见梅·塔克归来的小儿子杰西跪在一棵盘根错节、足有十几米的巨树下喝泉水。而那个陌生人，一直没名没姓，被唤做"穿黄衣服的人"，他从小就从奶奶嘴里得知有一家人永远不变老，不能自拔，决定用一生去寻找这一家人。

这天，温妮因为发现了不老泉，被梅和她的两个儿子绑架，带回到他们位于湖边的一个秘密小屋。在这里，温妮不但受到亲切对待，还从两个男孩迈尔斯、杰西和他们的母亲梅之口，知道了他们一家八十多年来从未对别人说过的秘密。但他们谁也没有发现，那个穿黄衣服的人，一路跟踪而来，躲在灌木丛中偷听到了他们所有的对话。黄昏时，两个男孩的父亲塔克划着小船，在湖上对温妮说出了自己对长生不老的恐惧。也是这天晚上，杰西，塔克家那个年龄永远停留在十七岁的英俊男孩，屈膝跪在她面前求她："能不能等到你长到十七岁，和我一样大，再去喝那泉水——嗨，只要等六年——然后我们一起远走高飞。我们可以结婚，你和我，永远快乐幸福地生活在一起，永远，永远。"

七十年过去了，当杰西的父母塔克和梅再次回到温妮生活的小村时，温妮家的房子已经不在了，加油站的店员告诉他们，那棵巨树也被雷暴劈成了两半，整片林子都烧光了。塔克在墓地里找到了一块石碑，上面写着：

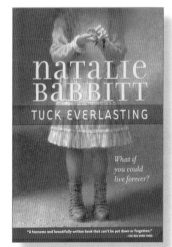

《不老泉》封面 Square Fish

永远怀念
亲爱的妻子
亲爱的母亲
温妮·福斯特之墓
1870—1948

温妮没有喝下不老泉的泉水，她放弃了永生，选择了死，像一个普通人一样走完了生命轮回中属于自己的那个部分。《不老泉》的尾声写得极为克制，不着痕迹，但却让人感动，特别是读到"塔克

擦干泪水，又整整衣服，挥手行了个礼，大声说："好孩子！"然后转身大步走出墓地"时，我们实在是无法控制住自己的眼泪。

作家本来是一个画家，一开始她为丈夫写的童书画插图，后来丈夫不写了，她只好自己来写故事，用她自己的话来说，就是："毕竟非得先有故事才可能画插图，不是吗？"想看她画的插图吗？请看她自写自画的《尼瑙克山探险》。

《尼瑙克山探险》封面
新蕾出版社

但是她没有为自己这本《不老泉》画插图，只是在多年以后为那个穿黄衣服的人画了一幅画，发表在美国的儿童文学杂志《号角》上。

《波西·杰克逊与神火之盗》："你是说希腊诸神现在在这儿？在……在美国？"

你读过希腊神话吗？如果有一天，一个人突然找到你，说奥林匹斯诸神还活着，就在美国，说你是某一位天神的儿子，说你是一个半神半人的混血者，你一定以为这个人是个疯子。可是，这就是美国作家雷克·莱尔顿的《波西·杰克逊与神火之盗》里说的故事。

这本书的前四章，没有半句废话，情节推进快得都让人喘不过气来——

我，十二岁的少年波西·杰克逊，是个问题儿，就读于纽约北部一所专为问题儿童开设的私立学校。这天，我们二十八个精神问题儿童在坐电动轮椅的布伦纳老师和陪护多兹夫人的带领下，前往大都会博物馆进行校外实践。中午，当别的孩子都坐在博物馆外边时，我因为和一个女孩闹出点小状况，被多兹夫人又带进了博物馆空空荡荡的大厅里。突然，她的眼睛冒出红光，她不是人类，她变

成了一个干瘪枯缩的老太婆，有着巨大的蝙蝠翅膀和尖利的爪子，满口尖牙，正打算扑过来把我撕成碎片。这时，一分钟前还在博物馆外面的布伦纳老师转动着他的轮椅冲进来，扔给我一支笔。我接过来，它变成了一柄青铜剑，我一剑把多兹夫人劈成了两半，她炸成了黄色的粉末。走到外面，我问我最好的同学格洛弗和布伦纳老师："多兹夫人在哪里？"他们居然告诉我，我们学校从来就没有什么多兹夫人。但我知道他们在撒谎，他们有什么事瞒着我。

接下来发生的事就更加匪夷所思了。暑假里我和妈妈去海边小木屋度假，雨夜，门被敲开了。"那东西追来了！"我的同学格洛弗站在门外，他身上应该长着脚的地方，却长着两只前端分岔的动物蹄子，他是一个半羊人。妈妈开车带我们出逃，但闪电把我们的车从公路上劈到了沟里。紧接着，一只头上长角的怪物追了上来，它有两米高，鼻孔上镶着一个闪闪发亮的大铜环，我妈为了保护我，被它掐住了脖子，在我眼前融化了。我愤怒了，引它撞树，然后拔下它的一只角，刺进了它的胸膛。等我醒过来，我才知道，我已经躺在混血大本营里了……

后面的故事说的是，波西·杰克逊得知自己是海神波塞冬的儿子之后，便和智慧与战争女神雅典娜的女儿安娜贝丝、好朋友格洛弗一起接下了一个危险重重的任务，必须在夏至之前的短短十天里，找回天神宙斯失窃的武器闪电杖，否则神界大战一触即发。你知道他们后来去了哪里？坐电梯上了纽约的帝国大厦的第六百层。为什么去那里？因为那里已经成了奥林匹斯的神界。

《波西·杰克逊与神火之盗》封面
接力出版社

"波西·杰克逊系列"一共有五本，是会让男孩子看得热血沸腾的超级畅销书。

儿童文学的分类

写实小说

　　这是一个与童话及幻想小说一类的幻想文学相反的概念。它以写实主义的手法，描写现实生活中的孩子的生活与成长，时间可以是现在，也可以是过去，但绝对不会是未来。它与幻想文学最大的不同，就是它所讲述的故事，没有魔法，看起来都有可能在现实世界里真的发生。

　　除了现代题材的小说，历史小说、冒险及侦探小说，也都可以归入它的行列。

《大森林里的小木屋》：
拓荒时代的小女孩

　　六十年前，有一个小女孩，住在威斯康星大森林的一幢灰色小木屋里。

　　小木屋的四周被又大又黑的树木围绕着，在这些大树外面，是一层又一层种类更多、数量更大的树木。就算你在大森林里拼命往北走，走上一整天，一个星期，甚至一个月，除了树木之外，你还是什么也看不见……

　　六十年后，也就是20世纪30年代，这个曾经住在大森林小木屋里的小女孩已经是一位六十多岁的老妇人了。她开始在当作家的女儿的协助下，把自己童年随父母拓荒的经历写成一本名叫《大森林里的小木屋》的书。她的名字叫罗兰·英格斯·怀德，书里的那个小女孩叫罗兰。其实，这本书就是她的自传，只不过她女儿把她用第一人称讲述的故事，改成了第三人称。

　　这是一本经得起时间检验的书。它没有一点儿跌宕起伏的情节，甚至没有悬念，故事碎碎的，讲的不过是一家五口人在大森林里的日常生活琐事：做过冬的熏肉，看爸爸装子弹，过圣诞节，制作奶酪和枫糖……没有华丽的辞藻，句子朴素得近乎口语，但不知为什么，它就是拥有一种奇妙的魔力，你只要一翻开，心的一隅就被它照亮了，被它温暖了。还没读完，你就恨不得自己也能像那个名叫罗兰的小女孩一样，住在几乎被埋在雪堆里的大森林小木屋里，烤火，朝结霜的窗户哈气，等打猎的爸爸回家……

　　故事开始的时候，罗兰还不到五岁。她和姐姐玛莉、

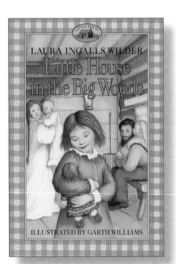

《大森林里的小木屋》封面
HarperTrophy

《大森林里的小木屋》插图　盖斯·威廉姆斯/画

　　小婴儿琳琳、爸爸妈妈住在大森林的小木屋里，距离最近的人家，也有好几英里。有一天夜里，爸爸把她从床上抱起来，让她看坐在屋前对着月亮发出凄厉叫声的狼的样子。还有一次，她提灯陪妈妈去挤牛奶，一个黑影站在牛舍的栅栏前面把门挡住了。"走开！"妈妈以为是那头黄牛，给了它一巴掌，这时借着灯笼透出的亮光，她们才发现那是一头大熊……当然，这种可怕的事情很少发生，对于罗兰来说，每天快乐的事情太多了：和爸爸一起用山胡桃树的碎片熏鹿肉；帮妈妈搅奶油、烤面包；听爸爸讲故事；突然扑向雪地，把自己的形状印在雪地上；去爷爷家参加舞会……就这样，透过小罗兰的一双眼睛，故事从冬天讲到春天、夏天、秋天，又讲回到了冬天。

　　人们长久地喜爱这个故事，是因为它传递了一种蓬勃向上的精神。罗兰一家生活在那个拓荒的年代，贫穷，辛苦，一切都要自给自足，罗兰的娃娃甚至只是一根包在手帕里面的玉米棒，但他们热爱家庭，努力工作，自娱自乐，过着一种简单却快乐的生活。这让今天的人们无比向往，因为："他们的精神生活却非常富足；不必明说，书里便已清楚地呈现了：一个人的快乐并不在于他拥有多少

物质。"这是约翰·洛威·汤森在《英语儿童文学史纲》里说的一段话。

罗兰的爸爸妈妈,是现代儿童文学中一对少见的好父母。他们恩爱、勤劳,以身作则,给孩子爱的滋润和勇气,集天下父母所有的美德于一身。书中对爸爸妈妈点点滴滴细节的描述,格外感人。特别是爸爸,不仅伟岸、勇敢,打猎种田什么都会,是支撑一家生活的顶梁柱,还意想不到的温柔,会讲故事,会唱歌,会拉小提琴。大森林的小木屋里,要是没有了爸爸的身影,那真是不可想象。

你只要看了下面这两个情节,就知道罗兰为什么那么爱她的爸爸了——

那天早晨,爸进来吃早餐时,抓住罗兰说,要好好打她一顿屁股。

因为今天是罗兰的生日。爸解释如果不打一顿屁股,她就长不大。爸真的打了她的屁股,但是打得很轻、很小心,一点儿也不痛呢!

"一——二——三——四——五——六。"他一面数,一面慢慢地打。打一下代表一岁,最后一下要用力打,罗兰才可以快快长大。

罗兰抢到了最大的一块木片,可是玛莉说:"这有什么了不起?反正,乐蒂阿姨最喜欢我的头发,金头发比棕色头发漂亮多了。"

罗兰的喉咙立刻胀得紧紧的,一句话也说不出来。她知道金头发比棕色头发漂亮,她说不出话来,她突然伸手去打了玛莉一记耳光。

接着她听见爸说:"罗兰,过来。"

她拖着脚步慢慢走过去。爸正好坐在门边,他看到她打玛莉了。

"你记不记得?"爸说,"我跟你们说过,绝对不可以打架的。"

罗兰说:"可是玛莉说……"

"一样,"爸说,"你要记住我说过的话。"

爸从墙上取下皮带,然后用皮带打了罗兰一顿。

罗兰坐在墙角的椅子上啜泣。等她哭够了,她赌气不说话。

……

最后,当天色变暗,爸又说话了:"过来,罗兰。"他的声音非常慈祥。罗兰走到他身边,他把她抱在腿上,紧紧搂着她。罗兰依偎在爸爸的臂弯里,她的头靠在他的肩膀上,他那长长的棕色胡须遮住她的眼睛——一切都好转了。

罗兰把这件事告诉爸,她问爸:"你是不是也比较喜欢金头发,不喜欢棕色头发?"

爸亮晶晶的蓝眼睛望着她,说:"罗兰,我的头发也是棕色的啊!"

《大森林里的小木屋》插图　盖斯·威廉姆斯/画

《大森林里的小木屋》插图　盖斯·威廉姆斯/画

为《大森林里的小木屋》画插图的，是后来为
《夏洛的网》、《时代广场的蟋蟀》画插图的盖斯·威
廉姆斯。他的画，极为生动传神地再现了那个消逝的
年代的人物与场景。你看上页的图，是不是特别逗
乐？小男孩被黄蜂蜇了，妈妈和婶婶用泥浆涂满他的
脸，还用布把他的脸包了起来，只露出鼻尖和嘴巴。

"小木屋"系列一共有九本，一般公认最好看
的是第二本《草原上的小木屋》。

《一百条裙子》：一个关于裙子的游戏

美国作家埃莉诺·埃斯特斯的《一百条裙子》，
获得过1945年纽伯瑞儿童文学奖银奖。

这是一本薄薄的小书，据说手稿只有三十二
页。但安妮塔·西尔维在《给孩子100本最棒的书》
里却给予它一个沉甸甸的评价："这么多年过去
了，《一百条裙子》仍然是一本催人泪下的作品，
它很好地回应了孩子这样的请求：'我们能读一点
儿伤感的作品吗？'"

当这个故事开场的时候，故事里要讲的那个名
叫旺达·佩特罗斯基的女孩已经不在了，已经有好几
天没来上学了。其实，这个故事真正的主人公，是
玛蒂埃，一个和旺达同龄同班的女孩。虽然没有采
用第一人称来讲述，但故事的重心都放在了玛蒂埃
的身上，从头到尾都是以她的回想和视点展开的。

旺达·佩特罗斯基，是一个来自波兰的小女孩。
因为她有一个怪里怪气的名字，加上她家境贫寒，每天都是脚上沾着泥巴、穿着同一条洗得发白的蓝裙子来上学，于是便成了班上女孩嘲笑的对象。漂亮、有许多好看衣服的佩琪，是挑头者，最喜欢领着一群女孩子捉弄旺达。这些四年级的小女生每天乐此不疲的一个

《一百条裙子》封面
新蕾出版社

《一百条裙子》插图　Louis Slobodkin/画

游戏，就是把旺达堵在路上，用那种假装礼貌的口
吻问旺达："跟我们说说，你曾经说过你的衣柜里
挂着多少条裙子来着？"

"一百条。"旺达回答说。

"一百条！"周围的女孩都尖叫着表
示怀疑，就连在一旁玩"跳房子"的女孩
们也停下来听她们说话了。

"嗯，一百条，全部都是挂起来
的。"旺达说道。然后她就闭上薄薄的嘴
唇陷入了沉默。

"都是什么样的？我敢打赌，肯定都
是丝绸的吧？"佩琪说。

"嗯，全都是丝绸的，各式各样
的。"

"还有天鹅绒的吧？"

"对，还有天鹅绒的。有一百条，"
旺达慢吞吞地说，"全部都挂在我的衣柜
里。"

然后她们会放她走。在她还没有走远
的时候，女孩子们便忍不住爆发出刺耳的
笑声来，一直到笑出眼泪为止！

玛蒂埃是佩琪的死党，当然要参加这个残酷的游

戏。可是，她自己也是一个穷孩子（她身上的那条裙子就是佩琪穿过的旧裙子），每当看到被她们羞辱过的旺达，"两眼呆滞，嘴唇紧闭，左肩膀不时以她特有的滑稽方式抖动一下……就这样，她独自走完余下的这段通往学校的路"，她都会感到不安和尴尬，陷入深深的自责。但她没有勇气去阻止佩琪取笑旺达，没有勇气对佩琪说："喂，佩琪，我们不要再问旺达有多少条裙子了！"因为她害怕，害怕自己成为以佩琪为首的女孩子们的新标靶。

不过，让玛蒂埃想不通的是，旺达为什么要撒谎自己有一百条裙子呢？

这个谜底，一直到旺达离开她们之后才揭晓。原来，旺达说的裙子，是她画出来的，她用画笔画出了一百条美丽的裙子。她用这一百幅图画参加绘画比赛，得到了冠军。后来，旺达爸爸来信了，说旺达以后不会再来学校上学了，搬到一个大城市去了，再也不会有人怪叫"嗨，波兰佬"了……再后来，旺达也来信了，说她想把那张画着绿色带红色花边的裙子的画送给佩琪，那张画着蓝裙子的画送给佩琪的朋友玛蒂埃，给她们做圣诞礼物吧……玛蒂埃被泪水模糊了视线，旺达送给佩琪那幅画上的女孩，画的就是佩琪；送给她那幅画上的女孩，画的就是她。她这才知道，旺达曾经是多么喜欢她们。

玛蒂埃万分愧疚，可是，她连当面对旺达说一声对不起的机会都没有了。

《一百条裙子》插图　Louis Slobodkin/画

这是一个关于宽容和同情的故事。它不光是教会孩子如何尊重别人，更重要的是提醒孩子：一个人的心灵是很脆弱的，千万不要去伤害它。

《小河男孩》：生命是一条河

死亡，曾经是儿童文学的一个禁忌话题。但英国作家蒂姆·鲍勒的《小河男孩》却没有回避这个话题，而是直面死亡，以小河隐喻生命，用诗一般美丽的语言为我们讲述了一个女孩陪伴爷爷走完人生最后一段旅程的故事。

这本书不会让你看得泪流满面，它没在生离死别的祖孙的情感上做文章，因为那不是它的目的。它是要和你在精神层面上探讨什么是生命，什么是死亡，让你从今往后不再惧怕死亡，就像下面的这段对话所说的一样——

"河流的生命。"他的双眼依然盯着海平面，"它在这里诞生，直奔向它命中注定的远方。有时快，有时慢；有时笔直，有时弯曲；有时平静，有时激烈。一直不停地向前，直到抵达它的终点——海洋。我觉得这很令人欣慰。"

"怎么说？"

"因为我知道，不论河流在它的旅程中曾遭遇过什么，最终都会有一个美丽的结束。"

"可是死亡并不美丽。"她想起了爷爷，于是说道。

"其实只有垂死时不美，"他的目光依然停留在海上，说道，"当然，活着也并不总是美好的。这条河在旅途中不断地遇到各种难关，但它依然不停向前，因为它必须前进。即使它已抵达了终点，也不说明就此结束了，而是意味着它将在此开始重生。我觉得这也很令人欣慰。"

《小河男孩》封面
Simon Pulse

这是书里的两个人物——小河男孩和女孩杰西的一段对话。

杰西是谁？

杰西是一个十五岁的少女，擅长游泳，用她妈妈的话来说，就是泳技高超，不会溺水，常常一口气游三四个小时。暑假里，爷爷的心脏病发作了，可他在医院只住了三天就逃了出来，他坚持要跟家人一起去他出生的故乡度假。这是一趟早已计划好的旅行。爷爷十五岁那年，在一场火灾中痛失双亲和房子，从此以后再也没有回去过。爷爷是个画家，他脾气暴躁，但却从来不跟杰西发火，妈妈说爷爷视杰西为灵感之源。

临出发前的那个晚上，爷爷画了一幅未完成的画，一条河流主宰了整个画面。画后面写着"小河男孩"几个字，可杰西在画里根本就没有找到什么男孩。奇怪的是，杰西越看这幅画，一个小河男孩便越发浮现出来，凌驾于河流之上，并且把她也拉进画中，不可抗拒地拉向海洋。杰西没有想到，这真的成了一个预告，再过几天，她就将与这个神秘的小河男孩不期而遇。

小河男孩又是谁？

最开始，他只是杰西的一种感觉。她在爷爷出生地的一条小河里游泳时，只是感觉有人在附近看着她。慢慢地，她在小河的源头看到了他，背光，她只能看清他的轮廓，他穿了条黑色短裤，站在瀑布顶端。她问爷爷的儿时好友这附近有没有男孩，爷爷的好友肯定地回答说：这附近几英里都没有一个男孩。

有几个夜晚，杰西在河里看见过男孩，但他都很快就游走了。直到爷爷再也画不了画，决定去医院的那天正午，小河男孩才开口跟她说话。那时，杰西想到爷爷的生命与梦想即将消逝，走进河里放声哭泣，突然身后传来一个平静的声音："你为什么哭？"她回过头来，他就站在河水里，离她几步

远，她问他："你是谁？"但马上又说，"不，别告诉我你是谁。"她知道他是谁了，她内心深处明了这男孩和爷爷的命运息息相关。他让杰西当爷爷的双手，帮爷爷画完那幅画，然后又说他必须做一件事情，但他害怕，请求杰西帮他完成生命中最大的挑战。他让杰西后天黎明在小河源头等他。

就这样，杰西和小河男孩终于走到了一起。

杰西帮爷爷画完了那幅画，爷爷如愿以偿了。虽然她还是没在画中看到那个男孩，但她懂得，"他因这幅画而存在，正如现在，这幅画也以一种奇妙的方式，因他而有了生命"。去见小河男孩之前，杰西走到安详熟睡的爷爷床前，她有许多话要说，却只发出一声叹息："我爱你，爷爷。"她知道这句话已足够。坐在小河之源，看着远方的大海，她和小河男孩说了许多话，其中就包括我们在上面引用的那段话。最后小河男孩说："我今天就要离开这里了，我要从这里游到大海。陪我一起去。求求你，我有点害怕一个人去。"他从瀑布上一跃而下，她看见他的身躯划过空中，那是一个融合美丽与优雅的生物，一部分像鱼，一部分像鸟，一部分像人，还有一部分……待杰西狂奔下山，爷爷已经被爸爸妈妈送去医院了。爷爷的好友告诉他，爷爷从前一直梦想有一天要游完整条河，从源头一直游到大海。这话像子弹一般射进杰西体内，她扭头再看那幅画，这下看出来了，画里有一张人的脸形。她冲出屋外，纵身跃入了那条小河。她追上了那个男孩，男孩目不转睛地盯着她，轻声说："你以为我不会等你吗？"她陪他一起游到大海。她在水里一共游了十一个小时，入海口，就是爷爷住院的那个小城。她在医院里一看到妈妈，就对妈妈说："我知道他走了，我还知道他很好。"妈妈告诉她："他半小时前去世的。"

故事讲到最后一页，作者也没有明确地交代这个小河男孩到底是谁。其实，没必要再追究了，你可以把这个亦真亦幻的小河男孩看成是一种神奇的力量，看成是爷爷的化身，也可以看成是杰西幻想出来帮她走出悲伤的一个人物。不管怎么说，杰西都拥有了一个秘密，"小河男孩的事一直深藏在她的内心"。这本给人向上力量的好书，获得了1997年英国卡内基儿童文学奖。

《穿条纹衣服的男孩》：
铁丝网的这一边和那一边

两个小男孩，被一道长长的铁丝网隔开了。

铁丝网外边的小男孩叫布鲁诺，九岁，德国人，爸爸是一个让人望而生畏的纳粹军官。他和姐姐，还有妈妈刚随升迁的爸爸搬到了波兰这个名叫"一起出去"（他把Auschwits错误地听成了Out-With，Auschwits即奥斯维辛）的地方。透过窗户，他看到有一道铁丝网，里面有低矮的小屋、四方形建筑和两三个烟囱，还有好些被士兵命令来命令去的人，不过他们都穿着一模一样的条纹衣服。他问过爸爸："外面那些是什么人？"爸爸微微笑了笑，回答说："那些人……呃，他们根本就不是人，布鲁诺。"

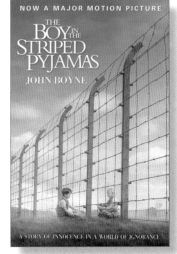

《穿条纹衣服的男孩》封面
David Fickling Books

铁丝网里边的小男孩叫希姆尔，九岁，波兰犹太人，爸爸是个钟表匠。他们一家和许许多多的犹太人一起，被士兵抓上卡车，用火车运到了这里。他的个子十分矮小，瘦骨嶙峋，光头，忧伤的脸是灰色的，穿着一件条纹衣服。

这一天，他们见面了，在一道隔离生与死的铁丝网前面见面了。

"你好。"布鲁诺说。
"你好。"小男孩说。
……
"我在进行一次探险。"他说。
"你发现什么了吗？"男孩问。
"嗯，我找到了你。"过了一会儿，布鲁诺说。
……

"我想是的。你多大了？"布鲁诺问。

希姆尔想了一会儿，低头摆弄手指，好像在数数。"九岁。"他说，"我的生日是1934年4月15日。"

布鲁诺惊讶地盯着他。"你说什么？"他问。

"我说我的生日是1934年4月15日。"

布鲁诺睁大眼睛，嘴又张成了"O"形。"我简直不敢相信！"他说。

"为什么不信？"希姆尔问。

"不，"布鲁诺说，快速地摇头，"我不是说不相信你。我是很惊讶，仅此而已。因为我的生日也是1934年4月15日。我们同年同月同日生。"

……

"每次我们离家出门的时候，她都会让我们戴上这样的臂章。"

"我父亲也戴着一个，"布鲁诺说，"在他的工作服上。很漂亮，这红色的底，黑白相间的图案。"在铁丝网那边的泥地上，他用手指画了另外一个图形。

"是的，但是两个标志完全不一样，不是吗？"希姆尔说。

"从来没有人给过我臂章。"布鲁诺说。

"但是我也从来没想要戴个臂章。"希姆尔说。

"不管怎样，"布鲁诺说，"我觉得我挺喜欢它们的。但是我还是不知道更喜欢哪一个，你的，还是我父亲的。"

……

"你带吃的了吗？"他问。

故事讲到这里的时候，小说已经过半。从这天开始，他们成了好朋友。每天下午布鲁诺都会沿着铁丝网走很长一段路，然后盘腿坐下来和希姆尔聊天，直到回家。每天，他都会问希姆尔，他是否可以从铁丝网底下爬过去，这样他们就可以在铁丝网的那一边一起玩耍了，但是每天希姆尔都说不可以。直到——一年后的一天。

布鲁诺要跟妈妈一起离开这个叫"一起出去"的地方了，而且他还因为头上长虱子，被爸爸剃了一个光头。临走前，希姆尔终于答应帮他弄一身条纹衣服，让布鲁诺钻到铁丝网里边来，让他帮助一起寻找失踪了的爸爸。布鲁诺一点儿都没有意识到自己将走向黑暗，他把这当成了"一次伟大的探险"，觉得这也是一个"不错的告别方式"。

第二天是个下雨天。布鲁诺脱下外套，换上了条纹衣服。希姆尔让他转过身来，"太棒了。"要不是布鲁诺不像铁丝网这边的孩子们那样瘦弱，那样苍白，根本就很难把他和他们区分开来。希姆尔弯下腰，把铁丝网底部举起来，于是布鲁诺从底下滚了过去——他不知道，这一滚，他再也没能走出这道铁丝网。一个半小时之后，突然响起了哨声，士兵把两个孩子和另外一百多人团团围住，命令他们列队前进。夹在人群中间的布鲁诺说要回家，可是已经来不及了，被人推挤着走进了一个完全密封的房间。

书里没有说这是一个什么房间，正像这部讲述第二次世界大战期间德国法西斯滔天罪行的小说一个字都没有提到杀戮、死亡和战争一样，但我们知道这是一间毒气室，这是奥斯维辛集中营用来屠杀犹太人的毒气室。

布鲁诺和希姆尔，两个九岁的孩子这样度过了他们生命的最后时光——

　　"你是我最好的朋友，希姆尔。"他说，"我一生中最好的朋友。"
　　希姆尔应该张嘴回应了他，但是布鲁诺却再也听不到了，因为这个时候，前面的门突然关上了，房间里所有的列队行进者都发出了大声的喘息声，而屋外则传来了刺耳的金属铃声。

布鲁诺扬起眉毛，对这一切都不甚理解，但是他想，这可能是为了防雨，以免让人们感冒。

然后房间骤然变得黑暗起来，尽管接下来一片混乱，但是布鲁诺发现他还是紧紧地握着希姆尔的手，世界上没什么可以让他放开希姆尔的手。

这样一个结局，恐怕会让所有的人始料不及吧？有人说这是一个震撼人心的"美丽的悲剧"。不管怎么说，我们会惊呆，我们会战栗，我们会惋惜，我们会知道那段历史是多么的骇人听闻。爱尔兰作家约翰·伯恩这部名叫《穿条纹衣服的男孩》的小说，就这样通过一个对战争罪行一无所知的小男孩的视角，一步一步地揭示了大屠杀的真相。书里既写到了超越种族的纯真友谊，也写到了战争对人性的摧残，特别是孩子们那些关于穿条纹衣服的人、关于士兵、关于朋友的天真对话，更是让人感到有一种说不出的残忍与痛楚。

伯恩说他在写《穿条纹衣服的男孩》的两年半里，几乎都没怎么睡觉。但他的付出得到了回报，这本书不但收获多项大奖，还在全世界卖出了七十五个版本。尽管有人批评说这个故事不真实，太像一个童话，但这不重要，重要的是让今天的孩子们知道了历史上曾经有过这黑暗的一页。只有这样，才会如该书的最后一句话所说："所有这些事情都发生在很久以前，这样的事情也不会再重演。不会在现在的年代重演。"

儿童文学的分类

冒险小说和
侦探小说

　　冒险小说的鼻祖是《鲁滨孙漂流记》，不过从严格意义上来讲，它不是一本童书。真正写给孩子看的冒险小说，《金银岛》算是第一本。冒险小说的主人公总是身陷绝境，不是孤岛就是密林，一个人面对未知世界的挑战，历险求生。

　　侦探小说可以看做冒险小说的一支远亲。它也含有冒险的成分，但舞台变了，故事往往就发生在我们的身边，而且着眼点不同，它挑战读者的智商，要你和主人公一起绞尽脑汁地找出谁是案犯。

《蓝色的海豚岛》：
一个印第安女孩十八年的孤岛生活

1719年，英国人丹尼尔·笛福出版了一本名叫《鲁滨孙漂流记》的虚构自传体小说，故事说的是一个名叫鲁滨孙的英国水手，因为遭遇海难，别的船员都葬身鱼腹，只有他一个人活了下来，漂流到了偏僻荒凉的无人荒岛。他凭借顽强的毅力，靠自己的一双手和智慧，制作独木舟、造房子、种小麦、养山羊，后来还从食人族手里救出一个土著"星期五"……他一共在荒岛上度过了二十八年，后来被一艘经过的英国船救出，才重返文明社会。

这本将近三百年前的书，一直红到今天，吸引了世界上一代又一代渴望孤岛生存的孩子去熬夜读它。

不过可以肯定的是，当年笛福写《鲁滨孙漂流记》时，绝对没有想到几百年后它会成为一本畅销不衰的童书，他是为大人写这本书的。还有一个人，也写了一本荒岛历险的书，尽管写它时，感觉自己写的"情感范围是儿童与大人共享的"，但确实不知道它的读者是大人还是孩子。他就是美国作家斯·奥台尔，他写的这本书名叫《蓝色的海豚岛》。后来，出版社帮他把这本书定位为童书，它不但获得了1961年纽伯瑞儿童文学奖金奖，还和《鲁滨孙漂流记》一样畅销不衰。

笛福的鲁滨孙，是有生活原型的，1704年真的有一名苏格兰水手亚历山大·薛里基洛克航海遇险，漂流到一个荒岛上，单独住了四年才被救回。像笛福写《鲁滨孙漂流记》一样，奥台尔的《蓝色的海豚岛》也是有生活原型的，从1835年到1853年，真的有一个印第安少女独自一人在太平洋一个名叫圣尼科拉斯的小岛上生活了十八年。但笛福的原型是他的同时代人，那个水手为他的故事提供

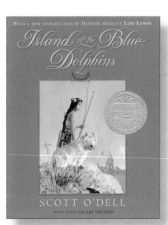
《蓝色的海豚岛》封面
Houghron Mifflin

了素材。而奥台尔的原型是最后一个卡拉斯—阿特印第安人，没人听得懂她的语言，所以没人知道她是怎样度过这十八年的，他完全是靠自己的想象写出了这个故事。

《鲁滨孙漂流记》插图

《蓝色的海豚岛》的主人公是印第安人女孩卡拉娜，故事开始的那一年她十二岁。她住在蓝色海豚岛上一个名叫卡拉斯—阿特的小渔村里，父亲是部落头人。卡拉娜是她的真名，这是一个不能告诉陌生人的秘密名字，因为如果用得太滥，就会失去魔力。她还有一个普通的名字，叫"王阿巴勒"，意思是"头发又黑又长的姑娘"。她父亲就是因为对来捕海獭的俄国人说出了自己的真名，大大削弱了他的力量，结果在后来的战斗中被杀死了。村里一共有四十二个男人，那天一下就死了二十七个。几个月后，全村人坐白人的大船去东边的一个国家，但卡拉娜发现弟弟没来得及上船，还是游了回去。没几天，弟弟就被一群野狗咬死了，剩下她一个人。她砸死海豹，把削尖的树根用海豹绿色的皮筋绑在长杆子上当标枪，还做弓箭，打破禁止妇女制造武器的族规。她用这些武器杀野狗，叉鱼吃。她还造房子，驯服了一条野狗，逃过海啸和地震……一年又一年过去了，一个蓝天白云的早上，又来了一艘白人的大船。她下到峡谷里，在泉水里洗了个澡，披上海獭披肩，穿上鸬鹚裙，戴上黑石头项圈和黑耳环，又用蓝色的泥土在鼻子上抹上部落的标志，这才回到她在高地上造的那座房子里，和她的一条小狗一起等待白人的到来。

这个结尾，倒是与那个真实事件相符。当年人们在圣尼科拉斯岛发现那个印第安少女时，她和一条狗住在高地上一所简陋的房子里，穿的是鸬鹚羽毛裙。

与《鲁滨孙漂流记》里的鲁滨孙相比，卡拉娜

似乎从来就没有悲伤过，最后她站在白人大船的甲板上，回头望着蓝色海豚岛时，还在回想着一个人在岛上度过的"所有那些愉快的日子"。是啊，卡拉娜为何要悲伤呢，她不需要回家，蓝色海豚岛就是她的家。

小说是采用第一人称叙述的，语言平实亲切。而最让人感动的，还是随着卡拉娜的慢慢长大，她对身边的那些动物的态度发生了转变，意识到人与动物之间应该是一种美妙而和谐的关系。比如，自从她跟一只大海獭和小海獭交上朋友以后，她再也没杀过海獭、鸬鹚、海豹、野狗、海象、章鱼……"因为动物也和人一样，虽然它们说的话不一样，做的事不一样。没有它们，地球就会变得枯燥无味。"

《蓝色的海豚岛》插图　Ted Lewin/画

《手斧男孩》：一个现代男孩的五十四天绝境自救

假如有一天，你突然被抛弃到一片你出不去、别人进不来的大森林里，你靠吃野果或野兽充饥，一个人能挣扎着活过五十四天吗？

布莱恩能。

我掉到了这儿——可这又是哪儿呢？

我在哪儿？

……

他原本是飞向北方，打算和爸爸待上两三个月的暑假；飞行员突发心脏病，死掉了，飞机在加拿大北部的某个丛林里坠落。可恶的是，他一点儿也不知道他们飞了多远，飞向何方，落到哪里……

慢点，他暗叫，再慢点。

我叫布莱恩·罗伯逊，我今年十三岁，我只身一人待在加拿大北部的丛林里。

很好，他想，简单明了。

我正要坐飞机去看爸爸，可飞机却掉了下来，沉入湖中。

就这样，继续简短的思考。

我不知我在哪儿。

这还不算太糟，更要命的是，他们不知道我在哪儿——他们意味着任何想要找到我的人，那些搜救人员。

几个小时以前，布莱恩还是一个纽约少年，刚和妈妈在机场吻别——妈妈和爸爸离婚了，他坐一架单引擎的小飞机去加拿大的油田看爸爸。可是飞行员猝死，他操纵小飞机，好不容易栽进了原始森林的一个湖里。就这样，一个没有任何野外生存经验的城里孩子，突然就被丢进了一个与世隔绝的世界里。

他饥寒交迫地站了起来。"问题是他所看到的全是青草和灌木。这些显然都不能吃，而且除了许许多多的鸟和河狸外，他也没有看到什么可以捉来烤着吃的动物。嗨，就算碰运气捉到了，连火柴都没有，生不了火……"他哭过，绝望过，害怕过，在梦里喊过妈妈，但没用，没人能伸出援手，他只能依靠自己的力量自救。"我就是我所拥有的一切。

《手斧男孩》封面
吉林文史出版社

我必须行动起来！"还好，临上飞机前妈妈送了他一把手斧，他一直把它挂在腰带上。想不到这把手斧救了他的命，他用它"凿"火，用它砍树，用它搭房子，用它制造武器。他还和黑熊抢吃黑莓，吞过难吃的乌龟蛋，遭遇过大灰狼，差一点儿被驼鹿撞死……一天又一天过去了，最后，他发现自己重生了，"感到心中又燃起了新的希望——不是获救的希望，那个念头早已打消——而是知识点燃了新的希望，希望他能够学会生存、照顾自己。坚强的希望，那天晚上他都在想着。我现在充满了坚强的希望"。

当然，和所有的冒险小说一样，布莱恩后来也获救了，只是获救的那一幕非常悲喜剧，让你不知道应该是笑好还是哭好。那天，也就是他遇险的第五十四天，他把救生包从飞机里掏了出来，里面食物数量之多，让他"美滋滋地想：有了这些吃的，我可以永远活下去"。他熬了一锅牛肉和蜜桃，可是还没来得及享用这美味大餐，一架小飞机就来救他了——

> 布莱恩现在是站起来了，可仍旧一言不发，手里还握着那饮料。他的舌头似乎粘在上颚上，嗓子里发不出半个音儿来。他傻呆呆地看着飞行员，又看看飞机，然后又看看自己——脏兮兮的、衣衫褴褛、疲乏消瘦、倒霉透顶，于是他咳嗽一声清了清嗓子，说道："我的名字叫布莱恩·罗伯逊。"正说着，他忽然瞅见火上的炖菜就快烧没了，那蛋奶蜜桃也几乎熬光了。他用手指着炖菜对飞行员说："要不要来点儿什么？"

这本名叫《手斧男孩》的书，发表于1987年，获得了1988年纽伯瑞儿童文学奖银奖。因为故事写得太逼真了，以至于美国《国家地理杂志》还以为真有其人其事，想对布莱恩作一个采访报道。写这本书的作家叫盖瑞·伯森，他本人就住在森林里，他说："我一直认为发生在布莱恩身上的每一件事都应该以现实为基础……我决定只写那些曾经发生在我身上的，或者经过我证实的、确实适合布莱恩的

故事。"

今天生活在大都市里的男孩子们，真应该好好读一读这本书。手斧男孩布莱恩在书里教会了我们一条最重要的生存法则，那就是：自怨自艾毫无用处。

还有就是要记住：哪怕是忘了带手斧，但你还有勇气。

《埃米尔擒贼记》： 一百个男孩热热闹闹地抓一个小偷

如果有一个小男孩，恰好他又是一个家境窘迫的小男孩，在火车上被小偷偷走了妈妈让他带给奶奶的钱，那是妈妈靠给人洗头辛辛苦苦攒下来的一百多块钱，而他又看见那个小偷下车了，他会怎么样？

追！当然是毫不犹豫地追上去了。

德国作家埃里希·凯斯特纳的《埃米尔擒贼记》，讲的就是这样一个故事。

这本书出版于1929年，是八十多年前的一个老故事了，可即便是你今天读起来，它还是那么鲜活，让人莞尔，一点都没有陈旧的时代感。合上书，你就仿佛看见大街上有一大群男孩子浩浩荡荡地冲了过去，你都会本能地朝边上一闪。这就是凯斯特纳的本事，他能把一个故事讲得如此活灵活现，是因为他永远葆有一颗童心。他自己就曾经这样说过："很多很多人像对待一顶旧帽子一样把自己的童年丢在一边，把它们像一个不用了的电话号码那样忘得一干二净。以前他们都曾经是孩子，后来他们都长大了，可他们现在又如何呢？只有那些已经长大，但却仍然保持了童心的人，才是真正的人。"

让我们来看看凯

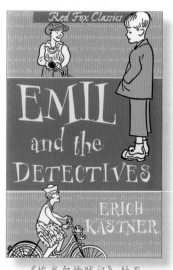

《埃米尔擒贼记》封面
RED FOX

《埃米尔擒贼记》插图　Walter Trier/画

斯特纳是怎样让这个小男孩抓住小偷的吧。

小男孩名叫埃米尔，来自柏林下边一个小城，一下火车他就傻眼了，身无分文不说，又不能冲上去命令小偷："把钱交出来！"没办法，他只能一路尾随小偷走走停停。还算好，一个带喇叭、名叫古斯塔夫的男孩愿意帮他一起抓小偷。接着，古斯塔夫又叫来了二十个男孩。这其中有一个戴眼镜的男孩，叫教授，非常有指挥天分，他领着孩子们召开军事会议，首先决定小礼拜二回家守着联络电话，然后又组成了一个机动队、侦察队，在电影院的院子里设立总部，还为这次行动起了一个口令叫埃米尔。嗬，那可了不得。"'口令埃米尔！'孩子们大声重复道，整个广场响起了一片回声。埃米尔高兴极了，要不是他的钱被人偷，他还不会有机会经历这种场面呢。"

一无所知的小偷住进了一家小旅馆里。第二天，这个戴硬边帽的先生一出门，发现自己陷入了上百个男孩的重围。他不知道，这是教授的作战方案："我们要把他包围起来，让他的后面是孩子，前面是孩子，左面是孩子，右面还是孩子……"就这样，他走，孩子们同他跨着一样大的步子；他转身往回跑，孩子们也立即转身跟着他往回跑。他冲进银行要把偷来的钱换成零钱，埃米尔抓住机会揭发了他，结果呢，银行的人叫来了警察。就这样，

大街上出现了一支队伍。"嘿！这真是支浩浩荡荡的队伍，有警察、银行职员、九十到一百来个孩子，小偷夹在中间。大家簇拥着往警察所走去。"

就这样，埃米尔抓到了小偷。小偷是个银行抢劫犯，所以埃米尔得到了一千马克奖金。

小说的最后一章标题是《从中能学到什么》。埃米尔说他得出的一条教训是："谁都不可信。"妈妈说她得出的一条教训是："绝不应该让孩子单独外出旅行。"奶奶说："胡说八道，胡说，胡说！钱只有通过邮局汇寄才安全。"

是不是够幽默？

《埃米尔擒贼记》插图　Walter Trier/画

《大侦探小卡莱》：
一个天天做梦当侦探的男孩

血！此事千真万确！

他用放大镜看着那滴红色的血迹，随后他把烟斗移到嘴的另一边，吸了口气。当然是血，刀子刺了大拇指不是经常要流血吗？这滴红色的血迹本来应该是亨利先生光天化日之下杀妻害命的铁证，是一位资深小侦探经历过的各种谋杀案中最残忍的一例……

这是瑞典作家、《长袜子皮皮》的作者阿斯特丽德·林格伦的《大侦探小卡莱》的开头。看了这个开头，你一定会想到夏洛克·福尔摩斯，对，就是英国作家柯南·道尔笔下的那个擅长推理的大侦探的形象。可是你错了，这个"他"不过是一个住在平凡

小镇里的十三岁男孩，血是从他自己手指头上流出来的，烟斗里也没有烟丝，而且，光天化日之下根本就没有发生什么血案。你看接下来这段——

> ……但是很可惜——不是那么回事！血是他削铅笔时一不小心被铅笔刀刺了手指流出来的，太让人扫兴，跟亨利先生没关系。再说亨利先生这个笨蛋根本不存在。真没劲，事情就是这样！为什么有的人那么幸运，生在伦敦的贫民窟或芝加哥的犯罪率极高的地区，那里经常发生谋杀，枪声整日不绝于耳？而他自己……

《大侦探小卡莱》插图 Ilon Wiklang/画

读到这里，你或许会笑出声音来了。寥寥数语，已经为这本书的叙事方式奠定了一个基调：滑稽。是够滑稽的了，这个名叫卡莱的男孩，天天梦想着当侦探，挂在嘴边的口头禅就是"这是侦探的起码常识"。以至于他的好朋友常常这样嘲讽他："你尽想你那些侦探念头，万一有一天想得发疯呢？"但是我们的小卡莱已经不可救药了，甚至到了疑神疑鬼的地步：看到有人背个大包从街上走过，他都会怀疑人家的包里可能装满了偷来的银餐具……遗憾的是，日子就这样一天天平静地过去了，没有任何案件发生。难怪卡莱要后悔自己没有出生在伦敦或是芝加哥了。

可是有一天，女孩艾娃-露达（卡莱和他的好朋友安德士都想娶她当媳妇，但卡莱认为她会选择自己，因为一个成功侦破了十四件谋杀案的侦探要比一个火车司机强！安德士的理想是当火车司机）来了一个多年未见的舅舅，这下"有案情"了，闲得发慌的卡莱立刻就把这个"埃纳尔叔叔"假想成了一个神秘可疑的人物。卡莱开始盯梢，搜集他看过的报纸，偷走他的万能钥匙，半夜爬进他的窗口取指纹，监视他的两个奇怪的朋友……简直是忙得不亦乐乎。可你以为卡莱是在瞎胡闹吗？不，这回卡莱和他的两个好朋友还真的抓住了三个"东马尔姆珠宝盗窃大案"的案犯。

不愧为大师之作，整个故事充满了童趣，写活了一个想当超级侦探的男孩的心理，情节在意料之外，又在情理之中，绝对是爱看侦探小说的小读者的首选。

如果你读过她的成名作《长袜子皮皮》，你会发现，这是两本风格迥然不同的书，《长袜子皮皮》空想而怪诞，《大侦探小卡莱》写实而又滑稽。

《大侦探小卡莱》封面
中国少年儿童出版社

《大侦探小卡莱》插图 Ilon Wiklang/画

儿童文学的分类

动物小说

不会说话的动物

在这一类动物小说中，动物没有丧失最基本的原始本性，也就是说，还是像一个动物一样地活着。尽管有心理活动，但它们绝对不会开口说人话，不要说对人开口了，就是它们互相之间也不会像人一样地说话。

故事多半都是透过一个人的视角来讲述的，但这类故事有自己的准则，即只是真实而客观地记录动物的生态，不能把它们写成人，不能把它们的社会写成人的社会，更不能把人的思想强加到它们的身上。

当然，这只是作家的一种姿态。因为任何一部伟大的动物小说，都是人想象出来的。正如约翰·洛威·汤森在《英语儿童文学史纲》中所说："我们不知道，也不可能知道身为一只动物真正的感觉。"

西顿和他的野生动物们

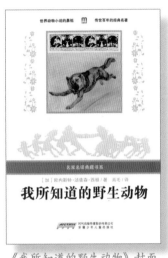

《我所知道的野生动物》封面
安徽少年儿童出版社

世界上谁的动物小说写得最好看？当然是加拿大作家欧内斯特·汤普森·西顿了。到目前为止，世界上还没有一个人能超越他。

不信，你读读他发表于一百多年前的《我所知道的野生动物》，你的心灵一定会被那些悲剧般的故事久久震撼。

是悲剧，没有例外。狼王波洛、乌鸦银圆、棉尾兔莫莉、雄狐疤脸和它的孩子、野马溜花蹄、黄狗巫栗、松鸡红围脖，一个个都死了，有的死得悲壮，有的死得悲惨。没有办法，这就是它们的宿命，"没有一只野生动物能够终其天年"。西顿说这些故事都是真实的，"既然这些故事是真实的，那么它们自然都是悲剧，因为野生动物的一生总是以悲剧收场"。

在西顿的笔下，一头残忍的狼和一只温顺的小兔没有区别，都是他讴歌的英雄。是啊，坏狼，好兔，不过是我们的定义。物竞天择，适者生存，在残酷无情的自然界里没有坏人和好人，努力活下去

《我所知道的野生动物》插图　西顿/画

的，都是英雄。活一天，就是一天的英雄。

看看狼王波洛的故事吧——

波洛是一头凶悍的大灰狼，是五头赫赫有名的恶狼的头领。他们在喀伦坡牧区横行五年多，每天都会杀死一头牛。为了剿灭这伙劣迹斑斑的强盗，牧人想尽了办法，但每次波洛都能带领他的部下逃脱人的追捕、毒药和捕狼机。

而我，一个曾经的猎狼人，接受了邀请，前去消灭这只狡猾的"狼人"。不过，可能是野生动物的守护天使在陪伴他吧，不管我用什么花招对付他，波洛总能逃过一劫。他真是聪明绝顶，似乎永不会犯错。要不是他为了寻找不幸的爱妻而自蹈死地，让他的大名添加到长长的英雄名单上，说不定他现在还在从事打家劫舍的行当呢。对，我找到了他的弱点。我杀死了母狼白雪。我们有枪，他不敢靠近，一整天都在哀号。我对一个牛仔说："现在我当真明白了，白雪确实是他妻子。"

我知道，他不会走，他一定要等到发现白雪的尸体为止。我安置了一百三十架捕狼机，切掉白雪的一只爪子，让她在每架捕狼机上留下脚印。波洛上当了，被逮住了。这位可怜的老英雄时刻在寻找他的爱妻，当他发现白雪尸体留下的痕迹，便奋不顾身地跟踪下去。我走到他的身边，他却站起来，发出吼声。我们把他绑起来，运回牧场，用铁链拴在木桩上。我把肉和水放在他旁边，他毫不理会，静静趴在地上，坚毅的黄眼睛看着他自己的草原。据说，被剥夺力气的狮子、丧失自由的老鹰或是失去爱侣的鸽子，都会因心碎而死去。既然如此，这位不屈不挠的大盗贼能不能经得起这三重打击，完全不为情所动？唯有我了解他的内心。第二天黎明，他依然静静躺在老地方，身体完好无损，灵魂却已远去——老狼王死了。我们把他放在白雪身边，一个牛仔大喊："喂，你不想要找她吗？现在你们可又团聚啦。"

故事里的狼王波洛和白雪，都被写成了"他"和"她"。

什么叫悲壮？狼王波洛的一生就叫悲壮。

西顿的动物小说就是这样，他绝对不会根据人类的喜好，把一个动物描写成好人或是坏人，哪怕是一头凶恶的狼，他也要写出它的尊严和英雄气

《我所知道的野生动物》插图
西顿/画

椋鸠十和他的动物们

西顿不是童书作家，他的动物小说原本是写给大人看的，但日本作家椋鸠十不是，他的动物小说都是写给孩子看的。

比如收录于《月轮熊》中的这篇《大造爷爷与雁》——

"残雪"是一只大雁的雅号，因为它的两只翅膀上混杂着雪白的羽毛，所以猎人们这样称呼它。残雪是沼泽地里雁群的头领，它非常机灵，自从它来了以后，大造爷爷连一只大雁也打不到了。这年，听说残雪飞来了，他下了好多饵，活捉到一只大雁，但残雪却逃掉了。第二年，残雪又逃掉了。

今年，残雪又带领雁群回来了。他把那只被他驯服的大雁放回它原来觅食的地方，自己躲进了小屋里。他要利用它再捉一只大雁。残雪它们落了下来。他撅起嘴，刚要吹口哨唤回那只大雁，突然雁群一起飞了起来。原来，天上冲下来一只隼！可被他作为诱饵的那只大雁，因为野鸟的本能退

《月轮熊》封面
二十一世纪出版社

化了，掉队了。他吹响了口哨。在这生死攸关的时候，大雁仍能听到主人的呼唤，朝着他这边飞了过来。但隼拦住了它的去路，发起了一轮又一轮的攻击。这时，一个庞大的影子横过天空，是残雪。他举枪瞄准了残雪，但又把枪放了下来。残雪扑向敌人，两只大鸟纠缠在一起，落到了沼泽地上。他跑了过去，隼发现人影立刻飞走了，但残雪的胸口已经被鲜血染红，当它看到又一个敌人靠近时，用尽剩余的力气，仰起它的长脖子，一点也不恐惧。它感到死亡将至，却仍然努力维持着头领的威严。

大造爷爷被震撼了，他觉得不能把它单单看成一只鸟。它在大造爷爷家的笼子里度过了一个冬天。到了春天，它的伤口愈合了，体力也恢复到了从前。一天清晨，大造爷爷打开笼门，残雪笔直地飞向天空。"喂，雁中的英雄啊，我不可以用卑鄙的手段打败这样了不起的你。嘿，今年冬天，带上你的伙伴们重返沼泽地吧。到时候，我们可以堂堂正正地较量一番，你说呢？"大造爷爷久久地仰望着飞往北方的残雪，望着远去的雁中之王……

相比西顿的动物小说，椋鸠十的动物小说的主题没有那么沉重，更像是一个个温暖人心的小品。椋鸠十最擅长的拿手好戏，就是写人和动物之间的感情。而且，他能把每一个故事都写得浅显易懂，好读又好看。特别是那

《大造爷爷与雁》插图
Masami Yoshizaki/画

种讲故事的语气，就仿佛是一个乡下老爷爷在给围坐在火炉边的小孩子讲故事，十分亲切。他能写出这样的故事，是因为他从小就生活在一个群山环抱的小村庄，山里常有野猪、鹿和猴子出没，自幼就习惯了与动物和谐相处，对它们的生活习性十分了解。

椋鸠十写了一辈子的动物小说，留下了《月轮熊》等一大批作品。

儿童文学的分类

动物小说

会说话的动物

在这一类动物小说中，动物之间会开口说话，也有类似于人的情感，但不会穿上人的衣服，直起身子，过上人一样的生活，它们本性未改，还是动物。它们依然还出没于森林或是原野上，觅食，面对天敌，物竞天择，生存状态没有发生变化。

孩子们特别喜欢这类故事，但它有一个尺度，如果把握不好，很容易写过，一不留神就会写成拟人化的童话或是幻想小说。譬如，它里面的动物，绝对不能和人说话。

《黑骏马》：
我是一匹马

英国作家安娜·西韦尔的《黑骏马》，发表于1877年，比西顿的《我所知道的野生动物》还要早上二十几年，被认为是世界上最早的一部动物小说。

西韦尔的母亲是一位童书作家，她十四岁那年，有一天放学回家时，在雨中跌倒，摔坏了两个脚踝，从此落下残疾，一生不能站立，拐杖成了她行走时离不开的工具。因为常坐马车，她爱上了马，也希望别人都能够爱马。"为了唤起善意、同情和知道怎样对待马"，她在自己

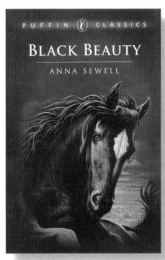

《黑骏马》封面 Puffin Books

生命的最后几年开始写作这个故事。那时，她的身体已经很虚弱了，躺在床上写作对她来说无疑是一个巨大的挑战，可是她坚持把它写完了，实际上是她口述，再由她的母亲把它们誊写在纸上。她一生只写过这么一本书，书出版五个月后，她就离开了人世。

"我"，是一匹马。

在我的记忆中，我的第一个家是一片可爱的大草场。我小时候很快乐，长得非常英俊，我的主人说要等我满了四岁才愿意卖掉我，他说，小男孩不应该干成年人的活，小公马也不应该干成年马的活。我长大了，我被卖给了戈登大人。他有一个大大的庄园。在马厩里，一匹高大的红棕色母马的脑袋从隔栏越了过来，盯着我说："原来就是你把我赶出了自己的散放圈。"戈登大人第一次骑我，就喜欢上了我，他夫人说："他真漂亮，面孔这么可爱、温顺，眼神又这么好看、伶俐——你觉得叫他黑骏马怎么样？"

我在这个幸福的地方待了三年。但女主人生病了，必须住到一个温暖的国家去，于是，我被卖给了W伯爵。伯爵不可怕，但他的夫人非常可怕，她坐车时，总是命令车夫拉紧缰绳，让我把头抬得高高的。一天，一个酒鬼车夫骑我回家时，明知我前蹄上的马蹄铁有颗钉子脱落了，却不修，结果在路上我摔倒了。他摔死了，我的膝盖也受了伤。等我伤好了，我坐上火车，被卖给了一个出租马和马车的老板，成了一匹"短期包租马"。

可没过多久，我又被拉到骡马市场，卖给了灰眼睛杰里，在伦敦拉起了出租马车，他是个和蔼善良的好人。后来，我又被转卖过好几次，遭受了不少苦难，有一回还因为饥饿和劳累昏倒在了路上。直到有一天，在马市上，一个小男孩让他爷爷买下我，他叫威利，他总是尽可能跟我说话，把我当成

《黑骏马》采用回忆录的形式，以第一人称叙述，

《黑骏马》插图 Charlotte Hough/画

《黑骏马》插图 Charlotte Hough/画

了最亲密的朋友。女人们答应，永远也不会卖掉我。这样，我有了最后一个家。

每一个读过《黑骏马》的人，都会产生一种幻觉，好像真的有一匹阅尽人间沧桑的老马贴在你身边，用缓慢而老迈的声音，为你讲述它那长长的一生。一百几十年前的作品了，读上去魅力丝毫未减。约翰·洛威·汤森在《英语儿童文学史纲》一书中给出了理由："《黑骏马》之所以超越时空，部分原因是它成功地诉求儿童的同情心，另一部分是这故事传递了一种信念，尽管由一匹马说出不像马会说的话似乎有些荒谬。"

这本书的原书名是《Black Beauty》，所以也有人把它译成了《黑美人》。

《小鹿班比》："你必须自己救自己，你必须自己爬起来。"

奥地利作家弗利克斯·萨尔登的《小鹿班比》，1942年被迪士尼拍成动画片后，一直红到现在，全世界好几代的孩子都记住了这只小鹿的名字。

不过原作可没有动画片那么明快，要黑暗得多，因为森林里时刻会出现一个浑身散发着"沉闷而酸涩"的古怪气味的动物——他。

实际上，从班比会走路那时开始，母亲就已经在向他暗示这个威胁了："不管走哪条路，你都要尽快地跑。即使出了什么事……即使你看见我倒在地上……你也要跑。"班比一天天长大，但这个可怕的阴影从来就没有离开过他。一天，在一片空地上，班比终于与"他"不期而遇了——"他"站得相当笔挺，有一张苍白的脸，在鼻子和眼睛四周完全是光光的。当"他"从挨近

《小鹿班比》封面
Alanddin Paperbacks

《小鹿班比》插图　Barbara Cooney/画

"他"脸部的高处伸出一条腿时，班比风一样地逃走了。"你看见他了吗？"母亲低声问。班比无法回答，他气都喘不过来了。他只是点头。"那就是他。"母亲说。于是他们两个都哆嗦起来。

接下来的日子，班比目睹了更多悲惨的事情。一头雄鹿被"他"射出的子弹击中，倒在血泊中。一只野鸡被"他"打落到了地上。一头和班比一样大的小鹿惨遭猎杀。最后，连班比自己的左肩也被"他"轰的一枪射中了。但是没有办法，班比还是要活下去，求生的本能激励班比勇敢地活了下去，正像那只唤他"我的儿子！我的儿子"的年老的雄鹿说的那样："你必须自己救自己，你必须自己爬起来。"

但是这个"他"，也就是我们人类，还是遭到了天谴，因为侵犯了别人的地界，"他"被人打死了。年老的雄鹿领班比去看"他"，他们之间有这样一段对话：

"你看见了吗，班比？"年老的雄鹿继续讲下去，"你看见了吗，他怎样躺在

那儿死了，就像我们当中的一个一样？听着，班比，他并非像他们所说的那样无所不能。一切活着和生长的东西并非来自他。他并不在我们之上。他就跟我们一样，他有同样的恐惧，同样的需求，而且同样地受苦。他会像我们一样被杀死，然后像我们大家一样无可奈何地躺在地上，就像你现在看见他那样。"

一片沉默。

"你理解我的意思吗，班比？"年老的雄鹿问。

"我想我理解了。"班比悄声细语地说。

"那就讲吧。"年老的雄鹿命令道。

班比受到鼓舞，颤抖地说道："有另外一个在我们大家之上，在我们之上，也在他之上。"

"现在我可以走了。"年老的雄鹿说。

是的，在这个世界上，没有哪一种生灵拥有至高无上的权力，每一个生命都是美丽的，都应该得到尊重。或许，年老的雄鹿和班比的这些话，就是说给我们听的吧。

没看《小鹿班比》之前，我们会被这个可爱的书名误导，把它想象成一本阳光明媚的书。但它真的不是。尽管它用诗一般优美的语言，描写了森林的美丽，描写了班比作为一只初生小鹿的种种快乐，但它给我们讲得最多的，还是如何在严峻的自然环境下，坚定信念，勇敢而顽强地活下去。

所以，要是想给孩子选一本轻松、欢快和甜美的动物小说，请你不要选它。

《小鹿班比》插图　Barbara Cooney/画

《时代广场的蟋蟀》：纽约最出名的音乐家

美国作家乔治·塞尔登的《时代广场的蟋蟀》，得到过1961年的纽伯瑞儿童文学奖的银奖。故事里有一位音乐老师，是发现蟋蟀音乐才华的伯乐，他在书里头说过这样一句话："但是，我们是不是也不要让自己的想象力发挥得太过分了一点儿呢？"

《时代广场的蟋蟀》封面
新蕾出版社

虽然他不是在挪揄作家塞尔登，但在这个故事里，塞尔登的想象力确实是"发挥得太过分了一点儿"。

柴斯特——书中没有说它为什么叫这个名字，但这个名字没办法不让我们联想到伟大的音乐家李

《时代广场的蟋蟀》插图　盖斯·威廉姆斯/画

斯特和柴可夫斯基——是一只从康涅狄格州乡下无意中坐火车来到纽约时代广场的蟋蟀。小男孩玛利欧发现了它，把它带回了爸爸妈妈经营的小小报摊。妈妈让他扔掉，但玛利欧让它在一个火柴盒里住了下来。晚上，老鼠塔克和猫亨利来了，它们发现柴斯特会用一对黑色的翅膀拉出美妙的音乐，是个天才。柴斯特发出的声音好听到什么程度呢？"就像是小提琴的琴弦被弓弦急促划过所迸发出来的声音，又像是竖琴突然受到挑动响起的琴音。仿佛在远离纽约的某个地方，一处翠绿的森林里，有一片树叶在午夜里穿过沉沉的黑夜，翩然落下，掉进灌木丛里——那声音就是落叶的回声。"

后面的故事，虽然都是围绕着这只奇妙的小蟋蟀展开的，但是故事分成了两条线，有点像"话分两头说"——一条线是玛利欧和蟋蟀的故事，一条线是老鼠、猫和蟋蟀的故事。故事里的蟋蟀、老鼠和猫都会说话（不但会说，还常常从嘴里蹦出一些逗人发笑的话来，如"这段时间你一直都不可以假释出狱吗"，"那可是我一辈子的积蓄啊"，"你不想拉了，这岂不像太阳在说'我不想照耀大地了'"，"我想我只是有点儿9月的忧郁"），不

过，它有一条底线，就是动物和动物说话，人和人说话，人绝对不和动物说话，人根本就不知道动物会说话。这一点，它与著名的《夏洛的网》很不同。《夏洛的网》也是两条线来讲故事，人也不和动物说话，但书中的那个小女孩弗恩听得懂小猪威尔伯和蜘蛛夏洛的对话，甚至傻乎乎地跑去告诉妈妈："夏洛蹲在它的网上，它发表了一篇演讲……"塞尔登死守这条底线，目的很简单，就是为了让他说的这个故事看上去更真实。

蟋蟀、老鼠和猫，真是一对奇怪的组合。特别是那只名叫塔克的老鼠，爱吃又爱钱，活脱脱就是一个见钱眼开的市侩。但它聪明，鬼点子一箩筐，又富有同情心。正是它发掘了蟋蟀的音乐天分，打开收音机，让蟋蟀开始接受正式的音乐教育。结果，蟋蟀音乐家柴斯特用天籁般的音乐打动了那个教音乐的老师，让他"用手抚着心脏的部位"，发出这样的感慨："这只蟋蟀是从这里演奏出来的！"

这个歌颂友谊和忠诚的故事，结尾很温馨。当成名的蟋蟀忍受不了乡愁的煎熬，决定星期五退休（这是老鼠为它选定的退休的日子），返回乡下时，蟋蟀没有吵醒那个小男孩，只是"抬起翅膀，轻轻地拉出了一声低吟。在这一声鸣叫里，它献上了它一切的爱，也代表了它的惜别"。它还带走了他给它的小银铃。老鼠和猫一直把它送上火车，火车都钻进隧道了，"但它们还是努力往那一片漆黑里凝望着"。是啊，还是走得对，还是猫说得对："我的意见是，既然柴斯特的一生是它自己的，它就应该去做它想做的事。如果成名只是让它觉得不快乐的话，那成名又有什么意义呢？"

我们看这本书，还会觉得异常亲切，因为在这个外国的故事里，出现了一个叫冯赛的中国老先生，他不但卖给小男孩玛利欧一个蟋蟀笼子，还请他吃了一顿丰盛的中国餐。玛利欧觉得非常好吃，但老鼠塔克却有相反的看法："不过那些中国人很会做些稀奇古怪的菜肴，比如用鸟巢做汤，鲨鱼鳍煮羹。搞不好他们也会拿老鼠来做道什么点心。所以最后我决定，还是离他们远一点儿的好。"

塔克最后那句话还真是没有说错。

《时代广场的蟋蟀》插图 盖斯·威廉姆斯/画

儿童文学的分类

动物小说

像人一样生活的动物

　　在这一类动物小说中，动物完全被拟人化了，它们穿上人的衣服，住上人的房子，过上人的生活，其实它们就是人，就是"披上了毛皮的我们"。如果说它们的身上还残留着一点动物本性的话，那也只是最后的一点化妆了。

　　这类动物小说，常常被归入童话或是幻想小说的范畴。

《柳林风声》：
四位英国乡绅的化身

《柳林风声》堪称这类小说的代表作。英国作家肯尼思·格雷厄姆1908年发表这部作品时，还是银行的一名职员。

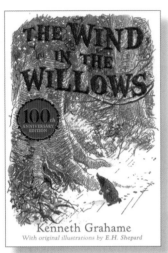

《柳林风声》封面 Egmont

格雷厄姆没给故事里的四位主人公起名字，就管他们叫鼹鼠、河鼠、獾和蟾蜍。除了蟾蜍，鼹鼠、河鼠和獾都住在洞穴里。但他们住的洞穴，可不是我们想象中的那种黑糊糊、光溜溜的土坑。鼹鼠家算是最小、最寒酸的了，可是家里也有客厅、厨房、躺椅和火炉。蟾蜍的家就更不用说了，人称蟾宫，远近闻名，不仅有一座富丽堂皇的二层楼房子，还有船坞和马厩。你再看他们的日常生活，鼹鼠和河鼠荡舟河上，蟾蜍在尘土飞扬的公路上开着一辆小汽车横冲直撞……没错，他们住着和我们一样的房子，过着和我们一样的生活，只是他们比我们的日子过得更优雅、更逍遥，衣食无忧，在作者的心中，这四个独身男性，就是生活在英国乡村的四位乡绅。

《柳林风声》插图 E.H.谢巴德/画

《柳林风声》插图 E.H.谢巴德/画

《柳林风声》里有人类，但他们并不和动物们混居在一起，他们住在"野林"之外。用河鼠的话来说，就是："在野林外边，就是大世界。那地方，跟你我都不相干。那儿我从没去过，也不打算去；你要是头脑清醒，也绝不要去……"井水不犯河水，动物们从不越界，越界的只有惹是生非的蟾蜍一个，结果他吃尽了苦头——先是因为偷了一辆人类的汽车，在人类的地盘上开车撒野，被法庭重判二十年监禁。好不容易逃出地牢，上了一个洗衣妇的小船，又被人家识破。那悍妇一边大喊"太不像话！一只丑恶的、脏兮兮的、叫人恶心的癞蛤蟆！居然上了我这条干净漂亮的船！我绝不允许"，一边抓住他的一条后腿，把他扔到了河里。

虽然已经是一百多年前的作品了，但你今天读起来，它还是那么新，一点没有隔世之感。这一方面是因为它的文字优美抒情，另一方面就是故事里那只蟾蜍的冒险，实在是太疯狂、太有喜剧色彩了。

《肯尼和大怪龙》：
一条爱作诗、爱读书、
爱吃甜品的龙

你看这本书的封面，一只背书包的小兔子竟然狂野地骑上了自行车。他头顶上那个绿色的长脖子巨怪是谁？当然不是兔子爸爸了，是龙。

所以，这本书就叫《肯尼和大怪龙》。

肯尼是这只小兔子的爱称，他的正式名字是肯尼思。龙也有名字，他叫格雷厄姆……奇怪，这两

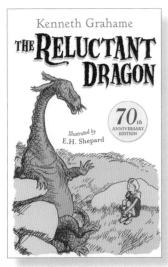

《骑士降龙记》封面 Egmont

《肯尼和大怪龙》封面 Simon & Schuste

个人物的名字怎么那么耳熟呢？仿佛刚刚听到过一样。是的，把兔子和龙的名字组合起来，正好是一个人的名和姓：肯尼思·格雷厄姆，就是上面我们刚刚说过的《柳林风声》的作者肯尼思·格雷厄姆。

在写《柳林风声》之前，格雷厄姆还写过一本名叫《骑士降龙记》的书，只有薄薄的几十页，但故事却让人耳目一新。说的是一个牧羊人的儿子，酷爱读自然常识书和童话书，有一天，爸爸气喘吁吁地冲进屋来告诉他和妈妈，山上来了一条鼻孔喷火的龙。男孩上山一看，这根本就不是一条追逐骑士、吞吃少女的恶龙，而是一条爱作诗、不爱打架、在世界上没有一个敌人的好龙。可是，爱看打斗的村民们，却请来了降龙英雄骑士乔治。于是，没有一点英雄气概、"一辈子里没打过一次架，现在也不打算开这个头"的龙请男孩当自己的经纪人，从中斡旋，和骑士乔治联手为村民上演了武士屠龙的假戏……最后的结尾是，参加完庆功宴的龙突然困得不行，骑士乔治和男孩只好拉着他的手，在闪闪的星光下把他送上山。

《骑士降龙记》插图 E.H.谢巴德/画

这是一本看了会让人笑个不停的书，因为它彻底颠覆了流传了上千年的"武士屠龙"的传统模式，恶龙不恶，武士不武，不但滑稽，还嘲讽了那些好战而愚昧的村民。

美国作家汤尼·迪特利齐自写自画的《肯尼和大怪龙》，其实是一本向格雷厄姆致敬的书。他几乎原封不动地照搬了《骑士降龙记》的情节，人物也一个不多一个不少，只不过是把他们全部都换成了动物——小男孩变成了兔子肯尼，照样是一个爱读童话和自然常识书的孩子；骑士乔治的变化大一点，变成了一只老獾，在小镇上开了一家书店。龙没什么太大的改变，如果一定要说有什么改变，那就是除了爱作诗，他还爱读书了，爱吃蛋奶酥、焦糖奶油一类的甜品了。对了，迪特利齐不只是把人物都换成了动物，还把故事的背景从"早年间"移到了现代。你看，兔子肯尼骑上了自行车，龙格雷厄姆看书时会戴上一副镜片跟晚餐盘子差不多大的金属边眼镜。

迪特利齐当然不会百分之百地照搬这个一百多年前的老故事，他赋予了它许多现代人的新观点。例如，当肯尼说他要一个人上山去看龙时，爸爸妈妈显得异常冷静，没有阻拦。爸爸说："如果孩子认为他能对付龙，那我想我们应该让他去。他到底也不小了。"妈妈说："好吧，不过先要洗好盘子，做好作业。"怎么样，是不是够可以的？要知道，这时肯尼的父母还不知道山上是一条"一生没杀过一样东西"的好龙，还以为是那种"会飞，吃美女、烧城堡"的恶龙，他们的独生子完全有可能一去不复返。

这本书比《骑士降龙记》写得还要好笑、俏皮，你看了这个开头，就知道《肯尼和大怪龙》是怎样的一种叙事风格了——

《肯尼和大怪龙》插图　汤尼·迪特利齐/画

趁我没忘记……

许多年以前……等一等，我知道你在想什么。你在想，一本讲龙的小说书，开头应该是："话说早年间……"可在这一本不一样，因为说实在话，我不明白"话说早年间"是什么意思。话说一匹马，那也很好玩啊。还有，话说一位骑士骑马飞跑呢，不过那是另一个故事了。

那么这样吧，让我把开头改一改，我的故事这样开头：

话说一个农场，它就在你那个镇西面的那个镇里，许多年以前了，一个星期三吧，一只种地的兔子，加上这只兔子的妻子，还有他们的儿子肯尼思，正坐下来要吃晚饭。用肯尼思这个正正经经的名字来叫这么小一个孩子，也未免太一本正经了吧，对吗？不会有孩子这样对他说的："肯尼思，我能借支铅笔用用吗？"不会的，他们只会说："阿肯（或者肯尼），我能借支铅笔用用吗？"肯尼甚至不会注意到他们把铅笔从他的课桌上拿走，因为要知道，肯尼总是埋头在看他的书。

《浪漫鼠德佩罗》：唉，一只小老鼠深深地坠入了爱河……

如果说迪特利齐的《肯尼和大怪龙》是步格雷厄姆《骑士降龙记》的后尘，对"武士屠龙"来了一次大胆颠覆的话，那么美国作家凯特·迪卡米洛的《浪漫鼠德佩罗》，则是对"英雄救美"的一次戏谑改写。

这本书不但获得了2004年纽伯瑞儿童文学奖金奖，还被改编成了同名动画片。

要说这本书最让人痴迷的地方，还是它讲故事的口吻。初读上去，仿佛是在读一篇古老的民间童话，但你很快就会发现不对头了，因为它每讲上一段故事，就会冲着书外的你连喊带叫："读者，你要知道……""读者，你大概会问……""读者，我得告诉你……"不停地把你朝故事里边扯，参与它的叙述，好像不这样，故事就讲不下去似的。

其次，它的结构也别具匠心。它一共分为四卷，第一卷《一只小老鼠诞生了》，讲的是，老鼠妈妈生下了一只"出了点儿问题"的小老鼠，他名叫德佩罗，他个头极小，耳朵极大，喜欢在图书馆一遍一遍地读英雄救美的故事。有一天，当他在城堡里遇见美丽的名叫豌豆的人类公主时，因为公主冲他笑了一笑，"不可思议的事情发生了，那小老鼠坠入了爱河"。可是这破坏了老鼠的法规，于是他脖子上被套上死亡的红线，被投进了地牢里。他本来应该被耗子吃掉，只剩下一堆骨头和一根红线，但他会讲故事："很久以前……"所以狱卒格雷戈里救了他，因为对于格雷戈里来说，"故事就是光明。在如此黑暗的世界，光明是宝贵的"。这一卷就在这里打住了，最后一句话是："他正在地牢的黑暗中，

《浪漫鼠德佩罗》封面
新蕾出版社

在一个老狱卒的手掌中，讲着一个故事以图拯救他自己……"

　　第二卷《齐亚罗斯库》，讲的是一只名叫齐亚罗斯库并被称为罗斯库洛的耗子，从枝形吊灯上掉下来，正好掉在了王后的汤碗里，当场就把王后吓死了。豌豆公主用充满厌恶和愤慨的眼神盯着他："回到地牢去！回到属于你的黑暗中去！"就是这一眼，"击碎了罗斯库洛的心"。讲到这里，故事又不接着往下讲了，进入了第三卷《天哪！米格里·索的故事》。

　　第三卷说的既不是老鼠德佩罗，也不是耗子罗斯库洛，而是一个苦命的乡下女孩米格里·索的故事。她六岁死了母亲，被父亲卖给了一个男人。这男人硬是把她的两只耳朵打聋了，打成了花椰菜的形状。七岁那年，她在路边看到了骑马经过的豌豆公主。于是，"她的心里点亮一支小小的蜡烛"，她告诉那个男人："我想做一个公主，我想戴一顶王冠。"回答她的当然又是一记耳光。十二岁，她被卖到城堡当了一名厨房的女仆。因为聋，加上头脑还有点迟钝，什么活儿都干不了，便被派去给地牢的狱卒送饭。结果在地牢里，她与那只名叫罗斯库洛的耗子不期而遇，耗子对她说出了一个如何能让她美梦成真的计划。

　　而到了第四卷里，老鼠德佩罗、耗子罗斯库洛和女仆米格里·索这三个人物的命运，都因为豌豆公主而纠缠到了一起。当德佩罗得知自己的心上人被罗斯库洛和米格里·索劫持到了地牢时，他拿一根缝衣针当剑，像天下最勇敢的骑士一样重返地牢。"读者，"让我们模仿书里的口吻这样来问，"读者，你一定会问，这样一只小老鼠能救出豌豆公主吗？"能，因为他爱她，因为他为了和她"从此以后永远幸福地生活在一起"。这是不是太荒唐了？是荒唐，但

书里告诉我们："爱情就是荒唐的。但爱情也是美妙的，而且是强有力的。德佩罗对豌豆公主的爱会证明这一切：爱情是强有力的、美妙的和荒唐的。"你看，他冲过来时多么像一个英雄救美的骑士啊——

　　"公主！"德佩罗叫道，"公主，我来救你了。"

　　豌豆公主听见谁在唤她的名字。她抬头张望着。

　　"德佩罗。"她小声说。

　　后来她大声地叫着："德佩罗！"

　　读者，在这个悲惨的世界上没有什么比某个你爱着的人呼唤着你的名字更甜美的事了。

　　没有。

　　对于德佩罗来说，这声音可以值一切东西：他的丢掉的尾巴、他的地牢之行、走出地牢又重返地牢。

　　他朝公主跑去。

　　不过结局实在是让人哑然失笑，并没有发生一场期待中的刀光剑影的血战，因为罗斯库洛闻到了一股美妙的汤的气味，他受不了这种折磨，请求公主让他在宴会厅喝汤，于是，公主就带着她的敌人一起上楼喝汤去了。

　　德佩罗怎么样了呢？他后来生活幸福吗？嗯，他没有和公主结婚，你是不是认为那样才是"从此以后永远幸福地生活在一起"了？即使在一个如此奇怪的世界上，一只小老鼠和一位公主也是不能结婚的。

　　不过，读者，他们可以做朋友。

《浪漫鼠德佩罗》插图
蒂莫西·巴兹尔·埃林/画

儿童文学的分类

科学幻想小说

科学幻想小说，简称科幻小说。也有人把它归类于幻想小说，但显然两者之间存在着一道分水岭——科学。正如让·加泰尼奥在《科幻小说》的导言中所指出的那样："没有科学，也就没有真正意义上的科学幻想小说。"

这是一个根本性的不同。

科学，是科幻小说的前提，也就是说，科幻小说是在科学的延长线上展开的一种可能性的虚构，未来可能成真。而幻想小说则不需要这个前提，是一种不可能性的虚构，它所描绘的故事在现实世界里永远也不可能发生。

凡尔纳的《海底两万里》

说到古典的科幻小说，有两个人的名字是不得不提的，一个是法国作家儒勒·凡尔纳，一个是英国作家H.G.威尔斯。英国科幻小说研究者亚当·罗伯茨在他那部被称为"一部涵盖科幻小说起源到现在的通史"的《科幻小说史》中，这样写道："法国作家儒勒·凡尔纳和英国人H.G.威尔斯是科幻小说大师中最闪亮的双子星……他们在同一时代，写下了最优秀的篇什，用他们的主要作品巩固了科幻小说在文化中日渐突出的地位。"

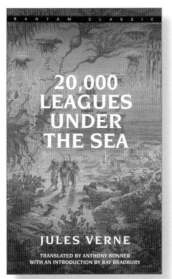

《海底两万里》封面
Jules Verne

不过，凡尔纳的作品与威尔斯的作品有很大的不同，一个被称为技术派，一个被称为社会派。

比较起来，凡尔纳的作品似乎"科学"的含量要更多一些。而且，它们都有一个基本的行进模式：漫游。一般多是一个人或几个人在一片陌生的疆域旅行和冒险，如《地心游记》是在地心，《海底两万里》是在海底，《格兰特船长的儿女们》是在海上和陆地，《神秘岛》是在荒岛……主人公们会遭遇危险，但凭借渊博的科学知识，他们最后总能化险为夷，完成激动人心的冒险。凡尔纳作品最大的一个特色，就是故事里穿插着大量的科学知识，难怪有人说教育加上娱乐，就很好地概括了凡尔纳科幻小说的气质。

发表于1870年的《海底两万里》，被罗伯茨称为"恐怕是凡尔纳最著名的作品"，他说它是"一部令人愉快的教益读物。凡尔纳把大量关于海洋的知识汇聚在一起，将它们再现得栩栩如生"。

故事以第一人称的口吻叙述——

我，巴黎博物馆的皮埃尔·阿罗纳克斯教授，

受邀登上林肯号驱逐舰，去追捕一头疑似独角鲸的巨大怪物。一年前的1866年，不断有船只报告说在海上遭遇一个庞然大物，它是个长长的梭形物体，身上闪着磷光。一年后的1867年，它又出现了，又开始有船舰与它相撞。于是，公众的情绪都被煽动起来了，原因不明的海难一概被记到了这个怪物账上，人们要求不惜一切代价，把这个吓人的鲸类动物从海洋里清除出去。追捕了好几个月，总算发现了目标，可当舰上的捕鲸大王掷出他的捕鲸叉时，我却被甩到了大海里。与我一起落水的，还有我的仆人和那个捕鲸大王。几个小时之后，我们三个人发现自己踩在了那头怪物的身上，它像一个浮动的小岛。可是不对，那个捕鲸大王愤怒地叫了起来："我明白为什么我的捕鲸叉没能叉着它，反而被它的皮碰钝了。因为那头畜生是钢板造的！"一块钢板被掀了起来，八个蒙面大汉把我们拖了进去。原来，传说中的怪物竟是一艘名叫"鹦鹉螺"号的巨大电力潜水艇。就这样，我跟随尼摩艇长和他的"鹦鹉螺"号进行了一次长达近十个月的海底旅行……

旅行中当然是奇遇不断了，凡尔纳用他过人的想象力，为我们生动地描绘了一次又一次惊心动魄的历险。我们不妨来看看他们与章鱼恶战这一段：

我也过去看了，忍不住地感到恶心。出现在我眼前的，是一个十分吓人、张牙舞爪的怪物，收入畸形怪胎故事绝不会逊色。

这是一条大章鱼，有八米长，正倒退着快速向"鹦鹉螺"号游来。它用呆滞的大蓝眼睛望着。长在头上的八只手——或者不如说是八只脚，所以它属于头足纲动物——发育得比身子

《海底两万里》插图

长一倍，像复仇三女神的头发那样蜷曲着……

一根长长的触手立即像蛇似的滑进舱口，另有二十多根触手在舱口上面舞动。一斧头下去，尼摩艇长就把那根可怕的触手砍断，被砍断的触手沿梯级蜷曲着滑了下来。

就在我们争先恐后地往平台上挤的时候，两根在空中舞动着的触手扑向站在尼摩艇长前面的水手，用无法抵御的力量把他攫了去。

凡尔纳的科幻小说主题健康，故事好看，只可惜篇幅都太长，动辄就是二十几万字、三十几万字，不太适合低学年的孩子阅读。

威尔斯的《隐身人》

罗伯茨在《科幻小说史》里，对威尔斯的评价，似乎要高于凡尔纳，因为他这样写道："如果一定要在科幻小说领域提名一位最伟大作家，我会选择H.G.威尔斯。"

这可能是威尔斯的科幻小说更具有一种警世的力量。他写过很多书，如我们熟知的火星人进攻地球的《世界之战》、时间穿梭的《时间机器》。与凡尔纳的作品不同，他不仅描写科学进步给人类和社会带来的希望，还预言危险。

他的科幻小说，要比凡尔纳的更吸引今天的读者。他曾经说过一句话："我意识到，如果要讲述一个不可思议的故事，那么故事的背景就应该越普通越好。"所以他小说的开头，总是从一个极为普通的现实场景切入。这至少有一个好处，就是让人忘记他是在讲一个科幻故事。他的科幻小说就是有这个特点，读着读着，你就会忘记它的"科"，忘记它的"幻"，而以为是在读一个真实发生的故事了。

不信你读一遍他的《隐身人》——

2月初一个寒冷的冬天，一个浑身上下裹得严严实实、一顶软毡帽的帽檐几乎遮住了一张脸的陌生人，住进了伊宾村霍尔太太开的"车马客栈"。村

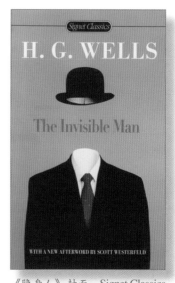

《隐身人》封面 Signet Classics

民们很快就发现了他的怪异之处。先是霍尔太太发现他满脸缠着绷带。接着，卡斯医生发现他的袖子里没有手，但它伸过来时却有两根手指捏住了医生的鼻子。问他是干什么的，他说他是一个"实验研究者"，天天把自己关在旅店里捣鼓他那一千零一个瓶子。不过，他很快就露了馅儿，一天，他当着霍尔太太的面，摘下眼镜和帽子，扯掉胡须和脸上的绷带，这可把霍尔太太他们吓坏了，因为转眼间这个怪人的衣领之上整个都没有了，什么也看不见，成了一个没有脑袋的家伙。村里的巡警来抓他，从空气中传出恶狠狠的警告声："把你的手拿开，事实上我的整个儿都在这儿，只不过你们看不见，我是隐身人。"

原来这个隐身人名叫格里芬，是个科学家，他做了一个疯狂的实验，把自己给变成了一个隐身人。可是人们把他当成了怪物，他只能一路逃亡，抢劫了一家卖假发之类东西的小店，把自己伪装一番，逃到了伊宾村。他本来是想尝试恢复原形的，没想到又被村民发现赶了出来。为了逃避追捕，他打人杀人，最后被警察的一颗子弹击中。当他摸进一家诊所，认出医生是他昔日的大学同学肯普时，他改变了原来的想法。他要肯普和他一起建立一个恐怖王朝，要占领一座城市，使它陷入恐怖，并且统治它。还说凡是不服从他命令的人，就要统统杀掉。肯普不但拒绝了他，还暗中喊来了警察。隐身人再次逃走，但是他没能逃脱人们的追捕，后来还是被打死了。在死去的那一刻，他现出了原形。一个狂妄而傲慢的生命终于画上了可悲的句号。

儿童文学的分类

流行小说

也有人把它们称为通俗的儿童文学，与艺术的儿童文学加以区别。

这类作品都有一个特点，就是它们往往是一套书，少则几本，多则几十本，而且都是一个固定的叙事模式。它们不太强调文学性，也不在乎大人如何来评判它们，只要孩子们喜欢就行，因为这关系到它们的命运：能否畅销。

对于那些想放松一下心情的孩子来说，流行小说是一个不错的选择。

斯坦和他的"鸡皮疙瘩"系列

美国作家R.L.斯坦的"鸡皮疙瘩"系列，在全世界一共狂销了三亿五千万册！

这该是怎样一种情形呢，想象不出来吧？艾莉森·卢里在《永远的男孩女孩：从灰姑娘到哈利·波特》里描述说："在我们当地我最喜欢的一家书店里，儿童平装书的架子上大部分空间都给了以创作恐怖小说'鸡皮疙瘩'系列而著名的R.L.斯坦。"

"鸡皮疙瘩"系列说白了，就是鬼故事。当然，这个"鬼"，是一个广义上的"鬼"，它可以是一个幽灵、一个妖怪或是某一种邪恶的超自然力量。

世界上没有一个孩子不喜欢听鬼故事的。

被誉为"当代恐怖小说之王"的美国作家斯蒂芬·金就说过：不论是谁，只要拿起一本恐怖小说就回归到了孩子。读恐怖小说没有什么不好的，因为它不但表达了我们潜意识中的某种不安，满足了我们对神秘、未知的好奇心，还让我们知道什么是善，什么是恶。

《一罐魔血》是"鸡皮疙瘩"系列里一个极有代表性的故事——

《一罐魔血·厄运相机》封面
接力出版社

埃文是个十二岁男孩，一天，妈妈把他和他的狗奇哥丢在凯瑟琳姨奶奶家就走了，他要一个人和聋了二十年的姨奶奶，还有她那只名叫莎拉贝丝的黑猫住上两个星期。他一点儿都不喜欢这个拥有很多魔法书的古怪姨奶奶。

不过很快，埃文就和一个名叫艾蒂的女孩成了好朋友，两人在一家玩具店买了一罐"魔血"。回家打开一看，里面是果冻一样鲜绿色的东西。他们用魔血各揉了一个球，在关狗的后院玩起扔球来了，想不到其中的一个球被狗给吞进了肚里。

从这天开始，怪事迭起。先是狗长大了，接着

罐子里的魔血越来越多，连圆桶里都装不下了，他们把它装进塑料袋，拖到玩具店，想还给玩具店的主人，可是到了那里才发现，玩具店几天前就停业了。没办法，他们只好把魔血又拖回到了凯瑟琳姨奶奶家，倒进了一个大垃圾桶里。这时那条狗冲了出来，从昨天到现在它长大了一倍，和小马一样大。埃文想拦住它，不想撞倒了垃圾桶。这下可糟了，魔血涌了出来，而且它颤抖了一下，发出巨大的吮吸声，整理着自己的姿态，高高地站立起来，跳着朝他们俩扑过来！

他们尖叫着往屋子里逃，魔血变成一个抖动的绿色巨球紧追不放，一路上它吞了一只知更鸟，还吞了两个整天欺负埃文的双胞胎，最后冲进门口，把凯瑟琳姨奶奶逼到了墙角。埃文要救姨奶奶，姨奶奶却对他说："我做了这个东西，现在我必须为它而死！"她指着那只名叫莎拉贝丝的猫告诉埃文："是它干的！"说话间，猫变化了，变成了一个身穿黑色长袍的年轻女人。姨奶奶指着她说："二十年了，你一直在利用我，莎拉贝丝。二十年来你把我囚禁在这儿，用咒语控制我，但是我现在要利用这魔血逃出你的魔掌。"事情当然没有那么简单，魔血服从女巫的命令。"你们都得死。"莎拉贝丝说。就在她召唤那个大绿球滚向两个孩子时，那条大狗冲进门来。它推倒了女巫，女巫被绿球吸进去之后，绿球就急剧变小，困在里边的知更鸟和一对双胞胎掉了出来，但女巫却消失了，魔血缩到了原来大小，和一个网球一样小。

"我能听见了！"姨奶奶把他们两个人抱在一起，欣喜地说，"莎拉贝丝和她的咒语永远地消失了。"

这个故事吓人吗？

不吓人。它的作者斯坦还为自己的恐怖小说量身定做了一套理论：安全恐怖。所谓的"安全恐怖"，又

《死亡古堡·神秘实验室》封面
接力出版社

称为"过山车理论"，意思就是你读"鸡皮疙瘩"系列这样的恐怖小说，就像坐过山车一样，虽然坐在上面会发出一阵阵惊叫，但到头来总会安全着陆。

孩子们喜欢看"鸡皮疙瘩"系列，是它的故事好看，挑战想象力的极限，而且绝不拖泥带水，开篇第一章就会让你发出一声惊叫。接下来，你就再也控制不住自己的惊声尖叫了，它节奏飞快，每一章都很短，一个魔幻事件接着一个魔幻事件，保证你喘气困难。

不过你只要读上几本，就会发现斯坦的书都遵循着一个共同的模式，就是故事全部发生在日常生活当中，主人公也不是别人，都是我们身边的那些普通的孩子。这是斯坦的策略，他的目的就是要拉近故事与读者之间的距离，让读者觉得故事里的主人公就是他们自己。故事里的那些鬼呀怪呀什么的，全是他们情绪的化身。要不艾莉森·卢里怎么会得出这样一个结论："鸡皮疙瘩"系列中最精彩的故事，"都是日常生活中青少年常有恐惧的夸张版本"。还有，你读斯坦的书会很放松，有时还会笑出声，因为他把快乐注入了恐怖。日本作家、《挪威的森林》的作者村上春树曾经说过一句话：好的恐怖小说，既能让读者感到不安（uneasy），又不能让读者感到不快（uncomfortable）。斯坦就做到了这一点。

对了，"鸡皮疙瘩"系列六十几本书，都没有放插图。这可能是为了让孩子们发挥自己的想象力，去想象书中的那些场面。

托马斯和他的"冒险小虎队"

奥地利作家托马斯·布热齐纳的"冒险小虎队"，在中国的童书市场上创造了一个销售奇迹：一共卖出了两千多万册。

这是一套什么样的书呢？

这是一套破案小说。每个故事都是一个离奇的案件，但破案的不是警察和侦探，而是三个孩子组成的小虎队，他们分别是十一岁的男孩路克、帕特里克和十二岁的女孩碧吉。他们碰到的案件不是特别复杂，但也需要追踪、推理或是小小地搏斗一场。

《滴血的龙》封面
浙江少年儿童出版社

要说写得比它们好看的破案小说，那可太多了，可为什么它们这么受孩子们的青睐呢？秘密就在于每一本"冒险小虎队"里，都附带一张绿色的塑料卡片，它的名字叫"多功能特种解密卡"。在小说每一章结束的地方，都有一张卡片，例如《滴血的龙》第一章《难道小偷来过》结束时的卡片就是这样的：

你这样看上去，右面灰色的区域里似乎一个字都没有。可是如果你把解密卡平放在它上面，稍稍转动一下，嘿，文字就显现出来了："玻璃碎片落在了屋外。"

是不是更像是在玩一个游戏？

现在我们算是知道孩子们为什么喜欢这套书了，对，一半是读书，一半是游戏。

儿童文学的人物

小孩和老人

　　给孩子看的书，主人公当然多数是小孩了。从古典少女小说中的孤女，到后来顽童小说中的淘气包，再到生活在现代这个多姿多彩的世界里的少男少女……形形色色，多得数也数不过来。孩子们喜欢这些小主人公，是因为他们同等身高，孩子们可以从他们身上学到成长的经验。

　　老人，作为孩子们童年时最亲近的人，也常常会出现在童书中。

《波丽安娜》：
"小姑娘，你跳着走进了我的生活"

《波丽安娜》是美国作家埃丽诺·霍奇曼·波特1913年发表的一部少女小说。

它与瑞士作家约翰娜·斯皮瑞1879年开始陆续发表的《海蒂》，加拿大作家L.M.蒙哥玛利1908年发表的《绿山墙的安妮》，美国作家弗·霍·伯内特1905年发表的《小公主》，美国作家简·韦伯斯特1911年发表的《长腿叔叔》等一起，构成了一个独特的古典少女小说群。这些少女小说有一个共同的特点，就是主人公都是孤女。这些十来岁的小女孩虽然身处逆境，但她们个个自强不息，像小天使一样身心健康、乐观、积极向上，最后总能改变自己的悲惨命运。这么多年过去了，她们的故事读上去感染力一点儿不减，仍旧激动人心，用现在的话来说，就是十分励志。

《波丽安娜》是其中的一部代表之作。

波丽安娜是一个父母双亡的十一岁小女孩。在她没来之前，美国东部的这个无名小镇沉闷无比，几乎每一个大人都心灵紧闭，冷漠、厌倦一切。看看这些病态的大人吧——波丽小姐，波丽安娜的姨妈，四十岁，小镇最富有的女人，十分孤独地活在这个世界上，从不打扮自己，"像牡蛎一样把自己封闭起来，不愿意和任何人来往。她的内心好像越来越痛苦"。约翰·彭德莱顿先生，不到六十岁，一个人住在山上的大房子里，脾气乖戾，从来不跟人说话，年轻时曾经爱过波丽安娜的妈妈，但她跟一个年轻牧师跑了，他的"整个世界突然变得一片黑暗"。查尔顿医生，他没有妻子，生活非常孤独，仅仅在公寓的房子里有两间诊所，他自己说"它只是一座房子，算不上一个家"，

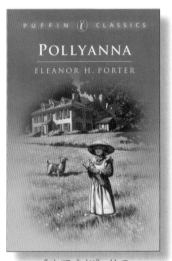

《波丽安娜》封面
Puffin Books

"它需要一双女人的手和一颗女人的心"。斯诺太太，四十岁，一个双腿残疾的病人，整天躺在床上，脾气坏透了，"要不是人们同情她，从早到晚也不会有人愿意接近她"……

可是有一天，从火车上下来一个瘦弱的小女孩，穿着红格子布衣裳，两条亚麻色的粗辫子拖在背后，草帽下面，露出一张热切的长满雀斑的小脸。于是，奇迹就发生了。

波丽小姐变了，"回到人类中间来了"，变得亲近人，喜欢人，"从来没有像现在这样年轻过"，还找到了早就应该属于她的爱情。约翰·彭德莱顿先生变了，学会了爱人，收留了无家可归的男孩吉米。查尔顿医生变了，他说为了得到一双女人的手和一颗女人的心，他"可以付出整个世界"，其实他在心底一直深爱着波丽小姐。斯诺太太变了，她快乐多了，开始编织缰绳、婴儿毯什么的，能做事情了……

可是，这一切都是怎么发生的呢？波丽安娜究竟是用什么样的魔法解开了一个又一个大人的心锁呢？

这一切都源于一个游戏：小拐杖。

"是一个……游戏？"
"对啊，是'只要高兴'的游戏。"
……
"拐杖？"
"是的。你知道，我想要一个洋娃娃，爸爸也写信告诉他们了，可是当捐助箱送来的时候，女士们却说没有人捐洋娃娃，只有一些小拐杖。她们把它送过来，她们想或许这些小拐杖有时候对某些孩子会有用。我们就是从那个时候开始玩游戏的。"
……
"哦，仁慈的上帝！我实在看不见这里面有什么开心的事——你想要一个洋娃娃，却得到了一副拐杖。"
波丽安娜拍着手："有啊……有啊！"她咯咯地笑着说，"但是一开始，我和你一样，也看不出这里面有什么可让人高兴

的。"她认真地补充道，"后来，爸爸不得不告诉了我。"

"那么，你或许也会告诉我了？"南希几乎停下了脚步。

"你真笨！哎呀，就是说你应该感到高兴，因为你不需要那些拐杖。"波丽安娜高兴地欢呼雀跃着，"你看这很容易——当你知道该怎样去想的时候。"

这是一个教人学会快乐的游戏。

它的真谛就是："从各种事情中寻找快乐。如果你总能坚持寻找的话，在任何事情上你都能找出让人高兴的东西来。"波丽安娜不但自己玩这个游戏，她还像天使一样，让全镇的人和她一起玩起了这个游戏——不，不是全镇的人，是全美国的人和她一起玩起了这个游戏。这本书一出版，就红遍了全美国，成为畅销书，直到今天，还是有那么多人喜爱这个永远快乐的小姑娘。连Pollyanna这个词，都被收进了字典，是极度乐观的意思。

《波丽安娜》插图
Neil Reed/画

《淘气包埃米尔》：
"他整天淘不完的气，那小子"

与《波丽安娜》这类少女小说相对应的是顽童小说。这类小说里的主人公，没有一个是听话的乖孩子，都是调皮捣蛋的男孩，他们整天惹是生非，搞恶作剧，闹得四邻不安，但他们本质上并不是一个坏孩子，只是淘气得有点过分了而已。美国作家马克·吐温的《汤姆·索亚历险记》就是顽童小说的代表作。

但要说给孩子看，还是瑞典作家阿斯特丽德·林

《汤姆·索亚历险记》插图

格伦的《淘气包埃米尔》更好看。

埃米尔是一个小男孩，五岁，他住在瑞典的斯莫兰省伦纳贝亚教区卡特胡尔特庄园。他强壮得像一头小牛，又野又拧。村民一说到他就会唉声叹气："那个埃米尔淘气、闯祸的次数比一年三百六十五天还多。"他们实在是受不了他了，吓坏了，甚至开始募捐，把钱装在一个口袋里，送给埃米尔的妈妈："你们如果把埃米尔送到美国去，这些钱大概够了。"不过埃米尔的妈妈却不这样认为，她总是护着埃米尔："埃米尔是一个可爱的男孩，我们就爱他这个样子。"

好，就让我们看看《淘气包埃米尔》里面的两个故事吧。

第一个故事有一个很长的标题：《5月22日星期二，埃米尔把头伸进汤罐子》。

埃米尔喜欢喝肉汤，这天，埃米尔把头伸进汤罐里喝底上最后一点儿肉汤，但是头却退不出来了。妈妈心疼她的心肝宝贝，要用火钩子把罐子敲碎，爸爸却说那东西值四克朗。长工用双手紧紧夹住汤罐子，用力提向空中，可埃米尔也给

《淘气包埃米尔》封面
中国少年儿童出版社

带了起来。

没办法，家人只好领他去看医生。

去看医生当然要打扮一下了，虽然不能梳头，但埃米尔还是穿上了最好的花格子礼服，黑色系带皮鞋，戴着汤罐子上了马车。当他走进医生的候诊室时，所有的人都对他产生了深深的同情，因为他们心里明白，发生了某种不幸。埃米尔看不见医生，但无论如何也要问医生好吧，他一鞠躬，头上戴的汤罐子重重地碰到医生的桌子上，从中间裂开了。

回到家，爸爸赶忙把撞成两半的汤罐子给粘好了。想不到晚上妹妹小伊达看到它，就问哥哥："你怎么就把脑袋弄到汤罐子里去了？" "不费吹灰之力，" 埃米尔说，"我就这样一来。" 他又把汤罐子套进了脑袋里，又拔不出来了，跟过去一样紧。这回他妈妈没再犹豫，抄起火钩子朝汤罐子砸去，嘭的一声，整个伦纳贝亚都听到了。

第二个故事也有一个很长的标题：《6月10日星期日，埃米尔把小伊达当国旗升到旗杆顶》。

这天埃米尔家要举行宴会，女仆丽娜提议为了万无一失，能不能先把埃米尔锁在一个房间里，被埃米尔妈妈瞪了一眼。"埃米尔是一个很令人喜欢的孩子。" 她透过厨房的窗子，看见她的两个非常漂亮的小天使，正在外边跑着玩。

埃米尔的爸爸正要升国旗，偏偏这时候母牛要生小牛了，他只好朝畜圈奔去。于是埃米尔就问妹妹小伊达："你愿意让我把你像升国旗似的升到上边去吗？"小伊达当然愿意了，因为那样她可以看到很远的地方。埃米尔用升国旗用的钩子钩住小伊达的腰带，然后拉紧绳子，把小伊达升到了旗杆顶上。

客人们陆续到了，当他们看到旗杆上的"国旗"时都惊呆了。

埃米尔的故事就是这样让人哭笑不得。真

《淘气包埃米尔》插图
Björn Berg/画

《淘气包埃米尔》插图　Björn Berg/画

的，每一天，你都不知道他会干出怎样的壮举。

"你知道我明天做什么？"他说。

"不知道，"阿尔弗雷德说，"又要淘气？"

埃米尔把哨子放进嘴里，又开始吹。他一边走一边又吹了一会儿，认真地思索着。

"我也不知道，"他最后说，"每次淘了气、惹完祸以后我才知道。"

《一年级大个子二年级小个子》："我一定会给秋代摘到紫斑风铃花的"

这本描写小学生一二年级日常生活的书，有一个长长怪怪的书名，叫《一年级大个子二年级小个子》，作者是日本的著名作家古田足日。

故事一点儿都不复杂，但却极其准确地刻画了孩子急于长大的心理。

秋代上二年级，是二年级里最矮的女孩；正也才上一年级，却是个个子也高、块头也大的男孩，跟妈妈一起上街，甚至有阿姨会问他："你上几年级了？是三年级吧？"正也不敢一个人去上学，因

《一年级大个子二年级小个子》插图 中山正美/画

为要穿过一段土崖，土崖入口看上去就像一个凶恶的巨人的嘴巴。于是，秋代每天拉着他去上学。

正也不但胆子小，还特别爱哭，上课肚子饿了都会哭。秋代对他说："正也，你要坚强一点儿啊！"可"坚强起来"到底是什么意思呢？听到妈妈表扬秋代是个坚强的孩子，正也明白了："我明白啦，变成像秋代那样，就行啦！"秋代从来不哭，即使是被大孩子叫"小矮子"，被打一个耳光或是推倒在地上，也没哭过一次。

《一年级大个子二年级小个子》封面
接力出版社

秋代喜欢花，有一回她指着远方那片高耸着一棵杉树的树林，说等她上了三年级，要走着去那里，因为别人告诉她那片树林里开满了紫斑风铃花。

星期日，秋代听说有人在神社摘到了紫斑风铃花，就和好朋友真理子，还有正也一起去找紫斑风铃花了。找了两个神社，都没有，秋代坚持要去第三个神社。正也想回家，但还是咬咬牙跟去了。走在路上，秋代说："一次也没走过的路，才有意思。"在神社后面的河崖下，他们发现了紫斑风铃花。正也一手抱住树干，一手拉住秋代，就这样，三个孩子摘到了美丽的紫斑风铃花。然而在回家的路上，他们遇上了三个仗势欺人的三年级男孩，他们不但把秋代推到了水沟里，还骑着自行车，一辆接一辆地从紫斑风铃花上面碾了过去。这下，秋代哭了，她头一次放声呜呜地哭了。正也呆住了，这让他不敢相信。他走到她身边，对她说："别哭了，秋代。我一定会给秋代摘到紫斑风铃花的。好多好多，拿都拿不住。"

到了下一个星期日，正也跟妈妈闹别扭了，他决定离家出走。他先是想去爷爷家，但坐车的钱不够，便决定一个人走到一棵杉树的树林，去给秋代摘紫斑风铃花……当秋代、真理子和正也的妈妈找到他的时候——

　　正也两手抱着一大把紫斑风铃花，睡着了。身边还散落着好多紫斑风铃花。
　　脸上、衣服上全是泥。
　　"正也。"

《一年级大个子二年级小个子》插图 中山正美/画

《一年级大个子二年级小个子》插图　中山正美/画

正也被摇醒了，睁开眼睛，看到秋代的脸，笑了。

"正也，害怕了吧？"

这个浑身是泥的孩子，太让秋代怜惜了，她都快要落泪了。她以为，正也会像在上学的坡道上一样，哇的一声哭起来，紧紧地抓住她的手。

可正也没有哭，也没有抓住她的手，正也说："我摘到了呀，秋代，我摘的紫斑风铃花，多得秋代都抱不过来哟。"

正也变得坚强起来了，秋代也长大了，因为她发现："过去那种嫌自己个子小的心情，一刹那间从自己的身体里面消失了。"

《一年级大个子二年级小个子》说的是一个成长的故事。在说到孩子的成长时，古田足日曾说过，孩子的成长中有一个"节"，他进一步解释说，孩子们的成长不是呈一条直线向前伸展的，由于经验的积累，有一天，会突然发生变化，会急速上升，这就是成长中的"节"。写作这本书的时候，古田足日就加入了对"节"的思考。

古田足日还有一本名叫《鼹鼠原野的伙伴们》的小说，写得也非常好看。

《苹果树上的外婆》：
一个来无影、去无踪的幻想外婆

童书中，以爷爷奶奶和外公外婆作为第二主角的，还真是不少。比如意大利作家安琪拉·那涅第的《外公是棵樱桃树》、普密尼的《马提与祖父》、美国作家辛西娅·赖伦特的《想念梅姨》以及我们前面说过的《女巫》、《小河男孩》……还有这本《苹果树上的外婆》。

《苹果树上的外婆》封面
新蕾出版社

这本书曾获得1965年的奥地利国家儿童与青少年文学奖，作者是米拉·洛贝。

可是，外婆怎么能上树呢？对，小男孩安迪就是有这样一位怪异的外婆。她不但能上树，还说来就来，说走就走，神出鬼没如同幻影一般。

这是安迪想象出来的一位外婆吧？

书里安迪的妈妈也是这么说的——

《苹果树上的外婆》插图　祖西·魏格尔/画

"安迪！"母亲让安迪转过身来面对自己，并看着他的眼睛，"你玩'外婆'的游戏，没有人反对。只是你不应该忘记，这是一个想象出来的外婆。"

安迪没有外婆，"几乎所有的孩子都有外婆和奶奶，可是安迪没有，这让他很伤心"。他问妈妈："为什么我们家没有外婆和奶奶呢？"妈妈回答说："以前告诉过你的呀，安迪！当你父亲还小的时候，奶奶去世。这是很久很久以前的事了。后来在你出生前不久，外婆也去世了。"妈妈还给他看一张外婆参加化装舞会的照片，外婆头戴一顶用羽毛装饰的帽子，帽下露出白色的鬈发，胳臂上挎着一个大绣花挎包。

现在，安迪已经确切知道了外婆的模样。他爬到苹果树上，坐在树杈间，陷入了沉思。突然，外婆坐到了他的身边。他不知道这事是怎样发生的，

但她无疑就是他的外婆——同样的鬈发，同样的绣花大挎包。外婆不但跟他打招呼"哈啰，安迪"，还带他去了妈妈一直没带他去的游乐场。第二天，安迪爬到树上时，外婆已经坐在那里了，这天他们开车去了大草原，套到一黑一白两匹野马。第三天，外婆也坐在那里等他了，他和外婆一起坐船去了印度，还在海上遭遇了风暴。外婆一共就出现了三次，而且每次消失得都十分蹊跷。第一次，是妈妈喊他吃晚饭的时候。第二次，是哥哥喊他下来吃晚饭的时候。第三次，是一位老奶奶站在树下冲他喊"喂，小家伙！劳驾你帮我一个忙好吗"的时候。

树下是一位真实的老奶奶，她告诉安迪，她刚刚搬到安迪家的隔壁，她问他能不能去帮她拿一下钥匙。就这样，安迪和老奶奶成了忘年交。老奶奶听他讲故事，他听老奶奶讲故事；他的袜子被狗咬破了，他拿去让老奶奶补；他还帮老奶奶去买东西，甚至帮老奶奶煮土豆……他再也没有时间去顾及那棵苹果树了，不过，他没有忘记自己苹果树上的那位外婆，有一回他这样告诉老奶奶——

"我有一位凭空想象出来的外婆。"等安迪回到桌子旁时他说，"这位外婆和我一起做了一些令人兴奋的事情，差不多每天……"

"这想必好玩极了！"老奶奶点点头说，"这样一位想象出来的外婆比一位真正的外婆有趣多了，是吗？她肯定允许你做一些平时不能做的事情……"

"所有的！"安迪大声喊道，"所有的事她都允许我做！她反对大人们过多地禁止孩子们……"

安迪真幸福。他想："起初，我一个奶奶也没有，现在我有两个了，一个外婆，一个奶奶——而且可以给一个讲另一个的故事……"

《苹果树上的外婆》插图　祖西·魏格尔/画

儿童文学的人物

动物

　　动物，是童书中最常见的角色。不论是拟人化的动物，还是保留原始状态的动物，都受到孩子们的喜爱。因为在这个世界上，最像我们人类的，就是动物了。

《我爸爸的小飞龙》：
嚼口香糖的老虎、
吃棒棒糖的鳄鱼……

美国作家鲁思·斯泰尔斯·甘尼特写《我爸爸的小飞龙》时，只有二十三四岁。因为纯粹是出于自娱自乐，所以她写得无拘无束，没有一点儿条条框框，怎么好玩怎么写，就像小时候趴在桌子上忘情地涂鸦一样——一个

人孩提时代那些满脑子不着边际的幻想，似乎都被她写进这个小男孩出门去冒险的故事里了。

或许是她写得太开心了，整个故事的初稿，她只写了短短的两个星期。当然了，整个故事本身就很短。

《我爸爸的小飞龙》封面
南海出版公司

她写，她的继母为它画插图，她的未婚夫为它画地图、设计版式，一个不可复制的"家庭金三角"联手创作了一本黄金童书。不过需要说明的是，她的继母鲁思·查丽斯曼·甘尼特可不像她那样是一个新手，在这之前，她就曾为纽伯瑞奖得主的童书画过插图，她最擅长的，就是画动物。

不会有孩子对它说"不"的。

因为，又有哪一个孩子不曾有过这样的渴望呢——

我爸爸说："等长大了，我要去开飞机。想去哪儿，'嗖'的一下就飞过去了。太帅了！"

"你真的很想、很想飞吗？"猫问。

"当然想啊。只要能飞，让我做什么都行。"

"那好，"猫说，"如果你真的那么想飞，我倒知道一个办法，而且不用等到你长大。"

怎么飞呢？就是骑小飞龙飞。小飞龙有一条长尾巴，身上是黄蓝相间的条纹，角、眼睛和脚掌是鲜红色的，他还有一对金色的翅膀。不过，虽然书名叫《我爸爸的小飞龙》，但小飞龙不是这本书的主角，他直到故事的最后几页才出场。真正的主角是"我爸爸"，你看它的开场白："那时，我爸爸还是个小男孩。一个阴冷的下雨天里，他在街上碰见了……"这样的叙述方式还真是让人耳目一新。至少，你不会以为它是假的，以为作者是在瞎编，因为爸爸总不会是假的；同时，这又是一个"从前"又"不太从前"的故事，你说，"我爸爸还是个小男孩"，指的不就是那样一个说远不远、说近不近，让人感觉亲切的从前吗？

这样的口吻，最配这本书了，因为它天生就是一本大人用来朗读给孩子听的书。如果这个朗读者又恰巧是一个爸爸，两个爸爸重叠，一定会让孩子恍惚产生一种错觉，把书里的那个"我爸爸"，当成了自己的爸爸——

那时，我爸爸还是个小男孩，九岁，名字叫埃尔默·埃雷维特。一个雨天，他收留了一只可怜的老流浪猫。这只老流浪猫其实是一位旅行家，他告诉我爸爸，有一头小飞龙从天上掉到野蛮岛，成为动物们的俘虏。虽然他还是一个孩子，可是动物们却拿他当奴隶一样使唤。我爸爸决定去救他。当然，我爸爸离家出走还有一个重要原因，就是他妈妈赶走了流浪猫，还打了他一顿，"所以对于离开家一

《我爸爸的小飞龙》插图　鲁思·查丽斯曼·甘尼特/画

段时间，他一点儿都不会难过"。

既然是出远门，当然东西带得越多越好了。我爸爸借了他爸爸的旅行背包，猫帮他一起装包：口香糖、二十四根棒棒糖、一把橡皮筋、一个指南针、一把牙刷和一管牙膏、六个放大镜、一把锋利的折叠刀、一把梳子和一把刷子、七条不同颜色的发带……可是，他不是去救小飞龙的吗，带这么多东西干什么？有用。看到后边你就知道了。

我爸爸坐了六天六夜的船，抵达了橘子岛，然后踩着礁石和一条在睡梦中打呼噜的小鲸鱼，偷偷登上了野蛮岛。一上岛，他就被野猪发现了。路上，还有更可怕的动物在等着他哪——七只老虎说要吃他，他给他们吃口香糖，还告诉他们一直嚼一直嚼，等它们变成绿色，种在地上，就会长出更多的口香糖。因为角变黄而一直哭啊哭的犀牛把他挑起来，说要把他丢进泪水池淹死，他送了犀牛牙刷和牙膏。因为鬃毛一团糟而害怕妈妈骂的小狮子说要吃了他，他送给小狮子梳子、刷子和发带。被跳

蚤咬得快要发疯的大猩猩说要拧断他的胳膊，他送给大猩猩六个放大镜，让六只小猴子帮大猩猩抓跳蚤……

我爸爸要过河，来了十七只鳄鱼。你说我爸爸怎么着？

"好的，"我爸爸拿出橡皮筋和二十四根粉色棒棒糖，"我插一根在岸上。你们知道，棒棒糖在水里容易溶化。现在，谁来吃这个？"

第一只鳄鱼游过来舔了舔，说："唔——好吃，好吃极了！"

"那么，如果你不介意的话，"我爸爸说，"我要从你的背上走过去，用橡皮筋把第二根棒棒糖绑在你的尾巴尖上。你不会介意的，对吧？"

"噢，不介意，一点儿都不介意。"鳄鱼说。

《我爸爸的小飞龙》插图　鲁思·查丽斯曼·甘尼特/画

"你可以把尾巴伸到水面上来一点吗？"我爸爸问。

"当然可以。"鳄鱼说着，举起尾巴。于是，我爸爸从他背上跑过去，在他尾巴上绑了一根棒棒糖。

"下一个是谁？"我爸爸问。第二只鳄鱼游了过来，开始舔棒棒糖。

"好吧，先生们，如果你们排成一队，能节省不少时间。"我爸爸说，"我会走过去，给你们每人一根棒棒糖。"

于是，鳄鱼们高高举着尾巴，在水面上排成一队，等着我爸爸把剩下的棒棒糖都绑上。第十七只鳄鱼的尾巴正好够到河对岸。

我爸爸刚走到第十五只鳄鱼的背上、手里还抓着两根棒棒糖的时候，七只老虎、一头犀牛、两头狮子、一只大猩猩、一群小猴子，在两只野猪的带领下追上来了："他是个骗子！骗子！这个入侵者，他肯定是奔着小飞龙来的！杀了他！杀了他！"等我爸爸上了岸，回头一看——

第一只鳄鱼已经吃完了棒棒糖，我跟你们说过，鳄鱼喜怒无常，办事一点儿不靠谱，而且总是在寻找食物，所以，第一只鳄鱼离开了河岸，开始往下游游去。第二只鳄鱼呢，还没吃完，只好紧跟着第一只鳄鱼，继续舔他的棒棒糖。其他的鳄鱼也一样，一个跟着一个，排成一队游走了。

两只野猪、七只老虎、一头犀牛、两头狮子、一只大猩猩，还有数不清的吱哇乱叫的猴子，就在这些舔着粉色棒棒糖的鳄鱼连成的小火车上，被驮到大河中间，跟着往下游去了。

小飞龙？我爸爸当然救出了小飞龙。不然，他怎么回家？

这是一本真正充满了童趣的图文并茂的好书，万万不可错过。给孩子们读它吧，孩子们一定会开心乐翻天。那些虽然凶猛，但智商比幼儿园大班

的幼儿高不了多少的动物们，吵吵闹闹地如同一群快乐的孩子。而整场冒险，其实说起来，更像是一个孩子在自己房间里空想出来的冒险。

这本书赢得了1949年的纽伯瑞儿童文学奖银奖。它还有两个续篇，但叙述者的口吻都不再是让人备感亲切的"我爸爸"，而是换成了第三人称"爱尔默"。

《杜立德医生的故事》：能和动物说话的怪医生

前面说到童书中的插图时，我们曾经说到过英国作家休·洛夫廷自画自写的《杜立德医生的故事》。

杜立德，德高望重的医学博士，和老处女妹妹一起住在一个被称为"湿地上的泥塘镇"的小镇上。可因为他太爱动物，家里又是猫头鹰又是刺猬的，把病人都赶跑了。会说人话的鹦鹉波莉尼西亚教他学会了动物的语言，劝他改行当兽医，因为他现在是世界上唯一会跟动物说话的人。他一下就出了名，家里天天挤满了前来找他看病的动物。可没过几年，因为他收留了一条鳄鱼，再也没人敢把动物送来看病了。妹妹说："如果你现在不把他赶走，我就……我就离开去结婚。"

很快，医生就穷得叮当响了。冬天里，他养的一只名叫奇奇的猴子收到非洲堂兄托燕子捎来的短信，说那里所有的猴子都染上疾病了，成百上千地死亡，恳求他去非洲阻止这场疾病。他跟一个海员借了条船，带上鳄鱼、猴子奇奇、鹦鹉波莉尼西亚、狗吉扑、鸭子拍一拍、猪格布和猫头鹰图图就出发了。

航行了六个星期，船触礁了。医生说："我们一定已经到了非洲。"上

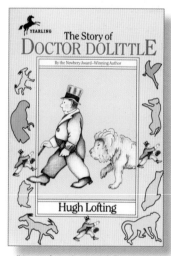

《杜立德医生的故事》封面
Yearling

《杜立德医生的故事》插图　休·洛夫廷/画

岸没走多久，他们一行就被乔利金基的国王关到了一座石头土牢里，因为国王憎恨白人，他上过白人的当。然而，夜里鹦鹉用计让国王打开了牢门，医生他们逃了出来。赶到猴子的领地，医生干的第一件事，就是将生病的猴子和健康的猴子隔离开来，第二件事就是所有健康的猴子都被叫来打预防针。他连着忙了三天三夜，连狮王都被叫来帮忙。临走时，猴子们送他一只双头羚羊做礼物。不料回家的时候，他们迷了路，误入国王的后花园，又被关进了监狱。最后还是鹦鹉催眠了王子，不但让他打开牢门，还让他为医生准备了一条船。在回家的路上，他们还成功地夺取了一艘海盗船，救出了一个被海盗劫持的小男孩，帮他找到了叔叔。几个月之后，医生终于回到了他的家乡。他没有直接回泥塘镇的家，而是带着双头羚羊在全国各地的乡村集市巡展，挣了好多钱。"钱，"他说，"是麻烦的东西。但是，有了钱，日子就不用担心啦。这也是件开心的事。"

鳄鱼、猴子奇奇、鹦鹉波莉尼西亚没有回来，他们留在了非洲，因为那里是他们的老家，是他们的出生地。

洛夫廷的动物小说，想象力丰富，幽默，给人一种安静、平和的感觉。他从来不会把一个故事写得剑拔弩张，让你手心捏一把汗，它总是那么和和气气。你看，连鳄鱼和狮子这样凶猛的动物都远离了暴力，与其他的动物和睦相处。杜立德医生作为主人公，更是一个几近完美无缺的好人，他温和、纯真，热爱生命。在他和他的那些动物身上，让人看到了一种超越种族界限的友爱和宽容，而这，也正是洛夫廷动物小说的一贯主题。

不过，这本书早期的版本中有一个情节一直饱受争议，就是那个打开牢门放出杜立德医生的王子，并不是被鹦鹉催眠，而是上了鹦鹉的当。王子看童话书看得太入迷了，满世界地找睡美人，几年前终于把她找到了，还把她吻醒了。"可是当她看到我的脸时，她喊起来：'哟，他是黑的！'她逃走了，不肯嫁给我——跑到别的什么地方再去睡觉了。"所以王子天天痴迷地幻想："我要是一个白王子多好啊！"最后这句话恰好被鹦鹉听见了，便骗他说："在你父亲的监狱里，躺着一位大名鼎鼎的巫师，名叫杜立德。秘密去找他吧，你一定能变成最白最白的白王子。"这个情节被批评为种族歧视，所以在后来的版本中都被删掉了。

或许是杜立德医生的故事太受孩子们喜爱了，作家一直写了下去，一共写了十二本。其中第二本《杜立德医生航海记》最受好评，获得了1923年的纽伯瑞儿童文学奖金奖。

《杜立德医生的故事》插图　休·洛夫廷/画

儿童文学的人物

玩具

　　毛绒小熊、小兔或是布娃娃，通常是孩子的第一个玩具。在他们还是婴儿的时候，玩具就与他们朝夕相处，是他们生命中的第一个朋友，陪伴他们长大。没有一个孩子在小的时候会怀疑玩具不是活的，听不懂他们说话。

　　以玩具作为主角的童书很多，不过，它们虽然被赋予了生命，但大部分还是被写成了一个懵懂无知的孩子，成为孩子的缩影。

　　玩具故事可以分成两大类：一类玩具不再是呆立不动的玩具，它们行走自如；还有一类玩具没有丧失玩具的本性，它们不会行走，只能被人搬来搬去。

小熊帕丁顿系列：
"请好好照顾这只熊，谢谢！"

世界上有两只最著名的小熊，一只叫维尼·阿噗（又译"温尼·菩"），一只叫帕丁顿。维尼·阿噗几十年前就来到中国了，帕丁顿却姗姗来迟，一直拖到今天，才戴着他那顶宽檐大帽子，拎着他那个小手提箱，朝我们一步步走来。

《蒸发魔法》封面
接力出版社

《小熊维尼·阿噗》是英国作家A.A.米尔恩的作品，"小熊帕丁顿系列"的作者也是一位英国作家，叫迈克尔·邦德。"小熊帕丁顿系列"的第一本书是《蒸发魔法》，它后面还有十几个续篇，分别是《帕丁顿抓小偷》、《影院历险》、《魔法蜗牛餐》、《绿爪子》……

如果说我们喜欢维尼·阿噗，是因为他不长脑子，整天净惹麻烦的话，那么喜欢帕丁顿，就是因为他太长脑子，整天净惹麻烦了。

确实，比起稚气的维尼·阿噗来，帕丁顿可要显得成熟多了，特别是说起话来，完全就不是一个小孩的口吻，满口大人话，更像是一位彬彬有礼的英国绅士。真的，要不是他说话那么得体，那个温暖的夏日，就是布朗夫妇在帕丁顿火车站失物招领处前面第一次见到他那天，就不会心血来潮地把他领回家当养子了——

她开始仔细地观察起这只熊来。这应该是一种非常稀有的熊……看出布朗夫妇的好奇，小熊站起身，彬彬有礼地举了举帽子，露出两只黑黑的耳朵。

他用小得刚能听到的声音说："下午好。"

"呃……下午好。"布朗先生含糊地回答道。接下来是一阵沉默。

小熊好奇地看着他们问道："你们需要我的帮助吗？"

布朗先生有些尴尬地说："啊……不用，呃……事实上，我们在想是否可以帮助你。"

……"你的家乡在哪里呢？"布朗夫人问道。

在答话之前，小熊小心翼翼地环顾了一下四周。"黑暗秘鲁，其实我本来不在这儿——我是偷渡过来的！"

……"那么，接下来你打算怎么办呢？"布朗先生问，"你也不能就这么坐在帕丁顿火车站里啊。"

"噢，我想我应该没问题的……"小熊弯腰继续收拾他的手提箱。当他干活儿的时候，布朗夫人瞅了一眼吊牌上的字。那是一句很简单的话：请好好照顾这只熊，谢谢！

她转向丈夫，一脸恳求地说："噢，亨利，我们该怎么办？我们不能就这么把他丢在这儿……"

帕丁顿可不仅仅是一只遇见人就会举帽行礼的小熊，他认真、好奇、敏感，有思想，还有尊严。他多数时候看上去像一个顽皮淘气的孩子，可有的时候却像一个有绅士风度的大人。比如布朗的女儿朱迪教他如何用热水、肥皂、毛巾和刷子洗澡时，他会孩子气地问："听起来好复杂，不能找个水坑

《蒸发魔法》插图 佩姬·佛特南/画

打个滚儿吗？"而进餐厅时，他却又会彬彬有礼地对布朗先生说："您先请，布朗先生。"事实上，作者就曾经说过，在帕丁顿的身上，有不少他父亲——一位有教养的老绅士的影子，他上街从来不会忘记戴帽子，以防万一遇到了熟人却没有东西可举起致意。

帕丁顿天生就是一个出色的麻烦制造者，他能让餐桌一片狼藉，能让布朗家发生水灾，能让地铁自动扶梯陷入一片瘫痪，能让商场橱窗变成一个烂摊子……他闯祸之后的那副样子总是又可气又好笑，眼神纯真而无辜，你没办法骂他，因为没有一件事他是出于恶意。他非常努力想把事情做好，只是做不好。比如，他正坐在餐桌上吃蛋糕，突然看到一位年轻的小姐走过，他想举起他的帽子行礼，结果"慌乱之中却踩到一堆草莓酱，滑倒在玻璃桌子上"。

有人对帕丁顿在第一本书八个故事里惹的麻烦作了一个归纳总结，得出两条结论。第一条是绝大多数的麻烦，都是因为帕丁顿初来乍到，不适应伦敦的生活引起的。第二条就是不管帕丁顿惹的麻烦有多大，最后总是吉星高照，以一个意想不到的好结局收场。比如他弄乱了商场的橱窗，却意外地让商场聚集了人气，被奖励了一罐最大的橙子酱。再比如他在布朗先生的画上乱涂一气，却让从没在手工艺品展览会上得过奖的布朗先生得到了第一名。怎么解释帕丁顿的这种好运气呢？对此，布朗夫人觉得很神奇："帕丁顿总是能转危为安。"管家

《蒸发魔法》插图
佩姬·佛特南/画

伯德太太则找到了一个神秘的理由："那是因为他是一只熊，熊总是能逢凶化吉。"

邦德的文字透着一种英式冷幽默，而为"小熊帕丁顿"画插图的佩姬·佛特南也画活了这只可爱的小熊。真为现在的孩子开心，能看到这样原汁原味的小熊帕丁顿。

《蒸发魔法》插图　佩姬·佛特南/画

《爱德华的奇妙之旅》：
"如果没有爱，一个故事怎么会有幸福的结局？"

爱德华是一只瓷兔子，他有思想，但是不会和人说话，不会走路，在整个故事里，除了在一场梦境中，他从未打破过这个规矩，始终是一个任人摆布的玩具。

这只自命不凡的瓷兔子，是美国作家、《浪漫鼠德佩罗》的作者凯特·迪卡米洛2006年推出的新作《爱德华的奇妙之旅》里的主人公。

这是一部罕见而美丽得让人心痛的童书。说它罕见，是因为它写得更像是一本人生哲理寓言，它不回避类似"如果没有爱，一个故事怎么会有幸福的结局"这样抽象的句子，因为它就是要在心灵的层面，和小读者展开思想的交锋，来探讨如何拯救一颗极度自私的心灵这样一个连成人都不一定能够理解的命题。通过瓷兔子的一次不可思议的自我救赎之旅，它直观而形象地告诉孩子：即使是一颗极易破碎的心也可以失去爱、学会爱而又重新得到爱。说它美丽得让人心痛，是因为作者把瓷兔子的

《爱德华的奇妙之旅》封面
新蕾出版社

这次寻爱之旅写得凄美感人。从死亡到新生，小兔子一路上遇到了那么多好人和坏人，人性的温暖和丑陋都被浓缩在了他的旅程当中。

作家迪卡米洛是一个讲究叙事结构的人，这一次也没有例外，她在故事的一首一尾分别安排了两个女巫式的人物出场，一个诅咒，一个点拨。爱德华身不由己的旅行，就仿佛是一个大大的圆圈，起于长着又大又尖鼻子、名叫佩勒格里娜的老祖母的一次诅咒，止于脸上布满网状裂纹、活了有一百多岁的老娃娃的一次点拨。

佩勒格里娜是阿比林的老祖母，阿比林十岁，是爱德华的小主人，她爱爱德华爱得要命："爱德华，我爱你。不管我长到多大，我都会永远爱你的。"可爱德华的内心却像他那瓷外壳一样冰冷，既自负又傲慢，不懂得去爱阿比林。一天晚上，佩勒格里娜给阿比林讲了一个不会爱的美丽公主被森林女巫变成疣猪的故事。阿比林说这个故事完得太快，最后谁都没过上幸福的生活。她告诉阿比林："如果没有爱，一个故事怎么会有幸福的结局？"不知为什么，她这个故事更像是说给爱德华听的，最后她还小声地对他说："你使我感到很失望。"

爱德华没有想到，老祖母的诅咒成真，他的命运就此改变，开始了一次漫长的心灵觉醒之旅：

海底墓场，二百九十七天——他随阿比林一家坐船去英国旅行，被两个淘气男孩意外扔进了海里。"在海底，他的头埋在泥淖里，他第一次实实在在地体验到了忐忑不安。"一场猛烈的风暴把他从海底抛了起来，一张渔网抓住了他。

渔夫的家，很长的一段时间——老渔夫劳伦斯把他带回家。渔夫的妻子内莉把他当成女孩，给他穿花衣裳，跟他倾诉，老渔夫更是每天晚上都把他扛在肩膀上去散步。在老渔夫家，他学会了倾听，"生活在很长一段时间里都是甜蜜的"，直到有一天他被老渔夫忌妒的女儿丢进了垃圾桶。"他的心第一次对他大声喊叫了起来。它只说了两个词：内莉、劳伦斯。"

垃圾山，一百八十天——躺在垃圾山上，他终于明白佩勒格里娜老祖母为什么对他说"你使我感到很失望"了，"那是因为他不够爱阿比林"。他还想念老渔夫夫妇，"他要和他们在一起"。他想知道那是否就是爱。

和流浪汉、露西在一起的日子，七年——一条名叫露西的狗把他叼给了流浪汉布尔，布尔带着他一起流浪。现在，他学会仰望天上的星座，说出一个个爱过他的那些人的名字。可有一天，他被一个男人一脚踢下火车，被迫离开了布尔和露西，他连对他们说声再见的机会都没有，"他身体的深处有什么东西疼了起来。他真想大哭一场"。

被绑在杆子上当稻草人吓鸟，两天——一个没有名字的老太太捡起了他，把他用铁丝绑在了菜园子里的木杆上。天黑了，那个被老太太雇来干活儿的小男孩救了他。

陪伴四岁的萨拉走完最后的人生，六个月——小男孩名叫布赖斯，他把他送给了小妹妹萨拉。萨拉只有四岁，卧病在床，相依为命的小兄妹俩住在一座鸡舍似的破房子里。病重的萨拉总是把他抱得紧紧的，拿他当婴儿，"他被紧抱得喘不过气来感觉仍然很好"。最后萨拉还是死了。他想："我爱过她。"他还想："在这世界上没有了萨拉·鲁思他

《爱德华的奇妙之旅》插图　巴格拉姆·伊巴图林/画

《爱德华的奇妙之旅》插图 巴格拉姆·伊巴图林/画

还怎么能活下去？"

短暂的卖艺生涯，一天——他被布赖斯用细绳拴着，在街头跳舞卖艺。因为布赖斯付不出吃饭的钱，餐车的主人兼厨师拿爱德华撒气，把他摔到了地上，"爱德华的眼前一片黑暗"。

玩具店，最后的日子——他的头碎成了二十一块，但玩具店的主人巧手修复了他。坐在玩具店的架子上，他彻底绝望了。后来有一天的薄暮时分，一个一百多岁的老娃娃坐到了他的身边。于是，在两个玩具之间就有了这样一场关于爱的对话：

> "我不在乎是否有什么人来要我。"爱德华说。
>
> "可那太可怕了，"那个老娃娃说，"如果你那样认为的话活着就没有意义了——完全没有意义了。你必须满怀希望。你必须充满希望。你必须知道谁会爱你，你下一个会爱谁。"
>
> "我已经不会被爱了，"爱德华对她说，"我也不会再爱了。那太痛苦了。"
>
> ……
>
> "你使我很失望，"她说道，"你使我十分失望。如果你不打算爱或被爱，那么整个生命之旅都是毫无意义的……"

……

"打开你的心扉，"她轻柔地说，"有人会来的，有人会来接你的。不过首先你必须打开你的心扉。"

就这样，爱德华在老娃娃的开导下，再次敞开了心扉。多少个季节过去了，终于有一个小女孩来到了伤痕累累的小瓷兔子的面前，对身后的妈妈说："我要他。"他看到了她，阿比林。他感到一阵晕眩，她失落了雨伞。

"爱德华？"阿比林说。
是的，爱德华说。
"爱德华。"她又说了一遍，这次很肯定。
是的，爱德华说，是的，是的，是的。
是我。

这就是故事的结局。因为有了爱，一个故事便有了幸福的结局。

这本书的彩色插图极其精美，写实的画面让瓷兔子爱德华的这趟幻想旅程变得更加真实，一看就是出自真正的艺术家之手。

《爱德华的奇妙之旅》插图 巴格拉姆·伊巴图林/画

儿童文学的人物

女巫

　　女巫，又叫巫婆或魔女。在民间童话里，这些红鼻子、满脸皱纹的邪恶老太婆，烤小孩毒小孩杀小孩，无恶不作，最后总是死得很惨，没有一个能逃脱"巫婆一定得死"的魔咒。

　　可是到了现代的童书里，这些一眼就能认出来的女巫销声匿迹了。她们要么继续干坏事，但改头换面，伪装成了一个美丽的好女人；要么彻底地脱胎换骨，变成了一个骑着扫帚满天飞的好女人。

　　不论是好女巫还是坏女巫，都是孩子们的偶像。他们会说：故事里没有女巫，那还叫故事吗？

《女巫》：
86号配方慢性变鼠药

《女巫》是罗尔德·达尔六十五六岁时写的一部长篇小说，绝对是这位世界级讲故事大师的一部炉火纯青的杰作。

《女巫》里的女巫，可不止一个，热热闹闹一大群，有上百个，其中还有一个世界女巫大王。她们一个都没有洗心革面，全部都是血统纯正的坏女巫。她们的座右铭是："消灭孩子。"她们整天在心里盘算的也是："接下来，我要弄死哪个孩子呢？"她们不戴黑帽子，不披黑斗篷，不骑着扫帚飞来飞去，怎么看都是一个正常的女人。有一年暑假，全英国的女巫都聚集到了海边的一座豪华的旅馆里，召开一年一度的女巫年会，当然，她们不会对外宣称这是一次女巫的秘密集会，她们对外宣称这是一次"防止虐待儿童王家协会会议"。是不是又讽刺又好可笑？

《女巫》插图 昆廷·布莱克/画

可是你要是知道，当这些邪恶的女巫聚集在一个大门紧闭的舞厅里开会时，有个九岁小男孩正躲在大屏风后面玩他的小白鼠，恐怕就再也笑不出来了。

是的，这个小男孩不久前刚刚失去双亲，和他的挪威籍姥姥一起住进了这家旅馆。他看到女巫大王摘下假发和面具，露出可怕的真容，看到一百多个女人全是秃头，方头的脚上没有脚趾，吓得连气也不敢喘了。女巫大王说她发明了一种名叫"86号配方慢性变鼠药"的魔药，还当场演示，把一个贪吃的胖男孩布鲁诺变成了老鼠。

《女巫》封面 明天出版社

大屏风后面的小男孩没有逃过魔爪，被女巫们抓住了，被灌了一肚子"86号配方慢性变鼠药"，变成了一只小老鼠。接下来的故事，那可就太紧张了，简单地说，就是这只男孩变成的小老鼠，在他姥姥的协助下，从女巫大王的房间偷来一瓶"86号配方慢性变鼠药"，溜进厨房，把它倒进了女巫们喝的汤里，把女巫一个不落地全都变成了小老鼠。

这样一个想象力天马行空的故事，孩子们又怎么能不喜欢读呢？

它的语言也十分滑稽，读到"女巫永远是女的，我不想说女人的坏话，绝大多数女人是可爱的。但所有女巫都是女的，这依然是事实。女巫没有一个是男的"这样的句子，一个再严肃的人也会嘿嘿地笑出声来。不过，它可不光是打打杀杀，故事里的祖孙之情相当感人。特别是小男孩直到最后也没能变回人，但姥姥没有嫌弃他，还是像从前一样爱他，还要带着他走遍全世界去消灭女巫。

有好些段落，都会让人读得泪花闪闪。你来看看这一段，就是当变成小老鼠的男孩知道自己再也变不回男孩，躺在姥姥的膝盖上，和姥姥的一段对话：

> "老鼠可以活多久？"
> ……
> "如果你真想知道，"她说，"恐怕老鼠活不了很久。"

《女巫》插图　昆廷·布莱克/画

"有多久？"我问道。

"一只普通的老鼠只活三年，"她说，"但你不是一只普通的老鼠，你是一个老鼠人，这完全不同。"

……

"一个老鼠人活的时间几乎可以肯定比一只普通老鼠长两倍，"我姥姥说，"大概是九年。"

"好！"我叫道，"好极了！这是我听到的最好的消息！"

"你为什么这样说？"她感到奇怪，问道。

"因为我不想活得比你久，"我说，"别人照顾我，我可受不了。"

又是短暂的沉默。她用一根手指的指尖抚弄我的耳背。我觉得很舒服。

"你多大岁数了，姥姥？"我问道。

"八十六岁。"她说。

"你会再活八九年吗？"

"会的，"她说，"只要运气好。"

"你得活，"我说，"因为到时我将是只很老的老鼠，你是一位很老的姥姥。

再过不久，我们就一起死掉。"

……

"我的宝贝，"她最后说，"你真不在乎以后一直做老鼠吗？"

"我根本不在乎，"我说，"只要有人爱你，你就不会在乎自己是什么，或者自己是什么样子。"

《魔女宅急便》：
我是一个新时代的魔女

琪琪一直向前飞，也看到了几个还不错的小镇。虽然每一次吉吉都发牢骚说"快点定下来算了"，可琪琪坚持说："要飞到大海。"她一直重复着："再飞一会儿，再飞一会儿。"

……

琪琪把扫帚把儿猛地朝下一按，轻轻地落在了大街上。

下午这个时候，大街上挤满了买东西的人。琪琪的脚刚一踏到石板路上，人们就都惊奇地站住了。有的人吓得躲开了，有的人藏在了别人后面，琪琪立刻被人们远远地围住了。她跨下扫帚，把吉吉放在肩上，露出一张笑脸。

"我是……魔女，叫琪琪……"

"嚯，原来是个魔女啊！如今还有魔女，真新鲜。"

女巫……我们还是改口叫魔女吧，魔女可不都是坏魔女，比如日本作家角野荣子的代表作《魔女宅急便》里的小魔女琪琪，就是一个生活在现代的好魔女。她根正苗红，因为她妈妈就是一名秉承古老传统的好魔女。如果再

《魔女宅急便》封面
南海出版公司

《魔女宅急便》插图 林明子/画

追溯上去，她外婆也是一个好魔女……只不过现在世道变了，没有伸手不见五指的黑夜和万籁俱寂的宁静，魔女的魔法都快丧失殆尽了。到了她妈妈这一辈，除了会种草药、配止喷嚏药，就只剩下骑着扫帚飞了。琪琪就更差了，偏偏她妈妈又找了一个普通人结婚，只给了她一半魔法血统，所以她什么魔法都不会。不对，她还会骑着扫帚飞翔。

这一脉的魔女有一个世代相传的传统，就是女孩长到十三岁，必须选择一个满月夜，开始独立生活。所谓开始独立生活，就是离开自己的家，去寻找一个没有魔女的小镇或村庄，一个人自食其力。

于是，我们就看见了上面那一幕情景。

吉吉，是一只和琪琪同时出生的黑猫，它可以和琪琪对话。这一天，她们降落在了一个面临大海、名叫柯里柯的小镇。初来乍到，多亏了"石头、剪子、布"面包店的舒诺夫妇的热情帮助，琪琪利用自己唯一会的魔法——飞行，开了一家快递店，起名叫"魔女宅急便"，招牌上的广告词是："从您府上送到对方府上，比任何地方都快捷。"刚开始的时候，出了不少洋相。比如女裁缝让她把一个布偶猫作为生日礼物送到五岁的侄子家，半道上，她却把布偶猫掉到了森林里。没办法，只好让

吉吉来顶替。不过她很快就适应了，还利用自己会飞的本领，干了不少让人啧啧称奇的事情，像从海里救出一个被海浪冲走的小男孩呀，拉着老奶奶洗好的一长串衣服飞到空中晾干呀什么的，慢慢地，小镇终于接纳了这个热心又可爱的小魔女，人们甚至会说：要是琪琪不在天上飞，就会感觉少了点什么。

琪琪是个魔女，更是一个普通少女。十三岁的少女，应该是站到青春期的门槛上了吧？所以，琪琪也会有和其他少女一样的烦恼。比如，听到一个名叫蜻蜓的男孩说她"都不觉得你是一个女孩"，会耿耿于怀。看到一个比她漂亮的女孩会嫉妒，偷拆人家写给男孩子的信……说起来，《魔女宅急便》就是一部清新可人的成长小说。

琪琪说自己是一个新时代的魔女。这个热情、诚实、单纯而又敢于挑战困难的少女，深受女孩子们的喜爱，连日本导演宫崎骏都爱上了她，把她的故事拍成了同名动画片。

《小女巫》：
只有总是做坏事的女巫
才是好女巫

《小女巫》是德国作家奥得弗雷德·普鲁士勒1957年发表的一部给十岁左右孩子看的作品，字数不多，但故事和插图都非常好玩。

这个小女巫还是个小小孩，不过她的岁数可不小，说出来你会吓一大跳，她已经一百二十七岁了。对于人类来说，这已经是一个高龄得不能再高龄、老得不能再老的老奶奶了。可是女巫们不这样看她，她们开口闭口都是一脸的轻蔑："你才一百二十七岁……"好像她才是一个十岁的小女孩。要不，故事的开头能这样写

《小女巫》封面
二十一世纪出版社

《小女巫》插图　Winnie Gebhardt-Gayler/画

吗："从前有一个小女巫，那年才刚刚一百二十七岁。对于女巫来说，这简直算不上有年龄。"

开场白是不是挺逗乐？

好书就是这样，开场逗乐，后面就会一路逗乐下去。

这个一百二十七岁"高龄"的小女巫，是不是满脸皱纹，看上去像是一个掉光了所有牙齿的瘪嘴老太婆？不不，恰恰相反。虽然故事里没说她长得什么模样，但图里画了出来（这就是书里有插图的好处）。你看，她一脸稚气，给人的感觉就像是一个十岁的正常小女孩——不对不对，这话不对，正常的小女孩哪里会长一个这么尖的长鼻子（长鼻子，是森林女巫的标志性特征），头发哪里会乱得像一丛野草？再说，打扮也怪异，扎头巾，穿尖头鞋，一把扫帚不离手。

所以说到最后，结论就是——小女巫不但正宗，还确实不老。

别的故事里的女巫，都有一只黑猫做伴儿，可

她却养了一只乌鸦（颜色倒也是黑的），这只乌鸦有个挺长的名字，叫阿波拉克萨斯。它会说话，而且直言不讳，从不隐瞒自己的观点。在这个不长的故事里，小女巫主要的谈话对象就是它。

故事说的是，在瓦普集斯之夜，小女巫不顾乌鸦的阻拦，偷偷溜到布劳克山上去参加大女巫们一年一度的舞会，结果被雷雨女巫鲁姆倍尔发现，抓到了女巫首领面前。尽管鲁姆倍尔和别的女巫嚷嚷着要惩罚小女巫，把她扔到篝火里烤一会儿或是让沼泽淹到她的脖子，但女巫首领只是没收了她的扫帚，还答应她：如果你从今以后成为一个好女巫，明年就可以来参加舞会。于是，小女巫回去以后，就整整做了一年的好事，像什么帮三个老妇人从树上往下刮树枝啦，教训坏心眼儿的守林人啦，帮可怜的小女孩卖纸花啦……

可是到了第二年瓦普集斯之夜的前一天，小女巫没有通过女巫会议的考试，因为雷雨女巫鲁姆倍尔从围裙口袋里掏出了一个小本子，上面记录着小女巫的一条条罪状，原来这一年她一直在暗中监视小女巫。她说小女巫帮助了拾柴火的老妇人，惩罚了凶狠的守林人，等等。听完了，女巫首领冒出一句话来："我差点儿让这个小坏蛋明天晚上到布劳克山上来，这个坏女巫！""到底怎么了？"小女巫疑惑不解地问，"我做的都是好事啊！""就是因为这些好事！"最高首领吼道，"只有总是做坏事的女巫才是好女巫！可是你一个劲儿地做好事，所以你是一个坏女巫！"

只有总是做坏事的女巫才是好女巫。你说这是什么逻辑？

这下小女巫不干了。我们一百二十七岁，不，一年过去了，应该是一百二十八岁的小女巫不好惹。瓦普集斯之夜，她赶在别的女巫之前，先上了布劳克山。她念咒语，先召唤来女巫的扫帚和魔法书，一把火烧掉。然后，又念咒语解除了大女巫们的魔法。这下，除了小女巫之外，再也没有一个人能施魔法了。

儿童文学的人物

小人和巨人

　　小人，顾名思义，就是比正常的尺寸要小很多的人，一般只有几厘米高。他们又分两类：一类命中注定就是小人，世世代代都是小人，祖先一直可以追溯到古老的民间传说。另一类生下来时不是小人，但因为遭遇厄运，被魔法变成了小人。

　　孩子们喜欢小人，一是他们喜欢像用放大镜一样观看小人的生活，二是这些缩小的人类隐喻的就是他们自己，让他们有一种认同感。他们天天身处大人的包围之中，有时比小人还弱小，还孤立无援。

　　巨人，则与小人相反，是力量、高大和不可战胜的象征。

《格列佛游记》：
最早写给大人看的小人

除了民间传说里的小矮人，最早见于现代小说里的小人，可能要算是英国作家乔纳森·斯威夫特发表于1726年的《格列佛游记》了。《格列佛游记》的改写本又常常被译为《小人国和大人国》，可谓家喻户晓，但它真的不是一本写给孩子看的童书，不信你读读看。它其实是一部写给大人看的游记体政治讽刺小说。

《格列佛游记》封面
Penguin Books

故事以第一人称亲历的方式叙述，说的是"我"——格列佛先生，作为一名外科医生，接受"羚羊号"船长的聘请，去南太平洋一带航海。不幸船在前往东印度群岛的途中触礁沉没，只有我活了下来，在一个名叫利浦物的国度上了岸。我虚弱极了，倒在草地上便睡了九个小时。等我醒来，觉得有个什么活的东西在我的左腿上蠕动，轻轻地向前移着，越过我的胸脯，几乎到了我的下巴前。我尽力将眼睛往下看，竟发现一个身高不足六英寸、手持弓箭、背负箭袋的人！与此同时，我感觉到至少有四十个他的同类随他而来。我大为吃惊，猛吼一声，结果吓得他们全都掉头就跑。后来有人告诉我，他们中有几个因为从我腰部往下跳，竟摔伤了……

孩子们喜欢看的，就是类似这样主人公在小人国和大人国里的奇遇。

《借东西的小人》：
一个最经典的小人故事

小人，是童书作家钟爱的题材之一。

小人不是精灵鬼怪，本质上还是人，所以一个在我们看来再正常不过的世界，对于他们来说却是危机四伏。他们必须克服自己身体的障碍，无所畏惧，勇敢挑战这个"大"世界，才能寻找到一条生存之路。

前面提到的许多童书作家都写过有关小人的故事，像J.R.R.托尔金写过《霍比特人》，埃里希·凯斯特纳写过《袖珍男孩》，米切尔·恩德写过《兰心的秘密》……但要说最有名、最经典的小人故事，还是英国作家玛丽·诺顿的《借东西的小人》。

小人故事的种类很多，有的作品里没有人类出现，如法国作家蒂莫泰·德·丰拜勒的《橡树上的逃亡》。有的作品里有人类出现，但他没有发现小人的世界，如英国作家皮·皮的《灰矮人》。

而在诺顿的《借东西的小人》里，不但有人类出现，而且这个人类还发现了一个小人世界，虽然他

《格列佛游记》插图　　　　　　《格列佛游记》插图

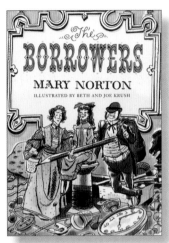

《借东西的小人》封面
Harcourt

一开始把地板下的小人一家吓得不轻，但最后还是获得小人一家的信任，并帮助他们成功地逃离了危险。孩子们喜欢这个故事，是因为它是一个"放大镜下的幻想故事"，类似下面这样的细节描写让他们格外着迷：

阿丽埃蒂已经穿过开着的门走进起居室——壁炉已经生起火，房间里看来又亮又舒服。霍米莉对她这间起居室十分自豪：墙上糊着从字纸篓里借来的旧信，按一行行字撕成一长条一长条，垂直地从地板贴到天花板。墙上挂着几种颜色的同一幅姑娘时代的维多利亚女王肖像，它们都是邮票，是波德几

《借东西的小人》插图　Beth and Joe Krush/画

年前从楼上起居室写字台上的邮票盒里借来的。这房间里有一个小漆盒，里面塞满布，盖子打开，他们用它做高背长椅；那常用的家具——一个五斗柜，是用火柴盒做的。一张铺着红天鹅绒台面的圆桌，是波德用一个药丸盒的木头底，下面支着国际象棋棋子马的底座做成的。

一座老房子的地板下，住着借东西的小人一家。波德是爸爸，霍米莉是妈妈，阿丽埃蒂是他们的宝贝女儿，他们所有的生活必需品，甚至连名字，都是从楼上人类那里借来的。

《小茶匙老太太》：
"那不合时宜的事情又发生了——她一下子缩小啦！"

一天晚上，一位老太太像普通的老太太那样上床去睡觉。第二天早晨，她像普通的老太太那样醒来，却变得跟一把小茶匙一样小了。

挪威作家阿尔夫·普寥申发表于1957年的《小茶匙老太太》很早就有了中文译本，只是它绝版多年，让许多儿时读过它的人念念不忘。不过现在好了，它终于又有了一个全新的中译本。

它为什么会让那么多人翘首以待呢？

因为《小茶匙老太太》里的那个老太太实在是太可爱了。怎么个可爱法呢？她不但集中了所有奶奶的美德，比如喜欢小孩和动物，从早到晚忙个不停，操持家务，会做各种各样好吃的，爱叨唠，说

《借东西的小人》插图　Beth and Joe Krush/画

话逗乐，爱和老伴拌嘴……还拥有一个所有奶奶都没有的本事：变小，变得像一把小茶匙一样小。你说，要是有这样小的一个奶奶给你煎煎饼，给你采越橘，站在你的上衣口袋里跟你一起去买通心粉，走到你家门口给你当圣诞礼物，你能不爱死她吗？

这可都是书里的情节。

而且最让人忍俊不禁的，就是小茶匙老太太并不是一直都这么小，一般的情况下，她是一个身高正常的老太太，她只是在她最不应该变小的时候，突然就会变小，好像有什么人在跟她开玩笑，悄悄施了一个魔法似的。借用书里的话来说，就是："自然，那不合时宜的事情又发生了——她一下子缩小啦！"事发前没有一点儿征兆，连老太太自己都会措手不及。

让我们从书里挑几个例子来看一看——

一天，小茶匙老太太去采越橘，她采了满满一

《小茶匙老太太》封面
湖南少年儿童出版社

《小茶匙老太太》插图　Björn Berg/画

杯子，正要拿到桥墩那边倒进篮子里，"老太太一下子变得跟小茶匙一样小！"

一天，小茶匙老太太在地下室装了一个老鼠夹，转身刚要上楼。可就在这时候，老太太的裙子挂住了老鼠夹，只听见吧嗒一声，老鼠夹关上了。"也就在这时候，老太太又变得像小茶匙那么小。"

一天，小茶匙老太太爬到苹果树上往枝头上挂纸花，能挂多高就挂多高。"自然，照例就在这最不合适的时候出了事：她一下子缩小了！"

你说要命不要命，这不是难为她吗，偏偏在这种节骨眼儿上把她变成一个小人。可我们的小茶匙老太太是一个乐天派，从不抱怨，每次她都会笑呵呵地说："说实在的，变得像一把小茶匙那么小，就必须好好地对付着过。"她不怕，因为一变成小人，她就能跟动物们说话了，她可以使唤它们做事。再说了，就是没有动物们帮忙，她也照样能转危为安。而且好像掐好了时间一样，她总能在老爷爷回家之前，恢复到原来的大小，从不耽误老爷爷开饭。

如果你一定要追问小茶匙老太太为什么会突然变小，突然变大，这倒是一个悬案，至今原因不明。可以告诉你的，就是她自己没吃什么魔药，也没有什么小精灵或是巫婆在暗中作祟。算了，还是别追究了，权把它当成一个民间故事来读吧。事实上，普寥申就是用民间故事的手法创作了这部《小茶匙老太太》，小茶匙奶奶就是民间故事里常见的那类机智人物。

《小茶匙老太太》的一个个故事都不长，是系列故事，每一个故事都重复着同样一个套路，非常适合低学年的孩子自己阅读。

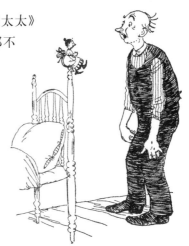

《小茶匙老太太》插图　Björn Berg/画

《兰心的秘密》：
爸爸妈妈被变小了

《兰心的秘密》是《永远讲不完的故事》的作者米切尔·恩德的作品。它很短，但是恩德却把它写得既现代又古老，既诡异又滑稽，烦恼的小女孩、门外的幻境、深藏不露的仙女、魔法方糖、黑猫、引路的纸飞机……全都搅和到了一起，看了让人直呼过瘾。

小女孩兰心唯一不顺心的事，就是爸爸妈妈天天和她唱反调，于是她出门去求助于仙女。警察告诉她有一个仙女住在雨街十三号顶层阁楼。兰心没带雨伞，找到十三号时身上差不多都淋透了。可她推开门，险些跌进一个大湖里。小船把她送到一个小岛上，她抬腿上岸，怪了，一脚踩进了一间屋子里。听了她的烦恼，喝咖啡的仙女送给她两块魔法方糖："这些糖不会给他们带来危险，但是他们一旦吃了下去，就非得乖乖听你的话不可。假如不听，他们的块头就会缩去一半，再一次不听，又会缩去一半，以此类推。现在你明白了吗？"说完，仙女就对她说再见

《兰心的秘密》插图　金德拉·卡贝克/画

《兰心的秘密》插图
金德拉·卡贝克/画

了。仙女的话音刚落，砰的一声响，如同瓶塞子从香槟酒瓶里蹦了出来似的，兰心突然就回到了自己家的客厅里。

她把方糖放进了爸爸妈妈的茶杯里。过了一会儿，爸爸想看电视新闻，可她却偏要看卡通片。爸爸没理她，把电视调到了新闻频道。

就在这时，咻的一声，就像自行车轮胎突然撒了气，坐在沙发上的爸爸缩下去了，缩得如同一个侏儒。然而他的衣服并没有相应地缩小，人缩小之后，外衣、衬衫、领带、裤子还保持原来的尺寸，都晃晃荡荡地挂在他身上。原先一米八四的个子，现在缩掉了一半，也就是说只剩九十二厘米高了，可以想象他该有多么惊恐。

接下来，妈妈也变小了。而且这个魔咒并没有终止，爸爸妈妈的身体还在不断地按二分之一的比例缩小。邻居男孩抱着一只黑猫来找兰心玩，它嗖地一下钻进床底下，要不是爸爸拿一把剪刀当武器，它非把爸爸妈妈当老鼠吃掉不可。外面是个好天气，兰心出去玩够了，却发现自己被关在门外进不来了。这下，她终于感到了恐惧和孤独。幸好这时，仙女的一架纸飞机又把她带回到了仙女那里。可是仙女告诉她：我可以让时间倒流到我们第一次见面的那个瞬间，就像什么都没发生过一样，但你必须自个儿把那两块方糖吃掉……

为这本书画插图的是捷克画家金德拉·卡贝克，他曾经获得过"国际魔笔奖"。看了他的画，你会觉得他真的是捏着一支魔笔在作画，因为那些画写实又怪诞，确实有一种说不出来的魔力。

《兰心的秘密》封面
二十一世纪出版社

《手绢上的花田》：
"到底被你看见了……到底……到底……"

　　"一定要记住两件事。"

　　邮递员点点头，等着老奶奶的话。

　　"第一，酿酒的时候，谁也不能让看见。也就是说，小人的事要绝对保密。"

　　"哦，这太容易了。"

　　"就算是你的媳妇，也不能让她看见。"

　　"我还没娶媳妇哪。"邮递员笑了。他想，这样的约定，也太容易做到了。

　　老奶奶接着说："第二，不要去想用菊花酒挣钱。"

　　"挣钱……就是说，不能去卖菊花酒吧？"邮递员是一个正直老实的人，那样的事，他连想都没有想过。

　　"是。只有这两条约定。要是失约了，就会发生不得了的事情。对你来说，那说不定是一件不好的事。"

　　这是安房直子的《手绢上的花田》里的一段对话。不看情节你也猜得到，老奶奶是在和发现了小人秘密的邮递员约法三章。安房直子以短篇童话著名，但这个小长篇却是一种介于童话和幻想小说之间的文体。

　　故事是从邮递员良夫一个极普通的日子开始的——

　　某个寒冷的11月的黄昏，邮递员良夫敲响了一座没有门牌、没有信箱、几乎没有窗户的房子的大铁门。这样的地方，不会有人住吧？他这样想，是因为这座房子是一家名叫菊屋的酿酒厂的酒窖，这家酿酒厂二十九年前就毁于战火之中，人也都四散逃走了。可是偏偏有人给菊屋寄来了一封信。更让他想不

《手绢上的花田》封面
接力出版社

到的是，门还真的开了，一个看上去有八十岁或者九十岁的老奶奶接过信说："我一直在这座酒窖里等儿子的消息，等了将近二十年了。啊，今天终于来啦。"

　　为了感谢良夫送来了好消息，老奶奶请良夫进酒窖喝秘藏的好酒。她捧来一个空壶，又在壶边铺上了一块角上绣着蓝色心形图案的手绢，就唱起歌来："出来吧，出来吧，酿菊花酒的小人。"接着，从壶口刺溜刺溜地垂下一条细细的绳梯，爬出来一家五个小人。是酿菊花酒的小人，他们全都系着一样的围裙，戴着一样的草帽，穿着一样的黑长靴。他们像变魔术似的，从口袋里掏出秧苗，种了起来，不一会儿，手绢就变成了一片绿色的田野。很快，菊花就盛开了。五个小人愉快地劳动着，他们用帽子装花，把花倒进壶里。等到田野里的花全都摘光，小人全都返回到壶里，老奶奶把嘴凑到了手绢上，"噗——"就像吹灭蜡烛似的吹了一口气，那片小小的菊花田就消失得干干净净了。老奶奶给良夫倒了一杯酒，他喝了，好喝极了。直到这时，老奶奶才想起来看那封信。看完信，她就叫了起来，说要去接儿子，说儿子是为了重建菊屋，才出去挣钱的，现在终于挣了大钱要回来了。说完，她就提出让良夫代她保管这个有小人的酒壶，作为

《手绢上的花田》插图　　岩渊庆造/画

报酬，良夫每天都可以唱歌把小人唤出来酿新酒，想喝多少就喝多少。

于是，就有了上面那个老奶奶和良夫的约定。

可是良夫娶了媳妇以后，还是失约了。他不但让媳妇绘美子呼唤小人酿菊花酒，还默许绘美子卖菊花酒挣钱了。那么，他们受到惩罚了吗？老奶奶不是说"要是失约了，就会发生不得了的事情"吗？是，惩罚很严厉，这对贪心的小夫妇被变成了两个小人。

良夫夫妇用卖酒挣来的钱买了一座红屋顶的房子，悄悄地搬了家。他们发现，隔壁还住着一家五口人，四周则是一片广阔的原野。那一家人，他们觉得面熟，好像在什么地方见过，原来就是那五个酿酒的小人。直到这时，一种无法形容的恐惧才传遍他们的全身，他们知道自己被变成了小人，来到了一个可怕的地方，再也无法挽回了。直到有一天，两人听到从原野雾那边传来了呼唤声，便朝远方跑去。不知走了多远，他们终于找到了一口泉水。那是一口心形的泉水，像被人遗忘了的遥远的记忆一样，静静地躺在那里。他们蹲下喝起泉水来，突然，忘记的事情一下子全都想了起来。这时，风中又传来了那首熟悉的歌，现在，他们终于知道它的意思了。良夫站起来喊："从这片土地跳出去！到泉水那边去！"他们手拉手，朝泉水那边的雾里跳了过去。"欢迎——"两个人睁开眼睛一看，他们站在一家酒店里，一个老奶奶坐在椅子上冲着他们在笑，"欢迎，菊屋新店刚刚开张。"只见她的膝盖上，铺着一块白手绢。那是一块镶着花边，有一个蓝色心形刺绣的手绢。

《好心眼儿巨人》：吹梦的巨人

说了那么多小人的故事，再来说一个巨人的故事——不过你还真别说，描写巨人的童书，还真是没有描写小人的童书那么多。

这本书也是《女巫》的作者罗尔德·达尔写的，书名叫《好心眼儿巨人》。达尔的书，孩子照单全收，没有一本不喜欢的，但大人可就要挑剔多了，他们常常会批评他的作品太迎合小孩子的口味。不

过这本书可以说是一个例外，大人一片赞扬声。约翰·洛威·汤森在《英语儿童文学史纲》中说："在达尔先生的著作中，我最喜欢的是《好心眼儿巨人》。"安妮塔·西尔维在《给孩子100本最棒的书》里说："《好心眼儿巨人》成了达尔最成功的作品。"

《好心眼儿巨人》封面
明天出版社

达尔的想象力，真是打遍天下无敌手，这本书就是一个明证。

你看，在这个关于巨人的故事里，他首先把巨人分成了两个阵营：好巨人和坏巨人。好巨人只有一个，势单力薄；坏巨人一共有九个，而且个个都比好巨人高两倍。好巨人名叫好心眼儿巨人；坏巨人的名字可就要恐怖多了，听多了夜里你都会做噩梦：嘎吱嘎吱嚼骨头巨人、啃姑娘巨人、喝血巨人、吃人肉块巨人……好巨人吃素——吃一种极其难吃、味道如同青蛙皮的大鼻子瓜；坏巨人吃人——他们不但吃人，把人叫做人豆子，还挑食，有的喜欢吃土耳其人，说土耳其人豆子多汁，有一种迷人的香味，有的喜欢吃英国人，说英国人豆子有呱呱叫的鹦哥味。

其次，他安排这十个巨人住在一个远离人间的不毛之地。荒凉倒还算了，问题是它相当

《好心眼儿巨人》插图 昆廷·布莱克/画

可怕吧？这时他们已经吃饱了，正在往家里跑呢。你说，还能让这样的坏巨人继续留在这个世界上为非作歹吗？当然不能。

《好心眼儿巨人》说的就是好巨人和小女孩联手消灭这些坏巨人的故事。

索菲是孤儿院里的一个小女孩，一天夜里她睡不着，看到有个巨人在"巫师出没的时刻"沿街走过来，一路上不停地把一把长长的小号伸进有小孩睡觉的房间。他发现索菲在看他，便把她从窗口抓了出去，用毯子裹着，翻山越岭，拎回到了巨人国。他告诉索菲：因为你看见巨人了，所以你只好在这里和我一起度过你的余生了。这个巨人是好巨人，他吃素不说，还专门搜集好梦，把它们分门别类地装在一个个玻璃瓶子里，晚上再挨家挨户地吹到孩子们的梦里去。聪明的索菲给他出了一个主意，让他调配了一个梦，然后吹到了英国女王的梦里，让女王知道是巨人杀死了那么多可爱的孩子。于是，女王派出军队，抓住了九个坏巨人，把他们用最粗的缆绳捆住，吊在直升机下边运回了英国，场面十分壮观。

达尔擅长写机智又搞笑的对话，在这本书里，好心眼儿的巨人和小女孩索菲的对话占了一大半的篇幅，但读起来都像下面这一段这么好玩：

《好心眼儿巨人》插图　昆廷·布莱克/画

遥远，远到什么程度呢？远到连地图上都没有标出来。远有一个好处，就是可以避人耳目，所以这么多年来巨人国从来没有被人发现过。可也有不方便的地方，就是九个坏巨人要吃人的时候，他们必须赶很远的路。不过，坏巨人不怕，他们个个跑起来都像飞一样，从巨人国到某一个国家，不过是几个小时的工夫。他们白天懒洋洋地躺在地上晒太阳，天一黑，就全都跑到住着人豆子的地方去吃晚饭了。于是，偶尔就会有人在黑夜里看到这样一个毛骨悚然的情景——

　　在月光下，她看到了九个半裸的巨大野兽，一块儿轰隆隆地从前面跑过。他们成群地跑，脖子向前直伸，双臂在手肘处弯曲，最可怕的是他们的肚子都鼓了出来。他们的步子叫人真不敢相信，他们的速度叫人真不敢相信。他们的脚在地面上踏得像打雷一样响，在身后留下滚滚的灰尘。不到十秒钟，他们就不见了。

　　"我妈妈！"好心眼儿巨人叫起来，"巨人没有妈妈！你应该知道这一点。"

　　"我不知道。"索菲说。

　　"谁听说过有女巨人的！"好心眼儿巨人叫着，把那大鼻子瓜在头顶上旋转得像个套索，"从来没有过一个女巨人！也永远不会有。巨人都是男的！"

　　索菲觉得有点糊涂。"那么，"她说，"你是怎么生出来的呢？"

　　"巨人不是生出来的，"好心眼儿巨人回答说，"巨人是冒出来的，就这么回事。他们只是冒出来，跟太阳和星星冒出来一样。"

儿童文学的人物

变身的人

　　变身，是每一个孩子都曾有过的愿望：变成一只蝴蝶，变成一只猫……所以童书中有一类特殊的人物，就是变身的人——不是一个人变成了动物，就是一个动物变成了人。他们变身不一定是中了魔法，但往往事出有因。

《车的颜色是天空的颜色·白色的帽子》：今天的乘客是谁？

如果你在大街上看到了一辆天空颜色的车子，那一定是松井的出租车。如果你招招手，坐到了后面的座位上，他就会笑眯眯地问你："请问，去什么地方？"于是，一趟奇妙的旅程就开始了。

有时，是你遇到了怪事；也有时，是他遇到了怪事。

那么，会遇到怎样的怪事呢？就让我们来看看《白色的帽子》讲了一个什么故事吧。

6月里的一天，出租车司机松井刚把一位绅士拉到目的地，正要踩油门，突然发现有一顶白色的小帽子躺在车道的边上。他下了车，捏住帽子往上一提，一只白粉蝶呼地飞了出来。哎呀，是谁特意扣在这里的吧？果然，帽子里头绣着一行小字：竹山幼儿园竹野武夫。唉，这孩子不知该怎么失望呢！他想了一下，急忙钻回车里，把妈妈从乡下捎给他的夏橘拿了出来，扣在白帽子里，上面还压了块石头。

回到车上，发现一个可爱的小女孩坐到了后面的座位上。"我迷路了，走呀走呀，怎么走都是四方块的建筑。"是一个累坏了的声音。"请问，去什么地方？""唔？……唔唔，有……有一个叫油菜花胡同的地方吗？""是油菜花桥吧！"

他发动车子的时候，听到从远处传来了一个精力充沛的小男孩的声音："就在那顶帽子的下面呀！妈妈，是真的呀。是真的蝴蝶呀！"小男孩一手拿着淡蓝色的捕虫网，一手牵着还系着围裙的妈妈。"我来掀帽子，妈妈你用这个网子去扣。咦，怎么压上了一块石头？"

这时，坐在后面的那个女孩探出身子，慌慌张张地说："快点，叔叔，

《白色的帽子》封面
二十一世纪出版社

请快点开车吧。"松井连忙踩下了油门，两边的柳树飞快地朝后退去。他一边开车一边想，小男孩掀开帽子的时候，一定以为这是一只魔法变成的橘子吧？松井禁不住一个人笑了起来。可是紧接着，他就咦地叫了起来。后视镜里没有人。扭头朝后一看，那个小女孩不见了。"奇怪！"松井把车停了下来，朝窗外看去。这是住宅小区前面的一片小小的原野，有一群白色的蝴蝶在飞舞着。松井呆呆地看着那群翩翩起舞的蝴蝶，看着看着，他听到了这样一个声

《白色的帽子》插图
北田卓史/画

音："太好啦。""太好啦。"那是像肥皂泡裂开一样的小小的声音。

没错，这个消失的小女孩，就是被扣在帽子下边的那只白粉蝶。

这是《车的颜色是天空的颜色》里面的一个故事。它短小、简单，但隽永可爱，弥漫着一种淡淡的、暖暖的幻想味，非常适合低学年的孩子阅读。《车的颜色是天空的颜色》是日本作家阿万纪美子的代表作，一共有三本，分别是《白色的帽子》《春天的乘客》和《星星出租车》，每本书都收录了七八个短篇。第一本《白色的帽子》出版于1968年，到今天已经再版了一百多次，被誉为日本幼年文学的里程碑。

在《白色的帽子》的卷首，是这样一句开头语：

（哎呀，那个人，会不会是狐狸啊？会不会是熊啊？还是……）

你曾经这样想过吗？不过，这是一个……

秘密，秘密

故事里，有时松井的乘客是一只变成小女孩的

白粉蝶，有时是一只变成年轻男人的山猫，还有时是一头变成绅士的熊。可是松井呢，他是人吗？一个大雪纷飞的日子，一个乘客上了他的出租车，开口就对他说："我说松井老弟，工作已经习惯了吧？"可他根本就不认识这位乘客。"真是没想到，才三年，你就变成了这个样子！"乘客接着说，"我有一种感觉，今天的会演你会得第一。"是什么会演呢？是一年一度的狐狸会演。还真别说，尽管被推上舞台的松井拼命否认，大叫："我没有变！我——是——松——井，是——一——个——人！"他还是赢得了最热烈的掌声，得了第一名。

这下，连松井自己也糊涂起来了，自己到底是人还是狐狸呢？

"不知为什么，他的屁股不大舒服起来了。这时，他突然担心起尾巴了。"

《白色的帽子》插图 北田卓史/画

《猫女咪妮》：
"有一天我出去时还是只猫，回来就变成了女人"

一只猫如果变成了人，而且还是一个妩媚可爱的年轻女子，但她又本性不改——喜欢吃鱼，喜欢吃老鼠，喜欢被人爱抚，喜欢用头去蹭人家的袖子，睡在箱子里，打呼噜，用手抓人的脸，遇见狗就爬到高高的大树上不下来……你说，这样的女子要是有一天突然从阁楼的窗口钻进一个男人的房间，将会发生一个怎样的故事呢？

一出浪漫的爱情喜剧？

喜剧是肯定的了，这样一个猫性缠身的女子能不引发一场场骚乱吗？但是爱情，可就朦朦胧胧只有那么一点点了。只是到了最后，一只阅尽人世沧桑的流浪猫才预言了她的爱情："我有一个好玩的预感，将来你会嫁给他。"

毕竟，《猫女咪妮》是一本写给孩子看的童书。

这本书的作者安妮·M.G.施密特，是一位我们不太熟悉的荷兰作家。但在荷兰，她的名声可是如雷贯耳，1995年她八十四岁逝世时，荷兰的报纸称她是"荷兰真正的女王"，说"荷兰没有一个孩子的房间里没有安妮的书"，说"荷兰的大人和孩子都是读着她的书长大的"。她获得过1988年的国际安徒生奖，为她颁奖的，就是《长袜子皮皮》的作者、瑞典作家阿斯特丽德·林格伦。遗憾的是，除了零星几本低幼小书之外，她重要的作品我们只翻译过这本《猫女咪妮》和一本讲小人故事的《韦波拉拉》。

不过一点儿都不迟，只要你读了《猫女咪妮》，你就会欣慰地想，啊，我真幸运，没有与一本世界级的好童书失之交臂。

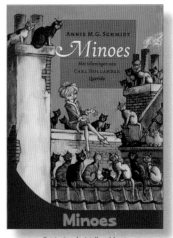

《猫女咪妮》封面
Querido Kinderboek

《猫女咪妮》插图 Carl Hollander/画

故事发生在一个叫芒刺的小镇，主人公狄博思是当地一家小报的记者，但因为他生性腼腆，怕见陌生人，写不出好新闻，老板发话了："明天要是还写不出好稿子，你就卷铺盖走人。"就是在这样一个晦气的日子里，狄博思一连碰到了两件怪事，先是从树上救下了一个年轻女子，她说："每回一看到狗，我就情不自禁要爬到树上去。"接着，夜里他听见厨房里有动静，开门一看，一个年轻女子从天窗钻了进来，正在垃圾桶里翻吃一根大大的鱼骨头。这两个女子是同一个人，而且奇妙的是，她的动作怎么看都酷似一只猫。

她告诉狄博思，她叫咪妮，过去是一只猫，听得懂猫话，猫们都众口一词说他的好话。狄博思想，她一定是疯了。

然而这个一身猫习的咪妮，却让狄博思来了一个咸鱼翻身，他不但没被炒鱿鱼，还加薪了。她源源不断地给他提供新闻线索，让他写出了一篇又一篇爆炸性的报道：中学校长二十五周年纪念会，开挖新游泳池，教堂墓地发现一大罐旧金币……主编问他："这都是高度机密，你是怎么做到的？""很抱歉，恐怕我不能透露我的消息来源。"狄博思只能这样敷衍主编，因为他的消息全部来自"猫通社"——咪妮从其他的猫那里搜集来的情报。

故事里有很多只猫，个个古灵精怪，还都有名字，有根据体态特征命名的，像什么不洁猫、斜眼西蒙，有根据居住地命名的，像什么学校猫、市政猫、教堂猫、汽修猫。每天咪妮都会跑到屋顶或是后花园里，找这些猫聊天，为狄博思挖掘新闻。有的猫会报告一个惊天大阴谋，如一个黑心工厂主要把整个地区变成巨大的香水厂。可也有的猫会浑水摸鱼，谎报军情，比如那只学校猫，一看到咪妮，就会咋咋呼呼地报告他从学校历史课上听来的过时新闻："维多利亚女王驾崩了！""日本人袭击了珍珠港！"而且每次他都会要求咪妮赏他一条鱼。

故事有两条线，一条线讲人，一条线讲猫，猫听得懂人话，但人听不懂猫话，只能靠半人半猫的咪妮来翻译。

当然，故事没这么简单，故事里善恶美丑都有，有一个隐藏得很深、把自己伪装成小镇头号慈

《猫女咪妮》插图　Carl Hollander/画

善家和动物爱好者协会之友主席的坏人，就被狄博思、咪妮、一个名叫毕比的小女孩和全镇的猫揪了出来。还有，咪妮刚开始并不想做人，一直在心里期盼着能变回一只猫。她在猫的眼里就是一个怪胎，她的姐姐甚至把她扫地出门，猫们也不理她，奚落她，她的莫莉阿姨、一只上了年纪的仪表高贵的黑猫就说她："你必定犯了什么真正恐怖的过错，才会受到这样的责罚。竟然变成人了！这是多大的惩罚啊！就算给我一千只金丝雀，我也不愿意变成人。"但渐渐地，她爱上了人间，当最后姐姐找到她，让她立刻回家，告诉她只要吃一只画眉鸟就能重新变回一只猫时，她拒绝了："但是我已经有家了，一个家和一个男人……"

对了，说了半天，还没有交代咪妮为什么会变成一个人。原因是，有一天她吃了研究所垃圾桶里的东西。

安妮不愧为世界级的童书作家，她明明写的是一个幻想故事，可是你读的时候没有一点儿障碍，

感觉就像是坐在芒刺镇的屋顶上，亲眼看着这个故事发生。

《精灵鼠小弟》：
一个长得和老鼠一样的男孩

美国作家E. B. 怀特的《精灵鼠小弟》，讲了一个非常奇怪的故事。

说它奇怪，是因为美国纽约的弗雷德里克·利特尔先生和他的妻子利特尔太太是一对正常人，他们的第一个儿子乔治也发育正常，可是第二个儿子却不对了——

> 他的第二个儿子一生下来，人们马上看到，这位小少爷比一只老鼠大不了多少，事实上，这个小宝宝不管从哪一方面看都活像一只老鼠。他只有两英寸左右高，长着老鼠的小鼻子、老鼠的长尾巴、老鼠的八字须，而且有老鼠那种灵活、害羞的样子。没过多少天，他就不仅是样子像老鼠，连一举一动也像老鼠了——他头戴一顶灰帽子，手握一根小文明棍。利特尔先生和太太给他取了个名字叫斯图尔特，利特尔先生还用四个衣夹和一个香烟盒子给他做了张小床睡觉。

《精灵鼠小弟》插图　盖斯·威廉姆斯/画

你说，这种变身是不是太荒谬、太可怕了？所以1945年这本书还没出版，就遭到了一位在美国儿童文学界极有影响力的权威人士的激烈反对，她不但阻止它出版，还写信给怀特建议他不要出版这本书。怀特的妻子回信说："确实如此，那个故事并未遵循传统的幻想模式。不过，我禁不住有这样的感觉，即斯图尔特这个人物和《精灵鼠小弟》这本书，两者的特点是前所未有的，而作品的优秀之处也正在于此。难道你不觉得这本书很有趣？我现在阅读校样都会笑出来……"

还真被她说中了，这么多年过去了，每个孩子读这本书时，都会哈哈地笑出声来。孩子们对于利特尔夫妇生下这样一个鼠小弟一点儿都不觉得奇怪，他们喜欢看他顺着一根线爬进浴缸的排水管，把妈妈的戒指捞上来；喜欢看他穿着一身水手服，开着"黄蜂号"模型帆船在水池里破浪前进；喜欢看他离家出走，开着一辆模型汽车，去寻找小鸟玛加洛和自己的幸福……

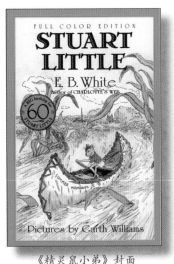

《精灵鼠小弟》封面
HarperCollin

《精灵鼠小弟》插图　盖斯·威廉姆斯/画

儿童文学的人物

幻想生物

　　龙、精灵、花仙子、幻兽以及怪物不是真实的生物，它们是幻想生物，是人类用自由不羁的想象力创造出来的。大人不相信它们的存在，但孩子们相信，所以它们大多出没在童书里，那里是一片丰饶的魔法田园。

　　它们有些已经相当老了，很早就出现在了古老的民间传说和神话里。有些则非常年轻，刚刚才被创造出来，是现代的童话和幻想小说里不可缺少的角色。

《驯龙》：
北欧小海盗打嗝和他的没牙龙

龙，可能算是童书里面最古老的一类幻想生物了。

《驯龙》封面
Hodder Children's Books

它们生生不息，既有像J.R.R.托尔金的《霍比特人》里那样盘踞山洞、守着一大堆金银财宝呼呼睡大觉的恶龙，也有像汤尼·迪特利齐的《肯尼和大怪龙》里那样吟诗看书、热爱和平的好龙，还有像C. S.刘易斯的《黎明踏浪号》里小男孩变成的懂人话的巨龙……再有就是像英国女作家克莱西达·寇欧这本《驯龙》里的龙了。

别人的书里只有一头龙，她这本书里仅仅是在一个洞穴里就有三千头饥饿的龙。

还算好，它们正好是在冬眠。其中名叫噩梦的龙，极其凶野，"是惊人的飞侠、杰出的猎手和可怕的战士"。名叫格兰寇的龙，长相丑陋，"是龙界的恶棍，适合打仗"。够可怕的吧？可它们与睡在海底的大海龙比起来，真是小巫见大巫了，大海龙更像是一座山，当年它"吞吃了整整一支罗马军队——从指挥官到普通士兵，还有马匹、车辆、盾牌、长矛……"因为吃得太多，它睡了一个世纪又一个世纪，可就在上个礼拜，它进入了浅睡期。紧接着，它就要被一阵风暴刮到海滩上来了。它有多恐怖呢，提前告诉你吧，它一声龙吼，"立刻有四百只海鸥掉下来——是被吓死了"。它轻轻发出一个飞吻，"五十条船同时着起了大火"。而且又有谁会想到，这样的巨龙居然还有两头，一头叫"绿色死亡"，一头叫"紫色死亡"。你说，这是不是太让人闻风丧胆了？

这本书的英文原书名是《How to Train Your Dragon》，如果直译过来，应该是《如何驯服你的龙》——还是原来的书名好，抓人眼球。你会心头一惊，我，我可能拥有一头龙吗？它让你有一种跃跃欲试的参与感，可是译成《驯龙》，就好像这事与你没什么关系了。

不过，这事确实与我们没什么关系，它的故事背景是一千多年前的北欧斯堪的纳维亚半岛，那里有一族海盗特别凶悍，对，就是历史上著名的维京海盗。这个故事，说的就是一个维京海盗部落首领的儿子驯龙的故事。

这个海盗部落叫长毛混混部落，部落可怕的首领叫"坚忍无量"（Stoick the Vast），首领的儿子叫"吃饱打嗝·恐怖惊人·海刀客三世"（Hiccup Horrendous Haddock the Third），简称打嗝（Hiccup）。按照部落的规矩，打嗝是要继承他父亲当上部落首领的，用他的死党鱼腿（Fishlegs）的话来说："你是一定要成为英雄的，你是老大的儿子，你是继承人和希望什么的……"可是十岁半的打嗝长得太不像一个英雄了，"平常得要命，皮包骨，雀斑脸，毫不起眼，在一大群孩子中间极容易被忽视"。别的孩子都瞧不起他，叫他废物，还给他起了个绰号叫"吃饱打嗝·没用"。

这天，打嗝、鱼腿以及猛炮（Snotlout）、战猪（Wartihog）、狗喘智愚（Dogsbreath the Duhbrain）等另外八个

《驯龙》插图 克莱西达·寇欧/画

有着怪里怪气名字的男孩站在大雪里，接受成为部落正式成员的考试。他们的任务是要从野龙崖的龙洞里偷出来一头冬眠的龙，然后把它驯服成自己的龙。否则，就要被流放。按照道理来说，打嗝必须抓回一头被唤作噩梦的龙才行，可是他只抓到了一头普通的棕色草包龙，而且还因为鱼腿在龙洞里打了四个响亮的大喷嚏，把龙给惊醒了，没抓到龙，他又把自己的那头龙给了鱼腿，逃命之际，胡乱抓了头龙扔进了背篓里。

这头龙太小了，它"最惊人之处就是特别的小"，是一头袖珍龙，还没牙，"天哪，它根本还没长牙"。打嗝只好管它叫"没牙"——

　　"你好，没牙。"打嗝希望自己的龙语说得够标准。
　　……
　　"鱼……鱼……鱼！"没牙唑唑叫着，扇动翅膀悬停在打嗝的脸前，"要……要……要吃鱼……马上！"

这是没牙从冬眠中醒来说的第一句话。它不但没牙，说话还结巴。这还都不是最要命的，最要命的是它懒，不肯下海捉鱼，非要哄着给它讲谜语笑话才行（如"什么东西全身又黑又白又红"，答案是"一只被太阳烤红了的企鹅"），而且当主人冒着有去无回的危险，去挑战大海龙"绿色死亡"时，它却临阵逃跑，还给自己找了一个理由："龙都是自……自……自私的，龙是没心没肝，没……没……没有怜悯的，所以我……我……我们才能生……生……生存下来。"

就是这样一头饱受讥笑的没牙龙，打嗝还是驯服了它。他的秘诀之一，是他懂龙语，整个部落里只有他一个人会说龙话。他的秘诀之二，是他真心爱没牙。其实没牙不坏，不像其他的龙那么残忍又卑鄙，最后当打嗝被大海龙吞进大嘴巴，悬在它的嗓子眼里时，没牙勇敢地飞进了它的左鼻孔，让它痒得打了一个大喷嚏，把打嗝给喷了出来。没牙为什么会良心发现，返回去救它的主人呢？"也许是在它那颗绿色小心脏的深处，它是那么喜欢打嗝，那么感激他，因为他长久以来对它精心照料，从来

不对它吼，给它讲很多谜语笑话，喂它又大又鲜的龙虾。"

当然，故事的最后打嗝还是如愿以偿，打败了曾经吞下整个一支罗马军队的大海龙，一个最不可能成为英雄的男孩成了英雄。他不强壮，但绝顶聪明，他挑拨离间，让自己部落里的小龙去丢羽毛炸弹，刺激大海龙，让它愤怒，让它咳嗽，然后把它引到另外一头大海龙面前，让两头巨龙自相残杀……

这是一本很难遇到的奇书，不但故事荒诞，连它的叙述方式也十分荒诞，完全不按常理出牌，"小小"地颠覆了一下我们的传统阅读习惯。故事讲着讲着，会突然插进来一页有关龙的百科小常识，如"普通龙、花园龙和棕色草包龙"的介绍及统计资料（统计资料十分好玩，里面罗列了多项指标和分数，例如武器装备：普通的牙齿和爪子……3，雷达功能：无……0，捕猎能力：迟钝的猎手……3），有时甚至还会插进来整个一本书，比如《如何训练你的龙》。幸亏这本书只有六页，扣除封面、封底、环衬和作者介绍，正文只剩下了一页，就是一句话："对它大吼！"十分搞笑，绝对的无厘头。差点儿忘记说了，这本书最最荒诞的地方，还是它的插图，全部是作者亲笔画的涂鸦，虽然看上去脏兮兮、乱七八糟，变形又夸张，好笑得不行，但百分之百地吻合这个疯狂的故事。

它不是一本安静的书，故事里的每个人都在吼，他们对人吼，对龙吼。吼，吼，吼，就是你看完全书后唯一回荡在你脑海中的声音。不过，如果你能像书中的北欧海盗那样大吼一声"死亡或者光荣"，绝对会知道什么叫热血沸腾了。

男孩子，偶尔热血沸腾一次又有什么不好呢？

《驯龙》插图　克莱西达·寇欧/画

《影子森林》：
永远、永远、永远不要走进
影子森林

艾达姨妈："他们是我妹妹的孩子。他们刚从英国不远千里来到这儿。我妹妹和她丈夫在一场可怕的交通事故中丧了命，现在孩子们除了我就没有其他亲人了。没人了。他们只能到这儿来和我一起住。"

澳斯卡："住在森林附近？"

艾达姨妈："是的，靠着森林住。"

澳斯卡："那你还不如现在就杀了他俩呢。杀了他们还仁慈些。你也知道他们进了森林就有去无回了。"

艾达姨妈："他们不会进入森林的。我会跟他们讲清楚，森林是绝对不能进去的。"

澳斯卡（摇了摇头）："只要孩子们一听说森林里有那么多形形色色的、他们从没见过的东西——胡尔德人、小精灵、鬼怪，还有其他种种对孩子们来说稀奇的玩意儿——他们就必然会控制不住想要进森林看个究竟。孩子毕竟是孩子。"

艾达姨妈："不，我会把问题的严重性跟他们说清楚。只要他们不进入森林，他们就不会有危险。"

《影子森林》封面
人民文学出版社

《影子森林》插图

塞缪尔，一个十二岁的普通男孩；玛莎，塞缪尔的妹妹，十岁。两个人原本有一个幸福的家庭，可是玛莎十岁生日这天，爸爸妈妈为了给她一个惊喜，载上他们兄妹二人就出发了。不想山上滚下来的木头砸中了车顶的前部，不到一秒钟，他们就失去了爸爸妈妈，甚至还不知道爸爸妈妈要带他们去哪儿庆祝妹妹的生日。两个在英国举目无亲的孩子，被艾达姨妈接到了遥远的挪威。上面那段对话，就是他们刚抵达姨妈住的那个小村庄，在一家杂货店里买东西时，杂货店老板澳斯卡和艾达姨妈用挪威语说的一段对话。

这是英国作家迈特·海格的《影子森林》开头所讲的故事。《影子森林》获得了2007年英国雀巢儿童图书奖金奖。

这本书看起来挺厚，但非常好读，作家在叙述上也下了不少工夫，极有创意。比如，开篇就是一个"霍瑞条·探戈伍德教授"的声明，告诉你影子森林是"一个既没有美梦，也没有噩梦的地方，那里的恐怖迄今为止还没有合适的辞藻可以形容"。接着，他就在人物表中交代了这个霍瑞条·探戈伍德教授是一个什么人物："一个歹毒的英国人，住在影子森林里的一个木宫殿里。他以'掌门人'的名号统治着整个影子森林。他写了一本名为《影子森林里的生物》的书……"然后在故事讲到一多半的时候，作家还会突然打断故事，以作者的身份出现在故事里（用他自己的话来说，这叫"无礼地闯入故事"），提醒你他将继续为你讲述霍瑞条·探戈伍德教授变坏、堕落的原因。你看，在《作者的再次贸然打搅》一章中，他就这样写道："大家好。我又来了。我是本书的作者。是的，我也知道，没人喜欢被打搅，尤其是在看书的时候。但我得提醒大家，下面两章是关于霍瑞条·探戈伍德教授是如何变成恶魔的。有人认为人生来就是邪恶的，如果你始终这么认为，建议你跳过下面的内容直接到《马车》一章……"

是不是新鲜又好玩？对，这就是这本书的基调。虽然它在开头把你吓唬得够呛，但它绝对不是一本黑暗的书。影子森林里是有一个又一个稀奇古怪的精灵鬼怪：长居地下的胡尔德人、鬼怪一家、从不说谎的精灵……不过真的不用害怕，他们都有弱点，很容易就能够战胜。比如鬼怪一家四口人共用一个眼球，只要你拿走了眼球，它们就什么也看不见了。再比如从不说谎的精灵，总是骗客人喝美味的毒汤，但它天性不会说谎，所以只要你问它这汤是不是有毒，它就会

《影子森林》插图

老老实实地告诉你汤里有毒了。黑暗，不是《影子森林》的主题，勇敢和亲情才是它叙述的重点。

后来，塞缪尔和妹妹玛莎还是不听劝告，走进了影子森林吧？

那是肯定的了。

艾达姨妈家那座大房子的后面，就是那片黑森林。她之所以一直没有搬走，是因为许多年前亨瑞克姨夫怀疑森林里的鬼怪偷羊，走进森林再也没有回来。但她坚信丈夫有一天会回来，他是一个信守诺言的人，他说过："无论发生什么，我都会回到你身边。"丈夫消失没多久，家门口的草地上出现了一条迷失的狗，她收留了它，给它起名叫伊布森。它保护她，不让鬼怪来伤害她。只是她不知道，这条名叫伊布森的猎鹿犬，就是她的丈夫。

亨瑞克姨夫惨遭了霍瑞条·探戈伍德教授的毒手。邪恶的教授控制了影子女巫，让她用魔咒偷走了影子森林居民的影子，把它们变成了一群可怕的生物。他还把这一切写成了一本名叫《影子森林里的生物》的书。凡是走进影子森林里的人，没有一个能活着走出来，除非你变成一条狗。

有一天，失语的玛莎被森林里的那片漆黑吸引，于是一个人跑进了影子森林。为了救回玛莎，塞缪尔带着那本《影子森林里的生物》，和大狗伊布森一起追了进去。艾达姨妈，这位曾经的奥运会标枪运动员，带着一杆旧标枪，也追了进去。玛莎先是掉进陷阱，成为长着爪子的胡尔德人的俘虏，然后被影子女巫的姐姐雪女巫用生命的魔法救了出来；塞缪尔则遇到了一个又一个鬼怪精灵，但他都通过那本书找到了它们的弱点，化险为夷。但兄妹俩还是没有逃脱厄运，一个被影子女巫变成了兔子，一个被变成了长着蓝色羽毛的小鸟……最后，当彻底疯了的霍瑞条·探戈伍德教授，也就是影子森林的掌门人命令大树杀死两个人时，"一道狭长的直线从高空飞向掌门人，像是一个矛刺了过来"，艾达姨妈的标枪刺穿了他的胸口。

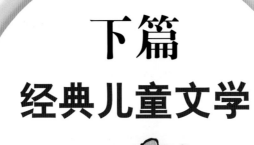

下篇

经典儿童文学

　　儿童文学发展到今天，已经有上百年的历史了。

　　从《世界儿童文学简略年表》中，我们大致可以看出它诞生的时间、历史和发展，以及出现过哪些重要的作品。

　　儿童文学的经典，是指那些人们耳熟能详的作品。关于什么是经典，意大利作家伊塔洛·卡尔维诺在《为什么读经典》一书中说：**经典，是每次重读都像初读那样带来新发现的书；经典，是即使我们初读也好像是在重温的书**。如果把这个定义引申到儿童文学上来，那就是，儿童文学的经典是指那些我们小时候读过、当我们长大成人了还想推荐给孩子继续阅读的好书。

　　儿童文学的经典当然不止三十部，如果不是限于篇幅，我们可以选取一百部、两百部来进行讨论和解读。我们需要知道的是，经典并不意味着完美无缺，这些作品常常会遭到人们的批评，甚至引起争论，而这也正是它们的魅力。

世界儿童文学简略年表

（本表根据已经译成中文的作品制作，每位作家仅选取一部代表性作品）

年份　1812
作品　*Grimm's Fairy Tales*
　　　格林童话
作者　Jacob Ludwig Grimm
　　　雅各布·格林
　　　Wilhelm Carl Grimm
　　　威廉·格林
国别　德国

年份　1835
作品　*Hans Christian Andersen's Fairy Tales*
　　　安徒生童话
作者　Hans Christian Andersen
　　　汉斯·克里斯蒂安·安徒生
国别　丹麦

年份　1863
作品　*The Water-Babies, A Fairy Tale for a Land Baby*
　　　水孩子
作者　Charles Kingsley
　　　查尔斯·金斯利
国别　英国

年份　1865
作品　*Alice's Adventures in Wonderland*
　　　爱丽丝漫游奇境
作者　Lewis Carroll
　　　刘易斯·卡洛尔
国别　英国

年份　1871
作品　*At the Back of the North Wind*
　　　北风的背后
作者　George MacDonald
　　　乔治·麦克唐纳
国别　英国

年份　1876
作品　*The Adventures of Tom Sawyer*
　　　汤姆·索亚历险记
作者　Mark Twain
　　　马克·吐温
国别　美国

年份　1877
作品　*Black Beauty*
　　　黑骏马
作者　Anna Sewell
　　　安娜·西韦尔
国别　英国

年份　1883
作品　*The Adventures of Pinocchio*
　　　木偶奇遇记
作者　Carlo Collodi
　　　卡洛·科洛迪
国别　意大利

年份　1883
作品　*Treasure Island*
　　　金银岛
作者　Robert Louis Stevenson
　　　罗伯特·路易斯·斯蒂文森
国别　英国

年份　1888
作品　*The Happy Prince and Other Stories*
　　　快乐王子
作者　Oscar Wilde
　　　奥斯卡·王尔德
国别　英国

年份　1900
作品　*The Wonderful Wizard of Oz*
　　　绿野仙踪
作者　L.Frank Baum
　　　弗兰克·鲍姆
国别　美国

年份　1902
作品　*Five Children and It*
　　　五个孩子和一个怪物
作者　Edith Nesbit
　　　伊迪丝·内斯比特
国别　英国

年份　1908
作品　*The Wind in the Willows*
　　　柳林风声
作者　Kenneth Grahame
　　　肯尼思·格雷厄姆
国别　英国

年份	1908
作品	*Anne of Green Gables*
	绿山墙的安妮
作者	L. M. Montgomery
	L. M. 蒙哥玛利
国别	加拿大

年份	1911
作品	*The Secret Garden*
	秘密花园
作者	Frances Hodgson Burnett
	弗·霍·伯内特
国别	美国

年份	1911
作品	*Peter Pan*
	彼得·潘
作者	J. M. Barrie
	J.M.巴里
国别	英国

年份	1913
作品	*Pollyanna*
	波丽安娜
作者	Eleanor H. Porter
	埃丽诺·霍奇曼·波特
国别	美国

年份	1920
作品	*The Story of Doctor Dolittle*
	杜立德医生的故事
作者	Hugh Lofting
	休·洛夫廷
国别	英国

年份	1923
作品	*Bambi, A Life in the Woods*
	小鹿班比
作者	Felix Salten
	弗利克斯·萨尔登
国别	奥地利

年份	1926
作品	*Winnie-the-Pooh*
	小熊维尼·阿噗
作者	A.A. Milne
	A.A.米尔恩
国别	英国

年份	1929
作品	*Emil and the Detectives*
	埃米尔擒贼记
作者	Erich Kästner
	埃里希·凯斯特纳
国别	德国

年份	1932
作品	*Little House in the Big Woods*
	大森林里的小木屋
作者	Laura Ingalls Wilder
	罗兰·英格斯·怀德
国别	美国

年份	1934
作品	*Mary Poppins*
	随风而来的玛丽阿姨
作者	P.L .Travers
	帕·林·特拉芙斯
国别	英国

年份	1937
作品	*The Hobbit*
	霍比特人
作者	J.R.R.Tolkien
	J.R.R.托尔金
国别	英国

年份	1943
作品	*The Little Prince*
	小王子
作者	Antoine de Saint-Exupéry
	安托万·德·圣埃克絮佩里
国别	法国

年份	1945
作品	*Pippi Longstocking*
	长袜子皮皮
作者	Astrid Lindgren
	阿斯特丽德·林格伦
国别	瑞典

年份	1946
作品	*Comet in Moominland*
	姆咪谷的彗星
作者	Tove Jansson
	托芙·扬松
国别	芬兰

年份	1948
作品	*My Father's Dragon*
	我爸爸的小飞龙
作者	Ruth Stiles Gannett
	鲁思·斯泰尔斯·甘尼特
国别	美国

年份	1950
作品	*The Lion, the Witch and the Wardrobe*
	狮子、女巫和魔衣柜
作者	C. S. Lewis
	C.S.刘易斯
国别	英国

年份	1951
作品	*The Adventures of the Little Onion* 洋葱头历险记
作者	Gianni Rodari 贾尼·罗大里
国别	意大利

年份	1952
作品	*Charlotte's Web* 夏洛的网
作者	E. B. White E.B.怀特
国别	美国

年份	1952
作品	*The Borrowers* 借东西的小人
作者	Mary Norton 玛丽·诺顿
国别	英国

年份	1957
作品	*Little Old Mrs. Pepperpot* 小茶匙老太太
作者	Alf Prøysen 阿尔夫·普寥申
国别	挪威

年份	1958
作品	*Tom's Midnight Garden* 汤姆的午夜花园
作者	Philippa Pearce 菲莉帕·皮尔斯
国别	英国

年份	1958
作品	*A Bear called Paddington* 小熊帕丁顿系列：蒸发魔法
作者	Michael Bond 迈克尔·邦德
国别	英国

年份	1960
作品	*The Cricket in Times Square* 时代广场的蟋蟀
作者	George Selden 乔治·塞尔登
国别	美国

年份	1961
作品	*Island of the Blue Dolphins* 蓝色的海豚岛
作者	Scott O'Dell 斯·奥台尔
国别	美国

年份	1965
作品	*The Grandma in the Apple Tree* 苹果树上的外婆
作者	Mira Lobe 米拉·洛贝
国别	奥地利

年份	1967
作品	*From the Mixed-Up Files of* *Mrs.Basil E.Frankweiler* 天使雕像
作者	E.L.Konigsburg E.L.柯尼斯伯格
国别	美国

年份	1968
作品	*A Wizard of Earthsea* 地海巫师
作者	Ursula K. Le Guin 厄休拉·勒奎恩
国别	美国

年份	1970
作品	*Minoes* 猫女咪妮
作者	Annie M.G. Schmidt 安妮·M.G.施密特
国别	荷兰

年份	1971
作品	*Krabat* 鬼磨坊
作者	Otfried Preußler 奥得弗雷德·普鲁士勒
国别	德国

年份	1972
作品	*The Cucumber King* 黄瓜国王
作者	Christine Nöstlinger 克里斯蒂娜·涅斯玲格
国别	奥地利

年份	1972
作品	風と木の歌 风与树的歌
作者	安房直子
国别	日本

年份	1973
作品	*MoMo* 毛毛
作者	Michael Ende 米切尔·恩德
国别	德国

年份	1975
作品	*Tuck Everlasting*
	不老泉
作者	Natalie Babbitt
	纳塔莉·巴比特
国别	美国

年份	1977
作品	*Bridge to Terabithia*
	通向特拉比西亚的桥
作者	Katherine Paterson
	凯瑟琳·佩特森
国别	美国

年份	1988
作品	*Matilda*
	玛蒂尔达
作者	Roald Dahl
	罗尔德·达尔
国别	英国

年份	1992
作品	*Missing May*
	想念梅姨
作者	Cynthia Rylant
	辛西娅·赖伦特
国别	美国

年份	1995
作品	*The Golden Compass*
	黄金罗盘
作者	Philip Pullman
	菲利普·普尔曼
国别	英国

年份	1997
作品	*River Boy*
	小河男孩
作者	Tim Bowler
	蒂姆·鲍勒
国别	英国

年份	1997
作品	*Harry Potter and the Philosopher's Stone*
	哈利·波特与魔法石
作者	J.K. Rowling
	J.K.罗琳
国别	英国

年份	1998
作品	*Holes*
	洞
作者	Louis Sachar
	路易斯·撒察尔
国别	美国

年份	2002
作品	*Coraline*
	鬼妈妈
作者	Neil Gaiman
	尼尔·盖曼
国别	美国

年份	2003
作品	*The Tale of Despereaux*
	浪漫鼠德佩罗
作者	Kate DiCamillo
	凯特·迪卡米洛
国别	美国

年份	2006
作品	*The Boy in the Striped Pyjamas*
	穿条纹衣服的男孩
作者	John Boyne
	约翰·伯恩
国别	爱尔兰

年份	2007
作品	*The Invention of Hugo Cabre*
	造梦的雨果
作者	Brian Selznick
	布莱恩·塞兹尼克
国别	美国

格林童话全集

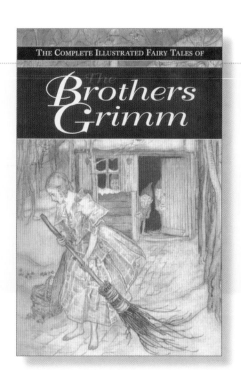

原书名及初版时间：*Kinder-und Hausmärche.Gesammelt durch die Brüder Grimm，*
1812—1815

作　者：[德] 雅各布·格林（Jacob Ludwig Grimm）
　　　　[德] 威廉·格林（Wilhelm Carl Grimm）
插　图：[英] 阿瑟·拉克姆（Arthur Rackham）
出版社：Wordsworth Editions Ltd, 1998

获奖及推荐记录

⊙世界上版本最多、发行量最大的改写民间童话集

● 是谁写了这本书

　　雅各布·格林（1785—1863）和威廉·格林（1786—1859），出生于德国。他们的父亲是一位事业有成的律师，母亲是一位勤劳善良的家庭主妇。

　　因为格林童话是兄弟俩联袂收集和整理的，所以在今天，人们一说到格林兄弟，总是像说到一个人似的不能分开。事实上，兄弟两人也确实是住在一起，一生都不离不弃地共同生活与工作。尽管两人的身体条件、脾气性格不同，雅各布·格林强壮、内向、治学严谨，威廉·格林体弱、外向、热爱文学，但他们之间的兄弟情谊非常深厚。雅各布·格林在一篇文章中曾经这样深情地写道："在漫长的中小学时代，伴随我们的是同一张床和同一个房间。在那里，我们同桌学习。之后的大学时代，我们在同一个房间里摆了两张床和两张桌子，即使是在后来的人生中，我们也是依旧在同一个房间里摆了两张书桌。而且一直到最后，我们两个的房间都是紧挨着的，我们共同拥有同一个屋檐下的财产和书籍，不受任何人的影响。"

● 先来认识一下书中的主要出场人物

白雪公主
国王的女儿，一个像雪一样白，像血一样红，头发像乌檀木一样黑的女孩。

王后
白雪公主的继母，骄傲，妒忌心极强，容不得别人比她更美丽，拥有一面魔镜。

七个小矮人
他们七个人住在森林里的一座小房子里，白天进山找矿石和金子，晚上回家。

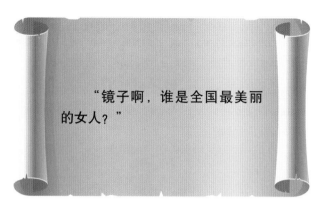

"镜子啊，谁是全国最美丽的女人？"

这本书讲了一个什么故事

很久很久以前，有一年的隆冬，一个王后坐在黑黑的乌檀木框的窗边缝衣服。她一边缝，一边抬头看雪的时候，手指头被针刺破了，三滴血滴到了雪地上。白雪上的红血看上去格外美丽，于是王后就想："要是我有一个像雪一样白、像血一样红、像这乌檀木窗框一样黑的孩子就好了。"不久，王后生下一个女孩，女孩被叫做"白雪公主"。但是生下女孩不久，王后就死了。

过了一年，国王另外娶了一个王后。她是一个美丽的女人，但是她很骄傲，容不得别人比她更美丽。她有一面魔镜，她走到它前面照镜子的时候，总要问："镜子啊，谁是全国最美丽的女人？"镜子回答道："王后，你是这个国家最美丽的女人。"她听了很满意，因为她知道，镜子讲的是真话。但是白雪公主一天天长大，到了七岁的时候，长得比王后还要美丽。有一天，王后又去问镜子谁是最美丽的女人，镜子回答道："白雪公主比你美丽一千倍。"王后听了大吃一惊，忌妒得脸都发青了。从此，她看见白雪公主心里就难受，恨死了这个小女孩。忌妒和骄傲像一把野草在她心里越长越高，使她日夜不得安宁。

王后叫来猎人，说："你把这孩子带到森林里去，杀了她，把她的肺和肝拿回来给我做证据。"可是因为白雪公主长得太美丽，猎人对她产生了同情，就说："可怜的孩子，你逃走吧。"这时恰巧有一只小野猪跑过来，猎人把它刺死，挖出它的肺和肝，作为证据带给王后。恶毒的王后叫厨师把它

们用盐水煮了，吃得干干净净。她以为吃的是白雪公主的肺和肝。

白雪公主一个人在大森林里跑了起来。快到晚上，她发现了一座小房子，就走了进去。当小房子的主人七个小矮人回来时，发现白雪公主睡在床上，便大声喊道："哪有这样美丽的女孩啊！"早上，白雪公主醒来了，看见七个小矮人，吓了一跳。但是他们非常亲切地问她："你叫什么名字？"她回答说："我叫白雪公主。"小矮人们接着问："你是怎样到我们家里来的？"于是白雪公主就告诉了他们事情的经过。小矮人们说："如果你愿意照料我们，替我们烧饭、铺床、洗衣服、缝衣服、织补，把房子里的一切收拾得干干净净，你就可以住在这里，我们一点不会亏待你的。"于是她就住在他们那里了。每天早上，七个小矮人进山找矿石和金子，晚上回来饭菜已经准备好了。白天白雪公主一个人在家里，好心的小矮人们警告她说："你可要小心你的继母，她不久就会知道你在这里，千万不要让任何人进来。"

王后吃了白雪公主的肺和肝以后，又去问镜子谁是最美丽的女人。镜子回答道："在七个小矮人那里的白雪公主，比你美丽一千倍。"王后知道猎人骗了她，便在脸上涂上颜色，穿上像卖杂货老太婆一样的衣服，来到七个小矮人家，敲门喊道："卖好东西来！"她拿出一条用五彩丝线织成的带子。白雪公主心想："这个老婆婆看上去很诚实，不妨让她进来。"于是她就打开门，买了那条漂亮的带子。"孩子，你怎么系得那么难看？"老婆婆说，"过来，让我好好帮你系一下。"白雪公主没

"镜子啊，谁是全国最美丽的女人？"

有怀疑她，就站到了她的前面，让她系新带子。谁知老婆婆飞快地用带子紧紧地勒住白雪公主，白雪公主透不过气来，倒在地上，像死去了一样。"现在你可不是最美丽的女人了。"老婆婆一边说，一边赶快走出门。很快，天就黑了，七个小矮人回到家里，看见可爱的白雪公主躺在地上，被带子勒得紧紧的，就把带子剪断。白雪公主这才有了呼吸，又慢慢地活了过来。小矮人听她讲了事情的经过，他们说："那卖杂货的老婆婆就是那个恶毒的王后。你要小心，我们不在的时候，你不要让任何人进来。"

那恶毒的女人回到家里，又去问镜子谁是最美丽的女人，镜子像上次一样回答道："在七个小矮人那里的白雪公主，比你美丽一千倍。"王后听了这话，知道白雪公主还活着，浑身的血都涌上了心头，非常害怕。她用巫术做了一把毒梳子，又扮成一个老婆婆，来到七个小矮人家，敲门喊道："卖好东西的！"白雪公主看着外面说："你走吧，我不能让任何人进来。"老婆婆说："给你看一看货色，总该答应吧？"她就拿出有毒的梳子，高高举着。白雪公主十分喜欢这把梳子，不由得被它迷住了，就把门打开了。老婆婆说："现在，让我帮你梳梳头吧。"可是梳子刚一插到白雪公主的头发里，毒性就发作起来，白雪公主失去知觉，倒在了地上。"你这个绝世美人儿，现在该死了吧！"恶毒的女人说完，就走了。幸亏不久就到了晚上，七个小矮人回家了。他们看见白雪公主躺在地上，像死了一样，马上把毒梳子抽了出来。等白雪公主恢复了知觉，小矮人们再次警告她，叫她小心，不要放任何人进来。

王后回到家里，又去问镜子谁是最美丽的女人，镜子像上次一样回答道："在七个小

七个小矮人

矮人那里的白雪公主，比你美丽一千倍。"王后听到镜子这样说，气得浑身发抖，她走进一间别人进不去的秘密房间，做了一个剧毒的苹果。它外面看上去很好看，又红又白，像美人的红脸蛋儿，谁看了这个苹果都想吃一口。她又

矮人们晚上回家，看见白雪公主躺在地上，不再呼吸……

在脸上涂上颜色，装扮成农妇的模样，来到七个小矮人家。她敲敲门，白雪公主从窗口伸出头来说："七个小矮人说过了，不能让任何人进来。""这跟我没有什么关系。"农妇说，"我的苹果快要卖完了，这样吧，就送你一个吧。""不，我不能接受任何东西。""你是怕有毒吗？那好吧，我把这个苹果切成两半，红的你吃，白的我吃。"原来那苹果做得非常巧妙，只有红的一半有毒。白雪公主喜欢那只美丽的苹果，看见农妇吃起苹果，忍不住也想吃了，就把手伸出窗外，接过另外一半苹果。可是她刚吃了一口，就倒在地上死了。于是王后用一双可怕的眼睛打量着她，大声地笑着说："像雪一样白，像血一样红，像乌檀木一样黑！这一次小矮人们再也救不活你啦。"

王后回到家里，又去问镜子谁是最美丽的女人，镜子终于回答道："王后，你是这个国家最美丽的女人。"这样，王后那颗忌妒心才安宁下来。

小矮人们晚上回家，看见白雪公主倒在地上，已经死了。他们把她抱起来，看是不是找得着什么有毒的东西。他们解开她的束衣带，梳梳她的头发，用水和酒来帮她擦洗，但是一切都没有用。可爱的女孩死了，永远死了。小矮人们把白雪公主放在灵柩里，七个人围坐成一圈，哭啊哭啊，哭了三天。他们想埋葬她，可她还像活着一样，脸蛋儿红红的。小矮人说："我们不能把她埋到黑暗的地下

去。"他们叫人做了一口透明的玻璃棺材，把她放进去，以便从四周都能看见她。他们还用金字把她的名字写在上面，说明她是一位公主。然后他们把棺材抬出去，放在山上，并且总是留一个在那里守着她。白雪公主在棺材里躺了很久很久，一点也没腐烂，看上去像是睡着了一样。她还是像雪一样白，像血一样红，像乌檀木一样黑。

有一天，一位王子走进森林，看见了山上的棺材和美丽的白雪公主，又读了写在棺材上面的金字，就对小矮人们说："把这棺材卖给我，你们要什么，我就给你们什么。"可是小矮人们回答说："即使给我们一座金山，我们也不卖。"王子又说："那就把它送给我吧，因为我看不见白雪公主，就不能活下去。我会把她当成我最心爱的人，珍惜她，尊敬她。"听他这么一说，善良的小矮人们就同情他，把棺材送给了他。王子叫他的仆人把它抬走。不料他们在一个树桩上绊了一跤，猛地一震，白雪公主吃下去的那片毒苹果，从喉咙里吐了出来。她睁开眼睛，推开棺材盖，坐了起来："啊，天哪，我在哪里呀？"王子非常高兴地说："你在我身边。"他把事情的经过告诉了她，又说，"我爱你，胜过世界上的一切。跟我一起回我父亲的皇宫里去吧，我要你做我的妻子。"白雪公主也很爱他，就跟着他去了。

他们的婚礼非常盛大，非常隆重。白雪公主那恶毒的继母也受到了邀请。她穿上美丽的衣服，又去问镜子谁是最美丽的女人，镜子回答道："王后，这里是你最美丽，可是年轻的王后比你美丽一千倍。"恶毒的王后就开口咒骂，气得不知道该怎样办才好。一开始，她简直不想去参加婚礼，可是不看见年轻的王后，又安不下心来。她一走进王宫，就认出是白雪公主，吓得呆住了。这时，一双在炭火中被烧得通红的铁鞋，被人用钳子夹了过来，放到她面前。她被迫穿

《小红帽》插图

火红的铁鞋跳舞，一直跳到倒在地上死去为止。

 让我们来深入讨论作品

即使你从未读过格林童话，也一定知道《白雪公主》和《小红帽》、《亨舍尔和格莱特》（《糖果屋》）、《玫瑰公主》（《睡美人》）、《灰姑娘》这些童话。我们对它们早已烂熟于心。要不《儿童文学的乐趣》的作者佩里·诺德曼和梅维丝·雷默怎么会说："很多人都非常熟悉上面的几个童话故事，熟悉到忘记了他们是如何知道这些故事的，忘记了他们第一次是在哪里听到这些故事的，仿佛他们生来就知道这些故事。"

可以这样说，世界上没有任何一本童话集像格林童话这样深入人心。它不但是世界上版本最多的童话集，也是发行量最大的童话集，时至今日，已有一百多种语言的译本。在德语圈及英语圈，它的传播范围之广，甚至堪比《圣经》。从某种意义上来说，格林童话已经成为人们童年记忆中不可割舍的一部分。

格林童话不是格林兄弟，即哥哥雅各布·格林和弟弟威廉·格林创作的，而是他们根据收集到的民间童话进行整理和改写而成的。《格林童话全集》一共收录了二百篇童话。

那么，这二百篇童话，都是格林兄弟风餐露宿，不辞辛苦，长年跋涉于人烟稀少的荒山野岭，从一个个目不识丁的农民、渔民或是猎人那里听来的吗？杰克·齐普斯在《格林兄弟：从魔法的森林到现代世界》一书里描绘了这样一个事实："长久以来，人们相信他们两个人在德国四处游荡，从强悍的农夫嘴里收集故事，所以所有的故事都是纯粹的德国故事。"其实事实正好相反，格林兄弟一次也没有去过乡下，而

且给他们讲述那些民间童话的人，也不是泥土气十足的乡巴佬，最主要的讲述人，竟是一群来自中产阶级和上流社会的受过良好教育的年轻女子。格林兄弟常去她们的家里，或是把她们请到自己的家里来，请她们大声地讲故事，然后把它们记录下来。除此之外，格林兄弟还直接从书本上摘录他们认为合适的故事。

不管格林童话是不是采自口头传说，但至少有一点是可以肯定的，那就是近百年来，格林童话一直是作为儿童文学被孩子们广泛阅读。今天没有人会怀疑格林童话不是儿童文学。可是，现在却冒出来一本名叫《令人战栗的格林童话》的书，它的勒口上印着这样一段话："白雪公主和生母争风吃醋；灰姑娘没有了魔法仙子的帮助；长发公主是巫婆报复男人的工具；睡美人和王子结婚后发现丈夫有了外遇……"虽然这本书的封面上署名是格林兄弟，但实际上，它并不是真正的格林童话，它脱胎于桐生操（日本两位女作家的共同笔名）所著《令人战栗的格林童话》及其续篇《令人战栗的格林童话Ⅱ》。这是她们假借格林童话之名，创作的成人童话。

格林童话虽然没有成人版，但并不等于它没有原始版，没有初版。格林童话不是一锤定音，不是从开始到最后只有一个版本，它不断被改写、不断被修饰，一版又一版，是慢慢被改写成适合孩子阅读的儿童文学的。

说起来你或许不会相信，那些我们耳熟能详的童话，在原始版和初版格林童话中并不是我们今天读到的样子。比如在原始版《白雪公主》里，一次次残忍、不择手段地杀死白雪公主的，不是她那坏心肠的继母，而是她的亲生母亲。

《古怪的姓》插图

最后救了白雪公主的，也不是年轻英俊的王子，而是她那从国外征战归来的父亲……格林童话的原始版，是格林童话成书之前由格林兄弟亲手记录下来的原始手稿。不过，格林兄弟还在人世时，这份手稿就已经下落不明了。没有人会想到，1920年，这份像睡美人一样沉睡了一百多年的手稿竟会在一座人迹罕至的修道院里重见天日。因为这座修道院名叫厄伦堡，所以这份手稿又叫"厄伦堡手稿"。初版格林童话，也就是第一版格林童话，问世于将近二百年前的1812年和1815年。

从初版开始，格林兄弟一直不断地对童话集进行增删与润色，特别是弟弟威廉·格林，几乎花费了大半生的时间，一版接一版精雕细刻地改到了1857年的第七版，其时间跨度竟然长达四十五年之久。这一版问世的第三年，即1859年，威廉·格林与世长辞，童话集的修订也随之被画上了一个休止符。我们今天读到的格林童话，都是从被称为"决定版"的第七版翻译过来的。

让我们以《白雪公主》为例，看看威廉·格林到底进行了怎样的修改。他作的最大一个改动，就是把杀害白雪公主的亲生母亲改成了继母。为什么这样改呢？他用继母替换母亲，是出于母亲杀死自己的亲生女儿过于残酷这样一种忧虑。因为这种冷血的母亲形象，实在是与孩子们所熟悉的集母性、温柔、慈爱于一身的母亲形象相距太遥远了。一个刚刚还许愿想要一个"像雪一样白、像血一样红、头发像乌檀木一样黑的孩子"的母亲，怎么转身就能亲手杀死这个与自己血脉相连的孩子呢？这显然是太让人难以接受了。这哪里是母亲，简直就是一个嗜血成性的女巫。还有就是如同玛丽亚·塔塔尔在《格林童话的客观事实》中所说的那样："随着《格林童话集》的一版再版，威廉·格林一定是深刻地感觉到，这本童话集不是为了娱乐大人，而是要成为孩子们就寝时间的一座民间故事的宝库。"他肯定是意识到了，没有一位母亲愿意在孩子临睡之前，为他们朗读这样一个母亲杀死自己女儿的故事。

或许有人会问，包括《白雪公主》在内的格林童话，为什么会有那么持久的魅力呢？

这是因为虽然经过改写，但格林童话还依然保留着口传文学那些便于记忆的特征，加上它情节曲折，又有不可思议的魔法和邪恶无比的女巫，每一个故事里边都充满了你死我活的较量，表达了人类那些最单纯、最朴素的愿望，当然会吸引一代又一代的孩子前来阅读了。不过，说到更深层次的原因，雪登·凯许登在《巫婆一定得死：童话如何形塑我们的性格》一书里揭示说："但童话故事不只是充满悬疑，能激发想象的冒险故事，它所提供的并不只是娱乐效果。童话故事在追逐奔跑，千钧一发的情节后，还有严肃的戏剧起伏，能反映出孩童内心世界发生的事件。虽然童话故事最初的吸引力可能在于它能取悦孩子，但它的魅力持久不衰，则是因为它能帮助孩子处理成长过程中必须面对的内心冲突。"查尔斯·弗雷和约翰·格里菲思在《重读童书》中，也强调了格林童话这种内在的力量："格林童话人气不衰的秘密之一，就是它探讨的是围绕着自我与信念、家庭的纽带、敌意、生存、性、地位、权力而展开的恐怖和欲望，拥有一种能触及讲故事的人和听故事的人心灵

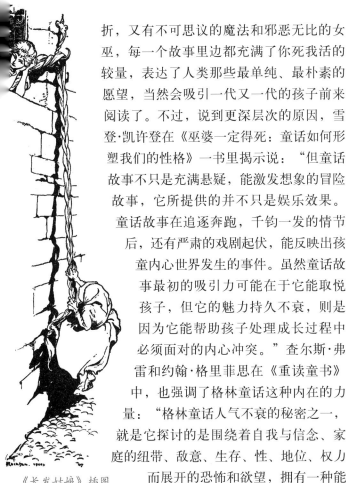

《长发姑娘》插图

的力量。不论你是心理学者、社会学者、道德家，还是不具备批判眼光的一般读者，也不论你是站在什么立场，都能从中清楚地看出人类生活的种种侧面，几百万人都能从中寻找到自己的身影。"

比如，当孩子们在阅读《白雪公主》时，就会从白雪公主身上发现自己的虚荣心，并学会如何面对及处理。从表面上看，这个故事说的是白雪公主在七个小矮人的帮助下，如何战胜歹毒王后的故事，但如果请孩子们深思一下这样一个问题：为什么王后能连续三次置白雪公主于死地呢？孩子们就会发现，不是白雪公主没有记性，也不是王后装扮得有多巧妙，因为七个小矮人已经说得非常清楚了："你要小心，我们不在的时候，你不要让任何人进来。"让白雪公主上当受骗的，就是她自己的虚荣心。束腰带和梳子可以让她变得更加美丽，面对这种诱惑，她完全没有抵抗力。格林童话是想告诉孩子，对于一个女孩来说，虚荣心真是一种致

命的诱惑。故事的最后，王后死了，她被迫穿火红的铁鞋跳舞，一直跳到倒在地上死去为止。王后必死，女巫一定得死，这不仅仅因为她是这个故事里的邪恶化身，更因为她还是白雪公主的虚荣心的象征。

以前说到格林童话，总会说到它里面的人物善恶分明，好人就是好人，坏人就是坏人。现在回过头来再看，其实也不一定。像白雪公主这样一个好女孩，其实身上也有恶的一面，就如同王后在密室里用巫术做的那个苹果，红的一半有毒，白的一半没有毒。关键是看你能不能发现它，征服它。

古老的格林童话，实在是教会了我们人生太多的东西。

中文译本推荐

《格林童话全集》
魏以新/译
人民文学出版社
2005

《格林童话全集》
杨武能、杨悦/译
译林出版社
2006

《格林童话全集》
曹乃云/译
二十一世纪出版社
2009

安徒生童话全集

原书名及初版时间：*H. C. Andersen Samlede Eventyr og Historier*, 1835—1872

作　者：[丹] 汉斯·克里斯蒂安·安徒生 (Hans Christian Andersen)
插　图：[英] 霍诺尔·C. 阿普尔顿 (Honor C. Appleton)
出版社：Wordsworth Editions Ltd, 1998

获奖及推荐记录
⊙世界上版本最多、发行量最大的创作童话集

● 是谁写了这本书

汉斯·克里斯蒂安·安徒生（1805—1875），出生于丹麦。父亲是个没有社会地位的穷鞋匠。小时候，祖母常给他讲民间故事，父亲常给他朗读《一千零一夜》。他十一岁时父亲病逝，母亲改嫁，继父还是一位鞋匠。十四岁是当时贫寒孩子必须选择职业的年龄。母亲认为他该去学裁缝，好养家糊口，但他却去首都哥本哈根学戏剧了。

他志存高远，几乎把自己所有的梦想都变成了现实。他写小说、写剧本，但最终他发现自己始终拥有一颗童心，童话才是他的最爱："童话的种子散落在我的心田，只需一泓流水、一阵和风、一道阳光、一滴苦酒，就可以发芽开花。"他一共写了一百五十多篇童话，成为一个讲故事给全世界听的人。只要有孩子的地方，就有他的童话。

他的大半生都在旅行，在德国，他还曾见到过格林兄弟。他一生未婚。在他合上眼睛的时候，一直照料他的亲密朋友麦尔克阿夫人深情地说道："现在光熄灭了。多么幸福的死啊！"

● 先来认识一下书中的主要出场人物

小人鱼
海王的第六个女儿，最小，也最美丽。她的皮肤又光又嫩，像玫瑰的花瓣；她的眼睛是蔚蓝色的，像最深的湖水。

老祖母
小人鱼的奶奶。

王子
住在陆地上的人类王子。

"我可以忍受。"小人鱼用颤抖的声音说。这时她想起了那个王子和她要获得一个不灭的灵魂的志愿。

● 这本书讲了一个什么故事

　　在海的远处，水是那么蓝，像最美丽的矢车菊花瓣，同时又是那么清，像最明亮的玻璃。然而它很深很深，深得任何铁锚都达不到底。海里最深的地方是海王宫殿所在的处所。住在那底下的海王已经做了好多年的鳏夫，但是他有老母亲为他管理家务。她非常爱她的孙女。她们是六个美丽的孩子，而她们之中，那个顶小的要算是最美丽的了。她的皮肤又光又嫩，像玫瑰的花瓣；她的眼睛是蔚蓝的，像最深的湖水。不过，跟其他的公主一样，她没有腿；她身体的下部是一条鱼尾。她不大爱讲话，总是静静地想事儿，她最大的乐趣是听些关于上面人类世界的故事。"等你满了十五岁的时候，"老祖母说，"我就准许你浮到海面上去。"

　　最后她真的到十五岁了。

　　当她把头伸出海面时，看到海上停着一艘大船，看到了一位年轻漂亮的王子。夜里，起了可怕的大风暴，王子的船沉了。要不是小人鱼及时赶来，他一定会淹死的。她把他的头托出水面，让浪涛载着她跟他一起随便漂流到什么地方去。天明时分，鲜红的太阳升起来了，在王子的脸上注入了生命的色彩。小人鱼吻了一下他清秀的高额，把他湿透的长发理向脑后，她希望他能苏醒过来。她看见前面展开一片陆地，她把他放到神庙前的沙地上，便游回了海里。一个年轻的女子走过来，发现了王子，找来了许多人。小人鱼看到王子渐渐地苏醒过来，当然，他一点也不知道救他的人就是她。她感到非常难过，悲伤地跳进海里。她的姐姐们都问她第一次升到海面上看到了什么，但是她什么也说不

出来。姐姐们知道了她的心事，说："来吧，小妹妹！"她们中的一个知道王子是从什么地方来的，他的王国在什么地方。她们彼此把手搭在肩上，一长排地升到海面，一直游到一块她们认为是王子宫殿的地方。

　　现在，小美人鱼知道王子住在什么地方了。她一直游到宫殿伸到海里的一个大理石台阶下。她在这儿坐着，瞧着那个年轻的王子，而他却还以为月光中只有他一个人呢。她渐渐地开始爱起人类来，渐渐地开始盼望能够生活在他们中间。她觉得他们的世界比她的天地大得多。她问老祖母："如果人类不淹死的话，他们会永远活下去吗？他们会不会像我们住在海里的人们一样死去呢？"老祖母说："他们也会死的，而且他们的生命甚至比我们的还要短促呢。我们可以活到三百岁，不过当我们在这儿的生命结束了的时候，我们就变成了水上的泡沫。相反，人类有一个灵魂；它永远地活着，即使身体化为尘土，它仍是活着的。它升向晴朗的天空，一直升向那些闪耀的星星！""为什么我

要不是小人鱼及时赶来，他一定会淹死的。她把他的头托出水面，让浪涛载着她跟他一起随便漂流到什么地方去。

不一会儿，一个年轻的女子走过来了。她似乎非常吃惊，不过没多久，她找了许多人来。小人鱼看到王子渐渐地苏醒过来了，并且向周围的人发出微笑。

们得不到一个不灭的灵魂呢？"小人鱼悲哀地问，"只要我能够变成人，可以进入天上的世界，哪怕在那儿只活一天，我都愿意放弃我在这儿所能活的几百岁的生命。难道我没有办法得到一个永恒的灵魂吗？""没有！只有当一个人爱你，他才会分给你一个灵魂，但这类事情是从来不会有的！我们在海底认为美丽的鱼尾，他们在陆地上却认为非常难看：他们不知道什么叫做美丑，在他们那儿，一个人想要显得漂亮，必须生有两根呆笨的支柱——他们把它们叫做腿！"

小人鱼在舞会上唱起了歌。她心中感到非常快乐，因为在陆地和海里只有她的声音最美。不过她马上又想起了上面的那个世界，她忘记不了那个美貌的王子，也忘记不了自己因为没有他那样不灭的灵魂而引起的悲愁。于是她走出花园，向一个掀起泡沫的旋涡走去——巫婆就住在它的后面。"我知道你是来求什么的。"海的巫婆说，"我可以煎一服药给你喝。你带着这服药，在太阳出来以前，赶快游向陆地。你就坐在海滩上，把它吃掉，于是你的尾巴就可以分作两半，收缩成为人类所谓的漂亮的腿了。可是这是很痛的——这就好像有一把尖刀

砍进你的身体。""我可以忍受。"小人鱼用颤抖的声音说。"可是要记住，你一旦获得了一个人的形体，你就再也不能变成人鱼了。要是你得不到那个王子的爱情，你就得不到一个不灭的灵魂了。在他跟别人结婚的头一天早晨，你的心就会碎裂，你就会变成水上的泡沫。""我不怕！"小人鱼说，但她的脸像死一样惨白。"但是你得把你美丽的声音交给我。"巫婆说。巫婆滴了几滴自己的黑血到药罐里，煎了一服有魔力的药。"拿去吧！"巫婆说。于是她就把小人鱼的舌头割掉了。小人鱼现在成了一个哑巴，既不能唱歌，也不能说话。

她浮出海面，走上那王子宫殿的大理石台阶，喝下了那服药。她觉得好像有一柄两面都特别锋利的刀子劈开了她纤细的身体，昏了过去。当她醒来，看见王子正站在她的面前。这时她发现她的鱼尾已经没有了，获得了一双只是少女才有的美丽的小小白腿。王子问她是谁，问她怎样到这儿来的。她用深蓝色的眼睛温柔而又悲哀地望着他，因为她现在已经不会讲话了。他挽着她走进宫殿，她觉得每一步都像是走在锥子和利刃上，可她情愿忍受这苦痛。

王子一天比一天更爱她，但从没娶她为王后的想法。"在所有的人当中，你最爱我吗？"当他把她抱进怀里吻她前额时，小人鱼的眼睛似乎在这样说。"是的，你是我最亲爱的人！"王子说，"你很像我某次看到过的一个年轻女子，可是我永远也看不见她了。有一次我的船沉了，巨浪把我推到岸上，一个年轻的女子救了我的命。她是我在这世界上能够爱的唯一的人……""啊，他不知道是我救了他的生命！"小人鱼哭不出声来。

现在大家都在传说王子快要结婚了。有一天，他带小人鱼坐船去邻国，他对她说："我得去看一位美丽的公主，这是我父母的命令，但我不会爱她的。你很像神庙里的那个美丽姑娘，而她却不像。如果我要选择新娘的话，那么我就要先选你——我亲爱的、有一双能讲话的眼睛的哑巴孤女。"可是当他看到了那个公主，他说："就是你！当我像一具死尸躺在岸上的时候，救活我的就是你！"教堂的钟声响了，传令人骑着马在街上宣布订立婚约的喜讯。在同一天晚上，新郎和新娘来到船上，他们

将在一个金色和紫色的帐篷里度过清凉而寂静的夜晚。小人鱼倚在船舷上，向东方凝望，等待着晨曦的出现。她知道，头一道太阳光就会叫她灭亡。她看到姐姐们从波涛中涌现出来了。姐姐们说："我们已经把头发给了巫婆，她给了我们一把刀。拿去吧，在太阳没有出来以前，你得把它插进那个王子的心脏里去。当他的热血流到你脚上时，你的双脚将会又连到一起，变成一条鱼尾，你就又会恢复人鱼的原形，回到我们这儿的水里来！"小人鱼掀开帐篷的帘子，看到那位美丽的新娘把头枕在王子的怀里睡着了。她弯下腰，在王子清秀的眉毛上吻了一下，然后把刀远远地扔进了浪花里。她再一次把她模糊的视线投向王子，然后就从船上跳到海里，她觉得她的身躯正在融化成为泡沫。

　　现在太阳从海里升起来了，阳光温暖地照在冰冷的泡沫上，因此小人鱼并没有感到灭亡。她看到光明的太阳，看到她上面飞着无数透明的、美丽的生物，它们没有翅膀。小人鱼觉得自己也获得了这样的形体，从泡沫中升起。"我将向谁走去呢？"她问。别的声音回答说："到天空的女儿那儿去呀！天空的女儿也没有永恒的灵魂，不过她们可以通过善良的行为创造出一个灵魂。三百年以后，当我们尽力做完了我们可能做的一切善行，我们就可以获得一个不灭的灵魂，就可以分享人类一切永恒的幸福了。你，可怜的小人鱼，通过你的善良的工作，三百年以后你就可以为自己创造出一个不灭的灵魂。"小人鱼向上帝的太阳举起了手臂，她第一次感到要流出眼泪。她看到王子和他美丽的新娘在找她，好像知道她已经跳到浪涛里去了似的。她跟其他空气中的孩子们一道，骑上玫瑰色的云块，升入天空里去了。

　　"我们也许不需等那么久！"一个声音低语着，"我们无形无影地飞进人类的住屋里去，

《野天鹅》插图

那里面生活着一些孩子。每一天如果我们找到一个好孩子，如果他给他父母带来快乐、值得他父母爱他的话，上帝就可以缩短考验我们的时间。当我们飞过屋子的时候，孩子是不会知道的。当我们幸福地对着他笑的时候，我们就可以在这三百年中减去一年；但当我们看到一个顽皮而恶劣的孩子，而不得不伤心地哭出来的时候，那么每一颗眼泪就使考验我们的日子多加一天。"

让我们来深入讨论作品 ●

　　一百七十多年来，这篇名叫《海的女儿》（直译应该是《小人鱼》）的童话，不知感动了世界上多少少女的心。

> 　　她再一次把她模糊的视线投向王子，然后就从船上跳到海里，她觉得她的身躯在融化成为泡沫。现在太阳从海里升起来了。阳光柔和地、温暖地照在冰冷的泡沫上，因为小人鱼并没有感到灭亡。她看到光明的太阳，同时在她上面飞着无数透明的、美丽的生物……

　　读到这里，小女孩没有不流泪的。

　　孩子们又怎么能不同情小人鱼的命运呢！小人鱼太可怜了，为了获得王子的爱情和一个不灭的灵魂，她做出了多大的牺牲啊！她先是让巫婆割去自己的舌头，失去美妙的声音，成为一个"既不能唱歌，也不能说话"的哑巴；然后再喝下巫婆的魔药，遭受"好像有一柄两面都快的刀子劈开了她纤细的身体"的痛苦，失去鱼尾，每走一步"都好像是在锥子和利刃上行走"……可到头来，王子还是爱上了另外一个公主，最后如同巫婆预言的那样，她变成了水上的泡沫。

　　或许是它的作者怕孩子们太伤心吧，童话留下了一个温暖的尾巴。小人鱼没有像泡沫一样消失，而是朝天上升去。"我将向谁走去呢？"小人鱼问。别的声音说："到天空的女儿那儿去呀！三百年以后，当我们尽力做完了我们可能做的一切善

《拇指姑娘》插图

行，我们就可以获得一个不灭的灵魂，就可以分享人类一切永恒的幸福了……"这时，还有一个声音低语着："我们也许不需等那么久！我们无形无影地飞进人类的住屋里去，那里面生活着一些孩子。每一天如果我们找到一个好孩子……"

这是谁的声音呢？会不会就是写下这篇浪漫而凄美的童话的安徒生自己的声音呢？因为安徒生有一个习惯，常常会把他自己写进他的童话里。比如，《小意达的花》中那个"会讲一些非常美丽的故事，会剪出一些很有趣的图案"的学生等一定是安徒生。因为这么些年来，只有他能像小人鱼变成的空中女儿一样，无形无影地飞进了千百万个孩子的家，把童话的种子播进他们的心田。现在，有孩子的地方，就有安徒生童话。一百多年前他是童话之王，一百多年后他仍然是童话之王，没人能够超越他。

安徒生的童话有一个特点，就是当你是一个孩子时喜欢读它，当你成为一个大人时还会喜欢读它，而且常读常新，就如同菲·马·米切尔在《丹麦文学的群星》中说的那样："读者只要克服偏见，不认为安徒生只为儿童而写作，并且动手来翻一翻他的童话，就会发现一个永不枯竭的欢乐的源泉，因为这些童话具有古典文学的品格。读者开始读一篇童话，就愿意把它读完；他想翻到下一页，一直读下去。他读完了一篇，还想读第二篇，一直读完了全部童话，这时他就越发赞叹安徒生的才能，回

过头来重新一篇一篇地读他的童话。每读一遍他都会发现一些新思想，一些不易察觉的机智或讽刺，或者以前所忽略的绝妙的表现方法。虽然许多故事发生在丹麦，但它们在日本和印度这样遥远的国家也受到广泛欢迎，这足以表明读者无需特别的历史地理知识便可以欣赏它们。"

确实，连安徒生自己都在自传《我的童话人生》中承认，他的童话不仅是为孩子写的，更是为大人写的："我的文字，完全是我跟小孩子讲故事时的表述口吻，我渐渐得出结论，每个年龄段的人都喜欢这样的文字风格。孩子们最喜欢童话里描写的那些花里胡哨的装饰，而另一方面，成人则对隐藏在故事背后的深刻寓意更感兴趣。把童话变成孩子和成人都能看的读物，我相信，这也是今天任何一位童话作家的写作目标。他们找到了开启童话的大门，领悟了童话的精神。因此，我在出版第三本新童话集时，删除了那句'讲给孩子们听的童话'。"他说的删除了"讲给孩子们听的童话"，是指他出第一本童话集时，名叫《讲给孩子们听的童话》，而到了第三本童话集，不但把书名改成了《新童话》，连前言都改成了"致成年读者"。苏联的学者伊·穆拉维约娃曾经写过一本《安徒生

《皇帝的新装》插图

传》，书中讲到了这样一个不知是真是假的故事："1875年4月2日，安徒生接到通知，为他建造纪念碑的认捐事宜已告结束，并送来一份由雕刻家拟定的草图。上面有童话家的雕像，四周簇拥着一大群孩子。安徒生否定了这个草图。'我的童话与其说是为孩子写的，不如说是为成年人写的！'他非常激动，'后来，每当我朗读我的童话的时候，孩子们都趴在我的肩膀上，我简直无法忍受。为什么要把本来没有的东西画出来呢？'"

安徒生是不是真的在去世的前几个月说过这样的话，已经无法考证了，但有一点是可以肯定的，就是收录于《安徒生童话全集》中的长长短短一百五十六篇童话，其实绝大多数都是具有双重含义的，孩子有孩子的理解，大人有大人的理解。说起来，这也可能是安徒生童话吸引人反复阅读的一个最大的魅力了，孩子们一旦长大，他们就能读懂那些童年时不理解的大人的情感和思想了。比如《海的女儿》，一个天真烂漫的孩子可能会为小人鱼不惜生命追求爱情而感动，而一个走过坎坷人生路的大人，则可能会像艾莉森·卢里在《永远的男孩女孩：从灰姑娘到哈利·波特》里说的那样："把它看成是对自我牺牲和没有希望的爱情的警告。"还有少数那么几篇，不要说孩子了，就连一般的大人也不一定读得懂它们的象征意味，不知道它在说什么，如《新世纪的女神》。

《丑小鸭》插图

那么，安徒生，一个穷鞋匠的儿子，又是怎样写出这么多不朽的童话来的呢？

显然不像他自己说的那样充满了诗意："童话的种子散落在我的心田，只需一泓流水、一阵和风、一道阳光、一滴苦酒，就可以发芽开花。"安徒生早期的童话，如《打火匣》、《小克劳斯与大

克劳斯》、《豌豆上的公主》等，都是来自他儿时听过的民间故事："作为一个孩子，听童话故事曾经是我最大的乐趣；许多童话依然在我脑海中有着深刻的印象，其中的许多童话还不太为人所知道，或者根本就没有人听说过……"与安徒生同姓的詹斯·安徒生在他为安徒生写的传记中形容安徒生有一个装满了故事的抽屉，这个抽屉，应该就是他童年的记忆了。但他只是从民间故事中汲取灵感，大胆创新，让现实融入幻想，创作属于自己的童话，而不是像格林兄弟那样兢兢业业地收集、整理和改写民间童话。此外，他也会从别的文学作品中寻找素材，例如我们熟悉的《皇帝的新装》，其基本背景和情节就取自一本古老的西班牙中世纪童话故事集。当然，更多的童话是属于安徒生的原创。

我们喜欢安徒生童话，一是因为他出身卑微，尽管后来他像他那篇关于"奋斗"的著名童话《丑小鸭》里的丑小鸭一样大获成功，但就像詹斯·安徒生说的那样，"他从未忘记自己与普通百姓、民间故事和自己在小河旁度过的童年之间的联系"，作品中充满了人道主义精神，同情身遭不幸的弱者，歌颂善与美，表现的是任何一个文化圈的人都能够理解的人类最基本的情感。二是因为他重视儿童，运用儿童的视角和说话的口吻来讲故事，打破了从前童话传统的桎梏，创造了一种崭新的讲故事的方法。在他之前，儿童根本就没有进入文学家的视野，没有人去关注他们的生活，尊重他们的本性，但他却反其道而行之。他说："我在创作这些故事的时候，就如同自己正在给一个孩子讲这些童话，我的读者便是我眼前的这个孩子。"所以，丹麦文学评论家勃兰兑斯才会在《童话诗人安徒生》里说"安徒生是丹麦发现儿童的人"，詹斯·安徒生

《接骨树妈妈》插图

才会说安徒生童话"把儿童从几个世纪成人艺术的园囿当中解放出来"。

安徒生童话与格林童话一样，是世界上被人阅读最多的童话之一。可是不知你发现了没有，格林童话里遭到惩罚的总是女巫一类的恶人，小主人公，比如白雪公主、灰姑娘虽然也会吃一点苦头，但一般都没有惨遭折磨，而且最后一定苦尽甜来，几乎每一个故事都会以"他们从此就过上了幸福的生活"作为结尾。但安徒生童话不是。不但结尾不幸福、不快乐，小主人公甚至还会遭到比女巫还要残酷的折磨，悲惨而又恐怖。《海的女儿》里的小人鱼就不用说了，《红鞋》里的那个爱慕虚荣的女孩，就被惩罚一直不停地跳舞，在漆黑的夜里走过荆棘和野蔷薇，刺得鲜血直流，最后还让刽子手把她那双穿着红鞋的脚砍掉。

安徒生一生写过好几本自传，其中有一本自传是这样开头的："我这一生称得上是一部美丽动人的童话，情节曲折变幻，引人入胜。打小我就只身闯世界，贫困无助。还好，遇到了一位纯真的小精灵……"然而今天的研究者们发现，他的自传并不真实，他一直都在美化自己，给自己创造了一个永恒的"丑小鸭"似的神话。例如，美国学者雅琪·伍尔施拉格在《汉斯·克里斯蒂安·安徒生：一个讲故事人的生活》中就说他是一个爱慕虚荣、自大的人，一个一直抱有狂野的幻想，内心愤怒、焦虑，痛苦不堪，还有忧郁症和贪得无厌的野心的人。菲·马·米切尔在《丹麦文学的群星》中持有同样的观点："把汉斯·克里斯蒂安·安徒生描绘成一个献身于童话创作的和蔼可亲的绅士，是很不恰当的。相反，安徒生是一个性情暴躁、精力充沛、容易激动并且过多地考虑一己利益的诗人，因为他一生颠沛困顿。并且在他的作家生涯的前半期，在文学上他首要关心的是他的长篇小说和戏剧。"

不过，不管今天的研究者们把安徒生还原成了怎样的一个人，他有一句话却一点都没有说错："我告诉你吧，我希望用自己的作品赢得下一代的喜爱。"

不是希望，他做到了，他用他那个装满故事的抽屉赢得了一代又一代人的喜爱。

中文译本推荐

《安徒生童话全集》
叶君健/译
中国城市出版社
2010

《安徒生童话全集》
任溶溶/译
浙江少年儿童出版社
2005

《安徒生童话故事全集》
林桦/译
中国少年儿童出版社
2001

爱丽丝漫游奇境

原书名及初版时间：*Alice's Adventures in Wonderland*, 1865
作　　者：[英] 刘易斯·卡洛尔 (Lewis Carroll)
插　　图：[英] 约翰·坦尼尔 (John Tenniel)
出版社：Puffin, 1998

获奖及推荐记录
⊙被译为125种语言以上的儿童文学传世经典
⊙入选英国最大连锁书店Waterstones "最受喜爱的100本童书"
⊙入选英国BBC "大阅读：最受欢迎的100本小说"
⊙入选英国《你长大之前必读的1001本童书》
⊙入选美国《最佳童书：从学前到小学六年级》
⊙入选日本《儿童文学的魅力：今天阅读的100本世界名作》
⊙入选日本《英美儿童文学畅销书40本：永留心中的名作》
⊙入选日本《世界少男少女文学：幻想文学50本》

是谁写了这本书

刘易斯·卡洛尔（1832—1898），出生于英国，本名查尔斯·路德维希·道基森，牛津基督教堂学院数学教授。他口吃，但喜欢为小女孩拍照片、讲故事和写日记，终生单身。

1856年4月25日，他第一次见到爱丽丝，那时她将满四岁，父亲是他任职学院的院长。六年后的1862年7月4日，他带爱丽丝三姐妹游船时，第一次口述了爱丽丝漫游奇境的故事。这是一次即兴创作，《爱丽丝漫游奇境》开篇的那首诗——"在那金黄色的午后时光/小船悠游河上……"描述的就是那天的情景。不久之后他就写出了这个故事。两年后，他送给爱丽丝一份手稿，还画了插图，书名叫《爱丽丝地下奇遇记》（Alice's Adventures Under Ground）。他还接受《北风的背后》作者乔治·麦克唐纳的建议，补充修改，以刘易斯·卡洛尔的笔名出版了该书，并将书名改为《爱丽丝漫游奇境》。

1932年4月，八十岁的真人爱丽丝应邀赴美参加卡洛尔百年诞辰纪念。

先来认识一下书中的主要出场人物

爱丽丝
七岁女孩，不喜欢看"没有插图，又没有问答"的书，好奇心极强。

白兔
他身穿背心，手拿怀表，正是他把爱丽丝引进了兔子洞，掉进了一个地下世界。

毛毛虫
蓝色，总是坐在蘑菇上面，静静地抽着土耳其水烟袋。

公爵夫人
住在一座大房子里，手里抱着一个长着猪脸的婴孩。

柴郡猫
总是咧嘴笑，一会儿出现，一会儿消失。消失时先从尾巴尖开始消失，最后是笑嘻嘻的嘴巴。

帽匠、三月兔和睡鼠
他们三个坐在一张桌子边上，开着一场永远也开不完的疯狂茶话会。

红心女王
扑克牌女王，只要一愤怒，就会下命令："砍掉他的头！"

姐姐
爱丽丝的姐姐。开场时她坐在河边看书，结尾时她唤醒了爱丽丝。

"你是谁？"毛毛虫问。

一开始口气就不对，爱丽丝有点畏惧地说："我……我现在也不知道，先生……早上我起床的时候，还知道我是谁，可是后来好像变了好几回。"

兔子吓了一大跳，丢下手套和扇子，一溜烟往暗处跑，有多快就跑多快。

● 这本书讲了一个什么故事

爱丽丝挨着姐姐坐在河边，觉得无聊，她瞄了一眼姐姐正在读的书，心想："一本书没有插图，又没有问答，那还有什么用呢？"

天热得她昏昏欲睡，这时一只粉红眼睛的大白兔突然从身边跑过去。

这没什么大不了，就是听到兔子自言自语"天哪！天哪！我要迟到了"，爱丽丝也还是觉得没什么大不了的（她事后才想起，自己也真是的，竟然一点不觉得奇怪，可当时，这一切好像都挺自然）。不过，等看到兔子从背心口袋里掏出一块怀表看了看又急忙往前走，爱丽丝马上跳了起来，因为她突然想到，从来没见过兔子穿背心，而且口袋里居然还掏得出怀表来。她好奇得不得了，跟在后边穿过田野，刚好看见兔子钻进篱笆下一个大兔子洞。

爱丽斯跟着跳了进去，掉呀掉呀，她掉在一堆树枝干草上。

她紧跟白兔，来到一个门厅。门厅四周是门，可都上了锁。她用桌上一把小金钥匙，打开了门帘后边一扇四十厘米高的小门。外边是一

这时，一只粉红眼睛的大白兔突然从身边跑过去。

条比老鼠洞大不了多少的小通道，她跪下来，朝通道里望，看到一座从来没有见过的可爱的花园。她多想走出黑暗的门厅，到鲜艳的花坛和清凉的喷泉里去走走，可门小得连头都钻不进。她回到桌前，看见了一个刚才明明没有的小瓶，标签上写着"喝我"。喝完她就缩小成只有二十五厘米高了。她决定马上去花园，走到门口发现忘了拿钥匙，可回到桌边却又够不到。她看到桌下有个小玻璃盒里装着一块小蛋糕，上面写着"吃我"。一吃下肚，她就长到将近三米高了，头撞到了房顶。

爱丽丝哭了，眼泪在身边积成了一个池塘。白兔回来了，她求它："先生，求你了……"兔子吓得丢下扇子和手套就逃掉了。她拿起扇子一边扇，一边说："怪怪！今天样样事都怪怪的！昨天事情还挺正常，是不是我昨晚变了？让我想想看：我还是像今天早晨醒来那个样子吗？我怎么觉得有点不一样呢。可要是我变了，那接下来的问题是：'我到底是谁？'啊，这个谜题可难了。"白兔的扇子又让她缩成了六十厘米，要不是扔得快，她就缩没了。脚下一滑，她掉进了眼泪池里。她游啊游，看到一只大老鼠，最后和落水的鸭子、渡渡鸟、鹦鹉、小鹰等一起上了岸。

他们聚集在岸边先是跑步跑干了身体，又听老鼠讲了一个像尾巴一样长的故事。可后来老鼠发脾气走了，鸟们也因为爱丽丝提到她家的猫，都走掉了。

白兔又来了，这回它把爱丽丝当成了女佣："玛丽安，马上回家给我拿手套和扇子来！"她吓得只好照它的指引，跑进一座写着"白兔"的小房子里。她拿了手套和扇子刚要走，看到镜子边有个小瓶。她想变大一点，就喝了半瓶。这下她真的变大了，大到只能躺下，一只胳膊肘顶住门，一只脚伸到烟囱里。兔子进不来，派小蜥蜴比尔爬烟囱进来，像火箭一样被爱丽丝一脚踢飞了。兔子又开始让手下朝窗子里扔小石子。她注意到小石子落地都变成了蛋糕，便吃了一块。等缩小到能够出门，她就冲出去，逃进一片密林。她一边在林子里转悠，一边说："第一件要做的事，就是变回原来的大小；第二件事，就是找一条路，去那可爱的小花园。"然后她看到一棵和自己一样高的大蘑菇上，坐着一条抽水烟袋的蓝色毛毛虫。

"你是谁？"

"我……我现在也不知道，先生……早上我起床的时候，还知道我是谁，可是后来好像变了好几回。"

听到爱丽丝说不习惯这么小，毛毛虫爬进草丛之前，撂下一句话："一边叫你变大，另一边叫你变小。"圆圆的蘑菇要想分清两边，太难了，爱丽丝两手从边上各掰下一块。她吃了右手的一口，下巴砸在了脚上，她连忙又吃了左手的一口，这下她脖子变得好长，从树叶里伸了出来。当她弯着长脖子，想扎进树叶里去时，一

毛毛虫和爱丽丝静静地对望了好一会儿，最后才把嘴里的水烟拿下来，懒洋洋地对她说："你是谁？"

柴郡猫说："我们这里全是疯子。"

只鸽子飞过来用翅膀打她，说她是条蛇。她想起蘑菇还在手上，就咬咬这块，咬咬那块，又变得和原来一样高了。"好啦，现在总算变回原来的大小，下一步就是去找那个美丽的花园，可是该怎么办呢？"说着她来到一片空地，看到有一座一米二高的小房子，就把自己变成二十三厘米高，走了过去。

在门口，爱丽丝碰到了穿用人制服的鱼和青蛙。厨房里更是可怕，厨娘在煮汤，胡椒呛得公爵夫人和她手上的小宝宝不停地打喷嚏，一只柴郡猫咧着嘴巴在笑。她和公爵夫人没说几句，厨娘就抓起火钳、平底锅什么的朝公爵夫人和小宝宝砸了过去。公爵夫人对她说了一句"我得去准备准备，还要陪王后打槌球呢"，就把小宝宝塞给了她。她这才发现小宝宝是一只猪，就把它放回树林，这时那柴郡猫在树上出现了。

"请告诉我，我该往那边走？"

"朝那边走，"柴郡猫挥了挥右爪，"住着一个帽匠；往那边走，"它又挥挥另一只爪子，"住着一只三月兔。他们都是疯子，找哪个都一样。"

"我可不愿意到疯子中间去。"爱丽丝说。

"啊，这可没办法，"柴郡猫说，"我们这里全是疯子。我是疯子，你也是疯子。"

柴郡猫消失了，最后消失的是它的笑脸。"见过没有笑的猫，却没见过没有猫的笑！"爱丽丝一边想，一边朝三月兔的方向走去，房子很大，她咬了左手的蘑菇一口，让自己长到六十厘米高。三月兔和帽匠正在屋前树下的桌边喝茶，一只睡鼠坐在他们中间睡觉。没人请，爱丽丝就坐下了，加入到了他们一场奇怪的对话之中："至少我说的和我想的都一样。""一点都不一样！那样的话，你也可以说'我吃的都看到'和'我看到的都吃'是一回

事！"……最后爱丽丝生气地离开了那个时间永远停止在6点上的茶话会。她看到一棵树上开了一扇门，走进去一看，自己又回到了那个门厅。她拿起金钥匙，打开花园的门，再一小口一小口地咬蘑菇，直到自己缩成大约三十厘米高。她穿过小通道，终于走进了那个美丽的花园，来到鲜花盛开的花坛和清凉的喷泉当中。在这里，爱丽丝遇到了王后，王后问她："你叫什么名字，孩子？"爱丽丝有礼貌地说："回禀陛下，我叫爱丽丝。"

在这里，爱丽丝参加了王后的槌球赛。这场比赛更加奇怪，除了白兔，王后、国王、大臣和士兵都是扑克牌不说，还要用刺猬当槌球，火烈鸟当木槌。而且王后相当残暴，不停地尖着嗓子喊："砍掉他的头！"柴郡猫再次出现，不过这次它只显露了一个头。爱丽丝冲它抱怨："他们的比赛一点不公平，没有规则！"王后命令刽子手砍掉猫的头，刽子手却说除非有一个身子，才能把头砍下来。这之后，爱丽丝又见过公爵夫人、鹰头狮和假海龟，听他们讲了好多话，然后来到法庭，红心杰克因为偷吃馅儿饼正在遭到审判。混乱中，爱丽丝发现自己在长大，当她被作为证人传唤时，她已经恢复到了原来的身高。审判进行到最后，当国王说交给陪审团去裁决时，王后说："不，应该先宣判，后裁决！""简直是胡说八道，"爱丽丝大声说，"哪有先宣判的道理！""砍掉她的头！"王后尖声喊道。"谁怕你！"爱丽丝说，"你们不过是一副扑克牌！"

这时整副扑克牌都飞到空中，向她扑过来。

这时整副扑克牌都飞到空中，向她扑过来。她尖叫一声，又气又急，想用手打掉，却发现自己原来躺在河边，头枕在姐姐腿上，姐姐正轻轻地帮她把飘落到她脸上的枯叶拨开。

"醒醒，爱丽丝！"姐姐说，"你这一觉睡得可真够长的！"

"啊，我做了一个奇怪的梦！"爱丽丝说着，把自己记得起来的，也就是你们刚才读到的这些奇遇都告诉了姐姐。等她讲完，姐姐亲了她一下说："这确实是一个奇怪的梦，亲爱的，快去喝茶吧，时候不早了。"爱丽丝站起身跑开了，她一边跑，一边还在使劲儿想，这是一个多么奇妙的梦啊！

 ## 让我们来深入讨论作品 ●

昏昏欲睡的小姑娘爱丽丝坐在河边没事干，看见一只身穿背心、手拿怀表的大白兔从身边跑过去时，便跟着它一起跳进了兔子洞。结果，她掉进了一个地下世界，一会儿变小，一会儿变大，还碰到了一大群稀奇古怪的人物，像什么毛毛虫、猪娃、柴郡猫、帽匠、三月兔、红心王后……

疯狂的茶话会。

没有一本小小的童书，能像《爱丽丝漫游奇境》这样被译成包括澳大利亚土著语言在内的一百二十五种以上的语言了，它被赞誉为儿童文学的金字塔。可我们也不能回避一个事实，就是在今天，除了狂热的研究者，相当多的大人不喜欢它，读不下去——支离破碎的情节、疯疯癫癫的人物、冗长而不知所云的对话和诗歌。

这首先因为它是一本荒诞文学的代表作，字里行间穿插着大量的语言游戏，极难翻译，最典型的就是双关语——如第三章，老鼠对爱丽丝说："我的故事又长又悲惨（Mine is a long and sad tale）！"爱丽丝好奇地看着老鼠的尾巴："确实是条长尾巴了（It is a long tail，certainly），但是你为什么说它悲惨呢？"这里的故事（tale）与尾巴（tail）发音一样，对于母语不是英语的读者来说，仅仅是借助于译文，读到这样的地方，是很难发出会心的一笑的。另外，这本书里还有七首长长短短的仿拟诗（如第二章中爱丽丝背的那首小鳄鱼的诗，就是对当时一首流行的教诲诗的仿拟），不熟悉原诗，自然就读不出其中的讽刺意味。除此之外，如果不加注释，一般人恐怕也很难读出隐藏在里面的笑话、私人典故和社会风俗——如第二章里的渡渡鸟（Dodo），是暗指作者刘易斯·卡洛尔自己，卡洛尔有口吃，常把自己的姓Dodgson念成Dodo-Dodgson）；如第七章中藏着爱丽丝的生日：5月4日。

坦率地说，一个读不了原文的大人要想真正地读懂这本书，只能读注释版（即便是英语圈的人也是一样）。

爱丽丝抱着火烈鸟当球槌。

然而它却大受孩子们的欢迎，不然，一年又一年，怎么会有那么多的中译本问世？孩子们喜欢它，恰恰是因为它荒诞。

第一，它的人物荒诞无比：从穿着背心、看怀表的白兔开始，到烟囱里飞上天的小蜥蜴比尔，坐在蘑菇上抽水烟袋的蓝色毛毛虫，身体消失、只留一个笑容在树上的柴郡猫，喋喋不休、永远在进行6点钟的茶话会的帽匠和三月兔，整天叫嚣"砍掉他的头"的红心王后，一个又一个既夸张又古怪，轮番登场。

"我现在就像一支超大望远镜，越伸越长！再见，我的脚！"

第二，它的情节荒诞无比：掉也掉不完的兔子洞，泪水一直淹到下巴的眼泪池，用刺猬当槌球、火烈鸟当木槌的槌球赛，其中最刺激眼球的还是要数爱丽丝的变身，大大小小一共十二次，最小的一次下巴竟砸到了脚面，最大的一次脖子竟像条蛇一样伸到了树顶上。

第三，它的语言荒诞无比：绕来绕去的对话，小主人公可笑的内心独白，一首又一首滑稽的歪诗，可谓是疯言疯语到了极点……这样一个梦魇般的世界，就如同柴郡猫所说："我们这里全是疯子。我是疯子，你也是疯子。"对于大人来说这一切实在是太疯狂了，宛如噩梦，但对于想象力丰富的孩子来说，魅力不可阻挡，世界上没有一个孩子不梦想有一天自己能掉进兔子洞的。

第四，它的排版荒诞无比：老鼠讲的故事被排成了老鼠尾巴的形状。

随着深入阅读，我们还会发现，在这个并不阳光，甚至有那么一点黑暗的疯狂故事当中，七岁的爱丽丝看似一个单纯天真的少女，其实却相当叛逆。这在开头的一句"一本书没有插图，又没有问答，这种书有什么用"中，已经表现得淋漓尽致了。维多利亚时代，写给孩子看的童书枯燥又充满了说教，爱丽丝用一句轻蔑的质问，清楚地表达了自己的不满。接下来，在兔子洞的坠落过程中，她

```
"Fury said to
    a mouse, That
        he met in the
            house, 'Let
                us both go
                    to law: I
                        will prose-
                        cute you.—
                    Come, I'll
                take no de-
            nial: We
        must have
    the trial;
  For really
this morn-
ing I've
nothing
to do.'
  Said the
    mouse to
        the cur,
          'Such a
            trial, dear
                sir, With
                    no jury
                        or judge,
                            would
                                be wast-
                                ing our
                                breath.'
                            'I'll be
                        judge,
                        I'll be
                    jury,'
                said
            cun-
            ning
            o l d
            Furry:
              'I'll
                t r y
                    t h e
                        whole
                        cause,
                          a n d
                          con-
                              demn
                                you to
                              death.'"
```

又继续用一连串的自言自语，嘲讽了当时让学生死记硬背的教育制度。她好奇，求知欲望强烈，在陌生的地下世界中勇敢探索。

有评论家说，爱丽丝的冒险实际上是她自我发现的一段旅程。这话一针见血，当我们读完全书，就会发现一个"我是谁"的哲学命题贯穿全书。一开始，因为一会儿被变小一会儿被变大，加上又置身于一个荒诞无稽的奇境，她懵懂了，迷失了自我，所以她才会在门厅里问自己："我到底是谁？"当毛毛虫问她"你是谁"时，她才会吞吞吐吐地说："我……我现在也不知道，先生……早上

我起床的时候，还知道我是谁，可是后来好像变了好几回。"但到了故事的最后，爱丽丝经过种种历练，找到能够让她自如变化大小的蘑菇的同时，心智也趋于成熟，找回了自我。于是，面对红心王后"你叫什么名字，孩子"的提问时，她会毫不犹豫地回答道："我是爱丽丝。"

白兔拿起喇叭吹了三声。

关于这本书的结构，有人说它支离破碎、东拉西扯，由一个个片段组成，不是一个首尾呼应、逻辑推理严密的故事。这一方面因为它的蓝本是作者在船上对三个小女孩信口开河讲的一个故事，他曾经在日记中这样写道："我把女主人送到兔子洞里去了……下面该发生什么，我自己还一点主意都没有。"另一方面，因为它本身就是一个"梦境结构"。梦，不可能是一个连贯的故事，所以小主人公才会唐突地遭遇那么多偶发的怪人怪事。细心的读者会发现，其实作者一直都在苦心孤诣地设置一个梦的圈套——除了开始一句"天热得她昏昏欲睡"，再没有别的暗示，直到最后谜底才揭晓，告诉我们这原来是爱丽丝的一个梦："'醒醒，爱丽丝！'姐姐说，'看，你睡了多久！''啊，我做了个好奇怪的梦！'爱丽丝说，把梦里奇怪的经历都告诉了姐姐……"不过，如果进一步分析，还是有一条故事的主线埋在它看似杂乱无章的情节当中的，就是爱丽丝一直都在朝着那个"从来没有见过的可爱的花园"前进，而且最终成功抵达。

对于我们今天的儿童文学来说，至少有两点，这部发表于一百几十年前的《爱丽丝漫游奇境》是具有开拓性意义的。一是它完全抛弃了说教，是一部纯粹的娱乐之作；二是创造了"从现实世界进入幻想世界"这种全新的样式，成为这类幻想小说的鼻祖。

《阿丽思漫游奇境记》
赵元任/译
商务印书馆
2002

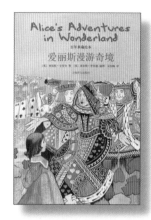

《爱丽丝漫游奇境》
吴钧陶/译
上海译文出版社
2009

收入英国画家查尔斯·罗宾逊
为1907年版所绘制的彩色和
黑白插图107幅，注释66条。

《爱丽丝漫游奇境记》
王永年/译
二十一世纪出版社
2009

收入英国画家约翰·坦尼尔爵
士为1865年版所绘制的黑白
插图59幅，注释16条。

《爱丽丝漫游奇境》
何文安、李尚武/译
译林出版社
2010

收入英国画家约翰·坦尼尔爵
士为1865年版所绘制的黑白插
图18幅，注释融入译文。

《深入解读爱丽丝漫游奇
境·挖开兔子洞》
张华/译
中国台湾远流出版事业股
份有限公司
2010

中英对照，收入英国画家约
翰·坦尼尔爵士为1865年版所
绘制的黑白插图42幅，注释
214条。

中文译本推荐

延伸阅读

《爱丽丝镜中奇遇记》
王永年/译
二十一世纪出版社
2009

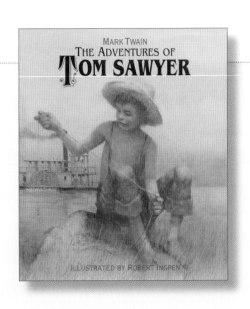

汤姆·索亚历险记

原书名及初版时间：*The Adventures of Tom Sawyer*, 1876

作　者：[美] 马克·吐温 (Mark Twain)
插　图：[澳] 罗伯特·英潘 (Robert Ingpen)
出版社：Sterling, 2010

获奖及推荐记录

⊙ 入选英国最大连锁书店Waterstones "最受喜爱的100本童书"
⊙ 入选美国全国教育协会 "孩子们推荐的100本童书"
⊙ 入选英国《你长大之前必读的1001本童书》
⊙ 入选日本《儿童文学的魅力：今天阅读的100本世界名作》
⊙ 入选日本《英美儿童文学畅销书40本：永留心中的名作》
⊙ 入选日本《世界少男少女文学：写实文学50本》

● 是谁写了这本书

　　马克·吐温（1835—1910），原名萨缪埃尔·克莱门斯，出生于美国。他十一岁丧父，十三岁辍学，成为印刷厂学徒，十八岁至二十二岁出外漫游，成为密西西比河上的轮船领航员，后来还做过股票生意，淘过金，做过记者。

　　三十岁时，他将在旧金山矿区听到的传说写成幽默小品《卡拉韦斯县驰名的跳蛙》，以马克·吐温为笔名，发表在纽约的一个刊物上，从此开始了作家的生涯。马克·吐温这个笔名来自他以前在密西西比河上当水手时的经验，那时他每天凌晨都会听到领航员测量水深时发出的喊声：Mark Twain，意为"水深二英寻"。他的文笔幽默诙谐，针砭时弊深刻准确，被认为是美国批判现实主义文学的奠基人。他以童年为题材的作品有《汤姆·索亚历险记》和续集《哈克贝利·费恩历险记》。不过，对于后一本的评价明显高过前一本。海明威甚至评价说："全部美国文学来自马克·吐温写的一本叫做《哈克贝利·费恩历险记》的书……"

● 先来认识一下书中的主要出场人物

汤姆·索亚
孤儿，被包莉姨妈收养，住在一个又小又寒碜的小镇上。他是个十分淘气的男孩，用包莉姨妈的话来说，就是"我这辈子从没见过这样的孩子"。

锡德
汤姆同母异父的弟弟。他是一个寡言少语的孩子，没有那些爱冒险闯祸的毛病。

包莉姨妈
汤姆妈妈的妹妹，是个刀子嘴、热心肠的妇人。

蓓姬
法官撒切尔的女儿，蓝眼睛，黄头发编成两条长辫子，是汤姆眼中的天使。

哈克贝利
全镇唯一的酒鬼的儿子，他不上学，也不去教堂，在母亲们的眼中，他是一个又野又坏的孩子。

乔·哈泼
汤姆的知心好伙伴。

道宾斯老师
汤姆的小学老师，总是用藤鞭和戒尺来惩罚孩子。

印第安人乔
一个杀人不眨眼的坏蛋。

> 汤姆用袖管擦了擦眼睛，哭哭啼啼道出了他的决心：他要逃出按古板的礼数过日子和缺乏同情心的家，到那偌大的人世中去闯荡，永不回头。

● 这本书讲了一个什么故事

小男孩汤姆·索亚幼年丧母，被住在密西西比河边上一个又小又寒碜、名叫圣彼得堡的小镇的包莉姨妈收养，和表姐玛丽以及同母异父的弟弟锡德住在一起。汤姆调皮捣蛋，用包莉姨妈的话来说，就是"我这辈子从没见过这样的孩子"。但老太太又十分疼爱他，"怎么也狠不下心来揍他"。

夏天的一个星期六，因为逃学和打架，包莉姨妈罚他用石灰水刷木板篱笆。几英尺高的篱笆有三十码长，在汤姆的眼里生命都变得空洞了。很快，他就来了个主意。本啃着苹果过来了，他问汤姆："你喜欢干这活儿？"汤姆像艺术家似的又刷了几刷子，反问他："难道一个孩子天天有机会刷篱笆？"就这样，本用苹果换来了刷篱笆的活儿。接着，一个又一个孩子加入进来，汤姆也变成了一个富翁，有十二颗子弹、什么也开不了的钥匙、独眼小猫……也是这天，汤姆爱上了一个从来没有见过的小女孩，他拼命表演惊险的动作，可女孩只扔给他一朵紫罗兰。晚上，因为弟弟锡德打碎了糖罐，错挨了包莉姨妈一巴掌的汤姆躺在女孩家的窗下，心想自己就将这样死去，到了早上，她会对他生气全无的躯体落下一小滴眼泪吗？窗户开了，女仆的一大盆水浇了下来，把这位仰躺着的殉难者的遗体浇了个透湿。第二天在主日学校，汤姆才知道女孩原来是撒切尔法官的女儿。不过他又出了丑。校长为了鼓励孩子们背圣诗，背两首奖一张蓝票，二十首奖一张红票，二百首奖一张黄票，十张黄票奖一本《圣经》。汤姆用弹子什么的从别的孩

子们手里换来一大堆小票，走上台，领来一本《圣经》，成了十年来最叫人目瞪口呆的新闻。但当撒切尔法官问这个英雄十二门徒前两个人的名字时，汤姆却回答错了。后来在学校里，汤姆知道那个女孩叫蓓姬，他非要和她订终身，还吻了她，可是无意中说漏了嘴，说自己还曾经和艾米订过终身，结果让蓓姬大哭了一场。

夜里11点，哈克贝利拎着一只死猫来叫他了，汤姆从窗户里爬了出来。哈克贝利是全镇唯一的酒鬼的儿子，他不上学，又野又坏，母亲们既恨他又怕他，孩子们却妒羡他，因为凡是生活中叫人痛快的事全叫他占了。为了试验用死猫治疣子，两个人摸进墓地，却意外地撞见罗宾逊大夫、印第安人乔和酒鬼波特来盗尸。为了多要一点钱，乔、波特和大夫扭打起来，大夫用墓牌砸昏了波特，乔瞅准机会把刀扎进了他的胸膛，又把刀塞到了波特的手里。等波特醒过来，还以为是自己杀了人。汤姆和哈克贝利吓坏了，逃进旧鞣皮工场，汤姆用红赭石在松木瓦上写下"哈克贝利和汤姆发誓对此事保密。如果泄露，情愿马上倒地死去，而且烂尸"，又从手指上刺出血，给自己的舌头上了锁链。第二天中午，因为乔的告发，波特被抓了起来。连着一

他随手捡起一段麦秆放在鼻子上，脑袋一股劲儿往后仰，尽力使麦秆平衡。

个星期，汤姆都被那个可怕的秘密和隐隐作痛的良心搅扰得睡不好觉。为了宽慰自己的良心，每隔一两天，他会给关在监狱里的"杀人犯"送去一点吃的。

蓓姬不来上学了，这更让汤姆开心不起来了。包莉姨妈急坏了，喂他喝止痛水，想不到他把它灌到了姨妈的黄猫的嘴里。猫发疯似的在屋子里翻筋斗，把老太太吓得呆若木鸡，用顶针敲他的脑袋："你干吗要这样整治那可怜的不会说话的畜生？""因为我可怜它，它连姨妈都没有一个。"蓓姬又来上学了，可是她鼻子翘得高高的，根本就不理睬汤姆。汤姆心灰意冷，他说他是个被抛弃的、无朋无友的孩子，没有人爱他。

这天，他在路上碰到了他的知心伙伴乔·哈泼，乔正好刚挨了他妈妈一顿揍，于是两个孩子决定离家出走。半夜，他们，还有哈克贝利，带着从家里偷出来的火腿、腌猪肉和平底煎锅，划着一只小木筏，顺着密西西比河，在距离圣彼得堡下游三英里路的杰克逊岛上了岸。他们在岛上当起了海盗，说永远不回文明社会中去了。到了白天，他们发现镇上的人坐着船在河上捞人，汤姆惊叫了起来："哥儿们，我知道谁淹死啦——是咱们哪！"三个人顿

"亲？干吗要亲呢？"
"哦，这个，你知道，是为了——反正，人家都这么干。"

时有了一种成了英雄的感觉。晚上，等乔和哈克贝利睡着了，汤姆悄悄游回家，他本想把一片写着"我们当海盗去了"的树皮留给包莉姨妈，可是听到包莉姨妈和乔的妈妈说星期天要给他们举行葬礼时，又改变了主意，溜回到了岛上。他们在岛上钓鱼、抽烟，还经历了暴风雨。等到葬礼那天，教堂里哭声一片，突然三个死去的孩子穿过人群走了出来，包莉姨妈他们立刻扑了上去。海盗汤姆望着四下里那些又妒又羡的孩子，他在心里承认，这绝对是他一生中最值得为之骄傲的时刻。这一天，汤姆挨的揍和亲吻比他以往一年中所挨的加起来还要多。

在学校里，尽管汤姆成了了不得的英雄，但蓓姬就是不理他，直到有一天蓓姬撕坏了道宾斯老师偷藏的一本书，汤姆站起来替她顶罪，挨了一顿最毒辣的鞭打时，她才原谅了他，她眼里向他射来惊讶、感激和爱慕："汤姆，你怎么会这么高尚啊？"

假期快到了，为了让孩子们在考试那天有出色的表现，道宾斯老师手里的藤条和戒尺很少有闲着的时候。孩子们计划狠狠地报复他一次。考试那天，镇上的显要和学生的家长都来了，当道宾斯老师在黑板上画地图时，从讲台上方的阁楼天窗里，一只身上拴着绳子的猫被降了下来，它抓走他的假发，他的秃头露了出来，是一个金色的秃头。原来趁他喝醉时，招牌匠人的儿子把他的头涂上了金色的油漆。

汤姆出麻疹了，在床上躺了漫长的五个星期。等他好了，法庭正好开始审理谋杀案，人人都认为是波特杀死了大夫。开庭那天，汤姆尽管怕得要命，还是出庭作证说："大夫抓过木板狠狠一抡，波特随着倒下，这时，印第安人乔拿过刀跳过来，然后——"嘭！印第安人乔像闪电一样朝窗户冲去，冲过一路上所有想拦住他的人，跑啦。这下汤姆又一次成了闪闪发光的英雄，还上了镇上的报纸，有人认为他将来如果不被绞死，便能当上

总统。

有一天，汤姆心中萌发了挖掘宝藏的强烈欲望，他叫上哈克贝利，去鬼屋寻找强盗埋藏的宝藏。当他们走到楼上时，发现逃跑的印第安人乔和一个同伙进来了，两个人要挖洞藏钱，不想挖出来一个满满装着金币的匣子。他们听见乔说："把它放到我那窝里去，不是一号，是二号。"天黑了，乔和同伙抱着那个匣子朝河边走去。

可是，跟父母去度假的蓓姬一回来，汤姆对印第安人乔和宝藏的兴趣立刻就降到了第二位。几天后的星期六，汤姆和好多孩子一起去参加蓓姬的野餐会，吃完了，孩子们钻进了麦克杜格尔洞，这是一个

早饭吃过以后，他们躺在树荫底下，哈克抽起烟

宛如巨大迷宫的洞窟。汤姆钻过一道瀑布，带领蓓姬去探险，结果越走越深，彻底迷路了。他们在洞里历尽波折，饥饿、干渴、黑暗和恐惧不断袭击着无助的他们。过了好几天，他们也没找到出路。更可怕的是，他们在洞中看见了印第安人乔……镇上的人们都以为他们死在洞中了，包莉姨妈和蓓姬的家人悲痛极了。星期二的半夜，镇上突然响起了一阵猛烈的钟声，原来有马车把汤姆和蓓姬给送了回来。汤姆告诉大家，在他们快要绝望的时候，蓓姬让他牵着风筝线去探路，当线拉到了头时，他正要转身回去，忽然瞥见了一星光亮，是一个小洞。他回头找来蓓姬，和她一起从洞口挤了出去。

两个星期以后的一天，汤姆去找蓓姬玩，她的爸爸撒切尔法官告诉他："汤姆，以后没人会在洞里迷路了，两个星期前我就叫人给山洞大门装上了铁门。"汤姆的脸一下白得像张纸："啊，印第安人乔在洞里！"等人们打开洞门一看，乔早就饿死在大门背后了。

汤姆和哈克贝利偷偷钻回到洞里，找到了乔藏在石头底下的那个宝匣，里面有一万两千余元，他们成了大富翁。两个人的小传上了报纸不说，走到哪儿，都有人向他们献殷勤、表示羡慕。撒切尔法官希望汤姆能成为一个了不起的律师或军人，他说

他打算让汤姆进国立军事学院，再去法学院受训。哈克贝利则被一个有钱的寡妇收养，领他进入了社交圈子。可他很快就受不了了，因为无论他想去哪里，文明的清规戒律都会挡住他的去路，把他的手脚捆绑起来。他逃了出来，但汤姆找到了他，劝他回家，哈克贝利说他过不惯那种日子，不愿被礼数束缚，可汤姆对他说："人人都如此呀，你不弄得体体面面的话，别人会怎么说？"

让我们来深入讨论作品

说到儿童文学中的经典顽童形象，我们首先想到的就是马克·吐温《汤姆·索亚历险记》中的汤姆·索亚。可是，这个形象并不是马克·吐温的首创，它的开山鼻祖是另一位美国作家托马斯·巴雷·奥尔德里奇，他那部半自传性质的小说《坏孩子的故事》比《汤姆·索亚历险记》整整早发表了七年。它的原书名是《The Story of a Bad Boy》，讲的是一个善良的坏男孩的故事——他并不坏，没有犯下什么令人发指的越轨行为，他的坏，只是相对于他身边的那些好孩子而言。我们现在说的顽童，其实就是源自Bad Boy这个词，只是我们没有采取直译

的方式把这类美国19世纪后期儿童文学中的经典角色译成"坏孩子"——"坏孩子"和"顽童",还是有着本质上的区别的,一个是不可救药,一个不过是淘气、恶作剧而已,还依然可爱。

……这个夏天,幼年丧母、住在姨妈家的小男孩汤姆,不断地逃学,不断地惹祸。他先是在墓地目睹了一场凶杀案;接着又瞒着家人,和两个小伙伴一起去小岛当了几天海盗,还参加了自己的葬礼;到处挖宝藏,最后,又和自己心爱的女孩一起迷失在山洞里……

或许会出乎大多数人的意料,尽管《汤姆·索亚历险记》塑造了一个风靡世界的顽童形象,但它并不是一本纯粹为孩子写的童书,连作者自己也在序中坦陈:"我写这本小说主要是为了娱乐孩子们,但我也希望大人们不要因为这是本儿童读的书就将它束之高阁。"他没有失望,一百多年来,这本书的读者始终一半是孩子,一半是大人。彼得·亨特在《儿童文学》中就指出了这个现象:"童书和成人书之间的界限,在《汤姆·索亚历险记》和它的续篇《哈克贝利·费恩历险记》中崩溃了。"怎么解释这种现象呢?芭芭拉·沃尔在《叙述者的声音:儿童小

说的困境》一书中说《汤姆·索亚历险记》和19世纪的作品一样,都具有既面对孩子叙述又面对大人叙述的"双重声音"。玛杰丽·费希尔则说过一句完全适用于《汤姆·索亚历险记》的话:当你把《哈克贝利·费恩历险记》作为一个探索的男人的寓言来读,它就不是童书;当你把它作为一个有趣、感人、散漫、精明和诚实的少年时代的故事来读,它就是童书。

对于这本"在想象中回顾了在密西西比河畔一个小镇上度过的童年"的小说,马克·吐温自己的评价是:"一首用散文来表现的赞美诗,给了它一种人世间的气息。"不过,它绝对不是一首田园牧歌。虽然汤姆的身边有尚未遭到现代文明污染的小镇,有可以游泳的大河,有可以玩海盗游戏的小岛和探险的洞窟,在一个孩子的眼里宛若天堂,但它并不是像有人形容的那样是一部"以牧歌般的笔调描绘了作者的少年时代、散发着浓郁乡愁"的作品,而是一个汤姆与大人、与僵化而陈腐的社会抗争的故事,如同日本学者在《世界儿童文学概论》中指出的那样:马克·吐温是要透过一双自由且充满野性、具有正义感的纯真孩子的眼睛,对企图把那个时代的人们塞进一个无聊、文明的空壳里的社会,特别是对它的因循守旧和伪善,进行了揭露和批判。

那么,汤姆这样一个顽童,到底对大人和社会做出了怎样的挑战呢?

先让我们来看看汤姆几岁了。

很奇怪,马克·吐温在《汤姆·索亚历险记》里没有为汤姆设定年龄,我们只能推测。这是发生在一个夏天里的故事。故事开始时,汤姆似乎不大,是个调皮捣蛋的小小孩,因为他的那些所作所为实在是太幼稚、太让人哭笑不得了:给别的孩子刷木板篱笆的机会,换来的东西却是一把什么也开不了的钥匙、两只蝌蚪、四块橙子皮;在姨妈的眼皮底下偷糖吃;在教堂里逗狗跟甲虫咬架……可到了后来,汤姆却又像是一个成熟而又冷静的大男孩,比如最后他和心爱的女孩蓓姬身陷迷宫般的洞窟

过了不一会儿,她已经泪流满面地念起了汤姆那块树皮上的话,接着她说:"哪怕他犯下了一百万桩罪过,我也能原谅他!"

汤姆和哈克贝利在榆树下挖宝。

那场戏，饥饿、干渴、黑暗，再加上恐惧，换作一个小小孩早就绝望地放声痛哭了，但汤姆表现得比大人还理智、坚强，给人的感觉完全是一个心智成熟的少年。这样推测下来，汤姆的年龄应该是介于十至十二岁之间吧。白井澄子在与人合著的《英美儿童文学的黄金时代》一书里将汤姆分成了两个汤姆，一个是"青春期前的汤姆"，一个是"青春期的汤姆"，强调他是个多面性的人物，并引用了山中康裕的一句话："（十至十二岁这个年龄段）是触及人根源性东西的时期。"

汤姆，绝不仅仅是一个逗人发笑的顽童，作为马克·吐温用来颠覆当时流行的说教式的儿童文学作品的一个角色，他首先反抗的就是大人社会的道德标准。比如，他蔑视大人眼中的好孩子。故事里至少有两个被全镇的大人树为楷模的模范男孩：一个是"爹娘都是德国人"的男孩，一口气能背三千首圣诗（他显然不是马克·吐温心目中的模范男孩，因为书里嘲笑他"变成了一个比白痴强不到哪儿去的人"）；一个是威利·麦弗逊，"他小心翼翼地照顾着他的妈妈，好像她是雕花玻璃做的一样。他每次都领着妈妈来教堂，成为所有妈妈的骄傲"。汤姆却从不把他们视为榜样，借用书里的话来说，就是"汤姆不是村里的模范男孩，但他对那位模范男孩非常熟悉，并且很讨厌他"。再比如，他从不盲

目地顺从大人的说教，是个叛逆儿。大人说哈克贝利·费恩这个流浪儿是个坏孩子，"镇上所有的母亲都打心眼儿里既恨又怕"，汤姆却偏要和哈克贝利成为最好的朋友，他才不信大人那一套呢，他羡慕哈克贝利这个"过着浪漫生活的弃儿"，因为他不用上学，想玩多久就玩多久，从来不必梳洗，也不必穿干净衣服，"凡是生活中叫人痛快的事，这孩子全占了"。

汤姆喜欢恶作剧和冒险，还逃学、撒谎、抽烟、在教堂捣乱、逃离大人的监管……他干了不少坏事，但他绝对不是一个坏孩子。他心地善良，有正义感，借用他姨妈的一句话来说，就是"他其实不算坏——只是喜欢恶作剧。你们知道，就是比较冒失，有点胡来。他就跟匹小马驹子一样，不该受责怪。他从来没使过坏。而且，他是个少见的好心肠孩子"。

即便是他的种种恶作剧和冒险，如果细细追究起来，其实目的只有一个，就是渴望别人承认，要成为一个英雄。每次骚动之后，他也确实如愿以偿了。你看，当人们以为他被淹死，为他举行葬礼时，他凯旋了，"海盗汤姆望着四下里那些又妒又羡的孩子，他在心里承认，这绝对是他一生中最值得为之骄傲的时刻"。你看，当他在法庭指证了真

"我的天，哈克，你看哪！"
果然是那个财富箱子，它在一个隐秘的小洞穴里，千真万确。

正的凶手之后，"汤姆又一次成了闪闪发光的英雄——受到年长的人的宠爱和年少的人的忌妒"。说起来，他这种渴望吸引别人视线的欲望，应该是出自一个少年的本能吧？对于他的这种"英雄愿望"，神宫辉夫在《儿童文学的主角们》一书中分析说："虽然他的言行，不过是一个渴望成为英雄的少年的自我显示欲的表现，但这绝不仅仅是惊扰一场，而是对从信仰到道德、教育、习惯以及所有方面都停滞不前、因循守旧的大人的社会和生活的批判。"不过，也有人持反论，查尔斯·弗雷和约翰·格里菲思在《重读童书》中就提出了一个颠覆性的论点，说汤姆实际上是把整个小镇当成了绝好的观众，他知道怎样博得大人的叫好声，他并不是一个支撑人们的价值观和哲学的反叛者。

不管怎么说，汤姆还是给笼罩在"昏昏欲睡的气氛"的大人社会带来了一股活力。试想一下：如果不是汤姆导演了这一幕幕喜剧，镇上的人们会有这么多的悲伤和快乐吗？

关于《汤姆·索亚历险记》这本书，争议最大的就是它的结尾。因为在故事的最后，一直反抗大人世界的汤姆居然妥协了，被一直渴望逃离的所谓文明社会收编了，和大人站到了一起。他不但自己成为一个好市民，还把逃走的哈克贝利找了回来，规劝他做一个体面人，接受那个有钱的寡妇的收养，不然连他汤姆自己都会被人瞧不起。这显然大大削弱了作品的批判力量。然而，我们也可以换一个角度来看待汤姆的这种变化。这本书的原版编者约翰·C.葛伯就指出："作品其实是对成长进程的一种嘲讽性的说明，因为汤姆最后更接近于圣彼得堡的成人，这些成人往好里说是虔诚而善感，往坏里说则遇事不能容忍，生性残酷……马克·吐温很可能是想提醒我们：我们在长大成人的过程中往往越来越看重社会习俗和社会的赞许与否，越来越丧失我们对个人自由的热爱。"

马克·吐温被称为幽默大师，他在一篇题为《如何讲故事》的短文中，曾经对幽默有过精辟的论述："幽默故事，其效果取决于故事的讲述方式……讲述幽默故事要表情严肃。讲述者要竭力装着自己一点也不觉得故事有什么可笑之处……"《汤姆·索亚历险记》就是一部幽默小说，它不仅人物幽默，情节幽默，语言也幽默。例如，读到"汤姆说，'箭落在哪儿，哪儿就是可怜的罗宾汉在绿林树下的葬身之所。'然后他射出箭去，往后一倒，应该就此死了，谁知他正好倒在一株有刺的荨麻上，他马上蹦了起来。这对一具尸体来说，动作太欢快了"这样的句子时，你不可能不笑。

中文译本推荐

《汤姆·索亚历险记》
成时/译
人民文学出版社
2008

《汤姆·索亚历险记》
张建平/译
上海译文出版社
2010

延伸阅读

《哈克贝利·费恩历险记》
成时/译
人民文学出版社
2008

木偶奇遇记

原书名及初版时间：*The Adventures of Pinocchio*, 1883
作　　者：[意] 卡洛·科洛迪 (Carlo Collodi)
插　　图：[意] 罗伯特·英诺森提 (Roberto Innocenti)
出版社：Creative Editions, 1989

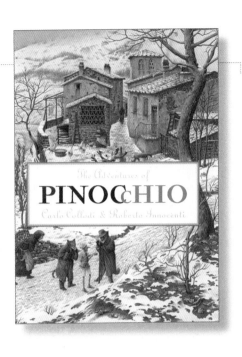

获奖及推荐记录

⊙被译为200种语言以上的儿童文学传世经典
⊙1989年美国《号角书》杂志年度好书奖
⊙入选美国《最佳童书：从学前到小学六年级》
⊙入选美国《纽约时报家长指南：最佳童书》
⊙入选英国《你长大之前必读的1001本童书》
⊙入选日本《世界少男少女文学：幻想文学50本》

是谁写了这本书

　　卡洛·科洛迪（1826—1890），出生于意大利。他的本名叫卡洛·洛伦齐尼，在一个有九个兄弟姐妹的下层社会家庭中长大。因为父母非常贫穷，身为长子的他被送到母亲出生的小镇科洛迪与祖父母同住（后来他用这个小镇的名字做了自己的笔名）。他先是在一所教会学校学习，后来又在一家书店打工，开始对文学产生了兴趣。他当过记者、作家和编剧，还曾经参加过意大利民族解放战争。

　　他在五十岁的时候，开始着手翻译贝洛等人的法国童话，并写了《贾涅蒂诺的地埋学》、《贾涅蒂诺的算术》等一系列给小学生看的知识性儿童读物。几年以后，当《儿童报》的主编向他约稿时，他便以《木偶故事》为题创作了一个连载故事，分期发表在这份报纸上。1883年，这个连载故事经过增改补写，以《木偶奇遇记》为书名由欣喜之页出版社出版。

　　1940年，迪斯尼将它拍成了一部至今仍为孩子们喜爱的动画长片。

先来认识一下书中的主要出场人物

杰佩托
穷人，邻居木匠樱桃师傅给了他一段会说话的木头，他用它雕了一个木偶。
匹诺曹
木偶，杰佩托的儿子。
蟋蟀
会说话，后来变成了蟋蟀精灵。

狐狸和猫
一对大骗子。
蓝发仙女
一个蓝色头发的美丽女孩，住在一座雪白雪白的小房子里。她实际上是个仙女，在树林里已经住了一千多年。

匹诺曹羞愧得无处藏身，想从屋子里跑出去，但是没有成功，因为他的鼻子长得太长了，从门里已经走不出去了。

这本书讲了一个什么故事

从前，有一个……

"一个国王！"我的小读者们一定会这么嚷起来。

不是的，孩子们，你们猜错了。从前有一段木头。我不知道这是怎么一回事，只知道有一个大晴天，这段木头躺在老木匠樱桃师傅的店铺里。

他一看到这段木头，高兴得两眼放光："我刚好可以用它做小桌子的一条腿。"他正要砍，忽然听到一个细小的声音向他恳求："别这么使劲儿打我！"他以为声音是自己想出来的，就又砍了一斧子。"哎呀，你伤着我了。"细小的声音又喊了，好像很痛似的。这时候樱桃师傅可真是吓呆了，恰好一个活泼的小老头走进门来，他叫杰佩托，他说他想要一段木头做一个木偶，能走路跳舞，樱桃师傅就把那段会说话的木头送给了他。

杰佩托是个穷人，一回到家便立刻做起木偶来。他给木偶起名叫匹诺曹，因为他以前认识一家子叫匹诺曹的：匹诺曹爸爸，匹诺曹妈妈，匹诺曹老大、老二、老三，他们个个都很出色，最富有的一个是个乞丐。奇怪的事情发生了，他做完眼睛，木偶的眼睛会瞪他；做完鼻子，木偶的鼻子会自己长长；做完腿，木偶跑到了大街上。最后，一个宪兵抓住了这个叫匹诺曹的木偶，可当他听到杰佩托说回家要教训他时，就躺在地上不肯起来了，结果杰佩托反而被抓进了监狱。

匹诺曹回到家里，墙上一只会说话的蟋蟀因为告诫他"不想上学，只想吃喝玩乐睡大觉的人，结果不是进医院，就是进监狱"，又因为讥笑了他一句"我可怜你，因为你是个木偶，更糟的是，你还长了一个木头脑袋"，惹火了他，被他一木锤砸扁了。他饿了，想煎个鸡蛋，谁知打破蛋壳，却从里面掉出一只小鸡，张开翅膀从窗口飞走了。他又去别人家拉门铃讨吃的，被一盆水浇成了落汤鸡。他又饿又累地回到家里，把脚搁在火盆上，就睡着了。他那双木头脚烧了起来，一点点地烧成了灰烬。第二天早上杰佩托回来了。听到父亲敲门，匹诺曹从凳子上跳下来要去开门，却摔倒在了地上。他向父亲保证，以后要做一个乖孩子，还说："我要学一门手艺，到你年老的时候安慰你，养活你。"父亲还能说什么呢，只能眼含热泪地为他重新做了一双脚。他说他要去上学，于是，父亲冒着大雪出门去了。不一会儿，他就回来了，手上拿着课本。"你的外套呢，爸爸？""我把它卖了，因为穿着太热了。"

雪停了，匹诺曹夹着课本去学校。看到广场上一个帆布棚子里在演木偶戏，他就把课本两便士卖给了小贩，进到了剧场里。舞台上的木偶一看到

于是他举起斧头，使劲儿朝那段木头劈下去。
"哎哟！哎哟！你把我弄得好痛啊！"还是那个小声音悲哀地叫起来。

他，都欢呼起来，剧场里乱了套。"你为什么到我的剧场里来捣乱？"经理食火者来了，他的长胡子从下巴一直拖到地上。演出一结束，食火者叫两个木偶把匹诺曹抓来，因为他没有足够的柴火来烤羊。匹诺曹绝望地尖叫："爸爸，救救我，我不愿意死啊。"这让食火者可怜他了，打了一个喷嚏，他只有在表示同情时才会打喷嚏。第二天，他问匹诺曹："你父亲叫什么名字？""杰佩托。""他的职业是什么？""穷人。"他给了匹诺曹五个金币，让匹诺曹带给父亲。

没走多远，匹诺曹就遇到了狐狸和猫。这对骗子劝他把五个金币埋在猫头鹰国的一块奇迹之地，第二天就会长出一棵结满两千五百个金币的金币树。匹诺曹信了，他跟他们走到天黑，先在红虾旅馆住了下来。说好半夜出发，可当他半夜被店主叫醒时，才知道狐狸和猫已经先走了。路上，一只闪着微光的昆虫忠告他："别相信那些说能让你一夜变富的人，路上很危险。"是那只会说话的蟋蟀的灵魂。果然，两个可怕的黑影追了上来，他逃了两个小时，逃到了一幢雪白的小房子前面。他拼命砸门，窗口出现了一个蓝头发的美丽女孩，她闭着眼睛，嘴唇一动不动，用来自另一个世界的声音说话："这房子里没有人，他们全都死了，我也死了。"说完，窗户就无声无息地关上了。匹诺曹被两个刺客抓住了，因为他不肯把藏在嘴里的金币吐出来，他们就把他吊在了一棵大橡树上。等了三个小时，他们失去了耐心，决定等明天他张大嘴巴死了再来。很快，他就被绳子勒得透不过气来，失去了知觉。

其实，那个蓝发女孩是个仙女，她已经在这树林里住了一千多年了。看到不幸的木偶被吊在树上，萌发了同情心，叫猎鹰和卷毛狗把他救了回

然后，她们转向匹诺曹，把他夹在中间，命令道："往前走，快点，否则你没有好果子吃！"

来。他对仙女说了他的遭遇，仙女问他："那四个金币呢？""我把它们弄丢了。"他说谎了，金币就在他的口袋里。他的鼻子一下子长得老长。仙女只好拍手叫来一千只啄木鸟，啄掉他的长鼻子。仙女告诉他，她愿意做他的小姐姐，希望他留在这里，还说他父亲今天晚上就会来这里。匹诺曹欢天喜地地出门去接父亲了。想不到，他又一次遇到了狐狸和猫。这下他倒透了霉，金币被骗走了不说，还被农民捕黄鼠狼的铁夹子夹住，成了看门狗。当他再次回到蓝发仙女的家时，发现那座小白房子不见了，一块石碑竖在那里："这里安息着/蓝发仙女/由于被小弟弟匹诺曹抛弃伤心而死。"他扑上去，成千次地吻它，哭了整整一个晚上。后来，一只鸽子背着他，把他送到了六百多英里外的海边。鸽子说，他父亲造了一条小船，出海去找他了。

赶到岸边，匹诺曹刚好看到父亲的小船被风浪打沉。"我要救我爸爸！"他跳进了海里。在一个小岛，他认出来一位给他吃喝的妇人就是蓝发仙女。她长大了，她说自己可以做他的妈妈了。他说他也想长大，但蓝发仙女回答道："你是长不大的，因为木偶是从来不长的。他们生下来是木偶，活着的时候是木偶，死的时候还是木偶。"匹诺曹说他想变成人，仙女说那你先要学着做一个好孩子。

匹诺曹真的去上学了，他努力学习，连老师都夸奖他了。可有一天，他和几个无赖朋友在海边打了一架，一个倒霉蛋被书砸中太阳穴，倒在了沙滩上。别的孩子都逃了，唯有匹诺曹被警察抓住了。他不想被警察押着从好心的仙女的窗户下走过，全力朝海边逃去。他和追他的狗一起冲进了海里，狗不会游泳，他把狗救上岸，而自己却被一张大渔网

匹诺曹看到自己的头上长出了一对驴耳朵！

捞了上来。渔夫以为他是一只龙虾，蘸上面粉，就要下油锅，那条狗冲进来救了他一命。回到家里，仙女没有给他开门，一只蜗牛花了九个小时才从四楼爬到大门口，把门打开。不过后来仙女还是原谅了他，答应再给他一次机会。

在这一年剩下的时间里，匹诺曹一直遵守自己的诺言，成了学校里最优秀的学生，这让仙女很满意。一天，她对他说："明天，你的愿望就要实现了。明天你就再也不是一个木偶了，你会变成一个真的孩子。"匹诺曹高兴得跳了起来，他去请同学来参加明天的早宴。但是，很不幸，在木偶的生活中，总是有"但是"把一切都弄糟了。不到一个小时，他就通知了所有的朋友，只剩下最喜欢的蜡烛芯了。蜡烛芯说他要去一个地方，那里星期四学校从来不上课，而每一个星期中有六个星期四和一个星期天，秋假从1月1日放起，一直放到12月的最后一天。匹诺曹跟他一起上了驴车。结果在这个玩乐国，有一天早上起来，他发现自己长出一双驴耳朵，变成了驴。他被卖给马戏团，又被人拴上石头，推进海里，等着淹死好用他的皮做一面鼓。不过，鱼吃光了他的驴身体，他再次逃脱。最后，他被一条大鲨鱼吞下肚去，在鱼肚子里，居然见到了父亲！父亲说他大约两年前就被关到这里来了。因为这是条老鲨鱼，还有哮喘病，不得不张着嘴巴睡觉，匹诺曹领着父亲逃了出来……

后来的五个多月里，匹诺曹天天去干活，给父亲赚牛奶钱。有一天，蜗牛来了。匹诺曹问："我的好仙女呢？""她得了重病，连买一小块面包的钱都没有了。""那把我要买新上衣的钱拿去

吧！"这天夜里，匹诺曹梦见了仙女。醒来以后，他发现自己不再是一个木偶，而是一个男孩了。他问父亲："原来的那个木偶匹诺曹哪去了？""就在那儿。"父亲指了指靠在椅子边的一个大木偶。他的头歪向一边，两条胳膊耷拉着，两条腿弯曲交叉着，他还能站在那儿，真是个奇迹。匹诺曹转过身去看了他一会儿，然后满意地对自己说："当我是一个木偶的时候，多么可笑啊！我真高兴变成了一个真正的男孩！"

 让我们来深入讨论作品

意大利著名学者达妮埃拉·玛凯斯基曾经给出过这样一个论断："在世界范围内，除了《圣经》和《古兰经》，《木偶奇遇记》是拥有读者最多、销售量最高的作品。"这话听上去多少有点危言耸听，一是因为这个数字根本就无法统计，二是因为类似的论断太多了，比如德国人就说过"在德语圈及英语圈，《格林童话》的发行量之大、传播范围之广甚至堪比《圣经》"之类的话。不过，有一点倒是确凿无疑的，就是《木偶奇遇记》确实大名鼎鼎（其实更多的是借助了迪斯尼同名动画片的魔力）。不管你在什么地方，只要一说起那个一说谎话，鼻子就会变得老长的小木偶，人们就会脱口而出："啊，匹诺曹！"

《木偶奇遇记》的中译本出了不下几十种，关于它的评价，几乎都是千篇一律的溢美之词：一部寓教于乐、告诉人如何做一个好孩子的童话……翻来覆去就是这么一句话，是不是陈词滥调不说，荒唐的是，被我们赞扬了几十年的，恰恰是它最为人诟病的地方。对于《木偶奇遇记》，国外的儿童文学研究者们最大的一个指责就是它充满了可怕的道德说教和惩罚。例如查尔斯·弗雷和约翰·格里菲思的批判，就极具代表性："用现代的批评家和读者大力推举的优秀儿童文学的标准来衡量，《木偶奇遇记》并不是一个让人愉快的故事。它教训性太强，而且冗长乏味。它的故事就是：小主人公经过一个漫长的残酷磨炼、忍受耻辱和说教的过程，终于像清教徒那样彻底地厌恶自己，拒绝了游戏和娱乐。"

难道不是这样吗？

第一个出来教训匹诺曹的，是在房间里住了一百多年的会说话的蟋蟀。他一开口就没个完："可怜的小傻瓜！如果你光想着玩的话，长大了你就会成为一头十足的蠢驴，大家都会耻笑你的，难道你愿意这样吗？"……即便是被粗暴的匹诺曹一木锤子砸死，变成了鬼魂，他也缠住匹诺曹不放，继续在黑夜里对他进行说教："别相信那些说能让你一夜变富的人，我的孩子，一般说来，他们不是疯了，就是流氓。""你记着，任性、固执的孩子早晚会后悔的。"……关于这只不死的蟋蟀，有人解读为是匹诺曹的良知，或者说是外在的超我化身。

第二个出来教训匹诺曹的，是他的父亲杰佩托。不过他说教的机会不多，卖了外套，给匹诺曹买来识字课本，并让他保证做一个好孩子、去上学之后，就被大鲨鱼吞进肚子里去了，而且在里头一住就是两年。父亲在这个故事里，更多扮演的是一个让匹诺曹产生负罪感的角色，每当匹诺曹犯下大错之后，就会为背叛了父亲的期望而哀叹一声："我那可怜的爸爸！"

第三个出来教训匹诺曹的，是在树林里住了一千多年的蓝头发仙女。她美丽、仁慈而又善良，是一个类似民间童话里帮助主人公摆脱困境的魔法人物。她说她爱匹诺曹，先是说做她的姐姐，后来又说做她的妈妈，还不停地变身，出现在匹诺曹迷途的地方，对他进行规劝和指引。她对匹诺曹的说教可谓苦口婆心："我的孩子，这么说话的人最后不是进了监狱，就是进了医院。"……有好几次，匹诺曹被她说得都险些改邪归正了。但她的行为，如果细细追究起来，一点都不慈爱，倒像一个残忍的女巫呢，相当让人费解。你看，匹诺曹被人追杀来敲门，她不开，立在窗口说她已经死了。她眼看着匹诺曹被吊在树上，在阵阵北风中上下飞舞。你看，匹诺曹几天未归，她竟假装她死了，还竖了一块写着"这里安息着/蓝发仙女/由于被小弟弟匹诺曹抛弃伤心而死"的墓碑，结果让匹诺曹信以为真，成千次地吻这块墓碑，哭得连四周的山冈都响起了回声。你说，哪有这样玩弄和折磨一个幼小孩子心灵的，是不是有点令人发指？

既然说教无效，匹诺曹当然就要遭受一点皮肉之苦了。问题是，这可不是挨几个巴掌那样的体罚，简直就是恶魔的酷刑——让火盆把他的一双脚烧成灰烬，吊在树上让他失去知觉，让一千只啄木鸟来啄他的长鼻子，让捕黄鼠狼的铁夹子夹住他的腿，让他被渔夫的大网网住，让他变成一头驴，让他淹死，让他被一条大鱼吞进肚子里去……

你说，又有哪一个孩子能经受得起这样的摧残呢？所以请注意看，每当可怜的匹诺曹惨遭一次惩罚之后，都会站在那里，痛哭流涕地唠唠叨叨说上一大堆悔罪的话："我是活该！我真是活该！我就是想当一个流浪汉和一无所用的人。我老是听坏人的话，这就是我总是遭到不幸的原因。要是我同许多孩子一样，是个好男孩，要是我愿意学习和干活儿……"

可我们不禁要问，匹诺曹到底犯了什么罪行，让他吃这么多苦头呢？

其实匹诺曹的所作所为，除了偶尔的一次撒谎之外，绝大多数都是出自一个孩子的天性，根本就谈不上什么罪行。被火烧脚——是因为他淘气逃出了家门；被吊在树上——是因为他好奇，想让一个金币变成两千个；被渔网网住——是因为学校的一群小无赖鼓动他仇恨学校、功课和老师；被变成一头驴——是因为他克制不住贪玩的冲动，想去"星期四学校从来不上课，而每一个星期中有六个星期四和一个星期天"的玩乐国；被吞进大鱼的肚子——是因为他想去拯救自己的父亲。

我们知道，匹诺曹虽然出生的时候是一个木偶，但他身上并没有太多木偶的特性，就是一个彻头彻尾的小男孩——不然他被吊在树上时，怎么会被绳索勒得透不过气来？一个没血没肉的木偶是不可能被勒昏的。所以日本学者写的《世界儿童文学概论》上才会说："身为木偶的匹诺曹，与其说是一个被拟人化的玩偶，不如说是一个脱离了玩偶本性、不懂事的淘气的人类小孩。虽然故事的结尾写道，匹诺曹变成了一个活人，但那只是说他成长为一个听话的好孩子，描述的并不是因为玩偶尔产生的苦恼和悲伤，而是人想成为一个好孩子，却总是难抵诱惑、总是成不了好孩子的苦恼。"

既然匹诺曹是一个孩子，上述的种种惩罚是不是太不人道了呢？这或许是19世纪意大利农村少年严酷生活的真实写照，但不管怎么说，在一百年后的今天重新审视这个故事，我们还是会为匹诺曹感到悲哀——为了变成一个符合社会期待的好孩子，他只能压抑天性，放弃追求快乐，饱受创伤，向社会规范屈服。特别是读到结尾的一段，当脱胎换骨的匹诺曹看着那个东倒西歪的过去的自己，欢天喜地地对自己说"当我是一个木偶的时候，多么可笑啊！我真高兴变成了一个真正的男孩"时，我们心中充满了惋惜：至此，一个天真、好奇心旺盛而又带点野性的少年就从这个世界上永远地消失了。

不过一个有趣的现象是，尽管有那么多人批评《木偶奇遇记》是一本说教味极浓的书，但这一点都不影响它成为一部深受孩子们喜爱的儿童文学经典。两个多世纪以来，它一版再版，显示出一股顽强的生命力。

这是为什么呢？其实，撇开它连篇累牍的教育性不谈，单就文本而论，它绝对是一个无法复制、任何时代都会让孩子们着魔的好故事。科洛迪运用了民间故事的形式，但他没有因循守旧，而是革新传统，开头的第一句话就来了一个极具喜剧效果的大胆颠覆："从前，有一个……"就在我们误以为这是一个从前的故事时，他突然话锋一转，邀请落入圈套的读者走进故事："'一个国王！'我的小读者们一定会这么嚷起来。不是的，孩子们，你们猜错了。从前有一段木头。我不知道这是怎么一回事，只知道有一个大晴天，这段木头躺在老木匠樱桃师傅的店铺里……"噢！在发出会心微笑的同时，我们恍然大悟：他要说

的这个故事，并不是发生在一个远离我们的幻想世界，就是19世纪意大利贫穷的乡村。杰克·齐普斯在《童话·儿童·文化产业》一书中说到它的结构和形式时，就曾总结说："科洛迪以口传民间故事和文学童话故事作为基础并加以融合，以创造非他莫属的古怪生物所居住的魔幻园地。"还有，因为它最初是一个连载故事，为了吊足读者的胃口，所以科洛迪把它写得险象环生，每一章的结尾都留下一个悬念。再加上他挖空心思原创的那一大批光怪陆离的人物：会说话的蟋蟀、长胡子从下巴一直拖到地的食火者、蓝头发仙女、大骗子狐狸和猫、尾巴冒烟的大蛇、从四楼到大门口爬了九个小时的蜗牛、肚子里装着一整条大船和一个活人的大鲨鱼等，想不吸引孩子的视线都难。

孩子们又会怎样来看待书中的那些说教呢？他们或许不会像大人那样敏感。另外，不说谎，上学做一个好孩子，这些道德品质教育，即使是在我们的这个时代，也依然被一遍又一遍地重复着。至于那些骇人听闻的惩罚，孩子们都知道那不过是一种童话般的夸张，并不会发生在自己的身上。

常常有人拿《木偶奇遇记》与马克·吐温的《汤姆·索亚历险记》来进行比照研究，说匹诺曹与汤姆有许多相似之处，都是一个善良的坏孩子，而这一类人物往往特别受人欢迎。艾莉森·卢里就说正是犯错和反叛而不是完美道德典范，才让它读起来更有趣。她在《永远的男孩女孩：从灰姑娘到哈利·波特》一书里，还引用了评论家瓦斯·库内兹的一句经典名言："匹诺曹是因为他的不端行为被大家喜爱的。"

中文译本推荐

《木偶奇遇记》
任溶溶/译
浙江少年儿童出版社
2011

《木偶奇遇记》
张鹏、叶晶/译
明天出版社
2009

《木偶奇遇记》
陈涓、裘因/译
少年儿童出版社
上海译文出版社
2009

《木偶奇遇记》
徐调孚/译
春风文艺出版社
2009

《木偶奇遇记》
祝本雄/译
译林出版社
2009

金银岛

原书名及初版时间：*Treasure Island*, 1883
作　　者：[英] 罗伯特·路易斯·斯蒂文森 (Robert Louis Stevenson)
插　　图：[英] 约翰·劳伦斯 (John Lawrence)
出版社：Kingisher, 2005

获奖及推荐记录

⊙入选英国最大连锁书店Waterstones "最受喜爱的100本童书"
⊙入选英国BBC "大阅读：最受欢迎的100本小说"
⊙入选英国《你长大之前必读的1001本童书》
⊙入选美国《最佳童书：从学前到小学六年级》
⊙入选美国《纽约时报家长指南：最佳童书》
⊙入选日本《儿童文学的魅力：今天阅读的100本世界名作》
⊙入选日本《世界少男少女文学：写实文学50本》

是谁写了这本书

　　罗伯特·路易斯·斯蒂文森 (1850—1894)，出生于英国。他的祖父和父亲都是有名的灯塔建筑师，但他未能子承父业。他虽然先是进了爱丁堡大学学习土木工程，后来却改学法律。毕业后，他取得了律师资格，不过只受理过四单委托业务，全部收入没有超过十英镑。

　　他自幼便表现出写作欲望，十多岁时曾有意模仿著名作家的诗文进行习作。

　　二十六岁时，他在巴黎邂逅了因与丈夫感情破裂而处于苦闷中的美国人芬妮·奥斯本太太，两人产生了爱情并于四年后结婚。她比他大十岁，还是三个孩子的母亲。日后，正是为了娱乐其中的一个继子，他创作了成名作《金银岛》。

　　《金银岛》的成功，激发了他的创作欲望，在不到十年的时间里，他又接连发表了《化身博士》、《诱拐》、《黑箭》等名篇。

　　可惜的是，他从小就体弱多病，大半生都忍受着疾病的折磨。四十四岁那年，他在南太平洋的岛国萨摩亚与世长辞，按照他生前的愿望，他被葬在一座能够俯瞰太平洋的山上。

先来认识一下书中的主要出场人物

我
故事的叙述者。在故事里他是一个男孩，名叫吉姆，父亲在海边开了一家名字叫 "本葆将军" 的小客店。

比尔
老海盗。他自称船长，脸上有个刀疤。有一天他突然住进了本葆将军客店，要 "我" 看见一个只有一条腿的水手，立即给他报信。

屈利劳尼先生
乡绅。

李甫西大夫
医生。

约翰·西尔弗
高个儿，只有一条腿，但左肩下的一根拐杖却出奇的听他使唤，一跳一跳地走起路来，简直像一只小鸟。他是望远酒店的掌柜，外貌看上去整洁而和气，不像是一个海盗。他养了一只两百岁，会叫 "八个里亚尔" 的鹦鹉。

斯摩列特船长
寻宝船 "伊斯班袅拉号" 的船长。

本·甘恩
被同伙们丢弃在无人荒岛上整整三年的一个海盗。

从第一眼望见陆地时起，我就恨这个埋藏着金银财富的海岛。

这本书讲了一个什么故事

乡绅屈利劳尼先生、李甫西大夫要我把有关藏宝岛的全部详情写下来。现在（17××年），我就拿起笔，回到我父亲开设本葆将军客店的时代。当年，脸上有一道刀疤的比尔船长就住在我们店里。现在回想起他来，简直像是昨天发生的事情。

他十分凶暴，住了一个又一个月，预付的那点钱早就花完了。他整天喝得醉醺醺的，每月给我四个便士，让我看到一个只有一条腿的水手就向他报告。冬天，一个名叫黑狗的水手来找他，他一刀砍伤黑狗，自己却中风倒在了地上。幸亏李甫西大夫来看我父亲的病，救了他一命。他告诉我他过去是有史以来最残暴的海盗船长弗林特的大副，他叮嘱我："吉姆，黑狗是个坏蛋，那个派他来的人更坏。万一我不能从这儿脱身，他们给我送了黑券，你记住，他们的目标是我的水手箱……"这天傍晚，我父亲死了。葬礼那天下午三点，来了一个瞎子，塞给船长一张黑券，黑券上写着："限你今晚十点钟交出。"船长看了一眼，就整个身体扑倒在地，脑溢血骤然身亡。我从他脖子上找到钥匙，打开他的水手箱，我母亲拿回他欠的账，我拿走了一个油布裹着的小包。这时，瞎子又率人赶来了，还算好，我和母亲及时逃了出去，缉私队的人赶来救了我们。我被带到乡绅屈利劳尼家里，李甫西大夫也在。当大夫打开小包，才发现里面有一张海岛的藏宝图。乡绅说他要买一艘大船去寻宝，大夫说他也和我一起去，还说他只对一个人不放心。"对谁？"乡绅问，"把那个浑蛋的名字说出来！"大

夫说："对你，因为你管不住你的嘴！"

乡绅从港口来信了，说船已经买好了，船长也找好了，一个只有一条腿、名叫高个儿约翰·西尔弗的老水手，愿意当船上的厨子，还找来了一班样子不好看，但意志坚定的老水手。我连夜坐邮车赶到港口，乡绅说我们明天就出海。他让我给西尔弗送张便条，我走进他开的酒店，看见了那个来找过比尔船长的黑狗，他看见我就逃出了门外。起先我以为西尔弗就是比尔船长说的那个"只有一条腿的水手"，但这位整洁而和气的掌柜，完全和我见过的几个海盗不一样。他身高体壮，一张脸一点都不愚蠢。他的左腿一直截到臀部，挂着拐杖一跳一跳。我觉得他挺有趣，认为交上这样一个同船伙伴真是再好也没有了。

"伊斯班袅拉"号开始了它向藏宝岛的航程。

我不准备详细叙述航程。当我们驶向那个海岛，只剩下一天路程时，我想吃苹果，就爬进甲板上的桶里去找那最后一只苹果，结果我睡着了。等

他生性很少说话，整天在小湾附近转来转去，或者带着一架铜管望远镜攀登峭壁。

我醒来，偷听到了西尔弗的说话声。只听了几句我就明白，船上所有好人的生命都系于我一人之身了。原来，他是海盗船长弗林特的舵手，他招来的人都是海盗。"几时下手？"副水手长问。西尔弗回答说："我打算让乡绅和大夫去发掘宝藏，帮咱们运到船上，那时再作道理。""等他们落在咱们手里的时候，怎么处置他们？"西尔弗说："我主张执行死刑……"这时，从瞭望哨那里传来了欢呼声："陆地！"趁着全体水手集合到甲板上眺望时，我溜进舱房，把我听来的话告诉了船长、乡绅和大夫。船长决定在他们最不防备的时候先发制人。不过，敌我双方的力量太悬殊了，我们这边只有六个大人，而他们却是十九个。

船停在港湾里。船长计划让西尔弗他们上岸去，好把船夺回来。西尔弗，这个实际上的船长，领着十三名水手分坐在几只划子里，朝岸上划去。我忽然想到一个近乎疯狂的主意——多亏这个主意我们后来才得以死里逃生。我决定上岸去，我翻过船舷，跳进最近的一只划子里。一靠岸，我就逃过西尔弗，钻进了一片林莽。我藏在林子里，目睹西尔弗杀死了一个真正的水手，又碰到了被困在岛上三年的海盗本·甘恩，他让我帮他离开这个海岛。

而在我离船的这段时间，本来船长他们可以向六个反叛分子发动突然袭击，起锚出海，可是因为担忧我的安全，大夫就坐小舢板来找我了。他绕过那两只划子，发现岸上有一个栅栏围起来的寨子，它每一面墙上都有枪眼，能顶住一个团的进攻，而且它还有泉水。船上已经没有淡水了。于是，他又返回大船，不但运来了弹药和吃的，还把船长、乡绅他们也带了回来。

留在船上的坏蛋挂起了骷髅海盗旗。我和本·甘恩约好了见面的时间和地点，就分了手，一个人摸进了那个寨子。我当然受到了我忠实朋友们的热烈欢迎。第二天早上，西尔弗举着白旗来谈判了，他说除非我们给他那张藏宝图，不然不出一个小时，他就把我们的老木屋砸个稀巴烂。船长拒绝了他的要求，海盗们开始了强攻。一场恶战之后，敌方丢下五具尸体逃走了。我方也死了三个。

下午，大夫一个人去找本·甘恩了。我头脑里酝酿着一个念头，准备逃走。这是我第二次擅自行

大夫极其小心地把封口拆开，从套子里露出一张某岛的地图，上面标有经纬度、水深以及山丘、海湾和小港的名称。

动。虽然轻率，然而同第一次一样，这一行动却救了我们大家。我在一片白色岩壁下，找到了本·甘恩告诉我的那艘小艇。我决意在夜幕掩护下划着它靠近大船，把锚索割断，让它漂走。我割断了锚索，不想小艇却和大船一起被潮流冲走了。后来我抓住一个机会，攀上了大船船首的斜桅，上到了大船上。船上有两个海盗，一个死了，另外一个是副水手长，也受了重伤。他说要是我给吃的和喝的，给他包扎伤口，他就教我驾船。我答应了，我不打算回锚地，我要把船开进一个港汊。因为有风，没费什么劲儿我就把船开到了港汊的入口。当船冲上浅滩时，他握着短剑来追我，我爬上软梯，他飞刀把我钉在了桅杆上，我开枪把他打死了。我精神抖擞地上了岸，船上的海盗已告肃清，现在它横在那里，随时都可以载着我们自己的人重新到海上去。我在黑暗中摸回到了木屋里，不知被谁的腿绊了一下，一个尖锐的声音响了起来："八个里亚尔！八

"我最喜欢的就是你，我的孩子。你坐下听我说。弗林特船长——我用这位大名鼎鼎的海盗的名字称呼我的鹦鹉……"

个里亚尔！"是西尔弗养的那只两百多岁、名叫弗林特船长的绿鹦鹉。就这样，我又成了西尔弗的俘虏。

西尔弗告诉我，大夫他们走了，把这里的一切留给了他们。我告诉他，是我开走了那条船。海盗们要杀我，被他拦住了。趁海盗们离开，他对我说他一看船没了，就知道自己输定了。他说他要从他们手中救我一条命，要我以德报德，到时也救他一条命。早上，大夫来了，西尔弗让我隔着栅栏跟大夫说话。大夫听完我的叙述，说："这有点像命中注定，每次都是你救了我们的性命。"他让我翻过栅栏跟他跑，我拒绝了，我跟西尔弗做过保证。大夫只好又把西尔弗叫了过来，让他一步也不要离开我，说现在就去想办法搭救我们。大夫走后，西尔弗就用绳子拴着我这个人质，和海盗们一起出发去找宝藏了。当他们按照那张藏宝图找到一个大土坑前面时，才发现宝藏被人挖走了。海盗们愤怒了，正要对我和西尔弗发起攻击，从树林里射出了三道火光，大夫、乡绅和本·甘恩他们冲了出来，西尔弗也开枪了。两个海盗死了，剩下的三个逃走了。原

来，是本·甘恩挖走了宝藏，把它们运到了山上的一个洞穴里。我逃走找小艇的那天，大夫就从本·甘恩嘴里套出了这些秘密。第二天早上他发现大船不见了，就把那张没用的地图、补给品都给了西尔弗，以换取安全撤离寨子的机会。

我们把宝藏搬上大船，离开了藏宝岛。在西属美洲的一个海港，大夫、乡绅带我上岸去玩了一天，回来时才知道，本·甘恩放走了西尔弗，他偷走了一袋金币。本·甘恩要我们相信，要是"那个只有一条腿的人留在船上"，我们总有一天会死在他手里。

我们一路平安地回到英国，每个人都分得了一份丰富的宝藏。关于西尔弗，我们没有听到任何消息。我们总算彻底摆脱了这个可怕的"独脚海上漂"。他也许日子过得挺舒服，我看，就让他舒服几年吧，因为他到另一个世界想过好日子，希望是极其渺茫的。

据我所知，银锭和武器至今仍在原来弗林特埋藏的地方。我当然宁愿让那些东西永远留在那里。哪怕用公牛来拖，用车绳来拉，都不能再把我带回到那个该死的岛上去。我在最可怕的噩梦中老是听到怒涛冲击海岸的轰鸣。有时我会从床上猛然跳起来，而那只绿鹦鹉弗林特船长尖锐的叫声——"八个里亚尔！八个里亚尔！"——还在我耳朵里回响。

 ## 让我们来深入讨论作品

冒险小说的鼻祖是《鲁滨孙漂流记》，它比《金银岛》要早发表了一百六十四年。有人说如果没有丹尼尔·笛福的《鲁滨孙漂流记》，斯蒂文森就创作不出《金银岛》来。可是，作为同样深受孩子喜爱的冒险小说，为什么要说《金银岛》是儿童冒险小说的金字塔呢？

这么说，不仅仅因为《鲁滨孙漂流记》的主人公是大人，更重要的是它根本就不是一本写给孩子看的童书，而是一本写给大人看的讽刺和揶揄成人社会的书。"无数的儿童将它选为自己的书"，是因为他们发觉它好看，保罗·亚哲尔在《书·儿童·成

人》一书中道出了真相："成人们知道儿童的阅读倾向后，就像修剪花木似的，把《鲁滨孙漂流记》中那些啰里啰唆的、呆呆板板的教训，都一一地剪除，只留下孩子们喜爱的部分，另外出版了给儿童的《鲁滨孙漂流记》。"

《金银岛》就不同了，它不但是专门为孩子创作的一本童书，而且就如同《重读童书》的作者查尔斯·弗雷和约翰·格里菲思所说："无论从哪个方面来说，《金银岛》都是一部典型的儿童文学。"

说到《金银岛》，人们总是不忘提到斯蒂文森创作这本书的一段轶闻：1881年8月的一个阴雨天，新婚不久的斯蒂文森和继子劳埃德·奥斯本（就是书前献词提到的那位美国绅士）住在苏格兰的一座木屋里，为了娱乐十二岁的继子，他便画了一幅海岛的地图，还涂上了颜色，起名叫"金银岛"。他后来回忆说："当我望着金银岛地图时，本书中未来人物的面孔一一浮现在我的脑海里，他们在这几平方英寸的平面图上为探宝而厮杀搏斗，来回奔走。我记得我做的第二件事便是铺开一张纸，在上面写出本书各章目。"接下来，他一天写一章，一边写，还一边读给命令他"故事里不能有女人"的继

我活像一头被牵去表演跳舞的狗熊。

子听，测试他的反应。不但继子听得入迷，连他那曾经对"文学那荒芜的歧路"非常轻蔑的父亲都听得欲罢不能……

斯蒂文森后来还创作过"塑造了文学史上第一个双重人格之人"的《化身博士》等小说名篇，但唯有这一部，他承认是真正为孩子而写。在书前的献词上他说这本书是按照继子那"纯正的趣味构思的"；在写给朋友的信中，他说："这是一本非常好玩的男孩的故事书。"不仅如此，在成书之前，《金银岛》的故事还是在《青少年》杂志上连载的。

一百多年后的今天我们再读《金银岛》，只是被它的海盗故事所吸引，把它当成了一部"从小孩到大人，再挑剔的一个读者都会爱不释手地一口气读完"的冒险小说来读。其实，这是对它的轻视，它的意义可远远不止于此。正是它，打破了自18世纪以来的儿童读物"充满了世俗的说教和伦理道德"的传统，高扬起"好玩"的大旗，让儿童文学与教训主义彻底决裂。要不，约翰·洛威·汤森怎么会在《英语儿童文学史纲》中说斯蒂文森："不假思索地将以前童书作者小心维持的道德态度抛入海中。自教训主义完全解脱，是《金银岛》的不寻常特质之一。"要不，神宫辉夫怎么会在《儿童文学的主角们》中说："从卢梭那里诞生的卓越家庭教师和优秀弟子的形象，在《金银岛》里崩溃了。也就是说，18世纪那种教训性的东西，终于从冒险小说中消失了。"

凡是读过《金银岛》的人，都会说它拥有一种奇怪的魔力，抓人的魔力，只要你一拿起它，就再也放不下了——如果有一天，一个唱着"十五个人扒着死人箱"的水手歌的刀疤老航海，突然住到了你家开的小客店里，低声警告你"时刻提防一个只有一条腿的水手"，如果他死了，你打开他的水手箱，突然发现油布里裹着的一张海盗的藏宝图，如果你和一个只有一条腿、挂着拐杖跳起来像小鸟、肩膀上还站着一只两百岁绿鹦鹉的厨子同上了一条寻宝大船，如果你躲在装苹果的木桶里，偷听到这个厨子正密谋叛乱杀死全船的好人，如果你上了岸，遭遇了一个形同怪物、被困在无人岛上整整三年的老海盗，如果你为了夺回被海盗占领的大船，

被一把短剑钉在了桅杆上……当这一切发生在你面前，你会无动于衷吗？这个你，不是别人，真的就是你，就是作为读者的书外的你。因为这个故事是用第一人称来写的，所以孩子们读着读着，就会慢慢地忘记这是一个虚构的故事，而跟着"我"走进17××年，变成故事的讲述者吉姆。关于吉姆，李利安·H.史密斯在《欢欣岁月》里说到了他的作用："他是为了说故事而出场的，就由于吉姆以一个少年的眼光来看这个事件，所以阅读的儿童就以为自己是吉姆，而随着吉姆的讲述，踏入种种叫人心情跃动的场面里去。"

《金银岛》写得实在是好看，有读者说它"是一列令人震惊的悬疑和冒险的过山车，如果可以，我要给它十颗星"。确实，阅读它，会让人产生一种跟情节赛跑的感觉。约翰·洛威·汤森说它最大的特征就是"速度、色彩和刺激"。

当然，人们不会仅仅因为《金银岛》有一个波澜迭起的好故事，就说它"照出了少年小说的一条

每天都有一大笔财产装上大船，而每天晚上洞穴里都还有一大笔财产等待明天装载……

新路径"，就说它"具有一种可以进行各种解读的深度，给后世的作品带来持续的影响"。他们这么说，是因为它里面有太多的东西可以讨论，并不像八十年前哈维·达顿在《英国儿童书》中所形容的那么简单："这次探险肇始于贪婪，并饰以谋杀和背叛，结局则是出于运气，而非公正。"例如，少年吉姆和海盗高个儿约翰·西尔弗，是书中的两个主要人物，在中文版《金银岛》的译序中，几乎无一例外，都把吉姆说成了一个机智勇敢的少年英雄，而把高个儿约翰·西尔弗说成了一个心狠手辣的反面形象，一句话，一个代表正义，一个代表邪恶。然而，国外的儿童文学研究者却不这样认为。在他们看来，这是两个复杂的人物，吉姆身上既有好的地方也有坏的地方，高个儿约翰·西尔弗也是一样，并不是一个彻头彻尾的大坏蛋。用约翰·洛威·汤森的话来说，就是在《金银岛》里，"黑白分明或非对即错的人物刻画不复存在了"。

吉姆沉着、勇敢，是一个有正义感的好少年，但他身上也有缺陷。比如，他的两次擅自而轻率的行动——一次是突然就离开大船，跳到海盗的划子上，破坏了船长的计划；一次是突然就丢下了船

藏宝图

长，乘坐小艇去割断大船的锚索——就表现出了自我主义的萌芽。他性格暧昧，更多的时候不过是一个人性的观察者。

高个儿约翰·西尔弗，弗雷德·英格里什在《幸福的承诺：英国儿童文学的传统》里说他"仅仅一个人，就把斯蒂文森为儿童小说所写的一切都给具体地呈现出来了"。说起来，他才是《金银岛》真正的主人公（这本书原来的书名就叫《船上的厨子》）。这个只有一条腿的海盗，绝对没有那么坏。他有残忍的一面，也有可爱的一面，是一个具有双面性的人物。不然，查尔斯·弗雷和约翰·格里菲思怎么会在《重读童书》里这样问我们："为什么我们目睹他行凶杀人，却还被他吸引？为什么我们希望他能从手下那帮船员的黑券仪式上逃脱？为什么我们最后愿意看到他逃之夭夭？"

与其他的海盗相比，他的个性实在是太有魅力了。你看，他在一群肮脏而丑陋的海盗中是那样的鹤立鸡群，倒不是说他少了一条腿，而是他"整洁而和气"，口才好，快乐，还幽默，从来不喝得烂醉如泥，"完全不像那号人"（谁都不会想到，他竟是斯蒂文森以一个好朋友为模特创作出来的，这个好朋友也失去了一条腿。他把他善良的一面剥下来，贴到了高个儿约翰·西尔弗的身上）。而且，他总是能从容不迫地面对困难和危机，有勇气，有胆量。当然，他要是坏起来，比谁都坏，他不但策划了整个叛乱计划，还用拐杖杀死了不肯屈服的正直

的水手。然而没有办法，读到最后，我们就是会被这个具有英雄气质的坏人吸引，于是，李利安·H.史密斯在《欢欣岁月》里说到的现象就发生了：孩子们发现了这个既可怕又可爱的海盗，"他的个性在儿童的心中清晰地浮现出来，到了后来竟然把他当成理想人物了"。

至于吉姆和高个儿约翰·西尔弗的关系，也是一个可以讨论的话题。从某种意义上来说，他们之间的关系更像是一对父子。高个儿约翰·西尔弗从不掩饰他对吉姆的喜爱，不止一次地对吉姆说"我最喜欢的就是你"，在第十章里甚至叫吉姆"我的儿子"（中文版将my son译成了"我的孩子"）。吉姆虽然没有叫他父亲，但在故事的开头就失去了父亲的吉姆，确实是自觉不自觉地与他形影不离，佩服他，学习他，不说别的，至少是从他身上学到"自己的命运自己决定"这种人生哲学。

从表面上看，《金银岛》是一部冒险小说，实际上它更是一部思想深刻的心理小说。它透过少年吉姆的一双眼睛，观察每一个人，将人类那种赤裸裸的贪欲展现在我们的面前。在故事的结尾，吉姆面对那一山洞的宝藏，便发出了这样痛苦的声音："这些财宝在积聚过程中流过多少血和泪，多少艘大船沉入海底，多少勇敢的人被蒙住眼睛勒令走板子，多少发炮弹在空中呼啸而过，多少耻辱、欺诳和残忍的行为干了出来，恐怕没有一个活着的人讲得清楚。"

中文译本推荐

《金银岛》
荣如德/译
人民文学出版社
2007

延伸阅读

《金银岛 化身博士》
荣如德/译
上海译文出版社
2007

绿野仙踪

原书名及初版时间：*The Wonderful Wizard of Oz*, 1900

作　　者：[美] 弗兰克·鲍姆 (L.Frank Baum)
插　　图：[美] W.W. 丹斯罗 (W.W. Denslow)
出版社：Oxford University Press, 2008

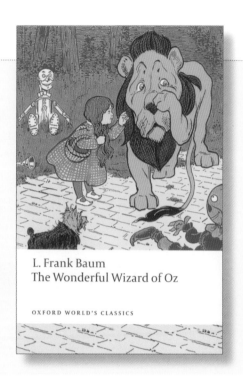

L. Frank Baum
The Wonderful Wizard of Oz

OXFORD WORLD'S CLASSICS

获奖及推荐记录
⊙被译为40多种语言的儿童文学传世经典
⊙入选美国纽约公共图书馆"世纪之书"
⊙入选美国《最佳童书：从学前到小学六年级》
⊙入选美国《纽约时报家长指南：最佳童书》
⊙入选英国《你长大之前必读的1001本童书》
⊙入选日本《英美儿童文学畅销书40本：永留心中的名作》
⊙入选日本《世界少男少女文学：幻想文学50本》

● 是谁写了这本书

　　弗兰克·鲍姆（1856—1919），出生于美国。父亲是一个成功且富有的石油业者，但不幸的是，他们一家九个孩子有四个在幼年便夭折了。他也因患有心脏病，没有去学校上学，一直由母亲照料，在家里由家庭教师指导学习。十二岁时，父亲为了治好他做"白日梦"的坏习惯，曾把他送去军校学习一年，但这并没有改变他的性格，反而让他终生反感正规教育。

　　十八岁时，他成为一名演员，开始创作剧本，但后来因为父亲去世，他一直挣扎在贫困的边缘。他妻子的母亲，是美国最著名的一位女权主义者，正是她鼓励自己的女婿把跟孩子们讲的故事写下来，寄到出版社。他不相信会有人想要他的故事，但他的第一本书《鹅妈妈的散文故事》被出版商接受了，而且成了畅销书。

　　《绿野仙踪》是他的第三本童书。它被拍成同名电影，获得巨大成功，但电影与书有一个巨大的差别，就是小主人公在奥芝国的经历被改写成了一场梦境。

● 先来认识一下书中的主要出场人物

多萝西
女孩，和叔叔婶婶一起住在堪萨斯大草原中部的一座小房子里。
稻草人
最大的愿望是拥有一个脑子。
铁皮人
最大的愿望是拥有一颗心。

狮子
最大的愿望是拥有胆量。
奥芝
翡翠城的魔法师。
格琳达
美丽的南方女巫。

> "我亲爱的孩子！"爱姆婶婶喊着，用她的双臂抱住了这个小女孩，在她的小脸上吻着，"你究竟是从哪里跑回来的？"
>
> "从奥芝国。"多萝西严肃地说，"爱姆婶婶，我又回到家来了，真高兴啊！"

● 这本书讲了一个什么故事

有个小姑娘叫多萝西，她和亨利叔叔、爱姆婶婶生活在一起，他们住在堪萨斯大草原的中部。叔叔是个农夫。他们的房子很小，地板中央有一扇活动门，通到地下的一个小洞，遇到草原上刮龙卷风时，全家人就躲到这个洞里去避难。

这天，又刮龙卷风了，多萝西为了去救小狗托托，还没来得及钻进洞里，就听狂风一声呼啸，房子剧烈地摇晃起来，她摔倒在了地板上。接着，一件奇怪的事情发生了。房子转了两三圈，慢慢地在空中飞了起来，多萝西觉得就像是坐着气球上了天似的。一个小时又一个小时过去了，多萝西慢慢地克服了惊骇，在摇晃的地板上爬到了自己的床上。尽管房子在摇晃，狂风在尖号，但多萝西很快闭上眼睛，一会儿就睡着了。

多萝西睡得正香，突然被狠狠地震了一下，把她惊醒了。她发现房子已经不晃了，奔到门口打开门一看，惊讶地叫了起来——这场龙卷风把房子吹到了一个非常美丽的国家的中部，房子轻轻地落了下来。这里有青草、有大树、有鲜花、有小鸟，还有一条小溪在绿色的河岸间奔淌。对于一个长期生活在干燥、灰色的草原上的小姑娘来说，这声音是那样的令人愉快。这时，她发现有一群生平见过的最最奇怪的人在朝她走来，他们看起来跟她差不多高，三男一女，戴着缀着小铃的尖帽子。女的是一个头发几乎全白的小老太婆，她给多萝西鞠了一躬："最高贵的女魔法师，欢迎你来到这芒奇金人的地方。我们非常感谢你，因为你杀死了东方的坏女巫，把我们从奴役中解放出来了。"

这都是怎么一回事呢？多萝西是个天真无邪的小姑娘，一阵龙卷风把她从好多英里之外的家里吹来，她从来没有杀过任何东西。"那就是你的房子干的。"小老太婆指着房子的一角说。真的，那里真的伸出两只脚，脚上穿着一双银鞋子。她告诉多萝西，被压死的是东方坏女巫，她奴役芒奇金人许多年了，现在他们自由了。她还告诉多萝西，她是北方好女巫，奥芝国还有两个女巫，一个是南方好女巫，一个是西方坏女巫。当多萝西说自己想回堪萨斯的家时，女巫摇了摇头，说奥芝国四周都是大沙漠，要想回家，只有去翡翠城找大魔法师奥芝寻求帮助。她还给了多萝西一个吻，说是没有一个人敢伤害被女巫吻过的人。

就这样，多萝西穿上东方坏女巫的那双银鞋子，挎上篮子，沿着一条黄砖铺砌的小路朝翡翠城走去。一路上，她还搭救了一个想要脑子的稻草人、一个想要心的铁皮人，后来，一只想要勇气的狮子也加入了他们的队伍。

可是当他们九死一生地抵达翡翠城时，却被告知从来没有人见到过伟大的奥芝本人，他能够随心所欲地改变自己的模样，有时是鸟，有时是象，有

多萝西用手托着腮，呆呆地凝视着稻草人。

时是神仙。进城时，一个小绿人拦住了他们，让他们每一个人都戴上一副绿眼镜，还上了锁。翡翠城里的一切都是绿色的，房子是绿的，人的皮肤也是绿的。第二天，奥芝在王宫里接见他们。不过，多萝西见到的是一个巨大的头，它在椅子的正中间。大头注视着她，一个声音响了起来："我是伟大的可怕的奥芝，你是谁？为什么要来找我？"多萝西回答说："请你送我回到堪萨斯去，虽然你的国家很美丽，可我不喜欢。我离开了这么久，爱姆婶婶一定担心死了。""为什么我要帮你这个忙呢？""因为你强大，而我弱小；因为你是一个伟大的魔法师，而我只是一个无能的小女孩。"大头最后说："我可以用魔法的力量送你回堪萨斯，但你要先去把西方坏女巫杀死。"稻草人见到的奥芝是一个美丽的妇人，铁皮人见到的是一只最最可怕的野兽，狮子见到的是一个熊熊燃烧的火球，奥芝对他们说了同样的话。

如果不去杀死西方坏女巫，狮子说："那我就永远没有勇气了。"稻草人说："我就永远没有脑子了。"铁皮人说："我就永远没有心了。"多萝西说："我就永远见不到爱姆婶婶和亨利叔叔

铁皮人发出一声满意的叹息，放下了他的斧头。

了。"于是，他们一起出发去寻找西方坏女巫。

坏女巫只有一只眼睛，却像望远镜一样。当她发现多萝西他们走进她的国度时，吹了一声银笛，唤来四十只恶狼。可是这四十只恶狼都被铁皮人用斧头砍死了。她吹了两声银笛，唤来四十只乌鸦，可是这四十只乌鸦都被稻草人拧断了脖子……她的橱柜里有一顶金帽子，她念咒语，唤来一群飞猴。飞猴把铁皮人扔进一个很深的石谷里，把稻草人扔到树梢上，把狮子绑了起来。不过因为多萝西被北方好女巫吻过，他们不敢伤害她，就抱着她，送到了坏女巫的城堡里。坏女巫让多萝西没日没夜地拼命干活，还偷走了她一只银鞋。"把鞋子还给我！"多萝西气坏了，拎起身边一桶水，朝坏女巫泼去，坏女巫立刻全身哆嗦着倒在了地上。女巫说："我马上就会溶化，你不知道水会要了我的命吗？"说完，坏女巫就变成一摊棕色的、溶化了的、没有形状的东西。在获得自由的黄色温基人的帮助下，铁皮人和稻草人不但被找了回来，还恢复了原形。"我们必须回到奥芝那里去，让他实现他的诺言。"多萝西说。她把她的篮子装满食物，戴上那顶金帽子，就又和伙伴们朝翡翠城走去。

可是在坏女巫的城堡和翡翠城之间没有路，走了一天又一天，多萝西他们怎么也走不出黄色的田野。没办法，她只好叫来了田鼠女王："我们迷路了，你能告诉我们翡翠城在哪儿吗？""当然能，但太远了，这些天你们一直朝相反的方向走。"女王看见了她的金帽子，便说，"你为什么不使用这顶帽子的魔力，把飞猴召来呢？"金帽子里有字，是咒语，多萝西刚把它念出来，一群飞猴就飞了过来，抓起他们，把他们送到了翡翠城。

但是奥芝还是不肯露面见他们，只用声音跟他们说话："我是伟大的可怕的奥芝……"狮子决定吓唬他一下，便大吼了一声。小狗托托吓得撞倒了墙角的一块屏风，他们看见屏风后面站着一个矮个秃老头。铁皮人举起了斧头问："你是谁？"小老头声音直哆嗦："我是伟大的可怕的奥芝。"他告诉他们，他不过是一个普通人，是个骗子，什么大头、美丽的夫人都不过是他变的戏法。他出生在奥马哈，长大后成了一个口技演员，后来又成了气球驾驶员。有一天，气球的绳子缠到一起，他下不来

"我没有咬它。"狮子一边说着，一边用爪子擦着被多萝西击中的鼻子。

了，就飘到了这里。人们看到他从云端下来，以为他是一个伟大的魔法师，他给这片国土起名叫翡翠城，为了让它更加名副其实，他命令所有人都戴上了绿眼镜。他答应稻草人、铁皮人和狮子，明天分别给他们脑子、心和勇气，还答应多萝西，让他想上几天，好想出一个办法送她回堪萨斯。

第二天早上，奥芝给稻草人用麦麸和针做了一个脑子，给铁皮人用绸布包着锯末做了一颗心，给狮子喝了一种能变成勇气的东西。第四天，他把多萝西叫去，说要做一个气球，带她一起飞回堪萨斯去。然而气球要升空时，多萝西却找不到她的小狗托托了，等到她找到它，已经来不及了，绳子断了，气球载着奥芝飞走了。多萝西一看回堪萨斯的希望落空了，伤心地哭起来。稻草人因为有了脑子，就动开了脑子："为什么不叫飞猴来带你越过沙漠呢？"多萝西叫来了飞猴，可猴王摇摇头说："我们只属于这里，不能飞越沙漠。"稻草人继续动脑子，这次他叫来了一个绿胡子士兵，那士兵说南方女巫格琳达也许知道怎样越过沙漠。于是，第二天他们又上路了。在逃脱了战斗树的袭击，穿过陶瓷国、一片有怪物的森林和一个有大头人的怪山之后，他们终于见到了年轻又美丽的南方女巫格琳达。她对多萝西说："你有一双银鞋，它们将带你越过沙漠。如果你知道它们的魔力，在你来到这个国度的第一天，你就可以回到你的爱姆婶婶那里去了。"多萝西照格琳达教她的那样，用鞋跟连续互碰了三次，说了声"带我回家"，她就被卷到空中。银鞋只不过走了三步，就停住了，她在草地上连打了好几个滚儿。她坐起来一看，叫出了声："天啊！"因为她坐在堪萨斯的大草原上，恰好是亨利叔叔新造的房子前面。爱姆婶婶用双臂抱住了她："你这是从哪儿来呀？""从奥芝国。"多萝西严肃地说，"爱姆婶婶，我又回到家来了，真高兴啊！"

让我们来深入讨论作品 ●

《绿野仙踪》，一个极具古典诗歌韵味的译名，其实直译过来十分直白，就是《奥芝国伟大的魔法师》。

它太有名了，加上又有好莱坞的那部深入人心的同名童话歌舞片为它助阵，说它家喻户晓一点都不过分。从它一百多年前诞生的那天起，它就受到了孩子们的狂热欢迎。狂热到了什么程度呢？狂热到一年就卖了九万部，狂热到作者弗兰克·鲍姆不得不终止其他的写作（在《绿野仙踪》之后，他花了好几年的时间写了一部《美国童话》，可惜无人喝彩），只好放弃自年轻时代就"一直渴望写一部伟大的小说"的念头，回过头来，继续"为取悦儿童"而创作《绿野仙踪》的续集，

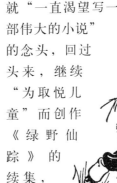

《奥芝国的大地》（1904）、《奥芝国的奥芝玛》（1907）……一本接一本，一写就是一生，一共写了十四本。他写得无怨无悔，因为他知道"取悦儿童是一件甜蜜而又动人的事，不但温暖了我们的心，它本身也带来了回报"。即便是他逝世了，孩子们依然不依不饶，于是又有作家前赴后继，代替弗兰克·鲍姆写了下去，到1963年为止，竟然有四十本奥芝国的故事问世，以至于美国作家乔丹·布罗特曼在一篇题为《奥芝国迟来的访问者》的评论中发出了这样的感叹声：在全美国的阁楼里，不知道保存着多少部几个世代之前的孩子们苦心收集的奥芝国的故事。

然而我们一点都不知道，《绿野仙踪》在美国并非一片颂歌，实际上它是一本（应该说是整个一系列）饱受争议和质疑的书。

关于它的批判声不但一直不绝于耳，而且还相当刺耳：行文不甚优美，角色塑造得不够丰满；一个用乏味、没有创造性的文笔写成的平庸和机械的故事……20世纪三四十年代，它们甚至遭到了一场

"完全正确！"小老头搓了搓手说道，似乎这话让他很高兴，"我是个骗子。"

空前的围剿，被从学校和图书馆里清除了。《永远的男孩女孩：从灰姑娘到哈利·波特》的作者艾莉森·卢里就回忆说："我小时候必须要靠攒零花钱来买奥芝国的书，因为当地图书馆不愿意收藏这些书。"根据她的说法，那些儿童文学领域的权威拒绝推荐奥芝国故事的一个理由是，它宣扬了一个颠覆性的信息。什么颠覆性的信息呢——弗兰克·鲍姆在书里写道：你可以经历有惊无险的冒险，结交新朋友，住在城堡里，既不用做家务也不用做家庭作业，还永远不用长大。

不过，正如约翰·洛威·汤森在《英语儿童文学史纲》中所说的那样："只有时间——而非童书行业的核心人物——可以决定奥芝系列的价值。也许时间已经决定了，因为这些书仍受到儿童的喜爱，而在成人之间也有愈来愈多的奥芝信徒。"确实，虽然迟了一点，但至少这个系列的第一部《绿野仙踪》成了超越时代的世界儿童文学经典。

那么一百多年后的今天，我们应该如何来评判它呢？

首先，要送给它一顶荣誉桂冠：美国儿童文学史上第一部真正意义上的幻想小说——虽然有人愿意把它归类为童话，弗兰克·鲍姆自己也说自己写的是一部现代童话（modernized fairy tale），但更多的研究者还是把它认定为幻想小说。例如吉田新一在《世界儿童文学概论》中就把它作为幻想小说的一个例子来加以论证；《牛津儿童文学百科》里说到它时也没有用fairy tale这个词，而是使用了fantasy，《牛津儿童文学百科》里的原话是："毫无疑问，到1900年为止，《绿野仙踪》是美国的最佳原创幻想小说。"

除了这个第一，它还是一部被贴上了美国标签的幻想小说。不管是它的故事背景，还是出场人物，都相当美国化。

你看，它的背景是美国的——小女孩多萝西住在堪萨斯，是美国中部一片被太阳炙烤成"除了灰色，什么也看不见"的大草原。人物是美国的——我们先来看主人公多萝西。这是一个典型的美国女孩，杰克·齐普斯在《作为神话的童话/作为童话的神话》一书里引用了别人说过的一句非常俏皮的话，说多萝西是一个"美籍"主人公。多萝西确实

这些人都是陶瓷做成的。

《爱丽丝漫游奇境》里的地下世界那样充满了奇迹与稀奇古怪人物的幻境的话，那你的希望肯定会落空（最具反讽意味的是，它的统治者"伟大的可怕的奥芝"，居然是一个靠变戏法来欺骗人民的超级大骗子），它不过是一片比堪萨斯多一点绿色的土地而已。所以在结尾，当多萝西回到家里时，婶婶问她"你这是从哪儿来呀"，她不是像爱丽丝回答姐姐那样"啊，我做了一个奇怪的梦"，而是认真地说"我是从奥芝国回来啊"，就好像她刚从一个真实的地方回来一样。

不过要说整部小说中最具美国特色的，还是把多萝西刮到奥芝国的那场龙卷风。这无疑是弗兰克·鲍姆的一个大胆创举。堪萨斯是一个龙卷风频发的地区，相比魔法兔子洞，用这种常见的自然灾害把多萝西送入另外一个世界，显然更增加了作品的真实性。

《绿野仙踪》里有女巫，有魔法，比如一个没是那个时代的美国少女的真实写照。她住在乡下的小房子里，是个穷人家的孩子，但她阳光向上，善良，对同伴总是热心相助，不怕危险和困难。用艾莉森·卢里的话来说，就是："她绝对是一个新女性……她勇敢、积极、独立、敏感，敢于挑战权威。"书里有一段描写，就形象鲜明地反映出了她的这种性格，当她第一次见到奥芝（椅子中央一个巨大的头颅）时，请求奥芝帮她回家。奥芝问她："为什么我要帮你这个忙呢？"她回答得毫不畏怯又充满了十足的孩子气："因为你强大，而我弱小；因为你是一个伟大的魔法师，而我只是一个无能的小女孩。"再来看看配角。稻草人、铁皮人和胆小的狮子是被称为民间童话中"神奇的助手"一类的人物，但他们没有半点魔力，查尔斯·弗雷和约翰·格里菲思在《重读童书》中说得对极了："说到底，多萝西、稻草人、铁皮人和狮子都是'平民百姓'。就是说，他们既没有特别的血统，也没有特别的家谱，不过就是一群平凡的登场人物。"

就连小说中的那个幻境——"黄砖铺砌小路的终点"翡翠城，也是美国化的。它是一个美丽的乐园，但不是一片魔法之地，如果你期待它是一个像

"保佑你，"她说，"我相信我可以告诉你一条回堪萨斯的路，"接着她补充说道，"不过，如果我告诉你的话，你必须把金帽给我。"

人敢伤害的好女巫的吻，一双跑三步就到家的银鞋，金帽子和飞猴……欧洲传统民间童话的影子若隐若现，但你不难发现，它既运用了某些民间童话的要素及叙事手法，却又刻意拉开距离，表现出一种从形式到内容都与民间童话进行决裂的姿态，比如它抛弃了老套的精灵、小矮人和仙女，加进了气球以及类似机器人、人工心脏等许多新奇的玩意儿……这实际上都是作者的一种追求。德博拉·科根·撒克与琼·韦布在他们合著的《儿童文学导论：从浪漫主义到后现代主义》一书中写道："弗兰克·鲍姆在他的导论中，声明自己意图脱离'过去的童话'，他暗示着，过去的童话将与20世纪无关。"他们所说的导论，其实就是《绿野仙踪》前面的一个"致读者"（绝大多数的中文版都没有把它译出来），它更像是作者的一篇宣言，它的最后一句话是："我很渴望它成为一个现代的童话，在这个童话里，惊奇和欢乐蕴其内，悲伤和梦魇拒其外。"

在一百多年的时间里，不断有学者把它当做一个美国神话来解读。有人说奥芝国象征的是一个乌托邦，是美国人的梦想。有人说多萝西是男性世界的坚强女性……当然了，孩子们用不着读出这些隐含的意义来，对他们来说，只要有一场龙卷风把他们和多萝西的小房子一起吹到奥芝国就行了。在那

里，他们就会看到稻草人和铁皮人跌跌撞撞地跟上多萝西，就会沿着一条黄砖铺砌成的小路走进翡翠城，就会看到奥芝，就会看到一个坏女巫被一桶水溶化掉……最后，他们又会和多萝西一起结束这趟冒险的旅程，返回家中。

多萝西为什么要回家呢？

稻草人和多萝西之间有这样一段好玩又意味深长的对话：

"我不明白，你为什么要离开这个美丽的地方，回到你说的那个干燥、灰色的堪萨斯去呢？"稻草人问。

"这是因为你没有脑子，"小姑娘答道，"不管我们的家乡多么可怕，多么灰不溜秋，我们有血有肉的人宁愿住在那里，而不愿住在别的地方，不管它多么美丽。任何地方都比不上自己的家。"

稻草人叹了口气。

"这种事情我当然不能理解，"他说，"如果你们的脑袋里都像我一样塞满稻草，你们也许就愿意住在美丽的地方，那样的话，堪萨斯就一个人也没有了。堪萨斯多亏了你们有脑子。"

中文译本推荐

《绿野仙踪》
陈伯吹/译
长春出版社
2009

《绿野仙踪》
张建平/译
少年儿童出版社
上海译文出版社
2009

《绿野仙踪》
郭萍萍/译
译林出版社
2009

《绿野仙踪》
马爱农/译
中国少年儿童出版社
2009

《绿野仙踪全集》
范晨/译
文汇出版社
2010

五个孩子和一个怪物

原书名及初版时间：*Five Children and It*, 1902

作　者：[英] 伊迪丝·内斯比特（Edith Nesbit）
插　图：[英] H.R. 米勒（H.R. Millar）
出版社：Wordsworth Editions Ltd, 1993

获奖及推荐记录

⊙入选英国最大连锁书店Waterstones "最受喜爱的100本童书"
⊙入选英国《你长大之前必读的1001本童书》
⊙入选美国《最佳童书：从学前到小学六年级》
⊙入选美国《纽约时报家长指南：最佳童书》
⊙入选日本《儿童文学的魅力：今天阅读的100本世界名作》
⊙入选日本《英美儿童文学畅销书40本：永留心中的名作》
⊙入选日本《世界少男少女文学：幻想文学50本》

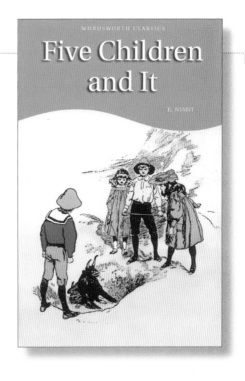

是谁写了这本书

　　伊迪丝·内斯比特（1858—1924），出生于英国。她是六个孩子当中最小的一个，三岁时，作为农业化学家的父亲就去世了。她大姐的未婚夫是位诗人，通过他，她又认识了一些诗人，这使她对写诗发生了浓厚兴趣。因为家境贫困，她开始尝试投稿，十七岁的时候，她以 "E.Nesbit"（E.内斯比特）为笔名，在杂志上发表了第一首诗。因为 "E" 这个首字母让人想到男性，后来科幻小说《隐身人》的作者H. G. 威尔斯还以为她是一位男作家。她听了十分得意，因为她小时候长得又高又大，像个男孩，而且淘气捣蛋。

　　她二十一岁就结婚了，后来丈夫做生意破产，又长期生病，她便一直靠卖文为生。她写过给大人看的诗、小说和剧本。当她四十一岁、已经成为五个孩子的母亲时，她开始写作儿童文学，想不到这让她一举成名。她的作品主要分成两大类，一类是家庭故事，一类是幻想故事，人们赞誉她是20世纪儿童文学的伟大源泉。

先来认识一下书中的主要出场人物

西里尔
男孩，五个孩子中的老大，绰号 "松鼠"。
安西娅
女孩，五个孩子中的老二，因为她英文名字的发音有点像 "黑豹"，所以她的绰号就叫 "黑豹"。
罗伯特
男孩，五个孩子中的老三。
简
女孩，五个孩子中的老四，绰号 "猫咪"。

小宝宝
男孩，五个孩子中最小的一个，还要哥哥和姐姐轮流抱，因为他每说的第一句是 "咩"，所以得了一个绰号叫 "小羊羔"。
沙仙
是被孩子们从沙坑里挖出来的一个怪物，自称 "桑米阿德"，怕湿。它外表看上去是个毛茸茸的棕色胖东西，眼睛长在两只角上，有一双蝙蝠耳朵，身子像蜘蛛，手脚却像猴子。

忽然沙里面响起一个干哑的声音，吓得大家连忙往后退，他们的心怦怦直跳，有多快跳多快。

"别打搅我。"它说。现在每一个人都听到了这声音，大家你看我我看你，似乎在证实别人是不是也听到了。

这本书讲了一个什么故事

五个孩子，西里尔、安西娅、罗伯特、简和小宝宝小羊羔，和爸爸妈妈一起搬到了真正的乡下，住在一座白房子里。白房子在小山山顶的边上，后面是一片树林，树林一边是白垩矿场，一边是采掘沙砾的沙坑。

我决定只给你们讲真正令人惊奇的事情。大人很难相信真正怪异的东西，但孩子们几乎什么都相信。你们就很容易相信，安西娅他们几个在乡下待了还不到一星期，就发现了一个仙人。不过它完全不像你见过的，或者听说过的，或者读到过的任何仙人。

这天，爸爸突然有事出远门，妈妈也离家去陪伴生病的奶奶

"我希望你出来。"安西娅也鼓起勇气说。
"哦，好吧——如果这是你们的希望。"那声音说。
沙子"咕噜噜"打转、散开，一只毛茸茸的……

了，于是孩子们去沙坑挖沙子。挖着挖着，安西娅挖到了一个东西，她说："它是活的！长着脚，有毛，它还说话了，它说'别烦我'。"西里尔觉得妹妹脑子坏了，突然沙子里传出一个嘶哑的声音："别烦我。"孩子们吓得跳了起来。"我希望你出来。"安西娅大着胆子说。"好吧，既然你这么希望。"接着，一只毛茸茸的棕色胖东西从沙子里滚出来。它眼睛长在两只长角上，像望远镜一样

"你在这儿已经多久啦？"
"噢，好多好多年……好几千万年了。"沙仙回答说。

伸缩自如；圆桶似的身子活像蜘蛛，上面布满粗粗的软毛。它告诉孩子们，它是一位桑米阿德，就是沙仙，在沙子里已经住了好几千万年，它能实现人们提出的愿望。以前人们早上总是派家里的小男孩来找它，许愿要一只翼手龙当早饭……

真奇怪，人这么快就能习惯一件东西，即使是最让人吃惊的东西。五分钟前，这些孩子还和你一样，根本不知道世界上有沙仙这种东西，现在呢，却在跟它说话了，就好像他们一生下来就认识它似的。

安西娅试着说出了一个愿望："我希望我们全都漂亮得认不出来。"沙仙开始用力实现她的希望，它伸出长长的眼睛，屏住呼吸，让自己膨胀起来，变得有先前的好几倍那么胖，几乎把沙洞都塞满了。当它泄掉气，恢复成原来的大小时，孩子们发现他们变漂亮了，漂亮得互相都认不出来了。回到家，女仆玛莎说了一句"天哪，你们这些人是谁啊"，就把他们关在了门外。一直等到太阳下山，他们才重新变回原来的模样。

第二天，女仆玛莎带宝宝坐马车去城里了，四个孩子又把沙仙挖了出来。这回孩子们许的愿是：

"金币，求求你了，要几百万个金币！" "填满这个沙坑总够了吧？" 沙仙劝他们快离开这个沙坑，"要不然，你们就要给活埋在里面了。" 跑到路上，孩子们回头一看，就像在夏天的正午盯着太阳看一样，整个沙坑里都是闪闪发亮的金币。可是金币并没有给孩子们带来多少好处，他们带了金币进城，没买成什么东西不说，还被抓进了警察局。要不是恰好那时候太阳下山，口袋里的金币消失了，他们还不知要被关多久呢。

第三天，他们许的愿是："每个人都想要宝宝小羊羔。"

第四天，下大雨……第六天，安西娅早上五点就起床了，她一口气跑到沙坑，把沙仙挖了出来。沙仙气得要命："真倒霉，这会儿还是半夜三更啊！" 安西娅让它坐在腿上，还体贴地用裙摆裹住它，她是来问沙仙的："我们许的每一个愿望，结果都很糟糕。我想知道，想要一对翅膀是不是一个很傻的希望呢？" 沙仙说："翅膀？我倒认为这还不是最糟糕的。不过，要小心在太阳落山时别飞得太高。" 这天，四个孩子都同意许愿要一对翅膀，因为"翅膀"这个词在每一个人心里都会扇动起快乐和兴奋。当安西娅对沙仙说完"我希望我们都有美丽的翅膀可以飞翔"这句话之后，沙仙的身子就又膨胀起来，接着孩子们的肩膀上就长出了翅膀，飞到了空中。我发现，在英语词典以及希腊语词典里，都没有告诉你飞翔到底是一种什么感觉，所以我也就不白费劲了。这感觉太奇妙了，比孩子们先前许的每一个愿望都更像奇迹。他们扑扇着巨大的彩虹颜色的翅膀，在绿色的大地和蓝色的天空之间轻盈地飞翔。看见他们的人都吓坏了，一个农夫重重坐在草地上，说："哎呀，这就是别人说的幻觉吧？" 下午4点，他们的翅膀僵硬，累得快要飞不动了，便落在一座教堂的顶上。孩子们饿坏了，西里尔从牧师家食品储藏室的窗口飞进去，他往外递吃的，罗伯特他们在窗外接。当然，他们留了钱和一封说明信。我不想描绘塔楼顶上的这顿野餐，你完全可以想象那是一种什么情景。我敢说，如果你过了正常吃饭时间之后很久才吃上饭，一下子又吃得太多，又坐在教堂塔顶的烈日底下，你肯定会觉得困得出奇。不到一刻钟，他们就都缩成一团，用柔软而温暖的大翅膀盖住身子，沉沉地睡着了。等他们醒来，发现天早就黑了，翅膀没了不说，塔楼上唯一一扇门也锁了。他们站在上面大喊大叫，牧师这才带人把他们救了下来。

第七天，作为惩罚，孩子们都被关了家里，只有罗伯特一个人找借口溜了出去。他找到沙仙，却把想许的愿望给忘掉了："我想不出许什么愿了。我真希望即使别人不能来这里许愿，你也能满足他们的一个愿望。噢。不要！" 可是来不及了，沙仙已经把身体膨胀了三倍，这会儿像个被扎破的气球似的，噗地瘪了下来。罗伯特赶紧往家跑，他发现那座白房子不见了，那里矗立着一座城堡，城堡前面是一顶顶帐篷，身穿盔甲、拿着真弓真箭的士兵正在围城，太阳落山前就要发起进攻。原来，西里尔刚才说了一句"我希望我们在一个被围困的城堡里"……

第八天，四个孩子在沙坑边上玩起了强盗游戏。一个面包房的小伙计提着一篮子面包沿大路走来，西里尔和罗伯特冲过去喊："站住，留下买路钱！" "你要钱还是要命？" 不幸的是，那小伙计根本就没有玩游戏的心情，他个子特别大，粗暴地把两个"强盗"推开了。"滚开！" 他说。罗伯特用绳子套住了他的

她向吓坏了的李子树主人冲下来，把那硬币放进他的口袋，拍了几下翅膀，飞到其他人当中去了。那农夫重重地一屁股坐在草地上。

脚，把他绊了一跤，篮子里的面包滚了一地。结果罗伯特被痛打了一顿。罗伯特把手插进沙子里，气得浑身直扭："等我长大了，看我怎么收拾他！真希望我个子比他大！"突然，他的手碰到了一样毛

罗伯特变成了一个巨人，他把跟他打架的那个面包店的小伙计拎起来，放到了离地十六英尺高的干草堆上。

茸茸的东西，当然是沙仙。罗伯特一下变大了。谁的口袋里都没带尺子，所以量不出罗伯特有多高，但他比你爸爸站在你妈妈的脑袋上还要高，当然啦，我相信你爸爸不会做出这样残忍的事情来。罗伯特追上面包店的小伙计，把他拎起来，放到离地十六英尺的干草堆上……

第十一天，这天一大早，西里尔就把沙仙挖了出来，他问它："你能随时满足我们的愿望吗？这样我们就不用再过来打扰你了。"上午，四个孩子抱着宝宝小羊羔去树林里采坚果，西里尔已经成功说服大家，不到真正想要的时候，不要轻易许愿。可是在树林里，宝宝小羊羔踢碎了西里尔偷偷拿出来的爸爸的一块怀表，气得他大叫："我真希望他现在就长大！"在哥哥姐姐们惊恐的目光下，宝宝小羊羔以迅猛的速度长成了一个年轻人……

第十二天，吃早饭时，西里尔想到了正在读的《最后的莫希干人》，做梦似的说："我希望英国有印第安红种人。"结果，这天窗外出现了头上插

着羽毛的印第安人……

第十三天，妈妈要回来了。这天一大早女仆玛莎告诉孩子们，匹斯玛庄园进了盗贼，齐腾顿夫人的珠宝都被偷走了。"如果妈妈回到家，能在房间里找到这些东西多好，我真希望她能够找到。"谁都没想到简会说出这样一句话来，这下可糟了。妈妈到家，果然就在梳妆台上发现了戒指，在抽屉里发现了钻石项链……妈妈立刻坐马车去警察局了。两个女孩只好又跑去找沙仙，它要逃，却被安西娅一把抓住了。她说："只要你今天按我们的要求做，我们这辈子就再也不来找你许愿了。""要我做什么都行，"它带着哭腔说，"只要你们过了今天永远不再求我实现什么愿望，我哪怕把身子都快胀破了也情愿实现你们一个又一个愿望，只要我还挺得住。你们知道我多讨厌为了实现别人的愿望把我的身子鼓起来啊！"女孩说出了一个又一个愿望：希望齐腾顿夫人发现没有丢失珠宝，希望妈妈没去警察局，希望妈妈忘掉钻石的事，希望有一天能再见到它……

后来孩子们当然真的看到过它，但那不是在这本小说里，也不是在一个沙坑里，而是在一个非常非常不同的地方。那是在一个……不过那是另一个故事，我不该说下去了。

让我们来深入讨论作品

伊迪丝·内斯比特，一个绝对辉煌的名字。

如果我们邀请我们熟知的伟大童书作家，例如《狮子、女巫和魔衣柜》的作者C. S.刘易斯、《随风而来的玛丽阿姨》的作者帕·林·特拉芙斯、《哈尔的移动城堡》的作者黛安娜·W.琼斯、"哈利·波特"的作者J. K.罗琳（这份名单还有很长，而且一个个都辉煌得光芒四射）等推举一位对他们影响最大的童书作家，会是谁呢？对，就是内斯比特。

C. S.刘易斯对内斯比特充满了崇敬之情，他曾告诉别人他是在内斯比特的传统中写童书，他从她那里学到了怎样写这一类作品的方法。美国幻想小说作家爱德华·伊格更是公开声称他的灵感完全来自于内斯比特，为了将"喜欢读书，却不知道她的书

的孩子们引领到我们的那位大师那里去"，他在自己的每一本书里都要提到内斯比特，如在《半个魔法》的开头一章就有这样一句话："从那之后，珍和马克规定谁也不许大声朗读，打扰别人。但是就在这个夏天，这条规矩被破坏了。孩子们找到了一些书，是一个叫内斯比特的作家写的。那些书的确是世界上最精彩的。"或许正因为如此，纽伯瑞奖得主劳埃德·亚历山大才会这样深情地写道："今天的作家都欠她的债。我们当代人多半都要感谢她。几乎是任何人……她帮助我们发现了我们20世纪的声音。"

　　既然内斯比特成为这么多作家顶礼膜拜的偶像，甚至成为他们写作的伟大源泉，那么我们不禁要问：她到底给作家们留下了什么宝贵遗产呢？

　　她的第一个创新，是打破了《水孩子》的作者查尔斯·金斯利、《爱丽丝漫游奇境》的作者刘易斯·卡洛尔和《北风的背后》的作者乔治·麦克唐纳开创的幻想小说的传统——他们三个人被后人尊称为"维多利亚时代的三座幻想小说高峰"——创造了一种崭新的幻想小说类型，即"日常魔法型"。在她之前，幻想文学只有两种类型：要么是像民间童话那样，故事发生在一个幻想世界里；要么是像

小宝宝去抓沙仙，沙仙往后一跳。

《水孩子》里的扫烟囱的男孩汤姆、《爱丽丝漫游奇境》里的爱丽丝、《北风的背后》里的马车夫的儿子小钻石一样，从现实世界进入到幻想世界。但内斯比特却反其道而行之，大胆地敞开大门，让幻想世界的人物进入到现实世界来。于是，日常生活被打乱，一群普通的孩子突然遭遇魔法，奇迹开始发生。这样一来，就大大拉近了作品与读者之间的距离，小读者们会觉得故事说的是他们自己，是他们自己身边的故事，而不再是"很久以前"的故事，从而使作品拥有了一种批判现实的力量。所以有研究者说："将幻想的事物设置在日常生活中，是内斯比特伟大和永恒的创新。"

　　她的第二个创新，是颠覆了以往家庭小说的儿童观，将儿童文学从喋喋不休的说教和惩恶扬善的模式中解放出来。在她的笔下，类似《小公子》中的薛特利那样完美、理想化的少年不见了，取而代之的是鲜活、洋溢着现实感的少年形象。他们就是我们身边的孩子，有缺点，喜欢恶作剧，有时还会打上一架……"这些人物跟任何家庭的孩子都很相似，所以阅读内斯比特小说的孩子，虽然没有看见自己的名字出现在哪个里，但深信自己就是队伍中的一分子，很容易就加入到其中的冒险中去。"李利安·H.史密斯在《欢欣岁月》中如是说。

　　她的第三个创新，是她作品中的主人公不再是一个孩子，而是一群，通常是四个到六个，借用在玛丽亚·尼古拉耶娃在《儿童文学中的人物修辞》里的一个术语，就是"集体人物"，是"一个集体主人公"，这在以前的儿童文学作品中从未有过。这或许与她自身的经验有关，因为她本人既是六个孩子中最小的一个，又是五个孩子的母亲。

　　内斯比特留给作家的启示实在是太多了，时至

罗伯特被两个穿盔甲的士兵扯着耳朵，拉到司令那里去了。

他们扇动着彩虹的大翅膀，飞翔在绿色大地和蓝色天空之间。

今日，还有相当多的作家继续埋头在"内斯比特的传统"中写童书。可问题是，内斯比特的小说毕竟是一百多年前的作品了，时代背景不一样了，叙述的语言不一样了，对于今天的孩子来说，她的作品还好看吗？

好看，绝对的好看。

内斯比特最大的一个本事就是把故事写得异乎寻常的好看。什么叫好看，对于一个儿童故事来说，检验的标准就是"要有什么事情发生"。这句话，是《五个孩子和一个怪物》的续集《五个孩子和凤凰与魔毯》开头几个孩子的对话——第一个孩子说："我们觉得无聊，是因为没发生什么事情。"第二个孩子说："我真希望发生什么事情！"第三个孩子说："放心吧，一定会有什么好玩的事情发生的！"李利安·H.史密斯说，故事要好看，就必须这样写，"故事最吸引孩子的地方，就是'要有什么事情发生'。孩子们所关心的，是这件事在什么地方、在谁身上发生"。

在《五个孩子和一个怪物》里，就有太多这样好玩的事情发生。你看，暑假里，几个孩子在离家不远的一个沙坑里，竟然挖出了一个沙仙。好玩吧？好玩。这个黑不溜秋的沙仙会说话，是许愿精灵，它有法力，一天能满足孩子们的一个愿望。好玩吧？好玩。可是这个愿望只能持续一天，太阳一落山，法力就会消失，于是本来长出一对翅膀飞上教堂顶的孩子们就下不来了……好玩吧？好玩，太好玩了。而且你要知道，这样不可思议的事情可不是发生在一个什么奇境，就发生在孩子们的家门口，就发生在他们的真实生活里。这样不断"有什么事情发生"的故事，不要说一个好奇心极强的孩子了，就是大人，也会读得津津有味。写下"纳尼亚传奇"的刘易斯就是内斯比特的忠实粉丝，读完她的书，感慨万分的他甚至为儿童文学定下了一条基准："只让孩子开心的故事，是不好的儿童文学。"

虽然在这个故事里，五个孩子是主角，沙仙是配角，但它绝对是一个抢戏的配角。它戏份不多，但只要它一出场，一开口，顿时就大放异彩，让所有的孩子都黯然失色。约翰·洛威·汤森在《英语儿童文学史纲》中曾对沙仙作过一个恰如其分的点评：它的角色太鲜明了，以至于那些孩子几乎成了陪衬的背景。

让我们来看看它是多么与众不同吧——

首先，它像土豆一样，是被孩子们用手从沙坑里边挖出来的。这实在是太跌份儿了，没有一点尊严，在过去的民间童话里，我们从来没有见过这样落魄的许愿精灵。外貌更是与想象中的许愿精灵相差十万八千里：它又丑又老，是一只毛茸茸的棕色胖东西，眼睛像蜗牛，耳朵像蝙蝠，身子像蜘蛛，手脚像猴子……看到这样一个拼盘似的怪物，又有谁会产生一种神秘的敬畏之心呢，难怪孩子们会在洞口围观讥笑它："这到底是个什么东西？我们把它带回家好吗？"当然，它根本就不是民间童话中的精灵，它是内斯比特创造出来的，正如它自我介绍的那样："你们看到了一位桑米阿德也不认识吗？用普通的英语说，桑米阿德就是沙仙。"桑米阿德（Psammead）是内斯比特根据希腊语沙子（Psammos）一词杜撰出来的。其次，它怕水，脾气坏得要命，虽然拥有魔法，能实现人们提出的愿望，但因为缺乏练习，加上体力不支，每次实现孩子们的愿望时

他们已经全都蜷缩起身体，在柔软的温暖大翅膀下"呼噜呼噜"睡着了。

都要憋足气，累得半死，把身体都快要胀破了。

事实上，沙仙一出场，就已经奠定了这个故事的喜剧基调。这个故事从头至尾就是一个幻想的喜剧。沙仙糟糕的魔法（天一黑，魔法就会消失），再加上孩子们那些糟糕的愿望（长出翅膀，变成巨人），所以他们就只能一次又一次陷入惊险而又滑稽的"绝境"之中。

对了，读这本书的时候，一定要留心内斯比特讲故事的方式。作为一个故事的叙述者，她总是时不时地跳出来打岔、插话，让你听到她的声音，要和你交流，用一个又一个的"你"，把你拉进故事里去："五分钟前，这些孩子还和你一样，根本不知道世界上有沙仙这种东西。""我不知道这是为什么，他们也不知道这是为什么，但我敢说你能猜得出来。""我宁可让我们的故事暂时放一放，也一定要告诉你她是怎么办到的。"同时，你还要注意，被人说成是"穿着大人衣服的小孩"的内斯比特，还会站在孩子的立场，时不时拐弯抹角地批评、挪揄大人几句，替孩子们说话，其中最著名的一句话就是："大人很难相信真正怪异的东西，除非他们得到他们所谓的证据。但是孩子们几乎什么都相信，大人知道这一点。"

中文译本推荐

《五个孩子和一个怪物》
任溶溶/译
长春出版社
2010

《五个孩子和沙地精》
马爱龙/译
湖南少年儿童出版社
2009

延伸阅读

《寻宝六人组合》
任溶溶/译
少年儿童出版社
上海译文出版社
2006

《想做好孩子》
任溶溶/译
少年儿童出版社
上海译文出版社
2009

《五个孩子和凤凰与魔毯》
任溶溶/译
长春出版社
2010

《闯祸的快乐少年》
任溶溶/译
少年儿童出版社
上海译文出版社
2006

《铁路边的孩子们》
任溶溶/译
少年儿童出版社
上海译文出版社
2009

《四个孩子和一个护身符》
任溶溶/译
长春出版社
2010

柳林风声

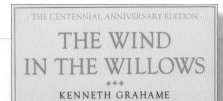

原书名及初版时间：*The Wind in the Willows*, 1908
作　者：[英] 肯尼思·格雷厄姆 (Kenneth Grahame)
插　图：[英] E.H.谢巴德 (E.H. Shepard)
出版社：Atheneum Books for Young Readers, 1983

获奖及推荐记录
⊙1954年美国《号角书》杂志年度好书奖
⊙入选英国最大连锁书店Waterstones "最受喜爱的100本童书"
⊙入选英国BBC "大阅读：最受欢迎的100本小说"
⊙入选英国《你长大之前必读的1001本童书》
⊙入选美国《最佳童书：从学前到小学六年级》
⊙入选美国《纽约时报家长指南：最佳童书》
⊙入选美国《给孩子100本最棒的书》
⊙入选日本《儿童文学的魅力：今天阅读的100本世界名作》
⊙入选日本《英美儿童文学畅销书40本：永留心中的名作》
⊙入选日本《世界少男少女文学：幻想文学50本》

是谁写了这本书

　　肯尼思·格雷厄姆（1859—1932），出生于英国。他童年不幸，五岁丧母。父亲因为无力抚养他们四个孩子，便将他们送到泰晤士河畔的祖母家。他从寄宿学校毕业以后，提出想要进入牛津大学深造，但被监护人以花费高昂的理由拒绝，只好进英格兰银行当了一名职员。

　　他业余时间酷爱写作，发表过小说和散文，美国总统罗斯福就是他的一个热心读者。

　　他四十岁时和仰慕他文采的女作家埃尔斯佩丝结婚，不过这次婚姻并不美满。两人性格不合不说，独生子阿拉斯泰尔由于早产，一只眼睛失明，另一只眼睛斜视。阿拉斯泰尔的母亲后来回忆说，这孩子因为过分受宠而调皮得出奇，常常撒泼要父亲在床边讲故事。他在给朋友的一封信中也说，他每天晚上都会给儿子讲蟾蜍、鼹鼠和河鼠的故事，一直讲到12点，一讲就是好多年。当儿子离开父母去海边度假时，他还会写信接着讲故事。

　　这些故事，后来就成了《柳林风声》的蓝本。

先来认识一下书中的主要出场人物

鼹鼠
独身男性，原本住在地下，春天一到，突然大叫一声"什么大扫除，见鬼去吧"，就冲上了地面。

河鼠
独身男性，乡绅，衣食无忧地住在河边，有一艘蓝色的小船。

獾
独身男性，住在野林正中央，是个大名鼎鼎、了不起的人物，很少露面，却总让所有的居民无形中都受到他的影响。

蟾蜍
独身男性，父亲给他留下一大笔钱，拥有一座富丽堂皇的蟾宫，爱吹牛，更爱冒险，一看到新鲜玩意儿就走火入魔。

洗衣妇
人类，一个粗胖的女人。

你瞧，我是不是一只聪明能干的蟾蜍？没错！你知道我最后一场冒险是什么？别忙，听我给你讲——

这本书讲了一个什么故事

整个上午，鼹鼠都在他的小屋里进行春季大扫除。当春天的气息钻进小屋，他猛地扔掉刷子，嚷道："什么大扫除，见鬼去吧！"他的鼻尖钻出地面，伸到了阳光里。他来到河边，他这辈子还从没见过一条河呢。这只光光滑滑、蜿蜿蜒蜒、身躯庞大的动物，不停地追逐，轻轻地欢笑。他追它，还在岸边坐了下来，听它娓娓而谈，它讲的是世间最好听的故事。这些故事发自地心深处，一路讲下去，最终要向那听个没够的大海倾诉。

对岸是河鼠的家。河鼠坐在一条蓝色的小船上划了过来，他邀请鼹鼠上船。他们俩一起划船、野餐，临到末了，他还让鼹鼠住到他家里。对于从地下解放出来的鼹鼠来说，这一天，只是一连串相仿的日子的开始。随着盛夏的来临，每天都变得更长、更加好玩儿。

一个夏日早晨，鼹鼠突然对河鼠说："你能不能领我去拜访蟾蜍先生？我听到他太多的故事了。"绕过一道河湾，迎面就见到了一座壮观的红砖老宅，这就是蟾宫。蟾蜍兴致勃勃地请他们参观他设计的吉卜赛篷车，还套上马，硬拉他们跟他一起去旅行。他说："亲爱的河鼠兄，你总不能一辈子守着你那条乏味的老臭河，成天待在河岸的一个洞里或是船上吧？我想让你见见世面！我要把你造就成个动物！"他们走上公路时，只见一团烟尘裹着个黑东西，以惊人的速度朝他们冲过来。噗噗，一辆富丽堂皇的汽车嗖的一下开了过去。马吓坏了，车子翻到了沟底，成了一堆残骸。蟾蜍坐在

满是尘土的大路当中，呼吸急促，嘴里不停地发出轻轻的噗噗声，脸上还挂着幸福的笑意："这才叫真正的旅行！这才是旅行的唯一方式！我虚度了多少岁月啊，不但不知道，连做梦也没有梦到过！噗噗！现在我知道了！从今往后，我前面的路多么灿烂……"鼹鼠问河鼠怎么办，河鼠说："没办法，我太了解他了，他现在走火入魔了。"第二天傍晚，串门回家的河鼠告诉鼹鼠："听到新闻了吗？今天一早，蟾蜍就搭车进城去了，花大价钱订了一辆大汽车。"

鼹鼠早就想认识獾，尽管獾极少露面，但他是一个举足轻重的人物，对这一带的动物影响极大。当鼹鼠对河鼠说他想去登门拜访獾时，河鼠惊恐地说："根本不可能，因为他住在野林正中间。"冬天的一个下午，河鼠坐在炉火边打盹儿作诗，鼹鼠悄悄地溜了出来，走进野林。树林越来越密，鬼脸出现了，哨音出现了，脚步声出现了，他吓得

"喂，鼠兄，我现在想划船！"

"你在看什么？"河鼠问。这时，他俩的辘辘饥肠已多少缓解，鼹鼠已经能够把眼光稍稍移开餐布，投向别处了。

狂奔起来，最后藏到了一个又深又黑的树洞里。这时他才明白，原来河鼠怕他遇上的就是野林的恐怖。还好，河鼠找到了他。下雪了，一层晶莹闪光的仙毯蒙盖了整个地面。他们怎么也找不到回家的路了，鼹鼠在一个小山包还摔了一跤。

不过，河鼠却从这个小山包下面挖出了獾的家。在獾家，他们烘干自己，吃了一顿美餐之后，就说起了蟾蜍。河鼠说蟾蜍买了七次车，出了七次车祸，鼹鼠说蟾蜍住过三次医院。"蟾蜍有钱，这我们都知道，可他并不是百万富翁啊。他早晚不是送命就是破产。獾哪，咱们是他的朋友，该不该拉他一把？"獾说："现在是冬季。等到新的一年开始，咱们要对蟾蜍严加管束。不许他胡闹，要让他恢复理性，必要的话，要对他施行强制，咱们要使他变成一只明智的蟾蜍。"

第二天回家的路上，一声召唤如同电击一般，突然触到了鼹鼠。家！这就是它们向他传递的信息！一连串亲切的请求，一连串从空中飘来的轻柔的触摸，一只只无形的小手又拉又拽，全都朝着一个方向。啊，此刻，它一定就近在眼前，他的老家，自打他第一次发现大河，就匆匆离去，再也不曾返回的家！他喊河鼠，说他要回家，然而走在前面的河鼠什么也没有听见，于是他绝望地痛哭起来。这天，他们没有回河鼠的家，而是在鼹鼠的家过了一夜，小田鼠们还来唱了一首《圣诞颂歌》。这天晚上，鼹鼠很晚都睡不着。他知道，他必须回到那个更大的舞台上去。不过，有这么个地方可以回归，总是件好事。

初夏的一天，獾领着河鼠和鼹鼠来拯救蟾蜍了。蟾蜍买了一辆鲜红的大汽车，戴着护目镜，正要出门："你们来得正好，跟我一道去痛快……"

他们扒下他的衣服，把他关到了自己的卧室里。可是有一天，他对值班的河鼠说他不行了，请河鼠去村里给他请个大夫来。河鼠刚走，他就把被单绑在一起，顺着这根绳子从窗口爬了出来。在街上，他看到了一辆汽车。像做梦一样，他不知怎的就坐到了司机座上。他开着汽车，冲上了公路。这时，他忘掉了一切，只知道他又成了蟾蜍……因为偷车，蟾蜍被判二十年监禁，被关到了监狱里。

一个月夜，河鼠和鼹鼠划船去找水獭丢失了的孩子。黎明前，他们听到了一阵宛如天籁般美妙的笛声。在一个小岛，他们悄悄上岸，他们明白一个神灵就近在眼前。笛声现在虽已停止，但那种召唤仍旧那么强有力，他们无法抵抗。在破晓前那无比纯净的氛围里，他们看到了牧神，牧神一对犄角向后弯着，手上握着那支刚离唇边的牧神之笛。水獭的孩子，就坐在他的两蹄之间。两只动物匍匐在地上，低头膜拜起来。当太阳升上来时，幻象不见了。只听河鼠若有所思地慢慢说："有个……伟大的……动物……来过这里。"

午餐，自然是极其精美，就像蟾宫里的所有事物一样。吃饭时，蟾蜍信口开河高谈阔论。

"獾呀，"河鼠喊道，"求求你，让我们进去吧。是我呀，河鼠，还有我的朋友鼹鼠，我们两个在雪地里迷了路。"

蟾蜍换上洗衣妇的衣服，逃出监狱，坐火车逃脱了追兵。

秋天到了，看到鸟儿们一个个南飞，河鼠突然变得焦躁不安，他想像航海鼠一样，出发去南方冒险，但最后被鼹鼠抓了回来。

蟾蜍在河边，遇到了一条由马拉着的平底船。因为他穿着洗衣妇的衣服，胖船娘跟他打招呼："早晨天气真好呀，太太。"他扯谎说他出嫁的女儿给他寄来一封十万火急的信，要马上赶去，胖船娘让他上了船。一上船，他又管不住自己的大嘴巴了："我爱洗衣，简直爱得着了迷。两手一泡在洗衣盆里，我就快活得了不得。我洗起衣裳来太轻松了，一点不费劲！我跟你说，太太，那真是一种享受。"听他这么一说，胖船娘就找来一堆脏衣服让他洗。但她很快就发现他是一个骗子，是只蟾蜍，扯住他的一条前腿和后腿，就势一抡，就把他丢进了水里。他为了报复她，偷走她的马，把马卖给了一个吉卜赛人。他走在大路上得意极了，想到自己总能化险为夷，就骄傲地唱起一只动物所创作的最最狂妄自大的歌来："世上有过许多伟大英雄/历史书上载过他们的丰功伟绩/但没有一个公认的赫赫有名/能和蟾蜍相比……"他在路上搭车，想不到搭的就是他偷过的那辆车。他要求开车，人家让了，可

当他把车开得飞快，后面的绅士警告他说"小心，洗衣婆"时，他不但把车开得更快，还大叫："什么洗衣婆，我是蟾蜍，抢车能手，越狱要犯！"于是，全车的人都扑到了他的身上，车冲下道路，跌进了一个水塘。蟾蜍觉得自己像只燕子在空中画了

"嗨！伙计们，来呀！"一看到他们，蟾蜍就兴高采烈地喊道，"你们来得正是时候，跟我一道去痛快……痛快……呃……痛快……"

蟾蜍被警官带到监狱最深处那间最阴森的地牢门前。

一道优美的弧线。他喜欢这个动作，心里正纳闷，不知会不会继续这样飞下去，直到长出翅膀，变成一只蟾蜍鸟，却砰的一声仰面朝天落到了地上。司机带着警察来追他了，他身体肥胖，腿又短，跑不过他们，一头栽进了河里。还好，当他流过岸边的一个黑洞时，河鼠救了他。

从河鼠口里，蟾蜍知道他的蟾宫已经被野林的白鼬和黄鼠狼强占了。第二天晚上，獾率领着他们几个穿过一条秘密通道，展开突袭。蟾宫宴会厅里喧声震天，黄鼠狼们正在给他们的头头做寿。獾挺直身子，两手紧攥大棒："到时候了，跟我来！"他猛地推开门，四位好汉愤怒地冲了进去，黄鼠狼们吓得纷纷钻到桌子底下，没命地跳窗逃跑。战斗很快就结束了，獾决定举行一次宴会，来庆祝这件大事。蟾蜍想在宴会上好好地自吹自擂一番，但獾他们不让。宴会上，当水獭看到蟾蜍时，想拉他在满屋子的贵宾面前凯旋式地绕场一周，但蟾蜍拒绝了："獾才是出谋划策的主帅，鼹鼠和河鼠是战斗的主力军，而我，只不过是队伍里的一名小卒子，干得很少，可以说没干什么。"

蟾蜍真的变了！

这次盛会之后，四只动物继续过着欢快惬意的

生活，这种生活一度被内战打断，但以后再也没有受到动乱或入侵的干扰。

让我们来深入讨论作品

一百多年了，《柳林风声》一直排列在儿童文学的经典书单上，从来没有动摇过。成人推荐它，孩子读它，仅仅是中文版，就有多达十几个版本。所以有一天要是有人突然问你："《柳林风声》真的是一本儿童书吗？"你一定会愕然吧？ 是的，我们从来没有怀疑过。可是查尔斯·弗雷和约翰·格里菲思却在《重读童书》一书中提出了这样一个质朴的疑问：《柳林风声》的登场人物中没有一个孩子不说，而且作者从一开始就没打算按照孩子式的行为或是游戏来处理这个故事，为什么要说它是一部儿童文学的经典之作呢？

细细想来，他们没有说错，《柳林风声》讲的确实是一个大人——准确地说，是四个中年男人，而且还是四个独身的中年男人的故事。鼹鼠、河

等他们驶了过去时，蟾蜍禁不住哈哈大笑——自打入狱以来，他还是第一次笑得这样痛快。

"早晨天气真好呀，太太！"她把船驾到蟾蜍身旁时，跟他打招呼。

鼠、獾和蟾蜍是故事的主人公（虽然他们被写成了动物，但套用评论家的话来说，他们就是"披上了毛皮的我们"），他们要么是衣食无忧的乡绅，要么是有钱的冒险家，反正没有一个是孩子（故事里也曾出现过孩子，如唱圣诞歌的小田鼠，如走丢的水獭的儿子，但都是一闪而过的角色）。他们的行为，是成人的行为，流露的情感，也是成人的情感……从这一点来说，《柳林风声》着实逸出了一般儿童文学的轨道，超出了儿童文学的疆界。

而且自它问世以来，关于它的争论就没有停止过，例如它宣扬的独身的人生观，例如它对女性的轻慢……不过奇怪的是，这并没有妨碍人们对它的喜爱，这么多年过去了，它历久弥新。"挚爱这部作品的父母，没有一个不希望自己的孩子能喜欢上这本书的。"弗雷德·英格里什在《幸福的承诺：英国儿童文学的传统》里如是说。

这是为什么呢？这只能说《柳林风声》是一个复杂的多层次文本。它不选择读者，是一本跨越成人与儿童两界的书，大人和孩子可以从中读出不同

的乐趣。约翰·洛威·汤森在《英语儿童文学史纲》中说："格雷厄姆的杰作毫无疑问地隐藏了一些连作者自己都未意识到的深度。这正是这部作品能吸引所有年龄层读者的一个理由之一。孩子着迷于蟾蜍的冒险，而河边的描述及后来插入的两章，则会持续吸引不断长大中的孩子。即使是成人，在读了第十遍、第十二遍之后，也会领悟到他还未触及这部微妙又复杂的作品的最深处。"

故事里，当獾跟鼹鼠和河鼠说到人类时，说过这样一句话："人们来了，繁荣兴旺了一阵子，大兴土木——过后又离开了。他们照例总是这样来来去去。可我们始终留下不走。"是的，獾们始终留在了河边，始终留在了《柳林风声》里。那么，故事留给了我们什么呢？

印象最深的，应该还是那些拟人化的动物吧？

有谁会忘记这样的场面呢——蟾蜍一屁股坐在尘土飞扬的公路上，望着远去的汽车，陷入了幸福的幻境，嘴里一边着汽车发出的噗噗声，一边神情恍惚地梦呓道："我虚度了多少岁月啊，不但不知道，连做梦也没有梦到过！噗噗！现在我知道了！从今往后，我前面的路多么灿烂啊！"鼹鼠穿

獾挺直了身子，两手紧紧攥着大棒，向伙伴们扫了一眼，喊道："到时候了，跟我来！"他猛地把门推开。

过田野，家的召唤突然如同电击一般地向他袭来，他在一个树桩上坐下，放声痛哭："这是我的家，我的老家！我刚刚闻到了它的气味，它就近在眼前，近极了。"……四个动物，个个个性鲜明。第一个出场的鼹鼠，贫寒，但心地善良，对朋友忠心耿耿；河鼠，浪漫，喜欢舒适的河上生活，对待鼹鼠关怀备至，如同兄长，他既是一个多愁善感的诗人，更是一个勇猛无敌的战士；獾，四个动物中的智者，讨厌社交，是一个具有领袖风范的让人有点害怕的存在；蟾蜍，富有，一是爱吹牛，二是爱追求时尚，不断地走火入魔迷上新玩意儿，麻烦连连，是一个小丑式的疯狂喜剧人物。

不用多说，这四个动物就是人，就是四个丰衣足食的英国中产阶级的乡绅。这四个快乐的独身男性，远离尘嚣，在一个田园诗一样的地方过着牧歌般的舒适生活。书里有两句非常著名的话，最能说明这一点了。一处是开头，河鼠一边划桨一边对连船都没有见过的鼹鼠说："请相信我，年轻朋友，世界上再也没有——绝对没有——比乘船闲逛更有意思的事啦。闲逛……四处闲逛……坐在船上……四处闲逛……"还有一句也在开头，当鼹鼠问河鼠午餐篮子里有什么时，河鼠一口气回答说："有冷鸡肉冷舌头冷火腿冷牛肉腌小黄瓜色拉法国面包卷三明治罐焖肉姜汁啤酒柠檬汁苏打水……（原文这

里就没有使用标点）"试想，如果不是有闲阶层，怎么可能过上这种悠闲自在的生活呢？

可是格雷厄姆又没有把四个动物完全塑造成人，尽管让他们穿人穿的衣服，吃人吃的东西，但多少还是让他们保留了一点动物的习性，如河鼠住在河边，鼹鼠不谙水性。可能是怕读者读着读着，就忘记了他们是一群动物吧，作者在故事中会不时地提醒我们他们不是人："按照动物界的规矩，在冬闲季节，不能指望任何动物去做任何费劲的或者英勇的举动……"矛盾吗？不矛盾，小峰和子在《大人英国儿童文学读本》中指出：这就是《柳林风声》这部作品的特征，它里面的主人公既是动物又是人，过着像人一样的生活，却还保留着动物本来的生态。还有一个特征，不较真地去想，你还真发现不了，就是这四个动物不知要比自然界中真实的自己大了多少倍。人就是参照物，你说蟾蜍要是原大，他又怎么能穿得了洗衣妇的衣服，偷走人开的车，骑走人骑的马？

《柳林风声》最为人推崇的，还是它对河岸风景的描写，相当多的段落，都宛如散文诗一般美丽得让人心颤。请看杨静远译的这一个名段：

> 当他们回顾夏天的一切时，就感到，那是多么绚丽多彩的一章啊！那里面有许多五色缤纷的插图。大河两岸，一支盛装的游行队伍在不停地庄严行进，展示出一场跟着一场富丽堂皇的景观。紫色的珍珠菜最先登场，抖开它那乱丝般丰美的秀发，垂挂在镜面般的河水边沿，镜中的脸，又冲它自己微笑。婀娜多姿的柳兰，犹如桃色的晚霞，紧跟着也上场了。雏菊，紫的和白的手牵着手，悄悄钻了上来，在队伍中占取了一席地位。最后，在一个早晨，羞怯的野蔷薇姗姗来迟，轻盈地步上舞台。这时，就像弦乐以它辉煌的和弦转入一曲加沃特，向人们宣告，6月终于来到了。但是，戏班子里还缺一个角色没有到齐，那就是水仙女所追求的牧羊少年，闺秀们凭窗盼望的骑士，用亲吻唤醒沉睡的夏天的生命和爱情的王子。当身穿

四位好汉愤怒地冲进宴会厅……

琥珀色紧身背心的笑靥菊，温文尔雅，芳香扑鼻，步履优美地登上舞台时，好戏就开场了。

李利安·H.史密斯说得真好："我们大部分的人，都忽略了围绕身边的自然界的美和奇异。现在由于格雷厄姆长着翅膀的语言，使我们的心高扬了，于是我们就借着他敏锐的感觉，清楚地看出了映在我们眼前的事物背后，隐藏的那些意义。"

说到意义，不同的人会从这本书中读出不同的意义来。但格雷厄姆不承认它背后潜藏着什么额外的意义，他说它就是一本关于"生活、阳光、流水、林边、尘土飞扬的公路、冬日篝火的书"，就是"表达了生活里最简单事物中最简单的乐趣"。这话没错，对于我们一般读者来说，《柳林风声》就是两个简简单单的主题：友谊和对大自然的赞美。

不过有一点是绝对不可以否认的。如果你知道了作者格雷厄姆的人生经历，再重读一遍《柳林风声》，就会读出一种别样的沉重与感伤来。格雷厄姆幼年丧母丧父，在泰晤士河畔的祖母家度过了孤独的童年，对家充满了渴望。所以他才会让鼹鼠感受到家的召唤时，在那片黑暗的旷野中发出了埋藏在自己心底几十年的呼声："这是我的家，我一定得回去，一定，一定！"他一生并不幸福，工作不是他热爱的工作，妻子不是他热爱的妻子，唯一的一个儿子还患有先天眼疾，后来二十岁时就卧轨自杀了。所以，他才会在书中描绘动物们在河畔的幸福生活，其实那就是他自己最向往，但却永远也不可能实现的幸福生活。

为什么这本书要叫《柳林风声》呢？其实，这本书如果删掉第七章《黎明前的笛声》，会更加流畅，就是一个蟾蜍和他的伙伴们冒险的故事。后来插进来的这一章，完全游离了整个故事，但对于格雷厄姆来说却至关重要。因为正是在这一章里，他终于写到了他期盼已久的柳林风声："我什么也没听到，除了芦苇、灯芯草和柳树里的风声。"这是鼹鼠在船上说的一句话，当时河鼠告诉他自己听到了如天籁般美妙的笛声。正是这神秘的笛声，在黎明前，把河鼠和鼹鼠引到了自然之神的面前，让他们完成了一次神圣而虔诚的朝拜。我们也可以认为，是作者格雷厄姆本人，在这里完成了对一生热爱与敬畏的大自然的一次朝拜。

这是一本能安慰人心灵的好书。要是能躺在一个小河边，听着风声，慢慢地细读就好了。可惜这样的小河已经很难找到了。才过去一百年，一切就都消失了。

中文译本推荐

《柳林风声》
杨静远/译
长春出版社
2009

《柳林间的风声》
任溶溶/译
少年儿童出版社
上海译文出版社
2009

《柳林风声》
赵武平/译
人民文学出版社
2010

《柳林风声》
雷虹/译
湖南少年儿童出版社
2009

绿山墙的安妮

原书名及初版时间：*Anne of Green Gables*, 1908

作　者：[加] L.M.蒙哥玛利 (L.M.Montgomery)
插　图：[英] 西比尔·陶斯 (Sybil Tawse)
出版社：Everyman's Library, 1995

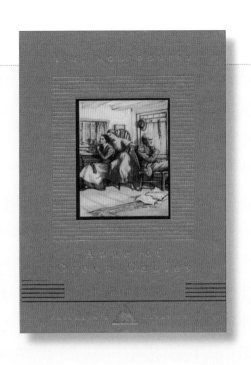

获奖及推荐记录

⊙入选英国最大连锁书店Waterstones "最受喜爱的100本童书"
⊙入选英国BBC "大阅读：最受欢迎的100本小说"
⊙入选英国《你长大之前必读的1001本童书》
⊙入选美国《最佳童书：从学前到小学六年级》
⊙入选美国《纽约时报家长指南：最佳童书》
⊙入选美国《给孩子100本最棒的书》
⊙入选日本《儿童文学的魅力：今天阅读的100本世界名作》
⊙入选日本《英美儿童文学畅销书40本：永留心中的名作》
⊙入选日本《世界少男少女文学：写实文学50本》

● 是谁写了这本书

　　L.M.蒙哥玛利（1874—1942），出生于加拿大。她出生后不到两年，母亲就去世了，父亲将她留在外祖父母的农场，自己一个人离开爱德华王子岛外出谋生。因为外祖父母脾气古板而严厉，她的童年生活过得并不幸福，十分孤独，只能依靠想象力为自己创造朋友和世界。直到十六岁那年，她才搬去与再婚的父亲同住，却又因为与年轻的继母合不来，很快就又返回了爱德华王子岛。之后她考取了教师资格，做过教师、编辑等多种工作。

　　她自幼就喜欢编故事、读书，她在十四岁的日记中写道："我喜欢读书，我希望长大以后能拥有更多的书！"十五岁时，她的诗作《靠近尔佛尔岬》首次被印成铅字刊登在报纸上。三十一岁那年的春天她突发灵感，写出了《绿山墙的安妮》一书。不过她连投了四家出版社都遭到拒绝，一气之下，就把原稿塞到了一个旧帽箱里。一年后的冬天，她又把它翻了出来，寄给了美国一家小出版社。出版社问她是要买断稿费还是版税，她果断地选择了版税。

● 先来认识一下书中的主要出场人物

安妮
女孩，在孤儿院里长大，刚出场的时候十一岁。她的眼睛有时是绿的，有时是灰的，一头浓密的红头发梳成两条长辫子，苍白瘦小的脸上长着好多雀斑。她想象力丰富，爱说话，只要一开口，就再也停不下来了。

马修
绿山墙农舍的男主人，六十多岁。

玛丽拉
马修的妹妹。

黛安娜
一个和安妮年龄相仿的女孩，安妮的好朋友。

吉尔伯特
安妮班上的男孩。

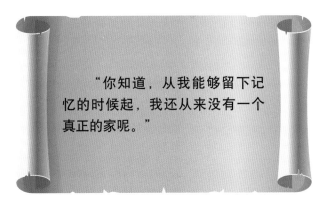

"你知道，从我能够留下记忆的时候起，我还从来没有一个真正的家呢。"

这本书讲了一个什么故事

6月初的一个下午，爱管闲事的雷切尔太太坐在窗口，看到马修穿着最好的衣服，驾着马车外出了。马修是世上少有的害羞成癖的人，不喜欢和人说话，可现在他却盛装出行，这太不寻常了。她来到绿山墙农舍问个究竟，马修的妹妹玛丽拉告诉她说："斯潘塞太太去孤儿院领养女孩，我们请她也帮我们选个十到十一岁伶俐可靠的小男孩。马修已经六十多了，心脏又不好，要有人帮他干活。这不，马修去车站接他去了。"雷切尔太太叫了起来："你不知道你会得到个什么样的男孩！如果他放火烧了绿山墙农舍，或者往井里放了毒药，你可别埋怨我没提醒你。一个孤儿院的女孩就下过毒。""对啊，所以我们俩不收养女孩。"玛丽拉说。

马修来到火车站，可站台上只坐着一个小女孩。马修说他是来接一个男孩的，可站长却说斯潘塞太太给他留下的就是这个女孩。女孩十来岁模样，红头发梳成两条长辫子，苍白瘦小的脸上长着好多雀斑。她一看到马修就伸过手来，说："我还担心你不来接我了。我已经决定了，如果你不来接我，就爬到那棵开满了白花的樱树上睡一夜。"马修不忍心说他要接的不是她，他只能把她带回家，让玛丽拉来跟她解释。一路上，女孩话好多，看见野李子树，她说它像穿着一身白衣裳、披着薄雾般美丽面纱的新娘。穿过头顶上开着芬芳白色苹果花的林荫道，她给它起名叫"白色的欢乐之路"。当她看见绿山墙农舍时，她叫道："一看到它，我就知道那是家了。今天我一直在掐自己，真怕这是

一场梦。"想到女孩将面临的失望，马修蜷缩起身子，仿佛是被逼杀一头无罪的小牛犊。

"那个男孩呢？"玛丽拉看到马修领回一个女孩，脱口问道。"没有什么男孩，只有她在那儿。"马修可怜巴巴地说。女孩明白过来，委屈地号啕大哭："我怎么能不哭呢，一个孤儿好不容易才找到了一个家，结果发现他们并不要你，只因为你不是个男孩！""你叫什么名字？""安·雪莉。不过我不喜欢安这个又平凡又俗气的名字，请在安后面加个e，叫我安妮吧！"玛丽拉让安妮吃饭，安妮说："我吃不下呀，我已经陷入绝望的深渊。当你陷入绝望的深渊时，你吃得下吗？"第二天，玛丽拉驾车去把安妮送还给斯潘塞太太时，在路上听了安妮悲惨的身世，又得知可怕的布卢伊特太太要收养安妮，就又把她带回了绿山墙农舍。

两个星期以后，雷切尔太太来看安妮了："我的天，她又瘦又丑，你见过谁有这么多雀斑吗？头发又红得跟胡萝卜似的！我说，上这儿来，孩

"我觉得有些针线活是很美妙的，可是缝碎布片却没有一点儿想象的余地。它一条缝口接着一条缝口，好像永远看不到尽头。"

子。"安妮照办了，但她浑身发抖地说："我恨你！我恨你！我恨你！你怎么敢说我又瘦又丑？你怎么敢说我雀斑脸、红头发？你是个粗暴无礼、毫无感情的女人！"雷切尔太太被气走了。玛丽拉让安妮去给她道歉，安妮说宁肯一直被关在屋子里也不去道歉。第二天晚上，趁玛丽拉去牵牛，马修敲开安妮的房门。"我说安妮啊，玛丽拉是个寸步不让的女人，去道歉吧，最好早一点把它解决掉。"安妮跟着玛丽拉去雷切尔太太家道歉了，开始她还走得无精打采，走到半路突然变得兴奋起来。"你在想什么呢？""我在想应该对雷切尔太太说些什么呢。"一进门，她就跪下了，恳求地伸出双手说："因为你对我说了实话，我就朝你发火，真是太坏了。我对你说的也是实话，可是我不应该那么说。啊，求求你，原谅我吧。如果你不原谅，我将终身受到悔恨的折磨……"回来的路上，想到刚才的"舞台剧"，玛丽拉几乎控制不住想大笑一场的冲动。

"你说什么？讨厌的家伙！"她激愤地嚷道，"你好大的胆子！"

玛丽拉给安妮做了三件新衣服，可安妮嫌它们太土气，她想要一件袖子鼓起来的衣服，否则，活下去就没有意义可言。于是，她在帽子上插满了鲜花，去上主日学校。有一天，安妮兴奋地告诉玛丽拉："下周，主日学校的老师要带我们去野餐，我从来就不曾去过呢。"可是在野餐前的一天，玛丽拉发现她最珍贵的紫水晶胸针不见了。安妮承认说她在胸口别了一下，就放回到了衣柜上。"你是不是把它拿出去弄丢了？""不，我没有。"玛丽拉再次把安妮关进房间，威胁说："不坦白交代，你就不能去参加野餐。"第二天一早，安妮就对玛丽拉坦白了："是我拿走了，在桥上，它从我的手指缝里滑落下去，形成一条闪烁的紫光，永远地沉进了湖底。"她像在唱歌，脸上看不出一点后悔的表情。玛丽拉不让她去野餐，这让她大哭一场。下午，玛丽拉发现胸针钩在了披肩上。"孩子，你为什么要胡编一通呀？""我不坦白，你就不让我去野餐啊！"这天晚上，安妮浑身洋溢着幸福回到家里。玛丽拉对马修说："一想起安妮的坦白，我就会笑个没完。有了她，家里永远不会叫人感到沉闷。"

9月的第一天，安妮和好朋友黛安娜一起去上学了，可她只上了三个星期。班上有个长得很帅的男生叫吉尔伯特，想吸引安妮的视线，可安妮不理他。这天，他抓住安妮的红色长辫子，叫起来："红萝卜！红萝卜！"安妮拿起石板猛敲他的头，石板顿时断成了两截。老师冲过来让安妮罚站，吉尔伯特说是他的错，但是没有用。放学时吉尔伯特在校门口再次向她道歉，她装做没听见，傲慢地走开了。她对黛安娜说："我永远都不会原谅他的。"

10月里有一天，安妮请黛安娜来喝下午茶。吃完苹果，安妮说该喝木莓甜汁了，黛安娜连喝了三杯，头晕眼花地回家去了。这让黛安娜的妈妈非常生气，说安妮把黛安娜灌醉了，是个坏女孩，永远不让黛安娜跟她玩了。玛丽拉问安妮给黛安娜喝了什么，安妮说只不过是木莓甜汁，可玛丽拉一看那个瓶子，就认出来了，那是她三年前酿的葡萄酒！不过后来因为安妮救了黛安娜最小的妹妹一命，黛安娜的妈妈又让她跟黛安娜玩了。

一年过去了。安妮问玛丽拉："我到这里整整一年了，我感到非常幸福。你后悔收养我了吗？""不，我没有后悔。"玛丽拉有时弄不明白，在安妮来之前，自己是怎么生活的。

这之后，安妮又出了不少糗事。先是在给牧师太太做蛋糕时错放了镇痛药，然后为了名誉，又跟别的女孩子打赌要在屋顶上走一趟，结果摔下来扭断了脚踝骨，在床上躺了七个星期……转眼就到了圣诞节，安妮穿着马修为她买来的袖子鼓起来的新衣服，在音乐会上朗诵，博得了全场喝彩，马修和玛丽拉都为她感到自豪。

安妮十三岁了。春天，为了追求漂亮，安妮从一个小贩手里买来染发剂，结果头发不但没有染成黑色的不说，反而变成了可怕的绿色，不得不让玛丽拉把它们剪掉。夏天，安妮躺在一艘小船上装死，和一群女孩子用戏剧的形式表演诗歌里面的百合少女。不想船漏水了，在船沉之前，她刚好来得及抱住一根桥桩。吉尔伯特，那个被她用石板砸过脑袋的男孩正好划船经过，便把她救了下来。当天晚上，安妮对玛丽拉说："我再也不追求浪漫了。"等玛丽拉出去，马修把一只手搭在安妮的肩膀上："稍微有点浪漫是件好事，一点点。"

十五岁那年，安妮为了将来当一名教师，和吉尔伯特一起考上了女王专科学校。夜里，她穿上玛丽拉为她新做的衣服，为玛丽拉和马修朗诵了《少女的誓言》。玛丽拉哭了："安妮，我真希望你一直是个小不点儿，就算你再一连串地出糗，我也不在乎。现在你长大了，就要离开了。"马修也哭了："她是上帝恩赐给我们的，上帝发现我们需要她。"在女王专科学校，安妮和吉尔伯特互相竞争，最终是安妮获得了去大学学习的奖学金。马修在跟玛丽拉出席了安妮的毕业典礼的第二天，对担心他心脏病的安妮说："请你记住——我情愿要你，不要十几个男孩。得到奖学金的不是个男孩吧？是个姑娘——我的姑娘——我为她感到自豪。"

马修死了，银行倒闭的消息让他的心脏遭到致命的打击。玛丽拉决定卖掉绿山墙农舍，她对安妮说："我们已经山穷水尽了，我的眼睛又可能会瞎掉。我不能独自留在这儿，烦恼和寂寞会把我逼疯的。"安妮坚决反对："我要和你在一起，我不上大学了。"十六岁的安妮打算留在家乡教书。本来，这个职务已经给了吉尔伯特，可当他知道了安妮的这个愿望时，他决定自己做出牺牲，去另外一个更远的镇上教书。从马修墓地回来的路上，安妮遇上了吉尔伯特，他握住了她的手说："安妮，我很高兴能给你一点小小的帮助。此后我们就成为朋

友好不好？你真的原谅我过去的错误了吗？"安妮笑了，想抽回她的手，可是没有成功。

 ## 让我们来深入讨论作品

说到《绿山墙的安妮》最初的创作灵感，作者L．M．蒙哥玛利曾经追溯过这样一个故事："两年前，1905年的春天，因为想给《周日学校报》投稿，就翻开笔记本寻找起适合连载的构思来。突然发现了这样一段话：'一对步入老年的夫妻向孤儿院提出申请想要收养一个男孩，但是阴差阳错，却送来了一个女孩。'一看到它，我就知道是一个好故事，立刻就决定以这个女孩子为主角写一部长篇小说了。"

美国大文豪马克·吐温说"安妮是继不朽的爱丽丝之后最令人感动和喜爱的儿童形象"，佩里·诺德曼与梅维丝·雷默在《儿童文学的乐趣》中说安妮"拥有数百万喜欢她的女性读者"……安妮，这个红头发的加拿大女孩（日文版干脆就改名叫成了《红发安妮》）的故事，一个多世纪以来，激励着世界上成千上万的女孩，成为她们成长中的榜样。

可能是第一个中译本直到1987年才问世的缘故，安妮在中国的知名度要远逊于日本。早在1952年，日本就出版了第一个译本，截至2002年，日本一共出版了一百二十三个版本的《绿山墙的安妮》。《理解儿童文学》一书的作者之一马修·格林拜指出：与《爱丽丝漫游奇境》的作者刘易斯·卡洛尔一样，蒙哥玛利的作品是"被研究得透彻见底的"。这话说得一点都不危言耸听，仅仅是在日本，就曾经出版过《探索谁也不知道的〈红发安妮〉的背景》、《隐藏在〈红发安妮〉里的莎士比亚》、《〈红发安妮〉的秘密》这样的研究作品，甚至还有像《走进〈红发安妮〉的世界》、《〈红发安妮〉之旅：隐藏的爱与谜》、《〈红发安妮〉的生活事典》、《〈红发安妮〉的料理BOOK》这样的旅行和生活用书。日本女性崇拜安妮是世界出了名的，她们不仅把《绿山墙的安妮》当成人生指南，还会去安妮故事的发生地——加拿大的爱德华王子岛朝圣。加拿大作家玛格丽特·阿特伍德在给

《绿山墙的安妮》写的推荐序中就发出了这样的疑问："让我感到惊讶,为什么安妮·雪莉,这个饶舌的红头发的孤儿在她们中间那么受欢迎呢?是因为她奇异的红头发,还是因为日本的女人和女孩发现了她的勇气……"

"她也会给我施魔法的,她已经给马修施了魔法"——这是故事里安妮养母玛丽拉初次见到安妮时说的一句话。确实,安妮——让我们再次借用书中人物的话——这个"像彩虹一样有许多不同的色彩,每一种色彩出现时都非常绚丽"的女孩,在这部少女小说中充分施展了一种与众不同的魔力,不但让数百万的孩子中了魔法,也让数百万的大人中了魔法,连作者蒙哥马利都连呼想不到:"安妮那么受大人们欢迎,太让我吃惊了。本来不过是想为孩子们写一个有趣无害的故事,想不到成年读者却那么爱读它。"

安妮,是怎样征服了每一个读者的心呢?

读者喜欢安妮,是从同情开始的——安妮刚一出场的时候,是一个丑小鸭,而且还是个十一岁大的孤女。她长得一点都不好看,让她最自卑的就是一头红头发,见到来车站接她的养父马修,她就"发自心灵深处"长长地叹了口气:"别的东西我可以满不在乎——雀斑、绿眼睛、皮包骨,可我不能把红头发从我的想象中排除掉。"那个时时刻刻都在监视别人的雷切尔太太更是把她奚落得狗血喷头:"我的天,她又瘦又丑,你见过谁有这么多雀斑吗?头发又红得跟胡萝卜似的!"可是,这样一个在记忆中不曾有过家的可怜小女孩,却再一次面临被退回孤儿院的危险,因为有长舌妇警告要收养她的玛丽拉"一个来路不明的女孩会在井里下毒药",而玛丽拉和马修也不想要一个女孩。开场没多久,读者就已经在为安妮的命运担忧了:绿山墙农舍会收留这个无家可归的女孩吗?约翰·洛威·汤森在《英语儿童文学史纲》中说

《绿山墙的安妮》之所以会吸引那么多年轻女孩,就因为它的主题是丑小鸭变天鹅。

可是几章一过,读者的情绪就由同情转化成了激赏,完完全全被安妮身上那种凹凸鲜明的个性吸引住了——安妮是一个乐观向上的女孩,她天真、善良、健康,洋溢着一股旺盛的生命活力。她独立,从不向命运低头,即使身处逆境,也勇于挑战。她从不隐瞒自己的观点,敢恨敢爱,该哭就哭,该骂就骂。她浪漫,耽于幻想,还拥有一双从平凡中发现美的眼睛,热爱美丽的大自然……

其实,安妮最打动人的,还是她对美好生活的那份出自本能的向往与努力。当她第一眼看到绿山墙农舍时,"立即就感到那是家",打定主意要永远住在这里。为了不被送回去,她唱作俱佳地向玛丽拉表白她是多么渴望留在这个家里。一旦如愿以偿,她便开始快乐地生活,让死气沉沉的绿山墙农舍发生了变化。

安妮给黛安娜的妹妹喂药,她救了这个三岁小女孩一命。

要说其中最大的一个变化,还不是安妮自己,而是让她的养母玛丽拉重新找回了自我。在故事的开头,玛丽拉那位嘴巴尖刻的邻居形容她"住在那种幽僻的地方,根本不能叫生活,只能算是待在那儿"。但后来,这个性格拘谨,很久都没有笑过,笑起来都有些僵硬的古怪女人,在安妮的身上找回了被人爱与爱人的能力,重新拾回一个女人的感觉。你看,当安妮去吻她那灰黄色的面颊时,因为在她的一生中"第一次有孩子主动地吻她的脸,她感到一阵令人吃惊的含有甜情蜜意的激动涌上心头"。你再看,当马修死去时,她不再压抑自己的情感,终于敞开了心扉:"唉,安妮,我知道我也许一向对你有点严厉和粗暴——可是你千万不要因此认为我不如马修那样爱你。现在,我想告诉你。对我来说,要吐露我的心里话从来不是一件容易的事。可是在这样的时刻,就比较容易推心置腹。我爱你,好像你是我的亲骨肉一样,自从你来到绿山墙农舍,你一直

使我得到欢乐和安慰。"所以，玛格丽特·阿特伍德才会说："《绿山墙的安妮》讲的不是安妮变成一个好的小女孩，而是讲的玛丽拉变成一个好的——而且更加完整的——女人。"

安妮的可爱在于她既是一个普通的女孩，又不是一个普通的女孩。说她普通，是因为她像我们身边的女孩子一样，爱美（偷偷地把头发染成了绿色），会发火（跺脚骂嘲笑她红头发的雷切尔太太，用石板砸叫她"红萝卜"的吉尔伯特），不爱干那种缝缝补补的家务事，时不时地闯点不那么骇人听闻的小祸（错把葡萄酒当成木莓甜汁，害得好友酩酊大醉；从房顶上摔下来）……

说她不普通，是因为这个聪慧又早熟的小女孩太饶舌，一旦开了口，十几分钟都停不下来（有时她一讲就是满满的一页纸），以至于当她讲累了，对玛丽拉说"我现在要闭嘴了"时，玛丽拉要如释重负般地说一句："谢天谢地，我一直在等你这句话呢！"她的想象力也丰富得超出正常人几百倍，想象树是新娘，想象自己是一个美丽的女孩，整天都生活在一个幻想的世界里。不想象怎么行？用她自己的话来说，就是："如果我们对所有的事情都一清二楚，世界就会失去一半的乐趣了，是不是呢？那时就不会有想象的余地了，对吗？"正是靠幻想，安妮才熬过了一个孤儿的艰辛岁月。谷本诚刚在《儿童文学是什么：故事的成立与展开》一书中，把安妮的这种在心中讲故事的能力，称为"少女心中的故事"。此外，很少有女孩像安妮那样热爱自然的了，她在爱德华王子岛的四季美景中长大，她给林荫道起了个诗意的名字叫"白色的欢乐之路"（The White Way of Delight），给巴里的池塘起名叫"闪光的小湖"（The Lake of Shining Waters），给窗外的樱桃树起名叫"白雪女王"（The Snow Queen），她说，有了这样的名字，它们就像人类了。

女孩子们喜欢读安妮的故事，就是因为她们从

安妮这个普通又不普通的女孩身上看到了自己的影子，找到了共鸣，就像"小时候就读过《绿山墙的安妮》，完全被它吸引，甚至不记得是什么时候读过了"的玛格丽特·阿特伍德所描述的那样："孩子们认同安妮，因为他们常常感到自己就是她——无能为力、被蔑视和被误解。她反抗正如同他们想反抗，她得到的正如他们想得到的，她被爱护如同他们也想被爱护。"

不过话又说回来了，说到底，《绿山墙的安妮》毕竟是一本流行的少女小说，关于它，也有不少批评，例如，安妮的故事过于伤感，轻薄，太多的说教，回避了加拿大最严酷的冬季的描写，富有独立精神的安妮在最后一刻还是选择了妥协……加拿大著名的儿童文学推广者希拉·伊戈夫在《童书共和国：一个批评性的加拿大儿童文学指南》一书中就只给了它一个"尚可"的评价。然而读者并不在意这些批评的声音，而且一百年的岁月也充分证明，它绝对是一部永恒经典。

精瘦、古板而又严厉的约瑟芬老姑奶奶，是书里的一个人物，安妮半夜跳上床时差点儿把她踩死。安妮请求她原谅自己："你有想象力吗？如果有，请你为我们想想吧，我们根本不知道那张床上有人……"她回答安妮："恐怕我的想象力已经生锈了——我有很长时间不用它了。"可就是这个老姑奶奶，后来却爱上了安妮，发自内心地说出这样一句话来："如果家里每时每刻都有个像安妮这样的孩子，我就会变得更愉快、更幸福了。"

我们比她愉快和幸福，只要我们翻开书。

中文译本推荐

《绿山墙的安妮》
马爱农/译
中国少年儿童出版社
2010

《绿色屋顶之家的安妮》
李常传/译
二十一世纪出版社
2010

《绿山墙的安妮》
郭萍萍/译
译林出版社
2009

秘密花园

原书名及初版时间：*The Secret Garden*, 1911

作　者：[美] 弗·霍·伯内特 (Frances Hodgson Burnett)
插　图：[美] 塔莎·杜朵 (Tasha Tudor)
出版社：HarperCollins, 1998

获奖及推荐记录

⊙入选英国最大连锁书店Waterstones "最受喜爱的100本童书"
⊙入选英国BBC "大阅读：最受欢迎的100本小说"
⊙入选美国《出版者周刊》"所有时代最畅销童书"
⊙入选美国全国教育协会 "100本最佳童书"
⊙入选英国《你长大之前必读的1001本童书》
⊙入选美国《纽约时报家长指南：最佳童书》
⊙入选美国《给孩子100本最棒的书》
⊙入选日本《儿童文学的魅力：今天阅读的100本世界名作》
⊙入选日本《英美儿童文学畅销书40本：永留心中的名作》
⊙入选日本《世界少男少女文学：写实文学50本》

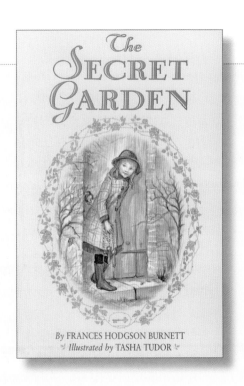

是谁写了这本书

　　弗·霍·伯内特（1849—1924），出生于英国。她曾有过短暂的幸福童年，后因经商的父亲突然病逝，一家陷入了生活危机。她十六岁时，因为家境所迫，一家人移民美国田纳西州。她自幼喜欢读书与创作，十八岁时开始给妇女杂志写稿，以此帮助赡养家庭。

　　她六十二岁时，出版了奠定她后世名声的《秘密花园》。这部小说的许多情节都与她自己的人生重叠。首先，她四十八岁离婚后，在英国肯特买下了一座旧庄园，花了近一年的时间，翻修了一座荒芜的花园，其间一只知更鸟还成了她的知己。另外，她也有一个儿子，像小男主人公一样缺少关爱、长年卧床不起，十五岁死于肺结核，这让她终生拥有一种负罪感。小女主人公玛丽的母亲，也是她自己的分身，她成名之后，一直醉心于穿着华丽的衣服参加各种社交舞会。还有，她也和作品中的那个悲伤的父亲一样，长年漂泊在外，往来大西洋两岸竟达三十三次之多。

先来认识一下书中的主要出场人物

玛丽
女孩，出场时大约九岁，父母死于印度的一场霍乱，她一个人被辗转送回到英国姑父的米塞尔斯怀特庄园。

克拉文先生
米塞尔斯怀特庄园的主人，长年在外旅行。

梅德洛克太太
米塞尔斯怀特庄园的管家。

玛莎
米塞尔斯怀特庄园的年轻女仆。

本
米塞尔斯怀特庄园的老园丁。

狄肯
玛莎的弟弟，十二岁，自然之子，是一个连狐狸和乌鸦都喜欢的男孩。

柯林
克拉文先生的儿子，十岁，以为自己是个驼背，活不了多久，终日躺在床上，半夜里会发出一阵阵歇斯底里般的哭声。

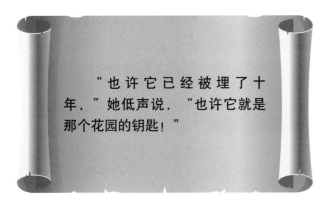

"也许它已经被埋了十年，"她低声说，"也许它就是那个花园的钥匙！"

● 这本书讲了一个什么故事

玛丽出生在印度。母亲是个热衷于社交的美人，根本不想要这个女孩，玛丽一生下来，就被交给了保姆，她还让保姆明白，要想讨她欢心，就得尽可能地不让她看到这个孩子。玛丽长得难看，又任性，专横自私得像一头小野猪。九岁那年，霍乱蔓延，用人一个接一个地死去，她把自己关在儿童室里，完全被人们遗忘。当她一觉醒来的时候，发现自己已经成为一个孤儿了。

玛丽坐船被送回了英国。

姑夫克拉文先生派管家梅德洛克太太来接玛丽。在火车上，她告诉玛丽，他们要去的米塞尔斯怀特庄园，是个怪地方，它有六百年的历史，坐落在一片荒原的边缘。庄园有将近一百个房间，但大多都上了锁。姑夫是个驼背，他美丽的妻子死后，他变得比以前更古怪了，大部分日子他都不住在家里，即便住在家里，也谁都不见……

"这不是海吧？"黑夜里坐马车穿过荒原时，玛丽这样问道。她觉得车子仿佛永远到不了尽头，荒原像黑色的海洋，而她正在一条干涸的土地上穿行而过。"我不喜欢这个地方。"她自言自语地说。

第二天清晨，玛丽被年轻的女仆玛莎吵醒了。玛莎告诉玛丽，到了春天和夏天，窗外的荒原就会开满美丽的花朵，还说她弟弟狄肯天天在荒野里和小马小羊玩。玛莎帮她穿好衣服，领她下楼，指着灌木丛中的一扇门说："有一座花园被锁起来了，十年来没人进去过。""为什么？""克拉文先生

的妻子突然死去后，他就命令把它锁了起来。他不想让任何人进去。这是她的花园。他锁上了门，挖了个坑把钥匙埋了进去。"穿过那道门，玛丽发现自己置身于一个大花园里了，但她没有找到那个上了锁的花园，只是遇到了老园丁本。她发现有只知更鸟在墙里边的树梢上唱歌。她相信那棵树就在秘密花园里头，因为有一圈围墙，但墙上没有门。本说知更鸟是他的朋友，玛丽说自己根本就没有朋友。这时，知更鸟飞到她前面的苹果树上，发出一阵啾鸣。本放声大笑："它喜欢上你了，要和你交朋友呢。""它飞到墙那边去了！飞进了那座没有门的花园！"玛丽叫道。"它住在那里。"本说。玛丽回去以后问玛莎："克拉文先生为什么要恨那个花园？"玛莎说那是克拉文夫人的花园，他们刚结婚时她就建了它，她非常喜欢它。有一天，她从树杈上摔下来，第二天就死了。

这天外边下起了倾盆大雨，出不去，玛丽索性一个房间一个房间地逛了起来。逛到后来她迷了路，站在一条墙上挂着挂毯的过道上。突然，她听

然后她悄悄地溜了进去，随后又把门关上。她背靠着门站着，环视着四周的景象，兴奋、惊奇和喜悦一起涌上心头，她感到心潮澎湃。她终于站在这神秘花园之中了。

"你是谁？"他有些惊恐地嘀咕着，"你是一个幽灵吗？"

到从墙那边传来了一阵哭声。这块挂毯原来是个门帘，管家梅德洛克太太拿着一大串钥匙，满脸怒气地走了出来："你在这儿干什么？"她攥着玛丽的胳膊，把玛丽推进了自己的房间里。

等到雨过天晴，知更鸟不但带玛丽从土堆里找到那把被埋了十年的花园的钥匙，还带她在墙上找到了那扇门。她用钥匙打开门，悄悄地溜了进去——谁都无法想象世界上会有看上去这么可爱、这么神秘的地方。她看着它，心想它要是一个活的花园就好了，几千株玫瑰都生长起来，该有多美啊！连着一个星期，她都在秘密花园里除草，她喜欢这个名字。玛莎的弟弟狄肯帮她买来了小铲子，她领他走进了秘密花园。她说："就是这里，我是世界上唯一希望它活过来的人。"狄肯告诉她，这个花园并没有死，他能和她一起让它起死回生。

夜里下起了瓢泼大雨，玛丽再次听到了哭声。"我要去看看是怎么回事！"她拿上蜡烛，走出卧室。她找到了那扇挂着挂毯的门，推门走了进去，看到一张雕花的四柱床上躺着一个瘦削、脸色苍白的男孩，正在伤心地哭泣。"你是谁？"他惊恐地问，"你是一个幽灵吗？""我不是，你是幽灵吗？""不是，我是柯林·克拉文。"这太让玛丽吃惊了，从来没有人告诉她姑夫还有一个儿子！柯林说他一直都躺在床上，从来没有走出过这个房间。说他活不了多久，即使活下去也是一个驼背。还说他爸爸恨他，因为他妈妈在生下他后就死了。"你

几岁了？"他问她。"十岁。你也十岁。""你怎么知道？"他惊讶地问。"因为你一出生后那个花园就被锁上了，那把钥匙也被埋了起来。花园已经被锁了有十年了。"柯林说他想去看那个秘密花园，想让人用轮椅把他推到那里去，但玛丽不希望别人知道这个秘密。她说："如果那个花园是个秘密，我们就可以进去，看着那些植物一天天长大，看到有多少玫瑰活了过来。"她还向他保证，她会找到一个男孩来给他推轮椅。

不过玛丽慢慢地发现，柯林更像个专横霸道的酋长，时不时就会歇斯底里地发作。这天他又发作了，她冲到他的床前说："你别叫了！我讨厌你！所有的人都讨厌你！但愿所有的人都跑出这个屋子，让你一个人去叫到死！""我摸到了瘤子……"可是她没有在他身上摸到瘤子。

玛丽带柯林去秘密花园的日子终于到来了。柯林让男仆把他背下楼，放进轮椅，然后狄肯推着他走进了秘密花园。柯林头一次感受到了春天的气息。太阳温暖地照在他的脸上，好像一只手在亲切地抚摸他。玛丽和狄肯惊讶地站在那里注视着他。他看上去那么不同往常，因为一种亮丽的粉色爬满了他的全身。他喊道："我会好起来的！我要永远地活下去！永远，永远！"整个下午，玛丽和狄肯带他看遍了花园。太阳西沉的时候，老园丁本的脑袋出现在墙头上，当他看见柯林时张着大嘴用颤抖的声音说："啊，我知道你是谁——你妈妈的眼睛长在你的脸上，你用它们盯着我。天知道你是怎么到这里来的，但你就是那个可怜的残废。"柯林刷地坐得笔直说："我不是残废！""你不是瘸腿？"这话让柯林产生一种前所未有的力量，一种近乎超自然的力量。"过来！"他朝狄肯吼道。狄肯扶住他的胳膊，一双细腿伸了出来，踩在草地上。柯林站得笔直，直得像一支箭，眼睛闪烁着奇怪的火花。本看得流泪了。柯林让玛丽去接本进来，然后他问狄肯："是你在施展魔力吗？""是你自己在施展魔力，就像把这些东西从地底下变出来的魔力一样。"狄肯用厚靴子碰了碰草丛里的藏红花。在太阳下山之前，柯林在本、玛丽和狄肯的帮助下，种下了一棵玫瑰。"种好了！"柯林最后说，"太阳刚刚开始下山。扶我起来，狄肯。我要

站着看它下山。这也是魔力的一部分。"狄肯把他扶了起来，而魔力——或者不管它是什么——给了他这么大的力量，当太阳下山，这个可爱奇妙的下午结束时，他确确实实地靠两条腿站立着，并且哈哈大笑。

在随后的几个月里，那些绿色的小芽从泥土中、草丛中、花圃中，甚至围墙的缝隙中一刻不停地钻了出来，然后它们开始长出蓓蕾，不久又含苞待放直至绽开。柯林再次感受到了魔力。一天早上，他对他们宣布说他要进行一项科学实验："我要让魔力注入我的身体，每个早晨，每个晚上，每个白天，我都要说：'魔力与我同在！魔力使我健康！我要像狄肯一样健壮！'"柯林开始秘密地在花园里练习走路，慢慢地，他能绕花园走一圈了。当狄肯把这一切讲给他的妈妈听了之后，索尔比太太发出了惊呼："哎呀，这个小姑娘来到庄园倒是一件好事情。既改变了她自己，又挽救了柯林。柯林站了起来！而我们都以为他是一个可怜的半痴半呆的孩子，身上没有一根骨头是直的。"索尔比太太来秘密花园看孩子们来了，他们把花园的故事一一讲给她听。最后，她用温暖的双臂搂住柯林说："啊，亲爱的孩子！我相信，你的亲妈妈就在这个花园里。她不会离开这里。你的爸爸一定会回来！"

随着秘密花园的复苏，两个孩子也一天天健康起来。与此同时，一个男人却在遥远的地方漫无目的地游荡。这天夜里，他坐在湖边，不知道自己什么时候睡着了，他听到一个甜美的声音在呼唤他，他答道："莉莉娅丝！你在哪里呀？""在花园里！"那声音好像出自一支金笛。当他醒来，他就收到了索尔比太太希望他回家看一看的信。他立刻动身回家。在花园门口，一个从门里冲出来的男孩和他撞

一个男孩正背靠着树坐在一棵树下，吹奏着一支粗糙的木笛。

了个满怀。这是个高大英俊的男孩，身上焕发着生气。他的一双灰色的大眼睛让他透不过气来。"爸爸，"男孩说，"我是柯林。你不敢相信吧，连我自己都很难相信。""带我到花园里去，孩子，"他终于开口说，"把这一切都告诉我。"于是他们带他进去。然后他们坐在树下——只有柯林除外，他要站着讲述他的故事。

让我们来深入讨论作品

《秘密花园》拥有众多的女性崇拜者，是让女孩子们童年时废寝忘食的枕边书。

蒂姆·莫里斯在《你只年轻两回——儿童文学与电影》一书中说到《秘密花园》时，这样写道："我做小男孩的时候，从来没有读过《秘密花园》……即使到了今天，我也不敢保证有多少男孩子愿意读这本书。因此，要解读《秘密花园》，我还是一个门外汉，特别是那么多女性朋友告诉我：这是她们成长过程中至关重要的一本书，她们已经翻来覆去读过不知道多少遍了。"今天，《秘密花园》依然在女孩子们之间风靡，同时因为这个书名准确反映了儿童时代的特征，还成了人们比喻童年的一个常用语，汉弗莱·卡朋特写了一本探讨儿童文学的书，干脆就起名叫《秘密花园：英美儿童文学的黄金时代》。

《秘密花园》的作者弗·霍·伯内特并不是一位儿童文学作家，她写了一辈子的成人浪漫爱情小说，给孩子看的书，只写过三本。但让她意想不到的是，正是因为这三本童书，人们才记住了她的名字。2006年，美国出版了她的最新传记《弗·霍·伯

内特：〈秘密花园〉作者的意外人生》，作者在序文里就发出了这样的感叹："如果对伯内特说，一百年后你只会作为儿童文学作家留在人们的记忆当中，她一定不相信吧？"在她生前，她写的童书两本畅销，一本不畅销。畅销的是"像生病的高烧一样烧过了全英国"的《小勋爵》和《小公主》，不畅销的就是《秘密花园》（她去世时，《纽约时报》的讣告里都没有提及这本书）。不过，一百年过去了，就像书里形容的那样——"秘密花园的花儿越开越盛，每天早晨都有新的奇迹出现"，最终还是《秘密花园》成为魅力不衰的畅销书，被盛赞为"20世纪最具创造性和最卓越的童书之一"，收入到任何一个西方儿童文学的经典书目里。

当年《秘密花园》遭遇冷落，不被人们接受，一个最大的原因，就是它的两个小主人公一点都不天真可爱，不是像《小勋爵》和《小公主》的主人公那样的具有种种美德的好孩子。他们非但不讨人喜爱，简直可以说是让人心生厌恶和反感。

我们先来看看小女主人公玛丽——这个出生于印度的小姑娘，开篇一上来，就被作者形容为一个"人人都说从没见过长得这么难看的小姑娘"。她脾气暴躁，随心所欲，六岁时"就变得像头少见的又专横霸道又自私自利的小野猪一样"，不顺心就给保姆一个耳光，没有一个家庭女教师能忍受她三个月。九岁时父母死了，她连一滴眼泪都不流。她连穿衣服都不会，回到英国还辱骂女仆玛莎"你这头小母猪"……孩子们给她起了一个绰号叫"犟脾气玛丽"。来码头接她的女管家梅德洛克太太看到她的第一眼，就不喜欢她，心想："我这辈子还真没见过像她这样'毁了的'（约克郡方言，指被宠坏且爱发脾气的）孩子。"老园丁本冲她挥拳头说："我一直就看不惯你！我第一次看见你的时候就受不了你！"

我们再来看小男主人公柯林——这个总是在半夜里发出哭声的小男孩，和玛丽是表兄妹，"有一张瘦削、柔和的脸，脸色苍白，两只眼睛大得好像整张脸都容不下"。他病态，歇斯底里，总是害怕自己活不了多久，即使是活着，也会是一个驼背。他自我封闭，讨厌新鲜空气，把自己禁锢在卧室牢笼里整整十年。比起玛丽来，他十足就是一个暴君，脾气更坏，更加盛气凌人，以为整个世界都是属于他的，是个被宠坏了的孩子。连玛丽都受不了他，她叫他酋长："你别叫了！我讨厌你！所有的人都讨厌你！但愿所有的人都跑出这个屋子，让你一个人去叫到死！"女管家梅德洛克太太更是形容说："自从他长出脚来，我们就只能让他把我们每一个人都踩在脚底下，他以为别人生下来就是让他踩的。"

玛丽与柯林，与《小勋爵》和《小公主》里出现的天使一般的孩童形象相差甚远，比如有人就指出：玛丽是理想孩童的负面投影。这样一对人物，过去还从未在儿童文学作品中出现过。对于习惯阅读那种拥有一颗善心、童心和爱心的好孩子作品的传统读者而言，这实在是一个莫大的挑战。

是什么原因造就了两个孩子这种扭曲而乖戾的性格呢？

小说里交代得非常清楚，是因为缺少爱。孤儿玛丽最可怜，迷恋于寻欢作乐的母亲"根本就没想要个女孩子"，玛丽的保姆知道，"若要讨夫人喜欢，就得尽可能别让她看见这个孩子"。柯林也是一个没人要的孩子，从未有过母爱不说，还几乎因为失去美丽妻子而悲痛欲绝的父亲遗弃……在这种畸形的环境下长大，玛丽和柯林自然就变成一个孤独、任性，从不向任何人敞开心扉的孩子了。没人爱他们，他们也不爱任何人。

那么，如何来拯救这样两个身心不健康的孩子呢？

作者伯内特开出的秘方是自然，是爱。

如艾莉森·卢里在《永远的男孩女孩：从灰姑娘到哈利·波特》中所说，伯内特与许多经典童书的作家一样，坚信"自然是神圣的，充满令人鼓舞的力量和修复的能力"。许多人在论述《秘密花园》时，都会说到是"花园"（garden）治愈了两个孩子，让他们起死回生。其实，"荒原"（moor）也是治愈他们身心的一股不可或缺的重要力量。玛丽第一次看到荒原时，以为是黑色的海洋，抿着嘴唇不停地喃喃自语："我不喜欢这个地方。"那时的荒原，正是她荒芜内心的真实写照。可是，当她听女仆玛莎说"我非常喜欢它，它可不是光秃秃的，它会长满花草"，真的跑进荒原之后，一切都发生了变化——"她深深地吸着从欧石楠丛中吹来的新鲜空气,这不仅有益于她那瘦弱的身体,并且使她的面颊泛出了红晕,那双黯然失色的眼睛也变得炯炯有神了……"柯林也是一样。一开始,他的哭声被玛丽形容为"听起来就像一个人在荒原上迷了路,一遍遍地兜着圈子,大喊大叫"。然而,当他真的置身于荒原中时,"始终挺着瘦弱的胸膛,吮吸着这股香甜的空气,他的大眼睛看上去像是代替了耳朵的功能,在倾听——倾听"。所以,三宅兴子才会在《〈秘密花园〉——自然之力与心灵的治愈》一文中这样写道:"正是从荒原上吹来的风,让玛丽复活,给予了柯林活下去的力量。"

至于花园——秘密花园,关于它的隐喻则有着太多的解读。首先,它绝对不仅仅是一个伊甸园,不仅仅是一个爱和幸福失落的天堂,更是两个孩子心灵的象征和进行自我救赎的地方。其次,它被封锁了十年,当玛丽第一次走进去的时候,她看到"在这个四周有围墙的秘密花园里,阳光普照……"她把它叫做秘密花园,因为她"喜欢这个叫法,当美丽的旧围墙将她包围在花园里面,谁也不知道她在哪里的时候,这种感觉更让她喜欢。

"我会永远、永远、永远地活下去!"柯林十分愉快地喊着。

这种时候简直就像是在与世隔绝的仙境里"。柯林第一次看到它时,也兴奋地欢呼说:"我要目睹万物在这里生长。我自己也要在这里成长。"高耸的围墙、禁止大人进入的秘密领地,都让它成为童年的象征。正是在这片秘密花园里,孩子们找回了失去的童年。他们劳动,让它起死回生,也复活了自己。以玛丽为例,德博拉·科根·撒克与琼·韦布在《儿童文学导论:从浪漫主义到后现代主义》中写道:"花园和玛丽一样是被忽略的地方,在受到禁锢的高墙后,乏人照料,已经变得荆棘满布。养育、关怀与爱心使得这片野地恢复了美丽与自在;同时,玛丽也长成为一个自然又健康的孩子了,而且能够把这苏醒的经验和她的表弟柯林分享。"

这种可以治愈身体和心灵创伤的自然之力,书里的人物把它称为"魔力"(magic)。柯林有一段话很好地说出了它的定义:"太阳光辉夺目——太阳光辉夺目。那就是魔力。花儿在开放——根儿在摇晃。那就是魔力。魔力给人生命——魔力让人健壮。魔力在我身上——魔力在我身上。它和我融为一体——它和我融为一体。它灌注在我们每个人身体中……"它实际上是一种信仰之力,一种精神之力。

此外,作者还用了相当多的笔墨来描写秘密花园一年四季的变化,从万物萧瑟的冬天一直写到五彩缤纷的秋天。四个季节,就是孩子们从自闭走向重生的四个段落。艾莉森·卢里在给企鹅版《秘密花园》写的长序里就特别指出:伯内特将玛丽和柯林的精神成长与四季保持一致。玛丽冬天刚来的时候,是一个郁郁寡欢和不健康的孩子。春天,她开始修复花园,当藏红花和黄水仙从温暖的大地钻出来的时候,她的身体开始健康起来,行为也变得温和了。夏天的时候,玛丽和科林都获得了新生。而到了秋天,当柯林的父亲回来的时候,孩子们正在收获他们劳动的果实——健康和快乐。

说完了自然之力,我们不得不再说说爱的力量。

玛丽和柯林这两个从未被人爱过的孩子,从女仆玛莎以及她的弟弟狄肯、她的母亲索尔比太太和老园丁本那里,都获得了无限的关爱。玛莎,一个没有受过任何教育的乡村女孩,是第一个开启玛丽心扉的人,她不但让玛丽走进了花园,还曾经问过玛丽一个让她翻然醒悟的问题："你喜欢你自己吗？"索尔比太太住在荒原之中，一共养育了十二个孩子，类似于地球母亲的原型。她对两个孩子关爱备至，给他们送来成长阶段不可缺少的跳绳、牛奶和面包，是一个母亲的角色。柯林最后见到她时，紧紧地抱住她说："我希望你不但是狄肯的妈妈，也是我的妈妈！"而狄肯，这个"连狐狸和乌鸦都喜欢"、"能让花儿从砖头路上长出来……只需要低声嘟囔几句"的十二岁男孩，简直就是一个拥有神奇力量的自然之子、类似于潘神一样的人物。他热爱自然，尽管出身贫寒，但身上几乎没有瑕疵，他是玛丽的良师益友，正是在他的指导与参与下，玛丽和柯林才让荒废了十年的花园和自己重获新生，找回了失去的童年。

说起来，《秘密花园》这个诞生于一百年前的故事，至今读起来仍给人一种现代、鲜活的感觉，让女孩们爱不释手，一个原因是它有神秘小说的外壳（有人说它有《简·爱》的影子），还有一个原因，恐怕就是它能唤起少女读者的共鸣吧。尽管这个故事的后半段，叙事的重心慢慢地从玛丽转移到了柯林的身上，但我们还是可以说，这是一个关于玛丽的故事。雪莉·福斯特和朱迪·西蒙在《凯蒂读

的书：女性主义者重读的给女孩的经典故事》里说，玛丽的故事，可以说就是一个发现的故事。她先是发现了关闭了十年的花园，接着又发现了在床上躺了十年的柯林，然后在帮助花园和柯林恢复生机和健康的过程中，又发现了自己。我们完全可以这样说，伴随着玛丽的发现之旅，读者也完成了一趟自我发现的旅程。

故事里有一只红胸脯、充满了灵性的知更鸟，玛丽一看见它，就用柔和、热切而讨人喜欢的语调问它："你愿意和我交朋友吗？你愿意吗？"美丽的知更鸟没有回答，张开翅膀飞到墙里边去了——玛丽，还有我们，就这样被它带进了那座秘密花园。

中文译本推荐

《秘密花园》
许虹、汪莹/译
人民文学出版社
2004

《秘密花园》
李文俊/译
译林出版社
2009

《秘密花园》
张建平/译
少年儿童出版社
上海译文出版社
2009

延伸阅读

《小勋爵》
北塔/译
中国少年儿童出版社
2009

《小公主》
李文俊/译
译林出版社
2008

彼得·潘

原书名及初版时间：*Peter Pan*, 1911
作　者：[英] J. M.巴里（J. M. Barrie）
插　图：[英] F. D.贝德福德（F. D. Bedford）
出版社：Modern Library, 2004

获奖及推荐记录
⊙入选英国最大连锁书店Waterstones "最受喜爱的100本童书"
⊙入选英国《你长大之前必读的1001本童书》
⊙入选美国《最佳童书：从学前到小学六年级》
⊙入选美国《纽约时报家长指南：最佳童书》
⊙入选日本《儿童文学的魅力：今天阅读的100本世界名作》
⊙入选日本《英美儿童文学畅销书40本：永留心中的名作》
⊙入选日本《世界少男少女文学：幻想文学50本》

● 是谁写了这本书

　　J. M.巴里（1860—1937），出生于英国。父亲是纺织工人，母亲是一个石匠的女儿。自爱丁堡大学毕业后，他定居伦敦，开始了他的作家生涯。

　　他家离肯辛顿公园很近，1897年的一天，他在散步时遇到了大律师戴维斯的三个孩子，他立刻就成了孩子们的好朋友。新年午餐会上，他认识了孩子们美丽的母亲。她邀请他去黑湖别墅，在那里，他用孩子们玩海盗游戏的照片做成影集，题名《逃生黑湖岛的男孩》，它就是《彼得·潘》的原型。1902年，他写出了成人小说《小白鸟》，故事里的彼得·潘是一个离家出逃的婴儿，会飞，跟小鸟和精灵住在小岛上。1904年，他写出了剧本《彼得·潘：不肯长大的男孩》，在伦敦上演，获得空前欢迎。1906年，他从《小白鸟》中抽出六章有关彼得·潘的故事，以《彼得·潘在肯辛顿公园》为名出版。1911年，由画家F. D.贝德福德画插图，出版了决定版《彼得和温迪》。后来，书名慢慢地简化成了今天的《彼得·潘》。

● 先来认识一下书中的主要出场人物

彼得·潘
男孩，一个永远长不大的孩子。可爱，一口乳牙，穿着用干树叶和树浆做的衣裳。他说自己住在"右手第二条路，然后一直向前，直到天亮"的地方。
温迪
门牌14号那户人家的大女儿。
约翰和迈克尔
温迪的两个弟弟。
达林先生和达林太太
温迪的爸爸和妈妈。

叮叮铃
小仙女，还没有一个孩子的手掌长，身上精精致致地裹着一片干树叶，背上有翅膀。她飞起来宛如一道亮光，忌妒心极强。
图图、尼布斯、斯莱特利、卷毛和一对孪生兄弟
永无岛上六个被大人遗弃的男孩。
胡克
永无岛上的海盗头儿，右手被彼得·潘砍掉了，用一只铁钩子代替。

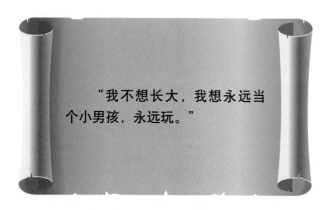

"我不想长大，我想永远当个小男孩，永远玩。"

这本书讲了一个什么故事

所有的孩子都要长大，只有一个孩子例外。

达林一家住在门牌14号的那所宅子里，他们是达林先生、达林太太和他们的三个孩子：温迪、约翰和迈克尔。虽然他们一家很穷，只能让大狗娜娜当孩子们的保姆，但是再也没有比他们更单纯、更快乐的家庭了，直到彼得·潘的到来。

达林太太第一次知道彼得·潘，是在她晚上清理孩子们心思的时候。她发现在孩子们的心里都有一个永无岛，发现他们的心里涂满了一个名字：彼得·潘。她问温迪："他是谁呀？""他是彼得·潘，你知道的，妈妈。"开始达林太太并不知道，可当她回忆起童年的时候，就想起彼得·潘是谁了。他和仙人们住在一起，关于他，有许多奇特的故事。达林太太小时候是相信他的，但现在她结了婚，懂事了，就怀疑是否真有这样一个人了。再说，他也应该长大了。"不，他没有长大，"温迪非常有把握地对妈妈说，"他和我一样大。"温迪的意思是，他的智力和身体都和她一样大。她不知道她究竟是怎样知道的，但她就是知道。有天晚上，达林太太在孩子们的身边睡着了，她梦见了永无岛，梦见一个陌生的男孩从那里钻了出来。突然，窗子打开了，一个男孩落到了地板上。他一口乳牙，穿着用只有叶脉的树叶和树浆做的衣服。她叫了一声，立刻就知道他就是彼得·潘了。娜娜冲进来，男孩从窗口逃出去时，他的影子却被关在了屋里。达林太太把它卷好，小心地收藏在了抽屉里。

一个星期后的星期五，达林太太和达林先生去参加晚会了，娜娜被拴在了院子里。彼得·潘和仙女叮叮铃飞进屋来，当他找到影子，发现粘不到自己身上时，便坐在地板上哭了起来。温迪醒了，她帮彼得·潘用线把影子缝到了脚上。他告诉她，他没有母亲："从我生下来那天，我就跑了，因为我听爸爸妈妈说过我长大后要成为一个什么样的人。我不想长大，我想永远当个小男孩，永远玩。"就是这天晚上，彼得·潘在三个孩子的身上吹上了能让他们飞翔的仙尘，带着他们飞向了永无岛。

"右手第二条路，一直向前，直到天亮。"这就是彼得·潘告诉温迪到永无岛的路。飞了好几个月，他们终于飞到了永无岛。除了彼得·潘，岛上还住着六个被大人遗弃的男孩：图图、尼布斯、斯莱特利、卷毛和一对孪生兄弟；住着虎莲公主和印第安人；住着一帮凶恶的海盗，海盗头儿名叫胡克，他的右手被彼得·潘砍掉了，用一个铁钩子代替；住着一条大鳄鱼，它因为吃过胡克的一条胳膊，所以一天到晚滴答滴答地跟在胡克后面想吃他。它"滴答滴答"，是因为它吞了一个闹钟……孩子们请温

SUMMER DAYS ON THE LAGOON

人鱼的礁湖。

迪做他们的母亲，温迪答应了。她给他们做饭，给他们缝缝补补。时间一天天过去，难道她不想念留在家里的父母吗？这个问题很难回答，因为在永无岛，到底过了多长时间是无法说清楚的，再说，温迪并不十分担心她的爸爸和妈妈。她绝对有信心，他们会一直开着窗户，等她飞回去。

在岛上，孩子们天天都在冒险。有一次，胡克做了一个毒蛋糕，温迪把它从孩子们手中夺了下来。还有一次，温迪和彼得·潘被困在湖中的一块礁岩上，温迪抓住风筝的尾巴飘了回来，而彼得·潘呢，是坐鸟巢回来的。

这是孩子们在岛上的最后一个晚上了。

在他们那个地下的家里，温迪又讲起了那个孩子们最爱听、彼得·潘最不爱听的故事：三个孩子离开家，飞到了永无岛，可他们的母亲老是让窗子开着，好让孩子飞回来。许多年过去了，一位不知道年龄的漂亮小姐从伦敦火车站下车，陪伴在她身边的，还有两个仪表堂堂的男子汉。她对弟弟们说："看，亲爱的弟弟，那扇窗户还开着，因为我们坚信母亲的爱，我们终于得到了回报。"于是他们飞上去，飞到了妈妈和爸爸的身边。

"温迪，你对母亲们的看法不对。"彼得·潘说出了一直藏在心里的话，"很久以前，我也和你们一样，相信母亲会永远开着窗子等我，所以我在外面待了一个又一个月，可等我飞回去的时候，窗户关上了，因为母亲已经把我忘了，另有一个小男孩睡在我的床上。"

"温迪，我们回家吧！"她的两个弟弟一齐喊。

"马上就走。"温迪果断地说。

其他的孩子不愿意温迪离开，但彼得·潘是个英国绅士，他不肯违背一个女孩的意愿强留她在永无岛，他命令仙女叮叮铃给温迪他们领路回家。孩子们都愿意跟温迪一起回家，只有彼得·潘不肯："我只想永远当个小男孩，永远玩。"分手的时候，温迪叮嘱彼得·潘的最后一句话是："你要吃药！"

孩子们不知道，这时那群恐怖的海盗已经埋伏在树洞外边了。他们一出来，就全被海盗给抓走了，只剩下彼得·潘还在下面睡觉。他一点也不知道上面发生的惨事，孩子们走了以后，他故意不吃

彼得·潘和小仙女叮叮铃从窗口飞了进来。

药，为的是让温迪伤心。海盗头儿胡克悄悄摸下去，在他的药杯里滴了五滴毒药，就溜走了。仙女叮叮铃飞回来告诉他，温迪他们全被抓到了海盗船上。"我要去救她！"他跳起来时，想起了一件可以让温迪高兴的事，就去吃药。叮叮铃尖叫起来："别喝，胡克在药里下毒了。"他不信，举起了杯子，叮叮铃闪电般飞到他的嘴唇和杯子之间，一口把药喝干了。叮叮铃的亮光越来越暗了，要是这亮光熄灭了，叮叮铃就不复存在了。她在轻声说话，他听懂了，她在说，要是小孩子们相信有仙人，她还会好起来。于是，彼得·潘伸出双臂，对所有梦想来到永无岛的孩子说话，他们其实离他并不远，没有想象的那么远。他说："你们相信吗？如果你们相信，就拍拍手，别让叮叮铃死去。"很多孩子拍手了，叮叮铃得救了。

正当海盗们逼着孩子们走跳板的时候，彼得·潘赶来了，经过一番血战，他们打败了海盗，无路可逃的胡克跳进海里，喂了那条鳄鱼。

再说自从三个孩子飞走了以后，14号那所住宅里笼罩着一片愁云。达林先生为了惩罚自己，干脆

住进狗窝里不出来了。达林太太因为思念孩子，变得满脸憔悴不说，还从不出门，更不许别人关窗。她说："千万别让我关窗户。窗户要永远为孩子们开着，永远，永远。"

星期四这天晚上，彼得·潘和叮叮铃抢在温迪他们前头，飞了进来。"快，"他小声说，"关上窗户，把它闩上。好，现在我们要从门口出去了。等温迪回来时，她会以为她母亲把她关在窗户外面，她就只好跟我们回去了。"可是当他看到达林太太眼中的两颗泪珠时，他又把窗户打开了。温迪他们三个飞了回来，温迪说："我们都上床去，等妈妈进来的时候我们都在床上躺着，就好像从来没有离开过一样。"达林太太进来了，她没有发出一声欢呼，因为她以为自己是在做梦。"妈妈！"三个孩子喊了起来，他们和妈妈拥抱到了一起。再也没有比这更动人的场面了。没人看到这个场面，只有一个陌生的男孩，从窗外向里张望。他有数不清的快乐，那是其他孩子永远也得不到的。但是他透过窗户看到的那种快乐，却是他永远也得不到的。

一年年过去了，温迪已经是一位结了婚的妇人，彼得·潘对于她，只不过成了她收藏玩具的匣子里的一点灰尘。她有了一个女儿，叫简，简爱听彼得·潘的故事。一个春天的夜里，彼得·潘来了，他还和从前一样，一点没变。当他发现温迪长成了一个大人时，他惊叫起来："你答应过我你不长大的！"他哭了，哭声惊醒了简。"我回来找我的母亲，"他说，"我要带她去永无岛。""我知道，"简说，"我正等着你呢。"温迪让他们一道飞走了。她站在窗前，望着他们向天空里远去，直到他们小得像星星一般。

简现在也长大成人了，有了一个女儿叫玛格丽特。每年春天，只要彼得·潘不忘记，他就会来接玛格丽特，带她去永无岛。玛格丽特长大以后，她也会有女儿，又轮到她成为彼得的母亲。事情就是这样周

彼得·潘打开窗子，孩子们飞了进来。

而复始，只要孩子们是快乐、天真和无忧无虑的。

让我们来深入讨论作品

今天，即使是一个从未读过《彼得·潘》这部童话的大人，只要一听到别人说起那个"拒绝长大的男孩"，就知道说的是彼得·潘。

彼得·潘——一个永远的少年，已经是一个走进世界千家万户的经典形象。让人啼笑皆非的是，或许是因为彼得·潘太出名了，甚至连心理学家都借用他的名字创造了一个心理学名词：彼得·潘综合征（Peter Pan syndrome）。1983年，美国心理学家丹·凯利写了一本书，书名就叫《彼得·潘综合征：不曾长大的男人》，用来描述一个"拒绝长大，渴望永远扮演孩子的角色而不愿成为父母"的不成熟的成人群体。

"所有的孩子都要长大，只有一个孩子例外……"这是《彼得·潘》开篇的第一句话。这个例外，说的就是彼得·潘。彼得·潘确实是一个例外，不然，《不列颠百科全书》里就不会说"彼得·潘这个人物给英语世界的神话体系中增添了一个新角色"了。

那么，他究竟例外在哪里呢？

例外之一，他不是一个传统意义上的好孩子，是个叛逆儿，他"天真"，却不"无邪"，他身上有好的一面，也有坏的一面：任性，自私，骄傲，没有责任心和残酷（当他发现永无岛的孩子要长大时，就把他们饿瘦，直到饿死）。

例外之二，他身上有死亡的影子。当温迪的母亲回忆起自己的童年，首先想起来的彼得·潘，就是"孩子们死了，在黄泉路上，他陪着他们走一段，免得他们害怕"。他穿的衣裳，也是用象征死亡的枯树叶做的。再有，就是当他站在一块岩石上，即

将被湖水淹没时，他竟面带微笑地说出这样一句话来："去死也是一次极大的冒险。"

例外之三，当然就是拒绝长大了。拒绝长大，就是拒绝长成一个大人。还是让我们来听听彼得·潘自己是怎么表述的吧，在这部童话里，他先后两次愤怒地发出了"拒绝长大"的宣言——第一次，是在他率领温迪他们出逃之前，在温迪家里，他愤怒地说："我不想长大，我想永远当个小男孩，永远玩。"第二次，是在永无岛，当温迪要率领孩子们飞回家时，他再次愤怒地说："我只想永远当个小男孩，永远玩。"他为什么不愿长大呢？理由之一，是可以永远地玩下去。玩，是童年最大的快乐了，被比喻为童年象征的彼得·潘，在故事里玩得痛快极了，他会飞翔，和人鱼是好朋友，杀海盗，永远不用回家……不过，彼得·潘拒绝长大，并不像有人解释的那样，是为了可以永远地玩下去，没那么快乐，不然他说到"我不想长大"时怎么会无比愤怒。事实上，最大的一个理由是他不相信大人，憎恨大人，就因为害怕长成一个大人，所以他才逃到了永无岛。

他憎恨自己的母亲，他不但"没有母亲，而且半点也不想要一个母亲"，甚至禁止孩子们在永无

岛谈论母亲。为什么呢？因为他听到母亲和父亲谈论过他"长大后要成为一个什么样的人"，所以他生下来第一天就逃跑了（这真是够夸张的了）。虽然他没有告诉我们他父母到底希望他成为一个什么样的人，但他显然被吓坏了，这是一个暗喻，暗喻长大成人就意味着永远地丧失童年的自由和快乐，是一件极端可怕的事情。他恨母亲，还因为母亲欺骗了他，抛弃了他，当温迪无比深情地叙说母爱是多么伟大时，他发出了一声悲痛的呻吟："很久以前，我也和你们一样，相信母亲会永远开着窗子等我，所以我在外面待了一个月又一个月，可等我飞回去的时候，窗户关上了，因为母亲已经把我忘了，另有一个小男孩睡在我的床上。"

他还憎恨所有的大人。恨到什么程度呢，借用书里的一段描述，就是"每当他钻进树洞，他就故意短促地呼吸，大约每秒钟呼吸五次之多。他这样做，是因为在永无岛有一个说法，你每呼吸一次，就有一个大人死去。所以彼得·潘就存心报复地把他们杀得越多越好"。可我们不禁要追问，他到底憎恨大人什么呢？书里说到这个地方时，只是简简单单的一句话："他对那些大人一肚子的怨气，那些大人老是把一切事情都搞糟。"但是，看了书中登场的两个男人，我们或许就会知道为什么彼得·潘那么强烈地讨厌大人了。这两个男人，一个是温迪的父亲达林先生，一个是臭名昭著的海盗胡克船长，有研究者形容说这两个人是一枚硬币的正反两面（有趣的是，在舞台剧和电影里，这两个角色也确实是由同一位演员扮演的）。达林先生看上去温文尔雅，胡克船长看上去嗜血成性，但实际上这两个人却拥有许多共通的东西，比如两个人都毕业于所谓的名校，爱虚荣，喜欢摆架子，没有同情心（相比找只大狗做孩子们的保姆、钻进狗舍里不肯出来的虚伪至极的达林先生，会有许多人更喜欢胡克船长，他是一个另类海盗，至少死得十分壮烈，有风度，让彼得·潘用脚把他踢进海里去了）。

可是，永无岛上就没有一个大人吗？

有，胡克船长就是一个大人。不过，尽管作者把他描绘成了一个反派人物，最后还让作为"永远也长不大的孩子"的象征的彼得·潘，打败了作为"成熟的大人"的象征的他，但我们怎么看，他都

THIS MAN IS MINE

不再多说，两人刺杀起来，有一段时间双方不分胜负。

更像是彼得·潘的一个游戏伙伴。他是个凶神恶煞没错，他右手的那个铁钩子一钩子就能让人毙命，但他的思想却比一个幼儿还要幼稚。比如，他一个那么大的男人，居然会连叹三口气，忌妒孩子们找到了温迪做母亲，甚至策划了一个掳走温迪做自己母亲的战斗方案。他还是一个笑料，他怕鳄鱼，因为那条肚子里有一个闹钟的鳄鱼，吃过他的一条胳膊，知道他有多么鲜美，所以一天到晚总是滴答滴答地跟在他后面。

他的办法就是，追逐那些嘴里衔着人能吃的东西的飞鸟，从它们嘴里夺过吃食。

是的，永无岛就是孩子们的一个欢乐的游乐场。最典型的一幕，就是彼得·潘率领温迪他们飞回永无岛、永无岛被唤醒的那一幕。你看，六个孩子走过来了，海盗们唱着歌走过来了，印第安人像影子一样地走过来了，野兽走过来了，鳄鱼走过来了……一支队伍接着一支队伍，像不像孩子们最喜欢玩的列队大游行？

这座永无岛在哪里？难道真像彼得·潘说的那样遥远，真的要沿着"右手第二条路，一直向前，直到天亮"地飞上好几个月吗？不，它其实很近，就在每一个孩子的心思中：

　　我不知道你是不是见过人的心思地图……要是你碰巧看到医生在画孩子们的心思地图，你会看到，那不光是杂乱无章，而且还一直转圈。上面的线条拐来拐去的，就像是你的体温表格，这些也可能是岛上的一条条路。因为永无岛或多或少算是个岛，上面散布着一块块惊人的颜色，远处的海面上露出了珊瑚礁，漂着灵巧轻快的小船。岛上住着野蛮人，还有荒凉的野兽洞穴，有土地神……

关于它的描写，凯伦·科茨在《镜子与永无岛：拉康、欲望及儿童文学中的主体》一书中说是"无

意识文学中最成功的描写之一"。

最后我们要问的是，彼得·潘真的快乐吗？他自己的回答是快乐。当胡克船长在最后的决斗时问他"潘，你到底是谁？到底是什么？"时，他回答说："我是少年，我是快乐，我是刚出壳的小鸟。"可他说得不对，他是一个快乐少年的同时，更是一个孤独的存在。他不知道什么是母亲的吻，他憎恨母亲，却又渴望拥有一个母亲。当故事的结尾，温迪他们扑进母亲的怀抱里时，书里这样写道："没人看到这个场面，只有一个陌生的男孩，从窗外向里张望。他有数不清的快乐，那是其他孩子永远也得不到的。但是他透过窗户看到的那种快乐，却是他永远也得不到的。"于是我们知道，他一点都不快乐，这其实是一个悲伤的故事。

现在，彼得·潘成了一个经典的比喻，我们已经习惯用他来比喻那些不愿长大的孩子了。然而，不愿意长大的不是孩子。J.R.R.托尔金就反对这种说法："孩子是想长大的，并不想成为彼得·潘那样的人。"没错，不愿意长大、想留住永恒童年的，其实是我们大人，是我们每一个大人的梦想。

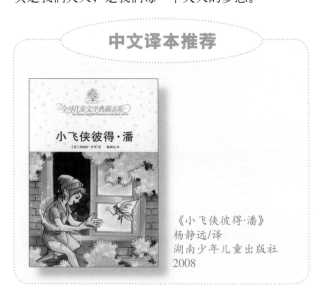

中文译本推荐

《小飞侠彼得·潘》
杨静远/译
湖南少年儿童出版社
2008

小熊维尼·阿噗
（又译《小熊温尼·菩》）

原书名及初版时间：*Winnie-the-Pooh*, 1926

作　者：［英］A.A.米尔恩（A.A. Milne）
插　图：［英］E.H.谢巴德（E.H. Shepard）
出版社：Puffin, 2005

获奖及推荐记录
⊙入选英国最大连锁书店Waterstones "最受喜爱的100本童书"
⊙入选英国BBC "大阅读：最受欢迎的100本小说"
⊙入选英国《你长大之前必读的1001本童书》
⊙入选美国《出版者周刊》"所有时代最畅销童书"
⊙入选美国《最佳童书：从学前到小学六年级》
⊙入选美国《纽约时报家长指南：最佳童书》
⊙入选美国《给孩子100本最棒的书》
⊙入选日本《儿童文学的魅力：今天阅读的100本世界名作》
⊙入选日本《英美儿童文学畅销书40本：永留心中的名作》
⊙入选日本《世界少男少女文学：幻想文学50本》

● 是谁写了这本书

　　A.A.米尔恩（1882—1956），出生于英国。十一岁时，在他父亲经营的私立学校任职的数学教师、《隐身人》等科幻小说的作者H.G.威尔斯发现他是一个数学天才，推荐他进入威斯敏斯特学校学习，后来，他又升入剑桥三一学院继续攻读数学。不过，比起数学来，他似乎对文学更感兴趣。他曾长期担任英国老牌幽默杂志《笨拙》的编辑，并在H.G.威尔斯的建议下，发表小说和剧本，成了一名著名的小说家和剧作家。第一次世界大战期间，他作为一名通信官加入皇家军团，被派往法国。因为见证了战争的恐惧，让他更怀念童年那田园诗一般的幻想，他日后写童书，就是为了让自己能重返安全的童年。

　　1921年，他的妻子在伦敦一家有名的商店买回来一只毛绒玩具熊，作为一岁儿子克利斯多弗·罗宾的生日礼物。它就是小熊维尼·阿噗的原型。现在，这只因为被写进书里和被迪斯尼拍成系列动画片而名声大噪的小熊，被收藏在纽约公共图书馆的唐奈儿图书中心。

● 先来认识一下书中的主要出场人物

克利斯多弗·罗宾
小男孩，百亩森林里的动物们的大哥哥。遇上什么麻烦事儿，他们总会向他求救。

维尼·阿噗
小熊，傻乎乎地老是闯祸，不太有头脑，但喜欢作诗。

小猪
个头小，胆子更小，阿噗的好朋友。

兔子
住在一个地洞里。

猫头鹰
百亩森林里数他最有学问，会写字，只是总写白字。

老驴咿唔
整天愁眉苦脸地一个人站在那里想心事，说出来的话都像谜语。

袋鼠妈妈和小袋鼠
不知从什么地方搬来的一对母子。

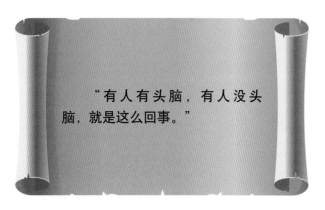

"有人有头脑，有人没头脑，就是这么回事。"

这本书讲了一个什么故事

　　嘭，嘭，嘭……这是小熊在下楼，他跟在克利斯多弗·罗宾身后，后脑勺着地，撞得楼梯直响。他就是维尼·阿噗。他在楼下，有时喜欢静静地坐在火炉前听人讲故事。这天傍晚……克利斯多弗·罗宾说："你能给维尼·阿噗好好地讲个故事吗？"

　　于是，我就讲起故事来。

　　从前，离现在很久很久了，大约是上星期五吧，维尼·阿噗独自一个住在森林里，在山德氏的名下。

嘭，嘭，嘭……这是小熊在下楼，他跟在克利斯多弗·罗宾身后，后脑勺着地，撞得楼梯直响。

　　克利斯多弗·罗宾问："名下是什么意思？"

　　"就是把名字用金字写在门顶上，住在下面。"

　　"这样说，维尼·阿噗还是不太明白。"克利斯多弗·罗宾说。

　　"我明白。"一个怨声怨气的声音插了进来。

　　"那好，我就往下讲了。"我说。

　　一天，维尼·阿噗听到大橡树顶上传来一种挺大的嗡嗡声。他坐在树下抱着脑袋想："这嗡嗡的声音里，准有点什么意思，不能光听着嗡呀嗡呀的响，却搞不清是怎么回事。如果有了嗡嗡的声音，这准是什么人弄出来的。照我看，弄出这嗡嗡声来的准是蜜蜂，因为只有蜜蜂才能弄出这嗡嗡的声音。"他又想了一会儿，"照我看，蜜蜂活着，就是为了酿蜜。"他站起来，"照我看，蜜蜂酿蜜，就是为了让我有吃的。"维尼·阿噗开始爬树，一边爬还一边唱歌："想想也好玩，如果熊是蜜蜂/就会把蜂房筑在树下/如果蜜蜂真是熊/我就不用一层一层往上爬。"可就在差不多快要够着蜂房的时候，他摔了下来。于是他去找好朋友克利斯多弗·罗宾，要来一个蓝气球。他先是在泥沼打滚，滚得身上糊满了黑泥，然后抓住气球升上天空，停在距离树梢大约二十英尺的地方。他朝下喊："看我像什么？""就像一只小熊吊在气球底下。""不，"他气急败坏地嚷嚷，"难道不像蓝天中的一朵乌云吗？"

　　没有风，没法把维尼·阿噗吹得靠近橡树。他看得见蜂蜜，闻得着蜂蜜，就是够不到。"蜜蜂起疑心了。"他对克利斯多弗·罗宾说悄悄话，可声音却挺大，"你去拿把雨伞来，打着伞走来走去，不断地朝上看我，嘴里说：'滴答，滴答，看来要下雨了！'这样就可以骗过蜜蜂。"克利斯多弗·罗宾想说"小傻熊"，但没说，他太喜欢小熊了。他回家拿来伞，在树下走来走去，可蜜蜂照旧嗡嗡地叫着，像先前那样疑心重重。这时，那朵云喊了起来："我得出了一个非常重要的结论，这些蜜蜂品种不好，他们酿出来的蜜也不会好。所以，我该下来了。"可他不想松开绳子，那样他就会扑通一声掉下来，他让克利斯多弗·罗宾用枪打气球。克利斯多弗·罗宾放了一枪。"哦！"小熊叫道。"我没打中吗？""你不是没打中，"小熊说，"只不过是没打中气球。"克利斯多弗·罗宾又打了一枪，这回打中了，气球慢慢地撒了气，维尼·阿噗慢慢地降落到了地上。可是因为他一直抓着气球绳，两个手臂都僵了，直直地伸在空中举了一个星期。

"故事讲完了吗？" 克利斯多弗·罗宾问。

"这一个讲完了，可还有别的哪！"我说。

有一天，维尼·阿噗在沙地上发现了一个兔子洞，他把头伸进洞口喊："有人在家吗？"洞里传出忙乱的脚步声，接着又静了下来。"我刚才说的是，'有人在家吗？'"他扯着嗓子高声喊。"没有！"一个声音说，"你用不着叫得这么响，第一声我就听清楚了。""真可气！"他说，"难道里面连一个人也没有吗？""没人！"他把脑袋从洞里退出来，想了一小会儿，心里说："里面一定有人，因为有人一定说过'没有人'。"于是他钻进兔子洞，吃了好多蜂蜜，结果出去的时候，卡在洞里出不去也进不来了。兔子只好找来克利斯多弗·罗宾，克利斯多弗·罗宾对小熊说："我们只有等你重新变瘦。"整整一个星期，克利斯多弗·罗宾待在小熊的北头念打气的书给他听，兔子在他的南头拿他的后腿当毛巾架使用。到了周末，他们一个揪住一个，把小熊从洞口拔了出来，噗！就像瓶塞从瓶子里面拔出来一样。

有一天，忧愁的老驴咿唷丢了尾巴，维尼·阿噗来到百亩森林，帮他在猫头鹰的家门口找到了尾巴。原来，它被猫头鹰捡回来当门铃的拉绳了。

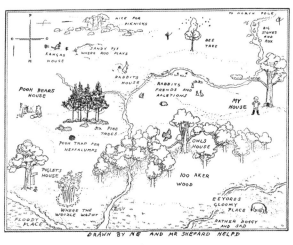

百亩森林地图

有一天，是个美好的冬日，小猪看见维尼·阿噗在那里转圈子，就问他在干什么呢，小熊说他在追踪呢，地上有脚印。小猪尖叫起来："这会不会是一只妖兽啊？"他们俩一起追了起来。奇怪的是，追了一会儿，他们发现多了一只怪兽，接着是第三只、第四只。这时，克利斯多弗·罗宾从他那棵树上下来了。他说："小傻熊，你刚才在干什么呢？先是你自己绕着小树林转了两圈，然后小猪跟上你，你们俩又一起转圈，然后你正好走到第四圈……"

有一天，维尼·阿噗跟小猪说他要干件大事，决心抓一只大象。他想出的第一个主意是挖一个大深坑，大象走过来就会掉进坑里。小猪挖了一个陷阱，他回家取来一罐蜂蜜放在坑底，引诱大象。他们还约好明天早上6点钟来看看能抓住几只大象。可晚上小熊饿得睡不着，就溜下床，跑进陷阱里舔起那罐蜂蜜来，想不到，他的脑袋卡在蜂蜜罐里出不来了。早上小猪来了，还以为抓到了一只可怕的大象，喊来了克利斯多弗·罗宾。他们看见小熊正用脑袋撞树根，咔嚓一声，罐子碎了，小熊的脑袋重新露了出来。

有一天，袋鼠妈妈和小袋鼠出现在了森林里，没人知道他们是从哪儿来的。兔子、维尼·阿噗和小猪都不太喜欢这件事。兔子说："这里本来只有我们，可忽然间，早上咱们醒来一看，咱们看见

"我得等追上它才能回答，"维尼·阿噗说，"嗨，你看那儿，"他指着前面地上，"那是什么呀？"
"脚印，"小猪说，"脚掌印。"他兴奋地发出尖叫声。

什么了？看见一只奇怪的动物夹在咱们当中！一只过去连听都没听说过的动物！一只把孩子装在口袋里到处跑的动物！想想看，假如我要把孩子装在口袋里到处走，那我得要有多少个口袋啊。"他说对付袋鼠妈妈最好的办法是："把小袋鼠偷来藏好。袋鼠妈妈问起：'小袋鼠哪儿去了？'咱们就说：'啊哈！'"他的计划是让小熊跟袋鼠妈妈聊诗歌，转移袋鼠妈妈的视线，小猪跳进她的口袋里冒充小袋鼠，兔子趁机带小袋鼠溜掉。他们在一块沙丘找到袋鼠母子，小熊给她念起了一首《没头脑小熊写的诗》："……星期三，天空蓝盈盈/可我闲着没事情/谁是什么人，什么人是谁/我有时候实在弄不清……"他们成功了。可是袋鼠妈妈回家一打开她的袋子，就发现不对了。她开始跟小猪开玩笑，小猪说"啊哈"也不管用。他最不爱洗澡，可她偏让他坐到澡盆里洗澡，还喂他喝能让他长得又高大又强壮的药。

还有一天，克利斯多弗·罗宾和维尼·阿噗、小猪、兔子、猫头鹰、老驴咿哼、袋鼠妈妈、小袋鼠他们全体出动，去发现北极……

最后有一天，因为天天下雨，小猪被洪水围困在树上下不来了，他只好写了一封求救信放进瓶子里，扔进了水里。这个瓶子被维尼·阿噗捡到了，他不识字，只好带着这封信，坐在一个大罐子上，划着水来找克利斯多弗·罗宾了。克利斯多弗·罗宾一看，信是小猪写来的，说必须去救小猪。可是罐子容不下两个人，在这个关键时刻，小熊想出了一个绝顶聪明的主意："咱们可以坐你的雨伞去。"克利斯多弗·罗宾目瞪口呆：这真是他那只熟悉和喜欢了那么久的没头脑的小熊吗？后来，克利斯多弗·罗宾还为维尼·阿噗的表现举行了宴会。宴会结束时，小猪问小熊："你早上醒来，对自己说的第一句话是什么？""早饭吃什么。"小熊说，"你说什么？""我会说，今天会发生什么令人兴奋的事呢？"小猪说。

"到底发生了什么事呢？"克利斯多弗·罗宾问。

"我不知道。"

"你能不能想一想，找个时间告诉我和阿噗。"

"你们很想知道吗？"

"阿噗很想知道。"克利斯多弗·罗宾说。

……

过了一会儿，我就听见嘭，嘭，嘭——维尼·阿噗跟在他后面上楼去了。

 ## 让我们来深入讨论作品 ●

小熊维尼可能是孩子们当中名气最大的一只小熊了。今天的孩子，都是看着迪斯尼制作的系列动画片《小熊维尼》长大的。可是，有许多人却不一定知道它脱胎于一本名叫《小熊维尼·阿噗》（也有译成《小熊温尼·菩》）的童话，它还有一个续篇叫《阿噗角小屋》。对，小熊维尼就是小熊维尼·阿噗，就是温尼·菩，都是Winnie-the-Pooh的音译。

其实，《小熊维尼·阿噗》真的是一本好书，说百年一遇都不过分，特别适合朗读给幼儿听。希

在门铃拉绳的下面，有一张通告，写的是："不要回答青悄门。"

拉·A.伊格在《故事之力：从中世纪到今天的儿童幻想小说》中说："不论哪一章，都是一个最适合在孩子临睡之前读给他们听的故事，实际上有几百万个孩子就是以这种方式听了小熊维尼·阿噗的故事。"约翰·洛威·汤森在《英语儿童文学史纲》中说："我发现当我的孩子还小时，当父母的乐趣之一就是大声地念出小熊维尼·阿噗的故事，并重新认识到这些故事写得有多好、以前我们自己也有多么喜欢听。"不过，虽然它的故事写得十分浅显，一听就懂（相当多的段落会让孩子们笑得前仰后合），但却不是一本像《青蛙和蟾蜍》那样的桥梁书，一个才识字的孩子很难读懂它，因为里面藏着太多的文字游戏，所以安妮塔·西尔维在《给孩子100本最棒的书》里把它归类为中级读物（八至十一岁）。

翻开原版《小熊维尼·阿噗》的首页，是一幅"百亩森林"的地图（可惜大多数中文版都删去了这幅必不可少的地图）。在这幅作者A.A.米尔恩和画家E.H.谢巴德合画的地图上，标有小熊维尼·阿噗的家、小猪的家、猫头鹰的家、兔子的家、袋鼠的家、克里斯托弗·罗宾的家、老驴咿唷的阴暗住地以及蜜蜂树、小熊捉大象的陷阱、发现怪兽的地方……一句话，它就是这个故事的舞台，故事中所发生的一切场景都可以在它上面找到。叫是叫百亩森林，实际上没有那么吓人，小小的一块地方，但对维尼·阿噗他们来说却足够广阔了。就是在这片没有危险（除了一场突如其来的洪水）的森林中，小熊和他的朋友们为我们上演了一幕又一幕的冒险喜剧：小熊因为吃多了蜂蜜，肚子胀成了一个圆球，卡在兔子洞里一个星期出不来；傻里傻气的小熊和小猪围着小树林转圈子，追踪越来越多的怪兽脚印，却没想到那是自己的脚印；小熊念诗转移袋鼠

妈妈的视线，同党趁机绑架小袋鼠；大队人马浩浩荡荡地去寻找北极，实际上他们根本就不知道北极是什么……又好气，又好笑，还有感动人的眼泪。我们为什么会喜欢傻得总是犯错误的小熊呢，佩里·诺德曼和梅维丝·雷默在《儿童文学的乐趣》里这样解释说："儿童文本常常赞赏无知——所谓聪慧无邪——像A.A.米尔恩《小熊维尼·阿噗》中的主人公就常常因为无知而做错事情，但他的行为让人觉得可笑可爱又迷人，从而证实了无知的美德。"

每一个故事，都让我们想起自己的童年，小时候，我们每一个人在离家不算太远的地方都拥有这样一片小小的百亩森林。

读完《小熊维尼·阿噗》，你无法不爱上这只名叫维尼·阿噗的小熊，但小熊不是熊。你发现了没有，这本书不是一本动物小说，维尼·阿噗除了贪吃之外，身上没有什么作为一只熊的习性，小猪他们也是一样。对，他们是一群玩具（所以小熊从树上连摔了几十英尺才没事，小猪才会那么小，老驴咿唷的尾巴才可以用一根钉子钉住……），有评论家就指出："《小熊维尼·阿噗》和《阿噗角小屋》中的人物都是拟人化的玩具，而不是拟人化的动物。"

事实上，小熊维尼·阿噗的原型确实是米尔恩独生子克里斯托弗·罗宾的一个毛绒玩具。尽管在这本书中只出现了父亲（也不过是一个故事的叙述者，没有形象，只有声音），母亲缺席，但第一个让小熊维尼·阿噗开口讲话的恰恰是克里斯托弗·罗宾真实生活中的母亲，是她赋予了小熊维尼·阿噗生命。克里斯托弗·罗宾一岁生日时，母亲送给他一只毛绒小熊，他们给它起了一个名字叫维尼·阿噗。米尔恩在《小熊维尼·阿噗》的前言里说，阿噗，是儿子喜欢的一只天鹅的名字，而维尼呢，是动物园里一只明星黑熊的名字。克里斯托弗·罗宾长大以后写了一本自传《魔地》，他在书里温情地写道："我的玩具里维尼·阿噗年龄最大，只比我小一岁，我们是分不开的伙伴。"后来，小猪、老驴、袋鼠妈妈和小袋鼠又陆续来到克里斯托弗·罗宾的身边，成了他心爱的玩具。他母亲会手拿这些玩具，为儿子讲故事，她还为每一个玩具创造了一种独特的声音。这让身为作家的米尔恩受到激励，于是他也不甘落

后地加入进来，以距离自己乡村别墅不远的一片森林为背景，虚构了百亩森林这个舞台，让克里斯托弗·罗宾和他的那些玩具逐一登场，写出了这个被认为是"20世纪20年代英国最成功的故事"。

米尔恩能够写出这样一个把幼儿的行为和对话描绘得惟妙惟肖的故事，肯定是从儿子的身上汲取了灵感。克里斯托弗·罗宾后来回忆说："是我做了什么事情，父亲以它为素材写成了故事，还是先有了故事？很难确定是谁在前了。有一点是肯定的，父亲在留心寻求灵感，而我也是如此。他想得到他故事的灵感，我想得到我游戏的灵感，两个人都想从对方那里获得灵感。但结果是一样的：故事成了我们生活的一部分，我们经历故事，思考故事，说故事。"

从《小熊维尼·阿噗》的结构来看，还依然残留着当年米尔恩给儿子说故事的痕迹。你看第一章，一开头先是克里斯托弗·罗宾拖着小熊下楼，央求父亲："你能给维尼·阿噗好好地讲个故事吗？"这时，"我"（即父亲）说话了："我看可以，他喜欢听什么样的故事呢？"然后，父亲就开始讲了起来。一天晚上一个故事，一共讲了十天。偶尔，故事之外的克里斯托弗·罗宾（在故事里他也叫这个名字）还会插上几句嘴。最后第十章的结尾，父亲与

大家都返回来，来到了咿唷待的地方，咿唷还把尾巴插在水里，在那儿坐着呢。

儿子的对话又出现了，听完故事的克里斯托弗·罗宾又拖着小熊上楼去了，完成了首尾呼应。不过好玩的是，尽管这个故事可以分割成两个叙述空间——一个是讲述者的空间，一个是被讲述者讲述出来的故事的空间，按常理来说，前面一个应该是现实的，后面一个应该是幻想的，可是，不知道作者是不是为了故意模糊这种界限，在开头父亲与儿子的对话中，本来是一个没有生命的玩具熊的维尼·阿噗（不然怎么会后脑勺着地，被嘭嘭嘭地拖下楼），当听到人家说他不明白时，竟活了过来，突然开口怨声怨气地说话了："我明白。"

我们爱读这个故事，是因为幽默杂志《笨拙》编辑出身的作者把每一句话都写得那么幽默——"从前，离现在很久很久了，大约是上星期五吧"，"要回答请拉铃，不要回答请敲门"，读到这样的句子，你能忍住不笑吗？还有那些作者仿造幼儿逻辑思维创作出来的童言童语，如"照我看，蜜蜂活着，就是为了酿蜜。蜜蜂酿蜜，就是为了让我有吃的"，"里面一定有人，因为有人一定说过'没有人'"，更是让人拍案叫绝。但真正让它成为一部不朽经典的，还是它塑造的那些充满了个性的角色：小熊维尼·阿噗，诗人，傻傻的，常常会干出一些引人发笑的荒唐事，但他一点都不在乎，他的理论是："有人有头脑，有人没头脑，就是这么回事。"小猪，胆小，一害怕就找理由开溜："我刚刚想起了一件事，这件事，昨天忘了办，明天不能办，因此，我认为应该现在回去就把它办好。"当然，最好玩的还是那头不知为什么总是耷拉着脑袋的阴暗老驴咿唷，他的口头禅是："可怜啊，实在是可怜啊。"……相比之下，克里斯托弗·罗宾在故事里的个性要算是最不鲜明的一个人物了，他只是在关键时刻出场，扮演解围之神，更像是小熊他们喜爱的一个大人或是一个让人信赖的兄长。

这是一本相当难译的书。中文版的译者之一任溶溶曾说过这是他译的书里头最难译的一本书。例如小熊他们去寻找北极，结果小熊找到了一根杆子，被克里斯托弗·罗宾宣布为发现了北极。这是因为英文里的pole这个词，既有北极的"极"的意思，也有"杆子"的意思。如果不加注释，这个喜剧效果就无法传递出来。

百亩森林是小男孩克里斯托弗·罗宾和他那些玩具的乐园，但他终究要长大，终究有要和伙伴们分手的那一天。《小熊维尼·阿噗》的续篇《阿噗角小屋》的结尾，就描写了那让人伤感的一刻——当男孩知道他要离开时，他要维尼·阿噗发誓直到一百岁之前也不会忘记他，维尼·阿噗问他：那时我几岁了？当维尼·阿噗知道自己九十九岁时，便发誓答应了。于是，"他们双双一起走了。但不管他们去哪里，路上发生什么，在森林最高处的这块魔地，一个小男孩和他的这只小熊将一直在那里玩"。

中文译本推荐

《小熊维尼·阿噗》
任溶溶/译
浙江少年儿童出版社
2007

延伸阅读

《阿噗角小屋》
任溶溶/译
浙江少年儿童出版社
2007

《阿噗角的小屋》
李文俊/译
浙江文艺出版社
2009

《菩角小屋》
文培红/译
湖南少年儿童出版社
2009

《当我很小的时候》
任溶溶/译
浙江少年儿童出版社
2007

《小熊维尼阿噗》
李文俊/译
浙江文艺出版社
2009

《小熊温尼·菩》
潘缦怡/译
长春出版社
2009

《维尼熊历险记》
蒋素华/译
少年儿童出版社
上海译文出版社
2009

《小熊温尼·菩》
文培红/译
湖南少年儿童出版社
2008

随风而来的玛丽阿姨

原书名及初版时间：*Mary Poppins*, 1934
作　者：[英]帕·林·特拉芙斯（P.L.Travers）
插　图：[英]玛丽·谢巴德（Mary Shepard）
出版社：Harcourt, 1996

获奖及推荐记录

⊙ 入选英国《你长大之前必读的1001本童书》
⊙ 入选美国《纽约时报家长指南：最佳童书》
⊙ 入选美国《给孩子100本最棒的书》
⊙ 入选日本《英美儿童文学畅销书40本：永留心中的名作》
⊙ 入选日本《世界少男少女文学：幻想文学50本》

是谁写了这本书

　　帕·林·特拉芙斯（1899—1996），出生于澳大利亚。父亲在爱尔兰出生，母亲在苏格兰出生，她从小在一个甘蔗种植园中长大。受父亲影响，她童年时代就对爱尔兰神话及传说感兴趣，热爱读童话。她八岁时，父亲突然去世。十三岁，她进了悉尼一家寄宿学校，在学校时曾经出演过莎士比亚的《仲夏夜之梦》。她后来当过演员，还写诗投稿，人生的志向渐渐地从演员转向了作家。二十五岁时，她怀抱着成为一名作家的梦想，独自一人回到了英国。她给文艺杂志写稿，与爱尔兰诗人A.E.（乔治·威廉·罗素，George William Russell）成为好友，并在诗人、"爱尔兰文艺复兴运动"领袖叶芝的指导下，对爱尔兰文学及古代凯尔特神话产生了新的认识。

　　1964年，她的《随风而来的玛丽阿姨》被迪斯尼改编成歌舞片《欢乐满人间》，真人与动画的巧妙搭配，再加上十几首悦耳动听的歌曲穿插，使它获得了五项奥斯卡大奖。

　　她一生未婚，直到九十七岁的高龄才去世。

先来认识一下书中的主要出场人物

班克斯先生
樱桃树胡同17号的男主人，在银行上班，整天就是坐在一张大桌子后面忙着数钞票和硬币。

班克斯太太
樱桃树胡同17号的女主人。

简
班克斯夫妇的大女儿。

迈克尔
班克斯夫妇的儿子，简的弟弟。

约翰和巴巴拉
班克斯夫妇的一对双胞胎孩子，还是睡在小床上的婴儿。

玛丽·波平斯阿姨
被风吹进班克斯家的保姆。她头发黑亮，人很瘦，大手大脚，有一双直盯着人看的蓝色小眼睛，孩子们说她"像个荷兰木偶"。她出门时，夹肢窝下总是夹着一把伞柄上有个鹦鹉头的伞。她从来不跟大家多说话。

玛丽阿姨这时候到半空了，飞过樱桃树，飞过屋顶，一只手握紧伞，一只手提着她那个毯子制的手提袋。

这本书讲了一个什么故事

你要找樱桃树胡同吗？那只要问一问十字路口那位警察。他把帽子稍稍往旁边一推，搔着头想想，说："先向右，再向左，然后向右拐一个大弯，就到了。再见。"

要是你想找17号，你一下子就能找到。第一，这座房子在整条胡同里最小。第二，这户人家墙粉剥落，需要粉刷了。可这房子的主人班克斯先生对他太太说，她或者要一座漂亮、干净的房子，或者要四个孩子。班克斯太太再三考虑，决定情愿要大女儿简、第二个孩子迈克尔和最小的一对双胞胎——约翰和巴巴拉。

在这个故事的一开头，孩子们的保姆连个招呼也没打，就离开了17号。"登报吧，亲爱的。"班克斯先生一边准备出门去银行上班，一边说，"今天吹什么风？"他把头伸出窗外，低头看了一眼胡同口布姆海军上将房子上的风标，"哈！是东风。我也这么想。都冷到骨头里去了。"

这天吃过晚饭，简和迈克尔坐在窗口等爸爸回家，听着东风在胡同里樱桃树的光秃秃的树枝间呼呼地吹过。这些树前后左右摇晃，好像发了疯，想连根从地上蹦起来似的。突然，一个人影砰地撞到了院子的大门上，他们看出那是个女人。看着看着，他们看到了一件怪事，那女人一进院子大门，好像就给一阵风吹起来，直往房子门前送。砰！她在前门口着地的时候，整座房子都摇动了。他们来到楼梯口朝下望，看见妈妈从客厅里出来，后面跟着一位客人。"她长得像个荷兰木偶。"简低声

说。妈妈在前面带她上楼，简和迈克尔看见她两只手拿着手提袋，一下子很利索地坐上楼梯扶手滑上来。这种事从来没有过。滑下去的事常有，可滑上来这种事从来没有过！"孩子们，这是照顾你们的新保姆，玛丽·波平斯阿姨。"妈妈对他们说。等妈妈走了，简问玛丽阿姨："你怎么来的？看来像是一阵风把你给吹到了这儿。""是这样。"她回答了一声。她开始从手提袋里往外拿东西，可它里面明明什么也没有，她却从里面拿出来一条白围裙、一块肥皂、一把牙刷、七套呢睡衣、一双高筒鞋……最后是一张折叠行军床。简和迈克尔惊奇得说不出话来，可他们两个都明白，在樱桃树胡同17号出了了不得的大怪事。"玛丽阿姨，你永远不再离开我们了吧？"她大声吸了吸鼻子，说："我待到风向转了为止。"

这天玛丽阿姨休假，她夹着伞柄上有个鹦鹉头的伞出门了。玛丽阿姨爱时髦，她要给人看到她最漂亮的样子。她是去见一个卖火柴的人的。他下雨天卖火柴，晴天在人行道上用彩色粉笔画画。"玛丽！"他叫道，听这口气你就知道她是他生命中何等重要的人物了。不过他说今天挣的钱太少，今天不能请她去吃茶点了。他请她看他的画，画的是乡村，画上都是树和草，他抓住她的一只手，样子非常激动地说："咱们干吗不到画里去？"他带她离开大街，一直到了画里。多么翠绿啊，一

那女人一进院子大门，好像就给一阵风吹起来，直往房子门前送。

块洒满阳光的小空地上有张绿色的桌子，上面是木莓果酱蛋糕。"请坐，太太！"身穿黑衣的侍者走出来。"噢！我在画里可没见过你。"玛丽阿姨说。"啊，我正好在树背后。"侍者说……她休完假一回来，简和迈克尔就向她扑过去。"你上哪儿去了？""上童话世界了。""看见灰姑娘了吗？""灰姑娘？我可没看见。""那你怎么会到过童话世界呢？那不会是我们的童话世界吧？"她大声吸了吸鼻子，用可怜他们的口气说："你们不知道吗？各人有各人的童话世界！"

现在他们全都在半空的桌子周围坐好了。面包、黄油、糖块一点不少。

　　玛丽阿姨带简和迈克尔去她叔叔贾透法先生家吃茶点。进门一看，一张大桌子上已经摆好了吃茶点用的四个带碟子的茶杯和蛋糕。"真高兴你们来。"一个洪亮的声音欢迎他说，可房间里没有人。"叔叔，今天别又是你的生日吧？"玛丽阿姨朝天花板上看去，一个秃顶大胖子悬坐在半空中。"对不起，今天正好是我的生日。每次我过生日碰上星期五，一笑就充满了笑气，就像气球一样飞起来了。"他在空中蹦蹦跳跳地说。简和迈克尔觉得滑稽，笑得在地上直打滚，结果怪事发生了，他们人越来越轻，好像给打足了气，飞了上来。后来玛丽阿姨也直直地飞了上来，还让桌子升了上来……乘公共汽车回家时，孩子们问她："你叔叔是不是常常这样充满笑气，在天花板那儿打滚？""打滚？这是什么话！我叔叔是个严肃、老实、苦干的

人，你们讲到他请尊敬一点。"简和迈克尔没有说话，因为他们知道，不管碰到的事怎么古怪，还是不要跟她争论好。

　　有钱的拉克小姐住在隔壁。虽然她的小狗安德鲁过着奢侈的生活，可它渴望做一只普通的狗。它最好的朋友，是一条不止一个人说"谢天谢地，幸亏它不是我的狗"的再普通不过的狗。这天，安德鲁把它的朋友带回家，拉克小姐不让它的朋友进门。安德鲁汪汪叫，玛丽阿姨把它的话翻译给拉克小姐听："它说要是不让它跟朋友一起住，它就要住到朋友那儿去了。""它说它的朋友必须有一个它那种绸垫子，也睡在你的房间。"……迈克尔问简："玛丽阿姨怎么懂它的话呢？"简回答："可她永远不会告诉我们的。"

　　这天，迈克尔看见一件稀有的事，胡同里来了一头牛。玛丽阿姨对他和简说："那头牛我认识，它是我妈妈的好朋友。"于是，她讲了红母牛见国王的故事。红母牛有一天开始突然跳舞跳个不停，国王发现有颗星星落在它的犄角上，便让手下的人去摘星星。可是怎么也摘不掉，最后红母牛只好跳过月亮，才把星星甩掉。可没有了星星，跳不了舞，红母牛又苦恼起来。玛丽阿姨的妈妈便劝它挪一挪地方，去找星星，就这样，它走到了樱桃树胡同。

　　星期二，迈克尔突然变得淘气起来，不起床，还踢人。跟玛丽阿姨去公园散步时，她让他从路上捡回来一个闪闪发亮的东西，是个指南针。玛丽阿姨说它是用来环游世界用的。她说了一声"北"，他们就到了北极，一位爱斯基摩人从冰洞里钻了出来："欢迎你们，玛丽·波平斯和朋友们！"她说一声"东"，他们就来到了中国……

　　玛丽阿姨带他们去买姜饼。简发现走错了路，他们走进一家从未见过的极古怪的铺子里。比世界上什么人都老的科里太太出来欢迎他们。她掰下两个指头，给双胞胎一人一个："不过是麦芽糖，吃了没坏处。"最奇怪的是，她指头掰掉的地方马上又长出了指头。简和迈克尔挑了十三个姜饼，每一个上面都有颗纸星星。这天夜里，玛丽阿姨偷走了他们藏在柜里的纸星星，和科里太太以及她的两个女儿一起，架起梯子，把星星贴到了天上。

她手一拿开，他们看见她是把姜饼的星星贴在天上。每颗星星一贴好，就开始发出闪闪的金光。

今天简和迈克尔不在家，玛丽阿姨又和两个双胞胎说起话来。"什么？你说简和迈克尔曾经懂得椋鸟和风说的话？"约翰和巴巴拉惊奇地说。"还有树说的话，阳光和星星说的话。"玛丽阿姨说。"可是他们怎么都忘了呢？""是因为他们大起来了。""我们不会。"这时椋鸟插了进来："没有一个人过了一岁还会，当然，除了她。"它转过身把头朝玛丽阿姨点点。等到双胞胎过完第一个生日的第二天，椋鸟来了，它发现双胞胎已经听不懂它的话了。

一个月圆之夜，有样东西给简和迈克尔带路，把他们带到了动物园。他们发现今天晚上全都颠倒过来了：守门的熊不收票，还给他们票；八只猴子骑人；人被关在笼子里……动物们全都集中在广场上围成一个大圆圈，给玛丽阿姨过生日。她的表哥、森林之王眼镜蛇告诉他们俩："鸟、兽、石头和星星……我们全都是一体，全都是一体……"第二天早上，他们问玛丽阿姨："你昨夜在动物园吗？""我在动物园……夜里？一个规规矩矩安安

静静的人……"可他们发现她腰上束着一根金蛇皮做的皮带，上面写着"动物园敬赠"。

要过圣诞节了，这天，天上七姊妹星团的老二，一个没穿衣服、身上只轻飘飘地围着一缕蓝纱的女孩，来商店给姊妹们买礼品了。玛丽阿姨还把自己最好的手套送给了她。

春天了，刮西风了。靠近傍晚，风大起来了。"请你们乖乖地等我回来。"玛丽阿姨说完就下楼去了。他们看见玛丽阿姨打开伞，被风吹着离开了地面。风把她吹起来，向胡同里的樱桃树梢吹去。她飞过樱桃树，飞过屋顶，一只手握紧伞，一只手提着她那个毯子制的手提袋。"玛丽阿姨！"他们最后一次尝试要留住玛丽阿姨。可她不是没听见就是存心不理睬，一个劲儿地飞呀飞，飞到云间，最后飘过山头，什么也看不见了。

 让我们来深入讨论作品

在故事的尾声，当玛丽阿姨乘西风归去时，小主人公之一的迈克尔推开自己的妈妈，扑倒在地，伤心地大喊大叫："天底下我就要玛丽阿姨——"是的，玛丽·波平斯阿姨，可能是天底下每一个孩子都梦想拥有的一位保姆了。即使是在今天，英国人登报纸寻找保姆时，第一句话准定是："诚征玛丽·波平斯！"

玛丽·波平斯，一个长得像"荷兰木偶"、出门总是戴着白手套、夹肢窝里夹着鹦鹉头伞柄的伞、不停吸鼻子的年龄不详的女子，到底是凭什么俘获了孩子们的心呢？

难道她不是一个凡人？

她是一个凡人，甚至可以说，她"凡"得都不能再"凡"了——古怪，爱发脾气，自大而又高傲，一点都不和蔼可亲。你看，她相貌平平，"很瘦，大手大脚，有一双直盯着人看的蓝色小眼睛"，却极度自恋，总以为自己是一个美人坯子，"爱时髦，要给人看到她最漂亮的样子"。只要有镜子，不管是车窗还是橱窗，一定要搔首弄姿地照上一番，因为"她觉得自己看来这么可爱"，"她觉得从未见过有人这么漂亮"，照完了，还会忘情

地赞美自己一句："瞧你多美！"可是对孩子们，她却连一点点耐心都没有，严厉不说，还整天一副气呼呼的样子，不苟言笑，回答问题不是爱答不理，就是一顿冷嘲热讽："我怎么知道？我又不是百科全书！"

可她又不是一个凡人。你看，她不请自来那天，简和迈克尔一女一男两个孩子就发现事情有些蹊跷了（大人是看不见的）——先是东风狂吹，胡同口那棵樱桃树前后左右摇晃，像发了疯，想连根从地上蹦起来似的。然后，一个女人的身影被风吹到了门口，她着地时，整座房子都摇动了。"多滑稽！这种事情我从没见过。"一个孩子说。接下来，发生的事情更加匪夷所思，她竟两只手拿着手提袋，一下子很利索地坐上楼梯扶手滑上楼来。两个孩子傻掉了。"这种事从来没有过。滑下去的事常有，他们自己就常干，可滑上来这种事从来没有过！"更让孩子吃惊的是，她从那个空空的、被她称为毯子（让人联想起神话中的魔毯）的手提袋里，像变魔术似的，拿出来一块肥皂、一把牙刷、一张折叠行军床……难怪两个孩子会说：这个玛丽·波平斯阿姨是一个怪人，樱桃树胡同17号出了了不得的大怪事。

家里突然出现了这样一个魔法人物一般的保

玛丽阿姨坐在他们中间，气呼呼的，一声不响，这时候他们两个太累了，向她越挨越近，倒在她两边睡着了，可他们还在想……

姆，孩子们又怎么能不激动、不被她迷住呢？所以他们忍不住要问她："玛丽阿姨，你永远不再离开我们了吧？"

而我们要问的是，作者帕·林·特拉芙斯是怎样创造出玛丽·波平斯这个儿童文学中独一无二的形象来的呢？说独一无二，是因为在过去的童书中，魔法人物不胜枚举，但还没有出现过这样一个走进现代孩子的日常生活之中，既是凡人又不是凡人的形象。贝蒂娜·贺里曼在《欧洲童书三百年》里没有说错：玛丽·波平斯虽然拥有魔法，但她身上却没有民间故事里的人物所具备的那种属性。关于玛丽·波平斯，特拉芙斯曾经在《自传素描》的结尾说过这样一句话："如果你要寻找自传的事实，玛丽·波平斯就是我自己生活的故事。"这话有点玄，但借用《随风而来的玛丽阿姨》里的一句话来说，就是"不管碰到的事怎么古怪，还是不要跟她争论好"。不过有一点是可以肯定的，当她还是一个孩子的时候，玛丽·波平斯这个人物就在她的脑海中闪现了，"像窗帘一样忽开忽合，萦绕我一生"。玛丽·波平斯不是她凭空幻想出来的，有原型，她童年时就有这样一位保姆，外出时总是带着一把鹦鹉头的伞，一回到家里，就会把一天的所见所闻讲给孩子们听，可一旦说到重要的地方，便会以接下来的话不适合孩子听为由，突然把话头中断。

对于小读者来说，玛丽·波平斯阿姨最大的吸引力还不是她的魔法，而是她的神秘。

她是会魔法——她可以从一个空无一物的手提袋里往外掏东西，可以让孩子飘浮在空中喝下午茶，可以跟狗说话，可以用一个指南针把孩子送到北极，可以往天上贴星星……可是这样的人物并不稀奇，童书里多的是。稀奇的是，她身上有太多的谜团，就像她自己总是拒绝回答孩子们的问题一样，作者从不交代，只是留下一个开放的文本任由我们来猜测。

比如，第一个疑问是：玛丽阿姨从哪里来，又回到哪里去了？在《随风而来的玛丽阿姨》里只是说她乘东风而来，乘西风归去："她一个劲儿地飞呀飞，飞到云间，最后飘过山头，孩子们除了看见树木在猛烈的西风中弯曲哀鸣以外，什么也看不见了。"而在系列的第二部《玛丽阿姨回来了》里，她是拉着一根风筝线从天而降，最后坐着旋转木马回到了天上，变成了一颗新的星星……这么说，她应该"曾离开天空下来，如今又回到天上去了"。可是，她似乎又没离开过地面，你看，她那一大群怪里怪气的亲戚和朋友不就住在我们的身边嘛：走进画里的画家、充满笑气悬在半空中的叔叔贾透法、卖姜饼的科里太太、表哥眼镜蛇……这就牵扯到了第二个疑问：她是谁？智者、动物之王眼镜蛇给出了一个非常抽象的答案，它说她就是孩子们，就是它自己，它的原话是这样说的："鸟、兽、石头和星星……我们全都是一体，全都是一体……孩子和蛇，星星和石头全都是一体。"到了系列的第三部《玛丽阿姨打开虚幻的门》里，她又被说成"是变成真实的童话"。是不是越说越解释不清了？对，她从头到尾都是一个未解之谜。

作者根本就不想解释。换句话说，作者是故意把玛丽·波平斯写成一个迷雾重重的人物的。当然，她有她的追求，小峰和子在《大人英国儿童文学读本》中说特拉芙斯这样写，是因为"特拉芙斯从自己的童年经验中知道，越是不解释，反而越是能在神话带来的惊奇中培养想象力"。

如果我们一定要追问玛丽·波平斯到底是谁，马杰丽·费希尔或许说得再好不过了："她就是一个精灵。"当然，她不是出没于另一个世界的精灵，而是一个走进现代孩童日常生活的精灵。内斯比特是这类被称为"日常魔法"式幻想小说的鼻祖，她的《五个孩子和一个怪物》里也有这样一个精灵，就是那个来自远古，被现代的孩子们从沙坑里挖出来的沙仙。不过，它与玛丽·波平斯相比，要显得太小儿科了，变出来的魔法一到日落就消失不说，规模也小得多，还缺乏神秘感。玛丽·波平斯的魔法世界则要大

多了，大到花鸟鱼虫，大到海底，大到壮阔的星空和浩瀚的宇宙。特拉芙斯曾以《只要连接》（Only Connect）为题发表过一篇讲演，她说只要连接"已经与未知"、"过去和现在"，就能把玛丽·波平斯呼唤出来。

孩子们喜欢玛丽·波平斯阿姨，是因为她改变了他们的生活，把他们引入了一个幻想的世界，带领他们去冒险。希拉·A.伊格在《故事之力：从中世纪到现代的幻想小说》一书中说：玛丽·波平斯虽然声称"各人有各人的童话世界"，但她的任务，就是推开那扇"虚幻的门"，把只拥有平凡想象力的普通的孩子送进门去。而且这种冒险是有限制的，就是绝对不允许自己擅自去冒险，冒险一结束，就要立刻回到井然有序的日常生活。然而根本就不用担心，书里的两个小主人公不可能擅自去冒险，因为他们找不到路，故事里没有类似魔衣橱那样的一条通往另外一个世界的通道。实际上，这恰恰就是"玛丽·波平斯"系列一个最大的叙事特征。你看，玛丽·波平斯阿姨明明带着他们走进了一座普通的公寓，人浮在空中的奇迹就发生了；明明走在大街上，就来到了一家从未见过的古怪铺子门前……幻想世界与现实世界的边界被彻底地模糊掉了，所以《纽约时报》的一篇书评才会说："当玛丽·波平斯出现在附近的时候，她身上的那股魔力，总是让读者分辨不出真实的世界在哪里渐渐地变成了幻想的世界。"

其实，如果你读完了故事，你就会发现其实玛丽·波平斯阿姨也不是整天气呼呼的，她爱孩子，还挺幽默。举个例子，每次发生了什么事情之后，她绝不承认，总是要掩盖一切，不是装糊涂问你"你这话是什么意思"，就是瞪你一眼，说："亏你想得出！"可那回从动物园回来，尽管她矢口否认，但眼尖的孩子们却发现她腰间束着一根金蛇皮做的

皮带，上面还写着"动物园敬赠"。这个小小破绽，显然是她故意和孩子们开的一个小小玩笑。

对于"玛丽·波平斯"系列，批评家们也有不少争议。反对的一派认为故事不连贯，运用起魔法来也有点随心所欲。支持的一派则认为玛丽·波平斯成功的秘密，或许就在于这种魔法的随意性。而且从表面上看，一个个故事是独立的，但其实每一章都有各自的特征，如第二章"休假"像童话，第三章"笑气"像荒诞闹剧，第五章"跳舞的牛"像鹅妈妈童谣，第十一章"买东西过圣诞节"像神话……德博拉·科根·撒克与琼·韦布更是在《儿童文学导论：从浪漫主义到后现代主义》中指出：特拉芙斯的作品是一次现代主义的写作，尽管排斥直线叙述，这似乎缺乏联结，但文本并不是一连串的特别事件。文本有一个模式，使读者能在玛丽·波平斯的神秘世界里得到领悟。

这个系列，特拉芙斯一共写了六本，其中第四本《玛丽阿姨在公园》和第五本《玛丽阿姨在樱桃树胡同》之间相隔了三十年。有一个十六岁的年轻人评论这些书"只能是由一个疯子写的"，她把它当做赞美，她说一个作家就是需要发狂，因为这就是她创作玛丽·波平斯时的状态。她说："不是我创作了玛丽·波平斯，而是玛丽·波平斯创作了我。"

在这个系列的最后一本《玛丽阿姨和隔壁房子》，当孩子们听到玛丽阿姨说"还是家最好"时，孩子们大胆地问她："那么你呢，玛丽阿姨？你的家在哪里——东还是西？你不在这里的时候，你上什么地方去呢？"她那双蓝色眼睛闪了一下，那个老样子的熟悉的神秘微笑对着他们急切的脸："不管在什么地方，那儿就是我的家！"

这个"什么地方"，至少有一个我们是可以找到的，它就是"玛丽·波平斯"系列这套书。只要你一翻开它，一个气呼呼地吸鼻子的声音就会大声地责问我们道："请问，你这话是什么意思？"

中文译本推荐

《随风而来的玛丽阿姨》
任溶溶/译
明天出版社
2005

延伸阅读

《玛丽阿姨回来了》
任溶溶/译
明天出版社
2005

《玛丽阿姨打开虚幻的门》
任溶溶/译
明天出版社
2005

《玛丽阿姨的神怪故事》
任溶溶/译
明天出版社
2005

《神奇的玛丽阿姨》
任溶溶/译
明天出版社
2005

银河铁道之夜

原书名及初版时间：银河铁道の夜，1924—1931
作　者：[日] 宫泽贤治
插　图：[日] 田原 田鹤子
出版社：偕成社，2001

获奖及推荐记录
⊙被译成超过20种语言的儿童文学经典
⊙入选日本《儿童文学的魅力：现在阅读的100本（日本篇）》
⊙入选日本《少男少女名作导读：日本幻想文学50本》
⊙入选英国《你长大之前必读的1001本童书》

● 是谁写了这本书

　　宫泽贤治（1896—1933），出生于日本。他从小在日本东北一个名叫花卷的贫寒小村长大，父亲是一位爱读书、信仰宗教的当铺老板。

　　他一生仅活了三十七个年头，是个悲剧性的人物。虽然今天他被誉为日本的儿童文学巨匠，但他生前仅仅自费出版了一部童话集，而且连一本也没有卖出去。他留下来的，绝大多数是没有发表过的手稿。他在死后才获得了意想不到的巨大声誉，仅仅是关于他的人及作品的研究专著，就有几百部之多。他的名字在日本家喻户晓，因为他的作品一直被编入日本全国的中小学语文课本里，日本人从小就开始读他的作品。他的人与他的作品一样，单纯而又复杂，他既是一位童话作家，又是一位诗人、教师、农艺改革指导者，还是一位悲天悯人的求道者……确实，很难对这位"代表日本的国民作家"下一个明确的定义。

　　2000年，日本《朝日新闻》进行了一项调查，由读者自由投票，选出了"这一千年里你最喜欢的日本文学家"。他名列第四，远远超过了太宰治、谷崎润一郎、川端康成、三岛由纪夫、安部公房、大江健三郎以及村上春树。

● 先来认识一下书中的主要出场人物

焦班尼
男孩，小学生，父亲出海下落不明，和患病的母亲生活在一起，家境贫寒。

柯贝内拉
焦班尼的同班同学，父亲是科学博士。

捕鸟人
银河列车的乘客。长着一脸的红胡子，以捕鸟为生，身体能够穿越车厢。

青年人和姐弟
银河列车的乘客。沉船的牺牲者。

就在这时，一个不可思议的声音响了起来："银河站到了！银河站到了！"

随着这喊声，眼前一下子明亮起来，犹如亿万只萤蚬的火焰，一齐变成了化石，沉到了天空……当他回过神来的时候，才发现自己已经坐在了刚才那列小火车上，小火车咣当咣当地继续向前驶去。

这本书讲了一个什么故事

午后的课堂上，黑板上挂着一幅星图，老师指着银河的地方问大家："同学们，你们知道这片白茫茫的东西是什么吗？"老师没叫举手的柯贝内拉，却叫了焦班尼。他知道那白茫茫的全都是星星，但因为一直在课堂上打瞌睡，没有回答出来。老师让柯贝内拉回答，他也没回答出来。焦班尼知道柯贝内拉知道答案，他是可怜早上和午后都要做工的自己，故意不回答的。

今天晚上是银河节。一放学，班上的七八个同学就围着柯贝内拉，在樱花树下商量起去河边放土瓜灯笼的事。可是焦班尼却不得不赶到印刷厂去拣铅字。

下班回家，焦班尼跟患病躺在床上的妈妈聊了一会儿出海未归的爸爸，想起柯贝内拉他们会去河边放土瓜灯笼，就说等一下取牛奶时顺便去看一下。妈妈叮嘱他："你可千万不要下河啊！"他说："我知道，我就在岸上看一看。一个小时就回来了。""多玩一会儿吧。只要是跟柯贝内拉在一起，我就放心啦。""我肯定跟他在一起的。妈妈，我把窗户关起来吧。"

在路上，他被一个名叫扎内利的同学嘲讽了一顿："焦班尼，你爸爸给你带海獭皮外套来喽！"这让他一阵心寒。经过钟表店时，他盯着橱窗中央的一幅旋转星图看了好久。它的正中央，银河像一条白茫茫的光带横挂天穹。它的后面还有一幅大星图，星座都被画成了奇形怪状的野兽、蛇、鱼和瓶子的形状。天上真的布满了这样的天蝎和勇士吗？

他想：啊，我真想到那里面去遨游一圈啊！

到了牛奶店，一个老妇人说店里没管事的人，让他过一会儿再来。在十字路口，焦班尼看到班上六七个同学有说有笑地走了过来，每个人手上都拎着一盏土瓜灯笼。"焦班尼，海獭皮外套来了吗？"刚才的那个扎内利又叫道。"焦班尼，海獭皮外套来了吗？"紧跟着，大家全都叫了起来。焦班尼的脸涨得通红，不知如何是好，想赶快逃开，却又看见柯贝内拉也在里面。柯贝内拉显出同情的样子，默默地笑了一下，用一种"你别生气"的眼神望着焦班尼。焦班尼躲开了他的目光。柯贝内拉他们朝大桥那边走了过去。焦班尼心头涌起了一种说不出来的孤独感，撒腿朝黑黢黢的山丘那边跑去。爬到山顶上的天气轮柱下，焦班尼躺在了冰冷的草地上。远处传来了火车的声音，他看到了小火车那一排橘红色的小窗口。当他看向天上的银河时，他的一双眼皮沉了下来。连视线下方的小镇，也似乎变成了一团茫茫不清的星云，变成了一团虚无缥缈的烟云。

这时，焦班尼发觉身后的天气轮柱，不知什么时候幻化成了一座三角标的形状，像萤火虫似的一明一灭。接着，它的轮廓渐渐地清晰起来，最后终于一动不动了，巍峨地矗立在钢青色的天之原野上。一个不可思议的声音响了起来："银河站到了！银河站到了！"随着这喊声，眼前一下子明亮起来，犹如亿万只萤蚬的火焰，一齐变成了化石，沉到了天空。当他回过神来的时候，发现自己已经坐在了刚才那列小火车上。他看见前面的座位上，坐着一个高个子的孩子，穿着一件水淋淋的黑色上衣，原来是柯贝内拉。焦班尼把头探出窗外，看着清澈的银河水，看着美丽的原野："我真的来到天之原野上了！""啊，龙胆花开了，已经是秋天了。"柯贝内拉指着窗外说。一片又一片数不清的黄底花盅的龙胆花，像喷泉一样，像雨点一样，从眼前闪过。

银河中央出现了一座小岛，是天鹅岛。天鹅岛上屹立着白色的十字架。"哈路利亚，哈路利亚。"他们回过头去一看，只见车厢里所有的旅客都整理好了衣服，虔诚地双手合十，向着十字架的方向祈祷。柯贝内拉和焦班尼也情不自禁地站了起来。

火车在天鹅站停车二十分钟。旅客们全都下了车，车厢里变得空荡荡了。"咱们也下车去看看吧。"焦班尼说。两人来到河滩上。柯贝内拉抓起一把晶莹剔透的沙子："这些沙子全都是水晶啊，里面燃烧着一团团小小的火焰。"他们朝河的上游一望去，那里有五六个小小的人影，好像在挖着什么。他们走过去，一块牌子写着：普利奥新海岸。两个人捡到了核桃化石，还看见一个学者模样的人正在指挥助手们挖巨兽的白骨。

当两人重新回到车上时，一个肩上扛着两个白布袋的红胡子男人问他们："我可以坐在这里吗？""啊，请坐吧！""你们二位去哪里啊？""一直往前走。""你去哪里呀？""我马上就在前面下车。我是靠捕鸟为生的。""捕什么鸟呢？""仙鹤呀，大雁呀，还有白鹭和天鹅。"正说着话，捕鸟人一闪就不见了。再一看，他已经站在了车外的原野上。白鹭嘎嘎地叫着，如漫天大雪一般，纷纷扬扬地从桔梗色的天空上飘落下来。他

抓住它们，装进了自己的布口袋里。然后突然扬起双手，做了一个士兵中弹临死之前的姿势，随即就不见了。可下一刻，他又回到了车厢里。

列车员来查票了，柯贝内拉大模大样地拿出一张灰色的小车票。焦班尼慌了，从上衣兜里掏出一张绿色的纸片，管它是什么呢，他递给了列车员。没想到列车员竟然说可以了，还告诉他三点到达南十字星站。捕鸟人不知何时消失了。一个青年领着一对幼小的姐弟上了车。他说他们坐的船撞到冰山上沉没了，他们来到天上，是要去天堂。听了青年人讲述的故事，焦班尼陷入了沉思："什么叫幸福，我不知道。无论是多么痛苦的事情，只要能朝着理想的方向前进，不管是上高山，还是下陡坡，都能一步步地接近幸福。"

火车离开了河边，行驶在山崖上。出现了玉米田，从原野的尽头还传来了交响乐的旋律，一个印第安人拿着弓箭追了上来。接着，他们看见了双子星的宫殿，看到了天蝎之火，看见银河下游出现了

银河铁道列车奔驰在天上的芒草原野上。

一座被蓝光、橙光照耀的十字架，犹如一棵大树。南十字星站到了。"我还想再坐一会儿火车。"小男孩说。"可我们必须要在这里下车啊，这里是去天堂的地方。"青年说。当火车又开始前进时，焦班尼深深地叹了一口气："柯贝内拉，又只剩下咱们俩了，不管去哪里，咱们都要一直一起往前走。我现在就像那只天蝎，只要能让大家获得真正的幸福，就是浴火百次，我也在所不辞。""嗯，我也是这样想的。"柯贝内拉的眼睛里浮现出晶莹的泪花。"可是，什么才是真正的幸福呢？"焦班尼说。"我也不知道。"柯贝内拉茫然地回答。"咱

白鹭嘎嘎地叫着，如漫天大雪一般，纷纷扬扬地从桔梗色的天空上飘落下来。捕岛人抓住它们，装进了自己的布口袋里。

们一起努力吧！"焦班尼的心里仿佛充满了新的力量，他深深地吸了一口气说。

"啊，那里是煤袋，是天之洞啊。"柯贝内拉指着银河的一个地方说。焦班尼朝那边看去，不禁倒抽了一口冷气。只见银河露出了一个漆黑的大洞。"哪怕是那样巨大的黑洞我也不怕，我一定要去寻找大家的真正的幸福。不管去哪里，咱们俩都要一直一起往前走！""好的，一起往前走。哎，你看，那片原野多漂亮啊！人们都聚集在那里，那里就是真正的天堂啊。啊，我妈妈也在那里呢。"柯贝内拉突然叫了起来。可焦班尼却没有看见柯贝内拉形容的景象。他回过头来，柯贝内拉已经不见了。他把身子探出窗外，放声痛哭，他觉得周围的世界顿时变得漆黑一团。

焦班尼醒了过来，发现自己躺在刚才的那个小山丘上睡着了。他跑下小山丘，取完牛奶，听人说有个小孩掉到河里了，便来到河边。一个同学告诉他，柯贝内拉从船上跳下去救扎内利，再也没上来。浩瀚的银河倒映在下游的整个河面，看上去，简直跟没有水的天空一模一样。这时，焦班尼觉得，柯贝内拉只能永远地留在那条银河的尽头了。

焦班尼本想冲到柯贝内拉的父亲面前，说他知道柯贝内拉去了哪里，他一直都和柯贝内拉在一起的……可是喉咙却好像被什么东西给堵住了似的，一句话也说不出来。柯贝内拉的父亲认出他来了："你是焦班尼吧？今晚谢谢你了。"焦班尼什么也说不出来，只是鞠了一个躬。"你父亲回来了吧？"焦班尼轻轻地摇了摇头。"怎么会呢？前天还给我来信说他很好呢。今天总该回来了吧？或许船误期了吧？"焦班尼百感交集地朝家里跑去。他

想快点把牛奶送到妈妈身边，把爸爸要回来的消息告诉妈妈。

让我们来深入讨论作品

这是一部宫泽贤治死后才被发现的遗作，是他的呕心沥血之作。他改改写写，其间的跨度竟长达近八年之久，可以毫不夸张地说，它甚至贯穿了他的整个创作生涯，因为直到生命的最后一息，他还在对它加工润色。可惜的是，还没完成，他就与世长辞了。所以，《银河铁道之夜》是一部"永远的未完之作"。

"不用说，《银河铁道之夜》是宫泽贤治一生的代表作。在这部作品中，他把他那用灵魂——饱受自我牺牲的崇高精神与孤独感折磨的灵魂——织就的幻想，从社会、时间以及空间的制约中解放出来，展开了一个银河系宇宙的壮丽的世界。而正是这种蔓延的宇宙感觉和幻想的美丽，使我们现代人感受到了宫泽贤治的魅力。不过，这个银河系宇宙，绝非作者逃避现实的一种虚构。他是把故乡岩手县作为一个幻想世界，扎根于现实的同时，又凝视着自己的心灵深处，构筑了一个超越了现实的世界。我想，我们应该去聆听宫泽贤治在《银河铁道之夜》里面发出的高尚的、清澈的，而且是充满了寂寞而深切的呼唤。"这是日本学者中村稔为《银河铁道之夜》这本书写的一段激情导读。

是的，这是写出了《要求太多的餐馆》、《风又三郎》、《大提琴手戈修》、《水仙月四日》等脍炙人口名篇的宫泽贤治的一部丰碑式的作品。

当你读完它，你一定会想，像宫泽贤治这样一个活在地面上的人，怎么会有那么丰富的想象力，为我们讲述出一个发生在天上的恢弘、壮丽的故事呢？

你看，一个朗夜，天空突然被亿万只萤鱿的火光照亮了，亮得如同白昼。于是，你看见在白茫茫的星空的背景下，一列闪烁着天光的幻想的银河铁道列车一闪而过，它像一颗拖曳着长尾的彗星，载着一个孩子，也载着我们飞上了没有归程的天穹。它飞过一片片熠熠燃烧的天火、飞过被钻石、露水和所有美丽东西的灿烂光芒所照亮的银河的河床。

你想过吗？银河岸边是一片片银白色的天上芒草，路边还盛开着一簇簇宛如用月长石雕刻出来的紫色龙胆花，而它们的蕊还是黄的……你看不见延伸在它前面的那两条长长的轨道，你不知道它开向何方，你只是任它把你载向茫茫宇宙中的某一个点。天国到了，许多人都下车去了，哦，这时你才恍然大悟，原来等待在我们生命尽头的，竟是这样的一列飞翔在暗夜的银河列车，它会把我们一个个接到天上，让我们变成一颗颗星星，这样，我们就永生了，就能永远地从天上俯瞰大地了。知道了人生会有这样一个瑰丽的结局，我们的心灵仿佛被神那带着圣光的手抚摸过了似的，顿时就释然了，安宁了，超脱了，净化了。尽管搭上这列安魂的银河列车之前，我们还有很长一段日子需要慢慢地度过，还会遭遇许多不幸，但我们已经什么都不怕了。火车继续向前开去，它继续它那追寻什么是真正的幸福的旅程。而那个孩子，还有我们又都被送回到了原地。可是，它送回来的，又何止是我们的肉体，还有在我们的内心深处流淌着的难以言状的孤独与悲伤。

这本幻想小说的结构不复杂，是我们常见的那种幻想小说类型，即由现实世界出发，进入到一个幻想世界，然后再返回现实世界。

前面的五章（《午后的课堂》、《印刷厂》、《家》、《半人马星节之夜》、《天气轮柱》），可以看做为主人公焦班尼开始银河之旅作的一个铺垫。

在这五章里，作者用极其写实的笔触为我们描绘了一个孤独、过早尝到世态炎凉的男孩焦班尼的形象。你看，下课后，别的孩子都在商量着如何快乐地度过今晚的"银河节"，他为生活所迫，却不得不去一家印刷厂做工，还遭到了大人的冷眼相待。回到家里，母亲卧床不起。在为母亲取牛奶的路上，又被同学嘲笑了一顿。心灰意冷的他，最后只好一个人孤独地跑到了一座黑黝黝的小山冈上……

乍一看，这五章里除了对主人公孤独的描写之外，与后面的银河之旅并没有什么瓜葛，其实不然。作者已经悄无生息地布下了伏笔，正在一步步地把我们引入那段即将到来的星河灿烂的银河之旅。你看，在《午后的课堂》中，作者就一大段一大段地讲述了银河；在《印刷厂》中，点明了今晚是"银河节"；在《家》中，母亲又暗示焦班尼"可千万不要下河啊"（这句话似乎与银河之旅没有什么关系，但它实际上意味着"柯贝内拉之死"，而焦班尼正是和已经死去的柯贝内拉一起完成的银河之旅）；在《半人马星节之夜》中，先是让焦班尼看到了一张瑰丽的星座图，又让他喊出了"天上真的布满了这样的天蝎和勇士吗？他想：啊，我真想到那里面去遨游一圈啊！"的心声。在《天气轮柱》中，天已经彻底黑了，焦班尼不单是听见了火车的轰隆声，还看到了透着灯光的火车车厢……

经过这样一梳理，一条清楚而又流畅的线条就呈现在了我们的面前：银河、银河节、星座图、黑夜、夜行火车……作者终于把我们带到了幻想世界的入口。

接下来的四章（《银河站》、《北十字星与普利奥新海岸》、《捕鸟人》、《焦班尼的车票》），则是进入了幻想世界，焦班尼开始了瑰丽而伤感的银河之旅。

在第五章的结尾，尽管有火车的声音传来，焦班尼的一双眼皮也沉了下来，"就连视线下方的小镇，也变得模糊不清，看上去就像是一片星云，或是一大团烟雾"。但他还是躺在冰冷的地面上。然而，在紧接着的《银河站》一章中，他却发现身后的天气轮柱"不知什么时候幻化成了一座三角标的形状，像萤火虫似的一闪一灭。接着，它的轮廓渐渐地清晰起来，最后终于一动不动了，巍峨地矗立在钢青色的天之原野上，就耸立在那如同刚刚锻造出来的蓝色钢板一样的天之原野上"。读到这里，我们丝毫也没有察觉时空已经发生了转换，还以为焦班尼依然躺在地面上，但下面又跟上了一段："就在这时，一个不可思议的声音响了起来：'银河站到啦！银河站到啦！'随着这喊声，眼前一下子明亮起来，犹如亿万只萤鱿的火焰，一齐变成了化石，沉到了天空。"到了这里，我们才意识到，不知不觉中我们已经被作者拖进了另一个世界："眼前一片灿烂，焦班尼不由得揉了好几遍眼睛。当他回过神来的时候，才发现自己已经坐在了刚才那列小火车上，小火车哐当哐当地继续向前驶

去。"直到这时，我们才恍然大悟，啊，焦班尼已经开始了他的银河之旅。

依照银河铁道行驶的方向，如果除去短暂停留的"银河站"，他是从北十字架星开始，由北向南，至南十字架星附近的煤炭袋结束了整段旅程。

这趟银河之旅，实际上焦班尼是和好朋友柯贝内拉一起完成的。按照经过时间的顺序，他们先后通过了北十字星、天鹅岛、普利奥新海岸、天鹅站（停车二十分钟。两人下车，捡到核桃化石并遇到了挖掘兽骨化石的男人们。捕鸟人上车）、阿尔卑列监测站（列车员验票）、天鹰站（沉船时将获救希望让给别人的青年领着一对幼小的姐弟上车）、玉米田（停车。传来《新大陆交响曲》。开车后一个印第安人从原野上冲了出来）、双子星、天蝎之火、半人马星座村、南十字星站（青年、姐弟及绝大多数人下车去天堂）、煤炭袋（柯贝内拉消失）。

故事的最后，是焦班尼在那座小山冈上醒来，发现自己不过是做了一个梦。这时，他知道了柯贝内拉的死讯。但下河捞人的人们不知道，正是他陪伴柯贝内拉走完了最后的一段旅程，把柯贝内拉送入了天堂。这一切，他甚至没有告诉柯贝内拉的父亲。这是他的一个永远的秘密。他流泪了。他发现自己的脸颊上沾满了冰冷的泪水。这是意味着与好友诀别、怀念以及成长的泪水吧？当焦班尼抱着牛奶瓶向家中跑去的时候，他已经不再悲伤了，因为被他抱在胸前的那个小小的牛奶瓶里，装的是一个辽阔无比的银河系宇宙。

焦班尼，是这个故事里的一号人物。他通常被看做作者的化身，他的银河之旅，被看成是一个少年走向成长、走向成熟的"通过仪式"。柯贝内拉是二号人物，不过在他身上，蕴藏着太多的谜。比如，作者连这个人物是男还是女，都没有明确交代。

这部小说的主题，除了孤独，还涉及死亡和幸福。

实际上，作为银河之旅的一个起点的北十字星，就已经隐喻着死亡了。而它的终点，又恰好结束在了南十字星。一北一南两个十字架遥相呼应，死亡的象征是再清楚不过了。至于银河铁道的乘客，后来我们才知道，其实都是升入天国的死者。

比如，焦班尼在银河铁道上发现柯贝内拉的时候，有这样一句潜台词："坐着一个高个子的孩子，穿着一件水淋淋的黑色上衣。"请注意"水淋淋"这几个字。其实在这里，作者已经告诉我们柯贝内拉溺水的死讯了。当然不止柯贝内拉一个人了，当银河铁道抵达距离天国最近的南十字星车站时，车厢里的乘客下去了一大半。

而幸福呢，从踏上银河之旅那一刻开始，焦班尼就在寻找幸福了。可是，何为真正的幸福呢？直到最后，已经看到银河中的那个黑暗的煤炭袋了，焦班尼还是没有找到最后的答案。他还在说："我一定要去寻找大家的真正的幸福！"因此，焦班尼的银河之旅，也是一趟"寻找人类真正幸福"之旅。

宫泽贤治的这部幻想小说，与他的那些谁都看得懂的童话不同，充满了意象，隐含着作者的生死观、哲学观、宗教观，相当多的地方都不是一个孩子能够理解的（事实上，就是大人也不一定能够完全读懂）。那么，他的这部作品还是儿童文学吗？

这在日本也是一个争论不休的话题。主张它是儿童文学的一派认为：它不仅是宫泽贤治的代表作，而且还是日本近代儿童文学的代表性作品。反对一派则认为：孩子们读不懂这个故事。不过，争论归争论，不管怎么说，《银河铁道之夜》在日本被孩子们广泛阅读是一个不争的事实，它已经影响了几代人。它被喜爱的程度从《文艺春秋》杂志在1989年所作的调查"20世纪你最喜欢的十本日本著作和十本海外著作"中就可以看得出来：《银河铁道之夜》与夏目漱石、森鸥外的作品同居第十位，远远领先于川端康成、太宰治、谷崎润一郎、三岛由纪夫等文学大家的作品。

其实，对于一个孩子来说，能不能读懂它并不重要。重要的是，有没有读过它。如果读过了，那么这个孩子就会永远记住这次奇异之旅，在他的童年记忆里，就会永远留下这样一个美丽而充满了幻想的映象：一个晴朗的夏夜，高高的天上，有一列火车缓缓地驶过璀璨的银河……

中文译本推荐

《银河铁道之夜》
周龙梅/译
少年儿童出版社
2008

延伸阅读

《风又三郎》
周龙梅、彭懿/译
贵州人民出版社
2008

《渡过雪原》
周龙梅、彭懿/译
贵州人民出版社
2008

《水仙月四日》
周龙梅/译
湖南少年儿童出版社
2010

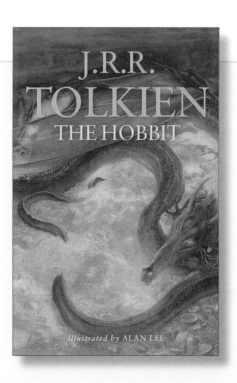

霍比特人
（又译《哈比人历险记》）

原书名及初版时间：*The Hobbit*, 1937
作　者：［英］J.R.R.托尔金（J.R.R.Tolkien）
插　图：［英］阿兰·李（Alan Lee）
出版社：HarperCollins, 2008

获奖及推荐记录
⊙1938年美国《号角书》杂志年度好书奖
⊙入选英国最大连锁书店Waterstones"最受喜爱的100本童书"
⊙入选美国全国教育协会"100本最佳童书"
⊙入选英国《你长大之前必读的1001本童书》
⊙入选美国《最佳童书：从学前到小学六年级》
⊙入选美国《纽约时报家长指南：最佳童书》
⊙入选美国《给孩子100本最棒的书》
⊙入选日本《儿童文学的魅力：今天阅读的100本世界名作》
⊙入选日本《英美儿童文学畅销书40本：永留心中的名作》
⊙入选日本《世界少男少女文学：幻想文学50本》

● 是谁写了这本书

　　J.R.R.托尔金（1892—1973），出生于南非。他的弟弟出生后不久，父亲便去世了，养育两个孩子的重任全部落在了母亲一个人肩上。更糟糕的是，他的母亲这时又改信了罗马天主教，使得大部分家庭成员都与他们断绝了关系，他们因此而失去了维持生计的资源。几年后，母亲也离开人世，把两个小孩留给了教区牧师抚养。

　　他毕业于牛津大学，后任牛津大学盎格鲁—撒克逊语教授。他最重要的学术论文是研究古英语神话史诗《贝奥武夫》的《魔鬼和批评家》，但他发现，这并不是英格兰自己的神话，于是，他开始尝试创作一系列属于自己的神话。其中，最脍炙人口的就是震古烁今的《霍比特人》和《魔戒》。

● 先来认识一下书中的主要出场人物

比尔博·巴金斯
霍比特人，五十多岁，住在一个舒适的地洞里。
甘道夫
手杖不离手的巫师，头戴蓝色尖顶帽子，身披灰斗篷，白胡子直达腰际。
十三个小矮人
小矮人远征队的成员，首领的名字叫索林。
食人妖
高大的人形生物，最喜欢的食物是人肉。
爱隆
长相俊美的精灵之王。
半兽人
成百上千地群居在山洞里，残酷，凶狠，从不创造

美的东西，却有一肚子的坏点子。
咕噜
住在黑暗湖泊里的生物，矮小，浑身上下滑溜溜的，一张小脸上长着两只灯笼似的大眼睛。
比翁
能变身为熊的人类。
大蜘蛛
会说话，喜欢把人吊上一阵子再吃。
恶龙史矛革
一条巨大的金红色巨龙，守着金银财宝睡在山洞里。
巴德
住在长湖镇的人类，弓箭手。

"你们可别小看他，他可是深藏不露，连他自己都不太清楚。你们将来如果可以活下来，也别忘记感谢我。"

● 这本书讲了一个什么故事

在地底洞穴中，住着一个霍比特人。

霍比特人是相当矮小的种族，大概只有我们身体的一半高，大肚子，脚底像皮革一样结实，脚面上长着一层厚厚的棕黄色的毛。

这个霍比特人叫比尔博·巴金斯，五十多岁，他住的可不是那种又脏又臭又湿、到处是小虫的洞穴，这是一个有窗户有客厅有厨房的舒适的洞穴。他日子过得相当富裕，从不冒险，从不干出人意料的事情。有一天，巫师甘道夫突然出现在了他的面前，怂恿他作为飞贼，参加由首领索林率领的小矮人远征队，去遥远的孤山，夺回被恶龙史矛革霸占的财宝。可是当他听到索林说"这可能是一条不归路"时，他吓得跪到地上，像快融化的果冻一样不停地发抖，大喊"我被雷电击中了"。小矮人们怀疑地看着比尔博，不过甘道夫胸有成竹地说："你们可别小看他，他可是深藏不露，连他自己都不太清楚。你们将来如果可以活下来，也别忘记感谢我。"

就这样，在5月前的一个早上，比尔博和十三个小矮人一起踏上了冒险的旅程。

快到6月了，一个雨夜，他们发现甘道夫失踪了。远处小山丘上有火光，饥饿的小矮人决定派比尔博前去侦察，这是他做飞贼的第一个任务。三个食人妖巨人正在烤羊腿，当比尔博把小手伸进食人妖的口袋里偷钱包时，被抓住了。他来不及报警，结果其他的小矮人都被食人妖抓住，用袋子套了起来。食人妖开始讨论是不是要先把小矮人烤熟吃

掉，甘道夫及时赶到了，他躲在黑暗中，模仿食人妖的声音，引得他们吵成一团，忘记了时间。天亮了，日光越过山丘，三个食人妖变成了三块大石头。他们找到食人妖的洞穴，但他们推不开石门，比尔博说他捡到了一把大钥匙。石门被打开了，甘道夫和索林各拿了一把剑柄上镶着宝石的剑，比尔博拿了一把带皮鞘的剑。

在进入迷雾山脉之前，他们在精灵爱隆的地盘休整了两个礼拜。爱隆告诉索林，他那把剑是斩杀半兽人的名剑，名为兽咬剑。

他们在山上遭遇了暴风雨，于是躲进一个洞穴。半夜里，比尔博从噩梦中惊醒，看到洞穴后面裂出一道口子，无数的半兽人跳了出来，他大叫了一声。虽然他和小矮人都被抓住了，但他的大叫还是争取了一些时间，甘道夫使用魔法逃走了。他们被押到半兽人大王面前，他一看见索林那把兽咬剑，就认出它来了，当年它杀死了成百上千的半兽人。就在这一瞬间，洞穴里的火光熄灭了，一把宝剑发出光芒，刺穿了半兽人大王，是甘道夫！他率

比尔博·巴金斯刚用完早餐，正站在门口抽着一支极长的烟斗，长得几乎都快碰到他刚梳理过的毛毛脚上了。

领小矮人们没命地逃跑，可最后一个半兽人追上了扛着比尔博的小矮人，比尔博从他肩膀上滚了下来，一头撞上坚硬的石头，什么也不知道了。

比尔博在黑暗的地道中醒来，朝前爬去，突然他的手摸到了一个冰冷的戒指。这是他生命中的转折点，但他现在其实还不知道，他把它放进了口袋里。在地下湖边，一个矮小黏滑、长着一双苍白大眼的生物发现了比尔博，他叫咕噜。他提出要和比尔博猜谜比赛，如果比尔博猜不出，他就吃掉比尔博；如果猜出来了，他就带比尔博出去。猜到最后，咕噜说只能最后出一个谜语了，可比尔博实在是想不出来，慌乱中，他一下摸到了口袋里的戒指，便大声地说："我的口袋里面有什么？"他本来是自言自语，但咕噜以为这是一个谜语。咕噜不但没猜出来，还发现他藏在小岛上的那枚有魔力的戒指不见了，那是他的"宝贝"、珍爱的"生日礼物"。他眼中的光芒化成绿色的火焰，咝咝地叫着朝比尔博扑来，比尔博边逃边把手伸进了口袋，想不到戒指无声无息地滑上了他的食指，让他隐身了。就这样，他跟在误以为他在前头的咕噜身后摸到出口，从守门的半兽人中间逃出了山外。

出来他才发现，他已经穿过了迷雾山脉。在一个山谷中，他与成功逃出来的小矮人和甘道夫会合。天黑了，他们被野狼和半兽人团团围住，只能爬到树上，巨鹰冲下来救了他们。

不过，甘道夫带他们在能变身为熊的比翁家补充了给养之后，在幽暗密林边上叮嘱了一句"千万不要离开道路"，就和他们分手了。在没有尽头的

"好久没吃人肉了。"第二名食人妖说。

幽暗森林走了许多天，一天夜里，他们禁不住火光的诱惑，还是离开了道路。林子里太黑，他们走散了，比尔博靠在一棵树上睡着了。等他醒来时，发现自己的腿被黏糊糊的蛛丝缠住了，一只大蜘蛛正准备吃他。他拔出剑来，砍断脚上的蛛丝，冲上去杀死了大蜘蛛。对比尔博来说，不靠巫师或是小矮人们的帮助，独自一人在黑暗中杀死了大蜘蛛的勇敢行为似乎让他改变了。他觉得自己脱胎换骨，即使肚子还是空无一物，当他在草地上擦拭宝剑的时候，发现自己变得更勇敢、更凶猛了。"我帮你取个名字，"他对它说，"就叫你刺针好了！"接下来，他戴上戒指隐身，把其他被蜘蛛丝缠住的小矮人也都救了出来。可是想不到，他们马上就成了不怎么友好的精灵的俘虏，他只能再次让戒指发挥作用，和十三个被装进木桶里的小矮人一起，顺着河流漂到了人类居住的长湖镇。

十天后，他们离开长湖镇，前往此行的最终目的地孤山。

在山壁上，比尔博找到了一扇密门，一条长长的隧道直通孤山深处。小矮人不肯往深里走，比尔博只好一个人进去，他小脸上露出坚毅的表情，他已经不是从前的那个霍比特人了。在隧道尽头，透过小洞，他看见一片刺眼的红光——恶龙史矛革正躺在宝藏上呼呼大睡。他跑过去，偷了一个金杯回来。愤怒的史矛革从大门飞了出来，要不是比尔博及时招呼

"它的口袋里面有什么？"咕噜眼中的光芒开始化成绿色的火焰，而且越来越靠近。

巫师甘道夫和半熊人比翁。

大家躲进隧道，他们就全被烧死了。他们在隧道里争论了很久，却完全想不出要怎样除掉史矛革。比尔博忍不住指出，这自始至终就是他们计划中的一大盲点。比尔博只好戴上戒指，再次来到史矛革的身边。"小偷，我闻到你了。"装睡的史矛革开口了。他故意激怒恶龙，发现史矛革全身遍布钢盾般的鳞甲，只有左胸上有块空隙，就像是壳破掉的蜗牛一样脆弱。

为了报复帮助过小矮人的人类，史矛革要烧毁整个长湖镇。幸好有一只黑鸟偷听到了比尔博他们的对话，把史矛革软肋的秘密告诉了镇上最勇敢的弓箭手巴德。巴德一箭正中恶龙心脏，但长湖镇已经被史矛革的烈焰烧成了废墟。

长湖镇的人类以及幽暗森林中的精灵们开始向孤山进发，他们要求平分宝藏，作为他们损失和援助的补偿，但遭到了贪婪的小矮人首领索林的拒绝。于是人类和精灵包围了孤山，把小矮人和比尔博困在了里面。为了阻止战争，比尔博在戒指的帮助下，半夜下山，来到人类和精灵的阵营，把索林的传家宝钻山之心交给了巴德，让它当做与索林谈判的砝码。第二天早上，当索林知道了一切时，怒气冲天地扑向了比尔博，但甘道夫及时现身，索林只能同意用原来要给比尔博的十四分之一宝藏去换回传家宝钻山之心。而这时，一个更大的威胁降临了，企图独霸宝藏的半兽人和野狼军团来了。于是，小矮人、精灵以及人类联合起来，与半兽人和野狼展开了惨烈大战，这场战争被称为五军大战。

战争一开始，比尔博就戴上戒指躲了起来，最后被一块石头砸昏。等他醒来时，发现战争已经结束，在巨鹰和能变身为熊的比翁的帮助下，他们最终赢得了胜利。但索林却浑身是伤，临死前他对比尔博说："在你身上有许多你自己都不知道的优点，友善的西方孩子，你智勇双全。如果世界上的人都能够像你一样，看重笑语和美食，轻贱黄金与白银，那么这个世界将会快乐多了。"

比尔博踏上了返乡之路。恰好在一年后的6月，他回到了自己的故乡。他看见他的小丘了，他唱起了歌。一直陪伴在他身边的甘道夫看着他说："亲爱的比尔博，你有什么不对劲啊！你不再是以前的那个霍比特人了。"

回到家里，他才发现自己被"宣告死亡"，正在举行一场热热闹闹的财产拍卖会呢。

它将岩石击碎成为粉末，用巨大的龙尾扫荡这座山壁和整个悬崖。到了最后，那个山坳、狭窄的山脊、爬满了蜗牛的山壁，全都在恶龙的愤怒下化成碎屑，巨大的山崩也跟着掩埋了山谷。

  让我们来深入讨论作品 ●

可能是为了吸引狂热崇拜《魔戒》的粉丝，

中文版在书名前面冠上了一个标题：《魔戒前传》。殊不知，这却犯了一个小小的错误，《霍比特人》根本就不是一本像《魔戒》那样给大人看的书，而是一本地地道道的童书。这样一加，肯定吓退了不少对厚厚三大本《魔戒》望而生畏的大人们（必须承认，并不是所有的大人都读得下去《魔戒》的），他们会误解，会放弃为孩子们选择这本书，于是，我们的孩子就无比遗憾地错过了童年记忆中最好看的一本英雄幻想小说。

这个霍比特人叫比尔博·巴金斯，五十多岁，他住的可不是那种又脏又臭又湿、到处是小虫的洞穴，这是一个有窗户有客厅有厨房的舒适的洞穴。

　　说《霍比特人》是一本童书，至少有两个不成为理由的理由：一是托尔金曾经为他十来岁的儿子朗读过这本书（有讹传，说托尔金的四个孩子是听着《霍比特人》长大的，他予以坚决否认）；二是当出版商拿到这本书的手稿时，为了验证它是否能被孩子们接受，决定请他十岁的小儿子写一份审读报告，小男孩的结论是："这本书，配上一些地图，不需要任何插图……这本书适合所有五至九岁的孩子，并会受到他们的喜爱。"

　　当然，孩子喜欢听、喜欢看的书并不一定是童书。说它与《魔戒》不一样，是童书，是因为它具有儿童文学的特质。"就风格与手法而言，《霍比特人》无疑是一本童书，虽然成人读者并不被排斥。《魔戒》是属于一般文学，而非儿童文学，虽说同样的，儿童读者也不会被排斥。"这是约翰·洛

威·汤森在《英语儿童文学史纲》一书中对《霍比特人》与《魔戒》所作的一个界定。

　　第一，《霍比特人》的故事十分简单，简单到只有一条线，没有旁枝侧蔓，概括起来就是一个小人儿加入了远征队，外出冒险，先后遇上一大堆怪物和精灵，最后从一条骄傲的恶龙手中夺回宝藏，成为一个英雄。它非常轻松好读，哪怕是一个不具备一点点背景知识的孩子，也可以毫无障碍地一口气读完。但《魔戒》可就不同了，作为一个研究盎格鲁—撒克逊和斯堪的纳维亚英雄神话的学者，托尔金几乎花了大半辈子的时间，雄心勃勃地在《魔戒》及另外一部作品《精灵宝钻》中创造着一个属于他自己的英雄神话——中土世界。这个世界不仅拥有自己的语言、民族、历史和地理，还有为了争夺一枚能统领世界的戒指而杀得天昏地暗的正义与邪恶的力量……即便是对于一个成人读者来说（除非你是一个热血沸腾的幻想小说拥趸），它也相当"难啃"，所以约翰·洛威·汤森才会说它"全书极长（虽然作者说实在太短），需要读者花上很长的时间阅读，有几分像是为了读一首中世纪的长诗所需进行的心灵调整一般。若想匆匆读毕，那是不可能的事"。

　　第二，《霍比特人》采用了孩子们喜闻乐见的口述文学的形式，从头到尾都是一个匿名的全知叙述者在讲故事。你看，他常常使用这样的口吻："我们这个故事……对了，霍比特人是个什么样，我想应当先给大家描绘一下……现在你们知道的已经够多了吧？那就让我接着往下讲……"一个时不时冒出来的"我"和"你"，虽然会暂时中断故事，但却会让孩子们倍感亲切，让他们有一种如同围坐在篝火边听人讲故事的感觉。而且，这个隐姓埋名的叙述者一定还是一个现代人，因为他的语调既轻松又俏皮，偶尔插上一句逗趣的话，让你情不自禁地就笑出声来。不信你看这一句："用根木棒

就干净利落地敲掉了对方首领高耳夫裘的脑袋。他的脑袋飞了一百码，掉进一个兔子洞中，于是赢得了这场战争，同时也发明了高尔夫球比赛。"你再看这一句："但半兽人还是知道该怎么走，就像你知道怎么到家附近的邮局去一样。"明明是一个发生在遥远的中土世界的故事，却硬是把今天的高尔夫球比赛和邮局给扯了进去，是不是够滑稽？这样风趣的语言在书中实在是太多了，哪怕是在描述紧张得让人窒息的战斗场面时，作者也会冷不丁地幽上一默。比如，在说到比尔博拔剑刺向大蜘蛛时，作者来了这样一句旁白："蜘蛛很明显不习惯对付这种随身带刺的生物。"有人解读说托尔金故意用这样一种开玩笑的语气来讲故事，是想鼓励读者不要以过于严肃的态度来对待他的故事，不知这样说对不对？

第三，《霍比特人》的叙事结构是片段式的，一个冒险接着一个冒险，先是三个食人妖，然后是半兽人、咕噜、大蜘蛛……一旦前面这个冒险结束，它就与后边一个冒险没有什么关系了，例如三个食人妖、咕噜和大蜘蛛就都没有出现在后边的故事里。所以尽管它的故事很长，但读起来却更像是一个系列故事，一点不累。显然，这种叙事方式符合儿童的阅读特征。

第四，《霍比特人》的主人公是一个小人儿……

说到这个名叫比尔博的主人公，虽然他只有我们人类身高的一半，比长胡子的矮人还要矮，但他的岁数可不小，在故事的开头就已经是一个肚子上有不少肥肉的五十多岁的中年男人了——这里让我们插上一句，这在童书中十分罕见，不但主人公是一个大人，而且在整本书中都没有出现一个小孩——比尔博绝对是托尔金的原创，用安德

这场战争被称为五军大战。

鲁·布赖克在《托尔金：用一生锻造"魔戒"》里的原话来说，就是"是托尔金为了这个故事而创造的"。为什么这样说呢？因为诸如巫师、矮人、食人妖、精灵以及恶龙都能在《贝奥武夫》等古代史诗中找到他们的影子，是对传统神话的继承，但比尔博这样一个人物却遍寻不见。他是一个凡人，没有魔法，更不愿冒险，既胆小又怕羞，在乡下过着舒适安逸的生活（《霍比特人》获得成功之后，托尔金曾经公开宣称自己就是一个霍比特人），根本就不是我们熟悉的那样一个叱咤风云的英雄。可是托尔金在自己的这个故事中，却颠覆了我们的概念，重塑了英雄。

这是一个我们从未见过的英雄，一个不是英雄的英雄。

说他不是英雄，有例为证。你看，在故事的开头，当比尔博听矮人首领说这次冒险可能是一条不归路时，竟然吓得当场就跪到了地上，"像是快融化的果冻，不停地发抖"。你再看，别人都出发了，他还在家里一边打扫卫生，一边嘟囔道："都已经这把年纪了，还幻想什么恶龙和远方的冒险！"如果这还情有可原的话，那么到了故事的结尾，他的表现就不可饶恕了，经过了那么多场历练，他依然没有展示出一个英雄的豪迈气概——五军厮杀，人家都在那里浴血奋战，他却早早地戴上戒指躲了起来，最后再次狼狈不堪地被一块飞石砸昏。这哪像一个英雄啊！还有，让人意外又失望的是，那条恶龙也不是他杀死的。可说他是英雄，也有例为证。他敢一个人摸到食人妖的身边，敢偷走咕噜的戒指，敢与口吐烈焰的恶龙对话……如果这支厄运不断的远征队没有他，恐怕早就全军覆没了。当然，除了勇敢，他更多的是靠好运相助。刺死大蜘蛛，给宝剑命名，是

比尔博从一个普通人蜕变成为一个英雄的标志。或许，这样一个不是英雄的英雄，就是托尔金心目中的真正英雄。

《霍比特人》作为一本幻想小说的真正意义在于，它开拓了一种类型，为日后的追随者们提供了一个可以借鉴的经典范本。他把他创造的这个世界称为第二世界，为了让读者相信这个世界，走进这个世界，他努力把它写得真实可信，让它拥有自己的地貌、种族、过去的历史和宗教传说。因为他写得过于详尽、逼真，当我们开始读这本书不久，就会相信在我们这个世界的某一个地方，真的存在这样一个中土世界。要不《狮子、女巫和魔衣柜》的作者C. S.刘易斯怎么会说出这样的话来：他让人感到他并非在虚构，而是描绘了一个我们都能进入的真实世界。

最后想提醒一句的是，比尔博与沼泽怪物咕噜猜谜语的一章，写得实在是好看，千万不要漏过：

可是，这些在地面上日常生活的记忆，让咕噜觉得很疲倦，而且，也让他想起当年他没有这么鬼祟、没有这么孤独地生活，这让他的脾气开始变坏，因此这次他想出了另一个更难、更让人不舒服的谜语：

看不见它，也摸不到它，
听不见它，也闻不到它。
它躲在星辰后，山丘下，
可以装满空洞。
它先到后来，
会结束生命，扼杀笑语。

咕噜蛮倒霉的，因为比尔博也听过这类谜语，对方话还没说完，他就已经知道了答案："是黑暗！"他连头都不搔，脑袋也没怎么转，就解开了谜题。

盒子没有盖子、锁孔和铰链，
但里面却藏有金黄色的宝藏。

他问这个问题只是为了争取时间，好想出一个真正困难的谜题。他认为这问题大概连三岁的小孩子都会回答，他只是修改了一下文字的描述。不过，对咕噜来说

这可是难如登天的谜题。他口中不停发出咝咝声，一直想不出答案，最后，他开始喃喃自语，发出噗噗的声音。

过了好一阵子，比尔博开始不耐烦了："好啦，答案究竟是什么？从你所发出的声音看来，我得告诉你，答案并不是煮沸的锅子。"

"给我们一个机会、给我们一个机会，我的宝贝，咝咝——咝咝。"

"可以了吧，"比尔博在给了他很长的一个机会之后说，"你猜不猜得出来啊？"

咕噜这时脑中突然灵机一动，记起了很久以前他从鸟巢里面偷东西的样子，他坐在河边，教祖母如何吸——"是蛋！"他咝咝地说，"是蛋！"然后他出了一道谜……

要知道，这可不是一般的猜谜比赛，这关系到比尔博的性命。因为如果比尔博猜不出来，邪恶的咕噜就会一口吃掉他。

中文译本推荐

《魔戒前传：哈比人历险记》
朱学恒/译
中国台湾联经出版事业股份有限公司
2001

小王子

原书名及初版时间：*Le Petit Prince*, 1943

作　者：[法] 安托万·德·圣埃克絮佩里（Antoine de Saint-Exupéry）
插　图：[法] 安托万·德·圣埃克絮佩里（Antoine de Saint-Exupéry）
出版社：Harcourt, 2000

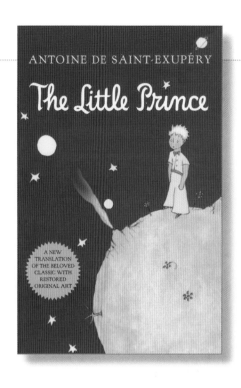

获奖及推荐记录

⊙被译成超过100种语言的儿童文学传世经典
⊙入选美国《出版者周刊》"所有时代最畅销童书"
⊙入选美国《纽约时报家长指南：最佳童书》
⊙入选英国最大连锁书店Waterstones"最受喜爱的100本童书"
⊙入选英国《你长大之前必读的1001本童书》
⊙入选日本《儿童文学的魅力：今天阅读的100本世界名作》
⊙入选日本《世界少男少女文学：幻想文学50本》

● 是谁写了这本书

圣埃克絮佩里（1900—1944），出生于法国。他四岁时，父亲死于一场急病，母亲携带着五个孩子先后住进了姨妈和外祖母家。因为缺少父爱，他从小养成了孤独的个性。

1921年他应征入伍，被编入法国空军的一个飞行大队，担任修理工。第二年，他获得军事飞行员合格证书，以少尉军衔被编入歼击机中队，驻扎卡萨布兰卡。三年后因伤退役，加入拉泰戈埃尔航空公司，成为一名邮政航线的飞行员。在此期间，他先后出版了《南方邮件》、《夜航》、《人类的大地》等小说。第二次世界大战期间先是加入了法国空军，后又流亡纽约，创作出了包括《小王子》在内的传世经典。

1944年他重返盟国地中海空军部队，因明显超龄，没有被列入飞行员编制。但他坚决要求驾机上天，经司令部特许终于如愿。1944年7月31日，他从科西嘉岛的博尔戈出发，只身前往里昂执行侦察任务。他驾驶飞机飞上湛蓝的天空，就此再也没有回来。

● 先来认识一下书中的主要出场人物

我
飞行员，因为飞机出了故障，迫降在了撒哈拉大沙漠里。

小王子
来自B612号小行星的小王子。他居住的星球，比一座房子大不了多少。

狐狸
苹果树下的一只狐狸，他请求小王子驯养他。

"当你在夜里望着天空时，既然我就在其中的一颗星星上面，既然我在其中一颗星星上笑着，那么对你来说，就好像满天的星星都在笑。只有你一个人，看见的是会笑的星星……"

这本书讲了一个什么故事

我六岁那年，在一本描写原始森林的书上，看过一幅蟒蛇吞吃猛兽的图。于是我也画了一幅，可大人说我画的是一顶帽子。我只好把蟒蛇的肚子内部画了出来。那些大人劝我别再画蟒蛇，让我把心思放在地理、历史、算术和语法上。就这样，我才六岁，就放弃了辉煌的画家生涯。我只好另外选择一个职业，学会了开飞机。后来只要我碰上一个头脑稍许清楚的大人，我就会让他看我的那张画，可他们总是回答我："这是一顶帽子。"

我把这幅杰作给大人看，问他们我的图画吓不吓人。他们回答我说："一顶帽子怎么会吓人呢？"

我就这么孤独地生活着，没有一个真正谈得来的人，直到六年前，有一次飞机出了故障，降落在撒哈拉大沙漠。我带的水只够喝一星期，能否修好飞机，关系到我的生死存亡了。第一天晚上，我就睡在这片远离人烟的大沙漠上。所以，当天刚亮，有个奇怪的声音把我喊醒时，你们可以想象我有多么惊讶："对不起……请给我画只绵羊！"是个我从没见过的小人儿。我吃惊地看着他，你们别忘了，这儿离有人住的地方好远好远呢。我说我不会画画，就给他画了那张没剖开的蟒蛇图。"不对！不对！我不要在蟒蛇肚子里的大象。在我那儿，什

我画的不是一顶帽子。我画的是一条蟒蛇在消化大象。

么都是小小的。我要的是一只绵羊。请给我画一只绵羊。"我听到小人儿的话，简直都惊呆了。我一连给他画了三只绵羊，可我的朋友都说不对，我只好胡乱画了一张。我说："这个呢，是个箱子。你要的绵羊就在里面。"想不到他竟变得容光焕发了，说："我要的就是这个！"

就这样，我认识了小王子。

他喜欢对我提问题，但对我的问题总像是没有听见。不过很久以后，我还是知道他从哪儿来的了，他来自B612号小行星，那是一个比一座房子大不了多少的星球。每天，他都会给我讲一点事情，比如第三天，我知道了猴面包树的悲剧。"绵羊吃猴面包树吗？"他问我。我告诉他猴面包树是大树。"可猴面包树在长高以前，起初也是小小的。""你为什么想让绵羊去吃小猴面包树呢？"他回答说："咦！这还不明白吗？"我绞尽脑汁才想明白，原来在小王子的星球上有一种很可怕的种子，就是猴面包树的种子，它长得快，要是不及时拔掉，它就会占满整个星球，根钻来钻去，在星球内部四处蔓延。要是这颗星球太小，而猴面包树又太多，它们就会把星球撑破。

我渐渐知道了小王子那段忧郁的生活。在过去很长的时间里，他唯一的乐趣就是看日落。"我喜欢看日落。我们去看一回日落吧……""可得等太阳下山哪。""我还以为在家乡呢！"在他那个小小的星球上，只要把椅子挪动几步，随时可以看到日落。"有一天，我看了四十三次日落！"过了一会儿，他又说："你知道，一个人感到非常忧伤的时候，就喜欢看日落……"

第五天，还是那只绵羊，把小王子生活的秘密向我揭开了。他突然没头没脑地问我："绵羊连有刺的花儿也吃吗？"我卸螺钉正卸得恼火，就说："你没看到我正忙着干正事吗？"这下把他气坏

了："如果我认识一朵世上独一无二的花儿，除了我的星球，哪儿都找不到这样的花儿，而有天早上，一只小羊甚至都不明白自己在做什么，就一口把花儿吃掉了，这难道不重要吗？如果有个人爱上一朵花儿，好几百万好几百万颗星星中间，

后来我给他画了这幅非常出色的肖像。

只有一颗上面长着这朵花儿，那他只要望着这许许多多星星，就会感到很幸福。他对自己说：'我的花儿就在其中的一颗星星上……'可要是绵羊吃掉了这朵花儿，这对他来说，就好像满天的星星突然一下子都熄灭了！这难道不重要吗？"他说不下去了，抽抽搭搭地哭了起来，我把他抱在怀里。

我很快就对这朵花儿有了更多的了解。她是一朵美丽的花儿，她一出生，小王子就爱上了她，可是她那带着点多疑的虚荣心把小王子折磨得够呛。有一天，他对我说："我当时什么也不懂！看她这个人，应该看她做什么，而不是听她说什么。她给了我芳香，给了我光彩。我真不该逃走！我本该猜到她那小小花招背后的一片柔情。花儿总是这么表里不一！可惜当时我太年轻，还不懂得怎样去爱她。"他说他走那天，心情有点忧郁，心想这一走就再也回不来了。他跟她说再见，她不回答，还催他快走："别磨磨蹭蹭的，让人心烦。你已经决定要走了，那就走吧。"因为她不愿意让他看见她流泪，她是一朵如此骄傲的花儿……

到达地球之前，小王子一共走过了六颗小行星。第一颗星上住着一个专制的国王，第二颗星上住着一个爱虚荣的人，第三颗星上住着一个酒鬼，第四颗星上住着一个商人，第五

颗星上住着一个点灯人，第六颗星上住着一个地理学家。

第七颗星就是地球。他落在沙漠里，第一个碰到的是蛇。"你到这儿来干吗？""我和一朵花儿闹了别扭。"它盘在小王子的脚踝上说："凡是我碰过的人，我都把他们送回老家去，可你这么纯洁，又是从一颗星星那儿来的……在这个花岗岩的地球上，你是这么弱小，我很可怜你。哪天你要是想念你的星星了，我可以帮助你。我可以……"小王子攀上一座高山，对着山喊："请做我的朋友吧，我很孤独。""我很孤独……我很孤独……我很孤独……"回声应道。他在沙漠、山岩和雪地上走了很长时间，看见一座玫瑰盛开的花园。她们都长得和他的花儿一模一样。他感到非常伤心。他的花儿跟他说过，她是整个宇宙中独一无二的一种花儿。可这儿，在一座花园里就有五千朵。"我还以为自己拥有的是独一无二的一朵花儿呢，可我有的只是普普通通的一朵玫瑰花罢了……"想着想着，他趴在草地上哭了起来。

猴面包树

就在这时候狐狸出现了。"来和我一起玩吧，我很不快活。""我不能跟你一起玩，还没人驯养过我呢。""驯养是什么意思？""这是一件经常被忽略的事情，意思就是'建立感情联系'。""建立感情联系？""当然。现在你对我来说，只不过是个小男孩，跟成千上万别的小男孩毫无两样。我不需要你，你也不需要我。我对你来说，也只不过是个狐狸，跟成千上万别的狐狸毫无两样。但你要是驯养了我，我俩就彼此都需要对方了。你对我来说是

"I really like sunsets. Let's go look at one now…"

"But we have to wait…"

"What for?"

"For the sun to set."

At first you seemed quite surprised, and then you laughed at yourself. And you said to me, "I think I'm still at home!"

Indeed. When it's noon in the United States, the sun, as everyone knows, is setting over France. If you could fly to France in one minute, you could watch the sunset. Unfortunately France is much too far. But on your tiny planet, all you had to do was move your chair a few feet. And you would watch the twilight whenever you wanted to….

"有一天，我看了四十三次日落！"
过了一会儿，你又说：
"你知道……一个人感到非常忧伤的时候，他就喜欢看日落……"

世界上独一无二的。我对你来说，也是世界上独一无二的……"狐狸请求小王子："请你……驯养我吧！"小王子驯养了狐狸。当他们要分手时，狐狸告诉了小王子一个秘密，作为临别礼物："只有用心才能看见。本质的东西用眼是看不见的。正是你为你的玫瑰花费的时光，才使你的玫瑰变得如此重要。对你驯养过的东西，你永远负有责任。你必须对你的玫瑰负责……"

降落在沙漠的第八天，我听完了小王子的故事。我和他一起去找水。"你也渴？"他没有回答我，只是对我说了句"水对心灵也有好处"。我们找到了一口水井。

第二天我修完飞机回来时，看见小王子坐在井边石墙上，在跟一条黄蛇说话："你的毒液管用吗？你有把握不会让我难受很久吗？"我奔过去，蛇逃掉了。我接住从墙上跳下来的小王子。他对我说："你找到了飞机上缺少的东西，可以回家了……""你怎么知道的？""我也一样，今天，

我要回家了。"然后，他忧郁地说，"那要远得多，难得多……到今天夜里，就是一年了。我的星星就在我去年降落的地方顶上……"他说要送我一件礼物："当你在夜里望着天空时，既然我就在其中的一颗星星上面，既然我在其中一颗星星上笑着，那么对你来说，就好像满天的星星都在笑。只有你一个人，看见的是会笑的星星……当你心情平静以后，你会想要跟我一起笑。你的朋友会惊奇地看到你望着天空在笑。于是你会说：'是的，我看见这些星星就会笑。'这样一来，我给你的仿佛不是星星，而是那么些会笑的小铃铛……"

这天夜里，他悄没声儿地走了，我好不容易赶上他。"到了。让我独自跨出一步吧。"他说，"你知道……我的花儿……我对她负有责任！她是那么柔弱。她是那么天真。她只有四根微不足道的刺，用来抵御整个世界……"他稍微犹豫了一下，随即站了起来。他往前跨出一步，而我却动弹不得。只见他的脚踝边上闪过一道黄光。片刻间他一动不动。他没有叫喊。他像一棵树那样，缓缓地倒下。由于是沙地，甚至都没有一点声响。

现在，已经过去六年了……我知道他已经回到了他的星球，因为那天天亮以后，我没发现他的躯体。他的躯体并不太沉……我喜欢在夜里倾听星星的声音。它们就像五亿个铃铛。

 让我们来深入讨论作品

世界上的童话多得你一辈子都读不过来，可是写得像《小王子》那么透明、单纯、干净，读完之后让你有一种忘记尘世，仿佛降落到了另外一个星球上似的童话，还只有这么一部。有太多的大人喜欢它，简直是顶礼膜拜，不论是在生命的低潮还是高潮，他们总是会一遍又一遍地去读它，寻求心灵的慰藉。它不像格林童话揭露了那么多人性的黑暗，也不像安徒生童话宣扬了那么多的悲悯情怀，用作者的话来说，它说的不过就是"奇怪的星球，奇怪的问题，奇怪的语言……"，可它就是拥有一种让人着迷的奇怪魔力。有时候真让人怀疑，它该不是从天外飘落到我们这个地球上的一本书吧？

当然不是了。不过，写这个童话的人，确实与我们不一样，他长着一对翅膀，不像我们是从大地仰望星空，而是从天上仰望星空。

圣埃克絮佩里是一位法国飞行员，喜欢一个人在天上孤独地飞翔。会不会是因为他距离星星太近了，会不会是因为他总是在天上思索，才写出了这样一个谁也写不出来的一尘不染的星星王子的故事？永远也不会有答案了。《小王子》出版的第二年，他在执行一次飞行侦察任务时未能返航，就那么消失了，没人知道他去了哪里，连飞机的残骸都没有找到。我们只能说他像他的小王子一样，走了，借用他书里的一句话来说，就是："他已经回到了他的星球……"

但他把《小王子》留给了我们。

圣埃克絮佩里是一位成人小说作家，他小说的视野与众不同，都是讲述一位飞行员看大地的，如脍炙人口的《夜航》。《小王子》则是他写的唯一的一本童书。第二次世界大战期间，他流亡纽约。有一天，他在一家餐厅的白桌布上涂鸦，出版商问他在画什么，他说："没什么，一个活在我心中的小人儿！"这个小人儿，就是后来《小王子》的雏

他仔细地疏通活火山。

形。《小王子》一开始是在美国出的英文版，并不是法文版，但因为评论家们没有看出来这个小人儿要传达的是什么，没有像几十年以后，《圣埃克絮佩里：天使与作家》的作者娜塔丽·德瓦利埃那样看清楚："《小王子》集合了圣埃克絮佩里所有的忧虑和肺腑之言，他通过一个小小的人物委婉地说出了藏在他内心最深处的话。"所以，评论家们冷落了它，没有给予它太多的关注和赞美。只有一个人为它拍手叫好，这个人就是童书作家、《随风而来的玛丽阿姨》的作者帕·林·特拉芙斯。她在《纽约论坛读书周刊》上写道："当像《小王子》这样的童话，从依靠星星指引方向的飞行员之手诞生时，我们也就不用为格林兄弟哭泣了。"现在，它早就成了20世纪的童话经典，人们对它再也不吝啬溢美之词了。

《小王子》的故事一点也不复杂，是一位飞行员的回忆，说的是六年前，当他因为飞机故障而迫降在非洲撒哈拉大沙漠时，遇到了一个来自B612号小行星的小王子。他们朝夕相处了九天，小王子不但陪伴他一起找到了水井，还为他讲述了自己的故事，最后，他目送着小王子重新返回了自己的星球……

在解读这个童话之前，我们先来说说它里面的插图。

其实每一个读过它的人，都会被它里面那些出自于作者之手的插图所吸引。原图是彩色的，稚拙，天真，充满了孩子气，看似随意的几笔涂鸦，却画出了一种专业画家都画不出来的独特的幻想味和梦幻感。你看，作者把小王子画成了一个有着金黄色头发、系着一条长长的黄围巾的小男孩。你再看，小王子那么小的一个星球上，居然有两座活火山、一座死火山和一朵套上了罩子的玫瑰，他站在上面，就好像是站在一个巨大的圆球上面。还有那只长着长长尖耳朵的狐狸，那三棵紧紧地攥住小星球的猴面包树……如果不是他亲笔把它们描绘出来，我们又怎么能看见他脑海中的这些画面呢？据说一开始构思《小王子》时，圣埃克絮佩里并没有打算自己画插图（虽然他很喜欢画画，他有这个天赋，他母亲玛丽就是一位画家），他本来是想请画家贝尔纳·拉莫特来画的。贝尔纳·拉莫特曾经为他

《空军飞行员》最初的版本画过插图，他当时十分惊叹画家怎么能如此真实地再现不曾见过的场景和人物。可是这次贝尔纳·拉莫特的画稿没能让他满意，缺少一种童真，于是决定自己把蕴藏在心中的那个小人儿画出来。他一共画了上百幅，但最后定稿时只用了五十余幅。

自从圣埃克絮佩里在桌布上信手画出那个金黄色头发的小人儿之后，小王子已经在世界上风靡了几十年。那么在今天，人们又是如何评价《小王子》的呢？有评论家说得非常好："这是一部从飞行员的特异体验中诞生的童话杰作。它最大的特征，就是彻底地站在孩子的立场来写作。不是一本'为孩子而写的书'，应该说是一本'彻底拒绝大人的孩子摆在大人面前的书'。它将诗、批评、小说与图画，以前所未有的形式融合到了一起。"

如果你读了它，你会发现它从头至尾都贯穿了一种对大人及大人世界的失望、不信任、讽刺和尖锐的批判："那些大人自个儿什么也弄不懂，老要孩子们一遍一遍给他们解释，真烦人。""我在那些大人中间生活过很长时间。我仔细地观察过他们。观察下来印象并没好多少。""他们就是这样。不必怪他们。孩子应该对大人多多原谅才是。""我也许已经有点像那些大人了。我一定是老了。""人们一点想象力都没有。他们老是重复别人对他们说的话……"实际上，作者在《小王子》开篇的献词（不可思议的是，竟有中译本删去了这篇至关重要的一直被人们引用的献词）中就已经摆出这样一副姿态了："请孩子们原谅我把这本书献给了一个大人……倘若所有这些理由加在一起还不够，那我愿意把这本书献给还是孩子时的这个大人。所有的大人起先都是孩子（可是他们中间不大有人记得这一点）……"

"如果你能在下午4点钟来，那么我在3点钟就会有一种幸福的感觉。"

不过，恐怕连圣埃克絮佩里自己也没有想到吧，这个他一心一意"写给孩子看的童话"，最后还是更受大人特别是女性读者的欢迎，成了一个"写给大人看的童话"。这是因为它没有太多的故事，更多的是隐喻人生哲学的对话。这些东西，相比孩子，更能感动大人。而且书中的那些意象和象征，也远不是一个孩子所能理解的。日文版《小王子》的译者内藤濯在《小王子赞歌》中就说过这样一句话：这个童话与其他的童话不同，与其说是一个孩子与大人并肩阅读的童话……不如说是一个面向大人的童话。而所谓的大人，如果不寻回一颗未泯的童心，也是无法读懂它的。

每一个喜欢《小王子》的大人，心中都有一个属于自己的小王子。有人喜欢会说出类似"如果有个人爱上一朵花儿，好几百万好几百万颗星星中间，只有一颗上面长着这朵花儿，那他只要望着这许许多多星星，就会感到很幸福。他对自己说：'我的花儿就在其中的一颗星上……'"这样梦幻般美丽语言的小王子；有人喜欢忧郁地坐在自己的小小星球上，挪动椅子，一天看四十三次日落的小王子；有人喜欢爱上了一朵娇嗔玫瑰花的小王子……同样，每一个喜欢《小王子》的人，也可以从书中读出不同的意义来，比如童年的消失、人类的孤独以及对我们的人际关系、生活方式的反思，但这一切都是围绕着一个主题展开的，这个主题就是爱。

小王子和那朵玫瑰花的爱，是这个童话的主线。飞行员之所以会在杳无人烟的撒哈拉大沙漠遭遇小王子，是因为小王子逃离了他自己的那颗小小的星球。他逃离，是因为他爱上一朵美丽的花儿，却又受不了她多疑的虚荣心的折磨，和她闹了别扭。可逃离之后，他又后悔了："我当时什么也不懂！看她这个人，应该看她做什么，而不是听她说什么。她给了我花香，给了我光彩。我真不该逃走！我本该猜到她那小小花招背后的一片柔情。花儿总是这么表里不一！可惜当时我太年轻，还不懂得怎么去爱她。"当他在一座花园里看到有五千朵玫瑰花和他的那朵花儿一模一样时，他失望极了，竟趴在草地上哭了起来："我还以为自己拥有的是独一无二的一朵花儿呢，可我有的只是普普通通的一朵玫瑰花罢了。"这时的他，还不知道什么才是真正的爱，可以说，他的这趟旅行，就是为了寻找这个答案。也就在这时，一个智者出现了，一只耳朵又长又尖的狐狸给了他珍贵的教诲："你驯养我吧……现在你对我来说，只不过是个小男孩，跟成千上万别的小男孩毫无两样。我不需要你。你也不需要我。我对你来说，也只不过是个狐狸，跟成千上万别的狐狸毫无两样。但是，你要是驯养了我，我俩就彼此都需要对方了。你对我来说是世界上独一无二的。我对你来说，也是世界上独一无二的……"

接着，狐狸就说出了一段非常著名的话："要是你驯养我，我的生活就会变得充满阳光。我会辨认出　种和其他所有人都不同的脚步声。听见别的脚步声，我会往地底下钻，而你的脚步声，会像音乐一样，把我召唤到洞外。还有，你看！你看到那边的麦田了吗？我是不吃面包的。麦子对我来说毫无用处。我对麦田无动于衷。可悲就可悲在这儿！而你的头发是金黄色的。所以，一旦你驯养了我，事情就变得很美妙了！金黄色的麦子，会让我想起你。我会喜爱风儿吹拂麦浪的声音……"现在，小王子终于领悟到什么才是真正的爱情了。他再一次来到玫瑰园，对那五千朵玫瑰花说："你们很美，但你们是空虚的，没人能为你们去死。当然，我那朵玫瑰在一个过路人眼里跟你们也一样。然而对于我来说，单单她这一朵，就比你们全体都重要得多……她，是我的玫瑰。"

小王子走了，因为狐狸告诉他："只有用心才能看见。本质的东西用眼是看不见的。正是你为你的玫瑰花费的时光，才使你的玫瑰变得如此重要……对你驯养过的东西，你永远负有责任。你必须对你的玫瑰负责……"他忠贞不渝地爱她，不

然，在他"像一棵树那样，缓缓地倒下"，回到她身边之前，就不会说出这样一番让人感叹不已的话来了："你知道……我的花儿……我对她负有责任！她是那么柔弱！她是那么天真。她只有四根微不足道的刺，用来抵御整个世界……"

作者曾说过小王子是"一个活在我心中的小人儿"，那么，小王子与作者到底有着怎样的关系呢？是他对逝去童年的幻想，还是他内心里的自我？玛丽亚·尼古拉耶娃在《儿童文学的人物修辞》中解读说："实际上，对童话更深层的解读显示，小王子是飞行员的'内心孩子'，即他最终发现了被压抑的自我。"

《小王子》还有一个魅力，就是它书中的那些象征了。它们有些好懂，比如玫瑰、六个小行星上的居民、沙漠里的水井、黄色的蛇。有些则像猜不透的谜，比如玫瑰的刺、不知何时爆发的死火山。在说到它的象征时，法国作家安德烈·莫洛亚说过这样一句话："《小王子》在其富有诗意的淡淡哀愁中也蕴涵着一整套哲学思想……这本给成人看的儿童书处处包含着象征意义，这些象征看上去既明确又隐晦，因此也就格外的美。"

中文译本推荐

《小王子》
周克希/译
上海译文出版社
2010

《小王子》
马振骋/译
人民文学出版社
2010

长袜子皮皮

原书名及初版时间：*Pippi Lngstrump*, 1945
作　　者：[瑞典] 阿斯特丽德·林格伦 (Astrid Lindgren)
插　　图：[美] 路易斯·格兰兹曼 (Louis S. Glanzman)
出版社：Puffin, 2005

获奖及推荐记录
⊙1958年国际安徒生奖作家奖得主的代表作
⊙入选美国《出版者周刊》"所有时代最畅销童书"
⊙入选美国《最佳童书：从学前到小学六年级》
⊙入选美国《纽约时报家长指南：最佳童书》
⊙入选美国《给孩子100本最棒的书》
⊙入选英国《你长大之前必读的1001本童书》
⊙入选日本《世界少男少女文学：写实文学50本》

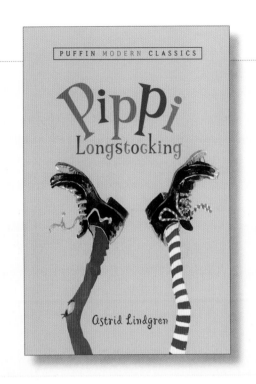

是谁写了这本书

　　阿斯特丽德·林格伦（1907—2002），出生于瑞典，是个农场主的女儿。她后来回忆说，她在一座被苹果树环绕的红色老房子里长大，父母给予了他们兄弟姐妹四人绝对的自由，他们所受的教育就是讲故事。她十九岁那年未婚先孕，被迫离开深受震惊的家庭，搬到了首都斯德哥尔摩。她的儿子拉斯出生以后，被送给了一个寄养家庭，后来林格伦的父母把他接回了家乡。她自己则上了秘书学校，成为一个秘书。五年后，她嫁给了她的老板斯图尔·林格伦，三年后生下了女儿卡琳。正是为了给卡琳讲故事，让她三十八岁那年意外地成了作家。

　　她不仅写作儿童文学，还致力于争取儿童和动物的权利。她提倡"拒绝暴力"，促使瑞典成为世界上第一个立法通过零体罚的国家；认为"每一头猪都有权生活幸福"，促使瑞典通过了一项以她名字命名的"动物保护法"。

　　2002年，瑞典政府设立"阿斯特丽德·林格伦纪念文学奖"，是世界上奖金最高的童书奖。

先来认识一下书中的主要出场人物

皮皮
女孩，九岁，没有爸爸也没有妈妈，一个人住在小镇尽头一座老房子里。她鼻子上布满了雀斑，头发的颜色像胡萝卜一样，两根辫子向两边翘起；又细又长的腿上穿着一双长袜子，一只是棕色的，另一只是黑色的。她穿一双黑皮鞋，正好比她的脚大一倍。她最大的特点是力气超人，可以举起一匹马。

尼尔松先生
皮皮养的小猴子。

杜米和阿妮卡
住在皮皮家隔壁的一对小兄妹，是两个又懂事又有教养又听话的孩子。

> "我们先从算术开始。好，皮皮，你能告诉我七加五是多少吗？"女教师说。
>
> 皮皮看着她，露出惊异和不满的神情。她说："噢，你自己不知道，休想让我告诉你！"

这本书讲了一个什么故事

在一个小镇的尽头，有一个乱七八糟的院子，院子里有一座老房子，房子里住着长袜子皮皮。她九岁，孤零零的一个人。她既没有爸爸，也没有妈妈，这倒不坏，在她玩得最开心的时候，不会有人叫她去睡觉，在她想吃糖果的时候，不会有人硬要她去吃鱼肝油。

皮皮过去有过妈妈，不过妈妈很早就死了，那时皮皮还是个躺在摇篮里的婴儿。皮皮相信妈妈如今活在天上，通过一个小洞看着下面这个女儿。皮皮过去有过爸爸，他原来是船长，航行在大海上，皮皮和他一起航行，直到在一次风暴中他被卷进大海失踪为止。但皮皮相信爸爸没有被淹死，而是漂到了一个海岛上，那里住着很多黑人，爸爸成了黑人国王。"我的妈妈是天使，我的爸爸是黑人国王，有几个孩子能有这么好的父母呢！"

爸爸被卷进大海，皮皮只好告别船上的水手，带着一只名叫尼尔松先生的小猴子和一个装满金币的大手提包，回到维拉·维洛古拉。维拉·维洛古拉就是这座老房子的名字，是多年前爸爸买下来准备退休以后和皮皮住的。皮皮是一个非常不寻常的孩子。她的最大的特点是力气超人，全世界没有一个警察比得上她。只要她高兴，她可以举起一匹马。她回维拉·维洛古拉的当天，就花一个金币给自己买了一匹马。她把它放在她的前廊里，当她下午要在前廊里吃茶点的时候，她一下子就把马举起来，放到外面院子里去。

皮皮家隔壁住着一个妈妈、一个爸爸和两个可爱的孩子。男孩叫杜米，女孩叫阿妮卡。这是两个又懂事又有教养又听话的孩子。这天早上，他们看见皮皮从门里走了出来：她头发的颜色像胡萝卜一样，两根辫子向两边翘起，鼻子像个小土豆，上面布满了雀斑。鼻子下边长着一张大嘴巴，牙齿整齐洁白。她的连衣裙也相当怪，是皮皮自己缝的。原来想做成蓝色的，可是蓝布不够，皮皮不得不这儿缝一块红布，那儿缝一块红布。她的又细又长的腿上穿着一双长袜子，一只是棕色的，另一只是黑色的。她穿一双黑皮鞋，正好比她的脚大一倍。皮皮朝前走了一会儿，又倒着走了回来。杜米问她："你为什么倒着走？""我为什么倒着走？"皮皮说，"我们难道不是生活在一个自由的国度里吗？人们不是想怎么走就怎么走吗？我还可以告诉你，在埃及人人都这样走，没有人觉得有什么奇怪。""你说谎。"杜米说。皮皮想了一下，伤心地说："我是说谎了，说谎可耻。但有时我就忘了。一个孩子，妈妈是个天使，爸爸是个黑人国王，而她自己漂流在大海上，你怎么可以要求她总是讲真话呢？"就这样，三个孩子成了好朋友。她送他们礼物，还在厨房的地板上擀面烤椒盐饼干给他们吃，有一天还当着他们的面，教训了五个欺负小男孩的打架大王：两个挂到了树枝上，一个放到了门柱子上，一个扔过围墙，一个扔进了路边的玩具手推车里……

当镇上的大人知道九岁的皮皮一个人住在老房子里时，一致认为这样绝对不行。所有的孩子都要由大人照管，所有的孩子都要上学，都要学九九乘法表。于是他们决定，应该尽快把皮皮送到儿童之家去。两个警察来到皮皮家，对她说镇上的好心人安排她进儿童之家了。"我早就在儿童之家里啦。"皮皮自豪地说，"我是一个儿童，这是我的家，所以这里就是儿童之家。"可是警察说不

皮皮飞快地做着饼干。

皮皮用力抓住两个警察的皮带，把他们举了起来。

行，她现在就得去，他们过来抓她，她跳到前廊的栏杆上，几下就上了前廊上面的阳台。两个警察跑进房子上二楼，可等他们来到外面阳台，皮皮已经在往屋顶上爬了。她站在屋子的尖顶上，轻轻一跳上了烟囱。两个警察搬来梯子爬上屋顶，皮皮却又抓住一根树枝吊了下去。等到她玩腻了，她用力抓住两个警察的皮带，把他们举了起来，穿过院子大门，来到马路上，把他们放在地上。

在杜米和阿妮卡的劝说下，皮皮去上学了。这天上午10点，她骑马冲进校园，把杜米、阿妮卡和那些听话的同学吓了一跳。女老师知道她要来上学的事，对她说："皮皮，让我先来测验一下你的知识吧。你能告诉我七加五是多少吗？"皮皮又惊讶又不高兴："噢，你自己不知道，休想让我告诉你！"老师先告诉她，在学校不能这样回答问题，不能称老师"你"，要叫"老师"，然后说："现在我来告诉你，七加五等于十二。""啊，"皮皮说，"你自己已经知道为什么还要问我？啊，我这个大笨蛋，我又把你叫做'你'了。对不起。"

这天皮皮在学校的表现简直是糟糕透了。老师问别的同学问题，她插嘴；老师拿出一张挂图，让她念上面的"蛇"字，她却扯到了印度的一条大蛇身上："它每天要吃五个印度人，再吃两个小孩当点心。有一次它爬过来，要把我当点心吃……"老师让孩子们画画，她不在纸上画，在地板上兴高采烈地画起了马。老师问她为什么，她回答说："那张可怜的小纸怎么画得下我那匹马？我这会儿只是画前腿，等画到马尾巴时，我肯定要画到外面走廊上去了。"老师说她很失望，因为皮皮不乖，像皮皮这样不乖的女孩子，就算她很想上学，学校也不收。皮皮骑马离开学校时，高傲地对孩子们说："你们应该到阿根廷的学校去上学。那儿过完圣诞节假期，隔三天就是复活节假期。过完复活节假期，隔三天就放暑假。暑假一直放到11月1日。当然，接下来有点难受，要挨到11月11日才开始圣诞节的假期。不过还好，因为不放假也没有作业，在阿根廷严禁做作业。"她还告诉孩子们，在阿根廷，孩子们在学校什么都不干，只是吃糖果，而老师负责剥糖纸。

这还不算糟糕，最糟糕的是皮皮去杜米和阿妮卡家吃茶点那次。杜米和阿妮卡的妈妈塞德尔格伦太太请了几位太太来家里吃茶点，因为点心做得多，就叫杜米和阿妮卡把皮皮也叫来了。皮皮浓妆艳抹地来了，听到塞德尔格伦太太说开始吃吧，她大叫一声"我第一"，就抢在别的太太前面，跑到桌子跟前装了满满一盘子甜饼，然后回到自己的椅子上，伸直两腿，把盘子往两个大脚趾中间一放，就狼吞虎咽地吃了起来。太太们看不惯她的样子，可她根本就没发现。趁塞德尔格伦太太进厨房的工夫，她又一个人把桌子上的大奶油蛋糕吃了个精光。女士们开始聊天，可不论她们聊什么话题，都被皮皮打断。女士们聊用人，皮皮接嘴说："我奶奶有一个用人叫玛琳，她除了脚上生冻疮，别的都很好。唯一糟糕的是，一旦有客人来，她就要跑过去咬人家的腿……"后来塞德尔格伦太太实在忍不住了，来到皮皮面前说："以后你再也不准到这里来了，你太失礼了。""一点

房子着火了，皮皮去救顶楼的两个小男孩。

不错，"皮皮眼泪汪汪地说，"我早该知道我会失礼的！怎么努力也都是白费劲儿，我可能永远也学不会了。我还是待在海上好。"

皮皮也做好事。比如冬天里有一天，她骑马穿过小镇时，听到有人大叫："摩天楼失火了！救火啊！"摩天楼是一座三层楼房，它比镇上哪一座房子都高。火从楼下烧起，很快就蔓延到了上面两层。挤在广场上的人发现，顶楼的窗口有两个小男孩在喊救命，他们一个五岁、一个四岁。可是要命的是，救火车的梯子不够长。广场上的人知道没法救出这两个孩子以后，都感到绝望。这时皮皮来了，她问人们要来一根长绳子，她把绳子拴在小猴尼尔松先生的尾巴上，让它爬到摩天楼边上的一棵大树上。它爬到树梢，从树枝的另一边下来，把绳子挂到了树枝上。皮皮找来一块长跳板，一手抱着它，一手抓住绳子，用脚蹬树干，一蹬一蹬地爬了上去。到了树顶，她把长跳板搭在粗树枝上，小心地把它推到顶楼窗口，搭成了一座桥。然后，她跑过跳板，把两个男孩救了出来。不过，当她一个夹肢窝夹一个男孩走跳板时，还故意做了一个惊险的动作，高高举起一条腿，就跟她在马戏场上做的那样。她用绳子拴住小男孩，把他们一个接一个放了下去。"为长袜子皮皮四呼万岁！"消防队长带头大叫。"万岁！万岁！万岁！万岁！"全场群众欢呼。可有一个人欢呼了五遍。这个人就是皮皮。

皮皮过生日这天，她又请杜米和阿妮卡来家里做客了。这一天他们玩得开心极了，不但得到了生日礼物（皮皮的理论是：不错，今天是我的生日，所以我也应该送礼物给你们。难道你们的教科书上写着不能这样做吗？），还玩了找鬼的游戏。等他们回家的时候，皮皮在背后大声地喊道："我长大了去当海盗，你们也去吗？"

皮皮庆祝自己的生日。

 让我们来深入讨论作品

就像说到皮皮，永远要说到她那一双长袜子一样，说到《长袜子皮皮》这本书，永远要说到一个它是如何诞生的故事，这几乎成了不变的仪式——

1941年，我七岁的女儿卡琳得了肺炎卧病在床，每天晚上我守候在她床边时，她都提出同一个要求：妈妈，给我讲一个故事吧！一天晚上，虽然我相当累了，我还是问她："我讲个什么故事呢？"她答道："讲长袜子皮皮。"她随即就编出了这么一个名字。我没有问她谁是长袜子皮皮。我开始给她讲长袜子皮皮的故事，因为"皮皮"这个名字这么奇特，主人公自然也成了一个奇特的小姑娘。从一开始卡琳就非常喜欢故事里的皮皮，后来她的朋友也爱上了这个奇特的小姑娘。在往后数年里，我不得不一次又一次地为他们重述这个故事。

1944年3月一个白雪茫茫的冬夜，我在路上滑倒，扭伤了踝关节，不得不躺在床上。为了熬过这段时间，我记下了这个故事。

1944年5月卡琳十岁生日来临之前，我突然有了一个主意：我要把皮皮的故事完整地写下来，作为生日礼物送给她……

这是多年以后林格伦自己口述的一个故事。虽然她常给自己的两个孩子绘声绘色地讲故事，孩子们也说她注定会成为一个作家，但直到三十八岁这一年，她才偶然意识到自己确实拥有一种罕见的"能够讲孩子们想听的故事"的天赋。

长袜子皮皮，一个滑稽、充满了活泼想象力的名字。尽管林格伦自己说女儿卡琳是信口诌出"长袜子皮皮"这个怪里怪气的名字的，但还是有人推测说，一定是卡琳听过简·伟伯斯特的《长腿叔叔》，记忆在心，才顺口说出"长袜子皮皮"来的。

一个不寻常的名字，让灵感大发的林格伦写出了一个不寻常的故事。不过，当她写完这个出格的故事之后，对它未来的命运还是有点担忧的——用她自己的话来说，就是"有时连我自己都会被皮皮的所作所为震惊。是的，我确实有两个孩子，但他们怎么会有一个居然写出这种书的妈妈？"她甚至写信给她的出版商："我寄给您这部书稿，衷心希望您不要报告给儿童福利委员会。"显然，她清楚地知道，《长袜子皮皮》与当时备受推崇的主流童书背道而驰，它没有墨守成规，告诉孩子们应该如何做一个好孩子，是一个反传统的故事，打破了许多社会规则，一定会触犯众怒，遭到一场口诛笔伐式的大围剿。可是她还是出版了它，不为别的，只因为她坚信这是一个"孩子们想听的故事"。

孩子们确实想听《长袜子皮皮》。

你看，长袜子皮皮可以穿着这样的袜子和鞋子出门——"她的又细又长的腿上穿着一双长袜子，一只是棕色的，另一只是黑色的。她穿一双黑皮鞋，正好比她的脚大一倍。"你看，她可以这样不讲卫生——"她和了一大团面，在厨房的地板上擀来擀去。"你看，她可以这样睡觉——"她睡觉总是把脚放在枕头上，头缩到被子里面去。"你看，她可以让警察上房追她下不来——"警察晃晃悠悠从屋脊上往回爬，想从梯子上爬下来时，不料皮皮搬走了梯子。"你看，她可以这样去上学——"她骑着马飞快地冲进了校园，马还在跑她就从马背上跳下来，咚的一声打开教室的大门。"你看，皮皮可以这样放肆地对女老师说话——"啊，我的小宝贝，如果你喜欢这些蠢事，你为什么不自己坐在一个角落里去算，让我们可以玩玩捉迷藏？"你看，她去人家做客时，可以这样毫不顾忌礼节——"她把两条腿往前一伸，把盛甜饼的盘子往两个大脚趾中间一放，就狼吞虎咽地吃了起来……"

难怪小读者们会为长袜子皮皮喝彩，她太酷了，一个异类，简直就像是一个来自外星球的女孩，粗野，自由奔放，有自己的思考和行为方式，不受任何

约束，不惧怕任何的权威，敢于向社会世俗挑战和示威，所做的一切几乎都违背了成年人的意志，都是大人规定不允许做的——你们不是警告我们不可以这样做吗，可我就是偏要这样做。虽然喝彩并不一定等于认同，但这至少表达了孩子们内心深处的一个心愿：反抗大人，做自己想做的事情。

皮皮和小偷翩翩起舞。

他们爱读《长袜子皮皮》，就是因为它会让他们产生一种从未有过的快感，体验到平常不可能体验到的经验，"小小"地解放一下被束缚的心灵。

世界上有几百万个孩子狂热地崇拜长袜子皮皮，她是他们心愿的象征，是他们梦想的具体化的存在：她没有父母，是一个孤儿（在续集中她的父亲现身了），虽然才九岁，却敢一个人住在小镇尽头的一座破旧的老房子里，没人管她，她自己照料自己；她拥有一口袋金币，想买什么都行；她力大无穷，是世界上力气最大的一个女孩，能举起一匹马、一头牛和两个警察、两个小偷；她永远不用去上学，想干什么就干什么。就如同大卫·鲁赛尔在一篇评论中所说的那样，这个人物对于孩子的魅力就在于："皮皮拥有典型的童年幻想：一个极度自我的小孩，拥有非常大的力气和用之不竭的经济来源，自己一个人住，没有成人监管的约束，随自己高兴说话和做事，利用一切机会颠覆社会的既定习俗。"

这样一本打破儿童文学模式的书问世，愤怒的大人们当然要挺身而出了。它饱受批评，有人说它是非道德的，没有任何的教育意义。有人说皮皮是放纵教育的榜样，还有人说皮皮是"一个会抓伤人

的灵魂、令人不愉快的东西"，是"反社会的垃圾"。还算好，这场论战很快就结束了，最终的胜利者当然是长袜子皮皮和林格伦。

现在，已经不会有人说长袜子皮皮给他们的孩子树立了一个坏榜样，不会阻挠孩子们读她的故事了。因为他们发现，皮皮没有成为孩子们的榜样，没有一个孩子会去模仿她的行为，比如不去上学、倒着走路、不尊重老师、缺少餐桌礼仪……其实孩子们是有判断力的，他们知道皮皮不过是书中的一个夸张的人物，她只活在她的故事里，在现实中是绝对不可能发生的。事实上，作者在书中还安插了两个好孩子杜米、阿妮卡（这是两个又懂事又有教养又听话的孩子）和几个好心的大人，每当皮皮干下什么惊人之举，他们就会及时地站出来提醒我们：皮皮这样做不对。对于大人们的种种责难，林格伦觉得实在是好笑，她说她只是为了逗孩子们开心。她还说：你只要爱孩子，他们的行为就会规范。

再说了，皮皮也不完全是一个行为乖张的疯丫头，更多的时候她是一个会讲充满了想象力的故事、惹人喜爱的小女孩。玛丽亚·尼古拉耶娃在《儿童文学中的人物修辞》中就指出："观察皮皮的行为，我们得出这样的结论：皮皮勇敢、独立、聪明（比如，她想办法从大火里把两个孩子救了出来）……皮皮身上几乎没有负面的特征。"对了，说到这里不得不插上一句，不知中文版为什么缺少了《皮皮充当救生员》（Pippi Acts as a Lifesaver）一章，就是皮皮火中救人的那一章，如同广场上目睹皮皮舍己救人壮举的人们连呼长袜子皮皮万岁一样，这是最能扭转人们对皮皮印象的至关重要的一章。在这一章里，皮皮是一个万众敬仰的英雄。

有趣的是，长袜子皮皮始终没有长大。在《长袜子皮皮》的两个续篇《长袜子皮皮去航海》和《长袜子皮皮在南海》里，她依然还是那个无拘无束的小女孩，继续不守规矩，活在她自己的那个想象的世界里，看不出一点成长的痕迹。说起来，还是她自己不愿意长大呢。在三部曲的尾声，皮皮这样警告她的两个好朋友："决不能长大，大人没什么可羡慕的，大人没有一点儿乐趣。"她还找来一种豌豆样的小药片，说在黑暗中吃了它，就永远永远不会长大了。看来，这小药片确实灵验，因为半个多世纪过去了，长袜子皮皮真的没有长大，她一直都生活在一代又一代孩子们中间。

有一回，一个陌生人递给林格伦一张字条："谢谢您把灿烂的光辉带进我灰暗的童年。"这让林格伦非常骄傲："如果我能够给一个孩子的生命带来一些阳光，我就很满意了。"

中文译本推荐

《长袜子皮皮》
李之义/译
中国少年儿童出版社
1999

延伸阅读

《大侦探小卡莱》
李之义/译
中国少年儿童出版社
1999

《吵闹村的孩子》
李之义/译
中国少年儿童出版社
1999

《疯丫头马迪根》
李之义/译
中国少年儿童出版社
1999

《淘气包埃米尔》
李之义/译
中国少年儿童出版社
1999

姆咪谷的彗星

原书名及初版时间：*Kometen kommer*, 1946—1968
作　者：[芬]托芙·扬松（Tove Jansson）
插　图：[芬]托芙·扬松（Tove Jansson）
出版社：Sunburst, 1991

获奖及推荐记录
⊙1966年国际安徒生奖作家奖得主的代表作
⊙入选英国《你长大之前必读的1001本童书》
⊙入选日本《儿童文学的魅力：今天阅读的100本世界名作》
⊙入选日本《世界少男少女文学：幻想文学50本》

是谁写了这本书

　　托芙·扬松（1914—2001），出生于芬兰。她的父亲是知名雕刻家，母亲既是画家，设计过二百张芬兰邮票，又是小说家。因为出身于这样一个家庭，她十五岁就进艺术学校读书了。她后来也和母亲一样，成了画家和作家，但要比母亲著名多了。

　　在一次采访中，她透露了姆咪的秘密，说一开始，她只是为了取笑弟弟，在墙上涂鸦，画了一个她所能想到的最丑陋的生物。那时姆咪还没有名字，是后来她叔叔给起的。十六岁那年，她离开了家乡，一个人来到了斯德哥尔摩学习美术。当时她借住在叔父家，有时半夜饿了，就会偷偷地溜进厨房去找吃的。一天半夜，被叔父发现了，叔父逗她说："炉灶后头有小人姆咪，这些家伙会对你脖子吹气的！"她再次把姆咪画到了日记本上，不过这回他可爱多了，还长出了一个好看点儿的嘴巴。

　　她终生未婚，每年的大部分时间都住在芬兰湾一个美丽而偏僻的小岛上。

先来认识一下书中的主要出场人物

姆咪特罗尔
男孩，白色，外形乍看上去有点像河马的奇异生灵，和爸爸妈妈住在一个叫姆咪谷的地方。他最喜欢的，就是有什么发现。

姆咪爸爸
姆咪特罗尔的爸爸，头上永远戴着一顶黑礼帽。

姆咪妈妈
姆咪特罗尔的妈妈，不论是外出还是在家里，胳膊上永远挎着一个挎包。

小吸吸
姆咪特罗尔的好朋友，长得有点像一只微型袋鼠。

麝鼠
准哲学家，他一开口就会说出许多深刻而有哲理的话来，比如："即便是一个哲学家浑身泡在水里，他也并不放在心上。""开心不开心对一个哲学家来说是无所谓的。"

小嗅嗅
孤独的流浪者，头上戴着插着一根羽毛的绿帽子，找到喜欢的地方，就搭起帐篷吹口琴。

斯诺尔克小姐
女孩，与姆咪特罗尔同属一族，但身体不是白色的，心烦时会改变颜色，头上还有刘海儿。是个女人味儿十足的小妞。

姆咪特罗尔想，大地因为有一个大火球离它越来越近一定感到非常害怕。接着他又想他是多么热爱这一切，森林、大海、风雨、阳光、草地和苔藓。他还想到如果没有这一切，根本就不可能生活。想到这些，他非常非常伤心。可是过了一会儿他就停止了烦恼。

"妈妈知道该怎么办。"他对自己说。

这本书讲了一个什么故事

姆咪爸爸在河上架桥那天，小动物小吸吸发现了一条神秘的小路，他跑回家，叫上姆咪特罗尔一起去探险。路上，一只丝猴跟上了他们。小路把他们带到了海边，姆咪特罗尔下河去采珍珠，小吸吸和丝猴在礁石下发现了一个山洞。

当他们几个躺在洞里仰望天空时，姆咪特罗尔说："你要是在天空向上飞成千上万里，那里就不再是蓝的。天会变得很黑很黑，黑暗中有大得没边儿的天魔。"

"它们危险吗？"小吸吸问。

"对我们没危险。"姆咪特罗尔回答，"它们每隔一段时间要抓几颗星星吃。"

这天晚上下起了大雨，浑身湿透的麝鼠敲开了姆咪家蓝屋的门。他说他是一个哲学家，姆咪爸爸的桥毁了他河岸上的家。他还说："最近空气有点怪，究竟会发生什么事情，对我来说都无所谓，不过有件事情是肯定的，那就是要发生什么事情。"

第二天，姆咪特罗尔发现他藏在山洞里的珍珠，被摆成了一个带尾巴的星星的图案，海上的海鸥也排成了带尾巴的星星的队形。这是一个警告，他们逃回姆咪谷，哲学家麝鼠告诉他，带尾巴的星星是彗星，至于它会不会撞地球，要去问孤独山天文台的教授。于是，他和小吸吸组成了一个远征队，在姆咪妈妈的目送下，乘着姆咪爸爸扎的木筏出发了。

傍晚，小吸吸说话了："整整一天没有一次冒险。"姆咪特罗尔说："我看漂在一条弯弯曲曲的

河里其实够危险的，你根本就不知道下一个转弯你会遇到什么东西。"刚说完，他们就看到右前方的沙岸上，躺着一堆灰木头，它们排成了一颗带尾巴的星星的图案。想不到它们是鳄鱼，等他们好不容易逃脱了鳄鱼的追杀，姆咪特罗尔问小吸吸："这个冒险你该满意了吧？"小吸吸还嘴说："你也尖叫了。"

一天又一天，整个世界都是灰蒙蒙的。

这天，他们在岸边看到一顶帐篷。是小嗅嗅，他手上拿着口琴，头戴一顶插着一根羽毛的绿帽子，他自我介绍说："我是一个流浪者，四处为家。我到处流浪，找到一个我喜欢的地方，我就搭起帐篷，吹我的口琴。"姆咪特罗尔说他们是去寻找一颗不友好的星星，说他爸爸说，彗星很危险，像疯子一样拖着一条燃烧的尾巴在宇宙里横冲直撞，要是它撞在地球上，什么东西都会爆炸。小嗅嗅听了缓缓地说："要是地球爆炸，那太可怕了，它是那么美丽。"

就这样，小嗅嗅也加入了远征队。

一天又一天，蓝色、紫色的大山越来越近了。快到孤独山的时候，他们的木筏跌下瀑布，冲进了一个地道。桅杆断了，他们搁浅了，头上有一个石缝，露出一角多云的天空。小嗅嗅拿出口琴，吹起了他最最快活的关于冒险的曲子，吹到了救援的事，吹到了灿烂的阳光，连姆咪特罗尔和小吸吸也

"我是麝鼠。"那个不幸的家伙有气无力地说，"要知道，我是一个哲学家。我只想指出一点，你那建桥的活动彻底毁了我河岸上的家。"

晚上，姆咪特罗尔和小吸吸很晚才回山谷里的蓝屋。那条河在桥下静静地流淌，几乎没有一点皱纹。

参加进来。上面一个赫木伦被吵醒了，以为他们是毛毛虫，用捕蝴蝶的网子把他们捞了上来。

朝孤独山爬的路上，小嗅嗅说起了几个月前遇到斯诺尔克的事。他说斯诺尔克看上去和姆咪特罗尔长得一样，是同一个家族，只是会变色。这让姆咪特罗尔生气了："真正的姆咪家族总是白色的！"小嗅嗅说有一回他捡甜瓜当饭吃（他的理由是整整一片田全是甜瓜，少一个多一个没有关系），被抓起来关进牢房，后来挖洞逃了出来，正好碰见斯诺尔克和妹妹在用尾巴钓鱼。

小嗅嗅说："那个淡绿色的斯诺尔克小姐真是漂亮。她有一对闪闪发光的蓝眼睛，全身布满美丽的、软软的绒毛。她总在耳朵后面戴一朵花，还在脚踝上戴一个小小金镯子。"

"呸！娘儿们！"姆咪特罗尔嘲笑道，"什么破故事，还有什么激动人心的事情发生？"

可是那天晚上他梦见了斯诺尔克小姐。

不过第二天，姆咪特罗尔让小嗅嗅和小吸吸用绳子拉着他，从悬崖边捡上来一个金镯子。他问

那峡谷在傍晚朦胧的光线下，显得很寂寞、很凄凉。小嗅嗅忽然停了下来。"就是这儿。"他悄悄地说。

小嗅嗅："这是斯诺尔克小姐的吗？"小嗅嗅叹了口气："是。看来她在悬崖边是掉了下去。这样年轻，还这样美丽。"这让姆咪特罗尔难过得说不出话来。

天文台终于到了。教授一看到姆咪特罗尔，就嘟囔道："你怎么又来了？已经有一个讨厌的女性因为丢了一个小饰物来打搅我了！"这让姆咪特罗尔万分激动，斯诺尔克小姐还活着！不过一激动，他连彗星的事都忘记问了。还是小吸吸从望远镜里看到红色的彗星像一只恶毒的眼睛。教授说："彗星10月7日晚上8点42分落下来。"

今天是10月2日，还有五天。

"那么我们一定要尽快赶回家去。"姆咪特罗尔心事重重地说，"只要我们能够在它到来以前回到妈妈身边，就什么事也不会发生。她知道该怎么办。"

10月3日：姆咪特罗尔挥舞折刀，从一个危险的树丛中救出了斯诺尔克小姐。当她夸奖他勇敢时，他神气活现地说："哦，这种事情我差不多天天干。"他把金镯子送给她，她脸都红了。他带上了她和她的哥哥。这时彗星已经映红了天空，沼泽和山涧都干涸了。

10月4日：白天一整天他们都在赶路，傍晚在一家乡村小店，斯诺尔克小姐买了一个奖章送给姆咪特罗尔，姆咪特罗尔买了一面镜子送给斯诺尔克小姐。

10月5日：大海干涸了，他们像长腿大昆虫踩高跷一样跨越大海。斯诺尔克小姐掉到了一艘船里，姆咪特罗尔跳进去救她，差点儿被大章鱼吞掉，最后还是她用镜子晃章鱼的眼睛，才让他免于一死。

这天晚上，当别人睡觉时，姆咪特罗尔坐在那儿凝视着被彗星红光照亮的海底。他想，大地因

为有一个大火球离它越来越近一定感到非常害怕。接着他又想他是多么热爱这一切，森林、大海、风雨、阳光、草地和苔藓。他还想到如果没有这一切，根本就不可能生活。想到这些，他非常伤心。可是过了一会儿他就停止了烦恼。"妈妈知道该怎么办。"他对自己说。

10月6日：路上他们遇到了一群群逃难的动物，又遇上了一个只管邮票，不管彗星的赫木伦。他们用赫木伦的袍子做成气球，和赫木伦一起飞上天空，没有被龙卷风刮走。

10月7日：他们终于抢在彗星到达之前，回到了姆咪谷。

当他们全都躲藏进最开始小吸吸发现的那个山洞里时，姆咪特罗尔突然跳了起来："我们忘了丝猴，我得去救她！"8点一刻了，还有二十七分钟。外边像个滚烫的大火炉，他在一棵树上找到了丝猴，拉着她一路狂奔。当他们冲进洞口时，外面响起了可怕的轰隆声，彗星正在一头撞向地球，一股气流像是一百万颗火箭同时燃放，震得地动山摇，不过还算好，它只是尾巴一挥，贴着地球的边缘飞了过去。

第二天早晨，姆咪特罗尔头一个醒来，天空已经不再发红，又变得湛蓝湛蓝，非常美丽。太阳还在，海也回来了。姆咪爸爸说："现在我的回忆录又有了新的一章。我的天哪，这本书写完了一定非常激动人心。"姆咪妈妈说："那还用说吗，亲爱的？但是生活中有那么多激动人心的事不断发生，只怕你这本书永远写不完啦。"

姆咪特罗尔回到山洞，把珍珠都挖了出来，送给了斯诺尔克小姐："这些都给你，这样你全身都可以打扮起来，成为世界上最最漂亮的斯诺尔克小姐。"

但是他把最最大的一颗珍珠献给了他的妈妈，让她戴在鼻子上。

● **让我们来深入讨论作品**

"姆咪"是一个长长的系列，不算图画书，短篇集加上长篇一共有九本。虽然它在英语圈也广为

树木弯弯地奔拉着脑袋，一动也不动。那彗星明晃晃地燃烧着，你看都没法看它一眼。姆咪特罗尔奔过沙滩，进了树林……

人知，但绝对不像在日本那样大红大紫，经久不衰，日本人对它的喜爱甚至达到了一种疯狂的地步——你能相信吗？据日本亚马逊网站的统计，日本前前后后出版的各种版本的"姆咪"系列以及研究书、相关书，竟然超过了五百种，实在是一个让人匪夷所思的童话般的数字。其中还包括了这样的辞典：《姆咪童话的世界百科事典》、《姆咪童话的好朋友事典》、《姆咪谷名言集》……

姆咪不是一个人物，他们是一个大家族。姆咪的形象惹人喜爱，以主人公姆咪特罗尔（Moomintroll）为例，它外形酷似一只直立的河马，粗胳膊小短腿，挺着一个鸭梨状的大肚子。不过，它可要比河马小多了，据考证只有三十厘米高，事实上Moomin这个词的原意就是"芬兰童话中矮胖、害羞并冬眠的森林小人儿"。

不过他们的生身之母托芙·扬松却不承认姆咪是精灵。当有人问她姆咪究竟是人还是动物时，她一口咬定："他们既不是人，也不是动物。当然了，也不是精灵。如果非要我说的话，他们是一种'存在的东西'……"她还说传说中的森林小人儿又矮

小又怕羞，身上长着毛，在芬兰的森林里多的是。他们和我们最大的不同是：姆咪不长毛，喜欢夏天的阳光，而森林小人儿只有天黑了才出来。

姆咪一家有姆咪爸爸、姆咪妈妈和他们的孩子——小姆咪。姆咪爸爸与姆咪妈妈长得差不多，唯一的区别就是姆咪爸爸头上戴了一顶缎面礼帽，姆咪妈妈总是拎着一个手提包。姆咪爸爸浪漫、有着艺术家的气质、渴望冒险，还有一种离群索居的倾向，这一点很像扬松的父亲。扬松的父亲是一位有名的雕塑家，一生中充满了冒险，他甚至会在狂风巨浪中带着一家人出海……在《姆咪爸爸海上探险记》的扉页上，扬松就深情地写道："献给一切做爸爸的。"而扬松的母亲，则是姆咪妈妈的原型。她母亲是一位画家，她回忆说小时候母亲每天晚上都为她读图画书，她说她永远也忘不了那两个人的温暖的世界，不论到了几岁，母亲的身边都是最让人安心的地方。她在《十一月的姆咪谷》的题记上，就满怀温情地写道："将这本书献给我的妈妈。"至于姆咪一家人的自由散漫、热爱自然以及每个人身上存在的种种怪癖，彼此之间的豁达宽容和对姆咪妈妈做的饭菜的喜爱，更是出自她的家庭。关于这些，扬松本人并不回避，她在回答人们

的提问时就曾说过："如果没有那个童年时代，如果没有那个特别的家庭和那些个夏天，我就写不出来这个故事了。"

姆咪能够俘获世界上这么多大人和孩子的心，首先是因为扬松不但把他们写了出来，而且把他们画了出来。世界上没有几个画家能成为童话作家的，扬松就是一个例外，她是上天给我们的恩赐。

《姆咪谷的彗星》是"姆咪"系列的开篇之作（在它之前，作家还曾写过《姆咪和大洪水》（*The Moomins and the Great Flood*），但那仅是一个短篇），当姆咪特罗尔首次登场时，只是这样一句话："姆咪特罗尔正在做一个秋千。"没有外形的描述，后面也没有。不只是他，连他的好朋友小吸吸（Sniff）登场时也只是简简单单一句话"小动物小吸吸有了一个新发现"。试想一下：如果没有配上图，我们会想象姆咪特罗尔像一只微型小河马、小吸吸像一只微型小袋鼠吗？一个更为极端的例子是哈蒂法特纳（Hattifatteners），书里提到它们时，十分笼统："这些白色的小家伙，永不停歇地从一个地方游荡到另一个地方。"不看插图，我们又怎么能知道它们是外貌长得像袜子一样的群居生物呢？有研究者说正是因为有了这些图，"才能清楚知道这些角色在作者心目中的样貌"。

如果说这是"姆咪"系列魅力的源泉之一，那么之二，就是作者创造的那一系列的奇异生灵形象了。

这可是一个庞大的谱系，一个个都是作者凭空"捏造"出来的新物种。幻想出一群外形怪诞的生灵不算什么，扬松的创新之处在于她赋予了这些生灵不同于一般童话形象的独特个性——姆咪特罗尔：天真，爱冒险，突然就陷入了一段懵懂的恋情之中。姆咪妈妈：完美妈妈，家庭的中心，给孩子绝对的自由，即便是面对彗星坠落这样的灾难，也从不惊慌，总是乐于接纳儿子带回来的所有朋友，并提供美食。姆咪爸爸：无职，热衷于写自己的回忆录。斯诺尔克小姐（Snork Maiden）：一个娇滴滴的少女，爱打扮，但危机时刻却相当冷静和勇敢。小吸吸：胆小，好奇心旺盛，以自我为中心，喜欢钱和找寻宝藏。小嗅嗅（Snufkin）：既是热爱孤独和自由的诗人，又是流浪者，一到秋天，就会一个人去远方旅行。麝鼠（Muskrat）：自称哲学家，总

他们还不得不轮流守夜，姆咪特罗尔轮到头一个，他还决定要替斯诺尔克小姐守夜。当其余的人全都紧紧地蜷缩在一起睡觉的时候，他坐在那儿凝视荒凉的海底。它被彗星的红光照亮，沙地上还投射着一些黑丝绒般的黑影。

是躺在吊床里思考诸如"世间的万物是多么的多余啊"等深刻的哲学命题。赫木伦（Hemulens）：狂热的集邮家，除了邮票，对一切都不感兴趣……你看，作者是不是颠覆了我们对童话的认识？像小嗅嗅、麝鼠和赫木伦这样相当成人化的形象以前还很少出现在童话里。面对大自然，姆咪特罗尔和他那些迷人而又精灵古怪的伙伴们与人一样，有欢乐，也有恐惧，他们都是人类的投影。艾莉森·卢里在《永远的男孩女孩：从灰姑娘到哈利·波特》就说："在扬松创作中，最引人注目的就是那一系列奇异的角色形象。其中许多角色虽然相貌独特，内心还是我们熟悉的人性。"

这样一群怪里怪气的角色集合到一起，当然就格外好玩了。

比如，当姆咪爸爸请被雨淋湿的麝鼠进屋，这位哲学家会说："即使是一个哲学家浑身泡在水里，他也并不放在心上。"

比如，当小吸吸问小嗅嗅："洞里的那些宝石都是你的吗？"小嗅嗅会说："我在这儿的时候是我的。

你再看这一段更是引人发笑——

斯诺尔克小妞找到了一块大石头，她在战斗中间把它扔了出去。谁知石头打中了姆咪特罗尔的肚子，根本没帮上什么忙。

"噢，天哪！噢，天哪！"斯诺尔克小妞呻吟道，"我杀了他！"

"姑娘就是这个样子！"小吸吸说。

但是姆咪特罗尔并没有死，他站起身来，战斗起来比刚才更拼命。他把安古斯图腊的胳膊一条条砍了下来，直砍到它光剩一个树桩，他才折起他的折刀，说："呃！这下完事啦！"（小吸吸心底里认为他那个样子有点趾高气扬。）

"哦，你真勇敢！"斯诺尔克小妞轻轻地说。

"哦，这种事情我差不多天天干。"姆咪特罗尔神气活现地说。

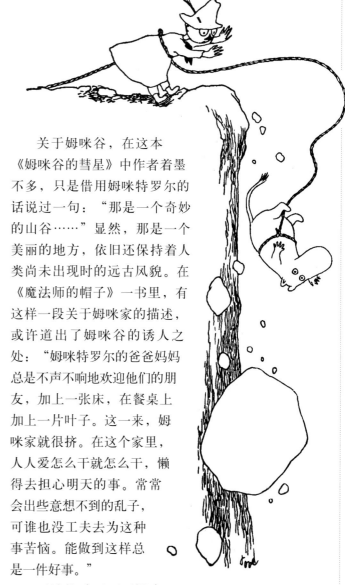

关于姆咪谷，在这本《姆咪谷的彗星》中作者着墨不多，只是借用姆咪特罗尔的话说过一句："那是一个奇妙的山谷……"显然，那是一个美丽的地方，依旧还保持着人类尚未出现时的远古风貌。在《魔法师的帽子》一书里，有这样一段关于姆咪家的描述，或许道出了姆咪谷的诱人之处："姆咪特罗尔的爸爸妈妈总是不声不响地欢迎他们的朋友，加上一张床，在餐桌上加上一片叶子。这一来，姆咪家就很挤。在这个家里，人人爱怎么干就怎么干，懒得去担心明天的事。常常会出些意想不到的乱子，可谁也没工夫去为这种事苦恼。能做到这样总是一件好事。"

不过你千万不要误会了，姆咪谷可不是一个世外桃源，这里有争吵、有烦恼，现代文明已经悄悄渗透进来不说（他们拥有罗盘、自行车和雨伞），像洪水、彗星、龙卷风这样来自大自然的威胁更是无时不在。但是姆咪谷还是那么让人向往，这一方面是因为这里住着一群快乐的居民，姆咪家热情好客的大门永远都是敞开的。另一方面是它有一种包容力，不管是什么样个性的人它都能接受。不管是谁，都能按照自己的生活方式自由地生活，都会受到尊重，都能重新找回失去的自我。

《姆咪谷的彗星》是一个冒险的故事，除了彗星，姆咪特罗尔远征队还遭遇了鳄鱼、守护石榴石的巨蜥、老鹰等种种危险。可是你发现没有，九死一生，姆咪特罗尔他们终于爬上嶙峋山峰上的天文台，仅仅是从教授的嘴里问出了彗星到达的时间，并没有找到拯救姆咪谷的方法。这和一般的童话不同，一般童话中的人物经过这样一番历练，早就魔法在身，把怪物打得落花流水了。托芙·扬松没有这样写，因为她笔下的姆咪特罗尔不是一个神话英雄，是一个人，一个普通的男孩，当我们人类面对可怕的自然灾害时，能有一种神力帮助我们打败自然吗？没有。所以姆咪特罗尔只有快跑，跑回家告诉妈妈躲进地洞里。

至于这颗"像疯子一样"的彗星，一般被解读为隐寓疯狂的希特勒。这本书发表那年，芬兰刚刚从第二次世界大战的黑暗岁月中摆脱出来。

1994年，当全世界祝贺扬松这位安徒生奖获得者诞生八十周年时，有人引用了她作品中的一句话"让我们把尾巴交缠在一起"。是的，扬松就是用发生在姆咪谷里的姆咪一家的故事，把整个世界变成了一个小小的家庭。

中文译本推荐

《姆咪谷的彗星》
徐朴/译
明天出版社
2010

延伸阅读

《魔法师的帽子》
任溶溶/译
明天出版社
2010

《姆咪爸爸的回忆录》
徐朴/译
明天出版社
2010

《姆咪谷的夏天》
任溶溶/译
明天出版社
2010

《姆咪爸爸海上探险记》
任溶溶/译
明天出版社
2010

《姆咪谷的伙伴们》
任溶溶/译
明天出版社
2010

《姆咪谷的冬天》
任溶溶/译
明天出版社
2010

狮子、女巫和魔衣柜

原书名及初版时间：*The Lion, the Witch and the Wardrobe*, 1950
作　　者：［英］C. S.刘易斯（C. S. Lewis）
插　　图：［英］保利娜·贝恩斯（Pauline Baynes）
出版社：HarperCollins, 1994

获奖及推荐记录

⊙入选英国最大连锁书店Waterstones "最受喜爱的100本童书"
⊙入选美国纽约公共图书馆 "最受孩子喜爱的100本童书"
⊙入选美国《出版者周刊》"所有时代最畅销童书"
⊙入选英国《你长大之前必读的1001本童书》
⊙入选美国《最佳童书：从学前到小学六年级》
⊙入选美国《纽约时报家长指南：最佳童书》
⊙入选美国《给孩子100本最棒的书》
⊙入选日本《儿童文学的魅力：今天阅读的100本世界名作》
⊙入选日本《英美儿童文学畅销书40本：永留心中的名作》
⊙入选日本《世界少男少女文学：幻想文学50本》

是谁写了这本书

　　C. S.刘易斯（1898—1963），出生于英国。他二十六岁登上牛津大学教席，毕生研究文学、哲学、神学，是剑桥大学中世纪和文艺复兴文学史教授，堪称英国文学的巨擘。

　　童年时，遇上下雨天他就会和哥哥躲在阁楼上画画、写故事。他虚构了一个幻想王国，不但有完整的历史，还有个名字叫"伯克森"。这些故事虽然没有出版，却暗示了他长大以后写纳尼亚的风格。他的表妹回忆说，他们家里有一个高高的黑色橡木衣柜，是他祖父亲手做的，下雨天，孩子们会爬进衣柜，静静地坐在黑暗里，听他讲他的那些幻想故事。

　　而正是这个衣柜，后来成了进入纳尼亚的神奇入口。它后来被收藏在伊利诺伊州惠顿学院的韦德中心。这个衣柜高七英尺，宽四英尺，装满了衣服。衣柜门前有一个标签，上面写着："进来就要冒险。韦德中心对消失在衣柜里的人不负保险责任。"他与《魔戒》作者J.R.R.托尔金是挚友，去世之前，他就为托尔金写好了讣文，因为他说只有写出了"纳尼亚传奇"的人，才有资格说他真正了解《魔戒》的作者。

先来认识一下书中的主要出场人物

彼得
男孩，四个孩子中的老大，第二次世界大战期间为了躲避空袭，离开伦敦，和弟弟妹妹一起被送到了住在偏僻乡下的老教授家。

苏珊
女孩，四个孩子中的老二。

爱德蒙
男孩，四个孩子中的老三。

露茜
女孩，四个孩子中最小的一个。

老教授
他没有妻子，跟一个管家和三个仆人住在乡下一座很大的房子里。他年纪很大了，不但长着满头白发，而且连大半个脸上也长满了蓬松的白毛。

羊怪
他的上半身样子像个男人，前额一边有一只角，但他的腿却像山羊腿，还有条尾巴。他只比露茜高一点，出门时撑着一把伞，脖子上还系了条红围巾。

白女巫
她手持金杖，头戴金王冠，要比任何女人都高。一张苍白的脸白得像雪、像纸，嘴唇血红，看上去又傲慢又冷酷又严厉。出门时总是坐小矮人赶的驯鹿雪橇。

阿兰斯
狮子，森林之王。它有一身金色的鬃毛和一双威武、高贵、庄严、慑人的眼睛。

"那正是令她的故事看起来真实的地方，"教授说，"如果这房子里真有一扇门通往什么另一世界（我应该警告你们，这是一幢非常奇怪的房子，甚至我对它也不大了解）——我说，如果她进入了另一个世界，那我对那个世界有自己不同的时间也完全不会感到惊奇，因此你在那儿无论待多久，都决不会耗费我们这儿的时间。"

这本书讲了一个什么故事

从前有四个孩子，名字叫彼得、苏珊、爱德蒙和露茜。第二次世界大战期间，他们为了躲避空袭，离开伦敦，被送到了偏远乡下老教授的家里。

第二天是个雨天，出不去，孩子们便开始在这座好像永远也走不到头的大房子里探险。最小的露茜发现了一个大衣柜，她打开门走进去，不想却走进了一片雪花飞舞的树林里。她站在一根路灯柱下，看见一个上半身是男人、下半身是山羊腿的羊怪，脖子上围着红围巾，打着伞走过来。知道露茜是人，羊怪十分吃惊，说他叫图姆纳斯，他告诉露茜她来到了纳尼亚的国土上。可是在他的家里，他

却号啕大哭起来："我是一只坏羊怪，是白女巫的仆人。白女巫是纳尼亚恐怖的统治者，她施魔法，使这儿一年到头永远都是冬天，而且没有圣诞节。我奉白女巫的命令，要是在树林里看见人类的小孩，就抓起来交给她……"露茜恳求他放了她，他答应了。

露茜逃出纳尼亚，跳出大衣柜，激动地对哥哥姐姐说这是一个有魔法的大衣柜，但他们不相信她的历险，坚持说她只离开了几秒钟，而且还打开大衣柜看了，证实它只不过是一个普通的大衣柜，没有树林，没有雪，背板上面是一只只衣钩。

以后的几天里，老三爱德蒙一直都在恶意地嘲笑露茜，直到又一个雨天，玩捉迷藏时，他看见露茜钻进大衣柜，就跟了进去。他想继续嘲笑她那个想象出来的世界，结果他也走进了纳尼亚。一个小矮人赶着驯鹿拉的雪橇过来了，上面坐着白女巫，她说自己是纳尼亚的女王，她给他吃施了魔法的土耳其软糖，套出他们一共是兄妹四人，妹妹已经来过纳尼亚，还遇上了羊怪。白女巫答应只要他把其他三个人带到她家去，就给他更多的土耳其软糖。在路灯柱那里，他遇上了露茜。露茜说羊怪告诉她，白女巫根本就没有权利做女王，一切善良的东西都恨她，因为她把人变成石头，让纳尼亚永远是冬天。等回到家里，露茜冲着哥哥姐姐大喊："彼得！苏珊！全是真的，爱德蒙也看到了！"可爱德蒙却做了一件他能想得到的最卑鄙、最恶毒的事，他要让露茜下不了台："我一直在跟露茜玩，假装她那个衣柜里有个国家的故事全都是真的。其实那儿什么也没有。"

这天晚上露茜很痛苦，彼得和苏珊怕她精神错乱，第二天就去对教授说了这件事。教授听完说了句他们根本没想到的话："你们怎么知道你妹妹的故事不是真的？"苏珊说："露茜没时间到任何地方去。我们走出房间不一会儿，她就追上我们了，还不到一分钟，可她假装说已经去了几个小时了。""那正是令她的故事看起来真实的地方，"教授说，"如果这房子里真有一扇门通往什么另一世界（我应该警告你们，这是一幢非常奇怪的房子，甚至我对它也不大了解）——我说，如果她进入了另一个世界，那我对那个世界有自己不同的

就这样，露茜不知不觉地跟着这个奇怪的动物手挽手穿过树林走去，仿佛他们已经相识了一辈子。

雪橇中间有个高得多的座位，却坐着一个与众不同的人——一位贵夫人，比爱德蒙见过的任何女人都高。

时间也完全不会感到惊奇；因此你在那儿无论待多久，都决不会耗费我们这儿的时间。"

一天，为了躲避管家和来参观大房子的游客，四个孩子一起钻进了大衣柜。彼得和苏珊发现露茜没有说谎，他们真的来到了纳尼亚。露茜领他们来到羊怪家，捡到一张纸，上面说羊怪因为私通人类被逮捕了。露茜恳求哥哥姐姐帮她从白女巫手里救出羊怪。在一只知更鸟的引导下，他们在一棵树后面见到了海狸先生。羊怪知道自己要被逮捕，让它在这儿等孩子们。它把他们带回家，对他们说："据说阿斯兰在行动了——也许已经到了。"这时怪事发生了，虽然没人知道阿斯兰是谁，但听到阿斯兰的名字，爱德蒙感到有股神秘的恐惧。彼得感到突然勇敢起来，敢冲敢闯。苏珊感到好像有股香味或悦耳的音乐旋律刚刚飘过她身边。而露茜的感觉就像一觉醒来，忽然明白今天是假日的开始，或夏天的开始一样。当海狸先生听到苏珊问阿斯兰是谁时，它说："它是国王。它是整个森林之王，不过不常在这儿，你们明白吗？我这辈子和我父亲那辈子都从来没来过。不过我们已经听到消息说它已经回来了。此时此刻它就在纳尼亚。它会好好治治白女巫的。日后救出羊怪的不是你们，而是它。"

海狸先生要带他们去石桌那儿见阿斯兰。这时，他们发现爱德蒙溜走了，他背叛了大家，去见白女巫了。听到阿斯兰在纳尼亚，她非常生气，立刻开始计划要杀掉孩子们。她要摆脱一个古老的预言，那就是四个人类的孩子将掌管纳尼亚，结束她邪恶的统治。

海狸夫妇和孩子们连夜向石桌赶去。途中碰到了圣诞老人，他说："阿斯兰在行动，女巫的魔法在减弱。"他送给彼得一把剑，送给苏珊一个象牙号角，送给露茜一瓶妙药。而与此同时，白女巫也带着爱德蒙，坐着雪橇，追赶他们来了。因为冬雪消融，绿地变大，白女巫只能命令小矮人丢下雪橇，绑起爱德蒙，步行前进。

孩子们见到了阿斯兰，它站在一群生物中间。它把彼得叫到一边，指给他看他将来当国王的那座城堡。突然，苏珊吹响了号角，阿斯兰挥挥爪子对别的生物说："退下！让王子立个头功吧！"彼得冲过去看见一只狼把苏珊逼上了树，便拔剑刺死了狼。阿斯兰命令人头马它们去追另外一只狼，找到白女巫，救出爱德蒙。它们到达时，爱德蒙已经被绑到了树上，正要被当祭品给杀死。它们救下爱德蒙，却没有找到白女巫，原来她趁乱变成了一截老树桩。第二天早上，三个孩子醒来之后，看见阿斯兰正在草地上和爱德蒙散步。没人知道阿斯兰说了什么，不过这次谈话是爱德蒙终生难忘的。

女巫来了，她对阿斯兰说，爱德蒙是叛徒，根据纳尼亚的高深魔法，她有权杀了他。她威胁说："除非我依法得到血，否则纳尼亚就将在烈火洪水中覆灭。"阿斯兰没有否认，它与女巫达成协议，它告诉孩子们："我把

爱德蒙这时终于想起其他人说过的白女巫把人变成石头的事。也许这只是一只石狮吧。

阿斯兰站在一群生物中间，它们围着它形成一个半月形。

活了过来。然后，他们与阿斯兰一起奔赴战场，加入到了彼得统率的大军中，彼得正在和女巫厮杀。幸亏阿斯兰及时赶到，杀死了女巫，迅速结束了战斗。爱德蒙受了重伤，露茜用圣诞老人送她的那瓶妙药救了哥哥一命。三天后，他们抵达了入海口的凯尔帕拉维尔城堡，在这里，阿斯兰为四个孩子加冕，领他们坐上了宝座，随后就悄悄离开了。

两位国王和两位女王管理纳尼亚，消灭了白女巫的残余，制定了完善的法律，维持社会治安，保护树木不受滥砍滥伐……岁月流逝，他们自己也都长大成人。有一年，羊怪给他们带信说，白鹿又出现在他那一带了——如果你抓到白鹿，白鹿就可以让你实现愿望。他们骑马追踪白鹿，白鹿把他们引进一片树林。在这里，他们再次看到了路灯柱。走了不到二十步，他们就发现不是在树枝间摸索着走路，而是在大衣堆里走路了，接着，他们一个接一个从大衣柜的一扇门里滚到了空房间里。他们不再是穿着猎装的国王，而是穿着过去的衣服的彼得、苏珊、爱德蒙和露茜。时间还是他们躲进大衣柜的同一天、同一个时辰。当他们对教授说了他们的奇遇，教授没有教训他们别瞎说，或者别说谎，而是相信了整个故事，并肯定地告诉他们，有一天他们还会再次回到纳尼亚去。

这事解决了，她放弃了要你们兄弟的血的权利。"女巫走了以后，它带领大家离开了石桌山，去一处浅滩安营。在旅途中，它向彼得说明了它的作战方案。夜里，苏珊和露茜发现狮王离开他们，沮丧地往回走去。爬上石桌山，走到最后一棵树，阿斯兰对跟着它的两个孩子说："你们得在这儿停下了。不论发生什么事，可别让人家看见你们，永别了。"两个女孩蹲在灌木丛中，看到女巫把阿斯兰绑在石桌上，杀死了它。它用自己的生命换回了爱德蒙。可女巫并没有放过爱德蒙，她领着她那群可怕的动物去杀爱德蒙和另外几个孩子了。早上，苏珊和露茜听到一声巨响，石桌断成两半，阿斯兰又复活了。它对女孩说："虽然女巫懂得高深魔法，可她不懂得还有更高深一层的魔法。如果她能看得更远一点，她就会知道一个自愿送死的牺牲者，本身没有背叛行为，却被当做一个叛徒而杀害，石桌就要崩裂，死亡就会起反作用。"它让她们骑在它的身上，冲到女巫的城堡，用魔法让被变成石头的巨人、人头马、树精和包括羊怪在内的所有囚犯都

不一会儿他们全都从大衣柜的一扇门里滚到空房间里了，而且他们也不再是穿着猎装的国王和女王，而是穿着过去的衣服的彼得、苏珊、爱德蒙和露茜。时间还是他们躲进大衣柜的同一天，同一个时辰。

让我们来深入讨论作品

"纳尼亚传奇"不是一本书，是一个大系列，它一共有七本书。它的英文原文是：The Chronicles of Narnia，而其中Chronicles这个词的原意是"编年史"或"年代记"。单从这个词我们也可以看出来了，它是一部鸿篇巨制，是的，像J.R.R.托尔金在《魔戒》中虚构了一个名叫中土的世界一样，C.S.刘易斯也虚构了一个名叫纳尼亚的世界，他谱写神话，从它的诞生一直讲到它的毁灭——从狮王阿斯兰唱响纳尼亚的生命之歌，到阿斯兰把纳尼亚带到末日，期间整整横跨了二千五百五十五年。不管大人怎么说，反正这个系列从它问世那天起，就受到了全世界孩子们的强烈支持，印数近九千万册，对于童书而言，这实在是一个天文数字。它所以会吸引那么多孩子，文学批评家P.佩廷吉尔说因为刘易斯是一个说故事的高手，说他"写作'纳尼亚传奇'，赋予它年轻生命的活力，再造了一个'欢乐'的环境。这七本迷人的幻想作品抓住了孩子的好奇心，那个世界充满了神奇的可能性，似乎每一个角落都是诱惑……"

而在这七本书中，被公认为最好看的就是《狮子、女巫和魔衣柜》。

当年刘易斯刚写出这本书的部分章节，就读给儿童文学作家罗杰·兰斯林·格林听了。他后来回忆道："听到刘易斯朗读的时候，一种敬畏和激动的心情油然而生。它不仅是那个时候最好的儿童读物，而且我确信当时我正在听一部最伟大的古典读

纳尼亚及周边国家地图

物。"那么，刘易斯作为一个研究中古及文艺复兴时期的英国文学的大学者，怎么会到了五十多岁的时候，突然写起了童书呢？

其实，一点都不"突然"。当他还是一个小男孩时，就开始躲在阁楼上编穿衣服、会说话的动物和骑士的幻想故事了。十六岁那年，一个半人羊的形象突然跳进了他的脑海——一个神话中的动物，脑袋和胸脯是人，腿却是羊，带着一把雨伞和一个包袱走进一片白雪皑皑的银色树林——这就是纳尼亚最初的构思。几十年后，他运用幻想小说这种他最喜爱的表现形式，写出了这个故事："这人只比露茜高一点儿，撑着一把伞，伞上全是雪。他上半身样子像个男人，但他的腿却像山羊腿……"而这个故事正如他自己所说的那样：是一个他小时候希望读到的故事。虽然这本书被认为是一个宗教寓言，但刘易斯说："一些人以为我在写作之前会问自己，我该如何给孩子们写一些关于基督教的故事……我可没法那样写作。一切源于形象：撑着伞的半人羊，坐雪橇的女王，无所不能的狮子。"

在一封给小读者的回信中，他说得更是十分清楚："于我，所有的小说来自于我头脑中的图画。"

不过，他的好友、《魔戒》的作者托尔金却不认同这个说法，他认为刘易斯是听他说完了中土世界的故事之后，自己走到桌前，拿起笔把它写了下来。说刘易斯是受到托尔金强烈影响的第一位作家，没人怀疑，但要说刘易斯抢先一步写出了托尔金的故事（刘易斯确实出手极快，《狮子、女巫和魔衣柜》出版于1950年，而托尔金的《魔戒》第一本比它晚

了整整四年），则有点言过其实了。

事实上，对刘易斯启发最大的作家不是托尔金，而是《五个孩子和一个怪物》的作者内斯比特。连他自己都承认，他是在内斯比特的传统中写童书，他是从内斯比特那里学到了怎样写这一类作品的方法。你看，为了表达对内斯比特的敬意，《狮子、女巫和魔衣柜》的开头——"从前有四个孩子，名字叫彼得、苏珊、爱德蒙和露茜……"还故意模仿了《四个孩子和一个护身符》的开头——"从前有四个孩子过暑假时来到一座白房子里，他们的名字分别叫西里尔、罗伯特、安西娅和简。"甚至连魔法大衣柜，这个连接现实世界和纳尼亚的通道，都是从内斯比特的一个短篇《姨妈和阿玛贝尔》（The Aunt And Amabel）中借鉴来的：有一天，小女孩阿玛贝尔拉开大衣柜，发现自己走进了一个名叫"空房间里的大衣柜"（Bigwardrobeinspareroom）的车站，从这里，可以抵达魔法世界"你想去的地方"（whereyouwantogoto）……

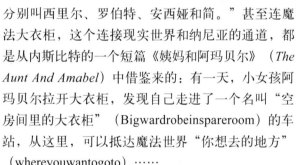
四个孩子在海狸夫妇家吃了一顿美餐。

大人看《狮子、女巫和魔衣柜》，一眼就可以看出《圣经》的影子，它确实是一部宣扬基督教的寓言故事，连刘易斯都不讳言，狮王阿斯兰就是救世主。它创造纳尼亚，为了拯救爱德蒙，先是牺牲自己的生命而后又复活，都是耶稣基督受难和重生的再现。

不过，这是这个故事的深层主题，它表面上还有一个更容易被孩子们接受的主题，即善与恶的殊死较量。对于一个不是在西方宗教背景下长大的孩子来说，它就是一个冒险故事。刘易斯非常聪明，他没有把纳尼亚的创造者阿斯兰写成人，而是写成了一只孩子们喜欢的威风凛凛的狮子；善恶两大军团的成员，也都是孩子们再熟悉不过的动物或是神话传说中的人物，如站在以狮王阿斯兰为代表的正义一方的是半人马、独角兽、森林女神，站在以白女巫为代表的邪恶一方的是狼、吃人恶魔、母夜叉、毒树精……这样一来，至少有一个好处，就是让小读者在几乎感觉不到宗教教义的情形下，就一口气把这个故事读完了。

刘易斯实在是太会讲故事了，一部气势恢弘的史诗，被他用极其简洁的语言讲得连一个七八岁的小孩子都看得懂：四个人类世界的孩子，打开一个神秘的大衣柜，走进了被邪恶白女巫用魔力控制的大陆，而等待他们的，将是一个古老的预言和白女巫那能把人变成石头的魔杖……要说整本书最吸引人的地方，就是那个魔法大衣柜。它看上去实在是没有什么出奇的地方，"就是门上有面镜子的那种"。可是想不到的是，这么一件普通的家具，在故事里却成了一条连接两个世界的通道。你看，最小的那个女孩露茜躲进了大衣柜里——

"这口衣柜一定大得要命。"露茜想着，一面还在往里走，一面推开层层叠叠软绵绵的大衣，好空出点地方。后来她注意到脚下有东西在咯吱咯吱响。"不知那是不是樟脑球。"她想，一面弯下身子用手摸。但她没摸到柜底那又硬又光的木板，却摸到软乎乎、冷冰冰，像粉末似的东西。"这可真怪。"她说着又往里走了两步。

过了一会儿，她发现擦在她脸上和手上的不再是软软的毛皮，而是又硬又粗甚至有点刺人的东西了。"咦，这简直像树枝了！"露茜叫道。说罢她看见前面有一点亮光，这光竟不是从几英寸以外原该是那衣柜后背的地方来的，却是从很远的地方来的。有什么凉飕飕、软绵绵的东西不停地落在她身上。又过了一会儿，她才发现自己站在一片树林中间，这儿是晚上，脚下全是雪，雪花在空中飞舞……

就这样，小女孩露茜走进了一个有羊怪、有会说话的海狸、有女巫的幻想世界：纳尼亚。

不管是不是借鉴了内斯比特的创意，看过这本书的孩子，都再也不会忘记刘易斯笔下的这个大衣柜了。只要你读了上面的描写，就会产生一种身临其境的感觉，仿佛穿过那个走进纳尼亚的不是小女孩露茜，而是你自己，因为作家描写得太逼真了，你甚至会拥有和露茜一样的触觉、嗅觉和视觉。我们不禁要发问了：作家是怎么把它写出来的呢？这就是幻想小说作家的本事了，幻想小说作家就是拥有这种独创的想象力，像李利安·H.史密斯在《欢欣岁月》说的那样，他们"能够走进看不见的事物的深底，把凡人所无法窥伺的、隐藏在神秘之境的东西，取出来放在阳光下，让凡人也能够看得一清二楚——或是可以看出一部分，或可以理解它"。

故事里一共有四个孩子出场，除了露茜，还有她的两个哥哥彼得、爱德蒙和一个姐姐苏珊。一走进纳尼亚，他们就发现这个藏在大衣柜背后的世界里，不但居住着羊怪、会说话的海狸夫妇、巨人、树精等奇异生物，还有一个统治世界的邪恶白女

后来就是靠路灯柱的指引，四个孩子才回到了自己的世界。

巫。因为她作祟，纳尼亚一年到头总是冬天，也没有圣诞节。在狮子王阿斯兰的帮助下，孩子们与白女巫的怪物军团浴血奋战，连受骗上当的爱德蒙也加入了战斗，终于打败了白女巫，破除了她的魔咒，让春天重新回到纳尼亚。最后彼得和苏珊还坐上宝座，分别当上了受人爱戴的国王和女王。后来他们又通过大衣柜回到了家里，发现人间依然如故。

相比其他三个孩子，老三爱德蒙是最有争议的一个形象。从他一出场开始，刘易斯就把他写成了一个让人讨厌的小男孩。特别是他明明和妹妹露茜走进了纳尼亚，却诬蔑露茜骗人之后，刘易斯甚至使用了诸如"恶毒"、"越变越可恶"这样严重的字眼儿来形容这个小学生——这在一般的儿童文学作品中是十分罕见的。更可怕的是，这个小男孩后来还因为贪吃，被白女巫的魔法迷惑，出卖了他的兄弟姐妹和阿斯兰。当然，最后他翻然醒悟，认清了白女巫的罪恶，加入正义的大军，一连打倒了三个吃人恶魔，还用剑劈断了白女巫的魔杖，成为一个勇敢的战士。正是透过爱德蒙，刘易斯让阿斯兰显现出一个救世主的伟大，它先是救赎，然后是宽恕。

对于这本书，也不是没有批评声，批评声最集中的地方还是上面说过的，它更像是一本基督教的教义。此外，也有人指责说"小学生彼得竟会变为纳尼亚的彼得王，实在令人很难接受"。这话没有说错，这样的情节在我们大人看来确实不可理喻，然而少年读者们才不管那些呢，他们喜欢，他们会有一种扬眉吐气的满足感。

有意思的是，刘易斯写完《狮子、女巫和魔衣

柜》，并没有写续篇的打算，后来因为读者的反响空前，他才又接着写了另外六个故事。他建议读者不要按照他的写作顺序来读这七本书，而是按照故事发生的年代顺序来读，即《魔法师的外甥》、《狮子、女巫和魔衣柜》、《能言马与男孩》、《凯斯宾王子》、《黎明踏浪号》、《银椅》和《最后一战》。

　　续篇是一定要读的，比如，为什么大衣柜会拥有如此魔力？为什么纳尼亚的树林里会有一根人类世界的路灯柱？为什么老教授会相信孩子们说的话，这些在《魔法师的外甥》里都可以找到答案。

中文译本推荐

《狮子、女巫和魔衣柜》
陈良廷、刘文澜/译
译林出版社
2005

延伸阅读

《魔法师的外甥》
米友梅/译
译林出版社
2005

《能言马与男孩》
吴岩/译
译林出版社
2005

《凯斯宾王子》
吴力新、徐海燕/译
译林出版社
2005

《黎明踏浪号》
陈良廷、刘文澜/译
译林出版社
2005

《银椅》
陈良廷、刘文澜/译
译林出版社
2005

《最后一战》
吴岩/译
译林出版社
2005

夏洛的网

原书名及初版时间：*Charlotte's Web*, 1952
作　　者：〔美〕E. B. 怀特（E. B. White）
插　　图：〔美〕盖斯·威廉姆斯（Garth Williams）
出版社：Puffin, 2003

获奖及推荐记录
⊙1953年美国纽伯瑞儿童文学奖银奖
⊙入选美国《出版者周刊》"所有时代最畅销童书"第一名
⊙入选美国全国教育协会"100本最佳童书"第一名
⊙入选美国纽约公共图书馆"最受孩子喜爱的100本童书"
⊙入选美国《纽约时报家长指南：最佳童书》
⊙入选美国《给孩子100本最棒的书》
⊙入选英国《你长大之前必读的1001本童书》
⊙入选日本《儿童文学的魅力：今天阅读的100本世界名作》
⊙入选日本《英美儿童文学畅销书40本：永留心中的名作》
⊙入选日本《世界少男少女文学：幻想文学50本》

是谁写了这本书

　　E. B. 怀特（1899—1985），出生于美国。他被赞誉为"20世纪最伟大的美国随笔作家"。作为《纽约客》的主要撰稿人，他一手奠定了影响深远的《纽约客》文风。

　　还是在少年时代，他就喜欢观察谷仓和马厩里的动物。1933年，他买下了缅因州一处临海农场。五年后，二十九岁的他说服妻子搬离纽约，定居农场，一边写作，一边当起了缅因州历史上最高级的农夫。后来，他在给孩子们的一封回信中说："我养了十只羊、十八只母鸡、一只雌鹅、一只雄鹅、一头小公牛、一只老鼠、一只花栗鼠，还有很多蜘蛛。"

　　他一生只写过三本童书。他写作童书的起因十分简单：一是他妻子负责童书的年终评论，每年秋天家中都会涌来装满童书的纸箱，与童书的亲密接触，让他觉得为孩子写作乐趣多多，而且重要；二是孩子们的纠缠。1970年，为了表彰他对"儿童文学的持久贡献"，他被授予了美国图书馆协会劳拉·英格斯·怀尔德奖。

先来认识一下书中的主要出场人物

弗恩
八岁女孩，能听懂谷仓里动物们说的话。

阿拉布尔先生
农夫，弗恩的爸爸。

阿拉布尔太太
弗恩的妈妈。

艾弗里
弗恩的哥哥。

威尔伯
弗恩从爸爸的斧子下救出来的小猪。

夏洛
蜘蛛，她在谷仓的门口结了一张大网。

"我不要死！"威尔伯扑倒在地上尖叫。

"你不会死。"夏洛轻快地说。

"什么？真的吗？"威尔伯叫道，"谁来救我？"

"我救你。"夏洛说。

● 这本书讲了一个什么故事

"爸爸拿着那把斧子去哪儿？"

这天吃早饭时，当八岁的女孩弗恩知道爸爸要去杀掉昨晚出生的一只先天不足、又瘦又小的小猪时，她追了出去，泪流满面地抓住了爸爸的斧子。

"可是这不公平，"弗恩叫道，"小猪生下来小，它自己也没办法，对不对？要是我生下来的时候很小很小，你也把我给杀了吗？"

爸爸疼爱地低头看着女儿，让步了。半个小时以后，爸爸回来了，夹肢窝里夹着一个纸箱，里头是那只刚生下来的小白猪："他是你的了，是你让它免于一死。"弗恩给小猪起了个漂亮的名字叫威尔伯，她用奶瓶喂他牛奶，爱他胜过一切。当威尔

"控制自己？"弗恩叫道，"这是生死攸关的事，你还说什么控制自己。"泪珠滚滚流下她的面颊，她一把抓住斧子，打算把它从爸爸手里抢下来。

伯长到五个星期时，在爸爸妈妈的劝说下，弗恩以六块钱的价格把他卖给了舅舅朱克曼。

就这样，威尔伯搬到了朱克曼家的谷仓里。

弗恩几乎天天来看威尔伯，她不说话，只是坐在一个挤奶凳上，静静地看着猪圈里的威尔伯。6月的一个下午，弗恩没来，威尔伯站在阳光下，头一次感到寂寞了。他说："我还没活到两个月，可已经活腻了。"母鹅怂恿他逃跑，而且他也成功了，自由了，可最后他经受不起一桶食物的诱惑，还是回到了猪圈里。吃饱喝足，他还自己安慰自己道："我独自一个去闯世界实在还太小。"

后面两天连着下雨，弗恩还是没来。威尔伯一下子感到孤独了，他甚至哭了起来："天天一个样，我太小，在谷仓这儿我没有真正的朋友。"母鹅不跟他玩，老鼠坦普尔顿不跟他玩，小羊羔不跟他玩，雇工勒维拎来了食物，可威尔伯不要食物，他要爱。他要一个朋友——一个肯和他一起玩的朋友。

这天晚上，从黑暗中传来了一个他从来没有听到过的细小的声音：

"你要一个朋友吗，威尔伯？"

"可我看不见你，你在哪里？你是谁？"

"我就在上面这儿，睡觉吧。明天早晨你就看见我了。"

第二天早上，威尔伯才知道昨天晚上跟自己打招呼的，是一只灰色的大蜘蛛。她说她叫夏洛，她的一张大网就挂在谷仓的门口上。太好了，威尔伯在心里说："我终于有一个新朋友了，错不了。可这友谊多么冒险啊！夏洛凶狠、残忍、狡诈、嗜血——样样都不是我喜欢的。我怎么能学会喜欢她呢？哪怕她好看，当然，又聪明？"威尔伯是错看夏洛了，他不知道在夏洛凶猛残忍的外表下，有一颗善良的心，到头来，她会显示出自己是个多么忠实的朋友。

初夏的一个下午，当弗恩坐在她的凳子上时，听到老羊对越长越胖的威尔伯说："你知道他们为什么让你长胖吗？就是为了要杀你，把你变成熏肉火腿。一到天气变得实在太冷时，几乎所有的猪年纪轻轻地就都被农民杀了……"威尔伯尖叫起来："我不要死！救救我，你们哪一位！"他哇哇大

"我的名字嘛，"那蜘蛛说，"叫夏洛。"

哭，扑倒在地上。

"你不会死。"夏洛轻快地说。

"什么？真的吗？"威尔伯叫道，"谁来救我？"

"我救你。"夏洛说。

当弗恩把这一切讲给妈妈听时，妈妈却担心起女儿来。她对丈夫说："你听到她嘟噜嘟噜谈那些动物了吗？说得好像它们会讲话似的。下一回我看到多里安医生，我想问问他弗恩这事。你很清楚，动物不会说话的。"

一天又一天，夏洛头朝下，等着一个好主意来到她的脑子里。在接近7月中旬的一个早晨，这主意真的来了。她对自己说："要救威尔伯，办法就是给朱克曼玩个把戏，人是傻瓜，容易上当受骗。"这天晚上，夏洛把她原来的网拉掉一大片，开了个天窗，然后她开始织起什么东西来。

第二天早上有雾，雇工勒维看到网子中央织着几个大字：王牌猪。

他喊来了朱克曼先生，朱克曼先生又喊来了太太："一个奇迹已经出现，一个信号已经降落人间，就降落在这里，就降落在我们的农场，我们有一只非比寻常的猪。"没几天，全县的人都知道朱克曼家蜘蛛网出现征兆这件事了，纷纷赶来瞻仰这只奇迹般的小猪。

接下来，夏洛又织出了"了不起"、"光彩照人"几个字，这让朱克曼先生十分骄傲，他决定带威尔伯去参加9月6日的全县大集，赢取奖金。

秋天到了，蟋蟀唱起了一支忧伤的歌。夏洛听了，知道自己时间不多了。可是，威尔伯去集市那天，害怕出事的夏洛还是跟去了，她动员老鼠坦普尔顿跟她一起躲进了装威尔伯的板条箱里。当她发现威尔伯的隔壁住着一只名叫叔叔的大猪时，她让老鼠坦普尔顿去给她找一个字眼，老鼠从报纸上啃回了一个"谦卑"。

早上，威尔伯在墙角找到了夏洛，她缩小了，边上有一样古怪的东西贴在天花板上，是个袋子。夏洛告诉他："这是我的卵袋，是我的杰作，里面有五百一十四个卵。"夏洛还告诉他："我将看不到我的这些孩子了，因为我在衰竭。"

本来隔壁的那只大猪已经得到了头奖，可是因为夏洛在威尔伯的头顶织出了"谦卑"两个字，威尔伯还是被请上大看台，得到了一个特别贡献奖，因为他吸引了那么多人来到这个集市。而在这欢庆时刻，弗恩却不在现场，跑去跟她喜欢的一个男孩子坐转轮了。

当威尔伯回来，夏洛对他说："你的未来有保证了。你会活下去，安然无恙，威尔伯。现在没有什么能伤害你了。秋天的白昼要变短，天气要变冷。树叶要从树上飘落。圣诞节于是到了，接下来就下冬雪。你将活下来欣赏冰天雪地的美景，因为你对朱克曼先生来说太重要了，他怎么也不会伤害你。冬天会过去，白昼又变长，牧场池塘的冰要融化。北美歌雀将回来唱歌，青蛙将醒来，和暖的风又会吹起。所有这些景物、声音和香气都是供你享受的。威尔伯……噢，这个美好的

现在学校放假，弗恩几乎天天上谷仓去，静静地坐在她那张凳子上。牲口把她当做自己人。那些羊安静地躺在她的脚旁。

漂亮的小猪站在那里，在他头顶上，几个大字一笔一画织得整整齐齐，写的是：了不起。又是一个奇迹。

世界，这些珍贵的日子……"

夏洛停了下来。过了一会儿，威尔伯的眼睛里涌出了泪水。"噢，夏洛，"他说，"想到第一次见到你，我还以为你很残酷、嗜血！"

等他从情感激动中恢复过来，他又问："你为什么为我做这一切呢？我不配。我没有为你做过任何事情。"

"你一直是我的朋友，"夏洛回答说，"这件事本身就是一件了不起的事。我为你结网，因为我喜欢你。再说，生命到底是什么啊？我们出生，我们活上一阵子，我们死去。一只蜘蛛，一生只忙着捕捉和吃苍蝇是毫无意义的，通过帮助你，也许可以提升一点我生命的价值。谁都知道人活着该做一点有意义的事情。"

老鼠坦普尔顿把卵袋咬了下来，威尔伯把它含在嘴里带回农场。夏洛没有回去，威尔伯走时，她鼓起全身力气挥了挥一条前腿，说了声再见。她再也没有动过。第二天，当集市上的人都走光了的时候，夏洛死了。在来过集市的数以千计的人中，没有一个人知道，一只灰蜘蛛扮演了最重要的角色。她死时无人在旁。

在威尔伯的精心守护下，第二年的春天，夏洛的孩子们一个接一个地从卵袋里孵化出来，乘风飞

走了，但有三只留了下来。

威尔伯永远忘不了夏洛。他虽然喜爱她的子女、孙子女、曾孙子女，可是这些新蜘蛛没有一只能取代夏洛在他心中的位置。夏洛是无可比拟的。这样的人物不是经常能够碰到的：既是忠实朋友，又是写作好手。夏洛两者都是。

 ## 让我们来深入讨论作品

《夏洛的网》一上来，第一句话就是：

"爸爸拿着那把斧子去哪儿？"摆桌子吃早饭的时候，弗恩问她妈妈。

这是一个惊心动魄的开头，也是一个经典到了几乎无人可以超越的开头。这是真正的讲故事大师的叙事技巧。要不，彼得·亨特怎么会在他那本著名的《儿童文学》中发出这样的惊叹："《夏洛的网》以它最出众的开头句子，在所有的文学作品中都必定是一个最强有力的竞争者。"是的，短短的一句话，已经让读者如坐针毡了！借用佩里·诺德曼与梅维丝·雷默在《儿童文学的乐趣》中的一句话来说，就是"斧子是一个令人惊讶的元素——这样的工具不应该出现在早餐时刻"。

这个不同寻常的开头，一下子就紧紧地抓住了小读者的心。斧头这样一把利器，实在是太不应该出现在早餐这样一个一天之中最祥和的时刻了。如果我们继续借用《儿童文学的乐趣》里面的话来说，就是"读过开头之后，读者需要填补更多的空缺"。孩子们会急迫地想知道弗恩是谁，她爸爸到底拿斧子去干什么了，是不是有什么可怕的事情要发生……不过，这个开头也引来了不少争议，玛丽亚·尼古拉耶娃在《儿童文学中的人物修辞》里就直言不讳地说："我认为小说的开头是该小说的最大的败笔。"她为什么会这样批评呢，这我们稍后回过头来再说。

还是先来看看《夏洛的网》到底讲了一个什么故事。

弗恩问完开头那句著

名的话之后，妈妈告诉她：你爸爸去猪圈了，昨天夜里生了一只小猪。于是，弗恩终于知道爸爸拿那把斧子去干什么了，是去杀那只落脚猪。接下来的故事，就是弗恩先从爸爸的斧子下救出了小猪威尔伯，然后蜘蛛夏洛再次救了威尔伯。

读完这个故事，你会发现开头那句"爸爸拿着那把斧子去哪儿"，其实是一个暗示。斧子既然是杀戮的象征，这本书当然讲的就是一个关于死亡的故事了。其实，这部被人们赞誉为"几近完美"的杰作，从开篇到结尾都充满了死亡的影子：开头是威尔伯差一点死于弗恩爸爸的斧下，接着是宣布他将被做成熏肉火腿，最后又是蜘蛛夏洛因为产卵而死去……作者怀特曾耿耿于怀地说他撞上了一个禁忌，因为他描写了死亡，把蜘蛛写死了。他之所以愤怒，是因为这本书在出版之初曾饱受一些儿童文学批评者的非议，劝他改掉结局，甚至没有授予他纽伯瑞奖金奖。在20世纪50年代，人们的心态还没有像现在这样开放，还不能允许一个作家给孩子们讲这么多的死亡。

怀特当然对这样的批评嗤之以鼻，他才不理会这些保守人士的批评呢，他说那些批评他的人"把自己都当成儿童心理学家"，他把自己的这本书称为"我最美丽的一部作品"。这话倒是一点不假，它虽然直面死亡，写了死亡的威胁和真正的死亡，但你读了以后，心里却不会留下一丁点儿阴暗和灰冷的感觉，相反，全被一种明亮而又温暖人心的光芒照亮了。死，让人流泪，当我们读到蜘蛛夏洛在彻底改变了威尔伯的命运之后，却独自留在空无一人的集市上默默死去时，没有人不为她难过和感动的：

在夏洛的网上出现大字几天以后的一个傍晚，蜘蛛召集谷仓的所有动物开会。"我现在点名了。威尔伯？""到！"小猪说。

"再见！"夏洛悄悄地说。接着她鼓起全身力气向威尔伯挥挥她的一条前腿。

她再也没有动过。第二天，当费里斯转轮被拆下来，赛马被装上装运车，艺人们收拾好东西把他们带活动房屋的拖车开走时，夏洛死了。集市上很快就空无一人。棚子和建筑物空了，被遗弃了。场地上满是瓶子和垃圾。在来过集市的数以千计的人中，没有一个知道，一只灰蜘蛛曾经起过最重要的作用。在她死的时候，没有任何一个谁陪在她身边。

但是除了死（何况死得还有价值，夏洛自己就对威尔伯说过："通过帮助你，也许可以提升一点我生命的价值。"），故事里还有生。春天一个晴朗的日子，威尔伯看到从他精心守护的夏洛的卵袋里，有小生命诞生了："一只小蜘蛛正从袋子里爬出来。它不会比一粒沙子大，不比一个针头大……它的样子看上去跟夏洛一模一样……'喂，你们好！'他说。第一只小蜘蛛说：'你好。'"怀特就是用这样一支比春天的阳光还要明媚的笔，为我们写出了一首热烈而又温情的生命赞歌。他揭示了生命的本质，告诉孩子们什么叫生命，生命就是生生死死，死死生生，这是一条自然规律。正如艾莉森·卢里在《永远的男孩女孩：从灰姑娘到哈利·波特》中写的那样："怀特告诉我们，在农场里，生与死是循环的。但是死是给生让出位置来，正如故事的结尾说的冬去是给春来让路一样。"

在《夏洛的网》里，蜘蛛夏洛是作为一个正面、伟大的女性的形象来歌颂的。尽管她后来成了威尔伯的朋友、拯救者和精神导师，但她刚一开始出现时，我们和故事中的威尔伯一样不喜欢她（除了昆虫学家，又有谁会去喜欢长相丑陋的蜘蛛呢）。威尔伯本人就充满了担忧："我终于有一个新朋友了，错不了。可这友谊多么冒风险啊！夏洛凶狠、残忍、狡诈、嗜血——样样都不是我喜欢的。我怎么能学会喜欢它呢？哪怕它好看，当然，又聪明？"可当威尔伯知道自己作为一头春猪的命运就是在圣诞节前"年纪轻轻地就被农民杀了"，做成熏肉火腿，开始哇哇大哭"我不要死，我不要死"时，夏洛那轻轻的一声"我救你"，让威尔伯和我们立刻就改变了对她的看法。最后，正是这只看似渺小的蜘蛛，完成了一个根本就不可能完成的任务，她运用狡黠的智慧，在网上织出了一个又一个诸如"王牌猪"、"了不起"、"光彩照人"等文字，欺骗了人类，创造了一个魔法般的奇迹。

你听，在即将结束生命之前，她对威尔伯说的一番话是多么感人啊：

"你一直是我的朋友，"夏洛回答说，"这件事本身就是一件了不起的事。我为你结网，因为我喜欢你。再说，生命到底是什么啊？我们出生，我们活上一阵子，我们死去。一只蜘蛛，一生只忙着捕捉和吃苍蝇是毫无意义的，通过帮助你，也许可以提升一点我生命的价值。谁都知道人活着该做一点有意义的事情。"

这本书读到最后，没有人不爱上这只名叫夏洛的蜘蛛的。她聪颖、坚毅，恪守诺言，无私奉献，集女性所有伟大的品格于一身，所以我们才会为她孤独死去那一幕而不得不哀怜、动容和落泪。

怀特到底是擅长描写人物的大师，除了夏洛，另外几个动物也都被他描写得血肉丰满。你看，威尔伯这只小猪，他天真、单纯，害怕孤独和死亡，渴望朋友与爱，开始还只是被动地配合夏洛改变自己的命

"你们全都去吗？"威尔伯问，"你们不能全都去。这样就只剩我一个了，没有朋友。我断定你们的妈妈不会希望这样的。"

运，后来学会了承担责任，守护了夏洛的后代。老鼠坦普尔顿，一个搞笑的配角，他自私、贪婪到了极点，却干了不少好事，让人恨不大起来，尽管他干好事的动机总是不那么纯洁……

说到这些性格鲜明的动物，顺便说一个小小的遗憾，中译本把威尔伯、夏洛的代称都译成了"它"，但在原文中，威尔伯是"he"、夏洛是"she"，还是译成"他"和"她"的好。希望中译本在修订时能把它们——改正过来。因为，怀特毕竟是包含着对生命的热爱，把威尔伯、夏洛都是当成有血有肉的人来写的。

怀特开始写这本书时，已经五十岁了。他的灵感来自于他自身的经验，他养过春猪，在随笔《一头猪的死亡》中他写道："我对严冬来临时宰杀一头春猪，已经习以为常。大多数农场都在上演这出悲剧。"可是有一天，当他去喂猪时，途中突然悲哀起来。它注定要死吗？他开始想法挽救小猪的性命，慢慢地，又把蜘蛛扯进了故事。两年后，他写出了这个关于发生在农场里的友谊和拯救的故事。

说这本书是杰作，还因为怀特写活了动物们的对话，写活了谷仓的气息，写活了农场一年四季的变化，犹如一曲田园牧歌。

当有人写信问他为什么能把谷仓写得那么生动时，他在信中这样回答道："我真的有一个农场，在海边。我的谷仓又大又冷，我还养了十只羊、十八只母鸡、一只雌鹅、一只雄鹅、一头小公牛、一只老鼠、一只花栗鼠，还有很多蜘蛛……"

最后我们来说说少女弗恩，这是整本书中一个最耐人寻味的人物。她开始从爸爸的斧子下救出威尔伯时，我们毫不怀疑她会是这本书中的主人公。可是几章一过，她就突然失语了，虽然还留在场上，但却只是一个在一边默默观看的观察

者了，把故事的舞台完完全全让给了威尔伯和夏洛他们这群动物。玛丽亚·尼古拉耶娃说《夏洛的网》的开头是一个败笔，就是因为这个原因："弗恩对小猪的担心和关心在她和读者之间建立起强烈的感情纽带。当故事的视角离开小女孩转到小猪、蜘蛛以及其他动物身上后，读者最初的期待被出卖了。小说完全忽视了这个孩子和她的情感需求。我认为，小说的主题（死亡的不可避免）从人类的角度看完全没有得到满意的处理。小说如果一直建立在动物的层面上，那么我们可以把它看做人类生活的比喻或寓言故事。然而，小说第一章有人类参与的一面。虽然小说后来没有人类的参与，但它使围绕威尔伯而展开的故事的结尾突出了弗恩的焦虑。"

这当然只是一个批评家的声音，也有人并不这样认为。再说了，说不定作者是故意让读者对弗恩失望，故意让她离开小猪威尔伯的（后来，"爱威尔伯胜过一切"的她真的离开了，彻底把威尔伯忘记掉了，在威尔伯最希望她在场的时候，她爱上了一个小男生，和他一起坐转轮去了）。因为小猪威尔伯对于弗恩来说，不过是童年的一个宠物，她后来长大了，"这也是人生，童年会消逝"。约翰·洛威·汤森在《英语儿童文学史纲》里这样一针见血地指出。

怀特有一回在接受采访时，曾经说到过弗恩这个人物。他说弗恩既是一个倾听者，又是一个翻译者。他这句话是什么意思呢？这部幻想小说有一个非常特别的结构，就是谷仓里面是一个动物的世界，谷仓外边是一个人类的世界。它有点像一个鸡蛋，蛋白裹住了蛋黄。动物们说动物的话，人说人的话，互相之间是没有办法用语言进行沟通的。如果要说有一个例外，那就是弗恩了。只有她听得懂动物说话，可是当她试图在这两个世界之间搭起一座桥梁，告诉妈妈蜘蛛会说话时，却失败了，没人相信她的话，妈妈不但厉声叫住她："住口！别胡编这些鬼话了！"还跑去请教医生。最后，还是靠夏洛这只智慧出众的小蜘蛛，织出人类的文字，才完成了两个世界的沟通。

延伸阅读

《精灵鼠小弟》
任溶溶/译
上海译文出版社
2004

中文译本推荐

《夏洛的网》
任溶溶/译
上海译文出版社
2004

《吹小号的天鹅》
任溶溶/译
上海译文出版社
2004

借东西的小人
（又译《地板下的小人》）

原书名及初版时间：*The Borrowers*, 1952
作 者：[英] 玛丽·诺顿（Mary Norton）
插 图：[英] 沙恩·贝利（Sian Bailey）
出版社：Puffin Classics, 2003

获奖及推荐记录
⊙1952年英国卡内基儿童文学奖
⊙1954年美国《号角书》杂志年度好书奖
⊙入选英国最大连锁书店Waterstones "最受喜爱的100本童书"
⊙2007年被卡内基儿童文学奖评委会推选为 "70年来最重要10本童书"
⊙入选美国《出版者周刊》 "所有时代最畅销童书"
⊙入选英国《你长大之前必读的1001本童书》
⊙入选美国《纽约时报家长指南：最佳童书》
⊙入选日本《儿童文学的魅力：今天阅读的100本世界名作》
⊙入选日本《英美儿童文学畅销书40本：永留心中的名作》
⊙入选日本《世界少男少女文学：幻想文学50本》

● 是谁写了这本书

　　玛丽·诺顿（1903—1992），出生于英国，父亲是一位医生。她两岁的时候，一家人从伦敦搬到了一个名叫莱顿的小镇。她在那里的乡村度过了她的童年时代。她小时候，想象力异常丰富，是一个喜欢和哥哥们在田野上跑来跑去的疯丫头。她喜欢一个人玩小人儿游戏，喜欢一个人就近观察那些树根、花朵的微小细节和小动物。

　　她后来毕业于修道院学校，年轻时曾经当过老牌的老维克剧团演员，这个剧团以上演莎士比亚的戏剧著称。1927年她与出生于船运世家的罗伯特·C.诺顿结婚，同丈夫一道到葡萄牙定居。第二次世界大战期间她丈夫在海军服役，她和四个孩子住在美国。也就是在这个时期，为了挣钱，当孩子们熟睡之后，她开始创作给大人看的短篇小说，把葡萄牙语的作品译成英文，并把儿时听到的那些故事写成给孩子看的书。

　　1943年，她四十岁时出版了第一本幻想小说《魔法床把手》（*The Magic Bed-Knob*），讲述三个孩子和一个见习女巫去南岛冒险的故事。

● 先来认识一下书中的主要出场人物

梅太太
讲这个故事的老奶奶，凯特爸爸妈妈的亲戚，借住在凯特家里。
凯特
听这个故事的小女孩。
阿丽埃蒂
借东西的小人，女孩。她说自己到"下一个6月"，就十四岁了。
波德
借东西的小人，阿丽埃蒂的爸爸。
霍米莉
借东西的小人，阿丽埃蒂的妈妈。

索菲姑妈
梅太太的姑妈，住在乡下的一座老房子里。二十年前因为一场狩猎事故，终年卧床不起。每天半夜前喝完一瓶白葡萄酒。
德赖弗太太
索菲姑妈的厨娘。有点胖，还长着唇髭。
克兰普福尔
索菲姑妈的园丁。
男孩
梅太太的弟弟，在故事里是一个十岁的小男孩。因为得了风湿病，被送到索菲姑妈家的老房子里来静养。

那男孩沉思着蹲在那里，嚼着草叶。"借东西。"过了一会儿他说，"你是这么叫这种做法的？"

"不这样叫叫什么？"阿丽埃蒂问道。

"我说这是偷。"

阿丽埃蒂哈哈大笑。她真是在哈哈大笑。"可我们是借东西的小人。"

这本书讲了一个什么故事

关于他们，是梅太太第一个讲给我听的。不，不是我，那是一个又野又邋遢又任性的小女孩。凯特，她应该就叫凯特。反正她叫什么无所谓，因为她没怎么进到这个故事里来。

梅太太住在凯特家的房子里，她常常教她钩花边。这天，凯特说她的钩针丢了，梅太太叫了起来："天啊，不要是借东西的小人！"她说，她弟弟小时候从印度回国，害了风湿病，住在乡下老姑妈的一座奇怪的老宅里，他告诉她，他在那里遇到了"借东西的小人"一家——妈妈霍米莉、爸爸波德和女儿阿丽埃蒂。

十三岁的阿丽埃蒂和爸爸妈妈住在索菲姑妈家厨房的地板下面。地板上头，住着长年卧床的索菲姑妈、厨娘德赖弗和园丁克兰普福尔。

阿丽埃蒂一家是借东西的小人，不仅是名字，他们的一切都是从人那里借来的，可是他们却把住在上面的人叫"人豆子"，认为人是他们的巨人奴隶，是被创造出来专干脏活的。看看他们都从人豆子那里借来了什么吧——五斗柜是火柴盒做的，壁炉是齿轮做的，烟囱是用漏斗做的，卧室是雪茄烟盒做的，澡盆是小碗……早先，这座老宅里还住过古钢琴一家、壁炉台一家、盥洗盆一家等好多家借东西的小人，不过他们陆陆续续都搬走了，现在，只剩下了阿丽埃蒂一家了。

对于他们来说，上面是一个可怕的世界，每次借东西都要冒着生命危险。要是"被看见"，就得搬家，用妈妈霍米莉的话来说，就是要"搬到世界的另一边去了"。阿丽埃蒂的亨德列里叔叔1892年4月23日这天就在壁炉台上"被看见"了，而且他们没有告诉女儿埃格尔蒂娜，埃格尔蒂娜不知道上面的人豆子弄来了一只猫，有一天走了出去，再也没有回来。悲痛万分的亨德列里叔叔只好带着家人搬到两个牧场之外的一个獾洞里去了——"那是另一个半球，跟蚯蚓生活在一起。"

阿丽埃蒂姓大座钟，因为他们家进入上面唯一的通道，就是大座钟下面的一个洞，但她还没有上去过。不过，从通气格栅，她可以看到外面的花园：一小段石子路和一个草墩，在这草墩上，春天盛开藏红花；从一棵看不见的树上飘下小花；接着一丛杜鹃花开花；小鸟飞来啄食、追逐，有时候打架。妈妈霍米莉说她："你把时间都浪费在看那些鸟上了。"

这天，爸爸波德去给妈妈借茶杯时，"被看见了"。当他爬窗帘时，被床上的一个小男孩看见了，小男孩看了他十分钟，没有捉他。可问题是，这房子里近二十年没有过小男孩了。

爸爸叹了口气："没有办法，除了……"

妈妈叫道："噢，不，不要搬走。"

想不到阿丽埃蒂脸上涌出一种梦幻般的神秘表情。她说："我们不能搬走吗？"她不想一天又一天，一个星期又一个星期，一年又一年地被关在这里。她抬起流着眼泪的脸说："我知道爸爸是一位了不起的借东西大王。我知道其他人家都搬走了，而我们家还能待下来。但最后会怎么样呢？我不认

老房子的地板下，住着借东西的小人阿丽埃蒂一家。

为这是个什么聪明办法：孤零零一家人永远住在一座空荡荡的大房子里，住在地底下，没有人可以谈话，没有人可以一起玩，除了灰尘和过道，什么也看不到，除了蜡烛光、火光和缝隙透进来的一点亮光就没有光。"

也是这天，妈妈决定让爸爸带阿丽埃蒂去上面借东西，因为"这可以给她一点乐趣，使她不再渴望外边的蓝色天空和青草什么的"。

三个星期后的一个春日，爸爸带阿丽埃蒂上去借毛刷的毛。她这才头一次看见大座钟，看见如同通往仙境的大门，看见了阳光、青草和微风。她答应爸爸不走远，可是她还是跳舞一样地踩着花瓣来到了草埂上。

一只其大无比的大眼睛贴了上来，她僵住了，她"被看见"了，是那个男孩。

当这个从印度来的九岁男孩知道她是一个借东西的小人时，说："你们那不是借，是偷。""怎么是偷啊？我们是这房子的一分子，人豆子是来养活我们的。"她反驳说。

"从人豆子那里拿不算偷？"那男孩说。

阿丽埃蒂又哈哈大笑，笑得把脸藏到樱草里。"噢，天啊，"她笑出眼泪，喘了口气，"你真滑稽！"她抬头看着他迷惑不解的脸，"人豆子是为了借东西的小人而存在，就像面包是为了黄油而存在一样！"

那男孩沉默了一会儿。一股风吹得樱桃树叶簌簌作响。

"哼，我不信，"他看着落下来的花瓣，最后说，"我根本不相信我们是为这个存在的，我也不相信我们在死绝！"

他还告诉她，他只见过两个借东西的小人，但他见过成百成百成百成百成百，不，几千几万几亿的人。不过，男孩答应替她送一封信给亨德列里叔叔。

阿丽埃蒂没有告诉爸爸妈妈她"被看见"了，

阿丽埃蒂向它跑过去。"妈妈！"她鼻子顶着铁栏栅叫道，"妈妈！"她静静地等着，过了一会儿又叫了一声。叫到第三次，霍米莉来了。

但后来她溜进男孩房间，取亨德列里叔叔的回信时，还是被爸爸发现了。爸爸妈妈吓坏了，她告诉他们，她这样做是为了挽救我们这个人种。这天晚上，他们头上的地板被掀开了，男孩的巨手伸进来，放下一个精美的玩具餐具柜。从这天晚上开始，他们生活中一个奇怪的篇章开始了：借到做梦也想不到的东西，这真是一个黄金时代。但因为丢失了太多的东西，引起厨娘德赖弗的怀疑，她终于发现了地板下的小人。她把男孩锁进房间之前，笑着对他说："只要找到了他们的窝，捉老鼠的人就知道该怎么办了。"

"故事讲完了。"梅太太说。

"一定还发生了什么事情，"凯特生气地叫道，"捉老鼠的人怎么啦？"

"是还发生了事情，"梅太太说，"发生了许多事情，我这就来告诉你。"

"那你为什么说完了呢？"

梅太太回看她："凯特，故事从来都不会真的完了。它们可以一直说下去。只是有时候说到某一个地方告一段落罢了。"

梅太太告诉她，后来厨娘德赖弗找来

他忽然掀开被单，从床上站起来，真是又高又大，穿着他的法兰绒灰睡衣。这一回轮到阿丽埃蒂害怕了。

了捉老鼠的人，他先把大座钟下的洞口用水泥封住，然后用风箱往地板下边打烟，要把小人熏出来。危急关头，他弟弟冲到外面，用鹤嘴锄砸开了通风格栅。但他没有看见小人们出来，因为来接他回印度的马车到了。梅太太还告诉她，小人们逃出来了，因为她后来去找过他们，她用枕头套装了满满一箱子的玩具房子的家具、茶叶、咖啡豆、盐啊什么的，放在了草埂上，第二天再去时，它已经不见了。

"就是在这一天，"凯特问，"你找到了阿丽埃蒂的日记？"

"那不是日记，"梅太太急忙说，她的脸更红了，"这是一本《备忘录》，里面有白页。她把字写在那上面。我不是在那一天找到它的，而是三星期后，我离开那里的前一天。"

凯特坐着一声不响，看着梅太太。过了一会儿她吸了一口气。"那么，"她最后说，"这就证明地下是有房间之类的事。"

"还不完全能证明。"梅太太说。

"为什么不能？"凯特问道。

"阿丽埃蒂一直把e这个字母写得像半个小月亮，当中加一横……"

"那又怎么样？"凯特说。

梅太太哈哈笑着，重新拿起她的活儿。"我弟弟也这样写的。"她说。

让我们来深入讨论作品

《格列佛游记》是小人故事的开山鼻祖，几个世纪以来，小人已经快被儿童文学作家写得泛滥成灾了，但从没有一部关于小人题材的书，能像《借东西的小人》一样获得那么多狂热的赞美之词，它几乎成了小人文学的里程碑。乔恩·斯多特在《玛丽·诺顿》一书中引用批评家的观点，给它戴上了一顶辉煌桂冠，说它是"所有获得卡内基奖章的作品中，最不受质疑、永久的、超越时间的天才之作"。《牛津儿童文学指南》也说它是"英国儿童

文学的杰作之一，是与《柳林风声》、《霍比特人》有相似之处的比肩之作"。

既然是一部永恒经典，那么它永不退色的魅力又在哪里呢？

先来说说它的故事——

阿丽埃蒂一家住在乡下一座老房子的下边。这是一个相对安全的地方，因为上面没住几个巨人，除了卧床不起的索菲姑妈，就只有烧饭的德赖弗太太和园丁克兰普福尔了。他们是借东西的小人，不管是吃的还是穿的、用的，都要从上面的人类那里借。从前，这里住着好几家和他们一样的借东西的

这时候，一张巨大的脸出现在他们和遥远的天花板之间。

小人，可惜时过境迁，整座房子里时代发生了变化，他们陆续"被看见"，都搬到世界的另一边去了。父亲波德渐渐年迈，尽管从来没有过一个小姑娘去借东西，但他没有儿子，为了将来，他只能带女儿去上面那个危险的地方借东西了。这正好满足了阿丽埃蒂的心愿，她不想整天被囚禁在黑暗的地下，透过一个通气格栅，她看到了上面的那个世界，那里有花园，有藏红花和杜鹃花，有追逐和打架的小鸟。可是，阿丽埃蒂第一次去借东西，就"被看见"了。还算好，这是一个好心的男孩。不过也正是他的好心，让德赖弗太太发现了藏在地板下边的阿丽埃蒂一家，叫来了捉老鼠的人。这个人说他会用烟把小人一家熏出来……

《借东西的小人》是一部幻想小说不假，但当你读了十页之后，就会慢慢地忘记你是在读一个"在现实世界中不可能发生"的幻想故事了。你会屏住呼吸，相信阿丽埃蒂一家借东西的小人就窸窸

窜窜地生活在地板下。

为什么我们会有这样的感觉呢？

一是关于小人的故事，我们看过太多了，格林童话里就有不少小人。可那些小人都住得十分遥远，不是有女巫出没的大森林里，就是一个"很久很久以前"的地方。但阿丽埃蒂一家借东西的小人不同，他们就住在人类的身边，就住在人类的房子里，没有那种隔绝的时空感，让人觉得亲切，就仿佛是常常见面的街坊邻居。这样设定，至少有一个好处，就是消解了那些认为魔法是哄人把戏的读者的戒备之心。而且玛丽·诺顿笔下的这些小人没有魔法，不是小精灵，也不是小怪物，只不过是我们人类的缩小版。你看，除了身高，他们和我们人类什么都一样，一样的长相，一样的情感，一样的需求。比如阿丽埃蒂，乖巧，喜欢念书，记日记，敢于冒险，对外边的世界充满了好奇心，如果不是作者说她身高只有十三厘米，我们又怎么会怀疑她不是一个普通的人类小女孩呢？再比如她的妈妈霍米莉，也不过就是一个和我们的妈妈一样的妈妈，她疼女儿，爱丈夫，热爱做家务，但却容易紧张，一点小事就絮叨个没完没了。不过，借东西的小人们可不承认他们是人类，尽管他们依附人类生活，却一点也瞧不起人类。他们鄙视人类，把人类唤作"人豆子"，认为人类是他们的巨人奴隶，是专门创造出来为他们干脏活的，是为他们而存在的，"就像面包是为了黄油而存在一样"。

二是她运用出色而娴熟的写实主义技巧，来写幻想小说。你不是对小人的存在还心存抵触吗，好，我用这样逼真到仿佛是在给你看一幅照片似的描写来说服你："阿丽埃蒂拿出她的铅笔。这是支白色的小铅笔，拴着一根丝线，是从一张舞蹈节目单上扯下来的，虽然如此，到了阿丽埃蒂的手里，这小铅笔就像是一根擀面杖

"把我们放下来吧，"波德用他忍耐着的口气说，"就一会儿。对了，放在地上。"等袋子一放在洞口旁边，他们全都跑了出来。

了……"这样精准、绵密的描写一个连着一个，贯穿全书，你自然也就信以为真了。

第三，当然是这个故事编得太好看了，几个小人的命运一直牵着我们的心，非让人一口气看到最后不可。

最终，这三个借东西的小人的后裔还是逃了出去——尽管这本书里没有给出明确的答案，但续集里说他们住到了河边的一个破靴子里。有人解读说玛丽·诺顿通过借东西的小人的悲剧表达了战乱的威胁及对人的不信任，但今天的孩子是很难读出这种隐含的寓意来了，他们喜爱这个故事，完全是因为作者创造了一个活灵活现的小人世界。

首先，她花费了大量的篇幅，不厌其烦地为我们描绘了借东西的小人一家的起居。她知道，她讲的细节越多，越婆婆妈妈，就越能吸引孩子。就如同约翰·洛威·汤森在《英语儿童文学史纲》中所指出的那样：正是因为对细节的重视，它才在我们的世界里创造了一个世界。她把小人一家安顿在了一幢老房子的下边，他们的家不单有长长的通道和一扇扇门来防御老鼠，还有厨房和起居室。要说最让人着迷的，还是小人从上边世界借来的那些东西，都被派上了和原来不一样的用途：雪茄烟盒成了卧室，火柴盒成了五斗柜，红色吸墨纸成了地毯，别针成了门闩……这些好玩而又符合逻辑和比例的描写，又怎么能不让孩子们着迷呢？他们一定会回忆起自己童年时玩过的那些小人游戏。

接下来，她开始为我们讲述小人一家的生活。按照小人的理论，人类是为了他们的生存而创造出来的奴隶，他们从人类那里偷东西，当然就不算偷，只能算是借了。可人类毕竟不是他们温顺的奴隶，是巨人，所以他们只能偷偷摸摸地借东西，害怕"被看见"。那么，人类的世界在他们的眼中，到底是一个怎样的世界呢？显

然，作为读者的孩子们也期待看到这样的描述。她满足了孩子们的愿望，透过阿丽埃蒂这个初闯人类世界的小人少女的眼睛，她让我们重新眺望了自己的世界。那个视角还真是特别，就好像是我们趴在地上，举着一个放大镜来观看。因为她写得生动，看着看着，孩子们就不知不觉地把自己也变成了和阿丽埃蒂一样大的小人。不信，你来看看这一段的描写，当阿丽埃蒂第一次跟爸爸到上面的世界去借东西时，她一钻出时钟边上的那个小洞，就站住不动了：

　　她看见地毯的边像海上几个五彩岛屿，她看见在灿烂的阳光中现出开着的前门——像通往仙境的大门。她看到门外的青草和对着明朗天空摇曳的绿色蕨叶……

　　前门阴暗的门框附近忽然有动静，波德又出现了，在门垫旁边，拎着个袋子。门垫有他膝盖高，像一片栗色麦子地……

　　阿丽埃蒂喘过了气向四周看。她看见巨大的椅子腿高高耸入阳光中；她看见椅子坐部阴暗的背面在她的头顶上像天篷一样张开；她看见钉子、皮带、悬着的丝和线；她看见楼梯一直通上去，一级又一级……她看见雕花的桌子腿和柜子底下的大空洞……

你再来看看这一段，阿丽埃蒂在草地上遭遇了那个男孩：

　　这是一只眼睛。或者说它看起来像一只眼睛。跟天空的颜色一样明亮。一只跟她自己一样的眼睛，但其大无比。一只闪亮的眼睛。她吓得透不过气来，坐起了身子。这眼睛眨了一下。很大的一排眼睫毛弯弯地落下又掀起不见……

　　只听见一声很响的喘气，青草里发生了地震：他转身离开她，坐了起来，成了一座穿绿色套衫的大山……

　　阿丽埃蒂抬头看他，她想：怎么样一个怪物啊，背对着天空，黑黑的？

关于他们，是梅太太第一个讲给我听的。不，不是我，那是一个又野又邋遢又任性的小女孩。

是不是又真实又形象？其实，作者玛丽·诺顿之所以能把一个小人世界如此栩栩如生地呈现在我们面前，完全是出自她童年时代对小人的幻想与痴迷。她的童年是在一个乡村庄园里度过的。在一次访谈中，她说自己小时候喜欢一套小瓷人玩具，每个瓷人有八到十厘米高。她给这些瓷人着色和穿衣裳，用它们编造各种各样的故事。还特别喜欢躺在小溪边，仔细观察土坡、灌木树篱和浅浅的池塘。因为她近视，又不知道要配眼镜，所以要凑近去看那些树根、花和小动物，边看还会边幻想："假如有这样一种生灵，他们的思想和行为与人类一样，却像小动物那样弱小，和他们一起生活时将会怎样？你会靠什么生活？用什么来修建家园？谁会成为你的敌人或朋友？"

玛丽·诺顿在阿丽埃蒂的身上花的笔墨最多，因为她是穷途末路的借东西的小人一家的希望。她把她塑造成了一个表面听话，但内心向往自由和新天地的叛逆少女形象（阿丽埃蒂自己亲口告诉那个男孩，她"到下一个6月"，她就十四岁了。十四岁的女孩，应该正是处于反抗期的青春少女吧）。阿丽埃蒂识字，写日记，不愿意像父母一样在地下过着暗无天日的生活（可怜的她，已经在"除了蜡烛光、火光和缝隙透进来的一点亮光就没有光"的地下囚禁了整整十三年），渴望"蓝色的天空和青草什么的"，而且敢想敢做，成为借东西的小人历史上第一个"被看见"，并且打破禁忌，和看见她的男孩成为好朋友的人。她借助男孩的力量，"尝试挽救我们这个人种"，带领一家人逃脱了厄运的同时，也完成了一个年轻女孩的成长仪式。从这个角度来说，《借东西的小人》是一部不错的成长小说呢。

读这本书，一定不要漏过了那些有趣的对话，特别是阿丽埃蒂第一次在草地上见到男孩时的对话。

要说这本书被争论最多的，还是它的开头与结尾，尤其是结尾，作者故意设置了一个开放式的，充满了悬疑意味的结尾。本来，我们已经不怀疑小人的存在了，可是讲故事的梅太太突然颠覆了我们的观点，话锋一转，告诉凯特说，她后来捡到了阿丽埃蒂的《备忘录》，但这个《备忘录》可能是她弟弟自己写的，因为"阿丽埃蒂一直把e这个字母写得像半个小月亮，当中加一横"，而她的弟弟"也是这样写的"。那么，难道说小人并不存在，这个故事是她弟弟自己编的？玛丽·诺顿没有回答，用这么一种很后现代的写法，给我们留下了一个谜。像撒克和韦布在《儿童文学导论：从浪漫主义到后现代主义》中说的那样："诺顿的游戏笔法开玩笑地破坏了读者对结局的期待。"

不过《借东西的小人》书后有一篇朱迪思·埃尔金写的后记，说得非常好："也许，重要的事情是，作为读者的你，是否相信他们的存在。"

延伸阅读

《借东西的小人在野外》
周晓阳/译
译林出版社
2009

《借东西的小人漂流记》
张颖/译
译林出版社
2009

《借东西的小人在高处》
熊裕/译
译林出版社
2009

《借东西的小人复仇记》
熊裕/译
译林出版社
2009

中文译本推荐

《地板下的小人》
任溶溶/译
少年儿童出版社
2005

《借东西的小人》
肖毛/译
译林出版社
2009

汤姆的午夜花园

原书名及初版时间：*Tom's Midnight Garden*, 1958

作　者：[英] 菲莉帕·皮尔斯（Philippa Pearce）
插　图：[英] 苏珊·艾因齐格（Susan Einzig）
出版社：Greenwillow Books, 1992

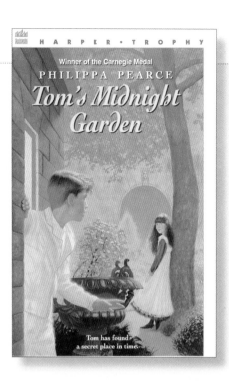

获奖及推荐记录

⊙1958年英国卡内基儿童文学奖
⊙2007年被卡内基儿童文学奖评委会推选为"70年来最重要10本童书"
⊙入选英国最大连锁书店Waterstones"最受喜爱的100本童书"
⊙入选英国《你长大之前必读的1001本童书》
⊙入选美国《最佳童书：从学前到小学六年级》
⊙入选美国《纽约时报家长指南：最佳童书》
⊙入选美国《给孩子100本最棒的书》
⊙入选日本《儿童文学的魅力：今天阅读的100本世界名作》
⊙入选日本《英美儿童文学畅销书40本：永留心中的名作》
⊙入选日本《世界少男少女文学：幻想文学50本》

● 是谁写了这本书

　　菲莉帕·皮尔斯（1920—2006），出生于英国。她毕业于剑桥大学，曾在英国广播公司任编剧及导演长达十三年之久，后又在一家出版社任编辑。

　　她父亲是面粉商，在距离剑桥五英里的乡间拥有一家面粉厂。它矗立在卡姆河的上游，卡姆河从厂房的边上流过。他们一家，就生活在那里的一座19世纪初盖的大房子里。它有一个非常大的花园，被古老的参天大树包围。不过，这个花园一直都在改变，到了他们一家最后住在这里的时候，耸立在草坪一角的一棵冷杉也折断了。

　　她三十一岁生病住院那一年，她又想起了童年住过的大房子和花园，于是开始在想象中回家，创作童书。后来，她在《汤姆的午夜花园》的后记中这样写道：我把房子和花园的一切都写了进去，连细部都是如实描写。当画家为这本书画插图时，她还借给画家照片，让画家逼真地再现了当时的花园。

● 先来认识一下书中的主要出场人物

汤姆
男孩，因为弟弟出麻疹，暑假里被妈妈送到了姨妈家。

彼得
汤姆的弟弟，出麻疹躺在床上。汤姆会给他写信，把在姨妈家发生的事讲给他听，并在信上注明"看完烧掉"。

格温姨妈
汤姆的姨妈，没有小孩，住在一幢小公寓的二楼。

艾伦姨夫
汤姆的姨夫。

巴塞洛缪太太
格温姨妈的房东，她年纪很大了，小小的个头，弯腰驼背，穿着一身黑的衣服。她住在小公寓的顶楼，楼下大厅里的大座钟是她的宝贝，每天上午都会下来给它上发条。

海蒂
花园里一个不断长大的女孩。

亚伯
花园里的园丁。

整幢房子似乎都屏住了呼吸。黑暗向他逼过来，追问着他一个问题：来吧，汤姆，大钟已经敲了十三下——对此你打算做些什么呢？

● 这本书讲了一个什么故事

暑假里，因为弟弟彼得患了麻疹，汤姆只得离开自己家的花园和彼得，住到了姨妈家。

那是一座老房子，现在被改造成了公寓，没有花园，四周挤满了新建的小房子。公寓大厅有一只滴答作响的老爷钟。"别，别碰它。"姨妈压低声音说，"它是楼上巴塞洛缪太太的，她对它看得可紧了。"

这天夜里，汤姆听到老爷钟敲了十三下。

他有些不安，因为他知道这件事会给他带来影响；他可以从内心深处感到这一点。夜晚的这种寂静变得有所期待。整幢房子似乎都屏住了呼吸。黑暗向他逼过来，追问着他一个问题：来吧，汤姆，

汤姆刚才本能地向前跨了几步，吃惊地屏住了呼吸。这时随着一声叹息，他将这口气吐了出来。

大钟已经敲了十三下，你到底打算怎么样呢？

他下楼想看看老爷钟的指针停在哪里，太黑看不见，于是打开大厅后面一扇门，想让月光照射进来——外面是一个大花园，草坪、鲜花，一棵高耸的冷杉……他先是吃惊，接着是愤怒，因为姨夫和姨妈欺骗他说："汤姆，你不用上后面去。就是个肮脏的后院，放着垃圾箱。"这时一个穿着过去衣服的女仆穿过大厅，她看不见汤姆，也听不见他的声音。汤姆发现整个大厅的摆设都改变了，不过很快，它又变回了原样。

可是第二天，汤姆打开那扇门一看，没有花园，一片狭窄的空地上放着五个垃圾桶。

午夜，汤姆再次走进了花园。花园里是黎明，一只鸟叫了。一大蓬毛茸茸的东西，在草坪一角那棵高高的冷杉树上笨拙地打了个滑，眼看就要摔下来了，接着立刻一振翅膀，乘着一股并不存在的微风，飞到远处另一棵树上去了，原来是一只猫头鹰……白天了，汤姆害怕自己被困在一个不属于他的白天里，便逃了回来，他发现自己在花园待了那么久，但钟上显示午夜刚过了几分钟！

现在汤姆天天夜里都去花园。虽然别人看不见他，但他总觉得有一个人在暗中注视着他。直到有一天他朝三个男孩吐舌头，他们身边的小女孩海蒂也朝他吐舌头时，他才知道海蒂看得见他。海蒂告诉他，她早就在偷偷地观察他了，还说自己是一位被囚禁在这里的小公主。她替他推开他推不开的一扇扇门，告诉他一个又一个秘密，虽然他不相信她是小公主，但海蒂确实使这座花园变得像一个王国一样了。

海蒂带汤姆穿过树篱秘密通道，穿过鹅群，去看草地尽头的一条小河，想不到后来那群鹅竟从树篱通道钻进花园里来了，花圃遭到践踏。海蒂的表哥说是海蒂发现的那条通道，于是海蒂的婶婶一顿大骂，说海蒂是个没人要的苦孩子，一个不知道感恩的小叫花子，就因为是她已故丈夫的侄女，她才不得不收留她。说着说着，海蒂的婶婶和海蒂都隐去不见了，汤姆也在一棵树下睡着了。当他醒来时，发现时间发生了变化，看见小路尽头有一个小女孩在伤心地哭泣，她穿着一身黑衣服，只有海蒂一半那么高。"你哭什么呢？""哭我的家！哭我

她叫什么名字来着？海蒂……

的妈妈，我的爸爸！"汤姆脑海里一激灵，这孩子就是海蒂，一个可怜的孤独小海蒂。不过后来他再没见过幼年海蒂，见到的都是另外一个大一点儿的海蒂。

汤姆回家的日子到了，但是他要求留下来，他已经离不开那座花园了。

他开始琢磨海蒂是不是一个幽灵，为这事，还和海蒂吵了一架，海蒂说他才是一个能穿门而过的幽灵。他查百科全书，推断海蒂是一百多年前维多利亚时代早期的一个小幽灵。得出这样的结论之后，他立刻就把它忘到了脑后。

他继续去花园找海蒂玩。有一天，他爬到了有日晷的南墙上。站在墙上，汤姆看到了比花园和房子更远的地方，他看见了那条小河。汤姆以前只知道花园和花园外围很少一点地方，现在站在墙顶上，他似乎看见了整个世界。

他还和海蒂造了树上小屋。不过，当海蒂想坐在小屋外面一根有裂缝的树枝上时，悲剧发生了，海蒂摔了下去，当场就摔昏了。园丁亚

汤姆尽管被眼前的事情吓得昏头昏脑，但仍然意识到亚伯的目光是直盯在他脸上，而不是穿透了他。而且他开始对他说话了。"你滚开！"亚伯声音粗哑地说。

伯跑过来抱起海蒂朝大房子跑去，汤姆跟了上去。"你滚开！"亚伯声音粗哑地冲他吼道，"你从哪儿来的，还滚回哪儿去！我知道你。我一直就看见你……"当他再次穿墙而过，在大房子的一个带护栏的房间里见到海蒂时，海蒂头上缠着绷带坐在床上。汤姆端详了她一会儿：她似乎——不，是肯定，显得比汤姆第一次看见她时大了许多。海蒂一直在长大。他认出这个房间，就是他住的那个房间，不过从窗户望出去，却是完全不一样的风景了。这让他想到了"过去"，他想是"时间"使"过去"显得那么遥远，却又把他的"现在"变成了海蒂的"现在"；他又想是老爷钟滴滴答答地走出了他的时间和海蒂的时间。他想到钟面上有一幅画，便问她是什么意思，她说只要打开钟盖，就能看到被钟盖挡住的文字。这天分手时，他对海蒂说："我明天再来看你。"海蒂却说："你总是这么说，却经常好几个月以后才露面。"

因为老爷钟的钥匙白天在楼上的巴塞洛缪太太手里，他只能晚上来求海蒂。海蒂的伤已经好了，正在滑冰，她回到大房子帮他打开钟盖，他看到那一行字是"不再有时日了"，原来是《圣经》里的一句话。他开始思考什么是时间，通过与姨夫的讨论，汤姆想，自己是退回到了一百多年以前，透过一个个片段，看见了海蒂的时间、花园的时间，跨越了起码有十年，而他自己的时间只过去了暑假里的短短几个星期。

姨妈告诉他，星期六他必须回自己的家了。

不过他不怕，因为他发现在花园里耗费了时间，却并没有耗费平常时间里的一分一秒。老爷钟敲十三点的意思就是：过了十二点以后的钟点，在平常时间里是不存在的，它们不受平常时间法则的约束，它们不是只有平常的六十分钟，它们是无穷无尽的。他想，所以我可以永远待在花园里，几

一棵支了棚架的梨树的树枝正好给他当梯子，他三下两下就爬到了墙顶上。尽管他先前告诉自己不用害怕，但当他在上面站直身子时，心里还是一阵恐慌。

天、几个星期，甚至一年，而要是想回家了，随时都可以回来。

最后一次见到海蒂时，海蒂已经是个大人了，但汤姆完全没有察觉。他们在冰冻的河上滑冰，一直朝前滑到了伊利大教堂。回来的路上，他们坐上了一个名叫小巴蒂的高大又结实的年轻人的马车。海蒂和小巴蒂一路聊得很欢，她看不见汤姆了，把汤姆给忘记了。某个村庄教堂的钟声从黑糊糊的旷野上传过来，使汤姆又想起了时间：他曾经以为他完全能够控制时间，以为他肯定能用自己的时间换得海蒂时间的永恒，然后永远快快乐乐地生活在花园里。现在，花园仍然在那儿，而海蒂的时间却偷偷赶在了他的前头，把海蒂从他的玩伴变成了一个成年女子。

回家前的最后一个晚上，汤姆打开门，花园不见了，他大声呼唤："海蒂！海蒂！"

第二天上午，他为昨晚半夜吵醒了巴塞洛缪太太，上楼去给她道歉，想不到她对他说："哦，你不明白吗？你在叫我：我就是海蒂。"她告诉他，她是维多利亚晚期的人，她后来和小巴蒂结了婚，小巴蒂就是已故的巴塞洛缪先生，他们后来买下

了这座大房子。望着她那一双跟海蒂一样的黑眼睛，汤姆轻声地说："你就是海蒂，你真的就是海蒂！"原来，汤姆住进大房子之后，渴望有人陪他玩、有地方可以玩。这种强烈的渴望钻进了巴塞洛缪太太的梦境中，使她又回忆起了很久以前的那个小海蒂。汤姆也跟着她一起回去，进入了那座花园。因为是梦，所以花园的时间一会儿跳到后面，一会儿又回到前面。

告别的时候，本来已经说过再见了，可汤姆又再次冲动地朝楼上跑去……

后来，格温姨妈试图向她丈夫描绘这两个人第二次告别的情景。"汤姆朝她奔去，他们俩紧紧地抱在一起，就好像彼此认识了好多好多年，而不是今天上午才第一次见面。还有呢，艾伦，不过我知道说出来你会觉得更加不可思议……当然啦，巴塞洛缪老太太是这么一个干瘪的老太太，个头比汤姆大不了多少，可是，你知道吗，汤姆用两只胳膊紧紧地抱住她跟她告别，就好像她还是一个小姑娘似的。"

显然，从汤姆最初在花园里见到她之后，她已经长大了不少。

 让我们来深入讨论作品 ●───

汤姆慢慢走下顶楼的楼梯。到了楼梯脚下，他迟疑了一下，然后冲动地转过

身，一步两级地又跑上楼去，海蒂·巴塞洛缪依然站在那里……

后来，格温姨妈试图向她丈夫描绘这两个人第二次告别的情景。"汤姆朝她奔去，他们俩紧紧地抱在一起，就好像彼此认识了好多好多年，而不是今天上午才第一次见面。还有呢，艾伦，不过我知道说出来你会觉得更加不可思议……当然啦，巴塞洛缪老太太是这么一个干瘪的老太太，个头比汤姆大不了多少，可是，你知道吗，汤姆用两只胳膊紧紧地抱住她跟她告别，就好像她还是一个小姑娘似的。"

这是这本不算太薄的长篇幻想小说的最后一段话。它戛然而止，但却余音袅袅。你可能不会泪流满面，但你一定会感动，一种温润的东西一定会慢慢地在你的心中扩散开来。

"我一直在告诉你，汤姆，"巴塞洛缪太太耐心地说，"我是海蒂。"

《汤姆的午夜花园》为我们讲述了一个怎样的故事呢——

弟弟彼得患了麻疹，暑假里汤姆不得不一个人住到格温姨妈家里去。姨妈住在一座旧公寓里，底层大厅有一座老式的落地大座钟。姨妈警告汤姆：别去碰它，它是楼上巴塞洛缪老太太的，她对它看得可紧了！半夜里，汤姆听到大座钟敲错了，敲完了十二点之后，它又连敲了十三下。汤姆下楼想看看它的指针停在什么地方，太暗了，他打开了那扇平常从不打开的后门，想让光照进来，想不到一个神秘的小花园出现在他的眼前，接着他发现大厅也变了样。可才过了几秒钟，这一切又像风似的消失了。自那以后，他每天午夜都会去拜访那个花园，他还认识了一个名叫海蒂的小女孩。汤姆慢慢地发现，他倒退着进入了一个过去的时间……

就这样，少年汤姆在午夜十三点这样一个不可能存在的时间里，打开门，走进了一个不可能存在的时间里。这是过去的一座花园，他在这里遇到了少女海蒂，在这个流逝迅速而又时常发生倒流的时间里，他与海蒂成为好友，同时也痛楚地见证了她的成长……海蒂是幽灵吗？为什么她时大时小？一个谜团紧接着另外一个谜团，环环相扣，作者把它写得像悬疑小说一样神秘又好看，相信即使是一个再对童书不屑一顾的大人，读了它，也会拍手叫好的。不然，约翰·洛威·汤森怎么会在他那本《英语儿童文学史纲》中这样写道："'杰作'二字不该被轻易使用，但在我看来，《汤姆的午夜花园》是英国儿童文学中少数可被称为杰作的好书之一。"

它备受推崇，当然不仅仅是它拥有一个缜密、类似悬疑小说的结构，而是它运用幻想小说的手法，讲述了一个非同一般的成长故事。

小说为我们展示了一对少男少女的成长，即海蒂与汤姆的成长。但海蒂的成长，要直观得多，作者菲莉帕·皮尔斯把更多的笔墨放在了对她外形变化的描摹上：幼年海蒂、少女海蒂和成年海蒂……透过一个个不同年龄的成长片段，让我们形象地看到了海蒂从一个天真烂漫的少女到情窦初开的成人女性的蜕变过程。而汤姆则不同，因为他处于一个不变的时间里，年龄没有变化，所以作者更多的是聚焦于他的心灵，借助心理与象征描写，表现出一个青春期前少年面对成长的不安、孤独和丧失感。例如，和所有孩子一样，汤姆既惧怕成长又渴望成长。一方面他舍不得离开花园（"每天夜里只要一走进花园，他就只记得自己是个小男孩，这是一个为小男孩准备的花园，海蒂是他的玩伴"），作者说花园是一个隐寓，带围墙的花园对孩子来说意味着安全的庇护所；但另一方面，汤姆又会爬上高墙，眺望远方的小河（"小河就这样悄悄地流向远方……汤姆以前只知道花园和花园外围很少一点地方，现在站在墙顶上，他似乎看见了整个世界"），作者说小河也是一个隐寓，是让汤姆向往的人生的象征。

不过在最后，尽管汤姆不想长大，甚至想控制时间，永远留住午夜花园和海蒂，还是失败了（"他曾经以为他完全能够控制时间，以为他肯定能用自己的时间换得海蒂时间的永恒，然后永远快快乐乐地生活在花园里。现在，花园仍然在那儿，而海蒂的时间却偷偷赶在了他的前头，把海蒂从他的玩伴变成了一个成年女子"）。《汤姆的午夜花园》不是《彼得·潘》，午夜花园不是永无岛，汤姆更不是一个童话中长不大的孩子。他丧失了花园，丧失了海蒂，但正是在这种痛苦的丧失中，他长大了。

关于这座花园到底是什么，玛丽亚·尼古拉耶娃在《儿童文学中的人物修辞》中有过一段精彩的阐述："汤姆在夜间那神奇的第十三个小时能进入花园，这花园存在于海蒂的记忆时间里。海蒂对寂寞但快乐的童年所产生的怀旧的记忆再现了这座花园。由于记忆是选择性的，所以那是一个永远是夏天和好天气的乐园。其中只有一个冬天的场景，即海蒂和汤姆的最后一次邂逅，它暗示着分别以及走向成长、变老并最终死去的不可避免的时刻。花园象征着一去不复返的、失去的童年。"

个人的成长，只是它的主题之一。除此之外，它还论及了时间、变化、失去以及不可避免的死亡。

不过，要说这本小说最迷人的地方，还是它围绕着时间之轴所展开的故事。时间，本来是一个枯燥而又抽象的概念，可是在这里，它变得有趣起来了，成了一个诡谲的谜——你看，当老爷钟敲出十三点之后，在我们熟知的时间，即汤姆的时间之外，另外一个时间，即海蒂的时间神秘地现形了。而且，它还变得看得见了——你看，在海蒂的花园里，一个人前一分钟还是一个"大一点"的小姑娘，后一分钟，就变成了"小一点"的小姑娘。季节也是一样，不要说今天是夏天，明天是冬天了，就是在一天之内，也会出现好几个不同的季节。这让汤姆疑惑不解，他像是一个孜孜不倦的探索者，每天午夜悄悄地走进海蒂的时间，开始了对时间之谜的探索。他带领我们读者一起思考：时间是什么？什么是过去的时间？什么是现在的时间？为什么在过去的时间里，时间要比现在流逝得快？有没有永恒的时间……作者曾经说过这样一句话，她写的不是幻想小说，而是一本关于时间的书。

小说直到最后几页，才算揭开了谜底。原来，所谓的十三点的钟声和花园，都是汤姆在梦中听到和看到的。不过，这个梦并不是他做的，而是那座大座钟的拥有者巴塞洛缪太太做的，他只不过是一个潜入者，进到了她的梦中，与她共享了同样的一个个梦境。不对，应该说是他们两个人共同完成了这一个个梦境，看看书中的这段描述你就知道了——

"等你到了我这个年龄，汤姆，你就会常常生活在过去了。你回忆过去，梦见过去。"

汤姆点点头。许多事情一下子都明白了：为什么花园里的天气总是那么美好；为什么花园里的时间一会儿跳到后面，一会儿又回到前面。这都取决于巴塞洛缪太太在她的梦中选择回忆什么。

不过，在这几个星期里，花园能够一夜一夜地出现在那里，恐怕并不只是巴塞洛缪太太一个人的功劳。她对汤姆说，在这个夏季之前，她从来没有如此频繁地梦见这个花伸出来，像孩子的手臂从裹得严严实实的披巾里伸出来一样。在高高的南墙上，有一个日晷在茂密的葡萄藤中半隐半现……

　　出来又到了草坪上。这里有一些花圃——半月形的，位于墙角，里面种着百合花，一只早起的蜜蜂已经在嗡嗡地忙碌了。

　　难怪有人在读了以后会发出这样的感叹："花园被描述得那么逼真，你几乎可以闻到花香味。"所以会写得如此逼真，是因为作者从小就生活在这样一座花园里。她是一个磨坊主的女儿，从小就住在剑桥以南五公里远的小镇上。汤姆走进的花园就是她童年时的磨坊花园；而格温姨妈家所住的那座旧公寓，就脱胎于她出生并成长的古老家宅。也正因为有了这样一座"几乎可以闻到花香味"的花园，我们才会忘记它是一本幻想小说，跟随汤姆，情不自禁地走进这个故事里。

　　我们不得不承认，在巫师、魔法一类的幻想小说大行其道的今天，已经很少能找到像《汤姆的午夜花园》这样安静、耐人寻味的作品了。感谢菲莉帕·皮尔斯为我们留下了这样一座美丽而又神秘的花园。在这本书的最后一章，当巴塞洛缪太太回忆最后一次看到汤姆的情景时，曾经无比深情地说过这样一段话："我想你是进门去了，因为后来我就再也没有见到你。我一直站在窗口。我对自己说：他走了，但花园还在这儿。花园会一直在这儿，它永远也不会改变。"

　　是的，对我们读者而言，这是一座永远也不会消失的午夜花园。

"你把我唤醒了，"巴塞洛缪太太说，"我知道这是汤姆在向我呼救呢，尽管我当时还不明白。我一直不敢相信你是真的，直到今天上午看见了你。"

园，而且，在这个夏季之前，她从来没有如此逼真地感受到小姑娘海蒂的那种感觉——渴望有人陪她一起玩，渴望有地方可以玩。

　　"可是，这些是我这个夏天在这里渴望的东西呀。"汤姆说，他突然在巴塞洛缪太太的描述中认清了自己。他正是渴望有人陪他玩，有地方可以玩啊。那种强烈的渴望，在大房子里微微地颤动，一定是不知怎的钻进了巴塞洛缪太太的梦境中，使她又回忆起了很久以前的那个小海蒂。巴塞洛缪太太又回到了当年她还是个小姑娘、渴望在花园里玩耍的时光，而汤姆竟然能够跟她一起回去，也进入那座花园。

　　许多读过这本书的人，都会说他们印象最深刻的不是汤姆和海蒂，不是时间，而是那个花园。你可以不相信有十三点这样一个时间，但你没有办法不相信存在这样一个花园，因为它已经在你的心里扎根了。作者写得实在是太生动了，简直是把它写活了：

　　　汤姆开始踮着脚尖在花园里四处行走……

　　　草坪一角有一棵冷杉高耸入云，比花园里所有其他的树都要高出许多。树干上缠满了常春藤，树枝就从常春藤的缝隙中

中文译本推荐

《汤姆的午夜花园》
马爱农/译
人民文学出版社
2006

天使雕像

原书名及初版时间：*From the Mixed-Up Files of Mrs.Basil E.Frankweiler*, 1967
作　者：[美] E.L.柯尼斯伯格（E.L.Konigsburg）
插　图：[美] E.L.柯尼斯伯格（E.L.Konigsburg）
出版社：Atheneum Books for Young Readers, 2002

获奖及推荐记录

⊙1968年美国纽伯瑞儿童文学奖金奖
⊙1968年美国《号角书》杂志年度好书奖
⊙1968年美国刘易斯·卡洛尔书架奖
⊙入选美国纽约公共图书馆"最受孩子喜爱的100本童书"
⊙入选美国全国教育协会"100本最佳童书"
⊙入选美国《最佳童书：从学前到小学六年级》
⊙入选美国《纽约时报家长指南：最佳童书》
⊙入选美国《给孩子100本最棒的书》
⊙入选日本《英美儿童文学畅销书40本：永留心中的名作》
⊙入选日本《世界少男少女文学：写实文学50本》

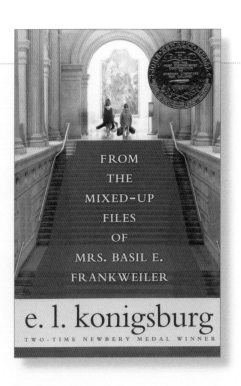

是谁写了这本书

　　E.L.柯尼斯伯格（1930—），出生于美国。她在一个小镇长大，从小就喜爱阅读，她长大以后回忆说："我大多时间都在浴室里阅读。这是我们家唯一能锁门的房间，我让浴缸里的水流着，以掩饰看到白瑞德离开斯嘉丽（小说《飘》）时的抽泣声。阅读在我们家是可以容忍的，但不像给家具擦灰和烤曲奇饼那样得到认可。我父母从不介意我读什么书，但是他们介意什么时候（比如在把碗碟收拾好之前）和在哪儿（只有在我们家的浴室里）读书。"

　　她上大学时学的是化学，毕业后教过几年书，但她慢慢地发觉自己感兴趣的是学生脑子里在想些什么，而不是实验室中的瓶瓶罐罐。于是在有了自己的孩子之后，她开始尝试写作，并为自己的作品画插图。她的作品结构细腻，富有逻辑性和幽默感，这可能得益于她早年的理科学习。她的处女作《小巫婆求仙记》和《天使雕像》在同一年分别获得了纽伯瑞儿童文学奖的银奖和金奖。

先来认识一下书中的主要出场人物

克劳迪娅
女孩，十二岁，在家里饱受一大堆不公平的待遇，厌倦了每天当一个模范生。
杰米
克劳迪娅的弟弟，九岁，守口如瓶，还是一个小富翁，他把每一分钱都存了下来。
福兰克威尔夫人
故事的叙述者，八十二岁的富商遗孀。

谢尔顿
福兰克威尔夫人的司机。
萨克逊伯格
福兰克威尔夫人的律师，也是克劳迪娅和杰米的外公。

她真正想要的就是带着一个秘密回家。天使雕像是一个秘密，这个秘密让她很兴奋，觉得很重要。克劳迪娅要的不是野外冒险。她喜欢洗澡，喜欢舒服，所以不可能喜欢流浪。但是，秘密是一种她喜欢的冒险。秘密是安全的，又可以让你跟别人不一样。它的价值全是在心里面的。

这本书讲了一个什么故事

萨克逊伯格律师：

我叫我的司机谢尔顿将这份手稿送到你那里，内容是有关我更改遗嘱的一些说明。你一定不知道我文笔这么好，对不对？我花了很多时间写这份档案。我先听，再调查，最后将所有的片段像玩拼图游戏一样拼凑起来。

芭瑟·伊·福兰克威尔

十二岁的克劳迪娅知道，那种一气之下背着小背包就离开的传统出走方式，绝不可能发生在她身上。她离家出走，一定要去个好地方。这也是她看上纽约大都会博物馆的原因。她是家里的老大，也是唯一的女孩，因此受到了一大堆不公平的待遇。（也许我比克劳迪娅更了解，另外一个让她想离家出走的原因，就是每天那种单调乏味、千篇一律的生活。）

她全都计划好了，还选了九岁的弟弟杰米做同伴。他们是天生一对。克劳迪娅小心谨慎，偏偏对钱没有概念；杰米充满冒险精神，但对钱斤斤计较，所以是个小富翁。她要

克劳迪娅慢条斯理地说："我找你一起去从事这辈子最伟大的冒险。"

等大家了解到她的重要性之后再回来。这天，她在清理爸妈房间的垃圾桶时，捡到了一张没有用完的火车票，一张全票等于两张半票，正好够她和杰米坐到纽约。放学时，她让杰米坐在她的身边，说："我决定离家出走，找你一起去从事这辈子最伟大的冒险。"她说他们星期三动身，因为那天有音乐课，她可以用小提琴盒装衣服，他可以用喇叭盒装衣服。

星期三早上，两人下了校车没有去上学，坐火车去了纽约。在去火车站的途中，克劳迪娅还给爸妈寄了一封信，说他们离家出走了，用不着通知联邦调查局。到达目的地，已经是下午1点了。因为每天参观博物馆的小学生就有一千多名，所以没有人怀疑这姐弟俩。很快，他们就选好了闭馆时要藏身的厕所，还在英法古典家具展览室找到一张晚上睡觉的大床。那张床有高高的顶篷，前面有两根大柱支撑，里面的床头板雕工精致华丽。（萨克逊伯格，我的床跟它一样大、一样考究，都是16世纪留下来的古董。）接着他们依照计划行事：把乐器盒和书包从寄存处取回，走出博物馆，再从后门进入馆内。

第二天早上，他们先把乐器盒和书包藏好，就躲到厕所里等到10点开馆。吃完早餐，克劳迪娅告诉杰米，有史以来，这个世界上还没有哪个孩子能像他们一样有这么好的机会，所以，他们要展开学习行动，把博物馆里的每样东西都研究一遍。这天，有上千人排队参观意大利文艺复兴厅，为的是看一座双手交叉的天使雕像。那是克劳迪娅见过的最美丽、最优雅的小雕像。连报社记者都来拍照了。第二天，他们在《纽约时报》上看到了这样一个新闻"博物馆捡到大便宜，参观人潮破纪录"："昨天有超过十万人拥进博物馆一睹新藏品风采。这件名为《天使》的雕像，很可能是意大利文艺复兴时期的艺术大师米开朗琪罗

最后，克劳迪娅终于找到了她非常满意的一张床。她告诉杰米，他们可以在那上面过夜。这张床有着高高的顶篷，前面有两根大柱支撑，里面的床头板雕工精致华丽。

的作品。如果最后证实确实是米开朗琪罗的早期作品，那么大都会博物馆可以说缔造了艺术史上最便宜的一桩交易。它是从派克-巴涅特画廊的一个拍卖会上购得的，只花了二百二十五美元。这家画廊是从芭瑟·伊·福兰克威尔夫人处得到这座雕像的。她对外宣布是第二次世界大战前从意大利波洛尼亚的一个古董商那儿买来的。福兰克威尔夫人被誉为西半球一流的收藏家，她目前住在康涅狄格州法明顿……"他们决定去搞清楚是谁创作了这座雕像。特别是克劳迪娅，她希望借这座雕像来凸显自己的重要。她很想解开这个谜，而且解开这个谜可能也会转变她自己的命运。

　　他们离家出走已经是第三天了。这天是星期六，他们吃完早餐，在自助洗衣店洗完衣服，就去图书馆查米开朗琪罗的资料了。傍晚闭馆时，躲在厕所里的杰米听到两个男员工说要把天使雕像搬到大厅里。第二天早上为了逃避警卫，两人再次躲到了意大利文艺复兴厅。昨天摆放天使雕像的那个基座还没有撤走，克劳迪娅指着基座上的蓝天鹅绒说："一定有人喝过啤酒，你看，被压的地方印出

了几个圆圈。"杰米说不是，因为啤酒罐会把天鹅绒的绒毛压下去，这里的毛却是"被压上来"的。他接着说："雕像的重量会把天鹅绒垫布的绒毛全部压平，只有大理石底座被凿掉的部分会把绒毛压上来。看，这些连环圈中不是有一个像W的字形被压上来了？""那不是W，那是M。"克劳迪娅眼睛睁得好大，"M就是米开朗琪罗！"杰米揉揉眼睛说："你知道吗？我昨天看过的一本书的封面上就印有这个记号。"他们在书店里找到了那本书，那正是米开朗琪罗的石雕标记。他们在中央车站租了一个信箱，然后用打字机给博物馆的馆长写了一封信："亲爱的馆长：我们认为你们应该检查一下那座雕像的底座下面，将可以找到一条重要的线索……"星期一，由杰米亲自送到了博物馆的办公室。

　　星期三，他们去看信箱，发现里头躺着一封信。克劳迪娅已经准备要当这个大秘密的发现者了，她是格林尼治镇的女英雄，发现了天使雕像的真相，年龄只有十二岁。杰米把信拿了出来："……你们提到的线索，我们很久以前就知道了。可是除此之外，我们还必须有其他的证据。因为有这个标志，并不一定代表它就是米开朗琪罗雕刻的……"他们走出邮局，一言不发地坐在中央车站的候车室里，心情沉到了谷底。克劳迪娅哭了，等她滂沱的泪雨停止，杰米才问她："现在我们怎么办？回家吗？""现在回家，我们拿什么脸见人？我要回家里时是一个'不一样'身份的人，我回家的时候和出来的时候已经不一样了。譬如成为一个女英雄就不一样了。杰米，我一定要弄清楚米开朗琪罗有没有雕过这件作品。""我们买车票回家吧！"当杰米对售票口里的人说"两张半票，到……"时，她抢先说道："康涅狄格州的法明顿。"（萨克逊伯格，终于轮到我上场了。克劳迪娅和杰米为了天使雕像来见我了。）

　　我的管家把两个孩子带了进来，我直截了当地说："你们就是格林尼治镇失踪了一个星期的孩子吧？"克劳迪娅说："只要你告诉我们天使雕像是不是米开朗琪罗的作品，我们就回家。""这是我的秘密。"我说，"你们这整整一个星期待在哪里？""这是我们的秘密。"她把下巴抬得高高

的。我很高兴，我面对的不是一个愚笨的孩子，我想帮她了解她这次冒险的价值，无论如何，她已经开始踮着脚走入成人世界了，我决心拉她一把。我给了他们一个小时，让他们在我的档案柜里找到了答案。证据是一张非常老旧的纸，一面是诗，一面是一堆素描，有一个他们认识的天使。这就是四百七十年后大都会博物馆那个神秘雕像的最初灵感。克劳迪娅热泪盈眶地看着我，说："米开朗琪罗雕了这座像，对不对？""很久以前，从我得到这张素描的那一天起我就知道了。"杰米问我："你为什么没卖这张画？它会让你获得一大笔钱，因为它是那座雕像的证据。"我告诉他："对我来说，拥有这个秘密更甚于那笔钱。"我和他们约定，只要他们把离家出走的详情讲给我听，我就给他们这张素描，但不是现在，我会写在遗嘱上。我对杰米说："你会好好儿地保守这个秘密的。克劳迪娅也会，但是她的出发点不同。因为那是个秘密，那会让她回到格林尼治的时候变得'不一样'。"克劳迪娅明白我的意思。我接着说："她真正想要的就是带着一个秘密回家。秘密是一种她喜欢的冒险。秘密是安全的，又可以让你跟别人不一样。它的价值全是在心里面的。"

第二天一大早，我让我的司机谢尔顿用劳斯莱斯送他们回家。下面是谢尔顿的报告："……上路后的前五分钟，那个男孩按遍了后座所有的按钮。他不知道他把'车内通话'按钮打开了，因此我听到了他们所有的谈话……'你认为她为什么要卖那座雕像？'那女孩想了一会儿说：'因为当你保有秘密一段时间之后，如果没有人知道你有秘

她指着基座上的蓝天鹅绒说："你看，被压的地方印出了几个圈圈。"

密，那就不好玩了。虽然你不想让别人知道那个秘密是什么，却至少希望他们知道你有一个秘密。'……'她可以做我们的外婆，因为我们的外婆过世了。''这会变成我们的秘密，我们别让她知道。那么，她就是世界上唯一没有当妈妈就做外婆的人了。'……"

好啦，萨克逊伯格，这就是我要把天使画像留给你的克劳迪娅和外孙杰米的原因了。他们不知道他们的外公已经担任我的律师四十二年了。

让我们来深入讨论作品 ●

这本小说，原来有一个怪里怪气的长长书名：*From the Mixed-Up Files of Mrs.Basil E.Frankweiler*，如果直译过来，应该是《芭瑟·伊·福兰克威尔夫人的乱七八糟的档案》。这实在不像是一本童书的书名，是不是？

就像《天使雕像》原书名所暗示的那样，它的叙述方式也不按常理出牌，和我们读过的童书不太一样。一上来，先是一位名叫芭瑟·伊·福兰克威尔的家财万贯的夫人写给她律师萨克逊伯格的一封信，然后就是所谓的档案，即她长长的讲述，中间好像生怕你忘了她的存在，是她在讲故事似的，还会时不时地突然冒出来，以"（我从心眼儿里赞佩克劳迪娅的心思缜密。她深思熟虑的特点，跟我非常相似）、（这些你都错过了，萨克逊伯格。我真替你感到难为情！你那双擦得锃亮的皮鞋从来没有踏进过这座博物馆）、（我的床跟这张床一样大、一样考究，都是16世纪留下来的古董）"的形式插上几句，加上点注释、发表几句议论，或是炫耀一下她的性情和富有，甚至把律师萨克逊伯格扯进来嘲笑一顿。而且一边讲述，她还一边不停地引用报纸的新闻、信件以及司机的报告……不过你读上去，却会发现一点都没有"乱七八糟"的感觉。其实，作者真正的意图是要磨砺你的阅读力，看你能不能把她透露给你的"乱七八糟"的情节"像玩拼图游戏一样拼凑起来"，找出真相。当然，用不着读到最后，你就知道这是福兰克威尔夫人在讲述克劳迪娅离家出走的故事了，可问题是，一旦你读到

最后，你就又会困惑，这讲的该不会是福兰克威尔夫人自己的故事吧？

其实，这是两个女人的故事，它既是十二岁小女孩克劳迪娅的故事，也是八十二岁福兰克威尔夫人的故事。

我们先来看小女孩克劳迪娅离家出走的故事。

克劳迪娅决定离家出走。任何一个孩子，在童年时都会有过离家出走的愿望，他们幻想中出走的地方，不是童话中的森林，就是一个遥远得让妈妈永远也找不到的异乡。可是克劳迪娅才不要去那种"鬼地方"呢，当她听到被她"教唆入伙"、以为要"去从事这辈子最伟大的冒险"的弟弟杰米说去"我们离家出走要去的森林呀"时，她愣住了："到森林里离家出走？这是什么鬼话？"她显得很不以为然。从故事的背景中，我们可以看出克劳迪娅出身于中产阶级，虽然不是一个娇生惯养的女孩，但她"不喜欢不舒服的生活，甚至不能忍受野餐时的脏乱和不方便"，所以她选择一个"又大又舒适的地方，一定要在室内，而且得是一个漂亮的地方"去冒险，也就不足为奇了。她选择的是纽约大都会博物馆。后来的故事证明，尽管她选择的时候没有想到，但她确实没有选错，因为大都会博物馆就像《爱丽丝漫游奇境》的地下国一样，充满了不可思议的秘密。

虽然一般的冒险小说会把背景放在一个险恶的环境之中，但作者柯尼斯伯格不这样想，她认为那不过是人们虚构出来的一个刺激肾上腺素的故事，在现在的孩子身上，不会发生那种传奇。她之所以会写出《天使雕像》这样一个故事，是因为她断定，现在的孩子即使是离家出走，也不会逃到那种人迹罕至的地方去，因为他们丧失了求生本能，逃不开物质文明了。一次家庭野餐会上，当她听到自己的一对儿女抱怨地上蚂蚁太多、纸托蛋糕上的糖衣融化了、天气太热时，她知道自己的判断是对的。她创作《天使雕像》的初衷，就是："我认为我的孩子

我拿过镜子，花了很长时间仔细端详我的脸。这期间大家都默默不语。

如果离家出走，也绝对不会变成野蛮人，哪怕是他们被海盗抓住。文明对他们来说不是虚假的外表，它是一层外壳。他们希望至少有一个舒服的家，外加一点额外的优雅。但是，我很想知道，如果他们一旦离开了家，他们会不会考虑逃跑？他们肯定不会考虑不如纽约大都会博物馆优雅的地方。"

如果说，柯尼斯伯格的《天使雕像》已经逃脱了冒险小说的模式，那么她笔下的小主人公克劳迪娅离家出走的动机，就更是与众不同了。

就像故事开头的第一句话所说的那样："十二岁的克劳迪娅知道，那种一气之下背着小背包就离开的传统出走方式，绝不可能发生在她身上。"克劳迪娅不是负气出走，不是像其他的小说里与父母发生了激烈的争吵，流着眼泪，愤怒地冲出家门的。她出走的第一个原因，是因为她是家里的老大，也是唯一的女孩，因此受到了一大堆不公平的待遇。第二个原因，是她厌倦了每天那种单调乏味、千篇一律的生活。故事里说，克劳迪娅是一个心思缜密的女孩，这是一次计划好了的离家出走。显然，她精心计划这次离家出走，是为了好玩，是为了表达心中的不满，是一次抗议行动，是为了改变她所处的现状。可是，她的目的达到了吗？我们不得不看到，当故事结束时，克劳迪娅又回到了那个让她不满、厌倦的现状当中。她还得继续洗她的碗，继续当她的模范生。可以说，她周遭的现实并没有因为她的这次离家出走发生任何变化。那么克劳迪娅不是白白出走了一趟吗？不，她找到了自我，这才是她这次离家出走的真正意义所在。

而让克劳迪娅去主动追求自我的，就是那座小小的天使雕像。为了弄清楚它是不是出自米开朗琪罗之手，她和弟弟杰米开始追踪线索。

或许真像福兰克威尔夫人说的那样，这座米开朗琪罗的雕像有一种伟大的魔力，因为看不见的魔力在克劳迪娅的身上发生了作用，让她改变了离家

出走的初衷，她意识到自己离家出走，不再是为了改变她的处境，而是为了改变自己的内心，就是"我要回到家里时是一个'不一样'身份的人，我，克劳迪娅·金凯德，回家的时候和出来的时候已经不一样了"。这其实是一个儿童寻求自我认同的问题："我是谁？是什么让我和别人一样？又是什么让我和别人不一样？"儿童在成长过程中，谁都会发出这样的疑问。正因为作者在作品中表达的是这样一个严肃而深刻的主题，日本著名的荣格学派心理分析师河合隼雄才会在《孩子的宇宙》中说："柯尼斯伯格的《天使雕像》是一本以离家出走的孩子为主题的名著。一般来说，在儿童文学中提到离家出走，往往会描写感情的纠葛，但是柯尼斯伯格超越了这种感情，从与更深层的本质相关的角度描写了'离家出走'……也就是说，克劳迪娅的离家出走，虽然不知道她本人在多大程度上意识到了，但确实与自我认同意识的确立有着密切的关系。"

克劳迪娅为什么会那么执著地寻找天使雕像的秘密呢？就是因为她知道"她为什么离家出走，要怎么回家，答案都在天使身上"。

所以，当她和弟弟在福兰克威尔夫人家里得知了天使雕像的来历、夫人愿意以他们保守秘密作为前提，把那张能够证明天使雕像是出自米开朗琪罗之手的素描写进遗嘱送给他们时，克劳迪娅会对福兰克威尔夫人说出一句让她弟弟一脸茫然的话："谢谢你让我们分享这个秘密。"这才是全部的秘密。而带着这个秘密回家，她就会变得"不一样"了。正如福兰克威尔夫人说的那样："她真正想要的就是带着一个秘密回家……现在，她回家的时候不一定是个女英雄，可是她会觉得自己不同了，对'秘密'的定义也会和以前不一样了。"可是，有了一个秘密，为什么就会让她觉得自己不一样了呢？关于这一点，河合隼雄是这样解释的："拥有秘密，也就意味着'这件事只有我知道'，因而可以证明'我'这一存在的独特性。秘密与自我认同的确立密切相关，也是因为这个原因。"认识到了自己的与众不同，找到了自我存在的价值，一个充满自信心的克劳迪娅便重新出发了。

在讲述克劳迪娅的故事的同时，福兰克威尔夫人也讲述了自己波澜万丈的人生。尽管在讲述中，这

位富商遗孀从来没有忘记炫耀自己的身份，骄横，孤僻，而且盛气凌人，但你还是会发现，她其实是一位聪明、可亲、俏皮而又充满了爱心的老奶奶。她在故事中，扮演的是一个智慧老人的角色，是"已经开始踮着脚走入成人世界"的克劳迪娅的一座桥梁，她拉着她的手，帮她迈出了重要的一步。

这本书原来是作者自己画的插图。那些黑白、写实的画面，真实地再现了故事中的一个个场景，让读者有一种身临其境的感觉。可是不知为什么，中文版没有使用这些插图。

中文译本推荐

《天使雕像》
郑清荣/译
新蕾出版社
2007

延伸阅读

《小巫婆求仙记》
魏莉/译
新蕾出版社
2007

《相约星期六》
芮渝萍、张倩/译
湖南少年儿童出版社
2009

地海巫师

原书名及初版时间：*A Wizard of Earthsea*, 1968
作　者：[美] 厄休拉·勒奎恩（Ursula K. Le Guin）
插　图：[美] 露丝·罗宾斯（Ruth Robbins）
出版社：Puffin, 2010

获奖及推荐记录
⊙1969年美国《号角书》杂志年度好书奖
⊙1979年美国刘易斯·卡洛尔书架奖
⊙入选美国《给孩子100本最棒的书》
⊙入选英国《你长大之前必读的1001本童书》
⊙入选日本《儿童文学的魅力：今天阅读的100本世界名作》
⊙入选日本《英美儿童文学畅销书40本：永留心中的名作》
⊙入选日本《世界少男少女文学：幻想文学50本》

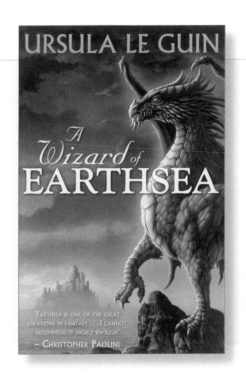

是谁写了这本书

 厄休拉·勒奎恩（1929—），出生于美国。父亲艾尔弗雷德·克罗伯是文化人类学家，母亲奥多拉·克罗伯是纪实小说作家，著有研究美国印第安人生存状况的专著。日后她能写出极具思想深度和哲学思考的作品，显然是得益于出生于这样一个学术氛围浓郁的家庭。

十二岁那年，有一天她从父亲的书架上抽出一本书，是现代幻想小说的先驱、被形容为"通往梦想仓库大门的钥匙"的爱尔兰作家邓塞尼的《佩加纳诸神》：一个人为了学习炼金术，出卖了自己的"影子"……正是这次命运性的相遇，引导她走上了幻想小说作家之路。她最受推崇的幻想小说是"地海传说"系列，被译成十六种语言，发行量高达数百万。她的科幻小说也跻身于该领域的最高殿堂，《黑暗的左手》因其对两性问题的思考、《一无所有》因重新界定了乌托邦小说的范畴和风格，而双双获得星云奖与雨果奖。《西方正典》的作者哈罗德·布鲁姆盛赞她是当代幻想文学第一人，并将她列为美国经典作家。

先来认识一下书中的主要出场人物

杰德
男孩，出生在贡特岛一个名叫十棵杨树的小村庄，孩提时代的名字叫敦尼，孩子们叫他"雀鹰"。自小就显露出成为大法师的素质，男巫奥金给他的真名是"杰德"。

奥金
大名鼎鼎的男巫，人称"沉默者奥金"。杰德真正的启蒙恩师。

维奇
杰德在罗科岛巫师学校的同学。

贾斯珀
杰德在罗科岛巫师学校的同学和仇人。

尼莫勒
罗科岛巫师学校的超级大男巫。

龙
住在潘多尔岛的一条老龙。

茜莱特
特利农官的女主人，小时候曾经嘲笑过杰德，怂恿他犯一个致命的错误。

影子
一个一直紧追杰德不放的怪物。

寒冷的黎明来临了，奥金从梦中醒来，杰德已经走了。他用巫师的方式，在壁炉前的砖地上写着一句银色的、龙飞凤舞的如尼文字，奥金刚念完，它们就隐去了："师父，我去追逐了。"

这本书讲了一个什么故事

地海最伟大的独行侠，是一个名叫雀鹰的男人，他在那个时代成了龙王和大男巫。他的生平在《杰德事迹》和许多歌谣中传颂，但我们这个故事讲的是他成名之前、那些歌谣创作之前的事情。

他出生在贡特岛十棵杨树村，父亲是村里的青铜匠，母亲给了他生命和敦尼这个名字，在他不满一岁时就去世了。他像根蓬勃生长的野草一样长大，成了一个牧羊童。七岁那年，有一天出了件怪事，他学姨妈对山羊念了一句咒语，羊群就朝他跑来了，女巫姨妈看出他身上具有成为一名大法师的素质，开始教他更多的咒语和魔法。当他用咒语召唤老鹰时，那些狂野的老鹰就会从风中俯冲下来，落在他的手腕上。孩子们见他总是站在高处的牧场上，身边盘旋着一只猛禽，就管他叫"雀鹰"，他的后半辈子就一直使用这个名字，原来的真名倒没有人知道了。

敦尼十二岁时，已经把女巫的大半个家当学到了手。这一年，卡尔加德帝国的船队进攻贡特岛，十棵杨树村的村民准备拼

死抗争。拿着长矛的入侵者爬上山来，他们有一百多人，可村里只有十八个男人和男孩。敦尼看到浓雾正在变淡，突然想起一个老算命先生教他的织雾咒，这个咒语能把雾气暂时全部聚拢在一个地方。他念出了咒语，他父亲照他脑袋狠狠打了一下，说："闭嘴，你这个傻瓜！"雾气诡秘地朝这个村庄聚拢，父亲过了一分钟才明白过来，他跑开去告诉村民怎样战斗了。他们熟悉地形，开始偷袭入侵者。浓雾变幻出可怕的怪影，最后又变成一堵雾墙，把小村给遮蔽得严严实实，入侵者慌不择路地逃下山去，离开了这个中了魔法的地方。五天后，一个穿着斗篷的男巫来到敦尼家，对敦尼父亲说："这个男孩不是个凡人。我到这里来，是要给他取真名，我听说他还没有经过成人仪式。"女巫认出他是沉默者奥金男巫。一个月后，男孩满十三岁那天，奥金把敦尼这个名字从男孩身上取走，男孩脱光衣服，走进河里。他上岸后，等在那里的奥金对他悄声说出了他的真名：杰德。

杰德成为奥金的徒弟，跟他离开村庄，回到了他的家乡雷阿比。可让杰德失望的是，一个冬天过去了，奥金没有教他一点魔法。春天，杰德在河边采草药时，遇到了雷阿比老领主的女儿。她缠着他让他变魔法，还问他："你能把亡灵召唤到你身边来吗？""只要我想召唤，就不在话下。"杰德吹牛说。为了向女孩证明自己的能力，他回家从书架上把奥金的两本经书拿了下来，这是两本古书，一直可以追溯到古老的传说时代。他读到了召唤亡灵那一页，突然一种恐惧掠过他的全身。他扭过头，看见紧闭的房门边蜷伏着一个什么东西，一团没有固定形

《第一章　雾中的勇士》题图

《第二章 影子》题图

状的影子，比房间里的黑暗更黑。那影子低声地叫唤着他。这时房门被推开了，一个周身散发着耀眼白光的人走了进来，是奥金。他激烈地大声说话，驱散了黑影，那些细小的呼唤声也随即消失。奥金对他说："你念那个咒语，一定会使你的力量和性命陷入险境。"杰德羞愧地叫了起来："我怎么知道，你什么都不教我！"于是，奥金让他在雷阿比和罗科岛之间做出选择，或是留下来，或是去罗科岛学习高级法术。他犹豫了一下，但他期待荣誉，期待快些学会法术，所以便对奥金说："师父，我去罗科岛。"

就这样，几天后，他乘坐一艘名叫"影子"号的大船，在狂风恶浪中抵达了罗科岛。

在罗科岛的巫师学校里，杰德开始跟身穿灰色长袍的九大师学习功课。神手大师是个和善的老人，一天，杰德念了个咒语，把石头变成了钻石，然后问老人："先生，我必须怎样做，才能使钻石一直保持钻石的样子？"神手大师对他说了一番非常重要的话："你千万不能改变一个东西，一块石头也好，一粒沙子也好，除非你知道那个行为会带来什么好处和恶果。世界是平衡的，处于均衡状态。一个巫师变形和召唤的力量可能会动摇世界的平衡。那个力量是危险的。极其危险。它必须听从

知识，为需要服务。每点亮一根蜡烛，就会投下一道阴影……"他还被送到北边海角的孤塔里去跟命名大师学习名字，尽管枯燥，但他从不叫苦，因为他明白，学习每个地方、每种东西、每个生命的真名，记住它们，他想要的力量就会像一枚宝石躺在一口枯井底下。魔法的真谛，就是用事物的真名去称呼它。

在学校里，杰德与同是学生的维奇成了好朋友，但却与贾斯珀成了仇人。贾斯珀是一个领主的儿子，他傲慢，总是讥讽和侮辱杰德。杰德十五岁那年的夏天，在月夜节和长舞节重叠的那天夜里，他们之间的冲突终于爆发了。两个人来到罗科山丘，用巫术来一决高低。杰德站在山丘上，张开双臂，开始召唤一个一千年前就死了的女人的灵魂。他大喊："厄法谰——"黑暗迸裂开来，一个女人的灵魂出现了，但只是一刹那。紧接着，强光刺眼，从那个裂口处爬出一个东西，像一团黑糊糊的阴影，无比丑陋，无比敏捷，直朝杰德面部扑来。它牢牢地粘在他身上，撕扯着他的皮肉。它像一头黑色野兽，只有一个孩子那么大，但似乎在不断地膨胀、收缩。它没有头，也没有脸，只有四只带尖钩的爪子。一个声音轻柔地响了起来，是超级大男巫尼莫勒救了他。光明与黑暗的平衡又恢复了，那个黑影怪兽不见了，它被尼莫勒吓跑了。但是它已经在这个世界上了，它就躲藏在世界的某个地方。尼莫勒死了，杰德在床上昏睡了整整四个星期。几个月后的秋天，当他出发要去灯塔继续跟命名大师学习时，维奇来向他告别。维奇要回自己家乡的小岛当巫师了，他告诉杰德他的真名叫"埃斯塔里奥"，杰德告诉他自己叫"杰德"。

杰德十八岁那年，被授予巫师称号。他坐船来到了一个名叫下托宁的群岛，成为镇上的巫师，负责保护岛民免受巨龙的威胁。西面的潘多尔岛上，住着一条老龙和九条小龙。他和造船匠派奇瓦利成了朋友。一天深夜，派奇瓦利的儿子病了，明知没救了的杰德，还是让自己的灵魂去追赶那孩子的灵魂，要把它拉回家。他追到山顶一堵矮墙前面，看到了一个影子，它没有形状，但它在对他低语，朝他逼近。它站在有生命的那一边，而他站在死者这一边。他要么下山，进入死者之城，要么跨过矮

墙，重返生命，可是那个无形邪物正在那边等他。他举起手杖，跃过矮墙，直扑向那个影子。手杖放出灼人的白光，他穿越那道生死界又返了回来。这下他知道了，他释放出来的那个影子，这么多年来，一直在隔开生命与死亡的那道矮墙边上等他。现在它发现了他，要追踪他，把他的力量吸取到自己身上，榨干他的生命，然后钻进他的皮囊。他开始害怕，开始做梦，他的精神快要崩溃了，他只能离开这里。临走之前，他来到潘多尔岛，先是用魔法杀死了五条小龙，又叫出了那条老龙的真名"耶瓦乌德"。老龙愿意告诉他那个影子的名字，但他拒绝了，他要的不是他自己的生命，他让它发誓永远不飞到群岛。火焰从龙嘴里喷出来，它说："我用我的名字发誓。"

那个影子让杰德恐惧万分，他只能搭船逃到一个又一个地方。在小镇奥利密，一个用风帽遮脸的人对他说："如果你需要一把宝剑与影子搏斗，就去奥斯基的特利农宫。"杰德和这个名叫斯奇罗的人一起坐船来到了奥斯基。在路上，斯奇罗突然站住，转过身来，那顶风帽下面没有面孔，影子吞噬了斯奇罗的灵魂，占据了他的肉身。不等杰德念咒施法，魔物就喊出了他的真名："杰德！"这样一来，他就不能施法变形了，他用手杖打向魔物，开始逃跑。他看见了一道门。那个魔物抓住他的斗篷，想从后面把他拦腰抱住，杰德使出最后一点力气，扑进了那道门里。这里就是特利农宫，女主人茜莱特告诉他，斯奇罗把他引来的目的，是为了让他与一块寄宿着古老神灵的石头说话，但杰德拒绝了，因为他知道它会产生巨大的邪恶力量。这时，茜莱特的丈夫特利农君王出现了，他念出一串咒语，要把诱惑杰德失败的茜莱特变成一个可怕的东西，杰德上前阻止了他。她和他逃出特利农宫，杰德这才认出来她就是当年那个曾经嘲笑过他，怂恿他念咒语，放出影子的雷阿比老领主的女儿。一群怪物拍打着翅膀，从特利农宫追出来。茜莱特变成了一只海鸥，杰德变成了一只大鹰。海鸥被怪物吃掉了，但大鹰逃过了它们。

杰德重新回到了师父沉默者奥金的身边。他对奥金说："我没有力量对付那个邪恶的东西，那个追逐我的影子，它没有名字。""所有的东西

都有名字。"奥金的语气非常肯定。"有没有什么……""没有什么安全的地方，"奥金说，"你必须转过身去。如果你往前走，如果你不停地跑，那么不管你跑到哪里，都会遇到危险和邪恶，因为它驱赶着你，它在选择你走的道路。你必须自己选择。你必须去寻找那个寻找者。你必须去追逐那个追逐者。"第二天早上，杰德拿着奥金送他的新手杖，留下一句话就走了："师傅，我去追逐了。"

杰德买了一条小船，顺着回来的路线向西北方向驶去。如果必须与它碰面，他希望能在海上遭遇它。他知道，那个影子就在不远的地方，他放声高叫："我在这里，我，雀鹰，杰德，我召唤我的影子！"在茫茫烟雨中，他看见那个影子来了。现在它变得有些像人了，他召唤强劲的魔法风鼓起白帆，让小船全速朝影子撞去。影子摇摇摆摆地转个身，逃跑了。杰德在迷雾中紧追不放，突然，杰德

《第四章 放出影子》题图

的船触礁了。这是大海中的一个沙洲，住着一男一女两个老人。老妇喂水给他喝，还送给他一枚破碎的戒指。杰德继续驾船追赶影子，如今它已经不敢面对杰德，奥金是正确的：只要他转身反抗，那影子就不能抽取他的力量。所以他必须一直反抗它，一直追逐它。那个影子再次欺骗了他，杰德的小船被引入了一个小岛的狭窄水道。当他明白过来这是

陷阱时，那个影子已经站到了他身后，就站在船上。巫术没用了，他只有靠自己的血肉之躯，靠他的生命本身，去对付那个无生命的家伙。他发起攻击，双手虽然抓住了那个影子，却空无一物，只有黑暗，只有空气。影子像风中的一缕黑烟，退缩着逃跑了。

他在西手岛休息了三天，一位老人送给杰德一条名叫"远眺"的船。他在大海上航行了一天一夜，来到一个小岛。岛民说，前天，

《第五章　潘多尔的龙》题图

一个和他长得很像的人来过小岛，那人没有影子。他又航行了一天一夜，来到伊斯迈岛。在这里，他与罗科岛巫师学校的好友维奇重逢了。听他说完一切，维奇思索了很长时间，最后说："我要和你一起去，杰德。在你旅途刚开始的时候，我就和你在一起。因此，我应该跟随你直到旅程结束。"杰德说不行，但维奇说："如果你失败了，是不是应该另有一个人去群岛发出警告呢？因为到那时候，影子就会成为一股非常可怕的力量。"早上，两个十九岁的年轻人坐着"远眺"号出发了。

许多天以后，他们来到了东边最后一座小岛阿斯托韦尔。年迈的岛主告诉他们：这里是最后的陆地，再往前就没有陆地了。除了海水，还是海水，一直到世界的边缘。但杰德决定还是继续往东追。他鼓起魔术风，连追了三天，最后，船停在一片虚幻的沙地上。杰德拿起手杖，跨过船帮。维奇以为会看见他跌进水里，没有，黑暗的沙地上留下他的脚印。杰德看见一个影子正掠过沙地向他袭来，他举起放射着耀眼白光的手杖。只见它蜷缩成一团，颜色变得更黑了，用四条长着利爪的短腿在沙地上爬行。杰德和它近在咫尺了，它在熊熊燃烧的白色魔光的照耀下，变得通体漆黑，并且挺起身子站了

起来。就这样，人和影子在沉默中正面相对，都停下了脚步。杰德用清晰而响亮的声音说话，打破了太古的沉寂，他念出那影子的名字。而与此同时，那没有嘴唇和舌头的影子也说话了，他们说的是同一个词："杰德。"两个声音其实是同一个声音。杰德伸出双手，扔掉手杖，抓住他的影子，抓住那个向他扑来的黑色自我。光明与黑暗相遇、交汇，融为一体。

这时，周围的世界又恢复了正常，沙地又变成了海水。维奇把杰德拉上小船。过了许久，杰德才开口说话："看，完成了。结束了。"他大笑起来。"伤口愈合了。"他说，"我完整了，我自由了。"说完他弯下身，把脸埋在抱起的双臂里，像个孩子似的哭了起来。

杰德既没有输，也没有赢，他用自己的名字叫出他死亡的影子，使自己变得完整，变成了一个人：他知道他的完整的真实自我，除了他自己，任何力量也不能够利用或控制他，因此，他的生命只为了生命本身而活着，而永远不会去为毁灭、痛苦、仇恨或黑暗效力。

十几天以后，那条曾把他们带到死亡王国的小船，又把他们送回到了出发的地方。

 让我们来深入讨论作品

好些年前，《地海巫师》就有了中文版，但它没掀起什么波澜，一直默默无闻，许多人都没有读过这本书，更不知道厄休拉·勒奎恩这个名字。这绝对是一本不容错过的好书，我们可以不读名噪天下的"哈利·波特"，但一定要读一遍《地海巫师》。

为什么呢?

《科幻小说史》的作者亚当·罗伯茨说厄休拉·勒奎恩是一位天才作家,她的"地海传说"系列(包括《地海巫师》、《地海古墓》、《地海彼岸》、《地海孤雏》以及《地海奇风》)"可谓是有史以来最杰出的幻想小说系列"。说到"地海传说",评论家们总是习惯地把它与《魔戒》和"纳尼亚传奇"相提并论,称它们为"世界三大幻想小说"。

评论家怎么说不重要,重要的是,它自问世以来,它的故事与思想已经入骨入髓地渗透了太多人的心灵,甚至影响了他们的一生。日本出版的《地海传说导读》一书,就罗列了一大堆书名,说在这些书中都可以窥见"地海传说"的影子,其中就有田中芳树的《亚尔斯兰战记》、梦枕貘的《阴阳师》以及上桥菜穗子的《精灵守护者》。还有一个人,是它雷打不动的铁杆粉丝,说出名字来你绝对会连呼意外,他就是我们熟悉的《龙猫》、《悬崖上的金鱼公主》等一系列脍炙人口的动画片的导演宫崎骏。"地海传说"的日文版译者说,宫崎骏比她本人还要熟读"地海传说"。你相信吗?《哈尔的移动城堡》、《千与千寻》里的许多情节,例如使用变形术过了头,变成鸟的哈尔差一点变不回人,例如汤婆婆靠夺走人的真名,把人永远地留在她那个世界里,都是取材于"地海传说"的第一部《地海巫师》。

这样一本意义非凡的经典之作,我们又怎么可以错过不看呢?

虽然在评论家的眼中,它是一本可以与《魔戒》比肩的幻想大作,但它读起来绝对没有《魔戒》那么累人,而且也没有那么厚,是薄薄的一本。说起来,《地海巫师》最初就是一本写给孩子们看的书,不是写给大人的书(当然,最终是大人捧红了它):1967年,一家出版社的编辑写信给勒奎恩,希望她能写一本童书,从小就对幻想小说走火入魔的勒奎恩答应了,一年后,就写出了这本带给人们那么多灵感的传世杰作……

它像是一首古老的叙事诗,用歌谣一般的语言,为我们低声吟唱了一个年轻的魔法师如何战胜自己的故事——

雀鹰,是地海一个拥有魔法天赋的牧羊少年。因为傲慢,因为嫉妒,也因为青春期的狂躁,十五岁那年的夏天,他违反巫师学校的禁忌,滥用力量,在一座根基深扎地球中心的山丘上伸开双臂,用咒语召唤一个死去一千多年的女人的灵魂。不料想,却铸成大错,打破了光明与黑暗的平衡,把世界撕开了一个口子,一个没有头,也没有脸,像怪兽一样的影子爬了出来,扑到他的身上,狠狠地撕咬他,牢牢地粘在他的身上。虽然大男巫救了他一命,但从此以后他再无宁日,影子犹如噩梦一样紧追不放,他只能踏上逃亡之路,从一个小岛逃到另一个小岛。十九岁这一年,他变成一只鹰,逃脱了影子,筋疲力尽地回到了自己的第一个师父沉默者奥金那里。奥金对他说:"你必须转过身去,你必须去追逐那个追逐者。"这句话,让雀鹰顿悟,于是命运被彻底扭转,他开始追逐影子。他一直追到世界的尽头,终于追上了影子。他打破太古的沉寂,念出那个影子的名字。而与此同时,那没有嘴唇和舌头的影子也说话了,他们说的是同一个词:"杰德"。杰德,就是他的真名。他抓住自己的影子,抓住那个向他扑来的黑色自我,合为了一体。

正如作者自己所说,这个故事的主题是一个"青少年的成长旅程"。但雀鹰,也就是杰德的这段英雄旅程却走得与众不同,他面对的敌人不是邪恶的巨龙,不是邪恶的黑暗之神,而是自己那邪恶的部分,即影子,是一个精神层面的敌人。这就注定让它升华成一个哲学意义上的故事,于是我们看到的,就不再是一段公式化的英雄旅程,不再是代表善的光明与代表恶的黑暗的对决,它探索人物的内心世界,探索一个人心中的光明与黑暗,是主人公的一次自我发现的心路历程。

这个影子是什么?

当杰德(我们还是叫他的真名吧)把那个影子召唤出来时,他还不知道它是谁。只知道它匍匐在生死之间的矮墙那里,只知道它在等待自己,追逐自己,要吸取自己的力量,榨干自己的生命。它是什么,杰德不知道。但它知道杰德是谁,它甚至叫出了他的名字。然而当杰德开始转过身去追逐影子、去对抗影子时,他发现,他认识这个影子,就像它认识自己一样。他知道它在哪里。它靠他的软

《第七章 鹰的飞翔》题图

弱、他的不安、他的恐惧滋养着自己。它离不开自己，但自己也离不开它，他们永远地拴在了一起。他越追越远，当他追到了世界的尽头时——他走得越远，就越深入自己的内心——他追上了那个邪恶的影子，他恐惧的源头，他喊出了它的名字，也就是自己的名字："杰德"。于是，杰德和他的影子合二为一了，我们听到他欢呼起来："伤口愈合了，我完整了，我自由了。"

一个人特别是一个好人的身上居然有黑暗和邪恶？很少有童书会这样写。但作者就是想告诉孩子们，一个人的内心深处确实存在着恶的东西，我们必须学会去勇敢面对。影子是心魔，是不好的象征，是人类灵魂的黑暗面。加拿大儿童文学作家、批评家绮莲娜·卡梅伦引用心理学家荣格的原型学说，这样论及杰德的影子："让杰德陷入苦境的'影子'，是我们平时意识不到的、我们的负的部分，它存在于我们的内心，唆使我们犯下恶行，是一种本能的、残酷的、反道德的东西。换句话说，或许可以称之为潜伏在我们内心的兽性。"荣格认为，影子就是黑暗的自我，每一个人的身上都是一个原始的、本能的、兽性的人，是恶，是负价值，是不可消灭的，要承认它的存在，接受它，去寻求

对立面的调和与内心的平衡。杰德害怕影子，就是因为他不敢面对一个黑暗的自我，当他面对了，当他有勇气承认自己身上既有光明的一面，也有黑暗的一面时，他就不再害怕了，不再迷失了。他抓回影子，"光明与黑暗相遇、交汇，融为一体"，让自己又变成了一个完整的人。

勒奎恩怎么会想到给孩子们写这样一个故事呢？

《地海巫师》问世后的第六年，她写过一篇论述影子的长文《孩童与影子》。她说当她还是一个十来岁的孩子时，尽管很讨厌安徒生的《影子》，讨厌安徒生的童话里一切以悲剧收场的故事，但这没有阻止她一遍遍阅读他的作品，也没有阻止她长大以后不断地回忆起它们。"因此在三十年后的今天，当我沉思的时候，一阵轻细的声音突然在我的左耳内告诉我：'你最好把安徒生的故事挖出来，你知道的，那个关于影子的故事。'"

她写了，她把自己自儿时起，对影子的三十年的思考写成了一本幻想小说。选择幻想小说这种类型，是她认为这种类型是展现一个人精神旅程的最好方式。

不过，作为一个思想者的她把它写得独具思想内涵——

小说中的地海，与《魔戒》的中土、"纳尼亚传奇"的纳尼亚一样，是一个架空的世界，它不是一片大陆，是一个纯粹由岛屿与海洋构成的世界。这个世界不算太大，但一个个小岛都有自己的名字，原书中就附带了一张作者亲手绘制的地海地图。但是，地海不像中土和纳尼亚那般神奇，除了龙之外，它的原住民全是人类，没有小矮人，没有羊男，没有魔王，没有任何一个精灵种族。岛上有女巫和男巫，但他们在成为巫师之前也都是普通的人类，例如杰德就是一个牧羊少年。看上去，它很像我们的地球，但现代文明的风还没有吹到他们那里，许多事都依赖魔法，比如治病、呼风唤雨，它是智慧，是岛民日常生活中不可缺少的一个部分。而且，地海的巫师还被严格规定不能乱施魔法，因为这会破坏平衡。如同神手大师所谆谆告诫杰德的那样："你千万不能改变一个东西，一块石头也好，一粒沙子也好，除非你知道那个行为会带来什

么好处和恶果。世界是平衡的，处于均衡状态。一个巫师变形和召唤的力量可能会动摇世界的平衡。那个力量是危险的。极其危险。它必须听从知识，为需要服务。每点亮一根蜡烛，就会投下一道阴影。"对于地海的巫师来说，终其一生的职责，就是要维持地海的平衡，一旦这种平衡被打破，"失去平衡的大海就会淹没我们居住的、岌岌可危的岛屿，所有的声音和名字都会消失在古老的沉寂中"。这种东方的哲学思想，贯穿了整部小说。这一点都不奇怪，作者谙熟老庄思想，是英文版《道德经》的译者之一。

要说小说里写得最抽象的地方，就是关于一个人的"真名"了。说出一个人的真名，你就具有了控制那个人的力量，杰德喊出了龙的真名，龙就只有乖乖臣服；影子喊出了杰德的真名，他就失去了法力……民间故事里不乏这样的例子，当《侏儒怪》里的王后说出侏儒怪的真名时，侏儒怪立刻就逃得无影无踪了。真名为什么会有如此巨大的力量呢？就是在古语中，每一样东西都有它自己的一个真名，它具有一种远古的神奇力量，所以在地海，"魔法的真谛，就是用事物的真名去称呼它"。

还有一点，如果不说出来，或许有读者会忽略过去。就是在故事里，正义一方的代表都被写成了有色人种，如杰德和他的师父沉默者奥金的皮肤是红褐色的，好朋友维奇的皮肤是黑褐色的，而邪恶一方的代表，如卡尔加德帝国人则被写成了白人（他们是一个野蛮的民族，白皮肤，黄头发，凶狠无比，喜欢看鲜血的颜色，喜欢闻城镇被烧毁的气味）。红褐色、黑皮肤是好人，白皮肤是坏人。作者这样设定，显然是有目的的，就是她要打破种族偏见，对白人至上的传统进行一次彻底的颠覆。

勒奎恩写作《地海巫师》的思想根源，可能是来自她父母对她的影响。她那人类文化学家的父亲就不用说了，她的母亲奥多拉·克罗伯也曾经写过两本书，一本是给大人看的《衣希：北美最后的印第安人》，一本是给孩子看的《衣希：活在两个世界的印第安人的故事》，两本书讲的是同一个故事：衣希是一个红褐色皮肤的印第安人，当人们以为原始的印第安人已经灭绝了的时候，他走进了白人的土地。直到最后，他也仍然遵守族规，没有对白人说出自己真正的名字。

中文译本推荐

《地海巫师》
马爱农/译
人民文学出版社
2006

《地海巫师》
蔡美玲/译
中国台湾缪思出版有限公司
2010

风与树的歌

原书名及初版时间：風と木の歌，1972

作　者：[日] 安房直子
插　图：[日] 司修
出版社：偕成社，2006

获奖及推荐记录

⊙日本野间儿童文艺奖、新美南吉儿童文学奖得主的代表作
⊙1973年日本第二十二届小学馆文学奖
⊙入选日本《儿童文学的魅力：今天阅读的100本日本名作》
⊙入选日本《少男少女名作导读：日本幻想文学50本》

是谁写了这本书

　　安房直子（1943—1993），出生于日本，日本女子大学国文科毕业。1969年，她发表成名作《花椒娃娃》，获第三届日本儿童文学者协会新人奖，从此走上童话创作之路。

　　她的大学老师山室静是她的引路人，他在评价她的作品时这样写道：文如其人……只差一步之遥，如果有目的地把时代的问题融入到作品中的话，就会引起世间的瞩目，然而她决不招摇过市，而只是像在院子的一隅默默地开放的花朵一样。这就是她的品质和作风。我以为这样的作家才是值得信赖的作家。

　　她是一个远离尘嚣的女人，一生淡泊，深居简出，甚至拒绝出门旅行。她在自己写的一份年谱中，曾经写到1972年她二十九岁时，在长野县东边的轻井泽盖了一座山间小屋，以后每年的夏天都是在那里度过的。写过《两个意达》、《龙子太郎》的日本女作家松谷美代子，有一年夏天曾乘车顺路去过安房直子的山间小屋。她说，那是一个落叶松环抱的地方，一到早上，安房直子就会在院子里那张铺着白色桌布的桌子上写作……

先来认识一下书中的主要出场人物

我
猎人，一个人住在山上的小屋里。

店员
小狐狸，后来变成了印染店的店员。

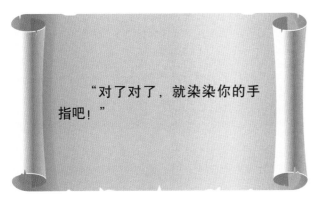

"对了对了，就染染你的手指吧！"

这本书讲了一个什么故事

　　是什么时候了呢，是我在山道上迷路时发生的事。我要回自己的山间小屋去，我一个人扛着长枪，精神恍惚地走在走惯了的山道上。那一刻，我的精神恍惚了，不知怎么会想起过去一个特别喜欢的女孩子来。当我在山道上转过一个弯时，突然间，天空一下子亮得刺眼，简直就好像是被擦亮的蓝玻璃一样……于是，地面上不知为什么也呈现出一片浅浅的蓝色。"哎？"我惊呆了，前面不再是熟悉的杉树林，而是一片蓝色的桔梗花田了。山里也没有这样的花田啊！我想返回去，却又被美丽的桔梗花田吸引住了。

　　就在这时，有一团白色的东西，刷的一下从我的眼前跑了过去。只见桔梗花刷刷地摇出了一条长线，那白色的生灵像个滚动的球似的，向前飞跑。那是一只白狐狸，还是个幼崽。我抱着长枪，在后面紧追不舍。不过，它速度之快，就是我拼死追也追不上。砰，给它一枪打死倒是简单，但我想找到狐狸的老窝。那样，我就能逮住里面的一对老狐狸了。但小狐狸跑到了一个稍高一点的地方，我还以为它突然钻进了花里，它却就此消失了。我一下子愣住了，简直就仿佛看丢了白天的月亮。真行，硬是把我给甩掉了。

　　这时，从后面响起了一个怪里怪气的声音："欢迎您来！"我吓了一跳，回头一看，身后是一家小店，门口有块用蓝字写的招牌：印染·桔梗屋。在那块招牌下面，孤单地站着一个系着藏青色围裙，还是个孩子的店员。我顿时就明白是怎么一回

　　事了。（哈哈，是方才那只小狐狸变的！）我心里觉得好笑极了，好吧，我就假装没有识破，逮住这只狐狸吧。于是，我强挤出一脸笑容说："能让我歇一会儿吗？"变成了店员的小狐狸甜甜地一笑，给我带路，说："请，请。"店里面没铺地板，泥土地上摆着五把白桦做的椅子，还有一张挺好看的桌子。

　　狐狸恭恭敬敬地端来了茶水。"叫染屋，那么，染什么东西呢？"我带着半是嘲笑的口气问道。想不到，狐狸出其不意地把桌子上我那顶帽子抓了起来，说："什么都染。这顶帽子就能染成漂亮的蓝色。""真——不像话！"我慌忙把帽子夺了回来。"我可不想戴什么蓝色的帽子！""是这样啊，那么……"狐狸从我的上身看到下身，这样说道，"这条围脖怎么样？还是袜子？裤子、上衣、毛衣都能染成好看的蓝色啊！"我脸上显出讨厌的神色。这家伙，在说什么呀，人家的东西怎么什么都想染一染呀，我发火了。不过，大概人和狐狸一样吧，狐狸一定是想得到报酬吧？也就是说，是拿我当成顾客来对待吧？我一个人点点头。我想，茶都给倒了，不染点什么，也对不住人家啊。要不就染染手绢吧，我把手往兜里伸去，这时，狐狸发出了一声刺耳的尖叫："对了对了，就染染你的手指吧！""手指？"我不由得怒上心头，"染手指怎么受得了？"

　　可狐狸却微微一笑："我说呀，客人，染手指可是一件非常美好的事啊！"说完，狐狸把两手在我眼前摊开了。白白的两只小手，唯独大拇指和食指染成了蓝色。狐狸把两只手靠到一起，用染成蓝色的四根手指，搭成了一个菱形的窗户。然后，把这个窗户架到了我的眼睛上。"喂，请朝里看一眼。"狐狸快乐地说。

　　于是，我勉勉强强地朝窗户里看去。这一看，让我大吃一惊。手指搭成的小窗户里，映出了一只白色狐狸的身姿，那是一只美丽的雌狐狸。竖着尾巴，一动不动地坐在那里。看上去，宛如在窗户上贴了一张狐狸的画。"这……这究竟是……"我由于过度吃惊，竟发不出声音了。狐狸只说了一句："这是我的妈妈。""……""很久很久以前，被砰地打死了。""砰？是枪吗？""是，是枪。"

狐狸的双手轻轻地垂了下来，低下了头。狐狸没发觉自己的真面目已经暴露了，不停地说了下去："尽管这样，我还是想再见到妈妈。哪怕就是一次，也想再见到死去的妈妈的样子。这就是你们所说的人情吧？"我连连点头称是，心想，这话怎么越说越悲伤了？"后来，仍然是这样一个秋日，风呼呼地吹，桔梗花异口同声地说：染染你的手指吧，再用它们搭成一个窗户。我采了一大捧桔梗花，用它们的浆汁染了我的手指。然后，喂，你看呀——"狐狸伸出两只手，又搭起了窗户，"我已经不再寂寞了。不论什么时候，我都能从这扇窗户里看到妈妈的身影了。"我是彻底被感动了，不住地点头。其实，我也是孤零零的一个人。"我也想要这样一扇窗户啊！"我发出了孩子一般的声音。于是，狐狸脸上露出了灿烂的笑容。"那样的话，我马上就给您染吧！请把手在那里摊开。"

我把双手搁到了桌子上。狐狸把盛着花的浆汁的盘子和毛笔拿了过来。然后，用蘸满了蓝水的毛笔，慢慢地、细心地染起我的手指来。很快，我的大拇指和食指就被染成了桔梗的颜色。"啊，染好了。您快点搭成一扇窗户看看吧！"

我的心怦怦直跳，搭起了一扇菱形的窗户。然后，忐忑不安地把它架到了眼睛上。于是，我的那扇小窗户里，映出了一个少女的身姿。穿着花样的连衫裙，戴着一顶扎有缎带的帽子。这是一张我似曾见过的脸。她眼睛下面，有一颗黑痣。"哟，这不是她吗？"我跳了起来。是我过去最最喜欢，而现在再也不可能见到的那个少女呀。

"喂，染手指，是一件美好的事吧？"狐狸天真无邪地笑开了颜。"啊啊，太美好啦。"

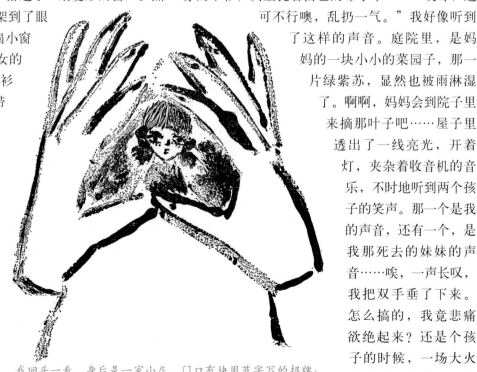

我回头一看，身后是一家小店，门口有块用蓝字写的招牌：印染·桔梗屋。

我想表示谢意，可是口袋里一分钱也没有。我就对狐狸这样说："真不巧，一分钱也没有。这样吧，我的东西，你要什么我给你什么。帽子也行，上衣也行，毛衣也行，围脖也行……"于是狐狸说："那么，请把枪给我。""枪？这……"我有点为难了。但一想到刚刚得到的那扇美丽的窗户，一杆枪，也就不值得惋惜了。"好吧，给你吧！"我大方地把枪给了狐狸。"多谢您了。"狐狸匆忙鞠了一躬。收下了我的枪，还送给我一些蕈朴什么的做礼物。

我问狐狸回家的路。"什么呀，"狐狸说，"店后面就是杉树林，在林子里走上二百来米，就是你那小屋了。"我本以为对这座山已经了如指掌了，想不到还有这样一条秘道。一边走着，我还一边用双手搭起了窗户。这一回，窗户里下起了雨。茫茫一片，是无声的雾雨。随后，在雾雨深处，一个我一直深情眷恋着的庭院模模糊糊地出现了。面对庭院的，是一条旧旧的走廊。下面扔着孩子的长筒靴，任雨淋着。（那是我的哦。）我猛地记了起来。于是，我的心怦怦地跳开了，我想：我妈妈这会儿会不会出来拾起长筒靴呢？她穿着那件做饭时穿的罩衫，头上扎着白色的布手巾……"哎呀，这可不行噢，乱扔一气。"我好像听到了这样的声音。庭院里，是妈妈的一块小小的菜园子，那一片绿紫苏，显然也被雨淋湿了。啊啊，妈妈会到院子里来摘那叶子吧……屋子里透出了一线亮光，开着灯，夹杂着收音机的音乐，不时地听到两个孩子的笑声。那一个是我的声音，还有一个，是我那死去的妹妹的声音……唉，一声长叹，我把双手垂了下来。怎么搞的，我竟悲痛欲绝起来？还是个孩子的时候，一场大火烧毁了我们的家。这个庭院，现在早就没有了。尽管如此，可我却拥有了了不得的手指啊！我要永远珍爱这手指，我一边想，一边走在林间的道上。

可是，一回到小屋，我首先做的是一件什么事呢？啊啊，我竟完全无意识地洗了手！这是我多年来的一个习惯。不好，当我意识到的时候，已经太晚了。蓝蓝的颜色马上就被洗掉了。不管我怎样用洗过的手指搭成一个菱形的窗户，从里面也只能看到小屋的天花板。第二天，我决定再到狐狸家去一趟，重染一遍手指。作为报酬，我做了好些三明治，往杉树林里走去。然而，在杉树林里怎么走，都还是杉树林，哪里也没有什么桔梗花田。后来，我在山里找了许多天。稍稍听到了一声像是狐狸的叫声，林子里哪怕是有一团白色的影子闪过，我都会竖耳聆听，凝神朝那个方向寻去。但是，从那以后，我再也没有遇见过狐狸。虽说如此，我还是常常会用手指搭成一扇窗户。我想：说不定会看到点什么呢。常有别人嘲笑我：你怎么有这个怪癖？

● 让我们来深入讨论作品

《风与树的歌》是一部短篇童话集，收录的作品分别是《狐狸的窗户》、《花椒娃娃》、《天空颜色的摇椅》、《鼹鼠挖的深井》、《鸟》、《雨点儿和温柔的女孩》、《夕阳之国》和《谁也不知道的时间》，而其中最让人喜爱和广泛流传的，就是《狐狸的窗户》。

……一个秋日，风呼呼地吹，桔梗花异口同声地说："染染你的手指吧，再用它们搭成一个窗户。"我采了一大捧桔梗花，用它们的浆汁染了我的手指。然后，喂，你看呀……

这不是一个读了就让人立刻泪流满面的故事。但，几天之后，几年，甚至几十年之后，也许有一天，一股无边无际的思恋突然就会从心底涌出，直到那一刻，你才会发现，其实你早就流泪了，只不过不是淌在脸颊上，而是滴在心中，一滴一滴地滴

了许多天、许多年了。是啊，我们早就不知不觉地在心中搭起了一扇菱形的小窗，我们看见了远逝的亲人。说真的，如果不是安房直子用蓝得如同桔梗花一般的故事染蓝了我们的四个手指，教会我们搭起这扇小窗，这一生，我们或许永远也不会想到去搭这样一扇小窗了。

这是一篇美丽的童话，美丽得都有点妖娆、诡异了。一个秋日，天蓝地蓝，炫目的阳光下是一片灿烂如海的桔梗花。青年突然站住了，我们也跟着他一起站住了，我们凝神屏气地伫立在这一片花丛之中，仿佛看到一朵朵桔梗花摇曳着，变成了一个个蓝色花姬，齐声喊道："染染你的手指，用来做成小窗……"可它更哀婉，那是一种回天无力的哀婉。倒不是青年回家洗手冲掉了蓝色桔梗花的花汁，再也看不见夭折的妹妹了，而是即便他永远不洗手，即便他永远能够透过小窗看到妹妹，又怎么样呢？一次次地看见，却又一次次地伸手无法触及——说白了，那不过是天国里的一个魅幻。你说，这种思恋不是更让俗世的人痛楚吗？安房直子知道这种痛楚有多让人伤心，所以，她再也不忍心让青年伤心了。于是，在那个蒙蒙细雨无声无息地下着的日子，透过小窗，青年没有看到妈妈的身影。安房直子只是这样欲言又止地写道："院子里有妈妈种的小菜园，里面种着一丛紫苏，被雨水打得湿漉漉的。妈妈会不会到院子里，摘紫苏的叶子……"

在这之前，还有一个地方安房直子也是欲言又止。当小狐狸用被桔梗花的花汁染蓝的手指搭起一扇小窗，窗子里出现了一只美丽的雌白狐狸时，它对青年说："这是我的妈妈。""……""很久很久以前，她被砰地打死了。""砰？是枪吗？""是，是枪。"小狐狸没有说是谁砰地一枪杀死了它的妈妈，安房直子也没有点破，故事里留下了一个不大不小的谜。但应该就是这个青年吧？这附近，只有他一个猎人住在山间小屋里，他扛着枪不说，当他看见小狐狸的一刹那，竟会残忍地想："要是砰地一枪，准能打中。不过，我还是想找到狐狸窝，将窝里的老狐狸一起捉住。"可是，小狐狸却宽恕了他，也许善良的小狐狸根本就不知道什么叫仇恨，孤身一人的它，只是想和孤身一人

的青年共同分享这个桔梗花教给它的魔法吧！虽然他们一个是人，一个是狐狸，一个是杀戮者，一个是被杀戮者，却因为拥有了一个共同的秘密——一扇看得见各自亲人的小窗，而成为朋友了。是对另一个世界里的亲人的思恋，让他们产生了共鸣吧？从这层意义上来说，爱，哪怕是对各自亲人的爱，也能让冤家路窄的狐狸和猎人化敌为友呢。

还有，你注意到这个故事的色彩了吗？对，是蓝色。蓝色的天，蓝色的地，蓝色的桔梗花，蓝色的招牌，蓝色的围裙，蓝色的花汁，蓝色的手指……从头至尾，整个故事都闪耀着一种璀璨迷人的蓝色。仿佛这个故事是安房直子用笔蘸着桔梗花那蓝色的花汁写成的一样。安房直子说她喜欢蓝色。她说她写《狐狸的窗户》的那一阵子，特别迷恋蓝色，相信在所有的颜色里，没有比深蓝色更深、更美的颜色了。

她还说激发她写《狐狸的窗户》的，是一片蓝色的花田。安房直子的灵感，常常是来自于一幅画面——一幅突然从心底涌出来的画面，然后她就会兴奋得难以自制，涌起一股热情，迫不及待地要用语言文字把这个完全视觉化的"心象"描述出来。这次她看见了什么呢？某片高原上，一个连吹拂的风都被染成了蓝色的地方——那里是无边无际的蓝色的天空、蓝色的花田。当这样的风景蓦地浮现在眼前时，她高兴得忘乎所以了。她说她还记得一连

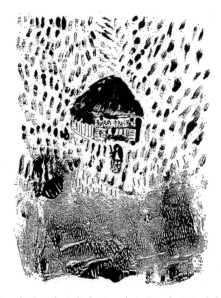

于是，我的那扇小窗户里，映出了一个少女的身姿。

几天，她都在悄悄地描着这个"心象"的样子。她说当她开始在心中拥抱这幅图画的时候，心中充满了一种无法形容的幸福与满足。不久，一只小小的白狐狸和一个拿着长枪的年轻人，就在她的心里诞生了……

安房直子曾经说过："在我的心中，有一片我想把它称为'童话森林'的小小的地方，整天想着它都成了我的癖好。那片森林，一片漆黑，总是有风呼呼地吹过。不过，像月光似的，常常会有微弱的光照进来，能模模糊糊地看得见里头的东西。不知是什么原因，住在里头的，几乎都是孤独、纯洁、笨手笨脚而又不善于处世的东西。我经常会领一个出来，作为现在要写的作品的主人公。"

安房直子的作品都很短，她的作品绝大多数都是短篇或是短篇系列。就连她自己也曾公开承认，她不擅长写长篇。所以有人说，安房直子从本质上来说是一位短篇作家。她的每一个短篇都写得极其用心、极其精美，犹如一首首空灵隽永的短歌，难怪有作家评论说，安房直子的作品细致得如同刺绣一般，就连针痕的形状都与这个人是那般吻合。她的作品不仅短，而且还总是弥漫出一种静静的感觉。

要说安房直子童话的最大的特点，就是她将现实沉入到了幻想的底层，从而最大限度地模糊了现实与幻想之间的界线。比如在《狐狸的窗户》里，作为现实世界的大人的"我"，只是在山道上转过一个弯时，天空一下子亮得刺眼，眨了两下眼，就已经进入到了一个幻想世界。正如安藤美纪夫所说："安房直子的本领，就在于把握现实世界与非现实世界之间的那种微妙的交流。这种交流，在成名作《花椒娃娃》中还是浅浅的……但到了《狐狸的窗户》，这两个世界的交流则被更加明确地描绘出来了。如果参照英国的儿童文学来说的话，这是一种时间幻想。不过，她却没有像"纳尼亚传奇"或是《汤姆的午夜花园》那样，去夸张地设置时间隧道。"

死亡、孤独、温情、爱以及缱绻的怀念，都是安房直子作品中最常见的主题。死亡，曾经是儿童文学的一大禁忌，但安房直子却没有回避这个话题，她总是从一个温柔女性的视点出发，把一种淡淡的哀伤融入到自己那凄美、梦幻般的文字当中，

写出一个个单纯得近乎透明，但却又让人感受生命的怆痛与诗意的故事。天泽退二郎曾经指出："几乎在所有的安房直子的作品中，都飘溢着哀愁。但这不是廉价的眼泪、因滑稽可笑而淌出的眼泪，也不是让人号啕大哭、痛恨人生命运不平的虚张声势的东西。安房直子作品中的悲伤所以催人泪下，绝不是因为一目了然的死或与所爱的人的死别，是一种扎在胸臆的疼痛。"小西正保也指出："不论安房直子的哪一篇作品，都似乎飘荡着死的影子。'与死者的对话'或是'对死者的思念'，甚至成了除了独自、特异的想象世界之外，安房直子作品的又一大魅力。"

在中国，有太多的人（特别是女性读者）喜欢安房直子了，入骨入髓地喜欢，他们喜欢她唯美的文风，喜欢她那纤尘不染的文字，喜欢她那一篇篇人鬼情未了的童话，喜欢童话里流淌着的那种浓浓的亲情和淡淡的忧伤。

《直到花豆煮熟——小夜的故事》，是安房直子的一部遗作，是她死后一个月才出版的一部系列童话。小夜是一个山精，是山的女儿。写这部作品的时候，不知安房直子是否已经预感到了自己的死，不然，她笔下的小夜怎么那么像是生命最后的她自己——

张开双臂，过了吊桥，就真的能变成风吧？身体一点点透明起来，最后身姿消失了，就只剩下声音了吧？那样的话，就什么地方都能飞去了吧？

"变成风，变成风，我要变成山风！"

小夜总是一边这样唱着，一边张开双臂冲过吊桥。

……

一天，一阵猛跑，跑到桥当中的时候，身子一下变得轻了起来，脚浮到了空中。接着，变得像能在空中游泳了一样。

……

快点快点，再快点……

小夜渐渐地加快了速度，飞了起来。

延伸阅读

《手绢上的花田》
彭懿/译
接力出版社
2011

《直到花豆煮熟》
彭懿/译
接力出版社
2011

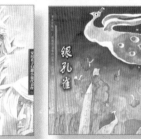

《白鹦鹉的森林》
彭懿/译
少年儿童出版社
2010

《银孔雀》
彭懿/译
少年儿童出版社
2010

《黄昏海的故事》
彭懿/译
少年儿童出版社
2010

《遥远的野玫瑰村》
彭懿/译
少年儿童出版社
2010

中文译本推荐

《风与树的歌》
彭懿/译
少年儿童出版社
2010

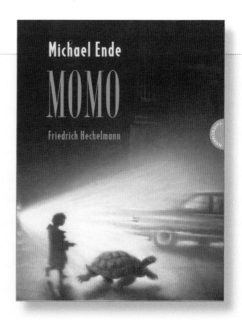

毛毛

原书名及初版时间：*MoMo*, 1973

作　者：［德］米切尔·恩德（Michael Ende）
插　图：［德］弗里德里克·赫克尔曼（Friedrich Hechelmann）
出版社：Thienemann Verlag Gmbh, 2010

获奖及推荐记录
⊙1974年德国青少年图书奖
⊙入选日本《儿童文学的魅力：今天阅读的100本世界名作》

是谁写了这本书

米切尔·恩德（1929—1995），出生于德国，父亲是德国著名的超现实主义画家。他从小在充满文化气息的家庭中长大，喜欢艺术和文学创作。"二战"结束后，他曾就读于奥托·法尔肯贝尔格演艺学校，毕业后活跃于南方的戏剧舞台，一边在慕尼黑大众剧院当导演，一边为巴伐利亚广播电台撰写电影评论。然而他真正的志趣却在于幻想小说的创作。不久，他即告别舞台移居慕尼黑从事专业创作。

他从20世纪50年代末开始从事儿童文学创作，处女作《小纽扣吉姆和火车司机卢卡斯》获得了德国青少年图书奖。1970年，他与其妻德国女演员英格博格·霍夫曼一起定居意大利，住在罗马以南的阿尔巴纳山区，一住就是十四年。在此期间名满天下的作品《毛毛》和《讲不完的故事》相继问世，使他成为德国最优秀的幻想小说作家，在欧洲乃至全世界都产生了深远的影响。

先来认识一下书中的主要出场人物

毛毛
女孩，有一天突然出现在圆形露天剧场的废墟里。因为她长得又瘦又小，使人看不出她是八九岁，还是十一二岁。她沥青般的黑色鬈发乱蓬蓬的，有一双美丽的黑眼睛，赤脚，裙子外面套着一件肥大的男式夹克。

老贝波
老人，清道夫，毛毛的两个特别要好的朋友之一。

吉吉
男孩，人们都叫他导游吉吉，毛毛的两个特别要好的朋友之一。

灰先生
他不是一个人，他们有成千上万。他们开着灰色小汽车，穿着蜘蛛网一样的灰衣服，脸也是灰的，戴着灰礼帽，嘴上叼着灰色的雪茄，胳膊下夹着公文包。当他们走近人们的时候，会带来一种逼人的寒气。

卡西欧佩亚
一只神秘的乌龟，虽然不会说话，但甲壳上能出现微光闪闪的字，还能永远预知半小时以后的情况。

侯拉师傅
住在从没巷无处楼，即时间发源地的时间管理员。能改变外貌，从老变年轻。

你还记得时间花吗？当时我曾经告诉你，每一个人都有这样一个宝贵的存放时间的殿堂，因为每一个人都有一颗心。

这本书讲了一个什么故事

有一天，人们发现一个小女孩住在圆形露天剧场的废墟里。她的样子看起来有点奇怪，又小又瘦，头发乱蓬蓬，眼睛很大很美，总是赤着一双脚，穿着一条用五颜六色的布块缝起来的长裙，外面套着一件肥大的男式夹克。没人知道她从哪里来，只知道她叫毛毛。

慢慢地，人们发现他们离不开毛毛了，不是她有某种特殊才能，只是她特别会倾听别人讲话。她能使笨拙的人产生机智的思想，能使犹豫的人明确自己的目标，能使不幸的人变得快活起来。孩子们更是喜欢到圆形露天剧场来，因为自从毛毛来了以后，他们玩得快活极了。

毛毛有两个好朋友，一个是老人，一个是小孩。老人是清道夫贝波，别人问他问题，他总是保持沉默，想上一两个钟头或是一整天才回答。毛毛知道他花那么长时间想，是为了永远不说假话。小孩是导游吉吉，他会编一大堆天花乱坠的故事糊弄游客，还爱着毛毛。

然而，可怕的阴影就要降临到他们三个人的友谊上了。一群自称灰先生的入侵者像鬼魂一样出现在这座大城市里。他们开着灰色小汽车，穿着蜘蛛网一样的灰衣服，脸也是灰的，戴着灰礼帽，嘴上叼着灰色的雪茄，胳膊下夹着公文包。当他们走近人们的时候，会带来一种逼人的寒气。其实人们不是看不见他们，只是人们一旦要仔细地看看他们时，他们就不见了。他们是来夺取人们的时间的。一旦他们发现有人对他们的意图产生了怀疑，就会

找上门来。这天，理发师弗西先生的店里，就不请自来地来了一个"时间储蓄银行"的人，他说他是XYQ/384/b号代理人，要为弗西先生在他们的银行里开一个户头。代理人为弗西先生算了一笔账，说假定弗西先生活到七十岁，那他的财富就是二十二亿零七百五十二万秒。可是现在他每天花一小时陪母亲说话，就会丢失五千五百一十八万秒；每天花半小时去给坐在轮椅上的达丽娅小姐送一朵花，又丢失了二千七百五十九万四千秒……代理人要弗西先生节省时间，把时间存在时间储蓄银行里。从此以后，弗西先生不去看母亲，也不去看达丽娅小姐，只知道更快地工作。大城市里，像弗西先生这样的人越来越多。他们节省时间，生活却变得乏味，没有快乐了。因为虽然时间就是生命，但是生命在人心中。所以人们节省的时间越多，属于他们自己的时间就越少。

来圆形露天剧场废墟的人少了。毛毛开始一个接一个地去拜访她的老朋友，他们都答应要回到她那里。她不知道，她的行动阻碍了灰先生去实现他们的计划。一个灰先生来找她了，他要她住手。"不要白费力气了，"他说，"你根本不是我们的对手。"毛毛没有屈服，她问他："难道没有人爱

毛毛一个人住在圆形露天剧场的废墟里。

过你吗？"灰先生突然缩成一团，话像开了闸似的从他嘴里倾泻出来："任何人都不能知道我们的存在，也不能知道我们在干什么……只有我们不被人发觉，我们才能开展工作……这是一种艰苦的工作，要一分一秒地挤出人们的寿命……我们把那些时间据为己有，我们需要它们……"他用双手捂住了自己的嘴，恳求毛毛忘掉他说的那些话。毛毛终于听到了灰先生发自内心的真正的声音。

灰先生找到了毛毛。

　　毛毛决定和老贝波、吉吉一起拯救全城的人。第二天下午3点，五六十个孩子聚集在圆形露天剧场的废墟里。他们举着标语牌，上街游行，邀请全城的大人下星期日下午到这里来集会，揭穿时间窃贼的真相。

　　可是到了那个伟大的时刻，被邀请的大人一个也没有来。这天夜里，老贝波偶然目睹到灰先生最高法庭审判泄密给毛毛的那个代理人。"那个孩子叫什么名字？""毛毛。""是男孩还是女孩？""女孩。""她住在哪儿？""她住在圆形露天剧场的废墟里。"等问完了，法官说："被告先生，那个小孩再也不会伤害我们了，我们要想尽

一切办法来对付她。"几个灰先生冲上来，夺走了被告的公文包和雪茄烟。奇怪的现象出现了，他变得越来越透明，渐渐地化为乌有。在这同一时刻，毛毛还坐在废墟上等待着，她说不出自己在等待什么。一只乌龟碰了一下她的光脚丫，背上出现了几个发光的字："跟我来！"她站起来，跟着乌龟向前走去。等老贝波骑着破车赶回来时，整个废墟都被灰先生的小汽车给团团围住了，他们都找遍了，也没有找到毛毛。

　　毛毛跟随乌龟来到一条名叫"从没巷"的小巷，按照乌龟的指示，退着身子，走进一座名叫"无处楼"的房子里。这里到处都是钟表。时间管理员侯拉师傅告诉她，他派那只能永远预知半小时以后情况、名叫卡西欧佩亚的乌龟去接她，是为了不让灰先生抓住她。他领她去看时间的发源地。他们站在巨大的半球形屋顶下面，毛毛觉得屋顶有整个天空一样大，是纯金制造。当悬在空中的星摆靠近黑水池时，一朵硕大的花蕾从水中浮现出来。摆针越接近池边，花开得就越大，直到完全开放，躺在水面上为止。当摆针离开，那朵美丽的花便凋谢成了一片片花瓣，沉入水底。这时，另外一朵花蕾从对面池边的黑水中升了起来……毛毛还听到了声音，星辰的声音。"我从没想到人类的时间那样伟大。"听毛毛这样说，侯拉师傅说："那不是人类的时间，那只是你自己的。每人心里都有一个你刚才到过的地方。""我能把我的小朋友带到这儿来吗？我能给他们讲述星星说过的话吗？""毛毛，你必须等待。孩子，等待就像一粒种子，要在地下沉睡一年之久才能发芽。要等到这些话在你心中成熟。睡吧！"毛毛心满意足地深深吸了一口气，便进入了梦乡。

　　毛毛一觉醒来，已经是一年以后了。

　　吉吉早就成了灰先生的俘虏，老贝波也上了他们的当，拼命扫地，一心只想着赶快节省十万小时，好为毛毛赎身。几个星期、几个月过去了，毛毛连一个朋友也没找到。这天午夜12点，在一个空旷的大广场，她被灰先生的小汽车包围了。他们逼迫她带他们去找侯拉师傅："我们已经讨厌这样一分分、一秒秒地掠夺时间了，我们想夺取人类的全部时间。侯拉师傅必须把时间交给我们掌管！"乌

龟又出现了，当它带领毛毛走进从没巷时，悄悄跟在后边的灰先生顷刻之间化为乌有。但是侯拉师傅告诉她，灰先生大军已经把无处楼团团围住了，从他们的雪茄烟里冒出的烟雾一旦笼罩天空，人的心就会变得冰冷、空虚，不再快乐，也不再爱人。因为他们的雪茄烟是时间花的花瓣做的，烟雾是死亡的时间。"我必须采取行动了，毛毛，你愿意帮助我吗？""愿意！"侯拉师傅对毛毛说出了他的计划：他去睡觉，让世界的时间停顿一小时，灰先生雪茄烟的来源一中断，他们就会跑回他们的时间库。毛毛的任务就是阻止他们进入时间库，解放被他们偷走的全部时间。

突然，发生了一种奇异的震动，但发生震动的不是房屋，而是时间。钟表停止了走动。毛毛发现自己手里拿着一朵时间花，这是侯拉师傅给她的，她有一个小时的时间。灰先生发现时间被侯拉师傅停住时，顿时一片大乱："我们从人身上得不到时间了，他要消灭我们！我们必须回到我们的时间库去！"毛毛跟着潮水般退去的灰先生，来到了一个巨坑前面。她爬进管道，走进一个大厅，看到只剩下最后几个灰先生了。毛毛用时间花关上了他们储藏时间花仓库的大门，断了他们的补给，彻底消灭了他们。这时，她手上那朵花只剩下一个花瓣了，乌龟让她再次把门打开。门开了，她看见无数的时

毛毛看见了时间之花，只见一朵硕大的花蕾从水中浮现出来……

间花像高脚玻璃杯似的放在望不到头的架子上，这意味着几百万个小时的生命呀。突然，刮起了一阵风。时间花变成彩云在她周围旋转起来，它托着她，飞上地面，飞到了城市上空。然后，时间花的彩云缓缓下降，鲜花像雪片似的降落在僵化的世界上，悄悄地融化了，消失了。它们又重新回到原来的地方：人们的心中。就在这一瞬间，时间又开始走动了。

毛毛恢复知觉以后，发现自己站在一条街上，就站在老贝波身后。

当毛毛和老贝波回到老圆形露天剧场时，她的朋友们已经在那儿等候他们了。毛毛走到他们中间的空地上，她想起了那些星星的声音和时间花，她用清脆的嗓音唱了起来。

 ## 让我们来深入讨论作品

《毛毛》与我们读过的那些传统的经典儿童文学很不一样，它探讨时间，批判现代社会所追求的物质文明，故事写得既深刻又抽象不说，相当多的句子也不是一个孩子能够容易理解的，比如"时间是生命，生命在人心中"，"因为找到了他，所以现在才真的失去了他"，"有些财富，如果她不能同别人分享，那么她自己也会因此而毁灭"……读上去，更像是一本给大人看的关于时间的哲学小说或是一本寓言小说。

没错，《毛毛》确实是一本孩子喜欢看，大人也喜欢看的幻想小说。仅在日本，就出版过十几本研究《毛毛》的书。对于这样一个现象，日本学者安达忠夫在《米切尔·恩德》一书中这样表述道："不只是儿童文学家，包括社会学家、心理学家、哲学家、小说家、诗人等诸分野在内的研究者都对《毛毛》表示了极大的兴趣，从各自的角度进行探讨。当然，大人与孩子们的阅读是不同的。自圣埃克絮佩里的《小王子》以来，一本书能同时获得这么多男女老幼的喜爱，是十分久违的事了。"另一位日本学者小宫彰，甚至把这说成了《毛毛》走红世界的一个原因："《毛毛》获得成功的一个特征，就是它对成人读者的吸引力，远远超过了儿童

米切尔·恩德亲笔画的圆形露天剧场废墟。

读者。"至于它的作者米切尔·恩德，在创作之初，就没有把它当成一本纯粹是给孩子看的书来写。《毛毛》问世的若干年后，他曾在一篇题为《超越儿童文学》的获奖演说词中阐述了自己的这种创作理念："从根本上来说，我反对为了孩子而存在一种特别的文学的说法……据我们的经验，孩子原则上丝毫也不关心的主题，或是孩子完全不理解的主题，是不存在的。问题是你如何用心、用头脑来叙述那个主题。"

《毛毛》是一本关于时间的大书，说它大，是因为只要你一翻开它，读上十几页，就会被它的主题及史诗般的叙述风格所震撼。不只是我们，当初它的编者汉斯于尔格·魏特布莱希特第一次读到它时，也被它的气势给震撼了："一打开手稿我就有一种感觉——米切尔·恩德的一部重要著作就要问世了。这是一部关于时间的寓言体幻想小说：时间是上苍的赠与，但是人们却一再丢失它。这是人们的功名利禄之心导致自己陷入困境。"

《毛毛》的主人公当然就是毛毛了。

不过，当毛毛刚一开始出场时，还只是一个住在圆形露天剧场废墟里的小女孩。这时的她，又瘦又小，看不出是八九岁还是十一二岁，头发乱蓬蓬的，好像从未梳过头、剪过头，赤脚，穿着一身肮脏的衣服，和一个无家可归的流浪儿没有什么两样（对了，如果你觉得这样描述还不够形象，想象不出来毛毛是一个什么样子，请看封面。封面上那个毛毛的背影就是米切尔·恩德亲笔画的。这本书里所有的黑白插图，都是出自他之手）。人们问她你

记得的地方有没有一个家，她回答说我的家就在这里。人们问她你到底几岁了，她回答说一百零二岁。如果这时有人和你说，就是这个衣衫褴褛、连话都说不太清楚的小女孩，最后会挺身而出，成为一个拯救全人类的小女英雄，你一定不会相信吧？

没人知道毛毛从哪里来，就像没人知道她为什么那么会倾听别人讲话一样。她不说话，只是坐在圆形露天剧场废墟里听人说话，就会让烦恼的人重新快乐起来。或许，这就是这个来历不明的小女孩的奇怪魔法。不要说那些善良的好人了，连邪恶的坏人见了她，都会对她敞开心扉。这不，这天一个灰先生就控制不住自己的嘴巴，对她泄露了一个天大的秘密："任何人都不能知道我们的存在，也不能知道我们在干什么……只有我们不被人发觉，我们才能开展工作……这是一种艰苦的工作，要一分一秒地挤出人们的寿命……我们把那些时间据为己有，我们需要它们……"

灰先生是谁呢？

《毛毛》这本书其实还有一个副标题："时间窃贼和一个小女孩的不可思议的故事"，这个时间窃贼，就是灰先生。但是灰先生可不是一个，是一群，是一大群，看看书中那些让人不寒而栗的描写吧——"她看见时间窃贼像一堵灰色的活动墙在向前逼近。他们肩并肩，占满了整个街道，后面，一排接一排，望不到尽头。"这么多灰先生，却几乎是从一个模子里铸造出来的，看上去都一模一样，"他们穿的是蜘蛛网一样的灰衣服，面孔也是灰色的，像烟灰的颜色，头上戴着圆圆的、僵硬的灰礼帽，嘴上叼着灰色的雪茄，每个人都随身携带着一个公文包"。他们像鬼魂一样入侵这座大城市，像小偷一样偷走人们的时间。

不过，他们从不

米切尔·恩德亲笔画的灰先生的灰礼帽和公文包。

使用暴力，只是巧舌如簧地鼓动人们节省时间，然后把它们占为己有。

那么，这么多可怕的灰先生是从哪里来的呢？

当毛毛被引导者——一只名叫卡西欧佩亚的乌龟带到时间发源地时，时间管理员塞昆杜斯·米努士司·侯拉（拉丁文"秒分时"的意思）师傅告诉她：灰先生不是人，他们完全靠偷窃人的时间生存，一旦他们偷窃不到时间，他们就会回到产生他们的乌有之中。他们之所以出现，是因为人给了他们产生的可能性。

灰先生是现代的恶魔，他们的目标就是要夺取人类的全部时间，从而取代人类统治世界。这是很可怕的，可是更可怕的，却是那么多的人麻木不仁，心甘情愿地被灰先生偷走自己的时间。毛毛第二次见到侯拉师傅时，侯拉师傅就说出了自己的不满："迄今为止，我一直等待着人们自己从那些害人虫手里把自己解放出来。他们本来是能够做到这一点的，因为毕竟是他们自己使那些害人虫得以存在的。不过，现在我已经不能再等待下去了。我必须采取行动……"人们不知道，听信灰先生的谎言去节省时间，却丧失掉了许多宝贵的东西，心中一片荒漠，他们变得更加阴郁、疲倦和痛苦，连自己也成了灰先生当中的一员。他们忘记了一个真理：虽然时间就是生命，但是生命在人心中。所以，人们节省的时间越多，属于他们自己的时间就越少。

读到这里，我们已经知道，米切尔·恩德的这个没有注明年代的故事，显然暗寓的是我们所生活的这个现代社会。《毛毛》里那些被灰先生偷走时间的人们，就是我们忙碌身影的真实写照。而那一群又一群的灰先生，就是物质主义、一切追求效率、

时间就是金钱的价值观的象征，他们早已在我们的心底生根发芽。安美知子在《阅读〈毛毛〉》那本书里没有说错：灰先生就住在我们的身体里，尽管肉眼看不见，但他们是一种现实的存在。米切尔·恩德实际上是在书里提醒我们，警告我们，伴随着经济的发展，在物质主义至上的风潮中，如果我们只是一味地追求效率，就会失去自我，失去人性。所以，日本学者小原信在《幻想小说的构想：用心灵来阅读的五个故事》中指出："虽然《毛毛》作为一个故事读起来妙趣横生，但随着阅读的深入，它让我们对时间展开思索，不知不觉地开始反省自己的人生观和思想。所以，绝不能说它仅仅是一本写给孩子们看的幻想小说。"

还算好，故事里有一个完美的结局。

故事里的侯拉师傅及时识破了灰先生们的阴谋，他要阻止这场悲剧，于是，再次让乌龟卡西欧佩亚招来了毛毛。他问她："这个世界能否平平安安，人们能否重新开始过新的生活，就全看你了，毛毛。你真的敢去冒这个险吗？""敢！"毛毛声音坚定地回答。就这样，毛毛——这个小女英雄，开始了一场不可逆转的最伟大的冒险。这时的毛毛，已经不再是开头的那个一问三不知的小女孩了，当时间停止，世界上所有的人都被纹丝不动地定格在那里，只剩下她一个人手里拿着时间花，穿过像一张照片似的没有生气的大城市中心时，你能说她不是一位上苍派来守护人类的天使吗？她消灭了灰先生，打开储蓄时间花的库门，把被偷走的时间花全都释放了出来。你看，那个场面被作者描绘得是多么辉煌灿烂啊："当毛毛手中时间花的最后一瓣掉下来时，时间库里突然起

了一阵狂风。时间花变成彩云在她周围旋转起来，使她感到如同一股温暖而又强劲的春风，这是全部被解放的时间形成的欢快的旋风……时间花的彩云缓缓下降，鲜花像雪片似的降落在僵化的世界上，悄悄地融化了，消失了。它们又重新回到原来的地方：人们的心中。"

人们的心中……是的，"时间是生命，生命在人心中。"这就是《毛毛》反复告诫我们的一句话。

这是故事之核。可是，对于小读者来说，这样一句话还是过于抽象和深奥了，时间与生命不同，它看不见、摸不着。因此，书里一个名叫克劳迪欧的小男孩在圆形露天剧场废墟里发问："时间到底是什么东西呢？"毛毛在无处楼，即时间之国里问侯拉师傅："时间到底是什么东西？"有人评论说《毛毛》是现代人诠释时间的最佳底本，所以会这样说，就是因为《毛毛》让我们看到了时间是什么。当毛毛被侯拉师傅领进时间的发源地时，她看到自己站在像整个天空一样大的屋顶下，脚边是一个黑水池，当悬在空中的星摆摆过池水上方时，一朵硕大的花蕾就会从水中浮现出来，盛开，凋谢。接着，又是一朵花蕾……每一朵新出现的花都和先前的不同，而且一朵比一朵美丽。看着这些鲜花出现又消失，毛毛明白了，这些时间花，就是生生不息的生命，一朵结束，就会有另一朵绽放，它们就在每一个人的心中。

在书的最后，是一篇"作者简短附记"。说的是作者乘火车时碰到一个神秘的旅客（这个人相当奇怪，开始时是一位老人，可突然间又变得非常年轻了，让人想起时间之国的塞昆杜斯·米努土司·侯拉师傅，他也拥有这个本领，一会儿变老，一会儿变年轻），就是他给作者讲述了毛毛的故事。这个神秘的旅客说的最后一句话是："我给您讲了这个故事，好像它已经发生过似的，也许我可以这样说，它可能只有在将来才会发生。不过，对我来说这没有多大区别。"

那么，《毛毛》的故事，到底在我们今天的现实生活中发生过没有呢？

其实我们每个人心中都有了答案。

中文译本推荐

《毛毛》
李士勋/译
二十一世纪出版社
2006

延伸阅读

《火车头大旅行》
裴胜利/译
二十一世纪出版社
2007

《十三海盗》
曹乃云/译
二十一世纪出版社
2007

《永远讲不完的故事》
李士勋/译
二十一世纪出版社
2006

《兰心的秘密》
陈俊/译
二十一世纪出版社
2005

通向特拉比西亚的桥

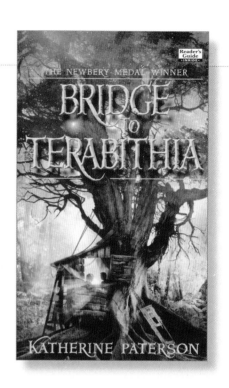

原书名及初版时间：*Bridge to Terabithia*, 1977
作　者：[美] 凯瑟琳·佩特森 (Katherine Paterson)
插　图：[美] 唐娜·戴蒙德 (Donna Diamond)
出版社：HarperCollins, 2008

获奖及推荐记录

⊙1998年国际安徒生奖作家奖及2006年林格伦纪念奖得主的代表作
⊙1978年美国纽伯瑞儿童文学奖金奖
⊙1978年美国刘易斯·卡洛尔书架奖
⊙1978年美国《号角书》杂志年度好书
⊙入选美国图书馆协会"1990年至1998年最受争议的100本书"
⊙入选美国《出版者周刊》"所有时代最畅销童书"
⊙入选美国《纽约时报家长指南：最佳童书》
⊙入选美国《给孩子100本最棒的书》
⊙入选英国《你长大之前必读的1001本童书》
⊙入选日本《英美儿童文学畅销书40本：永留心中的名作》

是谁写了这本书

　　凯瑟琳·佩特森（1932—），出生于中国，父母是来华的传教士。1937年由于日本侵华战争爆发，他们一家不得不逃难到美国，几经变迁，才在她十八岁的时候最终在弗吉尼亚安顿下来。对她的父母来说，美国是故乡，但她觉得自己在美国像个外国人。她经常受人欺负，缺少朋友，感到被孤立，是个局外人。她曾回忆说："我无法融进他们的圈子……在学校，我只能站在一边看着其他同学。"由于童年的这些经历，在以后的创作中，她经常让故事的主人公处于某种困境，不能融入周围的环境，觉得没人理解。

　　她先后毕业于金恩学院和联邦神学院，主修英国文学和神学，获得过两个硕士学位。在这中间，还去日本住过好几年。她是一位牧师的妻子，他们有四个孩子，两个亲生的，两个收养的。作为四个孩子的母亲，忙碌程度可想而知，不过这也带给凯瑟琳·佩特森更多的人生经历，为她的写作提供了素材。

先来认识一下书中的主要出场人物

杰斯
十岁男孩，上五年级，住在一个牧场里。他的父亲是长途车司机，天天不在家。因为他是家里唯一的男孩，所以家里的许多活儿都落在了他的身上。但他喜欢跑步和画画。

梅·贝尔
杰斯快满七岁的妹妹，崇拜哥哥。

埃德蒙兹小姐
杰斯的小学音乐女老师，欣赏他的绘画天赋。

莱斯利
一个头发剪得短短的女孩。身为作家的父母为了重新反思自己的价值观，从大都市搬到了乡下的农场里，她也跟着一起来到乡下，成为杰斯的邻居和同班同学。

贾尼丝
七年级的大块头女生，她的全部生活就是欺负小同学。

阿伦斯先生
杰斯的爸爸。

伯克先生
莱斯利的爸爸，她叫他比尔。

迈尔斯太太
杰斯和莱斯利的班主任。

"我们需要一个地方，"她说，"一个只属于我们两个人的地方，一个非常神圣的地方，神圣到我们绝对不和任何人提起。"杰斯荡了回来，伸脚撑住地，停了下来。莱斯利放低声音，几乎是耳语般地说："那是个神秘的国度，而你和我将是统治那个国度的国王和王后。"

这本书讲了一个什么故事

整个暑假，十岁的男孩杰斯早上都在牧场里练跑步。开学以后，他就是五年级跑得最快的了。

吃完早饭，他去挤牛奶、摘豆荚。快满七岁的妹妹梅·贝尔跑到豆田里告诉他，有人搬进旁边农场的珀金斯老宅了。直到后来他才知道那或许是他一生最重大的事情。

干完活儿，这个从一年级起就"始终在画画的发疯小男孩"，又趴在床上，画起他那些"有问题"的动物来，比如飞越山峰的河马。他很想让爸爸看他的画，但他不敢。他读一年级的时候，有一次他告诉爸爸长大想当个画家，没想到爸爸却说："这个鬼学校教些什么？一群老小姐把我唯一的儿子教成了……"只有音乐老师埃德蒙兹小姐说他是一个天才，她是他心中的一个小秘密，他爱她。她是云雀溪小学唯一一个不穿裙子而穿裤子的女老师，妈妈说她是个嬉皮士，云雀溪就是这样一个落后保守的地方。埃德蒙兹小姐只有星期五才来教他们唱歌，他为了星期五下午的半小时，努力忍受着整个星期无聊的上学。

他听到有人招呼他，那家伙剪着短头发，穿着一条退了色、裤管剪了一半的牛仔裤，坐在围栏上，他看不出对方是男是女。

杰斯的爸爸是个长途车司机，天天不在家，家里的许多活儿都落在了他的身上。他上面有两个爱美、整天就知道唧唧喳喳的姐姐，下面是两个幼小的妹妹。处在这一群女人里，他感到非常孤独——就连家里那唯一的公鸡也死了。家里还有谁能了解他的感受呢？

第二天早上跑步时，他听到有人招呼他，那家伙剪着短头发，穿着一条退了色、裤管剪了一半的牛仔裤，坐在围栏上，他看不出对方是男是女。"我们最好做朋友，因为这附近没有别的人了。"是个女孩，她说她叫"莱斯利"。不过直到开学，杰斯才在学校里见到莱斯利。让他想不到的是，莱斯利在赛跑中居然赢了他！她使他难过透了，在回家的校车上，他故意和妹妹梅·贝尔坐在一起，莱斯利叫他也假装没听见。星期五上音乐课时，被欢快的歌声所激动，杰斯转过脸来，和莱斯利的目光相遇了，他对她笑了，他感觉他的生命展开了新的一页。他不必向她宣布他改变了对她的态度，她已经知道了。回家的路上，他们有了这样一段对话："你为什么搬到这里来？""我父母在重新评价他们的价值观。他们认为自己对金钱和成功太着迷了，所以才买下那个旧农场，要去种田，想想究竟什么东西是重要的。""但你成了他们的牺牲品。""我们讨论过，我也希望到这里来。"

一个秋日，杰斯和莱斯利跑过珀金斯老宅后面的空地，一直跑到分隔农场和森林的那条干涸小溪。河床岸上长着一棵老沙果树，树上挂着一根不知拴了多久的绳子。他们先后抓住绳子，荡过溪谷。莱斯利对他说："你知道我们需要什么吗？我们需要一个地方，一个只属于我们两个人的地方，一个非常神圣的地方，神圣到我们绝对不和任何人提起。"杰斯荡了回来，莱斯利对他耳语道，"那是个神秘的国度，而你和我将是统治那个国度的国王和王后。"他们开始在森林里建造城堡，莱斯利给他们的神秘国度起名叫"特拉比西亚"。她是王后，他是国王，要想进入特拉比西亚，只能抓住那根魔绳荡过去。就这样，杰斯和莱斯利成了最好的朋友。但他的父母却为他成天不干别的，只和女孩玩而发愁了，担心他以后会变成什么样。杰斯才不担心他的未来呢，因为他现在每天清晨醒来，都对这天充满了期待。莱斯利不只是他的朋友，也是他内心的另一半，是他通往特拉比西亚或其他世界的通道。

杰斯和莱斯利喜欢编些巨人威胁特拉比西亚的故事，但他们两人都知道，他们生活中真正的巨人是贾尼丝。贾尼丝是七年级里最凶，不欺负比她弱小的同学就会死的大胸脯女生，上回在校车里故意倒下，硬说是杰斯绊倒了他，害得杰斯被司机赶下车。这回，她又偷走了妹妹梅·贝尔的巧克力松饼。"你要杀了她！"梅·贝尔哭着来找他们了。"就算打赢了，你的巧克力松饼也已经在贾尼丝的肚子里了。"杰斯说。"杰斯，如果你不是个胆小鬼，你一定会去狠狠揍那个抢走你妹妹巧克力松饼的人！"梅·贝尔又大哭起来。最后还是莱斯利想出了一个整治贾尼丝的方法，她让杰斯假装七年级女生最喜欢的男生威拉德的口吻，给贾尼丝写了一封约会信："……今天下午放学后学校后门见。亲爱的，爱你。又及：不要告诉任何人，让我们的爱成为只有我俩才知道的秘密。"第二天早上，杰斯把字条塞到了贾尼丝的桌子里。下午放学时，校车上所有的人都知道贾尼丝去跟威拉德约会了。第三

莱斯利举起双手，仰面向上，对着暗绿的树冠，庄严地开始说："啊，松林神啊，我们可爱的王国正在遭到某种不明邪恶势力的蹂躏，我们来到这里，代表我们可爱的王国祈求。恳求您给我们识别这魔鬼的智慧、战胜这魔鬼的力量。"

天，贾尼丝气冲冲地踏上校车，瞪着每一个人，一副谁敢再提昨天那件事，谁就要倒霉的样子。

圣诞节前一天的下午，杰斯在城堡送给莱斯利一只小狗，她给它起名叫特里恩王子，封它为特拉比西亚卫士。

一个多月后的一天，他们和王子一起向她说的特拉比西亚走去。他们悄悄荡过小溪，莱斯利捡起两根树枝。她说："陛下，您的宝剑。"杰斯点点头，猫着腰，朝城堡潜行："王后，小心你的背后！"莱斯利转过身来，开始和假想的敌人格斗。又有更多的敌人向他们涌来，喊杀声响遍了特拉比西亚。"他们吹起撤退的号角了！""特拉比西亚

终于重获自由了！"

复活节的那个星期一，天开始下雨。杰斯和莱斯利穿上雨衣来到小溪边时，被眼前的景象震慑住了，小溪那干涸的河道变成了咆哮的大海。"我看今天还是算了吧。"杰斯看着沙果树上的绳子，胃部感到一阵寒冷。"我们可以过去。"莱斯利托着小狗荡了过去。杰斯也荡了过去，不过他是一屁股坐到了对岸。接下来的星期二、星期三，他们又去了特拉比西亚。随着河水上涨，杰斯对跨过小溪的恐惧增加了，但莱斯利却从来没退缩过。星期三，他们坐在城堡里时，雨突然下得好大。莱斯利说："一定有恶魔在诅咒我们心爱的王国。"她领着杰斯走进松林，举起双手，"啊，松林神啊，我们可爱的王国正在遭到某种不明邪恶势力的蹂躏，我们来到这里，代表我们可爱的王国祈求。恳求您给我们识别这魔鬼的智慧，战胜这魔鬼的力量。"……这天晚上杰斯没有睡好，他不想到特拉比西亚去

"今天上午，他们在小溪里发现了伯克家的女孩。"

了，听着可怕的雨声，他确信，不管溪水涨多高，莱斯利都要荡过去。

第二天早上，埃德蒙兹小姐突然打来电话，问杰斯要不要跟她去华盛顿看美术馆。杰斯去了，这是他生活中一个完美的日子。等他回到家里，发现不对劲儿了。他们没有吃饭，也没有看电视，所有人都瞪着他。妈妈突然放声大哭。"怎么……"他问。姐姐撅着嘴对他说："你的女朋友死了，妈妈以为你也死了。"他的脑袋天旋地转，发不出声音。爸爸说话了："今天上午，他们在小溪里发现了伯克家的女孩。""不，她不会淹死的，她会游泳。""那条旧绳子断了，他们说，她摔下去的时候，头撞到了石头。""不，是骗人，莱斯利没有死。"他跑了出去，向珀金斯老宅跑去。爸爸开车追上了他，用双臂把他抱了起来。

在莱斯利家，她爸爸比尔哭着告诉杰斯："她很爱你。她告诉过我，如果不是你……谢谢你，谢谢你一直做她这么好的朋友。"他生莱斯利的气，是她使他脱离了以前的自己，进入她的世界，然后在他真正熟悉她那个世界之前，而回到原来的世界又太晚了的时候，她离开了他，他束手无策，就像一个被遗弃在月球上的太空人，孤零零的。他不知道是什么时候回到自己家里的，只记得妹妹梅·贝尔激动地问他："你看到她躺在棺材里了吗？"他打了她，使的劲儿比他一生中打任何东西都大。他一直跑到溪边，放声大哭："我恨她。我恨她。我希望自己这一生从来都没有见过她。"爸爸坐在他身边，摸着他的头，一句话也没说。

一个美丽的春天的早晨，杰斯把一根被水冲下来的大树杈搭在了小溪上。他走过去，给莱斯利编了一个花圈，摆在了松林里。他这一整天都在想，莱斯利来之前他什么都不是，只是一个奇怪的傻小子，画稀奇古怪的画，绕牧场跑步，是她把他从牧场带进特拉比西亚王国，成为国王，变坚强了。现在，她不在了，所以他必须代表两个人前进。

杰斯用木板在小溪上搭起了一座桥。完工后，他把野花撒在妹妹梅·贝尔的头发上，带她走过通往特拉比西亚的大桥。他说："特拉比西亚盛传，有一个美丽的女孩今天会来到这里，她可能是他们一直在等待的女王。"

让我们来深入讨论作品

死亡，曾经是儿童文学的一大禁忌。但《通向特拉比西亚的桥》的主题就是死亡。就因为讲到了死，它曾被美国图书馆协会评为"1990年至1998年最受争议的100本书"之一。

这是一个无法回避的话题。

一个孩子在成长过程中，不可能不接触到死亡，这是生命的一部分。说到为什么要写这样一本超越限制的童书，作者凯瑟琳·佩特森在安徒生奖获奖演说词中说："儿童具备人性中荣耀和痛苦这两个词所包含的一切。但他们却比我们缺少经验，没我们有眼光。所以说他们更容易受伤害。"正因为如此，她认为一个孩子在亲历生命消逝之前，应该有一本书，告诉他们如何面对死亡、学会悲伤。这就是她写这本书的目的。在获奖演说词中，她讲到了这样一个故事：史密斯先生一直在一家医院里负责照管心理紊乱的孩子。一天，他给一个名叫埃迪的病孩朗读了《通向特拉比西亚的桥》。读到莱斯利死去的那一章，那男孩开始哭泣。这让史密斯先生吃了一惊，因为在那之前，男孩要么拒绝表达自己的感情，要么假借别人来表达。他停止了朗读，不想继续让这个小病人沮丧下去。可是男孩却坚持让他读下去。那天晚上，他们一起热泪盈眶地读完了这本书。史密斯先生不知道的是，那之前男孩的一个好朋友刚刚死于一场事故，正不知道失去朋友该怎么办。

所以，再次借用凯瑟琳·佩特森的话来说，《通向特拉比西亚的桥》就是一本给世界上"那些需要帮助的精神崩溃"的孩子们"提供能够愈合创伤"的书。

写作这个故事的起因，是因为一场雷电夺走了她儿子最要好的朋友的生命。在《通向特拉比西亚的桥》的献词页，有这样一段话："我写这本书，原来是献给我的儿子戴维·洛德·佩特森的，但他在读完之后，要求我在这一页把莉萨的名字也写上，我照办了。希望他们勇往直前。"这个莉萨，就是她儿子的那个好朋友的名字。凯瑟琳·佩特森是一位有责任心的现代小说作家，她的作品始终着眼于弱势少年，主人公常常是孤儿或是被疏远的孩子，她关注他们脆弱的内心世界，描写他们如何面对孤独、失败以及死亡，在逆境中坚强成长的过程。不过，连她自己都承认，这个关于"死亡、爱及疗伤"的故事，却让她很难下笔。一个花季少女，昨天还是一个那般鲜活可爱的生命，今天突然就凋零死亡了，没人可以接受这样的现实。安妮塔·西尔维在《给孩子100本最棒的书》里描述凯瑟琳·佩特森痛苦的写作过程："佩特森发现每写一页，都会使她越来越感到寒冷，她好像要冻僵了。后来，她不得不向一个朋友承认，她很难把这个小女孩的死描写出来。她的朋友说：'我认为不是这个孩子的死让你无法面对，我想，你无法面对的是你自己的死。'领悟到这一点，佩特森在几周内就完成了小说的终稿，写作时很富有激情。"

其实，死亡在《通向特拉比西亚的桥》中只占了不到四分之一的篇幅，小说更多的还是为我们讲述了杰斯和莱斯利这两个少男少女的纯真友情。

十岁的少年杰斯，住在一个名叫云雀溪的死气沉沉的乡下，爸爸是一个长途车司机，虽然故事开始时还未失业，但故事过半就被解雇了。他家境贫寒，在学校里赛跑唯一一次赢了比赛，"红色的烂泥还不停地从他鞋底的破洞渗透进去"。他是家里

"救命！杰斯，救救我！"尖厉的叫声划破了宁静。杰斯迅速跑向梅·贝尔呼救的地方。

唯一的男孩，却得不到父母的半点怜爱，妈妈拿他当男人一样使唤，挤奶、摘豆荚，爸爸早出晚归，更是对他视而不见，以至于他有时甚至会想："也许，我是一个弃婴，就像故事书里描写的，很久很久以前，在那条小河还没有干涸的时候，我被装在一个涂了松脂的柳条篮子里，从上游漂流下来。"夹在四个姐妹，特别是两个青春期的姐姐之间，更是让他倍感窒息。这个敏感又多思的少年，"处在这一群女人里，实在感到非常孤独——就连家里那唯一的一只公鸡也死了"。家里没有一个人（除了有点崇拜他的妹妹梅·贝尔，但她还未满七岁）在乎他的感受。像所有成长中的少年一样，杰斯也有一个情结，就是渴望得到爸爸的关爱和认同。比如，他练跑步，就希望爸爸为他自豪和骄傲；画画，也希望得到爸爸的几句赞美。可就连这么一点心愿，也总是被无情地击碎。他都不敢给爸爸看他的画，他读一年级的时候，有一次他告诉爸爸长大想当个画家，没有想到爸爸却说："这个鬼学校教些什么？一群老小姐把我唯一的儿子教成了……"那是他永远不会忘记的一件事，即使已经隔了四年之久。要说在整个云雀溪能理解他的人，只有音乐老师埃德蒙兹小姐，她说他是"一颗未经打磨的钻石"。但他只有在星期五下午才能见到她一次……

一句话，在莱斯利出场之前，杰斯没有朋友，孤独，胆小，生活在一个乏味和缺少关爱的家庭与无聊的学校里，就是"一个奇怪的傻小子，成天只知道画些稀奇古怪的图画，拼命绕着牧场跑步，企

杰斯来到特拉比西亚的时候，莱斯利正靠在屋顶下面读书。书的封面上是一幅画，一头虎鲸正在袭击海豚。

图伪装自己是一个了不起的人物——实际上内心却隐藏着随时都可能爆发出来的恐惧与懦弱"。

那么，谁来拯救云雀溪唯一不甘堕落的杰斯呢？

一个小小的女神（说是天使也可以）突然降临在了他的身边。有一天，一个头发短得看不出是男是女的孩子坐在牧场的栅栏上，冲他招呼道："如果你那么怕牛，为什么不爬到栅栏上来？"这个名叫莱斯利的清新脱俗的女孩当然是凡人，但她又是那样的与众不同。首先，她跑得快，在学校赛跑时居然战胜了练了整整一个暑假的杰斯，这几乎让他恼羞成怒，但她跑步的样子，"就像秋天飞在空中的野雁"，又让他心头不禁浮起"美丽"这个词。其次，就像她那逃出城市，来农场种田，要"重新评价他们的价值观"的作家父母一样，她与云雀溪所有的孩子都不一样，敢于表达自己的主见，别人嘲笑她就会自豪地向后仰起头，而且充满了想象力。所以，杰斯很快就放弃了成见，和她牵起了手。在小说的开头，当妹妹梅·贝尔告诉他有人搬到隔壁农场时，他就不可思议地预感到"那或许是他一生中最重大的事情"了。果然，她让他"感觉他的生命展开了新的一页"。

莱斯利真的是一个小小女神，因为她把杰斯领进了另外一个世界——特拉比西亚。

一天，莱斯利对杰斯说："你知道我们需要什么吗？我们需要一个地方，一个只属于我们两个人的地方，一个非常神圣的地方，神圣到我们绝对不

和任何人提起。那是个神秘的国度，而你和我将是统治那个国度的国王和王后。"这个世界并不遥远，就在莱斯利家后面的一片森林里，抓住拴在沙果树上的绳子，荡过一条干涸的小溪就到了。不过，为了不破坏和削弱这本小说的现实感，作者凯瑟琳·佩特森虽然从C. S.刘易斯的幻想小说《黎明踏浪号》（"纳尼亚传奇"之五）里借用了一个海岛的名字，但并没有像他的《狮子、女巫和魔衣柜》那样，让两个孩子穿过一扇类似大衣柜那样的门，走进一个魔法世界。在莱斯利和杰斯的特拉比西亚，没有真正的魔法，威胁和平的巨人也好，恶魔也好，松林神也好，只是他们的想象，都是从他们的嘴巴说出来的。也正是这个原因，没有人把《通向特拉比西亚的桥》说成是一本幻想小说。

对于莱斯利来说，特拉比西亚或许只是一个逃避现实（她也被孩子们视为怪物）的幻想王国，但对于杰斯来说，还是一个成长和疗伤之地。他在这里，得到了莱斯利的友谊（作为延伸，他还从莱斯利爸爸那里得到了一种父爱），学会了读书，找到画画的意义，同时还变得勇敢和坚强起来了，"每天清晨醒来，都对这天充满了期待"。特别是莱斯利死后，走不出好友死亡阴影的他，一个人来到特拉比西亚的溪边，尖叫、痛哭，把莱斯利送他的颜料丢进水里，大声地发泄着心中的愤怒："我恨她。我恨她。我希望自己这一生从来都没有见过她……"最后，一个美丽的春天的早上，他再次走进特拉比西亚，给莱斯利做了一个花圈，为王后举行了一次神圣的葬礼，终于彻底治愈了自己，走出了悲伤。

作者没有正面描写莱斯利的死亡，而是把更多的笔墨放在了如何帮助杰斯疗伤上。在这里，我们看到了原来疏远而陌生的父亲的身影，出现在了儿子的身边。是他，默默地把在路上狂奔的儿子抱回了家；是他，在溪边搂住了放声痛哭的儿子。还有那位被孩子们叫做"喷火怪物嘴"的迈尔斯老师，含着泪水对杰斯说："如果我都觉得这么难过，你一定会更难过。让我们互相帮助好吗？"作者显然是想在这里强调，当一个少年面对死亡的时候，必须有大人来陪伴，来帮助他渡过难关。

桥，在书里是一个多重象征。

直到最后一章，杰斯才用莱利斯爸爸留给他的厚木板，在小溪上搭起了一座通往特拉比西亚的坚实的桥。莱斯利不在了，但杰斯不想让特拉比西亚就此消失。虽然他和莱斯利有约在先，承诺这是他们两个人的秘密，"神圣到我们绝对不和任何人提起"，但他最后还是失约了，在故事的最后一段，他把头上插满野花的妹妹领进了特拉比西亚，让她成为特拉比西亚的美丽王后。这是一座连接现实与幻想的桥，因为有了它，特拉比西亚这个幻想的王国永远地留了下来。它既可以看做是杰斯对挚友的祭奠之桥，也可以看做是他的成长之桥，因为他治愈了自己，重拾信心，变成了一个坚强的少年。同时，它还可以理解成是一座把大人们联系到一起的桥，不正是为了帮助杰斯摆脱切肤之痛，那么多的大人才走到一起来的吗？

有了这样一座桥，杰斯就什么都不怕了。

"现在，该是出发的时候了。莱斯利已经不在，所以他必须代表他们两个人前进。莱斯利带给他的广阔视野和力量，他将靠它来关爱这个美丽世界。

"至于未来的路途上将遭遇到的各种困难，他都会昂首面对，尽力去克服。莱斯利，对不对？"

中文译本推荐

《通往泰瑞比西亚的桥》
钟瑶/译　许常德/修文
中国台湾英文汉声出版股份有限公司
2009

《通向特拉比西亚的桥》
庄细荣/译
人民文学出版社
2004

玛蒂尔达

原书名及初版时间：*Matilda, 1988*
作　者：[英] 罗尔德·达尔 (Roald Dahl)
插　图：[英] 昆廷·布莱克 (Quentin Blake)
出版社：Puffin, 2007

获奖及推荐记录
⊙1989年英国红房子童书奖
⊙入选英国最大连锁书店Waterstones "最受喜爱的100本童书"
⊙入选英国BBC "大阅读：最受欢迎的100本小说"
⊙入选英国《你长大之前必读的1001本童书》
⊙入选美国全国教育协会 "孩子们推荐的100本最佳童书"
⊙入选美国《纽约时报家长指南：最佳童书》
⊙入选日本《英美儿童文学畅销书40本：永留心中的名作》

● 是谁写了这本书

　　罗尔德·达尔（1916—1990），出生于英国。他的父母都是挪威人。他七岁那年，父亲死于肺炎，母亲没有带他回挪威，因为父亲生前一直希望儿女能在英国接受教育。

　　他最初就读于天主教兰达夫学校。八岁时，他和四个朋友在 "吝啬而又讨人厌" 的普莱契太太店中的糖果罐里，放了一只死老鼠，为此挨了校长一顿打。于是，他被转到一所寄宿学校，但在那里他过得非常不愉快。他十分想家，几乎每天都会给家里写信。

　　第二次世界大战时，他加入皇家空军，成为一个空军少尉，曾与四架正在攻击船只的轰炸机对战，操纵他的飓风式战机打下一架容克88型俯冲轰炸机。

　　他是写成人书起家的，他擅长创作黑暗而又恐怖的短篇小说。后来改写童书，他充分调动了自己童年的记忆。小时候，他母亲常常给他讲故事，讲挪威那些传说中的巨人和其他虚构的东西。在他的《好心眼儿巨人》和《女巫》里，都可以找到这些故事的影子。

● 先来认识一下书中的主要出场人物

玛蒂尔达
女孩，出场时四岁零三个月。聪明绝顶，五岁时就把许多大人都没有读过的文学经典读完了。但是她的爸爸妈妈不喜欢她，他们把她看做是伤口愈合时结的痂。

沃姆伍德先生
玛蒂尔达的爸爸，老鼠脸，爱穿鲜艳的大方格上衣，是一个既俗气又黑心的倒卖二手汽车的商人。

沃姆伍德太太
玛蒂尔达的妈妈，大块头，头发染成了淡金色。她

整天把女儿丢在家里，去八英里以外的城里玩赌博游戏。

亨尼小姐
玛蒂尔达的小学老师，二十三四岁，孩子们个个都爱她。

特朗奇布尔小姐
女巨人，小学校长，是一个会让小学生连命都吓掉的暴君。

> 必须记住，她还不到五岁，对于这么小的孩子，要对抗全能的大人而赢分是不容易的。尽管如此，她决定干。

这本书讲了一个什么故事

沃姆伍德先生和太太有个儿子叫迈克尔，有个女儿叫玛蒂尔达。他们简直就把这个玛蒂尔达看做是伤口愈合时结的痂。痂这玩意儿你只好先留着，时候一到，你就可以把它剥下来扔掉。沃姆伍德先生和太太就等着这个时刻的到来，好把他们这个小女儿像痂那样剥下来扔掉。

玛蒂尔达既聪明伶俐又才华横溢，四岁就学会自己读书了，可家里只有一本《简易食谱》。她问爸爸："你能给我买本书吗？"这个愚蠢的男人竟说："天啊，电视机还不够？我们有一个漂亮的十二英寸电视机，你却要我买一本书！"她只好一个人去村里的公共图书馆读书。几个星期以后，她对图书管理员费尔普斯太太说："我不知道接下来读什么好，所有的童书我都读完了。"费尔普斯太太给了她一本狄更斯的《远大前程》，她在心里说我一定是疯了。接下来几个下午，这个四岁的小女孩坐在一张大扶手椅上，膝上放着那本书，读了一个钟头又一个钟头，完全被狄更斯用他那些字句织成的魔力迷住了。一个星期，玛蒂尔达把它看完了。"我喜欢这本书，"她对费尔普斯太太说，"这位狄更斯先生还写过什么别的书吗？"

玛蒂尔达的爸爸是一个倒卖旧汽车的黑心商人，他把木屑塞进齿轮箱，还让里程表倒转。一天，他把他赚大钱的秘密告诉了儿子迈克尔。玛蒂尔达听到了，她说："那是肮脏的钱，我恨它。"爸爸脸都气红了，说："你敢教训我？你只是一个无知的小废物！"玛蒂尔达可以感觉到自己在怒火

中烧，她对于老是被人说成无知感到生气。第二天早上，她把爸爸帽子的里圈挤上了一圈超级胶，他戴上它，就再也拿不下来了。第三天早上，妈妈只好用剪刀连帽子带他的头发一起剪掉。一个星期后，不顺心的爸爸下班回家看见玛蒂尔达缩在椅子上读书，又冲她发火了："这是什么废物？"他把书抢了过去，一把一把地撕了。玛蒂尔达没有哭，她十分安静地坐在那里，她在想怎样惩罚她那恶毒的爸爸。这回，她从朋友弗雷德那里借来一只会说话的大师鹦鹉，塞进壁炉上面的烟囱里。晚上吃饭时，一个声音叫了起来："你好，你好！""是小偷！"妈妈颤抖着声音说。玛蒂尔达是个挺好的演员，高举餐刀，带头冲进餐厅，可是房间里没有人。"我的骨头咯咯响。"那个声音又来了。"是鬼。"玛蒂尔达说。"救命啊！"妈妈尖声大叫，几乎要把她的丈夫给掐死了。这样安静了一个星期，爸爸的老毛病又犯了，因为他拿出一张纸，问儿子："我第一辆汽车二百七十八英镑买进，一千四百二十五英镑卖出；第二辆汽车……你

"我不知道接下来读什么好，"玛蒂尔达说，"所有的儿童书我都读完了。"
"你到底几岁了，玛蒂尔达？"
"四岁零三个月。"玛蒂尔达答道。

把这些数字写下来，告诉我，你出色的爸爸今天一共赚进多少钱？"玛蒂尔达立刻就说出了答案，这让他十分愤怒。他说："你这个小骗子，你偷看了我这张纸！"这下爸爸又倒霉了，他受到了严惩，头发被染成了肮里肮脏的银色。"怎么会这样？"他叫道。玛蒂尔达安静地说："我猜，是你心不在焉，错拿了架子上妈妈的那瓶染发水。"

五岁半的玛蒂尔达上小学了。第一天，她的老师，年轻又温柔的亨尼小姐就发现玛蒂尔达是一个智力超常的儿童了。课间休息的时候，她跑去报告校长，因为她觉得让玛蒂尔达留在最低的班里太荒唐了。校长特朗奇布尔小姐是一个暴君，她高大，曾经是出名的链球运动员。每个孩子都怕她，谁要是得罪了她，她就会把这个孩子像厨房搅拌器里的胡萝卜那样榨成汁。"一个天才！你在说什么蠢话呀，你一定发疯了！正相反，我听她爸爸说她是一个小坏蛋！"亨尼小姐失望地走出校长室，心想一定要为这孩子做点事。晚上9点钟，等玛蒂尔达上床睡觉了，亨尼小姐敲开了她的家门。想不到，玛蒂尔达的爸爸对她说："我们不赞成读书，光用屁股坐着读小说混不到饭吃。"玛蒂尔达的妈妈对她说："你选择的是书本，我选择的是相貌，到底谁的日子过得好？"

开学不到一个星期，所有的新生都听过校长特朗奇布尔的可怕故事了。一个名叫霍顿霞的十岁女孩告诉玛蒂尔达和她的好朋友拉文德：特朗奇布尔小姐讨厌小孩子，认为五岁孩子都是些还没有孵化

出来的幼虫。她还说校长的办公室里有一个锁着的大柜，是监房，柜壁上插满碎玻璃，她自己就因为往她的运动短裤上撒发痒粉，被她抓住关到了监房里。"这真像一场战争。"玛蒂尔达说。她和拉文德听入了迷，她们正站在一位大师面前，这人已经把恶作剧艺术发挥到了极致。这时，操场一下子静得和墓地一样，校长特朗奇布尔来了。她揪住一个小女孩的长辫子，一边说"我让你梳辫子，你这小老鼠"，一边抢起她在头顶旋转，把她甩了出去。拉文德对玛蒂尔达说："如果我告诉我爸爸，说校长抓住我的头发把我扔出操场铁丝网，他准会大吵大闹的。""他不会相信。理由很明白：你说的事听上去太荒唐了，叫人没法相信。这就是特朗奇布尔的巨大秘密。"玛蒂尔达说。

这一天，亨尼小姐对全班说："明天下午两点，特朗奇布尔小姐要到这班来代我上一堂课，这是校长的一个规矩。"当拉文德听说校长上课时桌子上要永远有一壶水和一个玻璃杯时，她立刻说她负责去拿。她疯狂地崇拜霍顿霞和玛蒂尔达，她们在学校和家里都干过大胆的事情。那天傍晚她从泥塘里抓来一条蝾螈，第二天吃完午饭，就把它倒进了校长特朗奇布尔的水壶里。校长被水壶里倒出来的蝾螈吓得跳了起来，眼中充满了仇恨。她说："玛蒂尔达，站起来！""叫谁？我没有做过这件事！""是你做的，你在这个学校算完啦！我要把你赶到一个连乌鸦屎也落不到你头上的地方！"玛蒂尔达生气了，她用眼睛盯住玻璃杯，一股异常的

妈妈对玛蒂尔达说："你这样跟爸爸说话太不要脸了。现在闭上你的臭嘴，让我们大家能安安静静地看电视。"

忽然之间，特朗奇布尔很响地哼哼一声，扔出了辫子，阿曼达顿时像火箭一样飞过操场的铁丝网，高高地飞到空中去了。

力量从眼睛里放射出来，她让那几百万只看不见的小手去推那个玻璃杯，把它哐当一声推倒了。

放学以后，玛蒂尔达跟亨尼小姐去了她的农舍。亨尼小姐说她爸爸原来是这个村子里的医生，住在一座红房子里。她两岁时，妈妈死了，爸爸就请妈妈没有结婚的妹妹来照顾她。可她五岁那年，爸爸突然自杀了。没人相信他会做那样的事。没有了爸爸，姨妈就变成了一个极其可怕的人，她的生活就变成了噩梦。亨尼小姐最后说："我爸爸的遗嘱始终没有找到，我姨妈拿出了一张字据，说是我爸爸写的，上面说他把这房子留给妻妹。我断定它是伪造的，但我没钱请律师，而且我姨妈在社会上是一个受尊敬的人。""她是谁？"亨尼小姐犹豫了一下，轻轻地说："特朗奇布尔小姐。"亨尼小姐送玛蒂尔达回家时，玛蒂尔达一直都在埋头想心事，到了家门口，她才问了亨尼小姐三个问题——"特朗奇布尔小姐叫你的爸爸什么？""马格纳斯。""你爸爸叫特朗奇布尔小姐什么？""阿加莎。""在家里，你爸爸和特朗奇布尔小姐叫你什么？""珍妮。"

回到家里，玛蒂尔达找来爸爸的一支雪茄，摆在自己卧室的小梳妆台上，开始了练习，她有一个搭救亨尼小姐的计划。六天以后，她已经不但能使雪茄停在空中，而且能使它完全照她的意思来移

动。"我真做到了！用眼力我就能把雪茄提起来，在空中随意推动它！"

校长特朗奇布尔又来上课了。她让一个男孩回答问题，男孩回答不出，她就把他倒拎了起来。这时，一支粉笔突然跳了起来，开始在黑板上写字："阿加莎……""我是马格纳斯。""阿加莎，把我的珍妮的房子还给她。""然后你离开这里。如果你不听，我一定要来杀你，就像你当时杀我一样……"特朗奇布尔小姐倒在地板上，昏了过去。

第二天早上，特朗奇布尔小姐没来学校，她逃走了。接着，亨尼小姐收到一封挂号信，是一家律师事务所寄来的，告诉她说，她已故父亲亨尼医生的遗嘱忽然神秘地出现了，她不但是那座红房子的合法所有人，她父亲还给她留了一笔钱，是他生前的积蓄。两个星期以后，亨尼小姐就搬进了红房子。玛蒂尔达成了最受欢迎的客人，每天傍晚下课以后都到那里去。一天，她突然告诉亨尼小姐："我眼睛的那股力量消失了。"

玛蒂尔达回到家里，看到门口停着一辆车，爸爸和妈妈正在发疯似的把衣服和各种各样的东西往手提箱里塞。爸爸头也不抬地说："我们要去西班牙，半个小时内就要赶去机场！"玛蒂尔达喊来了亨尼小姐，上气不接下气地对他们叫道："我不想和你们一起去，我要留在这里跟亨尼小姐住在一起。"爸爸妈妈钻进汽车里，丢下她就开走了。

 让我们来深入讨论作品

在"哈利·波特"之前，罗尔德·达尔是世界上作品最畅销的童书作家之一。即使是在今天，他的作品仍然会每年热卖几百万部，一点都不输给"哈利·波特"的作者J.K.罗琳。然而在国外，对他作品的评价却是两极分化，有人说好，有人说不好——说好的是孩子，说不好的是大人。

如果你读过他的作品，就知道他是一个多么会讲故事的天才作家了。可是，为什么会有大人反对他的作品呢？

保守的批评家指责达尔的作品中充满了暴力、性别歧视和粗俗幽默，总是故意去迎合儿童的口

味。让我们以达尔获惠特布雷德图书奖的《女巫》（达尔在英国没有得过什么文学大奖，除了这一部，《好心眼儿巨人》和《玛蒂尔达》还分别获得过"儿童图书奖"和"红房子童书奖"，但其实投票人都是孩子）为例，看看批评家们是怎么说的吧。请看这一段——"紧接着，一连串像白色铁屑的火花从女巫大王的眼睛里喷射出来，一直射向不敢再说话的那个女巫。我看着火花射到她身上，她恐怖地号叫，浑身冒烟。房间里充满了肉被烤焦的气味。"批评家说这就是暴力。请看这一段——"女巫永远是女的。我不想说女人的坏话。绝大多数女人是可爱的。但所有女巫都是女的，这依然是事实"，批评家说这就是性别歧视。请看这一段——"'会嗅出我什么气味呢？'我问道。'狗屎气味。'我姥姥说。'对女巫来说，你的气味是新鲜狗屎的气味。'"批评家说这就是粗俗幽默。

童书是写给孩子看的，怎么可以这样写呢？或许就是因为这个，才会有那么多的大人愤怒地站出来捍卫童书的纯洁，批判达尔的作品品位低下。当然，也有批评家支持达尔的，只是不那么大张旗鼓，比如《英语儿童文学史纲》的作者约翰·洛威·汤森就认为达尔"与大量的垃圾作品制造者相比，他也无疑是个非常有才气的作家"，但他却不愿把达尔的作品推荐给孩子，他说："我会让孩童自己去找到他的书，而不是由我将他的书介绍给他们，因为这些书对儿童的吸引力是它的粗野、喧嚣和出乎意料的惊奇"。不过，更多的批评家则选择了沉默。英美的儿童文学理论书中很少有论及达尔的，连英国最权威的儿童文学研究者彼得·亨特在《儿童文学》中也发出了这样的感叹："要想找出有关达尔童书的严肃分析和讨论是极其困难的，更不用说有关的辩论和反对意见了，这表明了文学和流行文化之间的分歧有多深。"

一个奇怪的现象是，与达尔在英语圈遭到严厉的抨击不同，在中国，大人却和孩子一样，对达尔的作品一片叫好声。同样的现象也发生在日本。有日本学者分析指出，这其中最根本的一个原因，就是达尔原来那种口语式的、通俗的英语，经过翻译，变成了书面文字，粗俗的表现方法得到了抑制和缓和。而且荒诞的文字游戏因为无法翻译，也

完全丧失了原来的意思。例如，《玛蒂尔达》中的那个反面人物、校长特朗奇布尔小姐，原文是"Miss Trunchbull"，而Trunchbull这个字，一看就是truncheon（棍子）和bull（公牛）的组合。虽然这个名字用来形容一个压迫孩子的暴君没有什么大错，但在大人看来还是太过头了一点。译成中文"特朗奇布尔小姐"之后，我们则一点都看不出原来那种不雅的意思来了。

接下来，就让我们以《玛蒂尔达》为例，来讨论一下达尔的作品是否真的像某些批评家们所说的那样"儿童不宜"。

被美国的《学校图书馆杂志》称为"也许不是老师和校长作为在课堂上大声朗读的第一选择，但绝对是孩子排队等候阅读的第一选择"的《玛蒂尔达》，可能是达尔最受孩子们喜爱的一部作品了。它不但获得了孩子们票选的"红房子童书奖"，还荣登英国最大连锁书店Waterstones"最受喜爱的100本童书"排行榜的第一名。

《玛蒂尔达》是达尔后期的作品，虽然更加成熟，但与早些年发表的《好心眼儿巨人》和《女巫》一样，它还是遵循了达尔作品的一个固定的模式。首先，它的主人公玛蒂尔达如同她的姓Wormwood（苦艾）所寓意的那样，是一个身陷苦境的小女孩，和孤儿没有什么两样（《好心眼儿巨人》中的索菲和

"你愿意去我的农舍吃茶点吗？"
"噢，我太愿意了。"玛蒂尔达说。

《女巫》中的"我"都是孤儿）。因为她的父母俗不可耐，行为愚蠢、恶劣得令人发指，不但不承认不欣赏她的天分，还忽略她，把她看做是"伤口愈合时结的痂"，就等着有一天"好把他们这个小女儿像痂那样剥下来扔掉"。其次，她的对立面是象征权威和专制的大人——在家里，是愚蠢的父母沃姆伍德先生和太太;在学校，是"会让小学生连命都吓掉"的校长特朗奇布尔小姐（《好心眼儿巨人》里是吃人豆子的坏巨人，《女巫》里是要把英国的小孩都变成老鼠的邪恶女巫）。再有，就是也有一个善良的大人助她一臂之力，这一回是她的老师亨尼小姐（《好心眼儿巨人》里是吹梦巨人，《女巫》里是"我"的挪威奶奶）……唯一不一样的地方，就是玛蒂尔达不仅仅是一个弱者，她还是一个拥有超自然能力的强者，这个"不平凡……敏感又才华横溢"的小女孩，最后就依靠"从眼睛里射出来的几百万只看不见的小手"，打败了神圣不可侵犯的校长。

对于它，有洁癖的批评家自然又站出来说话了。他们说，它不但暴力——校长特朗奇布尔小姐抓住一个吃糖的男孩的胳膊，"把他拎起来，一下子从开着的窗子抡了出去"，粗俗幽默——被逼迫吃蛋糕的那个男孩"发出一声巨大的打嗝声，它像响雷一样滚过大礼堂"，而且还有虐待狂的倾向——让女孩站在三面是碎玻璃的监房柜子里，"门上有几千个很尖的钉子突出来，它们是人从外面钉进去的，可能是特朗奇布尔亲自钉的"。

可是，读这本书的孩子们却不这样认为。他们会读得开心，哈哈大笑，没有一个孩子相信世界上真有一位校长会把学生甩出窗外，会把学生关进插满碎玻璃的柜子里。他们知道这不是事实，只不过是一种夸张的描写。至于那种被大人讥讽为低级趣味的笑话，没办法，一个人在孩子阶段就是喜欢这类大人听上去一点也不好笑的笑话，是童年的特征。

达尔更不这么认为了，他会觉得那些对他的指控简直就是吹毛求疵。在他看来，不用那么认真，这不过就是一场场闹剧，像卡通片一样，目的是为了好笑和好玩。在书里，他还借用玛蒂尔达和她的老师亨尼小姐的一问一答，进一步表明了他的这个

观点。当玛蒂尔达说她不喜欢一些乏味的书时，亨尼小姐问她："你认为所有儿童书都应该有滑稽的东西吗？"玛蒂尔达回答道："我认为是的，儿童不像大人那么严肃，他们爱笑。"

没错，孩子读《玛蒂尔达》，是会有一种扬眉吐气的快感，因为小小的玛蒂尔达代替他们战胜了大人。对于他们来说，玛蒂尔达的父母、校长特朗奇布尔小姐，就是每天凌驾于他们之上、对他们指手画脚的那些专横的大人的一个缩影。看着这些大人被羞辱，出丑，惨遭报复，他们当然会发出一阵又一阵的欢呼声了。约翰·洛威·汤森把《玛蒂尔达》带给孩子们的这种喜悦，称为"一种极端的破坏性喜悦"。

达尔的作品总是采取儿童的视角，俯下身来，为他们发出伸张正义的声音，这也是他对待童书的一贯态度。关于这一点，他曾经有过这样一段十分经典的发言："如果你想记住生活在孩子世界里的情形，你就得放下身段，照他们的样子生活一个星期。你就会发现，你不得不仰视你身边那些残忍的巨人，他们总是告诉你可以做什么，不可以做什么……于是，在孩子的潜意识里，这些巨人就变成了敌人。当我写《玛蒂尔达》时，我根据的就是这个理论。"然而，如果我们要追问一句，为什么达尔这样醉心于创作一个孩子对抗大人世界的故事，会有怎样的答案呢？有人说是达尔童年的寄宿学校生活在他心中留下了阴影，让他固执地认为孩子都是受害者，而大人都是暴君。而《别告诉大人：儿童文学的颠覆力》的作者艾莉森·卢里则提出了另外一种观点，她说许多童书作家都是这样，写作时总是站在孩子一边来对抗大人。"他们的书，从深层意义上来讲，都是颠覆性的。作为写作者，他们嘲笑大人，揭穿他们的做作和失败。他们明里暗里都认为，孩子们更加勇敢、聪明，比大人有趣得多，成年人的规则就是用来打破的。"

概括地说起来，孩子们之所以会选择达尔的书，是被他那幽默、滑稽，有点吓人，充满了想象力而又以孩子为中心的故事所吸引。

达尔的书，总是由国际安徒生奖画家奖得主昆廷·布莱克来配图的。他的钢笔画，和达尔的文字一样幽默而又让人发笑，生动传神，几根扭动的线

条，就让达尔笔下那些可爱或是可憎的人物跃然纸上了。可以这么说，在世界上再也找不出第二个人来，比他更适合为达尔的书画插图了。对了，说到这里，我们不得不说一下达尔作品中文版的译者任溶溶了，看他的译文，有时都会让人产生一种错觉，好像他和达尔就是一个人，躲在书里，用逗趣的语言为我们绘声绘色地讲故事。绝不夸张，可以这么说，在中国再也找不出第二个人来，比他更适合翻译达尔的书了。

一个再不喜欢读书的孩子，如果听了达尔的故事，也会中魔。

达尔曾经写过一本书，名叫《魔法手指》，说的是一个住在农场里的小女孩，有一根魔法手指，只要她的手指指向你，你就会中魔——"'魔法手指'是我与生俱来的一种本领。我没法告诉你们我究竟是怎样做的，因为连我自己也不知道是怎么回事……我浑身上下便会非常非常热……接着，我的右手食指的指尖便开始麻得要命……于是突然间，一道闪光——就像电一样的东西——飞快地迸发出来……随后，魔法手指便会在他或者她的身上起作用，某些事情便开始发生了……"

达尔，像那个小女孩一样，天生就有这样一根魔法手指。

延伸阅读

《詹姆斯与大仙桃》
任溶溶/译
明天出版社
2009

《查理和巧克力工厂》
任溶溶/译
明天出版社
2009

《魔法手指》
任溶溶/译
明天出版社
2009

《了不起的狐狸爸爸》
任溶溶/译
明天出版社
2009

中文译本推荐

《玛蒂尔达》
任溶溶/译
明天出版社
2009

《查理和大玻璃升降机》
任溶溶/译
明天出版社
2009

《世界冠军丹尼》
任溶溶/译
明天出版社
2009

洞
（又译《寻宝小子》）

原书名及初版时间：*Holes*, 1998
作　　者：[美] 路易斯·撒察尔（Louis Sachar）
出版社：Yearling, 2000

获奖及推荐记录
⊙1998年美国国家图书奖（青少年类）
⊙1999年美国纽伯瑞儿童文学奖金奖
⊙1999年美国《波士顿环球报》/《号角书》书奖
⊙1999美国《学校图书馆》杂志年度最佳图书
⊙入选美国《最佳童书：从学前到小学六年级》
⊙入选美国《给孩子100本最棒的书》
⊙入选英国最大连锁书店Waterstones "最受喜爱的100本童书"
⊙入选英国BBC "大阅读：最受欢迎的100本小说"
⊙入选英国《你长大之前必读的1001本童书》
⊙入选日本《英美儿童文学畅销书40本：永留心中的名作》

● 是谁写了这本书

　　路易斯·撒察尔（1954—），出生于美国。从高中开始，他就是一个读起书来废寝忘食的人了。《麦田里的守望者》的作者塞林格、《五号屠宰场》的作者冯内古特是最早激励他写作的作家。高中时他创作了第一个儿童故事，一个恐怖的老师会把学生变成苹果。

　　在加州伯克利大学学经济时，一天在校园里，他看到一个女孩在发传单："求助。我们学校需要助教。可以挣得三个学分。"他去了，成为一所名叫山坡小学的学校二、三年级的助教。除了在课堂当助教，他还是午间时间的"操场老师"。他说，这成了改变他人生的经历，并激励他写儿童读物。他最后毕业于法律学院，但他舍弃了律师的职业，而成了童书作家。

　　他每天上午写作，每天写作通常不超过两小时。一本书完成之前，他决不谈论它。最新的小说他花了两年时间，在写完这本书之前，没有人，就连他的妻子和女儿都不知道任何一点书的内容。然后，她们是最先看到书的人。

● 先来认识一下书中的主要出场人物

斯坦利
男孩，中学生，因为一桩莫须有的罪名被关进了绿湖营。绰号"洞穴人"。
零蛋
斯坦利的营友，他唯一的好朋友，真名叫"赫克特·泽罗尼"。
X光、乌贼、磁铁、夹肢窝和锯齿
不良少年，都是斯坦利的营友。

爵士
绿湖营辅导员。
潘登斯基先生
绿湖营辅导员。
监护人
一个高挑的红发女人，绿湖营的主宰。

斯坦利不是个坏孩子。事实上他是无辜的，并没有犯被控告的罪。他只是在错误的时间出现在错误的地方罢了。

都是因为他那个又坏又脏又烂的偷猪贼曾曾祖父。

这本书讲了一个什么故事

绿湖营已经没有湖了，早在一百多年前就干涸了，它现在成了一个看管坏男孩的地方。坏男孩被带到这个极其炎热的地方，在烈日下挖洞。

当看守员打开斯坦利·叶那茨的手铐，让他下车时，他已经在车上颠簸八个多小时了。肥胖、在中学总是受欺负的斯坦利不是一个坏孩子，他是无辜的。几个月前的一天，他放学回家，一双运动鞋从天桥上飞落下来，他抓起它们就跑，想送给正在尝试发明回收利用旧运动鞋的父亲，结果被警察抓住了。他不知道这双臭鞋子是有名的棒球手、香脚克莱德·里温斯顿捐出用来帮助无家可归的人的。法官说："你要么进监狱，要么去绿湖营。"没办法，他只能怪他那个又坏又脏又烂的偷猪贼曾曾祖父。这是他家里的一个笑话，传说他的曾曾祖父偷了一个独腿吉卜赛女人的猪，于是那女人便对他和他的子孙后代施了咒语。

当他被带进"绿湖营青少年劳教所"小屋时，一个自称"爵士"的辅导员对他说："你每天要挖一个洞，每个洞必须深五英尺，直径也为五英尺，你的铲子就是你的测量工具。"接着，他把斯坦利带到外面的烈日下，让他看一望无际的荒地。他说："没人能从这里逃出去，因为营地是方圆一百英里内唯一有水的地方。你想逃跑？那就等着三天后喂秃鹰吧。"

他被分到D组，和X光、乌贼、磁铁、夹肢窝、锯齿和零蛋几个孩子住在一起。第二天一早，他就穿上橙色的衣服，拿着铲子，跟X光他们一起去挖洞了。他的辅导员潘登斯基先生告诉他："如果你发现什么有趣的东西，可以向我或者爵士汇报。如果监护人喜欢你发现的东西，那天剩下的时间你就可以休息了。""我们应该寻找什么呢？""不是让你们寻找什么，你们挖洞是为了磨炼意志。只是如果你发现什么的话，要让监护人知道。"

斯坦利的曾曾祖父叫艾亚·叶那茨，出生在拉脱维亚，十五岁那年他爱上了漂亮的玛拉。再过两个月，她就十五岁了。艾亚去她父亲那儿提亲，恰巧有个养猪的五十七岁的农民伊高也来提亲。伊高说："我用最肥的猪来换你的女儿。"玛拉的父亲问艾亚："那你有什么？""一颗充满爱的心。"玛拉的父亲说："我宁可要一头肥猪。"艾亚只好去找一个叫泽罗尼的没有左脚的埃及老妇人，她告诉艾亚，他应该去美国，和他的儿子一样，可艾亚听不进去。泽罗尼夫人送了他一只小猪："你每天抱小猪去山顶，让它喝溪水，唱歌给它听……等你把猪送给玛拉父亲后，你要背我上山，我想喝口溪水，你要唱歌给我听。"泽罗尼夫人警告他，如果他做不到，他和他的后代将永世受诅咒。可是到了玛拉生日那天，他不想让玛拉闻到身上的猪臭味，没带猪上山喝水，就去了玛拉家。结果玛拉的父亲一称，两头猪一样重。艾亚让玛拉自己来选择未婚夫。"我选艾亚吧，不，伊高。不，艾亚……""你嫁给伊高吧。"艾亚坐船去了美国。他爱上了一个名叫塞拉的女子，她能干，还有自己的想法，一年后他们生了个男孩。她给他起名叫斯坦利，因为她发现"斯坦利"倒过来写就是她丈夫的姓"叶那茨"。

X光说对了：第三个洞最难挖。然后是第四个洞，第五个，第六个……斯坦利忘了日子，也不记得自己挖了多少个洞。这天，他挖出来一根金属管子，上面有个心形图案，刻着KB两个字母。它看上去那么眼熟，但就是想不起来在哪儿见过。他把它给了X光，因为X光是他们这组的头。监护人来了，她是一个高挑的红发女郎，她一连监督他们在据称是X光发现那根管子的区域挖了一个半星期，一无所获。不过现在他可以确定：让他们挖洞绝不是为了"磨炼意志"，是在寻找什么东西。斯坦利把自己挖出管子的那个洞埋进了记忆深处。

在这片荒野上，斯坦利又一次想起了他的曾祖父，那个偷猪贼的儿子，他曾经被一个绰号"一吻夺命"的女劫匪凯特·巴罗抢劫，丢在沙漠里。十七天后，当人们发现他时，他已经精神错乱了。问他怎么能撑这么久，他说他是"在上帝的拇指上避难的"。

他还想起来，母亲也有那样一根管子，是唇膏盒上的。KB，他不知道这个东西是不是那个女劫匪"一吻夺命"凯特·巴罗的。

一百一十年前，绿湖是得克萨斯州最大的湖。凯瑟琳·巴罗是镇上唯一的教师，她做的五香桃年年获奖，每年都会做许多罐。当地首富的儿子、两只脚闻起来有一股死鱼味的鳟鱼爱上了她，但她却爱上了一个卖洋葱的黑人山姆。山姆总是牵着他那只名叫玛丽·露的驴来绿湖镇卖洋葱。他的洋葱田在湖对面，每周都会划船过来。他帮凯瑟琳修补教室漏水的屋顶、窗子和课桌，换来五香桃。一天，山姆见她不开心，就问她发生了什么事。她说："我的心碎了。"山姆说："我还是能修。"他一把抓住她的双手，亲吻着她。第二天早上没有一个小孩来上课，鳟鱼带人冲进来说："这个妖女！"她跑到警长那里，警长却让她吻他，还告诉她他要把山姆吊死，因为一个黑人吻一个白种女人是犯法的。凯瑟琳找到山姆坐船逃跑，可他们的船被鳟鱼的大船撞翻了，山姆被射死在水里。自那以后，绿湖镇再也没有下过一滴雨。山姆死后三天，凯瑟琳开枪打死了警长，在嘴上抹了一层红色唇膏，给了他一个吻。接下来的二十年里，"一吻夺命"凯特·巴罗成了西部最让人闻风丧胆的通缉犯。

零蛋要学认字，于是斯坦利和他达成了一笔交易：斯坦利教他认字，他帮斯坦利挖一部分洞。教完最后六个字母，斯坦利教他写自己的名字。"你知道吗？零蛋不是我的真名。"零蛋说，"我的真名叫赫克特·泽罗尼。"

二十年后，凯特·巴罗又回到了绿湖镇。这时它已经成了一个鬼镇。一天早晨，鳟鱼和一个红头发女人冲进了她的小木屋。红头发女人是她的学生，现在嫁给了鳟鱼。他们用来复枪戳着她的喉咙问："赃物埋在哪儿了？"凯特说："在那儿有片无边无际的荒地，你，你的儿子，你的儿子的儿子，就算挖上一百年，也休想找到它。"他们把她拖到外边，一只红眼睛蜥蜴的黑牙刺破了她的腿，凯特·巴罗带着微笑死了。

监护人不许斯坦利教零蛋认字，还污辱了零蛋一顿。零蛋说了一句"我不会再挖洞了"，给了嘲笑他的辅导员潘登斯基一铲子，就跑走了。四天过去了，斯坦利决定偷开送水的货车去找零蛋，可惜他把车开到了一个洞里。他只能向前跑，朝远方一座大拇指山跑去。烈日当头，他在一艘倒扣过来的船下边找到了零蛋，零蛋靠喝一种桃子味的罐头挺了过来。这艘船上有字，斯坦利读出了那一排颠倒的字母："玛丽·露。这是船的名字。"

他们互相扶着，一直走到天黑，终于爬上了大拇指山。斯坦利闻到了一种苦涩的臭味，还发现了一条烂泥沟……有水才会有烂泥！他开始挖洞，他不但挖出了水，还挖出一个圆滑滑的东西，是洋葱。他只吃了一半，把剩下的一半给了零蛋。第二天早上醒来。"是我拿了你的鞋。"零蛋对他说，"克莱德·里温斯顿的鞋。我不知道它们那么有名，我看到它们陈列在那里，就穿在了脚上。见人们找它们，就走出大门，把它们放在一辆车的车顶上。"

接下来的几天里，他们的大半时间靠睡觉来打发，醒来就吃吃洋葱，喝点脏水。斯坦利望着星光闪烁的夜空，庆幸零蛋把鞋子放在了车顶上，庆幸它们从天桥上掉了下来，砸到了自己的头上，这不是一个巧合，一定是命运。他发现他变化了，以前没人喜欢他，其实连他自己都不喜欢自己，但现在他喜欢自己了。同时，他还有了一个更疯狂的想法，既然找到了印着KB的唇膏管子，说不定还有一个装满财宝的宝箱。"想再挖一个洞吗？"他问零蛋。

天黑了，营地只剩办公室还亮着灯。斯坦利领着零蛋朝那个洞摸过去。"你肯定？""错不了。"洞越挖越深，一个手提箱被挖了出来。斯坦利把箱子递给零蛋，刚要爬出洞，突然一束手电筒的光线射在他的脸上。"谢谢你们，"监护人说，"你们俩帮了大忙啦。"潘登斯基和爵士站在她的边上。这时，他们发现零蛋抱着的手提箱上有好几只红眼睛蜥蜴，斯坦利更是站在了蜥蜴窝里。只要被这种黄斑蜥蜴咬一口，就会死去。一整夜过去了，太阳升起来了，斯坦利和零蛋还一动不动地待在那里。开来一辆汽车，下来一个高个子男人和一个矮个子女人，男人是州司法部长，女人是斯坦利的律师，他们是来宣布斯坦利无罪的。蜥蜴开始躲避直射的太阳光，一个个钻回洞里。零蛋伸出手，把头昏眼花的斯坦利拉了上来。监护人说那个箱子是她的，但零蛋指着上面的黑色字母说："它是斯坦利的，看，斯坦利·叶那茨。"

律师开车带两个男孩回家。他们身后，天渐渐变黑了。一百多年来第一次，空旷的湖面上下了一滴雨。尽管斯坦利的母亲认为根本没有诅咒，但艾亚·叶那茨的曾曾孙子背着泽罗尼夫人的曾曾孙子上山的第二天，斯坦利的父亲就发明了治疗脚臭的方法。

● 让我们来深入讨论作品

相信每一个读完《洞》的人，都会承认，这是一本故事复杂得如同高难度拼图游戏的童书。作者在写作它时，绝对没有把它的小读者当成一个低能儿。他要求它的阅读者是一个智者，因为它尊重你的智商，检验你的智商，挑战你的智商，要你不敢分心，要你绞尽脑汁地找出一个个碎片之间的关联——用书里的一句话来说，就是"你必须自己填满这些洞"，才能榫卯接合，拼出一个完整的真相。

"绿湖营其实已经没有湖了。"

这是这本小说第一章的第一句话。开头的一章极短，没有几句话，但作者几乎在每一句看似收敛、不动生色的叙述中都埋伏下了一个谜，吊起了我们的胃口：有湖，但一百多年前干涸了；有镇，但慢慢消失了；在这个没有树，极其炎热，如果被可怕的黄斑蜥蜴咬到一口必定会丧命的地方，却有露营者来挖洞……

湖为什么干了？谁是露营者？又为什么跑到这里来找死挖洞？

只读了一个开头，我们就已经在迫不及待地发问了。

其实，这还仅仅是拼图游戏的一个开始。紧接着，不等我们回过神来，作者就把更多的碎片劈头盖脸地撒了过来：一个遭诬陷的白人少年，一个大字不识的黑人少年，命运之鞋，背肥猪求婚的曾曾祖父，一个白人女子与黑人青年的吻，长着长长毒指甲的监护人，劫匪，桃子罐头，洋葱……这，这让我们有点蒙了，千头万绪，这到底该是一个怎样的故事呢？连作者也怕我们焦虑了，在第二章一开头他就忍不住说出了我们的疑问："读者可能会问：怎么有人跑到绿湖营去呢？"在后面的故事里，"读者"或是"你"，还会时不时地蹦跳出来。不过别上当，你要是以为他会像其他的小说作者那样，暂时搁下话头，站出来为远离真相的你指点迷津，那你一定会大失所望。别指望他，他的叙事策略就是退隐到故事里，绝不插嘴，让你一个人静静地阅读，推理、判断，像小主人公挖洞最后挖出真相一样，把一个个碎片拼出一个完整的故事。否则，他不是白花十八个月来精心构思这个故事了？

写这本书的作者叫路易斯·撒察尔，他说他殚精竭虑地想了十八个月（事后他才意识到，这个时间恰好与小主人公被判去绿湖营劳教的刑期一致，他说或许在他写作之初，在潜意识里已经为小主人公选择了刑期的长度）。他还说，他开始写这个故事时，并没有一个完整的构思，甚至没有人物，他只是围绕着绿湖营去写，展开故事。关于这个营地的最初灵感，他说是来自他居住的得克萨斯州夏天的炎热："任何人要试图在得克萨斯州7月的院子里工作，都不难想象地狱是一个什么地方，在这种地方你恨不能挖个五英尺深的洞，在下面躲过日复一日得克萨斯州毒辣的太阳。"但是路易斯·撒察尔的付出获得了回报，因为《洞》的创意和文学性，让它成了一部一流的文学作品，一出版就囊括了美国儿童文学的三大奖项——国家图书奖（青少年类）、纽伯瑞奖及《波士顿环球报》/《号角书》书奖，这在美国的儿童文学史上创造了一个奇迹。而且没有几年，就在世界上卖出了八百万册。

《洞》最受人肯定的，就是作者运用高超的叙事技巧，用双线结构为我们讲述了一个现代与过去，交织着几代人、几个家族恩怨情仇的故事。

第一条线是**现代**，准确地说是**现代·绿湖**。

说的是一个名叫斯坦利·叶那茨(Stanley Yelnats)的少年，因为误判，被惩罚到绿湖营来挖洞的故事。遭此厄运，他只能怪他有一个"又坏又脏又烂的偷猪贼曾曾祖父"，传说这个曾曾祖父偷了一个瘸腿吉卜赛女人的猪，女人对他和他的子孙后代施了咒语。斯坦利的家很穷，因为他曾祖父的所有财产，都被女劫匪"一吻夺命"凯特·巴罗(Kissin' Kate Barlow)抢个精光。除了斯坦利，人物里还有一个绰号零蛋(Zero)的流浪儿，他说他的真名叫赫克特·泽罗尼(Hector Zeroni)，就是他偷了一双著名棒球手的鞋，才导致斯坦利飞来横祸。不过后来他和斯坦利一起逃走，又一起挖出了宝藏。红头发的监护人沃克(Walker)小姐是一个凶恶的女人，她让斯坦利他们挖洞，实际上是为了寻找祖先一直没有挖到的宝藏。

第二条线是过去。过去这条线，实际上又可以分成三条线，一条是一百几十年前的"**过去·拉脱维亚**"，一条是时间紧随其后的"**过去·地点不详的美国某地**"，一条是一百一十年前的"**过去·美国得克萨斯州绿湖**"。

"**过去·拉脱维亚**"说的是斯坦利的曾曾祖父艾亚·叶那茨(Elya Yelnats)十五岁那一年的故事。为了娶一个没脑子的女孩，他必须在两个月里送一头最肥的猪给女孩的父亲做聘礼，独脚埃及老妇人泽罗尼(Zeroni)让他每天抱一头小猪上山顶，喂它喝溪水，给它唱歌，最后还要背她上山喝一口溪水。她警告他，他要是忘了，他和他的后代将永世受诅咒。

"**过去·地点不详的美国某地**"说的是艾亚·叶那茨没有娶到那个女孩，一气之下忘了兑现自己的

诺言，只身乘船来到美国，爱上了一个名叫赛拉·米勒的能干又聪明的女子，一年后还生了一个小男孩，起名叫斯坦利·叶那茨(Stanley Yelnats)。

"**过去·美国得克萨斯州绿湖**"的故事要长一些，说的是一个名叫凯瑟琳·巴罗（Katherine Barlow）的刚烈女子，因为爱上了在山上种洋葱的黑人山姆，被逼入绝境，最后成为一个让人闻风丧胆的女劫匪"一吻夺命"凯特·巴罗的故事。二十年后，她被曾向她求婚遭拒的特鲁特·沃克（Trout Walker）和他的妻子红头发的琳达·米勒抓住，他们逼她交出财宝，但她带着微笑死在一只红眼蜥蜴的黑牙之下。

为什么要写出一个个人物的英文原名呢？你看，这样只要一对照，我们就能看出这些人物之间的血脉关系了——斯坦利·叶那茨是艾亚·叶那茨的曾曾孙子，他的曾祖父也叫斯坦利·叶那茨；零蛋赫克特·泽罗尼是独脚埃及老妇人泽罗尼的曾曾孙子（有趣的是，零蛋这个绰号，就是他姓的前四个字母）；红头发监护人沃克小姐是特鲁特·沃克和红头发琳达·米勒的后代……

作者用一张命运的网，将这些人物的故事都交织到了一起。

你一定也看出来了，这是一个命运轮回的故事。

因为失言没有把老妇人泽罗尼背上山，结果遭到诅咒，斯坦利家族五代人从此厄运连连——曾曾祖父的谷仓三次遭雷击；曾祖父更惨，被"一吻夺命"凯特·巴罗抢走了所有的财产不说，还被丢弃在荒漠里整整十七天，险些丧命；父亲的发明从来没有成功过；而其中最最倒霉的，要数斯坦利了，天上掉下来一双臭鞋子，就让他莫名其妙地陷入了牢狱之灾，才是个初中生，却被发配到一个"方圆一百英里内唯一有水"、"你想逃跑？那就等着三天后喂秃鹰吧"的地方来挖洞干苦役。这一切，直到他救了真正的偷鞋贼、老妇人泽罗尼的曾曾孙子零蛋的命，把零蛋背上山，才算解除了诅咒，扭转了家族五代人的厄运，完成了一个罪与罚的轮回。就如同书里说的那样："艾亚·叶那茨的曾曾孙子背着泽罗尼夫人的曾曾孙子上山的第二天，斯坦利的父亲就发明了治疗脚臭的方法。"

但问题是，斯坦利的曾曾祖父并不是一个偷猪

贼，他的曾祖父、父亲和他自己也都不是罪人，他们不应该遭到诅咒。真正的罪人是过去绿湖镇那些丧心病狂的人，正是他们出于种族偏见，一手制造了两个真心相爱的年轻人的悲剧。天理不容，他们最后不是遭到了诅咒，而是更严厉的天谴——"自那以后，绿湖镇再也没有下过一滴雨"。用他们自己的一句话来形容他们自己的命运，真是再恰当不过了："上帝会惩罚你们的。"当然，有罪的还不只是古人，在这个看似荒谬、略带超现实主义色彩的故事里，作者让每一个出场的角色都与他们先祖的命运发生纠结，暴露人性，前世今生如同一场戏。

作者把小说的绝大部分篇幅都留给了斯坦利这个命运不济的少年。刚开始时，他是一个倒霉蛋，体形臃肿，在学校里饱受同学欺负，老师在课堂上也会拿他的肥胖开玩笑。连作者自己都承认："斯坦利不是一个英雄类型的人物，他是那种有点可怜的孩子，觉得自己没有朋友，觉得自己的生活遭到了诅咒。"被送到绿湖营来挖洞，他怪自己"只是在错误的时间出现在错误的地方"，怪自己有一个"又坏又脏又烂的偷猪贼曾曾祖父"。可是这一切，从他开始在炎炎烈日下挖洞那天开始改变了。他在这里与他的命运相逢，他不再怨天尤人（事实上，他不太相信这是一个诅咒，因为一说到这个"家里的笑话"，他就会笑），不再沉沦，而是开始学会把握自己的命运，磨炼意志，最终不但找到了一个最好的朋友，还挖出了一个骗局，挖出了几个家族埋藏了一百几十年的恩恩怨怨，成为一个英雄，完成了一次自我救赎。当他逃离绿湖营，爬上那座酷似"上帝的大拇指"的山上时，他开始感谢那双砸在他脑袋上的命运之鞋了，他头一次觉得自己是在正确的时间出现在正确的地方，因为他感到了快乐，"他突然想到自己已记不起最后一次快乐是在什么时候了。他生活变得如此悲惨并不仅仅是因为被送到绿湖营，早在学校里他就不快乐……没人喜欢他，其实他也不怎么喜欢自己。他现在喜欢自己了"。这样说起来，绿湖营的创办者还真是达到了他们宣称的目标："如果你把坏男孩带到那儿，让他每天在烈日下挖一个洞，他就会学好。"这实在是一个莫大的讽刺。

斯坦利的全名是Stanley Yelnats，Yelnats反过来写，就是Stanley，它既可以顺着念，也可以倒着念。就像他们家族代代都给孩子起这个名字一样，三代斯坦利身上的厄运从来没有停止过。只有到了他这一代，才彻底地终止了命运的诅咒。

《洞》是一本需要一边读，一边翻回到读过的部分细细琢磨的书。作者丝毫没有顾及阅读者是一个孩子，就把一件事颠来倒去地重复上好几遍。他不说废话，不解释，他只是把它们一一写出来，要你自己去捕捉、判断和推理。比如，他在第七章说诅咒斯坦利祖先的老妇人叫泽罗尼，在第二十七章他告诉你零蛋叫赫克特·泽罗尼，接下来，直到故事的尾声第五十章，他才点明零蛋是老妇人泽罗尼的曾曾孙子。如果他不说，如果你没有记住泽罗尼这个名字，书都快读完了，或许你还不知道零蛋是什么人的子孙。还有，他在"**现代**"这条线里，说泽罗尼是一个瘸腿吉卜赛女人，在"**过去**"那条线里，他说她是一个独脚埃及老妇人，他修正了传说中的谬误，却又不特意指给你看，就看你能不能发现。他说，这就是阅读的快乐。

斯坦利来绿湖营的第一天，管理员指着地上的一个个洞对他说："如果你发现什么有趣的或不寻常的东西，你可以向我们汇报。"

斯坦利问他："我们应该寻找什么呢？"

你也来试试看吧——看看自己能从《洞》里找到什么。

中文译本推荐

《洞》
赵永芬/译
中国台湾小鲁文化出版社
2000

《寻宝小子》
顾庆阳/译
人民文学出版社
2009

附录
参考资料及索引

国际重要儿童文学奖项及推荐书目

国际安徒生奖（Hans Christian Andersen Award）

林格伦纪念奖（The Astrid Lindgren Memorial Award）

美国纽伯瑞儿童文学奖（Newbery Medal）

英国卡内基儿童文学奖（Carnegie Medal）

德国青少年图书奖（Deutsche Jugendliteraturpreis）

美国国家图书奖（青少年类）（National Book Award for Young People's Literature）

美国刘易斯·卡洛尔书架奖（The Lewis Carroll Shelf Award）

英国惠特布雷德图书奖（Whitbread Book Awards）

英国雀巢儿童图书奖（Nestle Children's Book Prize Gold Award）

英国卫报儿童小说奖（The Guardian Children's Fiction Prize）

英国红房子童书奖（The Red House Children's Book Award）

美国《号角书》杂志年度好书奖（A Horn Book Fanfare Best Book）

美国《波士顿环球报》/《号角书》书奖（Boston Globe–Horn Book Award）

美国《学校图书馆杂志》年度最佳图书（School Library Journal, Best Books of the Year）

美国《出版者周刊》"所有时代最畅销童书"（Publishers Weekly，All-Time Bestselling Children's Books）

美国纽约公共图书馆"最受孩子喜爱的100本童书"（New York Public Library，100 Favorite Children's Books）

美国全国教育协会"100本最佳童书"（100 Best Books for Children NEA）

美国全国教育协会"孩子们推荐的100本最佳童书"（Kids' Top 100 Books NEA）

英国最大连锁书店Waterstones"最受喜爱的100本童书"（Waterstones The Nation's Favourite Children's Books）

英国BBC"大阅读：最受欢迎的100本小说"（BBC's Big Read）

美国《最佳童书：从学前到小学六年级》（Best Books for Children: Preschool Through Grade 6 (Children's and
　　Young Adult Literature Reference)

美国《纽约时报家长指南：最佳童书》（The New York Times Parent's Guide to the Best Books for Children）

美国《给孩子100本最棒的书》（100 Best Books for Children: A Parent's Guide to Making the Right Choices for
　　Your Young Reader, Toddler to Preteen）

英国《你长大之前必读的1001本童书》（1001 Children's Books You Must Read Before You Grow Up）

日本《儿童文学的魅力：今天阅读的100本世界名作》（児童文学の魅力：いま読む100冊海外編）

日本《儿童文学的魅力：今天阅读的100本日本名作》（児童文学の魅力：いま読む100冊日本編）

日本《英美儿童文学畅销书40本：永留心中的名作》（英米児童文学のベストセラー40：心に残る名作）

日本《世界少男少女文学：幻想文学50本》（世界少年少女文学：ファンタジー編）

日本《世界少男少女文学：写实文学50本》（世界少年少女文学：リアリズム編）

参考文献

（英文）

Peter Hunt. Children's Literature [M]. Wiley-Blackwell，2001.

Humphrey Carpenter, Mari Prichard. The Oxford Companion to Children's Literature [M]. Oxford University Press，1999

（日文）

〔英〕ハンフリー・カーペンター（Humphrey Carpenter）/マリ・プリチヤード（Mari Prichard）. オックスフォード世界児童文学百科（The Oxford Companion to Children's Literature）. 神宮輝夫ほか訳. 東京：原書房，1999.

〔英〕フレッド・イングリス（Fred Inglis）：幸福の約束：イギリス児童文学の伝統（The Promise of Happiness: value and meaning in children's fiction）. 中村ちよほか訳. 東京：紀伊國屋書店，1990.

〔加〕シーラ・イーゴフ（Sheila A. Egoff）. 物語る力：英語圏のファンタジー文学：中世から現代まで（Worlds Within: Children's Fantasy from the Middle Ages to Today）. 酒井邦秀ほか訳. 東京：偕成社，1995.

〔加〕リリアン. H. スミス（Lillian H Smith）. 児童文学論（The Unreluctant Years: A Critical Approach to Children's Literature）. 石井桃子ほか訳. 東京：岩波書店，1964.

〔瑞士〕マックス・リューティ（Max Lüthi）. 昔話の本質と解釈. 野村ヒロシ訳. 東京：福音館書店，1996.

〔美〕アラン・ダンダス（Alan Dundes）. 「赤ずきん」の秘密：民俗学的アプローチ（Little Red Riding Hood）. 池上嘉彦ほか訳. 東京：紀伊國屋書店，1996.

〔美〕シヤーリー・フォスター（Shirley Foster）/ジユディ・シモンズ（Judy Simons）. 本を読む少女たち：ジョー、アン、メアリーの世界（What Katy Read: Feminist Re-Readings of Classic Stories for Girls）. 川端有子訳，東京：柏書房，2002.

〔美〕チヤールズ・フレイ（Charles Frey）/ジョン・グリフイス（John Griffith）. 子どもの本を読みなおす（The Literary Heritage of Childhood）. 鈴木宏枝訳. 東京：原書房，2006.

ファンタジー研究会. 魔法のファンタジー. 東京：てらいんく，2003.

安藤美紀夫. 世界児童文学ノート. 東京：てらいんく，2001.

井辻朱美/ふたつの世界プロジエクト. 児童文学における "ふたつの世界". 東京：てらいんく，2004.

河合隼雄. 子どもの宇宙. 岩波書店，1987.

宮川健郎. 現代児童文学の語るもの. 東京：日本放送出版協会，1996.

桂宥子/成瀬俊一/高田賢一. 英米児童文学の黄金時代——子どもの本の万華鏡. 東京：ミネルヴァ書房，2005.

桂宥子/牟田おりえ. はじめて学ぶ英米児童文学史. 東京：ミネルヴァ書房，2004.

佐藤宗子/藤田のぼる. 少年少女の名作案内：日本の文学ファンタジー編. 東京：自由国民社，2010.

三宅興子/多田昌美. 児童文学12の扉をひらく. 東京：翰林書房，1999.

小沢俊夫. グリム童話の誕生：聞くメルヒエンから読むメルヒエンへ. 東京：朝日新聞，1992.

小沢俊夫. 昔話の語法. 東京：福音館書店，1999.

小沢俊夫. 昔話入門. 東京：ぎょうせい，1997.

小沢俊夫. 働くお父さんの昔話入門：生きることの真実を語る. 東京：日本経済新聞社，2002.

小峰和子. 大人のためのイギリス児童文学. 東京：NHK出版，2009.

神宮輝夫. 世界児童文学百科現代編. 原書房，2005.

成瀬俊一/高田賢一/灰島かり. 英米児童文学のベストセラー40：心に残る名作. 東京：ネルヴァ書房，2009.

谷本誠剛. 児童文学入門. 研究社出版，1995.

定松正/本多英明. 英米児童文学辞典. 東京：研究社，2001.

定松正. イギリス・アメリカ児童文学ガイド. 東京：荒地出版社，2003.

定松正. 世界少年少女文学：ファンタジー編. 東京：自由国民社，2009.

定松正. 世界少年少女文学：リアリズム編. 東京：自由国民社，2009.

日本イギリス児童文学会. 英米児童文学ガイド：作品と理論. 東京：研究社出版，2001.

日本児童文学学会. 世界児童文学概論. 東京：東京書籍，1976.

日本児童文学者協会. 児童文学の魅力：いま読む100冊海外編. 東京：文溪堂，1995.

日本児童文学者協会. 児童文学の魅力：いま読む100冊日本編. 東京：文溪堂，1998.

冨原眞弓. ムーミン谷のひみつ. 東京：筑摩書房，2008.

本多英明. 英米児童文学の宇宙：子どもの本への道しるべ. 東京：ミネルヴァ書房，2002.

野村泫. ドイツの子どもの本：大人の本とのつながり. 東京：白水社，2009.

（中文）

〔丹麦〕安徒生. 安徒生回忆录：我的一生 [M]. 玄之，译. 上海：东方出版社，2006.

〔丹麦〕安徒生. 我的童话人生 [M]. 傅光明，译. 北京：中国文联出版社，2005.

〔丹麦〕安徒生. 真爱让我如此幸福 [M]. 流帆，译. 北京：国际文化出版公司，2002.

〔丹麦〕詹斯·安徒生. 安徒生传 [M]. 陈雪松，等，译. 北京：九州出版社，2005.

〔俄〕弗拉基米尔·雅可夫列维奇·普罗普. 故事形态学 [M]. 贾放，译. 北京：中华书局，2006.

〔法〕保罗·亚哲尔. 书·儿童·成人 [M]. 傅林统，译. 台北：富春文化，1999.

〔法〕娜塔丽·德瓦利埃. 圣埃克絮佩里：天使与作家 [M]. 周冉，译. 上海：上海译文出版社，2006.

〔加〕李利安·H.史密斯. 欢欣岁月 [M]. 傅林统，译. 台北：富春文化，1999.

〔加〕佩里·诺德曼，梅维丝·雷默. 儿童文学的乐趣 [M]. 陈中美，译. 上海：少年儿童出版社，2008.

〔加〕佩里·诺德曼. 阅读儿童文学的乐趣 [M]. 刘凤芯，译. 台北：天卫文，2000.

〔美〕E.B.怀特. 最美的决定：E.B.怀特书信集 [M]. 张琼，等，译. 上海：上海译文出版社，2009.

〔美〕阿兰·邓迪斯. 民俗解析 [M]. 户晓辉，编译. 桂林：广西师范大学出版社，2005.

〔美〕阿瑟·阿萨·伯格. 通俗文化、媒介和日常生活中的叙事 [M]. 姚媛，译. 南京：南京大学出版社，2006.

〔美〕艾莉森·卢里. 永远的男孩女孩：从灰姑娘到哈利·波特 [M]. 晏向阳，译. 南京：南京大学出版社，2008.

〔美〕安妮塔·西尔维. 给孩子100本最棒的书 [M]. 王林，译. 长沙：湖南少年儿童出版社，2010.

〔美〕菲·马·米切尔. 丹麦文学的群星 [M]. 阮坤，等，译. 沈阳：辽宁教育出版社，2003.

〔美〕杰克·齐普斯. 冲破魔法符咒：探索民间故事和童话故事的激进理论 [M]. 舒伟，译. 合肥：安徽少年儿童出版社，2010.

〔美〕杰克·齐普斯. 童话·儿童·文化产业 [M]. 张子樟，校译. 台北：东方出版社，2006.

〔美〕杰克·齐普斯. 作为神话的童话/作为童话的神话 [M]. 赵霞，译. 上海：少年儿童出版社，2008.

〔美〕凯伦·科茨. 镜子与永无岛：拉康、欲望及儿童文学中的主体 [M]. 赵萍，译. 合肥：安徽少年儿童出版社，2010.

〔美〕凯瑟琳·奥兰丝汀. 百变小红帽：一则童话三百年的演变 [M]. 杨淑智，译. 北京：生活·读书·新知三联书店，2006.

〔美〕坎伯. 千面英雄 [M]. 朱侃如，译. 台北：立绪文化，2006.

〔美〕克理斯多夫·佛格勒. 作家之路：从英雄的旅程学习说一个好故事 [M]. 蔡鹃如，译. 台北：开启文化，2010.

〔美〕罗伯塔·塞林格·特瑞兹. 唤醒睡美人：儿童小说中的女性主义声音 [M]. 李丽，译. 合肥：安徽少年儿童出版社，2010.

〔美〕罗伯特·达恩顿. 屠猫记：法国文化史钩沉 [M]. 吕健忠，译. 北京：新星出版社，2006.

〔美〕妮娜·米可森. 童书中的神奇魔力 [M]. 李紫蓉，译. 台北：阿布拉教育文化，2007.

〔美〕雪登·凯许登（又译谢尔登·卡什丹）. 客体关系心理治疗 [M]. 鲁小华，等，译. 北京：中国水利电力出版社，2006.

〔美〕雪登·凯许登. 巫婆一定得死：童话如何形塑我们的性格 [M]. 李淑君，译. 台北：张老师文化，2005.

〔日〕河合隼雄. 孩子的宇宙 [M]. 王俊，译. 上海：东方出版中心，2010.

〔日〕日本儿童文学会编. 世界儿童文学概论 [M]. 郎樱，方克，译. 长沙：湖南少年儿童出版社，1989.

〔瑞典〕玛丽亚·尼古拉耶娃. 儿童文学中的人物修辞 [M]. 刘洊波，等，译. 合肥：安徽少年儿童出版社，2010.

〔瑞士〕麦克斯·吕蒂. 童话的魅力 [M]. 张田英，译. 北京：社会科学文献出版社，1995.

〔苏〕伊·穆拉维约娃. 安徒生传 [M]. 马昌仪，译. 上海：上海文艺出版社，1981.

〔英〕C.S.刘易斯. 给孩子们的信 [M]. 余冲，译. 上海：华东师范大学出版社，2009.

〔英〕E.J.柯尔克. 纳尼亚传奇：魔衣柜奥秘大观 [M]. 李桂德，译. 桂林：漓江出版社，2006.

〔英〕安德鲁·布赖克. 托尔金：用一生锻造"魔戒" [M]. 鲍德旺，等，译. 大连：大连理工大学出版社，2008.

〔英〕彼得·亨特. 理解儿童文学 [M]. 郭建玲，等，译. 上海：少年儿童出版社，2010.

〔英〕德博拉·科根·撒克，琼·韦布. 儿童文学导论：从浪漫主义到后现代主义 [M]. 杨雅捷，译. 台北：天卫文，2005.

〔英〕迈克尔·怀特. 魔戒的锻造者：托尔金传 [M]. 吴可，译. 上海：上海译文出版社，2005.

〔英〕亚当·罗伯茨. 科幻小说史 [M]. 马小悟，译. 北京：北京大学出版社，2010.

〔英〕约翰·洛威·汤森. 英语儿童文学史纲 [M]. 谢瑶玲，译. 台北：天卫文化，2003.

阿甲，萝卜探长. 让孩子着迷的101本书 [M]. 长春：时代文艺出版社，2003.

方卫平. 法国儿童文学导论 [M]. 济南：明天出版社，2006.

彭懿. 走进魔法森林：格林童话研究 [M]. 北京：外语教学研究出版社，2010.

舒伟. 中西童话研究 [M]. 长春：吉林大学出版社，2006.

汤锐. 北欧儿童文学述略 [M]. 济南：明天出版社，2009.

王小萍. 美国纽伯瑞金奖：青少年文学作品研究 [M]. 石家庄：河北少年儿童出版社，2009.

朱自强. 儿童文学概论 [M]. 北京：高等教育出版社，2009.

作品索引

（按作品音序排列）

作家索引

（按姓名音序排列）

上篇儿童文学中译本一览表

书名	作者	译者	出版社	出版时间
埃米尔擒贼记	埃里希·凯斯特纳/著	华宗德、钱杰/译	明天出版社	2008
爱德华的奇妙之旅	凯特·迪卡米洛/著	王昕若/译	新蕾出版社	2011
爱丽丝漫游奇境	刘易斯·卡洛尔/著	吴钧陶/译	上海译文出版社	2009
安徒生童话全集	安徒生/著	叶君健/译	中国城市出版社	2010
半个魔法	爱德华·伊格/著	丁浣/译	人民文学出版社	2004
波丽安娜	埃丽诺·霍奇曼·波特/著	梁世和/译	河北少年儿童出版社	2009
波西·杰克逊与神火之盗	雷克·莱尔顿/著	薛白/译	接力出版社	2010
不老泉	纳塔莉·巴比特/著	肖慧/译	上海译文出版社	2005
草原上的小木屋	罗兰·英格斯·怀德/著	温淑真/译	天地出版社	2005
车的颜色是天空的颜色·白色的帽子	阿万纪美子/著	彭懿/译	二十一世纪出版社	2007
车的颜色是天空的颜色·春天的乘客	阿万纪美子/著	彭懿/译	二十一世纪出版社	2007
车的颜色是天空的颜色·星星出租车	阿万纪美子/著	彭懿/译	二十一世纪出版社	2007
穿条纹衣服的男孩	约翰·伯恩/著	龙婧/译	陕西师范大学出版社	2008
大盗贼	奥得弗雷德·普鲁士勒/著	陈俊/译	二十一世纪出版社	2007
大侦探小卡莱	阿斯特丽德·林格伦/著	李之义/译	中国少年儿童出版社	1999
地海巫师	厄休拉·勒奎恩/著	马爱农/译	人民文学出版社	2006
杜立德医生的故事	休·洛夫廷/著	陈晖阳/译	江苏少年儿童出版社	2009
杜立德医生航海记	休·洛夫廷/著	李慧/译	江苏少年儿童出版社	2009
坟场之书	尼尔·盖曼/著	胡雅倩/译	四川科技出版社	2010
格列佛游记	乔纳森·斯威夫特/著	张健/译	人民文学出版社	2010
格林童话全集	格林兄弟/著	魏以新/译	人民文学出版社	2005
古堡里的月亮公主	伊丽莎白·吉吉/著	马爱农/译	人民文学出版社	2003
鬼妈妈	尼尔·盖曼/著	杨玲玲/译	少年儿童出版社	2011
鬼磨坊	奥得弗雷德·普鲁士勒/著	陈俊/译	二十一世纪出版社	2007
哈利·波特与魔法石	J.K.罗琳/著	苏农/译	人民文学出版社	2000
海底两万里	儒勒·凡尔纳/著	赵克非/译	人民文学出版社	2010
海蒂	约翰娜·斯皮瑞/著	曹舰/译	河北少年儿童出版社	2009
好心眼儿巨人	罗尔德·达尔/著	任溶溶/译	明天出版社	2009
黑暗在蔓延	苏珊·库珀/著	姜淑芹/译	湖南少年儿童出版社	2008
黑骏马	安娜·西韦尔/著	蔡文/译	人民文学出版社	2010
黑质三部曲·琥珀望远镜	菲利普·普尔曼/著	陈俊群/译	上海译文出版社	2006

书名	作者	译者	出版社	出版时间
黑质三部曲·黄金罗盘	菲利普·普尔曼/著	周景兴/译	上海译文出版社	2006
黑质三部曲·魔法神刀	菲利普·普尔曼/著	周倩/译	上海译文出版社	2006
花香小镇	安房直子/著	彭懿/译	少年儿童出版社	2010
黄瓜国王	克里斯蒂娜·涅斯玲格/著	赵燮生/译	明天出版社	2010
灰矮人	皮·皮/著	徐朴/译	湖南少年儿童出版社	2009
霍比特人	J.R.R.托尔金/著	朱学恒/译	译林出版社	2011
一罐魔血·厄运相机	R.L.斯坦/著	蒋向艳/译	接力出版社	2009
借东西的小人	玛丽·诺顿/著	肖毛/译	译林出版社	2009
精灵鼠小弟	E.B.怀特/著	任溶溶/译	上海译文出版社	2004
肯尼和大怪龙	汤尼·迪特利齐/著	任溶溶/译	贵州人民出版社	2010
快乐王子	奥斯卡·王尔德/著	王林/译	译林出版社	2008
蓝色的海豚岛	斯·奥台尔/著	傅定邦/译	新蕾出版社	2010
兰心的秘密	米切尔·恩德/著	陈俊/译	二十一世纪出版社	2005
蓝熊船长的13条半命	瓦尔特·莫尔斯/著	李士勋/译	人民文学出版社	2010
浪漫鼠德佩罗	凯特·迪卡米洛/著	王昕若/译	新蕾出版社	2011
柳林风声	肯尼思·格雷厄姆/著	杨静远/译	长春出版社	2009
鲁滨孙漂流记	丹尼尔·笛福/著	徐霞村/译	人民文学出版社	2010
绿山墙的安妮	L.M.蒙哥玛利/著	马爱农/译	中国少年儿童出版社	2010
绿野仙踪	弗兰克·鲍姆/著	陈伯吹/译	长春出版社	2009
玛蒂尔达	罗尔德·达尔/著	任溶溶/译	明天出版社	2009
猫女咪妮	安妮·M.G.施密特/著	李剑敏/译	上海译文出版社	2009
毛毛	米切尔·恩德/著	李士勋/译	二十一世纪出版社	2006
冒险小虎队·滴血的龙	托马斯·布热齐纳/著	刘悦/译	浙江少年儿童出版社	2010
秘密花园	弗·霍·伯内特/著	许虹、汪莹/译	人民文学出版社	2004
魔女宅急便	角野荣子/著	彭懿、周龙梅/译	南海出版公司	2007
木偶奇遇记	卡洛·科洛迪/著	任溶溶/译	浙江少年儿童出版社	2011
纳尼亚传奇·凯斯宾王子	C.S.刘易斯/著	吴力新、徐海燕/译	译林出版社	2005
纳尼亚传奇·黎明踏浪号	C.S.刘易斯/著	陈良廷、刘文澜/译	译林出版社	2005
纳尼亚传奇·魔法师的外甥	C.S.刘易斯/著	米友梅/译	译林出版社	2005
纳尼亚传奇·狮子、女巫和魔衣柜	C.S.刘易斯/著	陈良廷、刘文澜/译	译林出版社	2005
纳尼亚传奇·银椅	C.S.刘易斯/著	陈良廷、刘文澜/译	译林出版社	2005
尼瑙克山探险	纳塔莉·巴比特/著	魏莉/译	新蕾出版社	2007
女巫	罗尔德·达尔/著	任溶溶/译	明天出版社	2009
佩罗童话	佩罗/著	戴望舒/译	重庆出版社	2007
苹果树上的外婆	米拉·洛贝/著	张桂贞/译	新蕾出版社	2011

书名	作者	译者	出版社	出版时间
骑士降龙记	肯尼思·格雷厄姆/著	任溶溶/译	上海译文出版社	2007
晴天有时下猪·明天是猪日	矢玉四郎/著	彭懿/译	二十一世纪出版社	2002
晴天有时下猪·晴天下猪	矢玉四郎/著	彭懿/译	二十一世纪出版社	2002
晴天有时下猪·我有时是猪	矢玉四郎/著	彭懿/译	二十一世纪出版社	2002
去年的树	新美南吉/著	周龙梅、彭懿/译	贵州人民出版社	2008
森林里的小木屋	罗兰·英格斯·怀德/著	温淑真/译	天地出版社	2005
时代广场的蟋蟀	乔治·塞尔登/著	傅湘雯/译	新蕾出版社	2010
手斧男孩	盖瑞·伯森/著	白莲/译	吉林文史出版社	2006
手绢上的花田	安房直子/著	彭懿/译	接力出版社	2006
帅狗杜明尼克	威廉·史代格/著	赵永芬/译	新蕾出版社	2007
四个孩子和一个护身符	伊迪丝·内斯比特/著	任溶溶/译	长春出版社	2010
随风而来的玛丽阿姨	帕·林·特拉芙斯/著	任溶溶/译	明天出版社	2005
汤姆·索亚历险记	马克·吐温/著	成时/译	人民文学出版社	2008
汤姆的午夜花园	菲莉帕·皮尔斯/著	马爱农/译	人民文学出版社	2006
淘气包埃米尔	阿斯特丽德·林格伦/著	李之义/译	中国少年儿童出版社	2002
天使雕像	E.L.柯尼斯伯格/著	郑清荣/译	新蕾出版社	2007
通向特拉比西亚的桥	凯瑟琳·佩特森/著	庄细荣/译	人民文学出版社	2004
外公是棵樱桃树	安琪拉·那涅第/著	徐洁/译	新蕾出版社	2011
韦波拉拉	安妮·M.G.施密特/著	冯琪/译	北京科学技术出版社	2009
我爸爸的小飞龙	鲁思·斯泰尔斯·甘尼特/著	邢培健/译	南海出版公司	2010
我所知道的野生动物	欧内斯特·汤普森·西顿/著	肖毛/译	安徽少年儿童出版社	2009
五个孩子和一个怪物	伊迪丝·内斯比特/著	任溶溶/译	长春出版社	2010
夏洛的网	E.B.怀特/著	任溶溶/译	上海译文出版社	2004
想念梅姨	辛西娅·赖伦特/著	李文俊/译	浙江文艺出版社	2008
橡树上的逃亡	蒂莫泰·德·丰拜勒/著	刘英华/译	新蕾出版社	2007
小茶匙老太太	阿尔夫·普寥申/著	任溶溶/译	湖南少年儿童出版社	2010
小公主	弗·霍·伯内特/著	李文俊/译	译林出版社	2008
小河男孩	蒂姆·鲍勒/著	麦倩宜/译	新蕾出版社	2007
小狐狸买手套	新美南吉/著	周龙梅、彭懿/译	贵州人民出版社	2008
小鹿班比	弗利克斯·萨尔登/著	邹绛/译	长春出版社	2009
小女巫	奥得弗雷德·普鲁士勒/著	张捷鸿/译	二十一世纪出版社	2005
小乔治的神奇魔药	罗尔德·达尔/著	任溶溶/译	明天出版社	2009
小水精	奥得弗雷德·普鲁士勒/著	任庆莉、蔡鸿君/译	二十一世纪出版社	2005
小巫婆求仙记	E.L.柯尼斯伯格/著	魏莉/译	新蕾出版社	2007
小熊帕丁顿系列：蒸发魔法	迈克尔·邦德/著	谢芳群/译	接力出版社	2010

书名	作者	译者	出版社	出版时间
小熊维尼·阿噗	A.A.米尔恩/著	任溶溶/译	浙江少年儿童出版社	2007
小幽灵	奥得弗雷德·普鲁士勒/著	吴裕康/译	二十一世纪出版社	2005
袖珍男孩	埃里希·凯斯特纳/著	任溶溶/译	明天出版社	2008
驯龙	克莱西达·寇欧/著	孙淇/译	接力出版社	2007
鼹鼠原野的伙伴们	古田足日/著	彭懿/译	接力出版社	2004
洋葱头历险记	贾尼·罗大里/著	任溶溶/译	新蕾出版社	2011
一百条裙子	埃莉诺·埃斯特斯/著	袁颖/译	新蕾出版社	2011
伊拉龙	克里斯托弗·鲍里尼/著	黄觉、叶芊/译	接力出版社	2004
一年级大个子二年级小个子	古田足日/著	彭懿/译	接力出版社	2011
隐身人	H.G.威尔斯/著	贾敏/译	重庆出版社	2008
英国童话	约瑟夫·雅各布斯/著	周治淮、方慧敏/译	人民文学出版社	2006
影子森林	迈特·海格/著	商晓芳/译	人民文学出版社	2009
永远讲不完的故事	米切尔·恩德/著	李士勋/译	二十一世纪出版社	2006
月轮熊	椋鸠十/著	奚燕风、王晶晶/译	二十一世纪出版社	2010
造梦的雨果	布莱恩·塞兹尼克/著	黄觉/译	接力出版社	2008
长腿叔叔	简·韦伯斯特/著	刘秋娟/译	湖南少年儿童出版社	2009
长袜子皮皮	阿斯特丽德·林格伦/著	李之义/译	中国少年儿童出版社	1999
13号站台的秘密	艾娃·伊宝森/著	海星/译	东方出版社	2005

感谢提供资料与图片授权的出版社
（按拼音排序）

安徽少年儿童出版社	二十一世纪出版社
贵州人民出版社	哈珀·柯林斯出版集团
湖南少年儿童出版社	明天出版社
南海出版公司	企鹅出版集团
人民文学出版社	日本偕成社
上海译文出版社	新蕾出版社
童趣出版公司	浙江少年儿童出版社
中国少年儿童出版社	Dover Publications
Egmont Group	Hachette Group
Scholastic	Simon & Schuster